U0896378

MIN FA XUE

高等学校法学教学丛书

民法学（下）

主　编　王建平
副主编　吕　彦　杨遂全
撰稿人（以姓氏笔画为序）
王建平　王建军　吕　彦　陈　实
何　霞　杨遂全　张晓远　罗　蓉
赵小平　曾　彤　韩运浦

四川大学出版社

目　录

第二编　物　权

第三编 债　　权

第四编 知识产权

第五编　人身权

第六编　亲属与继承权

第二编 物权

第十二章　物权原理

【阅读提示】　本章的重点是物权的概念、性质、特征，以及物权的效力，物权与债权的区别，物权法定原则、公示公信原则、一物一权原则和区分原则，物权行为与物权变动理论等等。学习者通过本章的学习，应当掌握我国物权法的基本原理，明确物权关系与民事财产关系之间的内在联系，以及物权保护方法中，私法上的保护与公法上的保护之间私力救济的功能。本章的难点是物权行为的无因性理论、物权变动的规则等。

第一节　物权的界定

一、物权的概念

所谓物权，即民事主体直接支配特定物，并排除他人干涉从而得以享受其利益的权利。所有权、经营权、使用权、永佃权、地役权、抵押权、质权、留置权等，都是物权，物权是这一系列权利的总称。

早期的罗马法，已有对物权的模糊认识，但罗马法中物的概念与权利的概念，并没有清晰的区分。到中世纪的时候，罗马法中出现了对物权和对人权的区分。对物权，即权利人按照自己的意思，即可实现对物的直接支配；对人权，表明权利人须借助他人的行为，才能实现自己的权利。

但罗马法中的对物权概念，还并不是我们现在通用的物权概念，因为罗马法中的对物权，事实上是支配权的概念，其权利客体是泛化了的，除物之外，还包括权利，是一种广泛的财产权，这与我们现在所说的物权的客体须是特定物相异。

物权概念的出现是潘德克吞法学的产物。但法律上正式使用这一概念，是在 1811 年制定的《奥地利民法典》中。该法典第 307 条规定："物权是属于个人的财产上的权利，可以对抗任何人。"但该定义也并非现今法学上所说的物权概念，它仍是对支配权的定义，并没有厘清支配权与物权的差异。直到 1896 年《德国民法典》的制定，物权的科学概念才得以正式确立。《德国民法典》的第三编即物权编，系统地规定了所有权、地上权、用益权、地役权、抵押权、质权等物权。自此，大陆法系各国纷纷效仿《德国民法典》，在本国民法典中规定了物权制度。我国《民法通则》中没有使用"物权"一词，而规定的是"财产所有权和与财产所有权有关的财产权"。

二、物权的性质

物权的性质，即物权的本质。物权表现为人支配物的权利，它的本质在于人对物的直接支配权。国内的教科书中，以法律关系为出发点来论述物权的本质，因为法律关系本质上，就是一种人与人之间具有权利义务内容的意志关系，物权人在享有支配其物的权利时，其他任何人都负有不作为义务。因此，物权的本质，实际上也是人与人之间，针对特定物之支配而发生的权利义务关系。

物权的本质如作此解释，事实上并没有做出明确解释，因为不仅是物权，诸如债权、知识产权、人身权或民法上的其他权利，都可表现为一种人与人之间的权利义务关系。将物权的本质视为人与人之间的权利义务关系，会模糊物权与债权的区分，因为债权也表现为人与人之间的权利义务关系。所不同的是，物权具有对世性，可对任何人主张，而债权具有对人性，只能对相对人主张，但这只是两种权利所主张的范围大小不同，是形式上的划分。

物权与债权的不同，在于其上位概念的区分，即支配权与请求权的区分。物权是一种支配权，物权人只需依自己的意思和行为即可直接支配物。而债权作为一种请求权，债权人实现权利须借助于他人的意志和行为，而不能直接支配标的物。

物权与债权的本质区分在于：权利人的意志在权利实现中的作用不同。物权的本质，就是对物的直接支配性，是人与物的关系，是对物权，这也是当代德国物权法领域中的通说。

三、物权的特征及效力

（一）物权的特征

1. 物权的客体是物

物权的客体是物。这里的物不是泛化的物，而是指人身之外，为人力所能支配控制的物。人力不能控制的物，诸如月亮、太阳等，不是物权法上的物。物权法上的物，比我们通常所理解的物理意义上的物的范围要小得多。

物权法上的物，只能是特定物，而不能是种类物。因为物权就是一种支配权，对物权，其客体如不特定化，对物的支配就无从谈起。事实上，当某人对某物支配时，该物已和其他物相区分从而特定化出来。物权的客体必须特定，才能满足物权人对物的支配。

物权法上的物须是有体物，而不能是思想或其他无形之物，通常情况下也不是权利。当然，也不排除某些无体物作为物权客体的可能性，如已为人们所掌握并加以控制利用的光、电等无体物，也可作为物权客体。

《德国民法典》采用有体物概念，是一种狭义的物，将无体物排除在物的范畴之外，日本和我国台湾民法也采用这种模式。《法国民法典》采用了广义的物的概念，它包括有体物、财产权利和无形财产。采用广义物的概念，有较大的缺陷，因为，将会出现债权所有权等，混淆了法律关系的客体与法律关系的内容，模糊了物权与债权等其他财产权利的界限，使原本清楚的问题复杂化起来。因此，我国物权法上的物应采用狭义的概念，即须是有体物。

权利，除有价证券等可作为所有权、质权的客体外，其他一般权利，诸如知识产权、使用权等，只能作为抵押权或质权的客体，而不能作为所有权的客体。在当代社会，无体物的财产意义与日俱增，应用专门的法律规范予以调整。

2. 物权是绝对权

物权是绝对权，这主要表现在物权的实现方式上，即物权的实现，只需物权人依自己的意志即可达其目的，而不需义务人为积极的协助行为。在物权法律关系中，物权人全凭自己的意志实现其权利，而不必向其他人进行请求。物权的这种特征，与作为相对权的债权明显不同。债权作为一种相对权，其权利的实现仅有权利人的单方意思表示还不够，还须借助相对人的意思和行为才能得以实现。相对人不按债的规定完成某种特定的行为时，债权就无法实现。

3. 物权为支配权

物权是权利主体对特定物的支配权，也称管领权、控制权。物权人可以在法律允许的范围内，以自己的意思和行为直接支配物，可对物进行占有、使用、收益、处分等。在此支配领域内，物权人得直接支配该特定的物，且任何人非经物权人的同意，不得侵入此领域或加以干涉。当然，物权种类的不同，物权人支配物的范围也有所不同，所有人得对物进行全面的支配，而其他物权人只能在法定范围内，对物进行有限的支配。无论是全面支配还是有限的支配，对物的支配性是一切物权的共性。

4. 物权具有排他性

物权是一种支配权，物权人得依自己的意思，对标的物进行管领处分，从而实现其权利内容。物权人实现其权利时，无须他人为意思表示或行为的介入，从而使物权表现出强烈的排他性。物权的排他性表现在：

(1) 一物之上不能有两个或两个以上互不相容的物权。就所有权而言，一物之上不能有两个所有权，数人共有一物是对所有权的量的分割，而非质的分割，因此，在“一物多卖”的情况下，全部买受人均平等的取得债权，但标的物的所有权只归一个买受人取得。就他物权而言，一物之上也不容允同时有两个或两个以上互不相容的他物权存在，如不能对同一标的物设定两个相同的用益物权。

物权排他性的例外情况：其一，一物之上可同时并存所有权与他物权，如物权人可对自己的物设定抵押权。其二，一物之上数个互不影响的他物权也可同时并存，例如，用益物权和担保物权就可在同一物上并存。

(2) 物权的排他性，还表现在物权具有排除他人侵害、干涉、妨碍的性能。故物权的排他性，是特指一个巷上有两个以上的权利存在时，物权人行使权利时对他人行使权利的排斥，而非广泛意义上的对不特定的第三人进行排斥的权利。

(三) 物权的效力

物权的效力是指物权因法律赋予其直接支配性和排他性而产生的不同的特殊法律效力。自罗马法以来，为确保物权人直接支配标的物，并使其利益不受侵害，作为物权人保护其权利的具体手段，各国法律都赋予物权以某些特定的效力，这些特定的效力的总和，称为物权的效力。

须明确的是，物权的效力是指同一物上一项确定的物权与其他权利之间的关系问题，即该项确定的物权与其他权利发生冲突时，能否优先实现的问题。

1. 物权请求权

物权请求权，又称物上请求权、物上诉权，是指物权人对物的支配因受到他人的侵害或有被侵害之虞时，得请求回复物权圆满支配状态或防止侵害的权利。物权请求权包括返还原物请求权、排除妨碍请求权、恢复原状请求权等。

物权何以具有请求权效力，缘于物权的排他性和支配性。基于物权的排他性，则一物之上仅得有一个所有权，当所有权的标的物被他人非法侵占时，法律应赋予所有人要求侵占人返还其标的物的权利。物权具有支配性，物权人得依自己的意志和行为实现其权利，无须他人行为的介入，当物权人实现其权利遭他人行为妨害时，法律赋予物权人享有请求除去该项妨害的权利。

物权请求权制度渊源于罗马法，但正式确立物权请求权制度是1896年通过的《德国民法典》。该法典规定了基于所有权的返还请求权，除去妨害请求权，基于占有的物上请求权制度。继后的瑞士民法、我国台湾地区民法，仿效德国民法，相应确立了物权请求权制度。

我国法律尚未明确适用物权概念，也没有确立物上请求权制度。但我国也有关于物上请求权的若干规定，如《民法通则》第83条规定："不动产的相邻各方，应当按照有利生产、方便生活、团结互助、公平合理的精神，正确处理截水、排水、通行、通风、采光等方面的相邻关系。给相邻方造成妨碍或者损失的，应当停止侵害，排除妨碍，赔偿损失。"此条规定中的"停止侵害"、"排除妨碍"等，即具有物上请求权的性质。

关于物权请求权的性质，有以下几种观点：

(1) 物权作用说。认为物权请求权乃物权的作用，并非独立的权利。(2) 纯债权说。认为物权请求权系请求特定人为特定行为的权利，为行为请求权。(3) 准债权说。认为物权请求权为请求特定人为特定行为之权利，与债权类似，但此项请求权又从属于物权而存在，并与之共命运。(4) 物权效力所生请求权说。认为物权请求权是基于物权效力所生的请求权，与物权不可分离。(5) 物权派生之请求权说。认为物权请求权系由物权派生，并常依附于物权的另一种权利。

其中，第一说否认了物权请求权的独立性，第二说认为物权请求权就是债权，以上两说都显不妥。综合以上各说，物权请求权指存在于物权上的独立请求权。

2. 物权的优先效力

物权的优先效力，主要指物权优先于债权的效力，也包括物权相互之间的优先效力。

(1) 物权对于债权的优先效力，即同一物上物权与债权并存时，物权优先于债权。表现在：第一，物权破除债权。就债权的特定标的物成立物权时，无论物权成立之先后，该物权都可基于其优先效力破除债权，使已成立的债权归于消灭。如"一物二卖"场合，标的物若为动产，后买受者受让该动产的交付；若为不动产，后买受者已办理物权变动登记时，后买受者取得标的物所有权，先买者不能取得标的物的所有权，其只能请求出卖人承担违约责任。第二，物权对债权的优先受偿权。这是指享有担保物权的债权人，可就担保物优先于其他债权人受清偿。如债务人的财产上设定了抵押权时，抵押权人可就拍卖标的物所得的价金，优先于一般债权人受偿。

物权优先于债权的例外：第一，买卖不破除租赁。基于租赁权的物权化性质，成立在先的租赁权，租赁物交付后，可优先于后成立的物权，即承租人仍可对租赁物的新买受人主张承租的权利，这主要是考虑到承租人一般处于经济上的弱势地位，犹有保护的必要。第二，基于社会公益或政策的理由。法律规定某些物权不得享有优先效力，如先设定的抵押权不得优先于船长、船员的工资等劳动报酬优先受偿。第三，纳入预告登记的债权，具有优先于物权的效力。为了保障一些特殊不动产交易中以取得不动产物权为目的的债权，法律许可债权人将其权利纳入不动产登记簿，并赋予这种债权具有排斥后来一切不动产物权变动的效力，在德国，称为预登记制度。

(2) 物权相互之间的优先效力，即一个物上并存两个以上物权时，一个物权对其他物权的效力，基于物权的支配性和排他性特征，通常以物权成立的时间先后顺序，决定物权相互间的效力。就是说，同一物上设定有两个以上内容或性质相同的物权，成立在先者享有优先权。例如，同一标的物上设定有两个以上抵押权时，先成立的抵押权优先于后成立的抵押权受偿。

先成立的物权，优先于后成立物权的例外：第一，一物之上设定限制性物权时，该限制性物权在一定范围内优先于所有权，因为限制性物权设立的目的，就是对所有权进行限制，限制性物权应优先于所有权的实现。第二，基于法律的特殊规定，不适用“成立在先，权利在先”的原则，须依法定的序位确立数个物权的优先效力。如我国《海商法》第 25 条规定：“船舶优先权先于船舶留置权受偿，船舶抵押权后于船舶留置权受偿。”第三，基于公益或社会政策的理由，发生在后的某些物权有优先于发生在前的某些物权的效力，如我国《海商法》上的优先权有优于船舶抵押权的效力。

3．物权的排他效力

物权的排他效力，可参阅上文的物权排他特性，此处不赘述。

4．物权的追及效力

物权的追及效力，又称物权的“追及权”，指物权成立后，物权的标的物不论辗转落入何人之手，物权人均可追及至物之所在行使物权的法律效力。

物权的追及效力，表现在以下两种情况：第一，当标的物由无权处分人转让给第三人时，除法律另有规定外，物权人有权向第三人请求返还原物。第二，当抵押人擅自转让抵押物给第三人时，抵押权人得追及至抵押物之所在行使抵押权。《最高人民法院关于适用〈中华人民共和国担保法〉若干问题的解释》（简称《担保法解释》）第 67 条第 1 款规定：“抵押权存续期间，抵押人转让抵押物未通知抵押权人或者未告知受让人的，如果抵押物已经登记的，抵押权人仍可以行使抵押权；取得抵押物所有权的受让人，可以代替债务人清偿其全部债务，使抵押权消灭。受让人清偿债务后可以向抵押人追偿。”该规定肯定了经登记的抵押权的追及效力。

物权的追及效力不是绝对的，法律为保护善意第三人的利益，为了维护交易安全的需要，往往对抵押权的追及效力有所限制。第一，善意第三人对标的物的占有，受即时取得制度和时效取得制度的保护。原所有人无权请求善意第三人返还原物，只能请求无权处分人赔偿损失。第二，物权未按法定方式公示者，不具有对抗善意第三人的法律效力。最高人民法院《担保法解释》第 67 条第 2 款规定：“如果抵押物未经登记的，抵押权不得对抗受让人，因此给抵押权人造成损失的，由抵押人承担赔偿责任。”第三，物权登记错误时，与登记名义人进行交易的善意第三人，受登记公信力的法律保护，原权利人对善意第三人无追索力。

四、物权与债权区别的模糊性

1．物权与债权的区别

（1）物权为支配权，债权为请求权。物权人以自己的行为和意志即可实现直接支配其标的物的权利，并通过对标的物的直接支配而得以享受其利益。与此相反，债权为请求权，债权人仅凭自己之意志不能实现其权利，债权人必须借助相对人的给付行为，才能实现债权。

（2）物权实行物权法定主义，而债权的发生实行任意主义。依照物权法定主义，物权的种类和内容都由法律规定，不允许当事人创设新的物权。而债权的发生，一般通过当事人的合意产生，在不违反法律强行规定以及公序良俗的前提下，当事人可任意创设债权。但这里的债权，是指合同之债，而诸如侵权之债等仍受法律强制规定，不许当事人任意创设。

(3) 物权为对世权，债权为对人权。物权的权利主体是特定的，而义务主体是不特定的，除物权人外，任何不特定的人，都负有不侵犯物权人的权利和不妨害物权人行使权利的义务。物权的效力得对一切人主张，其权利性质属于绝对权。而债权是对人权，其权利主体和义务主体都是特定的，债权人只能对特定的义务人主张其权利，债权关系以外的其他人不受债权的约束。债权只对相对人主张，属于相对权。

(4) 一般来说，物权是无期限的权利，而债权为有期限的权利。特别是所有权，除非所有权的客体灭失，所有权的存续时间一般是无期限的，具有永久性。但用益物权和担保物权均有存续期限。债权的存续时间有期限限制，具有暂时性，法律不允许无期限的债权存在。

(5) 物权的标的为物，而债权的标的为给付行为。物权具有公示性，而债权不必具有公示性。物权具有独立处分性，而债权无独立处分性。

2. 物权与债权区分的模糊性

(1) 如果把物权的客体扩大到广义的物，即一切具有经济价值意义的财产，则物权与债权的区分终将模糊。特别是把债权当作物权的客体时，将出现“债权所有权”说法。债权的所有权，其实就是债权。故须在一定条件下对物权与债权进行区分。

(2) 当债权人处分其权利时，比如债权人抛弃自己的债权，其行为与物权人的处分权极其相似，也是以自己的单方意思实现其权利，以这种行为实现其权利，显然已不具有请求权性质，而具有了支配权的性质。

(3) 民法传统理论历来认为侵权行为的标的只能是绝对权，而债权作为一种相对权，不可能遭受债务人之外的第三人的侵害。但“第三人侵害债权的理论”的提出，赋予债权以绝对性，使债权也成为一种“对世权”，致物权为绝对权与债权为相对权这一区别模糊化。

(4) 近现代民法上，出现了所谓“物权债权化与债权物权化”的倾向，即物权与债权相互渗透、相互转化或者相互混合的法律现象。

第一，“物权债权化”主要是由物权的“价值化”引起的。以所有权为代表的物权，其原本目的在于对物进行现实支配的实体权。但随着社会的发展，发生了所有权的中心由“所有”向“利用”的转移，即将所有权的权能与所有人予以分离，或将物之使用价值以使用权或利用权的形态归属于物之用益权人；所有人则以之收取对价（租金），或将物之交换价值，以担保权（价值权）形态归属于担保权人，所有人则以之取得信用，获取融资。于是，物权人从对标的物之现实支配，演变为收取代价或获取融资的价值权。

第二，“债权物权化”是指越来越多的债权被赋予物权的效力，其中最典型的是租赁权。租赁权为债权，但在许多国家，租赁权具有越来越接近物权的法律效力。如此，物权与债权的联系越发紧密，物权与债权的界限也越发模糊。

第二节　物权法的基本原则

一、物权法的定义与特征

物权法属于财产法，它是调整民事主体对于物的占有支配关系、物权交易安全以及物权变动规范的总和。

物权法有狭义和广义之分，狭义的物权法是从形式意义上对物权法的称谓，是指民法典中的物权编；广义的物权法，不仅包括民法典中关于物权的规定，而且还包括其他法律、法规中关于物权的规定。在我国，诸如《中华人民共和国土地管理法》、《中华人民共和国草原法》、《中华人民共和国水法》、《中华人民共和国森林法》、《中华人民共和国矿产资源法》等。

物权法是大陆法系民法中使用的概念；在英美法系国家里，规定各种物权的法律不叫物权法而称财产法。

物权法以规范财产流转关系和保障财产流转秩序为其任务，而债权法则以规范财产流转关系和保障财产流转秩序为其任务。物权法与债权法是民法中两个重要的组成部分，是现代市场经济的两大法律基础。与债权法相比，物权法具有以下特征：

1. 物权法属于强行法。由于物权法直接反映着一个国家的社会所有制关系，涉及一个国家的社会经济基础，同时，基于物权的排他性、支配性，物权的变动往往还涉及第三人利益。因此，物权法的规定，多为强行性规定，物权法实行物权法定主义，而债权法通常实行契约自由原则。

2. 物权法内容上的稳定性和差异性。物权法反映着一国的社会所有制关系，而一个国家的社会所有制关系在一个较长时间内相对稳定。物权法须与一国的所有制保持一致，在内容上具有相对稳定性。另外，各国物权法因国家、民族、政治、经济、文化传统的差异而互不相同，特别是关于土地制度的规定，因国家、民族和历史传统的不同而更具特殊性。

3. 物权法适用上的公益性。物权法属于归属法，注重保护财产静的安全，尤其是对诸如土地、矿产等稀缺性自然资源的保护，与国家、民众利益息息相关。自 20 世纪以来，所有权绝对保护原则得以修正，出现了所有权社会化思潮，即所有权也负有社会义务，所有权的行使应遵循社会公益原则、权利不得滥用原则。

基于社会公益的需要，我国宪法在一定条件下，承认了国家征收等行政管理措施对私人所有权的干预。这就使物权法具有公共公益性质，而与债权法原则上仅关涉双方当事人之间利益的私人性特征明显不同。

二、物权法的基本原则

物权法的基本原则是指其效力贯穿于物权法始终，对物权法的整体规则具有指导意义的根本规则。物权法基本原则对整个物权法具有统率和纲领作用，物权法除应遵守民法的基本原则外，还应有自己特有的原则。物权法的基本原则主要有：物权法定原则、物权公示、公信原则、一物一权原则和区分原则。

1. 物权法定原则

物权法定原则，也称物权法定主义，即物权的种类、物权的内容、物权的效力和公示方法等由法律强行规定，而不允许当事人自行创设。

物权法定被视为物权法的首要原则，在整个物权法结构体系中处于枢纽的地位。在罗马法中已有物权法定原则，即要求物权的种类须有法律明确规定，罗马法中的物权法定原则为近代大陆法系各国或地区的物权法所继承接受并加以改造，并业已成为其共同的原则。一些国家的民法典还在物权编中明确提出了这一原则，如《日本民法典》第175条规定："物权，除本法及其他法律所定者外，不得创设。"瑞士、奥地利、德国等国的民法典虽无明文规定，但解释上也有此原则的适用。

物权法定原则的内容：首先，物权法规定，当事人不得创设没有规定的新的物权类型，称为"种类强制"。法律规定了几种物权类型，就承认这几种物权类型，如果当事人为了自身的利益而创设了新类型物权，那么这新的物权将得不到法律的承认，这种创设也是自始无效的，不具有物权法上的效力。其次，当事人不得创设与物权的法定内容相悖的物权，即"内容强制"。当事人在交易中所确定的物权内容，须按照法律规定的内容来解释，而不能按照当事人自己的意志来阐释。最后，当事人之间进行的物权变动，必须进行公示，但公示的方法须符合物权法的规定，如动产的公示为交付（占有），不动产的公示为登记。如此，方能获得法律所赋予的物权变动的公信力。此为"公示方法强制"。

在历史上，普鲁士普通法曾实行物权放任主义。放任主义容许当事人根据对物的占有或登记，使其使用收益权具有物权的效力，如租赁权本为一种债权关系，但依普鲁士普通法，以不动产为其标的时，则当事人可以自由意思，加以登记，使之成为物权。物权放任主义的缺陷显而易见，目前大陆法系各国立法都采用物权法定原则。

物权法定原则存在的理由：物权是支配性财产权利，具有强烈的排他性，物权人之外的一切人都是义务人。物权的变动，直接会对他人产生影响，因此，须以强制性规范规定有关制度，使物权归属关系明朗化、物权变动公示化，从而确保交易安全。物权法调整财产支配关系，其与一个国家政治制度、经济制度密切相关，只能实行物权法定，才能便于国家的管理，使国家建立起合理的物权类型体系，发挥物尽其用的经济效益，否则，国家管理就会出现混乱状态。

随着社会经济的发展，交易越发频繁，社会现象也越发复杂化、多元化，新鲜事物层出不穷，传统的物权法定原则具有封闭性特点，物权种类和内容的强制已使物权法失去了本身所具有的灵活性，抑制了新类型物权的出现，限制了社会的发展。物权法是私法，是自治法，物权法定是自治法的重大例外，近来，物权法定原则有逐渐弱化的趋势。

2. 物权公示、公信原则

物权变动的公示原则是指物权的产生、变更或消灭，应当或者必须以一定的可以从外部察知的方式表现出来，才能发生一定法律效果的原则。凡是采取意思主义、形式主义的国家地区，都普遍承认这一原则。其中，不动产物权以登记为其公示方法，动产物权以占有为其公示手段。

确立物权公示原则的理由：物权是对世权、绝对权，物权的义务人是不特定的任何人，对物权人的物权任何人都负有不得侵害和不得干涉、妨碍的义务。而要使社会一般人负起这一义务，物权就必须具可识别性，而物权法要求物权的变动，必须以法定的方法公示出来，从而使社会第三人知道对何人负有物权法上的不作为义务。物权是一种支配权，具有强烈的排他性，物权发生变动时，必然会排斥第三人的利益。实行物权公示，使物权变动彰显于外，第三人才能明确物上权属状况，从而有利于第三人利益的保护，有利于社会交易秩序的建立。

关于物权变动公示效力，各国规定不一，德国民法采用公示成立要件主义，法国、日本民法采用公示对抗要件主义。

公信原则，指当事人之间的物权变动，依法定公示方法进行了公示，法律就赋予该物权变动具有完全的效力，纵使公示方法所表现的物权不存在或内容有误，但对于信赖此项公示方法（善意要求）所表示之物权，而为物权交易之人，法律仍承认其具有与真实物权存在之相同法律效果，以为保护之原则。它是一种对当事人积极的信赖予以保护的原则。

按照通说，现代动产公信原则的确立，渊源于法国“动产不许追及”原则，而不动产物权公信原则的确立，却肇始于德国法。

在物权交易过程中，要求买受人对出卖人有无处分权进行周密调查，或出卖人对其标的物有无处分权进行繁琐证明，将不堪其累，事实上也不可能，因为这将有碍交易迅捷与安全。而依物权公信原则，参与交易行为之人，只需依公示方法所表现之物权状态，从事交易行为即为已足，不必再费时费力，详查物权权利状态底细，这完全符合交易迅速的社会需要。依公信原则，公示表现的物权与实际的物权有误时，真正的权利人可能受到损害，但却有利于社会上作为买受人的第三人利益，有利于社会交易安全。

但是，公信原则不是对社会任意第三人进行保护，而是保护那些善意信赖公示所表现物权而与之交易的第三人。公信原则以保护动的安全为主，也兼顾了静的安全，是原物权人和善意第三人之间的一种平衡。

对于公信原则的适用，各国规定也不一样，德国、瑞士民法规定，公信原则可以适用于动产和不动产，而法国民法、日本民法规定，公信原则只能适用于动产，但是为了社会交易安全的需要，在判例与学说上，法国民法与日本民法也逐渐把公信原则的适用范围扩大到不动产领域。

3．一物一权原则

一物一权原则，指一个标的物上只能存在一个所有权，不许有互不相容的两个以上的物权同时存在于同一标的物上。

一物一权中的“一物”，是指法律观念上的一个标的物，它既可以是单一物，也可以是合成物或集合物，而非客观事实上的一个独立物，只须该物具有特定的独立性即可。

一物一权原则是物权排他效力的表现，但一物一权原则并不排斥在同一标的物上同时并存所有权和他物权，也不排除在同一标的物上同时设立两个以上的不相冲突的他物权。比如，用益物权和担保物权，可并存在一个标的物上。但他物权的内容和效力将受到所有权的限制，不能对所有权构成妨害。当然基于定限物权的优先性，其在一定程度上对所有权有所妨碍。比如，定限物权中的担保物权，担保物权人在一定条件下，对标的物具有处分权从而优先受偿，这就排斥了所有人的处分权。

一物一权原则来源于物权的排他性、支配性，基于物权的排他性、支配性，只有实行一物一权，物权人才能按照自己的意思独占性地、全面地支配自己的财产，并按照自己的意思最终处分自己财产。实行一物一权原则，使物权的归属明确化，财产的交换才能发生，不致因物上权属归属不明而造成社会的混乱。

一物一权原则渊源于罗马法，罗马法以所有权为中心。因此，罗马法上的一物一权原则，是指一个物上只能设立一个所有权。然而在当代社会，公寓化住宅的兴起，一个高层建筑卖给了几十户、上百户，从而，在一个建筑物上有多个所有权的存在，在法律上产生了建筑物区分所有权这种特殊的所有权。因此，传统罗马法的一物一权原则面临着挑战。

4. 区分原则

区分原则是国内目前物权法研究的最新成果，并得到普遍的认可和赞同。所谓区分原则，即发生物权变动时，物权变动的结果与物权变动的原因相分离，作为两个法律事实，其成立生效依据的是不同的法律规则。

区分原则的法理基础是负担行为与处分行为的区分。所谓负担行为是指民事主体通过此行为，向他的相对人表示承担某种为或不为特定行为的约束，它主要的法律后果是设立一个给付义务并由此建立债的关系。而处分行为是指直接对某种既存的权利变更、转让、设定负担或者消灭的法律行为。

负担行为与处分行为的区别表现在：首先，负担行为的成立，不需以标的物的成就为条件，而处分行为须有标的存在且标的应当特定。其次，负担行为不要求行为人对标的物有处分权，而处分行为以处分人有处分权为要件，负担行为具有平等性和相容性，不需公示，而处分行为适用公示原则。

区分原则的基本意义有两点：首先，关于物权变动的基础关系，即物权变动的原因行为的成立，必须遵守债权法律行为的生效要件，而不能以物权变动是否成就为标准。其次，关于物权的变动，应遵守处分行为的生效条件，必须以动产的交付与不动产的登记为必要条件，仅基础关系或者原因关系的成立生效不发生物权变动的结果。

以发生物权变动为目的的原因行为主要是合同，它属于债权法律关系的范畴，其成立、生效应该依据债权法、合同法的规定。在法学上，这种合同属于物权变动的原因行为。因为不动产物权的变动只能在登记时生效，动产物权的变动只能在交付时生效，故合法成立的合同可能不发生物权变动。

比如，在“一物二卖”场合，后买受人先行进行了不动产登记或接受了动产交付，后买受人将取得标的物的所有权。前买受人不能取得标的物的所有权，但前买受人与出卖人签订了债权合同仍然合法有效，前买受人可追究出卖人的违约责任。

《中国物权法草案建议稿》（简称《物权法草案》）第 7 条规定：“以发生物权变动为目的原因行为，自合法成立之时生效。在不能发生物权变动的结果时，有过错的当事人应承担违约责任。”物权变动只能在公示之后生效，而不是仅依当事人的意思表示。这样物权的变动和债权的变动就划清了界限，这就是所谓“物权变动与其原因行为的区分原则”。应该指出的是，《物权法草案》中的“区分原则”，不同于德国、瑞士、我国台湾地区的“分离原则”。这些国家、地区所谓的分离原则是在肯定有一个独立存在于债权行为外的独立物权行为，其区分或分离的不仅是物权变动与原因行为，而是引起物权变动的物权行为与原因行为。但是，《物权法草案》的表述，并没有表明独立物权行为的存在。

第三节　物权行为与物权变动

一、物权行为

（一）物权行为理论起源

在罗马法中，并未建立起对一切表意行为普遍适用的统一的法律行为概念，当然也就无所谓物权行为概念。德国法学家胡果在 1805 年出版的《日耳曼普通法》一书中，首先提出了“法律行为”概念。他认为：法律行为，即具有法律意义的一切合法行为。继后的法学家海瑟赋予法律行为概念以意思表示之本质，从而真正建立起近现代民法学意义上的法律行为理论。

但是，真正创立物权行为理论的是 19 世纪德国法学界最著名的法学家萨维尼。早在 1820 年，萨维尼在大学讲义中已经谈到，为履行买卖契约或其他以转移所有权为目的的契约而践行的交付，并不是一种单纯的事实行为，而是包含一项以转移所有权为目的的物权契约。

至 1840 年，在《现代罗马法体系》一书中，萨维尼进一步阐述了物权契约的概念。他说：“私法上的契约，以各种不同制度或形态出现，甚为繁杂。首先是基于债权关系而成立的债权契约，其次是物权契约，并有广泛的适用。交付具有一切契约的特征，是一个真正的契约，一方面，包括占有的现实交付，另一方面也包括移转所有权的意思表示。此项物权契约常被忽视，例如在买卖契约，一般人只想到债权契约，但却忘记交付之中也包括一项与买卖契约完全分离，而以转移所有权为目的的物权契约。”

按照萨维尼的主张，物权变动的形式中，包含着当事人关于物权变动的独立意思表示，这个意思表示不同于债权法上的原因行为，是一种独立的法律行为，即物权行为。萨维尼的这一思想对后世影响极大，以至影响到后来《德国民法典》的制定。1896 年通过的《德国民法典》正式采纳了物权行为理论。

（二）物权行为的理论原则

1. 分离原则

在德国法上所谓的分离原则，多从物权行为（处分行为）与债权行为（负担行为）相分离角度来进行论述，并承认有独立的物权行为。物权行为与债权行为，是相互独立的两个法律行为，债权行为是发生债法效果的法律行为，物权行为是发生物权法效果的法律行为。

一般而言，物权行为是为履行债权行为所确定的义务而为，所以，债权行为是物权行为的原因。

2. 形式主义原则

所谓形式主义原则，指物权变动中的独立的物权合意，须以一种客观的能够认定的方式加以确定的原则。根据德国法学的通说，表现这种物权合意的一般方式，就是不动产登记和动产的交付，并以交付和登记作为物权变动的生效要件。

3. 抽象性原则

抽象性原则，也即无因性原则，指物权变动不因原因行为的欠缺或不存在而受影响的原则。物权的变动，直接来源于当事人之间独立的物权合意，而非债权的合意，故物权变动的结果，不受当事人之间债权合意的约束。

(三) 物权行为无因性理论评析

物权行为理论自产生之日起，就备受批评，该批评在 20 世纪 30 年代至 40 年代达到高潮，并断断续续直至今日。在德国，对物权行为理论的批评，主要来自两方面，其一，是日耳曼法学家，他们反对物权行为理论的主要理由，是物权行为理论不是日耳曼固有的东西；其二，是比较法学家，他们反对物权行为理论的主要理由，是其他国家不采用物权行为理论。

对于物权行为是否独立存在，从学界的讨论情况来看，基本上是持肯定态度的。独立存在的物权行为，使得意思表示体系和法律行为体系进一步完整，因为当事人的意思表示并不是泛化的私法上的意思表示，而是具体的、表现其不同私法效果的意思表示。如设定债权关系的意思表示、设定物权关系的意思表示等。根据不同的意思表示，来确定法律行为的性质。

承认物权行为的独立性，可以圆满解释抵押合同、质押合同、国有土地使用权出让合同等创设物权的双方法律行为，以及所有权、他物权抛弃等直接使物权发生变动的单方行为。我国《合同法》第 51 条关于无权处分制度的规定，如果不以独立的物权行为存在为前提，将不能进行合理解释。

目前，对物权行为理论的批评，主要是对物权行为抽象性原则的批评，即对物权行为无因性理论的批评。认为该理论的最大缺点，在于严重损害出卖人的利益，对出卖人不公平，违背了交易活动中的公平正义。在标的物所有权转移后，出卖人发现买卖契约未成立、无效或被撤销，由于物权行为具有无因性，不受债权行为影响，故买受人仍取得标的物的所有权，出卖人仅能依不当得利的规定请求返还。于是出卖人由所有人变为债权人，不能享受法律对物权的特殊保护，其地位十分不利。

萨维尼“源于错误的交付也是有效的”无因性理论，极有可能怂恿受让人与第三人恶意串通，损害出卖人利益，如受让人通过欺诈取得了出卖人交付的某种具有重要价值的标的物，为防卫出卖人追夺该物，遂与第三人恶意通谋，以虚假的买卖合同将该物转让给第三人。第三人虽为恶意，也能取得该物的所有权，这显然不妥。

物权行为无因性理论有利于保护交易安全，Schlesinger 指出：必须将作为原因的债权行为与所有权让与的物权行为分离开来，否则，标的物的新的受让人必须仰赖出卖人的鼻息，受其左右、支配，并时刻担忧因原因关系的瑕疵而有可能丧失权利，其结果也就必然妨害交易安全。耶林也指出：基于物权行为的无因性，标的物的原权利人仅得对让与人行使权利，而不得向自让与人处取得标的物的第三人（即受让人）行使，这样第三人也就得到了保护。

物权行为无因性，对交易安全的保护具有绝对性，有损出卖人的利益，故理论上提出了使物权行为的效力受债权行为之影响的情形，这些情形有三种：一是条件关联，即物权行为效力之发生受债权行为的束缚，从而中断物权行为无因性原则的适用。二是行为统一，当事人在合同中，约定使物权行为和债权行为互相结为一体。当债权行为无效时，亦使物权行为归于无效。三是瑕疵一致，指物权行为中的瑕疵与债权行为中的瑕疵为同一个瑕疵，从而在撤销债权行为时，同时撤销物权行为。

在德国，物权行为抽象性原则的修正，不是通过立法方式进行的，而主要是通过司法以及法学理论进行修正。对该理论的修正，并不是否定物权行为理论，而是对物权行为理论的完善。物权行为抽象性原则，仍是文献与司法上坚持的原则，当代德国民法学家大多也肯定这一理论，这一点本身就值得国内否定该理论的学者谨慎对待之。

二、物权变动

（一）物权变动的含义

物权的变动，乃权利所生的一种动态现象。就物权自身观察而言，物权的变动指物权的发生、变更和消灭。如果就物权权利人而言，物权的变动指物权的取得、设定、变更与丧失。

1. 物权的设立

物权的设立，又叫物权的发生，是指民事主体依法设立新的物权。为自己设立物权，叫物权的取得；为他人设立物权的，称为物权的设定。物权的取得有原始取得和继受取得之分。原始取得，又称固有取得，指非基于他人权利与意志而直接依据法律规定取得物权，如因生产、先占、收取孳息、财产的没收、添附等方式取得物权。

物权的继受取得，指基于他人既存的权利和意志而取得物权，如因买卖、互易、继承、赠与等方式而取得物权。继受取得，以继受方法的不同，又分为移转继受取得和创设继受取得。移转继受取得，指原物权人的物权完整地移转给新物权人，如买卖、赠与等。创设继受取得，指所有权人为他人创设所有权以外的定限物权，例如，所有人在自己的房屋上为他人设定抵押权，在自己的动产上为他人设定质权等。

2. 物权的变更

物权的变更，有广义、狭义之分。广义的物权变更，包括物权主体的变更、物权内容的变更和物权客体的变更。狭义的物权变更，仅指物权客体与物权内容的变更。由于物权主体的变更，会同时引起原物权人物权的丧失和新物权人物权的取得，故不再作物权变更来理解。这里所说的物权变更，通常是狭义的物权变更，即物权客体与物权内容的变更。

所谓物权客体的变更，是指物权的标的物在数量上的增减等；而物权内容的变更，指物权权利内容的扩充或缩减等。

3. 物权的消灭

它是指物权与特定主体相分离。物权的消灭亦有广义、狭义之分。广义的物权消灭包括两种情况：其一是物权的绝对消灭，指物权与特定主体相分离，而他人又未能取得其权利，如标的物的灭失；其二是物权的相对消灭，指物权与原物权人分离而归入新物权人，如买卖。

狭义的物权消灭，仅指物权的绝对消灭，不包含物权的相对消灭，因为物权的相对消灭从另一角度观之，可归于物权的继受取得与物权主体的变更。

（二）物权变动的原因

物权变动是物权法上的一种民事法律效果，物权变动也是由法律事实所引起的，能够引起物权变动的民事法律事实，又可分为以下两种：

1. 因法律行为的物权变动，即根据当事人的意思表示所发生的物权变动，也称物权行为，包括双方行为与单方行为。双方行为又称物权契约，如买卖；单方行为，如所有物的抛弃。

2. 非因法律行为而发生的物权变动，主要包括：其一，依据某些公法行为，如法院强制执行，行政没收等。其二，因事实行为而发生的物权变动，如先占、添附、劳动、时效、拾得遗失物、发现埋藏物等。

（三）物权变动的模式

自19世纪到20世纪初，大陆法系民法立法就基于法律行为的物权变动的规制模式，形成“三足鼎立”的局面，即以德国民法为代表的物权形式主义，以奥地利、瑞士为代表的债权形式主义，及以法国、日本为代表的债权意思主义。

1. 物权形式主义。物权形式主义以德国民法典为代表，我国台湾地区也承袭此模式，即物权变动中的债权合意，仅能发生债权法上的权利和义务关系，独立于债权合意而存在的“物权合意”，加上登记或交付方式始能产生物权变动的效力。其中，不动产须有登记，动产须践行交付，这里的“物权合意”指以物权的变动为其内容，依此主义，有所谓物权行为的独立性，也承认物权行为的无因性。

具体反映在《德国民法典》第873条和第929条。《德国民法典》中的这两条规定明确表达，不动产物权的让与和设定以登记，动产物权的移转以交付物质形式的作成而发生。

2. 债权形式主义。债权形式主义，以奥地利民法为其代表。物权因法律行为发生变动时，除当事人间须有债权合意外，仅需另外践行登记或交付的法定方式，即生物权变动的效力，不需另有物权的合意，不承认有独立的物权行为，债权行为直接影响物权变动的效力，不承认物权行为的无因性。《奥地利民法典》第426条、第431条规定是其反映。

3. 债权意思主义。债权意思主义，以法国、日本民法为代表，依此主义，物权变动的完成仅以当事人的意思合意为已足，不以登记、交付等形式的作成为必要，物权的变动系债权行为之当然结果，不承认有独立的物权行为。《法国民法典》第1583条和《日本民法典》第176条为其体现。但就日本民法而言，在只要意思表示即可转移所有权这一点上，究竟这种意思表示是只要用债权性的意思表示就可以了呢，还是另外要有个物权性的意思表示，这一点不明确，但通说认为系债权的意思表示。

（四）我国的物权变动规则

我国关于物权变动的立法，散见于《民法通则》、《土地管理法》、《森林法》、《矿产资源法》、《城市私有房屋管理条例》等法律法规文件中。

我国《民法通则》第72条是现今我国民法关于物权变动的基本规定，该条规定：“按照合同或者其他合法方式取得财产的，财产所有权从财产交付时起转移，法律另有规定或者当事人另有约定的除外。”根据这一条规定，物权变动一般以标的物的交付为生效要件，由此可以知悉：

其一，基于买卖合同、互易合同而发生的所有权转移，一般以交付为准。当事人虽就某项财产的买卖达成了债权契约，而尚未交付时，仍不发生所有权转移，交付为动产物权变动的生效要件。

其二，法律另有规定的，依法律的规定，指的是不动产的登记。我国《城市房地产管理办法》第35条规定：“房地产转让、抵押，当事人应当依照本法第五章的规定办理权属登记。”《中华人民共和国城镇国有土地使用权出让和转让暂行条例》（简称《土地使用权条例》）第25条规定：“土地使用权和地上建筑物、其他附着物所有权转让，应当按照规定办理过户登记。土地使用权和地上建筑物、其他附着物所有权分割转让的，应当经市、县人民政府土地管理部门和房产管理部门批准，并依照规定办理过户登记。”由此可见，对房屋等不动产的物权变动，办理登记手续为其生效要件。另外，在我国，机动车辆、船舶和飞机等动产的物权变动，也要求登记，且登记为对抗要件。

其三，当事人另约定物权变动生效条件，但约定不得违反法律规定。例如，附条件的所有权买卖中，标的物已经交付，但当事人约定标的物所有权转移应当附有条件，在所附条件成就时，标的物所有权才转移。

根据我国现行法律法规规定，我国的物权变动立法，就不动产的物权变动而言，以登记为生效要件，就动产物权变动而言，一般以交付为生效要件，法律另有规定或当事人另有约定的除外。

第四节　物权保护

物权保护，指法律赋予物权人在物权受到侵害的情况下，可以行使恢复物权圆满状态的各种权利。物权保护可以分为物权的私法保护和物权的公法保护两大类型。

物权的私法保护，指物权人依照民法上的保护方法达到恢复物权的圆满状态。物权的公法保护，指的是物权人依据行政法、刑法等法律追究侵权者的责任，以达到保护物权人利益的目的。一般而言，物权的私法保护对于物权本身而言，其意义比公法保护效率要高得多。

一、私法上的保护

（一）私力救济

私力救济，指的是物权人在自己的权利受到侵害时，直接以自己的行为来达到恢复物权圆满状态的保护方式。有权利就有救济，这是自罗马法以来公认的原则。如果物权人的权利受到侵害时，仅消极地等待国家的保护，那么，物权的权利将受到严重的侵害，因为国家保护具有滞后性、长期性等特点。一味等待国家的保护，物权人的权利遭受的损害，可能会越来越严重。

如果物权人的权利受到侵害时，只能请求国家保护的话，那么，国家机关也将不堪其累。事实上，法律在很多时候是鼓励物权人实施私力救济的，比如，当物权人占有的物被他人非法侵夺时，物权人完全可以通过己力来维护自己的占有。

（二）物权请求权

物权请求权，指当物权人对物权的圆满支配状态受到他人妨害或有妨害之虞时，向公权力机关提起保护的请求权。物权请求权保护物权，属于公力救济的范畴，即依靠公权力的强制作用来保护物权。其具体方式有以下四种：

1. 请求确认物权

当物权归属不明或发生争执时，当事人向人民法院提起诉讼，请求确认物权的归属。请求确认物权，包括请求确认所有权和请求确认他物权。请求确认所有权的争执，通常在物的真正所有人与非所有人之间发生。而请求确认他物权的争执，则通常在他物权人与所有人或他物权人与其他人之间发生。

请求确认物权，一般直接向法院提起，但是，权利人也可向有管辖权的行政管理部门提起。比如，当事人之间关于房屋所有权登记、确认的争执，可以向国家房地产管理部门提起。当然，当事人如对行政主管部门的处理不服，也可向人民法院起诉，请求确认物权。

2．请求返还原物

请求返还原物，指的是物权人对无权占有人所享有的要求其返还占有的请求权。返还请求权在各种物权请求权中具有核心地位。在民法物权体系中，大部分物权以占有为必要权能，如果失去占有，这些物权的目的就无法实现。因此，返还占有的请求权，在物权请求权中具有核心地位。请求返还原物是保护物之占有权能的方法，无论所有人或其他合法占有人都可依物权法行使。请求返还原物时，对于物上所生孳息，也可请求返还。这里的孳息，既可能是自然孳息，也可能是法定孳息。

对于物权人返还原物的请求权，善意的现时占有人可以行使抗辩权。善意占有人于占有期间的合理支出，如于占有期间为维护物的价值而支出的正当费用，可以请求物权人予以补偿。善意占有人于占有期间，对物的管理和使用是按照物的自然性能来管理和使用而致使物损耗时，其返还时以现存利益为限，而不必按原物返还。这里所说的善意占有，指对物的权利归属不知道或无法负有知情义务时的占有。

所谓恶意占有，即占有人明知自己没有相应权利，而仍然以权利人的意思占有。恶意占有人不享有善意占有人的抗辩权，其返还物时应返还原物，对原物有损害的，应负恢复原状义务，其占有期间所支出的费用，应由自己负担。当然，恶意占有人于占有期间就增加物的价值所支出的费用，可以要求补偿。

3．请求排除妨害

请求排除妨害，指物权人、占有人对他人非法妨害其行使物权时，可以请求妨害人排除妨害，也可请求法院责令妨害人排除妨害的请求权。

请求排除妨害，既包括请求除去已构成之妨害，也包括请求防止可能出现的妨害。前一种请求存在实际有妨害之时提出，其目的在于除去已存之妨害。后一种请求于出现妨害之虞时提出，即存在妨害危险时提出，其目的在于预防可能的妨害。如物权人发现相邻人的房屋有可能倾倒砸坏自己的房屋时，物权人可对相邻人提出排除妨害的请求权。

由于妨害人的行为，造成或有可能造成物权人或占有人利益的损害，因此，物权人请求妨害人排除妨害的费用，自不必说，应由妨害人负责。

4．请求损害赔偿

当侵害人的行为导致无法恢复物的原状的情况下，物权人可以向侵害人提出以货币的方式赔偿的请求权。

一般来说，损害赔偿作为金钱赔偿，是债法上的救济措施，但把其应用到物权法领域，目的还是为了保护物权人的利益。当物权人的物权利益受到侵害而依据排除妨害、返还原物等物权保护方式，又不足以挽回物权人所受之损失时，以金钱作为一种补偿手段，也可使物权人得到公平的补偿。

损害赔偿请求权与其他权利竞合时，为了保护物权人利益，应许可物权人根据其需要提出某种请求权。另外，损害赔偿请求权与债权法上的请求权一样，应受诉讼时效的限制。

二、公法上的保护

物权的公法保护，主要是依据行政法、刑法甚至宪法来追究侵权者的责任，以达到保护物权人利益的目的。物权的公法保护，主要在于强行性规范的应用，其对侵害人责任的追究也大抵是惩罚性责任，且追究责任时当事人的地位也是不平等的。

思考题

1. 物权的概念、特征以及与债权的区别。
2. 什么是物权法定原则、公示公信原则、一物一权原则和区分原则？
3. 试述你对物权行为理论的理解和认识。
4. 举例评述现实生活中，物权变动的含义、物权变动模式以及基本规则。
5. 比较物权行为有因性与物权行为无因性理论，并说明你的看法。
6. 当物权受到侵害或者妨碍时，你会采用私力救济还是公力救济，说明理由。
7. 何谓物权请求权，物权请求权的表现形式如何理解？

学习资料指引

1. 梁慧星等：《中国物权法草案建议稿》，社会科学文献出版社，2000 年 3 月版，第 1 章。
2. 魏振瀛：《民法》，北京大学出版社、高等教育出版社，2000 年 9 月版，第 11 章。
3. 彭万林：《民法学》，中国政法大学出版社，1999 年 8 月修订版，第 13 章。
4. 孙宪忠：《中国物权法总论》，法律出版社，2003 年 6 月版，第 1 章～第 7 章。
5. 谢在全：《民法物权论》（上），中国政法大学出版社，1999 年 1 月版，第 1 章。
6. 梁慧星、陈华彬：《物权法》，法律出版社，2002 年月版，第章。
7. 王建平：《民法学（下）》，四川大学出版社，1994 年 8 月版，第 13 章。

参考法规提示

1.《中华人民共和国民法通则》，第 71 条～第 83 条。
2.《最高人民法院关于贯彻执行〈中华人民共和国民法通则〉若干问题的意见（试行）》，第 84 条～第 103 条。
3.《中华人民共和国土地管理法》（1986 年 6 月 25 日，1988 年 12 月 29 日修订），第 8 条～第 16 条。
4.《中华人民共和国城市房地产管理法》，（1994 年 7 月 5 日），第 2 章房地产开发用地。
5.《中华人民共和国草原法》（1985 年 6 月 18 日，2002 年 12 月 28 日修订），第 2 章草原权属。
7.《中华人民共和国水法》（1988 年 1 月 21 日，2002 年 8 月 29 日修订），第 3 条～第 8 条。

8.《中华人民共和国森林法》(1984 年 9 月 20 日，1998 年 4 月 29 日修订)，第 3 条～第 8 条。

9.《中华人民共和国矿产资源法》(1986 年 3 月 19 日，1996 年 8 月 29 日修订)，第 3 条～第 8 条。

10.《中华人民共和国野生动物保护法》(1988 年 11 月 8 日)，第 2 条～第 5 条。

11.《中华人民共和国文物保护法》(1982 年 11 月 19 日，2002 年 10 月 28 日修订)，第 2 条～第 7 条。

第十三章　所有权

【阅读提示】　本章的重点是所有权的定义、特征以及所有权的权能分离与回复，所有权取得的原因、态样，善意取得及其构成要件，所有权的行使与行使限制，所有权的消灭等等。本章的难点是所有权的弹力性，所有权的积极权能、消极权能以及所有权“三分法”与财产一体保护原则的联系等。学习本章，学习者应当结合我国《民法草案》、《物权法草案》的具体条款，以及我国现行法律法规的具体规定等。

第一节　所有权概述

一、所有权的概念

所有权，指所有人于法律限制范围内，对于所有物享有的占有、使用、收益、处分的权利。

按照罗马法观念，所有权为所有人于事实及法律可能范围内，对所有物行使最完全、最绝对的权利。在积极方面，所有人不仅在所有物上有为各种行为之权，而且，亦有不为行为之权；就消极因素方面，所有人则有禁止他人对所有物为任何行为之权。

近代民法对所有权概念的描述，多采用如下两种方式：

第一，抽象概括式。如《德国民法典》第903条规定，所有权为“以不违反法律和第三人的权利为限”，“随意处分其物，并排除他人的任何干涉”的权利。

第二，具体列举式。如《法国民法典》第544条规定，“所有权是对于所有物有绝对无限制地使用、收益及处分的权利”。

我国《民法通则》第71条规定：“财产所有权是指所有人依法对自己的财产享有占有、使用、收益和处分的权利。”

二、所有权的特征

（一）所有权为自所有权

所有权分为自所有权和他所有权。所有权为自所有权，即所有人对自己的物享有的权利，而他所有权则指对他人的物所享有的权利。所有权的自所有权性，意味着权利人可以直接和无条件地对物享有占有、使用、收益及处分的权利。

（二）所有权具有全面性

所有权的全面性，又称完全性，指所有人对于所有物，在法律范围内，得为全面的概括的占有、使用、收益及处分。而定限物权，如抵押权、质权等担保所有权，与地上权、地役权等用益物权，仅限于某方面对于标的物的支配，而不能像所有人那样对于所有物得为全面的支配。

质言之，所有权为所有人对于标的物的使用价值与交换价值的全部予以全面性支配的权利。而他所有权人一般只能就物的使用价值或交换价值为特定方面的支配，只享有占有、使用、收益及处分四项权能中的一项或某几项。

（三）所有权具有弹力性

所有权的弹力性，又称所有权的回归性，所有权的内容可以自由伸缩。所有人可将占有、使用、收益等权能交给他人行使，当所有人在自己的物上为他人设定他所有权后，他所有权的设定即构成对所有权的限制，所有人对所有物的支配即处于不圆满状态。

但这种不圆满状态是暂时的和有条件的，一旦所设定的他所有权消灭后，则所有权又当然立即回复全面支配之圆满状态。而他物权是在他人之物上设定的，其权能是有限与恒定的，一旦丧失即引起他物权的消灭，因此他物权不具有弹力性、回归性。

（四）所有权具有无期限性

此又称所有权的恒久性，指所有权不因时效而消灭，所有权的存在不得预定其存续期限。所有权除因标的物灭失、所有人抛弃及其他事由而消灭外，以永久存续为其本质，财产的移转或继承，对所有权本身并无影响，只是发生了所有权主体的变更。他物权是有期限的，即只在法定或约定的期限内有效，期限一过，权利也就随之消灭。

（五）近代所有权具有观念性

所有权的观念性是指近代以来，所有权的存在已具观念化，所有人不以对所有物的现实支配为必要。所有人放弃对物的现实支配，转而收取对价或获取金钱融资，比如，所有人将物的使用价值归属物之利用人，所有人则从中获取租金。对于此等现象的出现，学说上称为所有权的价值化或观念化。

三、我国所有权的类型

我国现行法律是按照所有权的主体，将所有权区分为国家所有权、集体所有权和公民个人所有权等。在社会主义市场经济背景下，在讲“以人为本”的社会中，这种划分方法存在着主体歧视意味。

1. 国家所有权。国家所有权是国家对全民所有的财产进行占有、使用、收益及处分的权利。我国《民法通则》第 73 条规定：“国家财产属于全民所有。国家财产神圣不可侵犯，禁止任何组织或者个人侵占、哄抢、私分、截留、破坏。”该条规定明确了国家所有权是我国所有权的一个独立类型。

但是，我国《宪法》和相关法律对于国家所有权是给予特殊保护的，即国家所有权神圣不可侵犯。而普通市民的财产，在 2004 年 3 月我国《宪法》修正案中，才规定了不得随意征收征用等条款。这说明在国有背景和社会主义公有制体制下，国家所有权的神圣不可侵犯，意味着国家对于自己的财产在占有、使用、收益及处分的权利，在管理体制、管理制度以及权利能力和行为能力方面，还存在着许多问题。

2. 集体所有权。集体所有权是劳动群众集体对其所有的财产依法进行占有、使用、收益和处分的权利。我国《民法通则》第 74 条规定：“劳动群众集体组织的财产属于劳动群众集体所有，包括：（1）法律规定为集体所有的土地和森林、山岭、草原、荒地、滩涂等；（2）集体经济组织的财产；（3）集体所有的建筑物、水库、农田水利设施和教育、科学、文化、卫生、体育等设施；（4）集体所有的其他财产。集体所有的土地依照法律属于村农民集体所有，由村农业生产合作社等农业集体经济组织或者村民委员会经营、管理。已经属于乡（镇）农民集体经济组织所有的，可以属于乡（镇）农民集体所有。集体所有的财产受法律保护，禁止任何组织或者个人侵占、哄抢、私分、破坏或者非法查封、扣押、冻结、没收。”

该条规定表明，集体所有权在我国法律层面上，也是我国所有权中的一个独立类型。但是，长期以来，学术界对于这个所有权类型，一直存在肯定说与否定说两种观点。

3. 公民个人所有权。公民个人所有权是指公民个人对其所有的财产依法进行占有、使用、收益和处分的权利。我国《民法通则》第 75 条规定：“公民的个人财产，包括公民的合法收入、房屋、储蓄、生活用品、文物、图书资料、林木、牲畜和法律允许公民所有的生产资料以及其他合法财产。公民的合法财产受法律保护，禁止任何组织或者个人侵占、哄抢、破坏或者非法查封、扣押、冻结、没收。”

公民个人财产所有权问题是我国 2004 年 3 月《宪法》修正案的主要内容。立法者将我国《宪法》第 13 条“国家保护公民的合法的收入、储蓄、房屋和其他合法财产的所有权”，“国家依照法律规定保护公民的私有财产的继承权”，修改为：“公民的合法的私有财产不受侵犯”，“国家依照法律规定保护公民的私有财产权和继承权”，“国家为了公共利益的需要，可以依照法律规定对公民的私有财产实行征收或者征用，并给予补偿”。可见，公民个人所有权的保护，得到了有力地加强。

2002 年 12 月 17 日，《中华人民共和国民法（草案）》（简称《民法草案》）出台，仍是以所有权的主体作为标准对所有权进行分类。其中第二编物权法中，规定了国家所有权、集体所有权、私人所有权等类型。

四、财产一体保护原则

将所有权区分为国家所有权、集体所有权、公民个人所有权的“三分法”做法，起源于 1923 年的《苏俄民法典》。但是，这种划分有一定的局限性，“三分法”不能概括现实生活中的所有权类型，而且，以所有制主体为标准的立法，极易造成法律面前的不平等。

按照民法理论，以所有权的标的为标准，将所有权分为不动产所有权和动产所有权，然后，在此基础上再做细分，是惯常做法。我国现行立法上的“三分法”，具有很浓的政治色彩和计划经济的烙印，而欠缺法学上尤其是市民社会“以人为本”的考虑。

一切民事主体所享有的权利，都具有平等的地位，不能将其划分为不同的等级，民事主体凡合法取得的财产，无分公有私有，均予平等对待，一体保护，所以，作者认为，应放弃以生产资料所有制性质划分所有权类别的做法。

梁慧星先生在《中国物权法草案建议稿》中，贯彻了合法财产一体保护原则，放弃以生产资料所有制划分所有权的做法，没有规定国家所有权、集体所有权和个人所有权，仅对土地所有权、矿藏所有权及公有物和公用物所有权等作了特别规定。

第二节　所有权的权能

权能，即权利的利用方式。所有权的权能，即所有人为利用所有物实现其对所有物的独占性利益，在法律规定的界限内，可以采取的各种措施和手段。

所有权的权能，分为积极权能和消极权能。所有权的积极权能是指所有人对其财产依法享有的占有、使用、收益和处分的权能。而所有权的消极权能，则指所有人排除他人的不当干涉与妨害的权能。

一、所有权的积极权能

（一）占有权能

占有权能是指特定的所有权人对于其财产的实际管领或控制的权能。在社会生活中，行使物的占有权能，是行使物的支配权的基础与前提。

占有权能作为所有权的一项权能，通常属于所有人，但同时，占有权能作为所有权的一项独立权能，在一定条件下是可与所有权相分离而属于非所有人的。非所有人享有的占有权能，同样受法律保护，所有人不能随意请求返还原物，恢复其对所有物的占有。当非所有人的合法占有被他人侵夺时，非所有人同样可以基于其所享有的占有权能，请求侵夺人返还原物。

（二）使用权能

使用权能是指特定权利主体依所有物的性能或用途，在不毁损所有物本身或变更其性质的情形下，对物加以利用，以满足生产、生活需要的权能。在现代市场经济条件下，行使使用权能，实质上为实现物之使用价值的手段。

使用权能须以对物的占有为前提，在某些场合，享有物之占有权能却并不一定享有物之使用权能，如仓储保管合同中的保管人，只能对标的物进行占有，而不能就标的物加以使用。

使用权能作为所有权的一项权能，通常由所有人享有。但它也可与所有权分离而由非所有人享有，这种分离的结果，是非所有人获得物的使用价值，而所有人则获得物的价值。非所有人既可依据法律的规定或当事人之间的约定，有偿或无偿的取得物的使用权能。

应当指出，在现代各国法制之下，所有人使用自己的物是有限度的，即使用须以不损害他人或公共利益为限，而绝对的、无限制的使用，必然导致权利的滥用。

（三）收益权能

收益权能，指收取所有物的天然孳息和法定孳息的权能。因此，收益可以通过两种方式实现：

第一，利用物的自然属性而取得。如通过劳动，获取树上的果实、从土地上收取的粮食等。通过物的自然属性而获取的收益称为天然孳息。

第二，依一定的法律关系而获得。如获得出租所有物的租金，收取贷款的利息等。以一定法律关系而获取的收益称法定孳息。

收益权能作为所有权的基本权能，一般由所有人自己行使，但是，收益权能也可与所有权分离而转让给他人享有。在自然经济条件下所有权的重心是使用，但在市场经济条件下，所有权的重心正日益由使用转向收益，现代所有权的本质表现为收益权。财产所有人对收益权能日益重视，人们重视的是如何使自己的财产增值，而不太关注物的占有、使用或部分处分权能。

（四）处分权能

处分权能是指依法对物进行处置，从而决定物的命运的权能。处分权能最直接地反映了所有人对物的支配。处分权能是所有权内容的核心和基本权能，处分权能通常包括事实上处分和法律上处分两类。

事实上处分，指对物进行实质上变形、改造或毁损等物理上的事实行为，包括生产消费与生活消费。生产消费一般仅改变物的形态，其价值并不消灭，如把工艺原料加工成工艺产品等。生活消费则引起物的形体与价值的同时灭失，如对食物的消耗等。

法律上的处分，指使标的物所有权发生转移、限制或消灭，从而使所有权发生变动的法律行为，它通常以两种方式实现。

第一，以一定方式移转物的所有权，如通过买卖移转物的所有权，将财产赠与他人等；第二，以一定方式转让所有权权能中的某些权能给他人，如设定他所有权等。

一般而言，处分权能只能由所有权人享有，在一定条件下，处分权能也可转让于非所有人。如我国《民法通则》第 82 条规定，全民所有制企业对国家授予它经营管理的财产，享有法定范围内的处分权。

二、所有权的消极权能

所有权的消极权能是指所有权人所享有的排斥他人妨害干涉的权能。由于该项权能非所有人积极主动的对物加以利用，而是遇有他人的不当干涉、妨害或侵夺时，不得已的被动行为，若没有他人对所有物的妨害，这种权能不能得以体现，故学理上称为消极权能。

所有权的消极权能本身是一种所有权自身的防护能力问题。因此，一般而言，当所有权的积极权能能够实现的时候，消极权能只是处于一种消极备用状态。但是，它是所有权本身内容的一部分，仅仅是还没有表现出它的直接效用性而已。

但是，所有权人行使这项权能时，须受法律、社会公德的约束，符合法律及社会公德的正当干涉，所有人不得请求排除。

第三节　所有权的取得

一、所有权的取得

所有权的取得，指民事主体因一定的法律事实的发生或者存在，而对物得以享有所有权的事实或者情形。因此，所有权的取得，实际上是一种所有权的发生或者转移，以及所有人与所有物之间对应关系模式形成的一个过程，或者一个法律事实。

（一）取得态样

1. 原始取得。原始取得，指非基于他人权利与意志，而直接依据法律规定取得所有权，如先占、生产、收取孳息、添附、财产罚没、财物没收等。

2. 继受取得。它指基于他人的既存的权利和意志而取得所有权，如买卖、互易、继承、赠与等。两种取得方式相比较，其最大的意义在于：原始取得不需要转移权利，而继受取得则需要转移权利，所有权人负有所有权转移的义务。

（二）取得原因

从所有权与民事主体之间的关系来看，取得所有权的直接原因，大抵是因为民事主体的生产或者生活需要。这是所有权取得的一般原因，也是社会经济发展的根源所在。

而从法律的角度来看，所有权的取得，主要是因为：(1) 因法律行为而取得，如通过买卖合同，取得买卖标的物的所有权。(2) 因事实行为而取得，如因为被继承人的死亡，继承人依法取得了遗产的所有权等。

在市民社会，取得所有权意味着人们的需求有了满足的手段和机会。因此，观察整个社会的所有的社会活动，其中，具有民事活动意义的市民交往与活动，即所有权取得活动，确实占据了其中的绝大部分。如商场营业、企业开工、政府部门的运行（其中有些政府部门就是专司所有权取得登记工作的，如房屋产权监理处等）等，大多都与所有权的取得有着直接或间接的关系。

二、不动产所有权的取得

不动产所有权的取得是指民事主体通过法律行为或者法律事实，获得不动产所有权的过程。不动产，因其对社会、个人的经济意义及政治意义重大，故不动产的所有权取得问题，是所有权法的重点问题，其取得方式比较复杂，需要特别注意。

就各国的立法而言，不动产所有权的取得，一般都要求采用登记的特定方式，就比较法角度而言，当代世界主要有以下几种登记制度：

1. 形式主义登记与实质主义登记

所谓形式主义登记，即不动产所有权的设立、变更、移转、消灭的生效，仅以当事人的法律行为作为生效条件，登记对不动产所有权变动只具有确认或证明的作用，而不能决定所有权变动的生效。但是为了交易安全的考虑，不经登记的不动产所有权不得对抗第三人。法国民法、日本民法采纳这种体例。

实质主义登记，即不动产所有权设立、转移、变更和消灭的行为，非经登记不得生效。当事人之间依法律行为发生的不动产所有权变动，除要求双方当事人的意思表示一致外，还要求将该意思表示予以登记，且自登记时起不动产所有权的变动生效。德国民法、瑞士民法及我国台湾地区民法采纳这一体例。

2. 托伦斯登记和契据登记

托伦斯登记，即首先由政府进行一次土地总清理，将土地按照自然区划做成不动产登记簿或者土地登记簿，然后将土地的权利人“对号入座”，即进行按照土地的权利人确定其权利的“地籍”总登记，后来的不动产所有权变动则在此基础上进行变更登记。托伦斯登记主要为英美法系国家采用。托伦斯登记条件下的登记，其法律效力与实质主义登记相同。

我国香港地区采纳的是契据登记或合同登记。依香港《土地登记条例》，凡涉及不动产的一切交易的合同均应登记，包括所有权变动的登记和债权关系的登记。先纳入的登记，法律给予充分保护，经登记的合同可以排斥时间上先生效的合同。

这种不动产登记虽非典型的所有权变动登记，但这种登记赋予了登记在先的合同买受人的所有权效力，其可以凭这种合同登记较成立在先的合同，买受人优先取得不动产所有权。这种登记相当于德国法上的预登记。

以上诸种立法例，无论从法理上，还是在实践效果上，均应以实质主义登记为优。

在法理上，形式主义法制为克服其保护交易安全的不足，而安排了公示对抗制度，但公示对抗主义于法理不通，依法理分析，不能对抗第三人的所有权，其本质就不是所有权，因为凡是所有权就必然有对世性、排他性效力。

而按法国和日本的形式主义，契约合致即生所有权变动，但若不经登记或交付又不能对抗善意第三人。可见，此时契约合致所生的不经登记的不动产所有权，其本质不是所有权，因为它不具有对世性、排他性。

从实践效果上看，不经登记的不动产所有权变动，对所有权取得人和相对人均具有极大的风险，对交易安全造成了极大的妨碍。

我国法律不允许土地买卖，因此，依法律行为取得的不动产所有权，主要指房屋而言。就我国现行法律规定来看，房屋所有权变动时，须到房屋所在地房管机关办理所有权转移或房屋权属变更登记手续。只有完成登记，房屋所有权移转才发生效力。可见，我国就不动产所有权的取得，采用的是实质主义登记模式，这与德国民法及我国台湾地区的民法基本相同。

三、动产所有权的取得

动产所有权的取得，是基于法律行为和法律事实使得动产的所有权发生或取得的情形。动产所有权的取得，从形式上讲，主要是交付方式，即通过交付，动产所有权在转移即继受取得情况下完成。

在因法律行为以外的事实而取得所有权中，动产所有权的取得，有以下几种特有原因：

1．先占

先占是指先占者以所有的意思，占有无主动产而取得该项财产所有权的法律事实。关于先占之立法例，主要有两种：第一，先占自由主义，即不分动产与不动产，皆允许自由先占而取得所有权，罗马法即采这一做法。第二，先占权主义，即不动产仅国家享有先占权，动产则须法律的许可才能取得所有权，日耳曼法即采此体例。当代大多数国家和地区，比如德国、瑞士、我国台湾地区等民法，都采此做法。

关于先占的性质，有以下几种学说：

(1) 法律行为说。该说认为，既然各国民法皆以先占人具有所有之意思为先占之构成要件，而该意思即为取得所有权的效果意思，因此，应认为先占为法律行为。

(2) 准法律行为说。此说认为先占乃以意思表示为要素之准法律行为中的非表现行为，因先占非达成私法自治目的之制度，乃法律对于一定之意思行为，承认其具有取得所有权之效果的制度。

(3) 事实行为说。认为先占制度中的所谓“以所有的意思”，非指效果意思，而是指事实上对物有完全支配管领的意思。基于占有无主动产的事实，法律遂赋予占有人取得其所有权的效果，故先占属于事实行为。其中，第三说为通说。

先占的构成要件，在理论上，主要是：(1) 须为无主物。无主物指现为无主物，至于以前曾是否有主，在所不问，故原所有人抛弃之物，也可为先占的标的。在占有之时，该物不属于任何人所有。(2) 须为动产。不动产之土地及其定着物等，不能因先占而取得所有权。(3) 被占有物应是法律不禁止占有的物品。凡违反法律规定而先占的，该占有无效，不能取得占有物的所有权。如遗失的枪支、弹药、毒品等不能因先占取得。(4) 须以所有的意思占有。这是指占有人须与所有人处于同一支配地位的意思，先占人只需在事实上具有支配其物的能力即可。

2．添附

所谓添附，是附合、混合和加工三者的总称，指不同所有人的物因结合或因加工而形成不可分割的物或具有新质的物。由于回复物之原状不可能，而由一人取得添附物的所有权，或由数所有人共同取得该物所有权。

当然，为了平衡当事人间的损益关系，法律一般规定，因添附丧失权利受到损害的人，得依不当得利规定，请求取得添附物所有权的人支付补偿金。

(1) 附合。这是指不同所有人的物，因密切结合而形成难以分割的新物的情形。附合一旦形成，即具备物品存在的独立性。附合财产的归属，一般应视财产结合的情况而定，根据财产性质分为动产附合和不动产附合。当动产附合于不动产之上时，由不动产所有人取得附合物的所有权。

动产与动产附合时，如果附合之动产有主从之别，由主物的所有人取得附合物的所有权，同时，给对方以价值上的补偿。如果无主从之别，则由各动产所有人按其动产附合时的价值共有合成物。

(2) 混合。这是指不同所有人的动产因相互混杂、融合在一起，以至不能识别且难以分割的情形。混合与附合不同之处在于，混合后各所有人的原物单凭视觉已难于识别，如米与米的混合、汽油与汽油的混合等。

混合物一般应由原物价值量较大的一方取得所有权，并同时给另一方以相当的补偿。如原物价值量相差不多，可由各方共有。

(3) 加工。这是指就他人的动产加以制作或改造，使其成为具有更高价值的新物，从而发生所有权变动的法律事实。加工的标的仅限于动产，而不包括不动产。

加工物的所有权，一般应由原材料所有人取得所有权，但如果加工创造的价值，显然超过原材料价值的，则由加工人取得加工物的所有权。

3. 拾得遗失物

遗失物是所有人和合法占有人不慎丢失，不为任何人占有的财产。遗失物之拾得，指发现他人遗失物而予以占有的一种法律事实。

拾得遗失物的法律后果，大体有两种立法例，即罗马法的不能取得所有权主义和日耳曼法的取得所有权主义。现代大多数国家的民法，都采纳日耳曼法的取得所有权主义，规定拾得遗失物应向有关机关呈报，有关机关收到呈报后催告遗失人在一定时间内认领，将原物交还遗失人，此时遗失人应向拾得人支付一定报酬。如果遗失人在一定期间内不认领，则遗失物归国家所有，拾得人依法可按比例分享一定利益。

我国《民法通则》第 79 条第 2 款规定："拾得遗失物、漂流物或者失散的饲养动物，应当归还失主，因此而支出的费用由失主偿还。"据此，我国民法关于遗失物采纳的是罗马法不取得所有权主义，无论拾得人拾得遗失物后经过多长时间，均不能取得所有权。

4. 发现埋藏物

埋藏物，指埋藏于土地及他物之中，其所有权归属不明的动产。埋藏物的发现，指发现埋藏物并予以占有的一种法律事实。

埋藏物的发现也产生一定的法律效果，即埋藏物所有权的取得。关于埋藏物所有权的取得，各国有两种立法例：

(1) 发现人有限取得所有权主义，此为罗马法以来绝大多数国家立法所采，即发现埋藏物者，取得埋藏物所有权。但若埋藏物系于他人所有的动产或不动产中发现者，动产或不动产所有人与发现人各取得埋藏物之一半。

如果发现的埋藏物是学术、艺术或历史资料，其所有权的归属，则依各国或地区特别法的规定。

(2) 国家取得所有权主义，为1964年《苏俄民法典》及我国《民法通则》所采。我国《民法通则》第79条第1款规定："所有人不明的埋藏物、隐藏物，归国家所有。接受单位应当对上缴的单位或个人，给予表扬或者物质奖励。"

5. 善意取得

善意取得，又称即时取得，指无权处分他人动产的让与人，于不法将其占有的他人动产交付于买受人后，若买受人于取得该动产时系出于善意，即取得该动产所有权，原动产所有人不得要求受让人返还。

善意取得制度，为近代以来大陆法系与英美法系民法的一项重要法律制度，善意取得，系由无权利人处取得物的权利，是对所有权追及力的限制。其依据如何，有以下几点原因：

(1) 在尊重静的安全基础上保护动的安全。一般认为，善意取得是牺牲了财产所有权静的安全，而保护财产交易的动的安全。

事实上，善意取得制度同样尊重了静的安全，因为各国关于善意取得都采取"中间法"立场，即严格区分占有委托物与占有脱离物，并分别赋予其各自不同的法律效果，占有委托物，得绝对发生善意取得，而占有脱离物，原则上不发生善意取得。

占有委托物表明了物的所有权人是基于其自己的意思表示而把物移转给无权处分人，体现了私法自治下（尊重静的安全）对交易安全（动的安全）的保护。

(2) 减少交易成本。现代社会，财货流通频繁，交易迅捷，如果买受人在每一次交易前都必须调查出卖人是否具有合法的处分权，势必拖延交易，增大交易成本，且事实上也不可能。

善意取得制度的实行，使买受人只需有合理的注意义务即可，减少了其交易成本。

(3) 个人本位向社会本位的体现。在市场交易中，作为买受人的第三人实际是社会交易秩序的化身，因为，作为买受人的第三人还可将其取得的标的继续往下转移，如果几经易手后，标的物的所有权还可逆的话，势必扰乱社会秩序。

因此，作为买受人的第三人，实际上已是社会秩序的代言人，善意取得制度注重保护作为买受人的善意第三人，充分体现了法从关注个人本位到关注社会本位的转变。

在罗马法上，不承认善意取得制度，而是实行"任何人不得将大于其所有的权利让与他人"，以及"发现已物，我即收回"的原则，注重对所有权人保护，受让人从无权处分人处取得动产，即使出于善意，所有人仍有权向其请求返还。

一般认为，大陆法系近现代民法的善意取得制度，源于日耳曼法的"以手护手"原则。依此原则，任意将自己的动产交付于他人者，仅能向其相对人（受占有人）请求返还，若该相对人将动产让与第三人时，原动产所有人仅可对相对人请求损害赔偿，而不得向受让人请求返还。

善意取得的构成要件：

(1) 标的物须为动产。善意取得的标的物，仅限于动产，且不受登记的动产方可适用，一般认为，因不动产所有权以登记为其生效要件，故无善意取得的问题。关于不动产能否适用善意取得，学界尚存争论。

（2）受让人须为善意。善意应理解为受让人在受让动产时，不知让与人无处分权，且无重大过失，对于过失的判断，应采取客观标准，即以一般人根据具体情形，凭借交易经验皆可作出的判断，作为衡量善意与否的依据，如物品的价格远远低于正常的市场价格，让与人身份、形迹可疑等。在此情形下受让动产，应认定为恶意。

对占有人应采取推定善意的做法，由主张恶意的人负举证责任。确立善意的时间标准为受让动产时。

（3）须标的物系依其所有人的意思，而由无权处分人占有，即标的物区分为占有委托物与占脱离物。占有委托物是基于真权利人的意思而丧失占有之物。如出租人、委托人将其所有之物交由承租人、保管人占有。

而占有脱离物，则是非基于真权利人的意思而丧失占有之物，如盗窃物、遗失物等。占有脱离物，原则上不发生善意取得，而占有委托物，原则上发生善意取得。

（4）受让人须基于法律行为受让动产所有权。受让人应根据与让与人之间的法律行为取得动产所有权，最主要的方式是买卖合同，非因法律行为即某些事实行为，如继承、遗失物拾得、埋藏物发现，虽可取得所有权，但非适用善意取得制度。

（5）受让人须有偿取得动产的占有。如果允许受让人可以无偿取得标的物，等于牺牲所有人的利益，而保护无偿的受让人，有失公平。因而善意取得须以有偿受让为要件。

善意取得一旦成立，会发生下面两个方面的法律效力：

第一，善意取得一旦具备构成要件，受让人即取得动产所有权。此为善意取得的基本法律后果。关于善意取得动产所有权的性质，学理上有两种见解：一是原始取得，即善意取得人并非基于原权利人的权利而取得所有权，而是直接基于法律的特别规定。二是继受取得，此说认为善意取得效力的发生是基于让与行为。

学界通说认为，善意取得为原始取得一种。

第二，善意取得既引起原所有人所有权之消灭，同时，也引起原所有人请求无权处分返还不当得利或赔偿损失的权利的发生。当无权处分人有偿转让所有人的财产时，其所获利益为不当得利，应依不当得利规定返还所有人。当无权处分人无偿转让所有人财产时，应依侵权行为法的有关规定赔偿原所有人的损失。

6. 货币与有价证券所有权

有价证券包括无记名有价证券、指示证券和记名有价证券，其中指示证券和记名有价证券所有权的取得，应依《中华人民共和国票据法》等法律规定处理。

民法在货币与占有的关系上，实行“所有与占有一致”原则。货币的占有人视为货币的所有人，丧失货币的占有，即丧失货币的所有权。货币所有权的变更，即意味着占有的移转。

货币作为种类物，可以相互替代，不具个性，在法律上与事实上也不可能识别其个性。货币作为一般等价物，充当流通手段，注重的是其流通性，必须使其占有与所有权合一，以加强其流通性。

从交易角度考察，如果货币所有权与占有分离，那么，在交易之际，接受货币的一方就必须调查交付货币之人是否有所有权，这有悖于货币的流通职能。

从流通性的角度来看，无记名有价证券与货币，具有基本相同的本质与职能，因此，在所有权的取得上，亦应实行“所有与占有一致”。

第四节　所有权的行使与消灭

一、所有权的行使

所有权的行使，是指所有人出自自己意志，对所有物进行占有、使用、收益及处分。

在罗马法时代，所有权具有强烈的个人主义色彩，且具有绝对性、排他性和永续性特征。所有人得对标的物为自由的占有、使用、收益及处分。《法国民法典》与它的自由主义和个人主义相适应，致力于树立这样一种原则，所有人对所有权的行使，不受来自任何方面的限制，不受其他人所有权的限制，甚至也不受国家的限制。所有权绝对，是以《法国民法典》为标志的近代民法的一项重要制度。

然而，由于对所有权之过度保护，以及所有权之绝对由个人任意支配，却形成财富集中、贫富悬殊、物不能尽其利之不公平现象。所有权绝对观念被加以修正，出现了所有权社会化思潮，认为所有权虽由个人拥有，但却系为增进人类共同需要而存在，其行使不得以损害他人的利益为目的，必须与社会的公共利益相一致。如德国《基本法》第14条规定：“财产所有权负有义务，其行使应有利于公共福利。”

作者认为，所有权的行使，就其形式而言，是所有人对其所有物依物的用途加以利用或者加以处分，以利用物的有用性或者可用性，满足所有人的利益需要。

从任何国家立法者的目的看，所有权的行使本身，是一种法律保障所有权和所有人满足自己利益需求的一个过程。因此，所有权的行使，首先应当是所有权人自己的事。其次，当所有权担负有社会财富功能的时候，所有权的行使，也可能会被国家机关强制行使或者其他人强制行使，比如担保物的拍卖等。

因此，所有权的行使，不仅仅是所有人自己个人的事，也涉及与所有物有利益关系的其他相关人士。也就是说，所有权的行使，必然有所限制或者受到限制。这种限制，来自于所有物的社会性和所有权的社会价值功能。

二、所有权的限制

（一）私法上的限制

按照现代民法理念，一切私权皆有社会性。其行使须依诚实及信用方法为之，而不得违反公共利益或以损害他人为目的，否则，即构成权利滥用而被禁止。

同时，权利之行使须以诚实信用原则为之，而不得损害他人利益和社会利益。这就是近代各国民法确立的权利不得滥用原则和诚实信用原则。为此，我国《民法通则》第4条、第7条规定：“民事活动应当遵循自愿、公平、等价有偿、诚实信用的原则。”“民事活动应当尊重社会公德，不得损害社会公共利益，破坏国家经济计划，扰乱社会经济秩序。”

这些规定本身，即是对所有权行使的限制性规则要求。

（二）公法上的限制

公法对于所有权的限制，大都系以保障国家公共利益或社会共同生活利益为目的，属于行政法规的限制。比如民事主体不能将合法取得的金钱，用来从事赌博活动；还有，合法获得的房产，不能用来从事制造假冒伪劣产品，以及合法的废弃物，不能随意抛入河流或者受保护的水域等等。

公法上的限制，在目前，各地都在治理的“烂尾楼”，应当算一种典型事例。按理说，这些“烂尾楼”的所有权，都是属于投资者的，国家不应当干预。但是，当一幢大楼拔地而起之后，却长期不能竣工，成为一幢总不能完工的工程。其结果，不光是影响城市市容。关键是这样的建筑物，不能发挥效用，也浪费了城市可贵而有限的土地资源。因此，各地政府强力干预，也具有积极的法律意义。

三、所有权的消灭

（一）所有权消灭的定义

所有权的消灭，是指所有权因为所有物灭失或者所有权变动而消灭或者被转移的情形。在理论上，所有权消灭分为相对消灭与绝对消灭。所有权的相对消灭，指所有权与原主体分离而归于新主体，如转让人因转让而丧失所有权。所有权的绝对消灭，指所有权与主体分离，而他人又未取得其权利，如标的物的灭失等。

所以，有时将所有权的相对消灭，称为所有权的法律上消灭，而把所有权的绝对消灭，称为所有权的事实上消灭。

（二）所有权消灭的原因

所有权肯定是要被消灭的。这一方面是因为所有物中，有一部分所有物是可消耗物或者一次性消耗物，如食品和燃料等；而同时，有些所有物会磨损或者自然消耗，如汽车或者房屋等。甚至，各种各样的天灾人祸等等，都可能给所有物的灭失提供机会，如空难中，飞机的毁灭，旅客财物的损毁等等，都是所有权的消灭。

有时，所有权也可能会因为各种各样的合法原因，最后消灭。比如将某件物品赠送给他人，或者通过买卖合同，将房屋所有权转移给买受人等等。

当然，所有权消灭的原因，在学理上解释，则是另外一回事。具体原因如下：

1. 基于法律行为而消灭

这是一种所有人有意识消灭所有权的方法。这种所有权的消灭，是一种人的法律行为。具体来说，又包括：(1) 所有权的抛弃，即所有权人以消灭自己的所有权为目的而作出的单方意思表示。所有权抛弃属单方所有权行为。(2) 所有权的出让，即所有人通过民事交易等活动，消灭自己的所有权而使他人取得该所有权的行为。如出卖、互易等。

2. 基于法律行为以外的事实而消灭

这是一种非基于所有人的意识而消灭所有权的方法。也就是说，所有权的消灭，是一种人为原因之外的事实或者因素造成的，主要是：(1) 标的物灭失。标的物灭失时，所有权即不复存在。(2) 因判决、强制执行、行政命令而导致标的物被征收或没收。如判决、罚款、征收、没收等。(3) 因所有权主体的消灭而终止。如作为所有人的自然人死亡或法人终止时，其所有权即告消灭等等。

思考题

1. 所有权的概念、特征评述。
2. 何谓合法财产一体保护原则？请说明你的看法。

3．理论上，所有权的内容叫“权能”，为什么？说明所有权的权能。

4．什么叫所有权的发生、产生与取得？所有权能否自动取得？

5．不动产所有权的取得与动产所有权取得的比较分析。

6．善意取得的定义、发生原因以及其构成要件分析。

7．如何理解所有权的行使？它受限制的原因及方式分析。

8．所有权消灭的原因与方法是什么？

学习资料指引

1．梁慧星等：《中国物权法草案建议稿》，社会科学文献出版社，2000年3月版，第2章。

2．魏振瀛：《民法》，北京大学出版社、高等教育出版社，2000年9月版，第12章。

3．彭万林：《民法学》，中国政法大学出版社，1999年8月修订版，第14章。

4．谢在全：《民法物权论（上）》，中国政法大学出版社，1999年1月版，第2章。

5．梁慧星、陈华彬：《物权法》，法律出版社，2002年版，第7章。

6．王建平：《民法学（下）》，四川大学出版社，1994年8月版，第14章。

参考法规提示

1．《中华人民共和国民法通则》，第71条～第81条。

2．《最高人民法院关于贯彻执行〈中华人民共和国民法通则〉若干问题的意见（试行）》，第84条～第96条。

3．《中华人民共和国土地管理法》（1986年6月25日，1988年12月29日修订），第8条～第16条。

4．《中华人民共和国城市房地产管理法》，（1994年7月5日），第2章。

5．《中华人民共和国草原法》（1985年6月18日，2002年12月28日修订），第2章。

7．《中华人民共和国水法》（1988年1月21日，2002年8月29日修订），第3条～第8条。

8．《中华人民共和国森林法》（1984年9月20日，1998年4月29日修订），第3条～第8条。

9．《中华人民共和国矿产资源法》（1986年3月19日，1996年8月29日修订），第3条～第8条。

10．《中华人民共和国野生动物保护法》（1988年11月8日），第2条～第5条。

11．《中华人民共和国文物保护法》（1982年11月19日，2002年10月28日修订），第2条～第7条。

第十四章　共　　有

【阅读提示】　本章的重点是，为什么两个以上的人，共同享有一项财产的一个所有权就是共有，以及共有为什么又称之为所有权的量的分割。通过本章的学习，学习者应当弄清楚共有的内部、对外两层法律关系的结构，以及按份共有、共同共有两种共有形式，共有财产分割的原则和方法等。本章的难点是共有形成的原因以及共有中的优先权等。

第一节　共有概述

一、共有的定义与特征

按照所有权权利主体的人数多寡，所有权分为单独所有权和共同所有权。

共同所有权，简称共有，是指由两个以上的人共同享有的所有权。其中，数个所有人称为共有人，共有的客体称为共有物，由共有而产生的内部和外部权利义务关系，称为共有关系。[①] 我国《民法通则》第 78 条第 1 款规定：“财产可以由两个以上的公民、法人共有。”这是我国民法关于共有的法律依据。另外，对所有权的共同享有我们称作共有，对除所有权外的其他财产权的共同享有，则称作准共有。

单独所有权，是社会经济生活中最普遍、最重要的所有权形式，但是，共同所有权即共有在许多领域也是普遍存在的。例如，在婚姻家庭领域，夫妻对房屋、汽车等财产的共有，在经济领域，合伙人对合伙财产的共有等等。

在某些经济生活领域，共有一直是一种重要的所有权存在形式。这是所有权被分割的一种独特的现象，也就是说，在所有权形成的过程中，因为一个所有物或者一项所有物被几个所有人享有一个所有权，于是，这些所有人每个人的所有权，就有一个量上的划分问题。所以，共有也称之为所有权量的分割。

我们可以运用民事法律关系的理论，对共有的要素作如下法律分析，并以此与单独所有权和分别所有权作一区别，从而更清晰地揭示出共有的法律特征：

（1）从主体来看，共有的权利主体为两人以上。单独所有权的权利主体为一人，单一的所有权主体，不能构成共有关系。而两个以上的权利主体，因为每个人对于同一个所有物只享有部分权利，所以，构成所有权共有关系。

（2）从客体来看，共有的客体是同一项财产。所谓同一项财产，是指共有人对同一

---

① 按照传统的民法理论，所有权可以从质上和量上进行分割。所有权的占有、使用、收益和处分四项权能可以分解而为非所有人享有，即所有权“质”的分割；当客体由两个以上人共同享有其所有权时，则为所有权“量”的分割。共有，正是就所有权予以“量”之分割而形成的制度。但须注意的是，无论是质的分割，还是量上的分割，均是在权利层面进行的分割，而非在实物层面进行的分割。由于是权利层面上的分割，所以即使是量的分割，也只能是观念上的分割。

项财产共同享有所有权，而不是对该项财产的不同部分分别享有所有权。例如共有一套住房，是说甲乙对这套房屋的整体共同享有所有权，不能说甲对卧室享有所有权，乙对客厅享有所有权。而分别所有权是两个以上的独立所有权，其客体为不同的财产。

（3）从内容来看，共有存在两层法律关系。在单独所有权法律关系中，由于其权利主体为一人，因此，不存在任何共有人之间的内部法律关系，仅存在与相对人的外部法律关系一层结构，而且也相对简单。而共同所有权法律关系中，由于其权利主体为两人以上，因此，与单独所有权法律关系比，首先就多出了共有人之间的内部权利义务关系这一层结构，也使原来较为简单的外部法律关系增添了许多复杂性。

二、共有的法律关系结构

物权法的一物一权原则，决定了一项财产上只能成立一个所有权，以维护物权的支配权特性，避免各人因对同一项财产进行支配时而发生冲突。

共有制度巧妙地将一个所有权交由数人享有，并未成立两个所有权，因而，并未违反一物一权原则。但不可否认的是，这种对财产支配的冲突，并没有因为概念的转换而消除，只是将这种冲突由外部引向了共有人内部。由此，法律如何协调共有人之间由于支配而可能产生的冲突，就成为共有法律制度需要考虑的重要问题之一。

在民法总论部分，我们学习合伙时知道，合伙有对内、对外两层法律关系。实际上，合伙人对合伙财产的所有是一种按份共有，合伙的这种法律关系结构，正是共有的两层法律关系结构的一个具体表现：

（1）共有的内部法律关系。共有的内部法律关系的主体是各个共有人，共有人对其他共有人享有的参与决定权、分割请求权、优先购买权、追偿权等等。

（2）共有的外部法律关系。共有的外部法律关系的主体，则是各共有人与相对人。与单独所有权相同的是，共有人对物也具有占有、使用、收益和处分的权能，区别在于各共有人对相对人存在一个连带性问题。例如对相对人的债务，每一个共有人对相对人都有清偿全部债务的义务。这个特点，是单独所有权所不可能有的。

第二节　按份共有

一、定义与特征

按份共有，是指两个以上的人，按照确定的份额享有所有权的共有。我国《民法通则》第78条第2款规定：“按份共有人按照各自的份额，对共有财产分享权利，分担义务。”这是我国民法中关于按份共有的法律依据。

按份共有具有如下法律特征：

（1）各个共有人对于共有物，按照份额享有所有权。

各个共有人的份额，又称为应有份额，其数额一般是由共有人的意志决定的，往往在共有关系产生时就已经明确。例如，合伙人按出资比例确定应有份额。

需要特别注意的是，在按份共有关系产生时，法律要求所有人应明确其应有的份额，如果各个共有人的应有份额不明确，则推定其为均等。

（2）各个共有人对共有财产享有权利和承担义务，是依据其享有的份额确定的。

各个共有人对共有物享有多少份额，就对共有物享有多少权利和承担多少义务。凡共有财产所取得的利益，应按各共有人对共有财产的份额合理分配；对共有财产的各项支出费用，也应按份额的比例合理分担。例如，住宅小区的住户，按照各自房屋的面积交纳物业管理费就是如此。

(3) 按份共有人对其应有份额，享有相当于分别所有的权利。

根据我国《民法通则》第 78 条第 3 款的规定，按份共有财产的每个共有人，有权要求将自己的份额分出或者转让，也有权将其份额赠与他人。

按份共有人的权利，是按其份额享有对财产的占有权、使用权、收益权和处分权。

二、内部权利义务关系

1. 共有人的内部权利

(1) 参与决定权。对共有财产的使用和处分，按份共有人依其份额享有参与决定的权利。

(2) 分割请求权。所谓分割请求权，是指在按份共有关系存续期间，按份共有人请求从共有财产中分割出属于自己的份额的权利。

分割请求权是一种形成权，它并不意味着要征得其他共有人的同意，只要共有人提出请求，就会产生分割效果。此外，这种权利没有时间的限制，只要在共有关系存续期间，没有相反约定，共有人就可随时请求分割。

但是，当下列情形存在时，按份共有人不得请求分割共有财产：第一，因物的使用不能分割的；第二，因共有物在继续供他物使用而不能分割的；第三，合同中订有不可分割的条款的，等等。

(3) 优先购买权。所谓优先购买权，是指按份共有人在出售自己的份额时，其他共有人在同等条件下，有优先于其他非共有人购买的权利。

按照优先购买权，按份共有人之一在出卖自己的份额时，应将出卖的意思及出卖的条件通知其他共有人。在法定期限内，如其他共有人未作出购买的意思表示，或所给的条件不能为出卖方满意，出卖方可依较优越的条件将份额出卖给其他人。如果多个共有人均主张优先购买权，应由转让份额的共有人决定将该份额转让给任一共有人。

(4) 份额类所有权。共有人对自己的份额，享有相当于所有权的权利。例如将份额转让，在份额上设定担保等等。

(5) 追偿权。所谓追偿权，是指在共有人向相对人承担连带责任后，对超出自己份额的部分要求其他共有人予以赔偿的权利。

2. 共有人的内部义务

当共有人行使上述权利时，其他共有人负有容忍的义务。另外，按份共有人也应按其份额对共有财产分担义务。

三、外部权利义务关系

1. 外部权利

按份共有人整体对共有物的所有权内容，与单独所有权内容相同，也包括占有、使用、收益和处分等权能。例如当第三人侵害共有物时，各共有人都对该第三人享有物上请求权。但是，在如何形成共有人的共同意思方面，共有增加了一些复杂性，如共有房屋是卖掉还是出租，共有人之间可能无法达成一致。

在共有关系中，所有权只有一个，各共有人的权利和义务，都是基于一个所有权。

共有人对于自己权利的行使，并不是完全独立的，要体现全体共有人的意志，要受其他共有人的利益的制约。

对此，法律规定：按份共有人对共有财产的使用和处分，应当按照共有人的合同办理；没有合同，各共有人应当通过协商取得一致意见后办理；不能取得一致意见的，应当按照拥有共有财产份额一半以上共有人的意见办理，但不得因此损害其他共有人的利益。

2．外部义务

按份共有人对于相对人的义务，应注意下列几种情况：

(1) 如果在共有人与第三人发生的债权债务关系中，权利和义务是可分的（如可分之债），则各共有人只能按照各自份额承担义务，第三人也只能请求各共有人按其份额履行义务。

(2) 如果共有人与第三人发生的债权债务关系中的权利、义务，是不可分的（如不可分之债），则共有人之间应承担连带的权利、义务。例如，甲、乙二人共有的房屋倒塌致第三人损害，甲、乙二人虽对该房屋系按份共有，但仍应由甲、乙二人对第三人负连带的赔偿责任。但是，共有人中的一人或数人代替其他人履行了义务，则在其内部根据各自的份额，请求其他共有人偿还。

(3) 各共有人的义务及于共有财产的全部，而不是仅对共有财产某一部分负有义务。例如，甲、乙出资购买两辆汽车从事运输，各人驾驶一辆，如果二人协议中约定，该两辆汽车系二人按份共有，则其中一辆发生事故致人死亡，各共有人均应承担民事责任。

第三节　共同共有

一、定义与特征

所谓共同共有，是指共有人对全部财产，不分份额地享有平等的所有权。

在审判实践中，经常发生共有性质不明的纠纷，有的共有人主张是共同共有，有的主张是按份共有。对此，根据最高人民法院《民通意见》第 88 条规定，对于共有财产，部分共有人主张按份共有，部分共有人主张共同共有，如果不能证明财产是按份共有的，应当认定为共同共有。

共同共有，具有以下法律特征：

(1) 共同共有根据共同关系产生，必须以共同关系的存在为前提。所谓共同关系，是指两个或者两个以上的人，因共同目的而结合形成的基础法律关系。

共同共有一般发生在互有身份关系的当事人之间，如夫妻关系，具有共同劳动、共同积累家庭财产的家庭成员间等等。没有共同关系这一前提，共同共有就不会产生，而如果丧失这个前提，共同共有就会消灭。

(2) 共同共有是不分份额的共有。共同共有关系存续期间，各共有人对共有财产的份额都没有确定。他们共同享有共有财产的各种利益，也共同负担由共有财产而产生的各种义务。

各共有人无论在权利的享有上，还是义务的负担上都无份额比例之分，只有在共同共有关系终止、共有财产分割以后，才能确定各共有人的份额。因此，在共同共有关系存续期间，部分共有人擅自划分份额、处分共有财产的，一般应定为无效。但第三人善意、有偿取得该财产的，应当维护第三人的合法权益，对其他共有人的损失，由擅自处分共有财产的人赔偿。

(3) 在共同共有关系中，各共有人平等地享受权利和承担义务。我国《民法通则》第78条第2款规定："共同共有人对共有财产享有权利，承担义务。"这就是说，各共有人对整个共有财产，享有平等的占有、使用、收益、处分权，同时共同承担义务。

二、共同共有的类型

1. 夫妻共同共有

我国《婚姻法》第17条规定，夫妻在婚姻关系存续期间所得的下列财产，归夫妻共同所有：(1) 工资、奖金；(2) 生产、经营的收入；(3) 知识产权的收益；(4) 继承或赠与所得的财产，但本法第18条第3项规定的除外；(5) 其他应当归共同所有的财产。

可见，我国《婚姻法》第17条对夫妻财产制的规定，是以共同财产制为法定财产制，同时，又对约定财产制作出规定。就是说，在我国，除夫妻对婚后所得财产的归属另有约定或法律另有规定外，都归夫妻共同所有。这种共同所有，是共同共有而不是按份共有。

夫妻在婚姻关系存续期间，对于共有财产享有平等的占有、使用、收益和处分的权利。夫妻双方对共有财产的处分，除另有约定外，事先应当协商，取得一致意见后再行处分（如买卖、互易、赠与）。夫妻一方处分共有财产时，另一方明知而未提出异议的，应视为同意，事后不得以自己未曾参与处分，而否认处分的法律后果。例如，夫妻共有的房屋，夫妻一方出售时，一般应由夫妻双方在合同上签名、盖章。但民间的习惯，往往是夫妻中一人出面签订合同，另一方虽未参加合同的签订，但知道买卖的事实，并未提出不同意见，应当认为其默示同意。

2. 家庭共同共有

关于家庭共有财产，我国《民法通则》和《婚姻法》并未规定。理论界和实务界一致认为家庭共有财产的性质属于共同共有。家庭共有财产，是指全部家庭成员共同所有的财产，还是对家庭财产作出贡献的家庭成员的共同共有财产，对此，理论界有不同观点。作者认为，家庭共有财产，是指家庭成员在家庭共同生活关系存续期间共同创造、共同所得的财产。其特征如下：

(1) 家庭共有财产的主体，是对家庭共有财产的形成作出过贡献的家庭成员。在家庭中，并不是每一个家庭成员都享有对家庭共有财产的共有权。例如，3岁幼童既没有经济收入，又未通过接受赠与等方式对家庭财产作出贡献，因而，不能和父母一起成为家庭财产的共有人。

(2) 家庭共有财产的形式，主要是家庭成员在共同生活期间的共同劳动收入和共同购置、共同积累的财产，即家庭成员的共同劳动收入和所得。

(3) 家庭共有财产是以维持家庭成员共同的生产或生活为目的财产。如果某个家庭成员，以其劳动收入购买个人所需要而不是家庭需要的物品，则一般不视为家庭共有财产。

(4) 家庭共有财产以家庭共同生活关系的存在为前提，家庭共同生活关系终止，如因分家、离婚、死亡等原因，导致家庭共同生活关系消灭，就可能引起家庭共有财产的分割，使原有的家庭共有财产关系终止。

在审判实践中，下列财产不视为家庭共有财产：①子女给父母的赡养费以及用赡养费购买的财产，属于父母个人财产。按照我国法律的规定，子女赡养父母是法定的义务，给付赡养费，是子女必须承担的法定义务，赡养费为父母所独有，专为自己的生活。因此，赡养费以及赡养费购买的财物便属于个人财产。②父母给付子女的抚养费以及为抚养子女而给付子女的其他财产，属于子女个人财产。③父母赠与子女的财产，属于子女个人财产。④子女以个人名义从事劳动所得的收入，除按照约定交付给家庭的收入以外的收入，归个人所有。⑤通过遗赠、继承等合法途径取得的属于个人的财产。但是，在家庭共有财产中，对于无法确立为个人财产还是家庭共有的财产的，视为家庭共有财产。

在处理家庭共有财产纠纷时，常常是夫妻共同财产与家庭共有财产混合在一起，此时，应当特别注意保护特殊主体的合法利益。例如，当丈夫死亡时，子女要求以继承的方式分家析产，此时，不能将全部财产都简单地认定为家庭共有财产予以分割，而应首先划分夫妻共同财产，将妻子应得的一半财产分割出来归妻子个人所有。

3．继承共同共有

按照我国《继承法》第25条规定的精神，被继承人死亡后遗产分割前，各继承人对遗产的共有为共同共有。我国《继承法》第2条规定："继承从被继承人死亡时开始。"但在继承开始后，如果继承人有数人时，其中，任何人均不单独取得遗产的所有权，而只能为全体继承人所共有。

继承共同共有，在适用我国《继承法》第8条时，要注意法律规定的条件和继承共同共有的财产关系转化特征。即"继承权纠纷提起诉讼的期限为二年，自继承人知道或者应当知道其权利被侵犯之日起计算。但是，自继承开始之日起超过二十年的，不得再提起诉讼。"

这时，不能再提起的诉讼是继承权诉讼，却可以提起继承共同共有诉讼，即共有权诉讼。

三、内部权利义务关系

由于共同共有不确定份额，所以，共同共有人不享有按份共有人的分割请求权、优先购买权、份额类所有权和追偿权，必须维护共有物的完整性。因此，在内部关系中，共同共有人的权利体现在对共有物的使用、收益和处分享有平等地参与决定的权利上，其他共有人则负有容忍的义务。

四、外部权利义务关系

1．外部权利

与按份共有的外部权利类似，共同共有人整体对共有物的所有权内容，与单独所有权的内容是相同的，也包括占有、使用、收益和处分等权能。例如，当第三人侵害共有物时，各共有人都对该第三人享有物上请求权。但是，在如何形成共有人的共同意思方面，共同共有比单独所有增加了一些复杂性。

对共有财产的处分，必须征得全体共有人的同意，未经全体共有人的同意而处分共有财产的，在法律上是无效的。当然，如果根据法律规定或共有人之间的内部约定，某个共有人有权代表或代理全体共有人处分共有财产时，则共有人依法或依协议作出的处分财产的行为是有效的。

2. 外部义务

共同共有人在对共有财产行使使用和收益权时，应承担共同义务。因对共有财产进行维护、改良等支付的合理费用，由各共有人共同负担，因共同财产对外发生债务或造成第三人损害的，各共有人要承担连带责任。

第四节　共有财产的分割

按份共有财产的分割与共同共有财产的分割，在分割的条件上不同，按份共有财产可以依共有人的请求随时分割，而共同共有财产必须共同关系终止后，才能请求分割。

按份共有中的各共有人相互间为一种没有团体性质的共同所有关系，各共有人的所有权，仅因共有的对象为物（共有物）而受限制。因此，在按份共有关系存续期间，按份共有人有权请求从共有财产中分割出属于自己的份额，这种权利在学理上称为共有物分割请求权。而共同共有财产不仅因共有物受限，更重要的是受限于共同关系，共同关系未终止，共有财产就不得分割。

一、分割的原则

共有财产的分割，应遵循下列原则：

1. 遵守法律规定的原则

对于夫妻共同共有财产，应当按照我国《婚姻法》第 17 条的规定，确定夫妻共同共有财产的范围。原则上应当坚持等分原则，每人各分得共有财产的一半。

对于家庭共同共有财产，在坚持等分原则的前提下，还应当考虑共同共有人对家庭共有财产的贡献的大小，以及依各共有人生产、生活的实际情况，具体确定分配财产的数量。对于共同继承的遗产的分割，应当按照我国《继承法》第 26 条的规定，在分出他人财产后，予以分割。

2. 遵守约定的原则

共有人之间对共有财产的分割作了约定，共有人就应当遵守这些约定。

3. 遵守平等协商、和睦团结的原则

分割共有财产，应遵守平等协商、和睦团结的原则。各共有人对共有财产分割的范围、期限、方式以及分配方法等，均可以依法通过协商，自由决定。

如果共有人对共有财产的分割不能取得一致意见，应当依照等分原则处理，并且考虑共有人对共有财产的贡献大小，适当照顾共有人的生产生活的实际需要的情况。

二、分割的方法

分割共有财产，根据财产的性质、用途和各共有人的具体情况，实践中，采用如下几种分割方法。

1. 实物分割

共有财产是可分物，分割后不损害共有财产的使用价值和用途的，可对共有财产进行实物分割，如粮食、布匹等。在不损害经济用途的前提下，对房屋、家具等也可以进行实物分割。实物分割，是最常见的一种共有财产分割方法。

2. 变价分割

这是指共有财产不能分割或分割后会损害其经济用途和价值，且各共有人对共有财产均不愿意取得共有物时，将其出卖，所得价金由各共有人分别领取的分割方法。例如耕牛、汽车等，可将共有财物作价出卖，各共有人分配所得价金。

3. 作价补偿

作价补偿，主要适用于两种情况：

(1) 对于不可进行实物分割的共有物，如果共有人中的一人愿意取得共有物，可由该共有人取得该共有物，并由该共有人向其他共有人作价补偿。例如，甲、乙共有一台空调，价值5000元，离婚后，甲愿意要空调，则由甲取得空调的所有权，并向乙支付2500元。

(2) 依共有财产的性质，不能对共有财产进行准确的分割，这样，必然造成某共有人获得的部分要大于其他共有人所获得的份额，于此情形，获共有物多的共有人，应当向其他共有人作价补偿。例如，甲、乙拥有房二间，面积不同，甲、乙各取得一间房屋后，如果甲获得大屋则应对乙作价补偿。

共同共有财产分割后，一个或者数个原共有人出卖自己分得的财产时，如果出卖的财产与其他原共有人分得的财产属于一个整体或者配套使用，其他原共有人主张优先购买权的，应当予以支持。

思考题

1. 分析小区住户因共有物业产生的物管费交纳、电梯维护、建筑外立面广告收益等关系。

2. 共有为何称之为所有权量的分割？请说明你的理解。

3. 共有的性质不明时，如何判断和处理？

4. 分析按份共有和共同共有的差别。

5. 在家庭关系中，共有以什么样的形态存在，请进行归纳。

6. 理论上，共有财产的处理方式和权利行使方式比较。

7. 分析共有内部关系、外部关系，并说明共有人权利的根源。

学习资料指引

1. 梁慧星等：《中国物权法草案建议稿》，社会科学文献出版社，2000年3月版，第2章第6节。

2. 魏振瀛：《民法》，北京大学出版社、高等教育出版社，2000年9月版，第13章。

3. 彭万林：《民法学》，中国政法大学出版社，1999年8月修订版，第14章第7节。

4. 谢在全：《民法物权论》（上），中国政法大学出版社，1999年1月版，第2章第4节。

6. 梁慧星、陈华彬：《物权法》，法律出版社，2002年月版，第10章。

7. 王建平:《民法学(下)》,四川大学出版社,1994年8月版,第14章第3节。

8. 李锡鹤:《论共有》,载《法学》,2003年第2期。

参考法规提示

1.《中华人民共和国民法通则》,第78条。

2.《最高人民法院关于贯彻执行〈中华人民共和国民法通则〉若干问题的意见(试行)》,第88条~第92条。

3.《中华人民共和国婚姻法》(1980年9月10日,2001年4月28日修订),第17条~第19条。

4.《中华人民共和国继承法》(1985年4月10日)第8条,第13条~第15条,第25条~第29条。

5.《中华人民共和国合伙企业法》(1985年4月10日)第8条,第13条~第15条,第25条~第29条。

第十五章　建筑物区分所有权

【阅读提示】 本章的重点是建筑物区分所有权的定义、性质和特征、种类，以及专有权的范围、地位及其行使，共有共用权的客体、权利内容和管理费用负担、收益分配，成员权与物管权的概念、特性、内容与业主会等等。通过本章的学习，学习者应当明确：建筑物区分所有权产生的原因和它的社会功用。本章的难点是专有权、成员权与业主会的物业管理权之间究竟存在什么样的关系。

第一节　建筑物区分所有权界定

一、建筑物区分所有权的定义

建筑物区分所有权，是指多个所有权人共同拥有同一可以分别所有的建筑物时，各所有权人对建筑物的专有部分享有的专有所有权，对共有共用部分享有的共有共用权，以及因共有共用关系所享有的所有权人成员权的总称。

显然，建筑物区分所有权由专有所有权、共有共用权（又称持份权）、成员权（主要是日常共同事务的支配权和表决权）三部分构成。建设部有关规章的规定中，提到过类似建筑物区分所有权的概念，如《城市异产毗连房屋管理规定》（简称《异产毗连规定》）第 2 条规定："异产毗连房屋系指结构相连或具有共有、共用设备和附属建筑，而为不同所有人所共有的房屋"。我国有关法规将建筑物区分所有权人简称为"业主"。

随着我国城市化和住房商品化改革的进行，城市住房向高层化、小区化方向发展，农村也开始出现了样式各异的楼房。因此，由多人共有一幢建筑物，多人共同生活在同一住宅小区的现象越来越普遍。

对专有所有权部分，住户最为关注，并且其权利义务归属分明，独立性也强，实践中引起的纷争也较少。当前，纠纷和争议较多的主要是其中共有共用权权属的分散性。为解决和避免纷争，对建筑物区分所有权加以特殊调整，实属必要。

我国《民法通则》及最高人民法院《民通意见》对建筑物区分所有权都没有作任何特殊的规定，完全等同于一般的物权。1989 年建设部出台《异产毗连规定》，对建筑物区分所有的管理作了简单的规定。此后，国务院住房改革领导小组，就各种不同性质的住房区分所有权颁布过一些规章。

2003 年 9 月 1 日，国务院颁布的《物业管理条例》施行，该条例对建筑物区分所有权中的成员权，作了比较详细的规定。《民法（草案）》在第二编"物权法"编中专列"建筑物区分所有权"一章，该编第 66 条规定："建筑物区分所有权人，就该建筑物内其居室等专有部分享有所有权，就走廊、电梯等共有部分享有共有的权利，就该建筑物及其附属设施的维护等享有共同管理的权利。"这是立法对于建筑物区分所有权的基本界定性规定。

由于我国城市的土地所有权主体仅为国家，个人只能拥有土地使用权，因此，作者认为，还有必要对目前的建筑物区分所有权的构成进行突破，特别是以区分所有权中的共有共用权代替所谓的共有权，以便能准确反映我国的建筑物区分所有权制度。

二、建筑物区分所有权的特征

建筑物区分所有权在各国的法律中，都属于不动产所有权。因而，除了具有不动产所有权的各种特征以外，它还有其特有的一些法律特征：

(1) 建筑物区分所有权是一种复合型的权利。在本质上，它包括不可分离的专有所有权、共有共用权、成员权等几种具体权利。

一般所有权是单一的占有、使用、收益和处分权能。而上述的各种建筑物的专有权、共有权等，都分别同时有占有、用益、处分这些权能。成员权，则是基于物权而产生的一种身份性财产权。

(2) 建筑物区分所有权是一种以专有所有权为主导的权利综合体。专有所有权以外的其他另外几种权利，都必须同时依赖于专有权。具体权利不可分割、转让、抵押、继承，都必须同时一并处分。

(3) 建筑物区分所有权是一种具有特殊公示要求的不动产物权。这种权利，以专有权的拥有和转移人为登记、公示的义务人。只要登记或变更了专有权人，其他权利当然同时移转。

(4) 建筑物区分所有权是一种权利主体具有多重性身份的权利。权利人在同一客体之上，同时具有多种身份。这种权利，与其他民事权利或者财产所有权相比较，具有复合性特征，尤其是和业主物业管理权相联系，是不可偏废其重心的一种权利。在建筑物区分所有权中，专有权是核心，而共有共用权（持份权）、成员权（业主日常共同事务的支配权和表决权），以及业主的物业管理权等，都是围绕专有权展开的，是专有权的必然延伸或者外在表现形式。

三、建筑物区分所有权的种类

由于建筑物的结构不同，在实际生活中，当事人往往根据不同的结构，来确定不同的建筑物区分所有权的种类。通常有以下几种：

(1) 整体区分所有权，即整体建筑物统一为一个大的产权，然后整体区分为多个小产权的所有权。办完分户产权后，应取消大产权，但一些共有共用权仍存在。所以，一些地方的管理法规规定，办完分户产权后，并不收回大产权证。这大概是由于目前我国对部分共用土地（如公共绿地）产权还未明晰的缘故。

(2) 单元区分所有权，即整体建筑中的某些垂直部分区分所有，其他部分并不区分而形成的区分所有权。这是按照建筑物的结构可以进行“纵切”分割来划分的。

(3) 分层区分所有权，即整体建筑中的某一水平部分区分所有，其他部分并不区分而形成的区分所有权。与单元区分所有权不同的是，这是按照建筑物的结构，可以进行“横切”分割来划分的，并且这种分割也是行得通的。

单元或分层区分所有时，不影响所有权人对整体建筑物的公用设施或土地的共有共用权，各个区分所有人另有约定的除外。不过，即使有约定，当事人也不得将土地使用权和单元或分层区分所有权分割开来，或者单独转让。

因此，一个建筑物的区分所有权，不论是按照建筑物的结构进行“纵切”或者“横切”分割，其基本使用功能和区分所有权的内涵、外延，都不会因此而受到影响或者限制。任何行使其专有权的人，必须遵守相关的区分或者划分建筑物专有所有权的基本规则。

第二节 专有权

一、专有权的定义与性质

建筑物区分所有权中的专有权，是指建筑物区分所有权人对建筑物的专有部分，即具有构造和使用功能独立性的部分的所有权。

我国有关房改政策曾经规定，房改房设定有限定出卖权[①] 或优先购买权的，不影响区分所有权人对建筑物的专有专用权的独立性，专有权仍然是一种完整的所有权，其他人不得干涉其所有权的行使。因而，在物权法中，不存在所谓的部分产权或限制产权的所有权。对设定有限定出卖权、优先购买权的房屋，其最终处分权仍然完全由区分所有权人享有，其上的限定出卖权或优先购买权只是它的附随义务，不影响它的出卖价格或其他利益。

在理论上，还应注意建筑物专有所有权和专用权（又称“专有使用权”）的区别。

专用，是指共有或共用的车场、屋顶花园等按合约租用给某共有人等，所收费用为共有的情形。这种专用权，与通常所说的区分所有权人的共用权并非是相对应的，更不是相互附随的权利关系，它需要通过另外的购买或约定法律行为产生。

根据德国《住宅所有权法》第 5 条第 4 项的规定，区分所有权人对于共用部分（该共用部分对整栋建筑物之维持或安全不重要者），或其他添建建筑或附属设备，得经全体区分所有人之一致决议，才能变更为“专有使用权”。而成为专有使用权之内容者，该变更应登记于土地登记簿上，始生效力。

再如，我国台湾地区的《公寓大厦管理条例》第 45 条规定：“公寓大厦之起造人或建筑业者，不得将其共用部分，包括法定空地、法定防空避难设施及法定停车空间，让售与特定人或为区分所有权人以外之特定人，设定专用使用权或为其他损害区分所有权人权益行为。”

二、专有权的范围

专有部分，是指建筑物中由一定平面的长度与一定主体的厚度构成，与其他专有部分构成共同部分的墙壁、天花板、地板相间隔而构成的部分。

我国学术界不少学者主张专有权采用空间所有权说[②]。国外一些学者认为：“专有所有权是供居住或其他用途，尤其供营业或办公用途之建筑物空间上成立的空间所有权。”[③] 但是，这种学说目前越来越受到司法实践的挑战。如果专有权仅限在室内空间，不及于建筑物的墙心，那么，所有权人在墙上设置悬挂物品的钉子或任何装修都必须经共有人同意，这就与实际生活状况不符。

---

① 通常是在购买公房时，双方约定或法定只能出卖给原所有权人的出卖权。

② 梁慧星、陈华彬：《物权法》，法律出版社 1997 年版，第 148 页。

③ ［德］贝尔曼：《德国住宅所有权法》（戴东雄译），载《法学论丛》第 13 卷第 1 期，第 166 页。

一般而言，判断建筑物某一部分是否属于专有部分，可从构造上及利用上是否具备独立性来考虑。具体则可从区分境界的明确性、遮断性、通行的直接性，专有设备之存在及共有设备不存在等方面予以判定。

目前，关于专有部分的范围，在立法上各界的观点和见解尚未统一。归纳起来主要有：(1) 中心说，即壁心说；(2) 建筑物遮断性独立空间说；(3) 建筑物最后粉刷表层说；(4) 壁心结合最后粉刷表层说等几种学说。

我国法律对此未作明确规定，但在建筑物维护义务的划分办法上，以及建筑物的产权证上，其限定专有范围的办法，通常采用壁心结合最后粉刷表层说①。作者赞同目前实践中的这种划定专有范围的方法。

不过，有人担心壁心说，认为容易导致权利人在装修过程中任意拆除承重墙之后果。所以，有人主张采用功能说，认为即使在专有的建筑物遮断性独立空间内，比如室内的共用电缆线、下水道、烟囱墙、承重墙等共用设施，仍然是共用空间或共有物。因而，壁心结合功能说的观点，在逐步为大多数人所接受。

三、专有权的行使

专有权作为一种独立的所有权，在区分所有权中处于主导地位。其他几种区分所有权的主体、共有份额、成员权权利的大小、共用权的行使，原则上都是以专有权的享有和范围大小来确定的。也就是说，专有权是区分所有权的基础权利。

专有权的取得和丧失以及其权能与一般的所有权并无区别。与专有权相比，其他依附于专有权的各项区分所有权的权能，都不是完全的。

专有权人对其专有部分，享有占有、使用、收益和处分的权利，其他依附于专有权的各项区分所有权的权能，原则上都没有独立的处分权。其他依附于专有权的各项区分所有权的行使，不得损及专有权的最终处分权。

我国《民法草案》第二编"物权法"中，第八章"建筑物区分所有权"规定："建筑物区分所有权人，对其专有部分享有占有、使用、收益和处分的权利。但是，不得违反管理该建筑物的有关规定，不得损害其他区分所有权人的合法权益。""建筑物区分所有权人转让其专有部分所有权的，其对共有部分享有共有的权利，以及对该建筑物及其附属设施享有的共同管理的权利，视为一并转让。"

可见，其他依附于专有权的各项区分所有权的权能，是受制于专有权的。

第三节　共有共用权

一、共有共用权的定义与特征

建筑物共有共用权，是指建筑物区分所有权人依照法律或规约之规定，对除专有部分以外的区分所有建筑物之共有部分，以及建筑物基地之共用部分，所享有的占有、使用、收益的权利。

共有共用权与普通的共有权相比，有如下四个特征：

(1) 从权利的法律地位来看，共有共用权从属于专有权，具有从属性。权利人享受

① 陈华彬：《现代建筑物区分所有权制度研究》，法律出版社 1995 年版，第 104 页。

权利的大小直接与专有权相关。

(2) 从权利的权能上看，共有共用权具有使用和收益的权能，而没有处分权，其不能单独转让，只能随专有权一同转让。

(3) 从标的物来看，共有共用权的标的物不可请求分割。

(4) 从优先购买权上来看，共有共用权随专有权一道转让时，其他共有共用权人一般无优先购买权。

依据不同的标准可对建筑物共有共用权做出不同的分类：依共有共用部分之性质，可分为法定共有共用权和约定共有共用权；依共用部分的所有权关系，可分为全体共有共用权和部分共有共用权。

法定共有共用权，是指所有权人对建筑物本身牢固、安全和完整的部分，以及共同使用的部分所享有的共用权。前者如地基、楼顶、外墙和梁柱等，后者如必经的大门、走廊、楼梯、电梯和供水、供电、供气、供暖系统等。法定共用部分包括建筑物基本构造部分、建筑物之附属物部分和建筑物之附属设备部分等。

约定共有共用权，指区分所有权人的全部或一部依规约，将原具有构造上和利用上独立性的建筑物部分设定为共用部分，如仓库等。

全体共有共用权，是指由建筑物的全体区分所有权人对共用部分的共有共用。部分共有共用权，即全体区分所有权人中的一部分人对共用部分的共有共用。二者区别的意义在于，修缮费用与负担有所不同。判断全体共有共用与部分共有共用应以实际使用情形为准。

此外，还有人把共有共用权，分为对建筑物之共有共用权和对附属物的共有共用权，无负担的共有共用权和有负担的共有共用权等等①。

二、共有共用权的客体

共有共用权的客体，即共有共用权人的权利义务所指向的对象。有些学者将其归结为纳入公摊的部分这种观点不是很全面。

事实上，世界各国，特别是我国，纳入不动产登记簿的公摊范围是十分狭小的。还有很多依法或依约应属于共有共用权客体的并没有写在公摊登记簿中。

对共有共用部分的范围，各国规定不太一致。日本采用排除法，即除去专有部分的都属于共用部分。法国现行住宅分层所有权法规定，共用部分系指供区分所有者全体或数名区分所有者予以使用，或对其具有有用性的建筑物诸部分与土地，该法还对共用部分的范围进行了列举。

美国称区分所有权人的共用部分为“共用设备”，《联邦公寓所有权法》以列举的方式予以确定，其范围相当广泛。我国台湾《民法典》第799条对共用部分作了规定，共用部分即是“建筑物及其附属物之共同部分。”1987年，我国台湾《高楼集合住宅管理维护法》(草案) 规定：“共用部分为建筑物专有部分以外之建筑物部分，包括法定共用部分和规约共用部分。”

《意大利民法典》第1117条对区分所有建筑物的共有部分，进行了详细列举：“在权利证书未作相反规定的情况下，建筑物的下列部分属于不同楼层或者同一楼层不同单

---

① 陈华彬：《现代建筑物区分所有权制度研究》，法律出版社，1995年版，第141页。

位的所有人共有：（1）建筑物占用的土地、地基、主墙、屋顶、屋顶平台、楼梯、大门、门廊、前庭、拱廊、天井以及其他所有必须共用的部分；（2）门房和看门人的住所，洗衣、晾衣的场所，中心供暖处以及安置其他类似公共服务设施的场所；（3）任何种类的供全体共有人使用和享用的工作物、设施、建筑物，例如，电梯、水井、蓄水池、水管、下水道、排水沟以及直到通向专属每个共有人所有的支路起点以前的供水、供气、供电、供暖系统。”

我国《异产毗连规定》第6条、第9条中，将共有共用部分界定为：共用部分和共用设施设备。其中，共用部分包括楼板、屋面、梁、柱、内外墙体、基础等承重结构和楼梯间、水箱间、走廊、门厅、楼内存车库、院落、共用厨房、共用厕所等。共用设施设备，包括共用的给排水管道、落水管、邮政信箱、垃圾道、烟囱、供电干线、共用照明、共用天线、通讯电缆、暖气干线、供暖锅炉设备及房屋加压水泵设备、房屋消防设施等。

除此之外，目前存在争议的，是屋顶花园。作者认为，屋顶花园应区分可上人与不可上人的两种情况处理。

作者认为，应将共有共用部分范围界定为：专有部分以外，由全体或一部分区分所有权人共有共用的建筑物及基地部分，包括法定共用部分和约定共用部分等。

三、共有共用权的内容

共有共用权的内容，是指建筑物区分所有权人对建筑物共有共用部分所享有的权利与承担的义务。各国对其内容的规定不尽一致，但都有明文规定。

（一）共有共用权人的权利

1．对建筑物本身共有共用部分的使用权

共有共用权人对共有共用部分，有按其性质、用途进行使用的权利，他人不得干涉和妨碍。同时，共有共用权人在使用共用部分时，也不得侵害和妨碍其他共有共用人的利益和使用权。多个共有共用人同时要对共有共用部分使用时，可同时使用，不能同时使用的，可轮流使用。

区分所有权人是依共有共用部分的用途，或使用需要予以行使使用权的，而不是依各区分所有权人对共有共用部分之“应有份额”予以使用。当然，对某些非依共有共用部分之本来用途使用共有共用部分的，只要无损于建筑物之保存和区分所有权人的共同利益，也是允许的。如为使走廊美观，允许在其上悬挂字画等。

2．对建筑物及小区附属的基地使用权

住宅小区范围内，除用于建造地上建筑物的基地以外的土地，都是附属基地。它是为住宅环境配套服务必需存有的土地，是从属于建筑物基地使用权的不可分离的部分。

现代化住宅区除了矗立的多层和高层建筑物外，尚有优美的住宅环境和不可缺少的公用设施，如绿地、公益性娱乐活动场所、道路、变电间、泵房、门卫室等。这些都是附属基地。附属基地的使用性质和用途，是由住宅建筑物的居住环境决定的。

附属基地的使用权，只能为住宅小区内各建筑物基地使用权的共用人全体共有，并且，按照房屋和土地不可分离的原则，住宅小区内各建筑物区分所有人都是附属基地使用权人。每个区分所有人按其对建筑基地使用权拥有的面积在附属基地面积中所占比例而享有一定份额。在住宅小区内，基地使用权面积与土地使用权出让合同中载明的面积相等，在减去各大楼建筑物基地面积后，剩余部分构成了附属基地面积。

作者认为，房地产开发商在房屋竣工验收后办理的房地产权证上，应当注明小区内建筑物基地面积和附属基地面积。房地产开发商出售转让房屋后，房地产管理部门向小区业主颁发的房地产权证上，也应当明示各区分所有人享有的建筑物基地使用权面积和分摊的附属基地使用权面积。

由于房地产开发商在出售转让房屋的所有权和建筑物基地使用权时，已将建筑物基地和附属基地在内的土地使用权出让金、小区前期工程费用和住宅建筑的造价，以及公用配套设施费用，摊入每一平方米的房屋销售价格之中。因此，小区全体业主是通过转让获得了附属基地使用权以及公用设施的所有权的共有权利的。

如果房地产开发商保留住宅建筑物以外的其他建筑物、附属物的所有权，则不得将其建筑费用、建筑物基地使用费用等，摊入向业主销售的房屋价格之中，并且，应当另行办理产权登记手续。房地产开发商据此也成为建筑物基地使用权和附属基地使用权的共用权人。否则，不得享有任何共用权利。

在房地产开发商向社会销售住宅房屋后，他们原来作为附属基地使用权和其他公用设施所有权主体的登记，应当变更为全体区分所有人共有。无论是房地产开发商还是区分所有人在转让建筑物所有权时，必须将建筑物地基使用权以及附属基地使用权份额同时转让，而不得分割转让。

3. 对共有共用部分的收益权

共有共用权人有对共有共用部分收取天然孳息和法定孳息的权利。例如，在区分所有建筑物本身所占地面以外的法定空地上，栽种果树所生的果实即是天然孳息；将共用的地下室设置停车场出租收取的租金，即是法定孳息。

根据建筑物区分所有权原理，共有共用部分所产生的天然孳息和法定孳息，除非区分所有权人之间另有约定，否则，应当由区分所有权人按比例收取。至于共有共用部分的收益权，按何种比例分配以及如何确定这种比例，根据私法自治的原理，区分所有权人可以通过约定来确定对共用部分进行收益的比例。如果没有约定，则各区分所有权人按其共有共用的应有部分的比例享有。

此外，有的学者认为，依照国外区分所有权法规定，共有共用权人还享有对共有共用部分单纯的修缮改良权。作者认为，修缮改良权应属使用权范畴。因为，允许共有共用人对共有共用部分使用，就得允许其有权按其用意在不改变建筑共有共用部分固有性质的前提下，对共有共用部分进行修缮改良，否则，共有共用人使用权就有可能受到限制。至于修缮，可作为共有共用权的一项义务。

（二）共有共用权人的义务

1. 遵循本来用途的义务

在使用共用部分时，要遵循共用部分的本来用途，不得把共用部分挪作他用，如把仓库用来堆放垃圾等。“本来用途”是指由建筑物的共用部分的性质、种类、构造、位置以及规约规定所决定的用途。

2. 分担共同负担和费用的义务

为使建筑物共用部分保持正常状态，就有必要对建筑物进行管理、维修、更新设备、改良等。另外，建筑物共用部分有可能致人损害而导致赔偿，这些都需要共有共用权人共同支付费用或劳力。

至于费用的分摊，全体共有部分由全体区分所有权人分担，一部共有部分由该部分区分所有权人分担。分担的标准，以所有权人所有的专有部分的价值占整个建筑物总价值的比例为基础，结合具体的使用情况来确定。

3. 合理注意的义务

共有共用权人对共用部分要合理注意，应防止个人对共用财产漠不关心。例如电线漏电，悬挂物即将掉落等。这样既可避免对他人造成侵害又可防止给共有共用人造成损失。

至于共有共用权人对共用部分，关心注意到什么程度才能算是合理注意了呢？作者认为，以共有共用权人对完全属于个人所有的财产的注意程度为参照标准。

4. 禁止的义务

前三项都是共有共用权人的积极义务，此项为共有共用权人的消极义务。

禁止义务，即共有共用权人不得对共有共用部分而为的行为，例如，不得随意改动共用部分的设置和结构，不得无故设置障碍，不得侵占他人应有的份额等。

四、共有共用权行使原则

任何权利的行使都必须遵循一定的原则，否则，就会有被滥用的可能。共有共用权同样不例外。其行使的原则，包括以下三个方面。

（一）多数决定原则

使用或利用区分建筑物的共有共用部分时，应当根据多数共有共用人的一致意见来决定。

区分建筑物的共有共用部分，由全体共有共用和部分共有共用两部分组成。全体共有共用的范围，包括屋顶、支撑墙、支撑柱和梁、围墙、楼梯（或电梯）等。

部分共有共用的范围，包括建筑物区分部分内的毗邻隔墙、天花板（地板），部分共有人共用的走廊、楼梯等。

在现实生活中，对共用部分的利用，存在着一些不正确的观念。如谁购买了区分建筑物的顶楼，顶楼上部的屋顶所有权就归谁所有，谁就可以擅自在屋顶上加层或修建空中花园，供自己享用；又如谁购买了区分建筑物的底楼，谁就有权拆掉临街的承重墙来经商等等。这些观念不仅影响着审批修建、改建建筑项目的土地、规划、房管等执法人员，而且，还影响着一些建筑开发商。他们在对区分建筑物作价时，把购买者将来独自利用某一部分的可能性，作为了考虑的因素。

事实上，个别区分所有人未取得多数区分所有人同意，擅自利用共用部分，即使获得有关行政部门批准，亦属无效。因为共有共用的多数决定原则为法律所确认，行政规章不得对抗法律。此外，部分共有共用的多数不得对抗全体共有共用的多数。如区分建筑顶层楼梯两旁的区分所有者，出于安全考虑，同意在顶层的楼梯口安装铁门。但区分建筑物所有者的多数则认为，楼梯口若被铁门拦死，将对顶层的合理利用、水箱、共用天线等设备的维修、消防通行等造成诸多不便，不同意安装铁门。由于全体共有共用的多数人代表的是区分建筑物全体所有人的整体利益，因此，顶层的区分所有者必须纠正其行为。

（二）约定原则

全体区分所有人或其他人可通过约定的方式，取得共有共用部分的专有使用权。如临近商业区的高层建筑屋顶具有商业利用价值，可在上面安置广告牌或霓虹灯广告。建筑开发商往往会保留屋顶的广告专用权，通过特别约定的方式将其出售。承买者取得后，可以自己使用，也可以出租或转让他人。若顶层的区分所有人购得屋顶广告专用权，可视之为区分所有权的延伸。其他区分所有人则失去了此项权利，其区分所有权受到了限制。

因为区分所有人明知有此情形而购买，则应该视为受让人对出让人保留屋顶或外壁的专用权有默示的承认。区分所有人以外的人，也可购得屋顶的广告专用权。

然而，不论屋顶广告专用权为何人所有，都只能依照约定的方式使用，不得违反共有共用的使用原则，即全体区分所有人，仍对屋顶享有一般的共有共用权，如安装、修理共用设施，乘凉、晾晒衣服等，设置广告不得妨碍共有共用权的实现。

（三）整体利益优先原则

多数区分所有人为经济利益或其他利益所驱使，作出对区分建筑物整体有不利影响的决定时，其他区分所有人可以整体利益优先的原则进行抗辩。如多数区分所有人同意个别区分所有人在屋顶加层；多数区分所有人同意底楼的区分所有人拆除临街的承重墙等。这个原则，是对区分所有人不恰当使用多数原则的一种限制。因为多数原则在某些情况下，容易被不正当实施。如多数区分所有房屋的购买者之间有亲戚关系或某一人因购买多个区分所有房屋而享有多个表决权等。

五、共有共用部分的管理与费用

（一）共有共用部分的管理

依各国建筑物区分所有权法，共有共用部分的管理，是指为维持区分所有建筑物的物理机能，并充分发挥其社会的、经济的机能，而对之所为的一切经营活动。它通常包括修缮、保存及改良等行为。原则上，一般都是根据业主的居住面积的大小来享有权利和分担义务的。当区分所有人对共有共用部分的管理有特别约定时，则按其特别约定。

现代各国建筑物区分所有权立法，大都赋予共有共用人对共用部分享有修缮改良权，但宽严不一。例如我国台湾地区《民法典》第820条规定，共有物的简易修缮及其他保存行为，得由共有人单独为之。而对于共用部分的改良乃至变更，因涉及各区分共有共用人的切身利益，法律往往有比较严格的限制。如《日本建筑物区分所有权法》第12条规定："共用部分的变更，应得全体共有人的同意。共有部分的改良，显需巨额之费用者，应得共有人所持应有部分合计四分之三以上的同意始得为之。""共用部分的改良行为，如影响及任何区分所有人对其专有部分之使用时，应得其同意。"

我国《异产毗连规定》第8条规定："一方所有人如需改变共有部位的外形或结构时，除须经城市规划部门批准外，还须征得其他所有人的书面同意。"该条包括一切共有部分的改良，均需要规划部门批准和其他全体所有人的书面同意。这一规定过于严格。我国应借鉴日本法律的规定，对一般的改良，并且耗费不多的，应当只需经区分所有人过半数即可；对重大的耗资巨大的改良，则应需经区分所有人3/4以上多数决定或全体一致同意。这样，有利于发挥共有部分的使用效益。

(二) 共有共用部分的费用负担

对于共有共用部分的费用，各国立法规定，全体共用部分的费用由全体区分所有人分担，一部共用部分的费用，由该部分区分所有人负担，且各按其应有部分的比例分担。

《瑞士民法典》第712条之8对共有共用部分的费用有较明确的规定，主要包括：(1) 日常维修及更新土地或楼房的共同部分及公共设备的费用；(2) 管理事务的费用，包括管理人的酬金；(3) 由区分所有权人共同负担的由公法所规定的捐税；(4) 不动产或区分所有权人连带负责的担保债权人的利息及分期偿还债务。

共同费用，一般包括共有共用部分的修缮费和为共有共用人利益建造设施所支出的费用。共有共用部分，有全体共用部分与一部共用部分之分。如由建筑物第一层经过各层到屋顶的楼梯或电梯，原则上属于全体共用部分。而属于各楼层区分所有者准予独占利用的走廊，虽然不能禁止其他楼层者通行，仍可视为一部共用部分。

我国《异产毗连规定》第9条，对共有房屋的共有墙体、楼盖、屋盖、楼梯等发生自然损坏（如因不可抗力造成的损坏，视同自然损坏)，所需修缮费用的分担，按照上述原则，作出了以下较为详细的规定：

(1) 共有房屋主体结构中的基础、柱、梁、墙的修缮，由共有房屋专有人按份额比例分担。

(2) 共用墙体的修缮，包括因结构需要而涉及的相邻部位的修缮，按两侧均分后，再由每侧房屋所有人按份额比例分担。

(3) 楼盖的修缮，其楼面与顶棚部位，由所在层房屋所有人负责；其结构部位，由毗连层上下房屋所有人按份额比例分担。

(4) 屋盖的修缮，第一，不上人屋盖，由修缮所及范围覆盖下各层的房屋所有人按份额比例分担。第二，可上人屋盖，包括屋面和周边护栏，如为各层所共有，由修缮所及范围覆盖下各层的房屋所有人按份额比例分担；如仅为若干层使用，使用层的房屋所有人分担一半，其余一半由修缮所及范围覆盖下各房屋所有人按份额比例分担。

(5) 楼梯及楼梯间（包括出屋面部分）的修缮，各层共用楼梯，由房屋所有人按份额比例分担；为某些层所专用的楼梯，由其专用的房屋所有人按份额比例分担。

(6) 房屋共有部分必要的装饰，由受益的房屋所有人按份额比例分担。

(7) 房屋共有、共用的设备和附属建筑，如电梯、水泵、暖气、水卫、电照、沟管、垃圾道、化粪池等的修缮，由各房屋所有人按份额比例分担。

房屋拆除，其拆除支付或残值回收，由房屋所有人按份额比例分配。异产毗连房屋的自然损坏应及时修缮，不得拖延或拒绝。否则，造成损失的，责任人应负责赔偿。异产毗连房屋因使用不当造成损坏，由责任人负责。售给个人的异产毗连公有住房，其共有部分及共用设备的维修办法，将依照国家住房制度改革的有关文件另行规定。

此外，从实际出发，共同费用的分担，还应当考虑共有共用人的受益程度，不能完全按照共有房屋所有的份额比例分担。如共用的楼梯，多为二层以上所有人使用，因此，共用楼梯自然损坏的修缮费用，二层以上的房屋所有人应当按份额比例多负担，一楼的房屋所有人应当按份额比例少负担。对这一分担原则，我国《异产毗连规定》第9条中，也有所体现。该条规定：楼盖的修缮，其楼面与顶棚部位，由所在层房屋所有人负责，其结构部位，由毗连层上下房屋所有人按份额比例分担。楼盖即上下层房屋之间的隔层（地板或天花板），除将上下层房屋隔开之外，还对整栋建筑起到支撑作用。其修缮费用，按照受益原则由毗连层上下房屋的所有人分担，未涉及同幢建筑的其他房屋所有人。

对共用部分的管理、修缮所负担的债务，究竟是共用人的按份债务还是连带债务也是一个颇有争议的问题。日本学者因主张共同共有性质，因而对于共用部分的管理、修缮所负的债务，主张以合伙关系财产来处理。债权人得依照共同共有的法理，对于区分所有者全体作统一性的请求。而中国台湾地区学者刘得宽先生则较赞成按份债务说，主张区分所有人仅就自己的债务份额承担责任。这样就使得共有人的负担责任不致过重。在我国内地，如将之视为连带债务，实践中也难以行得通。

关于共同费用的分担标准，即如何划分各区分所有权人对共有共用部分的维修和管理费用的分担份额。在各区分所有权人没有约定的情况下，由区分所有权人按其共有的应有部分比例负担。该比例如何计算，国外立法例和理论界对此大致有以下几种观点：(1) 按照各区分所有权人的专有部分与整个财产价值的比例来确定；(2) 依据各区分所有权人专有部分室内面积的比例予以确定；(3) 比例均等；(4) 综合考虑各区分所有权人专有部分的面积、房屋的构造、状况等诸价值后予以确定。

很显然，在确定这一比例时，专有部分的面积应是最重要的考虑因素。但同时还应当考虑房屋的物质状态和物理构造，包括房屋的布局是否合理、阳光是否充足以及安静程度等等。为便于操作，应为每一项内容设定一个分值，在综合各项内容的分值后确定该比例。哪些内容应作为考虑因素，每项内容的分值该如何计算，都需要专业部门制定统一标准。

（三）共有共用部分收益的分配

共同费用的分担比例，与共有收益的享有比例实际上是一个问题的两个方面：按比例享有共用部分的使用收益权，是区分所有权人的权利；按比例分担共用部分的维修和管理费用，是区分所有权人的义务。权利与义务应当是一致的。共有共用部分的收益同样遵循有约定从约定，没有约定依共有共用的应有部分比例分配的规则。然而，还有以下几点需要注意：

第一，对全体共有共用部分使用收益比例的约定，属于特别事项的约定，应当采用“特别多数同意的决议方式”，即“应有区分所有权人 2/3 以上及其区分所有权比例合计 2/3 以上出席，并获得出席人数 3/4 以上及其区分所有权比例占全部区分所有权 3/4 以上的同意”。

第二，属于部分区分所有权人共有共用的建筑物部分，如部分人共用的楼梯、阳台、天井等，可以由该部分共有共用人约定使用收益的比例，但不得损害其他区分所有权人的利益。

第三，通过约定放弃建筑物某一共有共用部分的一部，或全部使用收益权的区分所有权人，可以要求为此而受益的一方予以补偿。但是，区分所有权人不得以放弃共有权为由而不承担对共有共用部分的维护、修缮费用。

第四，在没有约定的情况下，各区分所有权人应按比例享有收益权。由于建筑物区分所有权的基础是专有所有权，因此，享有共有共用权的比例，是在考虑专有部分的面积和其他因素之后予以确定的。

在现实生活中，共有共用部分的收益，多由房屋开发商或物业管理公司收取，这实际上是侵害了共有共用权人的合法权益。共有共用权人有权要求房屋开发商或物业管理公司返还不当得利。

鉴于共有共用部分的收益有时不是很多，分配起来也很麻烦，作者建议可通过规约规定将此项收益权赋予业主委员会或物业管理公司代为统一行使，并将收益作为管理费用、维修基金的收入，用于整个建筑物共有共用部分的维护和修缮。这样，区分所有权人尽管失去了对共有共用部分的直接收益权，但同时，他所应承担的对共有共用部分的维护修缮费用，也被全部或部分免除。

第四节　成员权与物业管理权

一、成员权与物业管理权界定

建筑物区分所有的成员权，是指建筑物区分所有权人基于在一栋建筑物之构造、权利归属及使用上的不可分离的共同关系而产生的，作为建筑物的一个团体的成员而享有的权利义务[①]。

对于区分所有的建筑物所有权人来说，包含在区分所有权中的成员权，主要体现在建筑物的物业管理方面。物业管理权，是成员权的主要组成部分。

根据我国《物业管理条例》第2条的规定，物业管理，是指业主通过选聘物业管理企业，由业主和物业管理企业按照物业服务合同约定，对房屋及配套的设施设备和相关场地进行维修、养护、管理，维护相关区域内的环境卫生和秩序的活动。

所以，物业管理权，是指业主通过与其所选聘的物业管理企业协商，订立物业服务合同，将业主对房屋及配套的设施设备和相关场地进行维修、养护、管理，维护相关区域内的环境卫生和秩序之权，授予给物业管理企业行使的权利。如果是由业主们自己管理其住居的物业，那么，则是业主们行使对房屋及配套的设施设备和相关场地进行维修、养护、管理，维护相关区域内的环境卫生和秩序的权利。

物业管理权，源自于建筑物区分所有权中的专有权，是专有权享有、行使的一种条件和必然方式，属于专有权的延伸和扩张范畴。物业管理权对于业主们而言，也是其成员权的一种表现形式。

诚然，对于区分所有的建筑物进行管理和使用的公共事务，今后可能还会包括其他社会事务或社区管理事务。但是，那些社会事务通常不属于私法调整，而属于公法或社会法调整的对象。所以，作者在此对这些事务不作探讨。

二、成员权的特性

建筑物区分所有权中的成员权，在民法上其本质是财产关系与管理关系的结合，是财产控制权利即所有权或者使用权的延伸，具有“人法性”的因素。

从权能的性质来看，建筑物区分所有权中的成员权主要包括：表决权、参与订定规约权、选举权及解任管理者的权利，对公共管理事项及公共利益的应得份额所享有的请

① 梁慧星、陈华彬：《物权法》，法律出版社1997年版，第154页。

求权，请求停止违反建筑物公共利益行为的权利等。必要时，它可能还含有对违反公共利益的惩戒权的性质。比如，请求拍卖违反义务的建筑物区分所有权人的专有部分的权利，解除共同共有关系的权利等。当然，这些权利的行使，须以大多数业主的成员权的行使为条件。

三、成员权的内容与行使

我国《物业管理条例》第 6 条规定，房屋的所有权人为业主。

业主在成员权的行使和物业管理活动中，享有下列权利：

（1）按照物业服务合同的约定，接受物业管理企业提供的服务；

（2）提议召开业主大会会议，并就物业管理的有关事项提出建议；

（3）提出制定和修改业主公约、业主大会议事规则的建议；

（4）参加业主大会会议，行使投票权；

（5）选举业主委员会委员，并享有被选举权；

（6）监督业主委员会的工作；

（7）监督物业管理企业履行物业服务合同；

（8）对物业共用部位、共用设施设备和相关场地的使用情况享有知情权和监督权；

（9）监督物业共用部位、共用设施设备专项维修资金（简称“专项维修资金”）的管理和使用；

（10）法律、法规规定的其他权利。

我国《物业管理条例》第 7 条规定，业主在成员权的行使和物业管理活动中，履行下列义务：

（1）遵守业主公约、业主大会议事规则；

（2）遵守物业管理区域内物业共用部位和共用设施设备的使用、公共秩序和环境卫生的维护等方面的规章制度；

（3）执行业主大会的决定和业主大会授权业主委员会作出的决定；

（4）按照国家有关规定交纳专项维修资金；

（5）按时交纳物业服务费用；

（6）法律、法规规定的其他义务。

违反物业服务合同约定，业主逾期不交纳物业服务费用的，业主委员会应当督促其限期交纳；逾期仍不交纳的，物业管理企业可以向人民法院起诉。

业主作为建筑物团体的成员，通过业主大会的形式保障上述权利和义务的履行，行使共同事务的管理权和参与权。建筑物团体的成员，在业主大会中法律地位平等，通过协商的办法处理上述权利和义务行使活动中的冲突和纠纷。

我国《物业管理条例》第 9 条、第 10 条规定，一个物业管理区域成立一个业主大会。同时，一个物业管理区域内的业主，应当在物业所在地的区、县人民政府房地产行政主管部门的指导下成立业主大会，并选举产生业主委员会。但是，只有一个业主的，或者业主人数较少且经全体业主一致同意，决定不成立业主大会的，由业主共同履行业主大会、业主委员会职责。

根据我国《物业管理条例》第 11 条、第 12 条的规定，业主大会履行下列职责：

（1）制定、修改业主公约和业主大会议事规则；

(2) 选举、更换业主委员会委员，监督业主委员会的工作；

(3) 选聘、解聘物业管理企业；

(4) 决定专项维修资金使用、续筹方案，并监督实施；

(5) 制定、修改物业管理区域内物业共用部位和共用设施设备的使用、公共秩序和环境卫生的维护等方面的规章制度；

(6) 法律、法规或者业主大会议事规则规定的其他有关物业管理的职责。

业主大会会议，可以采用集体讨论的形式，也可以采用书面征求意见的形式，但应当有物业管理区域内持有1/2以上投票权的业主参加。业主可以委托代理人参加业主大会会议。业主大会作出决定，必须经与会业主所持投票权1/2以上通过。业主大会作出制定和修改业主公约、业主大会议事规则，选聘和解聘物业管理企业，专项维修资金使用和续筹方案的决定，必须经物业管理区域内全体业主所持投票权2/3以上通过。业主大会的决定对物业管理区域内的全体业主具有约束力。业主大会会议分为定期会议和临时会议，会议决定具有同等法律效力。

我国《物业管理条例》第15条规定，业主委员会是业主大会的执行机构，履行下列职责：(1) 召集业主大会会议，报告物业管理的实施情况；(2) 代表业主与业主大会选聘的物业管理企业签订物业服务合同；(3) 及时了解业主、物业使用人的意见和建议，监督和协助物业管理企业履行物业服务合同；(4) 监督业主公约的实施；(5) 业主大会赋予的其他职责。业主委员会应当自选举产生之日起30日内，向物业所在地的区、县人民政府房地产行政主管部门备案。

目前，司法界对业主委员会的法律地位，是否具有法人权利，以及平时如何与物业管理公司签订合同和决定对外交往等，还存在着各种各样的争议。

四、成员权与前期物业管理

依照我国《物业管理条例》的规定，业主公约可以确定成员权的特别行使办法与实体的物业管理权利和义务。《物业管理条例》第17条规定，业主公约应当对有关物业的使用、维护、管理，业主的共同利益，业主应当履行的义务，违反公约应当承担的责任等事项依法作出约定。业主公约对全体业主具有约束力。

业主大会、业主委员会应当依法履行职责，不得作出与物业管理无关的决定，不得从事与物业管理无关的活动。业主大会、业主委员会作出的决定违反法律、法规的，物业所在地的区、县人民政府房地产行政主管部门，应当责令限期改正或者撤销其决定，并通告全体业主。住宅小区的业主大会、业主委员会作出的决定，应当告知相关的居民委员会，并认真听取居民委员会的建议。

根据我国《物业管理条例》第22条、第23条的规定，在业主、业主大会选聘物业管理企业之前，建设单位选聘物业管理企业的，应当签订书面的前期物业服务合同。建设单位应当在销售物业之前，制定业主临时公约，对有关物业的使用、维护、管理，业主的共同利益，业主应当履行的义务，违反公约应当承担的责任等事项依法作出约定。建设单位制定的业主临时公约，不得侵害物业买受人的合法权益。建设单位应当在物业销售前将业主临时公约向物业买受人明示，并予以说明。物业买受人在与建设单位签订物业买卖合同时，应当对遵守业主临时公约予以书面承诺。

国家提倡建设单位按照房地产开发与物业管理相分离的原则，通过招投标的方式选聘具有相应资质的物业管理企业。因此住宅物业的建设单位，应当通过招投标的方式选聘具有相应资质的物业管理企业；投标人少于3个或者住宅规模较小的，经物业所在地的区、县人民政府房地产行政主管部门批准，可以采用协议方式选聘具有相应资质的物业管理企业。建设单位与物业买受人签订的买卖合同应当包含前期物业服务合同约定的内容。

前期物业服务合同可以约定期限。但是，期限未满，业主委员会与物业管理企业签订的物业服务合同生效的，前期物业服务合同终止。业主依法享有的物业共用部位、共用设施设备的所有权或者使用权，建设单位不得擅自处分。

我国《物业管理条例》第29条规定，在办理物业承接验收手续时，建设单位应当向物业管理企业移交下列资料：(1) 竣工总平面图，单体建筑、结构、设备竣工图，配套设施、地下管网工程竣工图等竣工验收资料；(2) 设施设备的安装、使用和维护保养等技术资料；(3) 物业质量保修文件和物业使用说明文件；(4) 物业管理所必需的其他资料。物业管理企业应当在前期物业服务合同终止时，将上述资料移交给业主委员会。

建设单位应当按照规定在物业管理区域内，配置必要的物业管理用房，以便为业主的物业管理权利的行使提供基本保障。同时，建设单位应当按照国家规定的保修期限和保修范围，承担物业的保修责任。

五、物业管理服务

一般情况下，由于业主们对于物业管理是陌生的，所以大多聘请专门的物业管理企业，对业主们的物业实行合同授权管理，即物业管理企业依据《物业服务合同》行使对于物业的授权管理。一个物业管理区域，由一个物业管理企业实施物业管理。

业主委员会应当与业主大会选聘的物业管理企业订立书面的《物业服务合同》。《物业服务合同》应当对物业管理事项、服务质量、服务费用、双方的权利义务、专项维修资金的管理与使用、物业管理用房、合同期限、违约责任等内容进行约定。

物业管理企业应当按照《物业服务合同》的约定，提供相应的服务。物业管理企业未能履行《物业服务合同》的约定，导致业主人身、财产安全受到损害的，应当依法承担相应的法律责任。

物业管理用房的所有权依法属于业主。未经业主大会同意，物业管理企业不得改变物业管理用房的用途。物业管理企业可以将物业管理区域内的专项服务业务，委托给专业性服务企业，但不得将该区域内的全部物业管理一并委托给他人。

业主应当根据《物业服务合同》的约定交纳物业服务费用。业主与物业使用人约定由物业使用人交纳物业服务费用的，从其约定，业主负连带交纳责任。已竣工但尚未出售或者尚未交给物业买受人的物业，物业服务费用由建设单位交纳。物业管理企业可以根据业主的委托提供物业服务合同约定以外的服务项目，服务报酬由双方约定。物业管理区域内，供水、供电、供气、供热、通讯、有线电视等单位，应当向最终用户收取有关费用。物业管理企业接受委托代收前款费用的，不得向业主收取手续费等额外费用。

对物业管理区域内违反有关治安、环保、物业装饰装修和使用等方面法律、法规规定的行为，物业管理企业应当制止，并及时向有关行政管理部门报告。保安人员在维护物业管理区域内的公共秩序时，应当履行职责，不得侵害公民的合法权益。物业管理区域内按照规划建设的公共建筑和共用设施，不得改变用途。

业主需要装饰装修房屋的，应当事先告知物业管理企业。物业管理企业应当将房屋装饰装修中的禁止行为和注意事项告知业主。利用物业共用部位、共用设施设备进行经营的，应当在征得相关业主、业主大会、物业管理企业的同意后，按照规定办理有关手续。业主所得收益应当主要用于补充专项维修资金，也可以按照业主大会的决定使用。

业主依法确需改变公共建筑和共用设施用途的，应当在依法办理有关手续后告知物业管理企业；物业管理企业确需改变公共建筑和共用设施用途的，应当提请业主大会讨论决定后，由业主依法办理有关手续。

物业存在安全隐患，危及公共利益及他人合法权益时，责任人应当及时维修养护，有关业主应当给予配合。责任人不履行维修养护义务的，经业主大会同意，可以由物业管理企业维修养护，费用由责任人承担。

物业使用人在物业管理活动中的权利和义务，由业主和物业使用人约定，但不得违反法律、法规和业主公约的有关规定。物业使用人违反《物业管理条例》和业主公约的规定，有关业主应当承担连带责任。

思考题

1. 建筑物区分所有权产生的原因是什么？为什么？
2. 分析建筑物区分所有权的构成与特点。
3. 何谓专有权、共有共用权、成员权？说明它们之间的联系与区别。
4. 评述物业管理权的定义、内容和权利性质。
5. 举例说明成员权与物业管理权之间的关系。
6. 对于业主来说，是否必须实行物业管理？为什么？
7. 归纳《物业管理合同》的内容与特点。

学习资料指引

1. 梁慧星等：《中国物权法草案建议稿》，社会科学文献出版社，2000年版，第2章第3节“建筑物区分所有权”。
2. 梁慧星、陈华彬：《物权法》，法律出版社，1997年9月版，第8章。
3. 陈华彬：《现代建筑物区分所有权制度研究》，法律出版社，1995年3月版，第1章～第12章。
4. 谢在全：《民法物权论》（上），中国政法大学出版社，1999年1月版，第2章第2节。

参考法规提示

1. 《中华人民共和国城市房地产管理法》（1994年7月5日），第62条。
2. 国务院《物业管理条例》（2003年5月28日），第1条～第56条。
3. 建设部《城市异产毗连房屋管理规定》（1989年11月21日，2001年8月15日修订）第6条，第9条。
4. 建设部《前期物业管理招标投标管理暂行办法》（2003年6月28日），第1条～第44条。

5．建设部《前期物业管理服务协议（示范文本）》（1999 年 10 月 14 日），第 1 条～第 18 条。

6．建设部《城市房地产转让管理规定》（1995 年 8 月 7 日，2001 年 7 月 23 日修订），第 5 条～第 6 条。

第十六章　用益物权

【阅读提示】　本章的重点是用益物权的定义、特征和分类以及国有自然资源使用权、采矿权、取水权、空间权和典权等基本概念和内容。通过本章的学习，学习者应当弄清楚用益物权产生的原理，以及我国用益物权制度对于市民社会的形成具有的重要意义。本章的难点是，目前在我国，传统的地上权、地役权、永佃权和典权究竟是否还存在，它们和我国目前的用益物权的根本区别何在。

第一节　用益物权概述

一、用益物权的定义

用益物权，是对他人之物，在一定范围内进行占有、使用、收益、处分的定限物权。

用益物权的产生，基于两个方面的原因：一是所有人的所有权行使的需要。也就是说，所有权的享有和行使，也需要以用益物权的设定或者发生为前提，才能有利于所有权的实现，比如地上权就是如此。二是用益物权人的需要。由于物或者财产的有限性，所以，当没有民事客体或者财产的民事主体，却又想要满足自己的需要时，就必须通过用益物权的设定或者发生，才能达到自己的目的。如我国居民当中，农民的宅基地使用权就是取之于集体土地的地上权。

在改革开放之前，我国对于市民社会是不承认的。改革开放之后，社会主义市场经济体制的建立和发展，使用益物权从国有土地使用权的出让方面，找到了一个非同寻常的出口。

现在，我国的房地产市场异常活跃，而支持这个市场的，恰恰就是国有土地使用权的用益物权化。同时，在农村，农民通过土地承包合同，与其所在的集体签订了长达几十年的承包合同，农民由此而取得的集体土地的使用权，也就是对他人之物，在一定范围内进行占有、使用、收益、处分，具有永佃权色彩的用益物权。

因此，用益物权的产生，是社会主义市场经济发展的必然，也是市民社会存在的有力佐证。

二、用益物权的特征

根据此定义，再与财产所有权、担保物权相比较，用益物权具有以下的特征：

1. 用益物权的享有和行使，以对物的占有为前提，以对标的物的使用、收益，为主要内容

用益物权通过对物进行使用、收益，从而取得物的使用价值，这就决定了用益物权的设立必须以对标的物的占有为要件。也就是说，用益物权人必须直接占有标的物，由其在实体上支配标的物。否则，用益物权的目的就无法实现。所以，就对标的物的支配

方式而言，用益物权是对标的物的有形支配，而且，这种有形支配是作为对物的利用的前提而存在的。

而担保物权则不同，担保价值的内容在于取得物的交换价值，以无形支配为满足。当然，对于质权和留置权而言，也以对标的物的占有为必要，但这种占有是权利的保持和公示的方法，它并不是对标的物利用的前提。

2．用益物权是他物权

用益物权是在他人之物上设定的物权，是非所有人根据法律的规定，或当事人的约定对他人之物享有的使用、收益的权利。因而，从其法律性质上讲，用益物权属于他物权，其客体是他人之物。它是所有人为了充分发挥物的效用，将所有权与其部分权能相分离，由用益物权人享有和行使对物的一定范围的使用、收益权能的结果。因此，用益物权是由所有权派生的权利。

3．用益物权为独立物权

独立物权，是指不以主体享有的其他民事权利为前提，能够独立存在的物权。用益物权虽然是所有权派生的权利，但并不影响用益物权作为一种独立的财产权而存在。

用益物权一旦产生，其权利人就在设定的范围内，独立地支配其标的物，进行使用和收益。用益物权人不仅可以排除一般的人对于其行使用益物权的干涉，而且，在其权利范围内，甚至可以依据用益物权直接对抗物的所有人对其权利的非法妨害。

4．用益物权是限制物权

用益物权是一种限制物权，它只是在一定范围内支配标的物的权利，没有完全的支配权。但是，用益物权是在他人之物上设定的权利，实际上，是根据所有人的意志在所有权上设定的负担，起着限制所有权的作用。因此，在权利的效力范围上，用益物权比所有权具有较优的效力。

用益物权与所有权不同，还是一种有期限物权。所有权是没有一定存续期限而永久存续的物权。用益物权则有一定的期限，在其存续期限届满时，用益物权当即归于消灭。用益物权的存续期限，可以是一个确定的期限，也可以是一个不定期的期限，此时的用益物权在符合一定的条件时，可以随时由当事人的行为使其终止。

用益物权之所以附有一定的存续期限，是因为用益物权是在他人之物上设定的权利，起着限制所有权的作用。如果允许设定永久无期的用益物权，则所有权会处于一种有名无实的境地，有损所有权的本质。

5．用益物权是不动产物权

用益物权的标的物，只限于不动产。不动产一般是指土地及其定着物，主要是房屋。在这一点上，它与所有权和担保物权都不同，所有权和担保物权的标的物，既包括动产，也包括不动产。用益物权的标的物，主要是土地，典权、居住权等权利，则主要是以房屋作为其标的物。

用益物权作为不动产物权，由于不动产在财产体系中的重要地位，使得用益物权是一类重要的财产权利。由于不动产作为权利客体本身所具有的特殊性，法律对用益物权的确认和保护，在权利的效力范围、行使方式及限制、权利的变动程度等方面的法律思想、法律技术及具体规范，都是不同于动产物权的。

6. 用益物权主要是以民法为依据

典型的用益物权是民法上的用益物权，如各国立法例上的地上权、永佃权、典权、用益物权、居住权、地役权等。这些用益物权，不仅地位较为重要，而且，其适用范围也较为广泛。

但在土地法、自然资源法等特别法上，也有一些用益物权形式，如采矿权、狩猎权等。这些用益物权在主体、客体或效力范围等方面，都具有一定的特殊性。所以在法律适用上，应当首先适用特别法，只有在特别法无规定时，才适用民法的规定。

三、用益物权的种类

用益物权在传统民法上，是所有权实现的重要组成部分。其分类主要包括：

(一) 传统民法的分类

传统民法对于用益物权的分类主要包括：地上权、永佃权、地役权、典权等。其中，地上权，是指在他人土地上以建造建筑物或其他工作物，或者栽种竹木为目的，而使用其土地的权利。这种权利在我国最常见的即为农民的宅基地使用权，以及开发商取得的开发土地的使用权等。

永佃权，是以支付佃租为代价，永久在他人土地上耕作或者牧畜的权利。这种权利在我国，目前还没有存在的先例。农民的土地承包经营权或者土地承包权，虽具有永佃权的色彩，但是，农民与其所在的集体，就土地承包而言，所形成的关系并不是永佃权关系。

地役权，是以他人土地供自己土地便宜之用的权利。也有将之定义为：在他人土地（供役地）上存有负担，以提高自己土地（需役地）价值的权利。例如从他人土地上通行、取水、采摘树上的果实等等的权利。有时，向邻人的土地上排水或者施加其他负担，只要为法律所规定，或者为合同所约定，就可以形成相关的地役权关系。

典权，则是通过支付典价而占有他人的不动产，并对该不动产加以使用收益的权利。在我国，由于土地所有权不能流转，所以，一般认为典权只能在房屋上设定。典权是中国独具特色的一项用益物权法律制度，是否还要保留，理论学界存在较大争议。

(二) 我国目前的分类

我国改革开放以后，在他物权法律制度中，基于社会主义市场经济发展的需要，而设定的用益物权，主要分为国有自然资源的使用权、采矿权、取水权、狩猎权和居住权、空间权等等。

这些权利的类型划分具有中国特色，是一种不可不重视的理论分类，其具体内容在下文中详述。

第二节 国有自然资源使用权

一、国有自然资源使用权的定义

我国的用益物权制度，是以土地等自然资源的社会主义公有制为基础的，是在社会主义经济体制改革中建立起来的新制度。

根据我国《民法通则》第 81 条的规定，国家所有的土地、森林、山岭、草原、荒地、滩涂、水面等自然资源，可以依法由全民所有制单位使用，也可以依法确定由集体所有制单位使用，国家保护其使用、收益的权利。国家所有的矿藏可以依法由全民所有制单位和集体所有制单位开采，也可以依法由公民采挖。公民、集体依法对集体所有的或国家所有由集体使用的森林、山岭、草原、荒地、滩涂、水面的承包使用权，受法律保护。这些规定，第一次确认了使用者对国有自然资源的民事权利，而且，是包括收益权在内的民事权利。只是这些概括性规定是比较笼统的概念。

国有自然资源使用权，就是指公民或者法人依照法律的规定，对国家所有的土地、森林、草原以及国家专有的矿藏、水流等自然资源，进行占有、使用、收益的权利。

二、国有自然资源使用权的特征

作为具有基础性质的权利，国有自然资源使用权的特征如下：

1. 主体的广泛性

国有自然资源使用权的主体具有广泛性，凡民事主体均可依法成为其主体。国有自然资源使用权在主体方面的这一特征，是由社会全体成员的生产和生活均离不开土地等自然资源的客观现实所决定的。“土地乃万物之母”，法律可以排除一些主体对土地的所有权，但是，不能排除任何主体对土地的占有和使用权。所以，国有自然资源使用权的主体，是一切民事主体。

2. 客体的特定性

国有自然资源使用权的客体，是归国家所有的特定的土地或者其他自然资源。至于国家所有的其他财产，或者限于其不是自然资源，或者因为其不具备可流通性（比如枪支、弹药等），而不能成为国有自然资源使用权的客体。

3. 内容的有限性

国有自然资源使用权的内容，基于所有权的制约和保护自然资源、维护生态平衡的客观要求等限制，包括在权利和义务两方面的限制和制约，而使其具有某些特殊限制性，即对国有自然资源的使用方法、手段或者用途，以及使用权期限等方面的限制。

三、国有自然资源使用权的分类

国有自然资源使用权最基本的分类，是按国有自然资源的类别、使用目的进行分类。按这一分类标准，可以对国有自然资源使用权进行以下两个层次的分类：

第一层次，按国有自然资源的类别，可以分为土地权、采矿权、取水权等。尽管自然资源分为土地、森林、山岭、草原、荒地、滩涂、矿藏、水面、水流等类型，但是，作为国有自然资源使用权的客体时，就没必要分得太繁杂了。

第二层次，可以按使用目的对土地权和水权进一步分类。如土地权还可以分为城镇国有土地使用权、土地承包使用权和宅基地使用权等。水使用权还可以分为航运使用权、养殖使用权、取水权等。

从我国《民法通则》、《土地管理法》、《城市房地产管理法》、《水法》、《矿产资源法》等现行法律规定来看，我国的国有自然资源使用权，具体包括城镇国有土地使用权、土地承包使用权、宅基地使用权、采矿权和取水权等。

需要强调的是，我国1982年《宪法》的几次修正案，都是和国有自然资源使用权的产生、发展以及分类、保护等等密切相关的。1988年4月12日，我国《宪法》修正案获得通过，这次修正的要点在于，规定了“任何组织或者个人不得侵占、买卖或者以其他形式非法转让土地。土地的使用权可以依照法律的规定转让”。这就确立了我国新的土地使用权制度。

1993年3月29日，我国《宪法》第二次修正案，将“社会主义市场经济”写入宪法，确立了“家庭联产承包为主的责任制”的法律地位。

而1999年3月15日，我国通过的第三次《宪法》修正案，将“依法治国，建设社会主义法治国家”，“农村集体经济组织实行家庭承包经营为基础、统分结合的双层经营体制”等进行了明确的规定。

2004年3月，我国《宪法》第四次修正案第20条第22条规定：“国家为了公共利益的需要，可以依照法律规定对土地实行征收或者征用并给予补偿。”“公民的合法的私有财产不受侵犯。”“国家依照法律规定保护公民的私有财产权和继承权。”“国家为了公共利益的需要，可以依照法律规定对公民的私有财产实行征收或者征用并给予补偿。”可见，国有自然资源使用权一旦转化成公民的合法财产之后，其征收或者征用，都必须给予补偿，才是符合用益物权保护制度的。

第三节　采矿权与取水权

一、采矿权

（一）采矿权的定义与特征

采矿权，是指国有单位、集体单位和公民个人，对依法许可其开采的矿产资源享有的占有、开采和收益的权利。我国《民法通则》第81条第2款规定：“国家所有的矿藏，可以依法由全民所有制单位和集体所有制单位开采，也可以依法由公民采挖。国家保护合法的采矿权。”这一规定，是采矿权作为自然资源使用权一个独立类型的直接法律依据。

我国《矿产资源法》第3条规定：“矿产资源属于国家所有，由国务院行使国家对矿产资源的所有权。地表或者地下的矿产资源的国家所有权，不因其所依附的土地的所有权或者使用权的不同而改变。国家保障矿产资源的合理开发利用。禁止任何组织或者个人用任何手段侵占或者破坏矿产资源。各级人民政府必须加强矿产资源的保护工作。勘查、开采矿产资源，必须依法分别申请，经批准取得探矿权、采矿权，并办理登记。”

矿产资源立法的规定，构成了我国矿权的基本框架：矿权分为矿产资源所有权与矿业权；矿业权又可再分为探矿权与采矿权。从财产权的角度考查，这一体系中的矿产资源所有权与采矿权，均属于物权的范畴。

采矿权，是自然资源使用权中的一个独立类型，它既具有自然资源使用权的共性，又具有区别于其他自然资源使用权的个性。首先，采矿权的客体，是区别于土地资源和水资源的一类自然资源——矿产资源；其次，采矿权也只具有占有权、使用权、收益权三项权能，没有处分权；再次，其内容表现为：对所采之矿的占有权，对固体矿物、液体矿物、气体矿物等矿产的挖掘与提取等方面的使用权，以及对矿产品通过处分而取得收益的收益权等等。

应当说，采矿权本身是一种具有取得的行政性、内容的特定性和享有行使的条件性等特殊属性的民事性质的用益物权。

（二）采矿权的取得与变更

开采矿产资源，必须办理采矿权的行政批准、登记手续，才能取得采矿权。未取得采矿权的，不得进行任何采矿活动。国务院及其主管部门批准开办的国有矿山企业，以及省、自治区、直辖市开办的国有矿山企业，由国务院地质矿产主管部门办理采矿登记手续，并颁发采矿许可证。省、自治区、直辖市人民政府批准开办的国有矿山企业，由省、自治区、直辖市人民政府地质矿产主管部门办理采矿登记手续，并颁发采矿许可证。

采矿许可证的获得程序是：矿山企业开办前，开办单位应向地质矿产主管部门报送矿产储量审批机构对矿产地质勘探报告的正式批准文件，矿山建设项目的可行性研究报告以及主管部门的审查意见书。地质矿产主管部门根据开办单位报送的文件，对矿山企业预定的开采范围、矿山服务年限及共生、伴生矿产的综合回收利用方案等，进行复核并签署意见，然后，将签署的意见转送有关主管部门，抄送原报送单位。矿山企业批准开办后，开办单位应凭批准文件，向地质矿产主管部门填写采矿申请登记表，领取采矿许可证。采矿许可证的有效期为国家批准的矿山设计服务年限。需要延长服务年限的，应在有效期满前3个月内，向地质矿产主管部门办理延长登记手续。申请在国家规划矿区，对国民经济具有重要价值的矿区采矿，或者申请开采规定实行保护性开采的特定矿种，由国务院特别授权的有关主管部门颁发许可证。乡镇集体矿山企业和公民个人按省、自治区和直辖市人民代表大会常务委员会制定的审查、批准和签发采矿许可证的程序，取得采矿权。

采矿权的变更，包括开采范围或者矿区范围的变更，开采矿种或者开采方式的变更等。矿山企业变更开采范围或者矿区范围、开采矿种或者开采方式，均须经有关主管部门批准，并向地质矿产管理机关办理变更登记手续，换领采矿许可证。

（三）采矿权的要素

采矿权的要素，是指采矿权的主体、内容和客体等法律关系的因素。

1. 采矿权的主体和客体

采矿权的主体，是国有矿山企业、乡镇集体矿山企业和依法取得采矿权的公民个人。而采矿权的客体，是国家所有的矿产资源。但是主体不同，其可能取得开采权的客体范围也有所不同。国有矿山企业可以申请开采国家所有的各种矿产资源。乡镇集体矿山企业只能申请开采国家指定范围内的矿产资源。在国有矿山企业统筹安排下，并报请其上级主管部门批准，乡镇集体矿山企业也可以开采国有矿山企业矿区范围内的边缘零星矿产。公民个人只能申请开采零星分散的矿产资源，作普通建材用的砂、石、粘土，或者以生活自用为限，采挖少量的矿产。

采矿权的客体，是各类国有矿产资源。

2. 采矿权的内容

采矿权的内容，是指采矿权人依法享有的权利和依法承担的义务。

采矿权人在依法批准的范围内，有权占有矿区，禁止其他组织和个人进入其矿区范围从事采矿活动。采矿权人有权按批准的开采范围、矿种及开采方式，进行采矿活动，并通过销售矿产产品取得合法经济利益。

采矿权人负有保护和合理开采矿藏资源的义务。开采矿产资源，必须采取合理的开采顺序、开采方法和选矿工艺，不得任意丢掉矿体。矿山企业的开采回采率、采矿贫化率和选矿回收率应当达到设计要求。在开采主要矿产的同时，对具有工业价值的共生、伴生矿产应当统一规划，综合开采，综合利用，防止浪费。对暂时不能综合开采，或者必须同时采出而暂时还不能综合利用的矿产，以及含有有用成分的尾矿，应当采取有效的保护措施，防止遭受破坏。

国家对矿产资源实行有偿开采，采矿权人必须按国家的规定，缴纳资源税和资源补偿费。国务院规定由指定单位统一收购的矿产品，任何其他单位和个人不得收购，开采者也不得向非指定单位销售。

采矿权不包括处分权能，采矿权人不得出卖、出租其占有的矿产资源，也不得出卖、出租、抵押其采矿权。采矿权人违反法律规定的义务，应承担相应的法律责任。

二、取水权

取水权，是指单位和个人依照法律的规定，对国家所有的水资源进行使用、收益的权利。我国《水法》第3条规定："水资源属于国家所有，即全民所有。""国家保护依法开发利用水资源的单位和个人的合法权益。"这是国家对水资源享有所有权，单位和个人对水资源享有使用权的立法依据。

（一）水资源使用权的特征

1. 水资源使用权不包括对水资源的占有权。这是由水的自然属性和水资源的社会公用性质所决定的。

2. 水资源使用权不具有排他性。水资源具有多种经济效益，这是由其可以从各方面加以利用的特点决定的。

3. 水资源使用权的行使，对与水相毗邻的土地的权利存在一定的依赖性。例如，提取或拦蓄自然流水而加以占有，就需要对相关的土地享有权利，才有可能实现。

取水权虽然存在上述与其他使用权、其他物权不同的三个特征，但是我们并不能因此把水资源使用权排除于物权之外。因为对水资源的开发、利用及享受，也是对水资源的支配。只要我们不能把水排除于物这一范畴之外，并否定国家对水资源的所有权，我们就必须承认任何单位和个人对水资源的使用与收益的权利，就是一种用益物权。

（二）取水权的取得

1. 依照法律的规定直接取得

我国《水法》第32条规定："为家庭生活、畜禽饮用取水和其他少量取水的，不需要申请取水许可。"依此规定，人们也就直接享有了基于生活和畜禽饮用，而自由提取自然水资源中的水的权利，即使一时将某一自然水体中的水取于用竭亦不受限制。

按照我国《水法》第14条的规定，水资源的这种使用权，还具有压倒其他使用权的优先地位。除此之外，水上航运、水上娱乐如游泳、滑水等，在遵守有关管理规定的前提下，也是不需要特别许可的。

2. 依特许程序取得

我国《水法》第32条规定："国家对直接从地下或者江河、湖泊取水的，实行取水许可制度。"实行取水许可制度，是以禁止单位和个人从地下或者江河、湖泊大量取水为前提的。

按照取水许可制度，除为家庭生活、畜禽饮用取水和其他少量取水外，凡为城镇供水、工业用水、农业灌溉等，使用提水工程和抽水机械设备大量取水的，都应事先向水行政机关申请取水许可证。申请的内容，应当包括取水的水源、取水的地点、计划取水量、取水工程的设计、取水的目的和用途、废水的处理和排放等。经水行政机关审查批准，颁发取水许可证后，方可取水。按照特许程序批准的大量取水，应当依法缴纳水资源费。

3. 按承包方式取得

我国《渔业法》第10条规定："县级以上地方人民政府根据国家对水域利用的统一安排，可以将规定用于养殖业的全民所有制的水面、滩涂，确定给全民所有制单位和集体所有制单位从事养殖生产，核发养殖使用证，确认使用权。全民所有制单位使用的水面、滩涂，集体所有制单位使用的全民所有制的水面、滩涂，可以由集体或者个人承包，从事养殖生产。"在这里，我国《渔业法》既规定了水产养殖使用权的划拨取得方式，也规定了水产养殖使用权的承包取得方式。

（三）取水权的主体、客体和内容

取水权的主体是单位和个人，包含了一切民事主体。取水权的主体的广泛性，是由任何人的生活或任何生产活动都离不开水的客观需求所决定的。取水权的客体是国家所有的水资源。

取水权的内容，包括使用人依法享有的权利和依法承担的义务，权利义务是交错存在的。取水人的权利，是合理开发水资源，以取得各种水。取水人的义务，包括当他们直接从江河、湖泊或者地下取用水资源的，应当按照国家取水许可制度和水资源有偿使用制度的规定，向主管部门申请领取取水许可证，并缴纳水资源费，取得取水权。但是，家庭生活和零星散养、圈养畜禽饮用等少量取水的除外。

取水人应当依法保护水资源，节约用水。取水权人引水、截水、排水时，不得损害公共利益和他人的合法权益。

第四节　空间权

随着生产力的进步以及科学技术特别是建筑技术的发展，以立体方式利用土地已成为历史发展的必然。土地立法也随之从"平面的土地立法"向"立体的土地立法"转变。

对于空间权，我国现行立法并无规定。但是，随着城市人口的迅猛增长以及土地资源的日趋稀缺，我国对空间的充分利用，在日常生活中随处可见。所以，有必要在我国物权法中，确立空间权制度。

一、空间权的界定

作为财产权利特定客体的土地，可分为地表、空中及地中三部分。所谓空间权，是指以土地地表之空中，或地表之下的地中的一定范围为客体而成立的不动产物权。依罗马法以来大陆法系民法理论及立法来看，土地所有权效力之范围，以地表为中心而有上下垂直的支配力，有"上达天空，下至地心"之说，亦即土地所有人除对地表有支配力外，也对空中及地中有支配力。

但是，现代意义上的空间权概念，已经有了较大的变化。随着市民社会的发展，在土地上空及地下空间，兴建空中走廊或地下通道、架设高架桥或修建地铁等陆续出现。

它们具有独立的经济价值，且在离开地表之空中及地中独立存在。所以，就有必要将空中及地中从土地自身中分离出来，规定其上下范围，以该一定范围为独立客体，设定的权利即空间权。值得注意的是：这里的“地表”，并不是一个平面概念，而是一个立体概念，其立体范围，也就是土地所有权效力的纵向范围。土地所有权效力范围之大小，依土地所有权人行使其权利的“利益存在限度”予以判定。

二、空间权的特征

空间权作为一种不动产物权，当然具有物权的一般属性。同时，由于其客体的特殊性，它又具有与一般物权不同的法律属性，其主要特征如下：

第一，空间权是对世权。一方面，空间权人有权在法律规定的范围内，按自己的意愿对空间进行支配，包括对物进行占有、使用、收益和处分；另一方面，空间权人也有权排除他人对自己所支配的空间所加予的侵害和对自己行使空间权的行为，进行的干涉及造成的妨碍。因此，空间权人以外的其他任何人，也就相应地负有不予侵害、干涉和妨碍的不作为义务。

第二，空间权作为物权的一种，也当然具有排他性、优先性、物上请求性等属性。如同一空间不允许有两个内容完全相同的空间权存在。当空间权主体以外的第三人占有空间或侵害空间权人的利益时，空间权人可以采取私力救济或公力救济方式，排除其侵害。

第三，空间权客体的特殊性。空间权的客体，系离开地表之空中或地中一定范围的“空间”。这里，不是所有的空间都可以成为空间权的客体，只有当这种空间具备独立经济价值及排他的可能性这两个要件时，才能成为空间权的客体。

离开地表之空中或地中，由于占有位置，因而只要具备独立的经济价值，并能对位置加以排他的支配，即可成为物。这样，特定于一定土地地表上下某一高度或深度的空间，尽管法律无法确定其具体高度和深度，但它仅限于作为民事权利客体，参与民事流转的空中及地中的有效空间。

从经济学的角度来讲，这种“空间”最大的特点，就是它们都作为自然存在的东西而被人们所发现、占据和利用。它们不像其他社会财产那样，可以被人们所生产、所消耗，它们客观存在的大小，是不会增加或减少的。

从法学的角度来讲，空间作为一种不动产，与其他一般不动产一样，成为所有、让渡、租赁、担保、继承之标的，并在课税及公用征收上，亦与一般不动产相同，依同一原则予以处理。

三、空间权的分类

为了准确的理解空间权，保证该权利的正确行使和有效运行，国外从法理及立法上对空间权进行了多种分类，最常见的有以下几种：

第一，按照权利性质的不同，空间权可分为空间所有权和空间利用权。这是关于空间权最常见的分类。这种分类，意味着空间也有专有空间和非专有空间之分。

第二，按照土地空间权的客体在空间垂直方向的位置不同，将其分为地上空间权和地下空间权。这一划分方法，是从静态空间角度对土地空间进行的分类。

在实践中，地上空间权和地下空间权常常发生分离，归不同的权利主体享有。这种分离，有利于发挥地上空间和地下空间各自的特有功能。

第三，根据空间权是否具有移转性，可将其划分为可移转性空间权和不可移转性空间权。这是对土地空间权的一种动态划分方法。例如，当某一土地空间权由李某转让给张某时，权利发生了移转，这种空间权就是可移转性空间权。不可移转性空间权的主体只能是特定人，这种“特定”可以是法律直接规定，也可以由当事人约定。如我国的地下矿产空间权，是法定不可移转性空间权。

第四，依据权利人对其占有、使用的空间是否具有时间限制，可把空间权分为无期限空间权和有期限空间权。一般认为，空间所有权人享有无期限空间权，而空间利用权人享有有期限空间权。

空间权是一种特殊的物权，它既要遵循传统民法中物权的基本原则，如物权法定原则，又要遵守我国关于土地管理的特殊规定及其政策要求。

第五节　居住权

一、居住权的定义

居住权，最初起源于罗马，是指居住权人对他人住房以及其他附着物享有占有、使用的权利。设立居住权，可以根据遗嘱或者遗赠，也可以按照合同约定。

根据遗嘱、遗赠或者按照合同约定设立居住权的，应当向县级以上登记机构申请居住权登记。居住权自记载于登记簿之时起设立。

居住权具有以下几个特征：(1) 居住权是为特定人的利益而设立的。(2) 居住权的客体仅限于房屋。(3) 居住权是因居住的合法事实，而对房屋进行使用的权利。

需要注意的是，居住权产生的前提，往往是因为双方当事人之间存在合法的或者法定的住居条件或者住房的供给关系。一般而言，未成年人以监护人的住所为住所，监护人基于监护职责，有义务为被监护人提供住居之处。同时，基于抚养、扶养或者赡养以及提供家庭服务者的履行服务职责之需要，根据法律规定或者双方的约定，也可以形成居住权关系。

二、居住权的内容

(一) 居住权人的权利和义务

居住权人的权利和义务包括：(1) 居住权人应当合理使用住房，并承担居住房屋的日常维护费用。居住权人占有、使用住房以及其他附着物，可以不支付使用费，不承担重大维修费用，但当事人另有约定的除外。(2) 居住权不得转让，不得继承。居住权人不得将居住的房屋出租，但当事人另有约定的除外。(3) 住房以及其他附着物的所有人，应当保障居住人对该住房以及其他附着物占有、使用的权利。居住权人对部分住房享有专用权的，可以使用该住房的公用部分。(4) 居住权设立后，该住房的所有权人发生变化的，不影响居住权。(5) 居住权期限有约定的，按照该约定；没有约定或者约定不明的，居住权期限至居住权人死亡时止。

(二) 居住权的消灭

居住权消灭的原因，分别有：(1) 居住权人放弃居住权。(2) 约定的居住权期限届满。(3) 约定的居住权解除条件成就。(4) 因不可抗力致使住房灭失。(5) 居住权人死亡等等。

居住权的消灭，一般都应当基于上述合法理由。没有合法理由时，住房的供给者不能随意消灭居住权人的权利或者解除居住房屋供给合同，让居住权人马上无居处可栖。也正是因为如此，我国《婚姻法》第42条规定："离婚时，如一方生活困难，另一方应从其住房等个人财产中给予适当帮助。具体办法由双方协议；协议不成时，由人民法院判决。"这里的离婚后一方生活困难的一种可能情况，就是无房可住，无处栖身。于是，居住权就成了解决此种困难的一种重要方式。

第六节　典　　权

一、典权的定义和特征

典权是典权人支付典价，然后对他人的不动产进行占有、使用、收益的权利。典权具有以下几个特征：

1. 典权是不动产物权

典权的标的物，应以不动产为限。虽然，在典权的历史发展过程中，存在过以动产甚至人身作为标的的现象。但是，这是为现代民法所不取的。我国的司法实践与民法学说都普遍承认房屋可以作为典权的标的。但可以预见，随着社会主义市场经济的发展，其他不动产物权，如地上权，也会成为典权的标的。

2. 典权具有有偿性

典权是以支付典价而成立的物权。典权的设立，以支付典价为要件，因此，设定典权的行为是有偿行为。由于典是"卖"的一种变态，有出卖之实，但无出卖之名。因此，当事人议定的典价，大致都在出卖价格的十分之五至十分之八之间，即不超过出卖价格，但却非常接近出卖价格。

3. 典权是占有、使用、收益他人不动产的物权

典权的成立，必须把典物的占有转移给典权人，但不以直接占有为限，只要典权人取得间接占有即可。例如，典物的所有人即出典人，可以与典权人约定承租典物，即由出典人直接占有典物，由典权人取得对典物的间接占有。

典权还以使用、收益为内容，其范围很广。除了当事人有特别约定加以限制外，凡是依物的性质可以进行的使用、收益，典权人都可为之。

4. 典权属于活卖权，具有可回复性

典权期限届满，出典人有权回赎典物。一旦回赎成为现实，那么，典权就回复为出典人的所有权。因此，典权是一种具有活卖权色彩的权利。

5. 典权是有期限的他物权

典权一般期限都比较长，多数情况下，可以长达30年。但是，期限再长，也是有期限到来的那一天。因此，期限的设定，就使典权具有有限性。也就是说，一旦典权的期限届满，回赎成为事实，则典权也就终止了。期限的设定，使典权完全成为一种受限制的权利。

二、典权的内容

1. 典权人的权利和义务

典权人的权利主要包括：

（1）占有、使用、收益典物。典权人对典物有占有、使用、收益的权利。这里的使用，不仅在范围和方法上没有限制，而且，使用时还可以准用法律上有关相邻关系的规定。至于收益，不仅包括收取典物的自然孳息，还可以收取典物的法定孳息。

（2）处分典物。典权人不但可以用益典物，还可以在法律上处分典物，即转典、典权转让和出租典物。典权人转典时，与出典人仍保持原有的关系，只是按原典条件将典物转典给他人。转典的期限，在原典权有期限时，不得超过原典权的期限；如果原典权无期限，转典也不得有期限。转典的价格不得超过原典价。典权人可以转让其典权，在其让与典权后，原典权人即与出典人脱离关系，由受让人取得与原典权人同一的权利与义务。

典权人对于典物除了合同有特别约定的外，还可以出租而收取租金。不过典权如有期限，则租赁的期限不得超过典权的期限；未定期限的，租赁也不得定有期限，以免妨碍出典人的回赎。另外，典权人对于典物，因出租而受的损害应负赔偿责任。

（3）优先购买权。典权人在出典人出卖典物时，在同等条件下，有优先购买权。因典权人与典物的关系，较之第三人更为密切，而且典物的出卖，典权人可以支付同样的价格，对出典人的利益没有影响。因此，典权人应当有优先购买权。只是这种优先购买权只限于出卖典物的情形。如果出典人赠与典物时，典权人不能主张其优先购买权。另外，出典人如果是以互易的方法让与典物时，如果他人的对待是种类物，典权人只是在可给付同等种类物时，才能主张其优先购买权；如果他人的对待给付是非种类物，典权人不能主张其优先购买权。

（4）重建或修缮。典权人在典权存续期间，因不可抗力使典物全部或部分灭失时，可以在典物灭失时的价值限度内，进行重建或修缮。例如，典权人典受的房屋二间，值4000元，因地震房屋倒塌或损坏，典权人在这4000元的限度内，可以重建或修缮，如要5000元时，应征得出典人的同意。如果没有征得出典人的同意，即不得在回赎典物时，请求原价值限度外费用的偿还。

（5）典权人为典物支付的有益费用，在出典人回赎时，有权在现存利益的限度内，请求出典人偿还。

典权人的义务主要包括：

（1）保管典物。典权人应负责保管典物，以便将来出典人回赎时，予以返还。典权人如果因为自己的过错造成典物毁损、灭失的，典权人应当负赔偿责任。

（2）分担风险。在典权存续期间，典物如果因不可抗力导致全部或部分灭失时，就灭失部分，典权与回赎权均归消灭。在出典人就典物余存的部分回赎时，灭失部分的价值的一半，可以从典价中扣除。例如，出典的房屋4间，典价8000元。其中一间房屋因地震倒塌，在出典人回赎时，可以扣除一间房屋价值的一半，即1000元。

（3）返还典物。典权人在出典人回赎时，应当恢复典物的原状，返还给出典人。

2. 出典人的权利与义务

出典人的权利：

（1）让与典物所有权。出典人在设定典权后，仍然是典物的所有人，他可将典物的所有权让与他人。在出典人让与典物所有权后，典权人的权利不因此而受影响，他对于典物的受让人仍享有同一的权利。

(2) 设定担保物权。出典人在设定典权后，还可以在典物上设定担保物权，但不得设定与典权性质不能并列的权利，如典权、地上权等。出典人再设定的担保物权（只能是抵押权）的实行，只能将附有典权负担的典物所有权拍卖，以其价款清偿。

(3) 回赎典物。回赎典物是出典人的权利，称为回赎权。

出典人的义务：出典人的义务主要是瑕疵担保责任。设定典权的合同，如同买卖，是有偿合同。因此标的物有无瑕疵即物的瑕疵或权利瑕疵，是典权人的利益所在。出典人对于典物应负瑕疵担保责任，可适用关于买卖合同的规定。

3. 典权的消灭

物权的一般消灭原因，如标的物灭失、抛弃、混同等，除性质不相容外，都适用于典权。在此只说明典权消灭的特殊原因，即回赎、找贴、作绝和别卖。

(1) 回赎，是指出典人向典权人提出以支付原典价消灭典权的单方行为。

回赎是出典人的权利，它只需要出典人一方的意思表示，并支付原典价即可，不必取得典权人的同意即产生效力。回赎权的主体，不以原出典人为限。如果原出典人将典物的所有权让与他人时，由该受让人享有回赎权。

回赎权的相对人，也不以原典权人为限，如果原典权人已将典权让与他人时，则应当向该受让人行使回赎权。另外，在转典的情况下，本来应当向原典权人回赎，但如果原典权人延迟向转典人回赎典物时，出典人可以直接向转典人回赎，以保护出典人的利益。

典权附有期限时，出典人应当于期限届满后的一定期限内回赎，但如果设定典权时附有“到期不赎，即当绝卖”的条款时，应当在典权期限届满时回赎。典权未定期限的，出典人可以在出典后30年内随时回赎。出典人如果逾越回赎期限不回赎，即不得再行回赎，典权消灭，典物的所有权由典权人取得。

(2) 找贴，是指在典权存续中，出典人将典物所有权让与典权人，找回典物的当时价格与典价的差额，从而使典权消灭的一种方法。对于找贴的性质，有人认为是典权人的权利，也有人认为是出典人的权利。其实，找贴须基于双方当事人的合意，即出典人愿卖，典权人愿买，才能成立。因此，它是出典人与典权人间的一个买卖合同，而不是哪一方的权利。找贴以一次为限。找贴以后，典权关系即告消灭。

(3) 作绝，是指有期限的典权，附有“到期不赎，即作绝卖”条款的，因期限届满即作绝，由典权人取得所有权，典权关系即告消灭。一般而言，作绝只能由事先的约定条件来判断，没有事先约定条件的，不能以作绝处理。

(4) 别卖，是指典权附有“到期不赎，听由典权人出卖典物收回典价”条款时，因典物别卖于第三人而使典权消灭。别卖的方法，实际上是将典物另行处分，然后通过处分所收回的典价，将典权人支付给出典人的典价找回。然后，典权关系消灭。

思考题

1. 如何理解用益物权的定义与特征？
2. 作为一种权利，你认为用益物权与担保物权怎样区别？
3. 国有自然资源使用权的种类应当如何划分？
4. 简述采矿权、取水权、空间权的取得、享有与行使。

5. 如何理解空间权的定义、特征与种类划分?

6. 居住权存在吗?

7. 如何理解典权、典权人、出典人、回赎人等定义?

学习资料指引

1. 梁慧星等:《中国物权法草案建议稿》,社会科学文献出版社,2000 年 3 月版,第 4 章~第 6 章。

2. 魏振瀛:《民法》,北京大学出版社、高等教育出版社,2000 年 9 月版,第 14 章。

3. 彭万林:《民法学》,中国政法大学出版社,1999 年 8 月修订版,第 16 章。

4. 谢在全:《民法物权论》(上),中国政法大学出版社,1999 年 1 月版,第 3 章~第 6 章。

6. 梁慧星、陈华彬:《物权法》,法律出版社,2002 年月版,第章。

7. 王建平:《民法学(下)》,四川大学出版社,1994 年 8 月版,第 15 章。

参考法规提示

1.《中华人民共和国宪法》,第 9 条~第 10 条。

2.《中华人民共和国民法通则》,第 80 条~第 82 条。

3.《中华人民共和国土地管理法》,第 2 条,第 2 章“土地的所有权和使用权”。

4.《中华人民共和国土地管理法实施条例》(1998 年 12 月 27 日),第 2 章“土地的所有权和使用权”。

5.《中华人民共和国农村土地承包法》(2002 年 8 月 29 口),第 2 章“家庭承包”。

6.《中华人民共和国城市房地产管理法》(1994 年 7 月 5 日),第 2 章“房地产开发用地”。

7.《中华人民共和国水法》(1988 年 1 月 21 日,2002 年 8 月 29 日修订),第 3 条~第 9 条。

8.《中华人民共和国矿产资源法》(1986 年 3 月 19 日,1996 年 8 月 29 日修订),第 3 条~第 6 条。

第十七章　土 地 权

【阅读提示】　本章的重点是土地权的界定、种类和特征以及国有土地使用权、土地承包权、宅基地使用权的特殊性。通过学习，学习者应当明确：土地承包权的内容，土地权不是一个权利，而是“群”权利，并弄清楚土地使用权出让合同为何是一种物权合同，而不是债权合同，以及农村村民出卖、出租住房后，再申请宅基地不予批准的原因。本章的难点：土地权是群权利，以及农民只能有一处宅基地的根源。

第一节　土地权界定

一、土地权概述

土地是财富之母，人类社会的一切物质财富，几乎都来源于土地。因此，土地是我们赖以生存的最重要的自然资源。

我国是以生产资料公有制为基础的社会主义国家，我国《宪法》、《民法通则》、《土地管理法》等法律法规，都对土地所有权作出了明确规定。如《土地管理法》第 8 条规定：“城市市区的土地属于国家所有。农村和城市郊区的土地，除由法律规定属于国家所有的以外，属于农民集体所有；宅基地和自留地、自留山，属于农民集体所有。”根据立法规定，我国的土地所有权包括两类：一是国有土地所有权，二是集体土地所有权，即社会主义土地公有制。

新中国成立以后至改革开放以前的历史经验教训，充分证明了一点：作为土地所有人的国家和农业集体组织，直接经营、使用或者利用其所有的土地，不可能保证土地的利用效率。因此，在坚持土地公有的前提下，最大限度地发挥土地的利用效率，还必须搞清楚土地上存在的众多层次的其他权利，开放土地使用权市场，以更充分、有效的利用土地资源。

土地权，是指公民或法人对国家或集体所有的土地，依法进行占有、使用、收益的权利。土地权包括：国有城镇土地使用权、土地承包使用权、宅基地使用权，广义上甚至还包括“四荒”土地使用权、水权、矿权、渔业权等。从根本意义上说，土地所有权，自然也是土地权本身当中的应有之意。

土地权问题的产生，是土地资源的有限性与对于土地资源利用、使用的无限性之间的种种矛盾的综合反映。在我国，土地使用权从土地所有权中，经过我国《宪法》的修改，被独立出来，成为一种相对独立和可流转的民事权利。土地使用权，既是解决因土地权而日益尖锐的社会矛盾的科学方法，也是社会主义市场经济体制建立的制度前提。应当说，土地权制度的变革，从农村大包干到城市国有土地使用权市场的开放，真正打开了社会主义市场经济背景下，财富积累的增值大门。

二、土地权的种类

如前所述，本书讨论的土地权，是土地上存在的三类权利：

1. 城镇国有土地使用权

城镇国有土地使用权，从目前的具体情况来看，又分为两种：一是通过行政划拨取得的土地使用权，即土地划拨使用权这种模式从民法角度来看，因为其取得方式上的行政性、无偿性等，因而是不尽理想的。所以，深圳特区从一开始作为市场经济的试点，就出现了另一种新的土地使用权发生方法。二是以民事出让的方式有偿取得的国有土地使用权，即土地出让使用权。

不管是划拨方式，还是出让方式产生的土地使用权，它们都有一个共同的特点，那就是：以房地产开发建设为中心、为主要目的，其客体是国有土地这个地表资源，由使用人取得存续的期间为 70、50、30 年不等的长期使用权利。

2. 土地承包经营权

土地承包经营权，即依据承包合同取得的国有或者集体所有土地的长期经营性使用的权利。这种土地权的目的是农牧渔业的生产经营，其客体仍然是集体所有土地的地表资源。少数情况下，比如在黑龙江、新疆的生产建设兵团，它们控制的土地就是国有的，不是集体所有的。

土地承包经营权的产生方式，是通过农民与其所在的集体签订《土地承包合同》或者《农业承包合同》等而产生。这种权利存续的期间，依据我国《农村土地承包法》第 20 条的规定，耕地是 30 年，草地的承包期为 30 年至 50 年，而林地的承包期为 30 年至 70 年①。

3. 宅基地使用权

宅基地使用权，是产生于集体所有土地或者国有土地之上，经过法定程序，由农民或城市居民取得的修建个人住宅的土地使用权。

宅基地使用权的目的，是为了公民生活居住用房的建造，而依法批给公民的生存资料性的土地使用权利。这种权利，即或在我国改革开放之前，也因为其生存性特征，一直为我国《宪法》所承认。

由于宅基地使用权比国有土地使用权在目的设定上窄了很多，所以，其取得方式不是出让或转让，而是通过行政申请、审批、发证的方式取得。同时，至为重要的是，基于其生存性而非商业性目的的设定或者限定，这种权利的取得，具有特殊的规则限制。

我国《土地管理法》第 62 条规定："农村村民一户只能拥有一处宅基地，其宅基地的面积不得超过省、自治区、直辖市规定的标准。农村村民建住宅，应当符合乡（镇）土地利用总体规划，并用原有的宅基地和村内空闲地。农村村住宅用地，经乡（镇）人民政府审核，由县级人民政府批准；其中，涉及占用农用地的，依照本法第 44 条的规定办理审批手续。农村村民出卖、出租住房后，再申请宅基地的，不予批准。""一户一处宅基地"，以及宅基地的不可出让性，意味着这种土地使用权发生的特殊限制性。但

---

① 《中华人民共和国土地管理法》第 14 条规定，农民集体所有的土地由本集体经济组织的成员承包经营，从事种植业、林业、畜牧业、渔业生产。土地承包经营期限为三十年。发包方和承包方应当订立承包合同，约定双方的权利和义务。承包经营土地的农民有保护和按照承包合同约定的用途合理利用土地的义务。农民的土地承包经营权受法律保护。这种规定，与《中华人民共和国农村土地承包法》第 20 条的规定是一致的。

是，宅基地使用权一旦取得，其存续期间却没有时间性概念，即它是一种永久性权利。

三、土地权的特征

土地权是一种和土地资源的利用有关的民事权利，这种权利的设定和存在，是在社会主义市场经济背景下，民事主体的需求被空前释放或者激发起来的结果。作者认为，目前在我国，土地权的法律特征主要是：

1. 基础性权利

土地权这种权利的发生，是因为我国土地资源的公有制的存在。这种所有制体制本身，意味着土地所有权的不可流通性。实际上，即土地资源利用的限制性。但是，民事主体对于土地资源利用的基础性，即生存、生活和生产需求的强烈愿望和获取属性，不会因为土地公有制或者国家所有权和集体所有权的限制而减少。

因此，开放土地权市场，是社会主义市场经济的基础和带有根本性的选择。在1988年我国《宪法》第一次修正案获得通过后，土地使用权被审时度势地建立起来。于是，作为一种基础性的民事权利，土地权以前所未有的态势，迅速发展起来，成为目前我国市民社会名副其实的基础性权利，即数量大、范围广，同时，也是资产增值能力最强的“群”权利①。

2. 受限性权利

土地权受到的限制，首先是土地所有权的限制。也就是说，土地所有人不会因为具有使用权意义的土地权的设定，而丧失土地所有权。其次，土地用途限制，这是我国《土地管理法》第4条规定的限制，即国家实行土地用途管制制度，严格限制农用地转为建设用地，控制建设用地总量，对耕地实行特殊保护。使用土地的单位和个人，必须严格按照土地利用总体规划确定的用途使用土地。再次，使用方法和功能的限制。也就是任何单位和个人，不得以违反法律和社会公共道德的方法与目的使用土地，行使其土地使用权。如在承包土地内修建住房、埋坟等等。

3. 时间性权利

土地权有时间概念，这在前文中已经介绍。问题是这种时间性的存在或者权利的时间性设定本身，一方面揭示了土地权的限制性，即受到土地所有权的限制，是土地所有权的表现；另一方面，则意味着双方的利益预期是有时间内涵的。任何超过时间限制而获得无限期利益的期待，都是为法律法规所不能允许的。换句话说，如宅基地使用权一类的长期权利，也是以权利人的生存为期限的。

在民法上，权利的期限的有限或者长短的设定，也意味着国家法律提供的保护，是否有期限利益的考虑。超长期限的民事权利保护，并不见得有利于市民社会的发展，或者民事权利本身的预期利益低成本的实现。所以，一般情况下，土地权都有明确的期限约定。

---

① 在我国，土地权不是一个权利，而是一“群”权利。由一个权利演化或者生发出一系列权利，这是一个基本经济现象和市民社会的民事权利发生的特有现象。

第二节　土地使用权

一、土地使用权的定义

我国民法学界对于如何确认在他人的土地上建造以及保存建筑物或者其他附着物的权利，存在着基地使用权说、地上权说和土地使用权说等观点。本书从通说，即土地使用权说。

土地使用权，是指依照法律或者合同取得土地后，并在国家所有或集体所有的土地上建造以及保存建筑物或者其他附着物的权利。

土地使用权作为一种基本的土地权，它具有如下几个特征：（1）土地使用权是对他人所有的土地，为占有、使用、收益的权利，因而是他物权；（2）土地使用权是限制物权；（3）土地使用权，是以保存建筑物及其附着物为目的的权利；（4）土地使用权是一种有偿为主的民事权利，尽管也有划拨取得土地使用权的情形，但是，在目前，土地使用权的取得方式中，最主要、最大量的方法，还是出让取得土地使用权。

1990 年 5 月 19 日，国务院发布的《中华人民共和国城镇国有土地使用权出让和转让暂行条例》（简称《土地使用权条例》）中，第 4 条、第 8 条对国有土地规定了两种使用权：土地出让使用权与土地划拨使用权。1994 年 7 月 5 日，《中华人民共和国城市房地产管理法》（简称《房地产法》）第 2 章“房地产开发用地”部分，再次对此作出了具体而又详细的规定。

二、土地出让使用权

1．土地出让使用权的定义

土地出让使用权，是指使用人根据法律规定的使用权出让方式，对有偿取得的土地根据法定或者约定的用途，加以利用的权利。土地出让使用权，是属于土地使用权的一种方法性权利，准确地说，它应该称之为土地使用权出让取得。

对于土地权，通过出让方式取得，是强调了这种土地使用权的有偿性和市场性特征。

2．土地出让使用权的取得

土地出让使用权，按法律规定的土地使用权出让程序取得。

首先，是出让方与受让方订立土地使用权出让合同。土地使用权出让合同是国家以土地所有者的身份，将土地使用权在一定年限让与土地使用者，由土地使用者向国家支付土地使用权出让金的双方民事法律行为。

《土地使用权出让合同》的主体包括土地使用权出让方与受让方。出让方是土地所有者即国家。其具体负责土地使用权出让事务的是市、县人民政府的土地管理部门，由它们代表国家签订土地使用权的出让合同。受让方，根据《土地使用权条例》第 3 条的规定，除法律另有规定外，可以是我国境内外的公司、企业、组织和个人。

根据我国《房地产法》第 12 条规定，土地使用权的出让合同可以采取拍卖、招标、协议三种不同的方式签订。商业、旅游、娱乐和豪华住宅用地，有条件的，必须采取拍卖、招标的方式签订；没有条件，不能采取拍卖、招标方式签订的，也可以采取协议的方式签订。以协议方式签订土地使用权出让合同的，其约定的出让金不得低于按国家规定所确定的最低价。

在前述三种方式中，拍卖和招标是最佳方式。因为按这两种方式出让国有土地使用权，具有透明度，有利于防止土地管理部门工作人员暗箱操作、营私舞弊；也有利于实现国有土地的价值最大化，对土地的受让方也是最为公平的。

我国《房地产法》第60条还规定："以出让或者划拨方式取得土地使用权，应当向县级以上地方人民政府土地管理部门申请登记，经县级以上地方人民政府土地管理部门核实，由同级人民政府颁发土地使用权证。"依此规定，土地使用权出让合同签订后，尚需依法申请登记，并经人民政府土地管理部门核实登记，颁发土地使用权证后，才能产生为受让方设定土地使用权的法律效果。

3. 土地出让使用权的期限与权利、义务

根据《土地使用权条例》第12条规定，城镇土地使用权的出让期限，因土地用途的不同而有所不同。其最高年限分别为：（1）居住用地70年；（2）工业用地50年；（3）教育、科学、文化、卫生、体育用地50年；（4）商业、旅游、娱乐用地40年；（5）综合或者其他用地50年。

这些期限为除斥期间，即土地出让使用权存续的最长有效期限。期限届满后，如土地使用人不按规定申请续期，土地使用权归于消灭。

土地使用人，在取得出让土地的使用权后，依法享有的具体权利是：（1）对土地享有占有权、使用权和收益权等。（2）对在享有使用权的土地上，建筑的房屋及其附着物，依法取得所有权和经营权。（3）对土地使用权进行转让、出租或抵押的权利，即对土地使用权进行各种处分的权利等。在发生需要继承的情形时，则变成遗产继承权。

当然，土地使用人也依法应当承担一系列的义务，主要是以下几方面：

（1）合法方式使用土地。按照土地使用权出让合同的规定，以及城市规划的要求，对土地进行开发、利用和经营，不得使土地闲置。未按合同规定的期限和条件开发、利用土地的，人民政府土地管理部门有权予以纠正，并根据情节轻重给予警告、罚款，直至无偿追回土地使用权。

（2）按照土地用途使用土地。受让人应当按照土地出让合同约定的用途使用土地，不得擅自变更土地的用途。土地使用人如需改变土地用途，必须征得出让方的同意，并经土地管理部门和城市规划部门批准，重新签订土地使用权出让合同，调整土地使用权出让金，并办理登记后，才能进行用途的变更。

4. 土地出让使用权的处分

所谓土地出让使用权的处分，是指受让者依法对于其具有使用权的土地，加以转让、出租和抵押的情形。受让人对土地使用权的转让、出租和抵押，是其土地使用权本身所包含的应有之意。

土地出让使用权的转让，是指土地的使用人，将其土地使用权再转移的行为，包括出售、交换和赠与等。土地使用权转让后，原使用人不再享有使用权，土地使用权出让合同为原使用人规定的权利、义务，一并转移给新的使用人。新使用人的使用年限，为土地使用权出让合同规定的年限，减去原使用人已使用年限后的剩余年限。

土地使用权转让时，其转让价格明显低于市场价格的，当地人民政府可以有优先购买权。土地使用权转让的市场价格，不合理上涨时，则当地人民政府可以采取必要的措施。

土地使用权也可以根据受让人自己的利益需要，作为出租标的，加以出租，或者依照当事人的约定，设定抵押权利。在土地使用权上，设置出租关系、抵押权时，地上建筑物、其他附着物随同转让、出租、抵押时，均须订立相关合同，用合同条款来明确当事人双方的权利、义务和法律责任，并按照规定的程序，办理有关登记手续。

5. 土地出让使用权的终止

土地使用权，可因土地使用权出让合同规定的使用年限届满、提前收回土地以及土地灭失等原因而终止。土地使用权终止后，土地受让人应当将土地归还给出让人。

土地使用权出让合同规定的使用年限届满，是出让土地使用权终止的一般原因。按《土地使用权条例》第 41 条的规定，土地使用权期满，土地使用人可以申请续期。土地使用权续期，须按土地使用权出让之规定，续签土地使用权出让合同，重新支付土地使用权出让金，并办理登记。如土地使用人不为续期之申请，应当交回土地使用证，注销使用权登记，其地上的建筑物和其他附着物，由国家无偿取得。

这些规定，既考虑了土地使用人的合理要求，有利于稳定土地、地上建筑物和其他附着物的现实占有关系，也使企、事业单位的发展不致受土地使用权终止的影响。同时，又能体现国家对土地的所有权，是一种比较好的结果设计。

土地使用权受法律保护，国家只能根据法定事由，才能提前收回土地使用权。根据我国《土地管理法》第 19 条、《土地使用权条例》第 17 条的规定，国家可基于以下原因提前收回土地使用权：（1）土地使用人未按土地使用权出让合同规定的期限和条件投资开发、利用土地；（2）未经批准擅自改变土地用途；（3）国家根据社会公共利益，依法定程序征收土地使用权等。

国家依征收程序，提前收回土地使用权时，应根据土地使用人已经使用的年限和土地开发、利用的实际情况，给土地使用人相应的补偿。

三、土地划拨使用权

（一）土地划拨使用权的定义

土地划拨使用权，是指土地使用人通过行政划拨方式，无偿取得的土地使用权。土地划拨使用权与土地出让使用权相比较，具有以下特征：

（1）无偿性。土地划拨使用权，是非以出让、受让之民事方式而取得的土地使用权。使用人在取得使用权时，没有支付使用权的对价，是无偿的。我国《房地产法》第 22 条规定的使用者应缴纳的“补偿、安置等费用”，并非土地使用权的对价。

（2）范围严格限制性。我国法律对土地划拨使用权的适用范围，设有严格限制。根据我国《房地产法》第 23 条的规定，只有下列建设项目用地的土地使用权，才能由县级以上人民政府依法批准划拨：①国家机关用地和军事用地；②城市基础设施用地和公益事业用地；③国家重点扶持的能源、交通、水利等项目用地；④法律、行政法规规定的其他用地。可见，要取得土地划拨使用权，不能以商业使用为目的。

（3）无期限性。土地划拨使用权，没有法定的存续期限，当地人民政府可以根据城市发展和城市规划的要求，随时无偿收回。但在无偿收回使用权时，对地上建筑物和其他附着物，当地人民政府应根据实际情况，给予适当补偿。

（4）无可处分性权利。土地划拨使用权当中，没有土地出让性质的使用权内容，取得人不能对划拨的土地进行转让、出租、抵押等。即划拨土地使用人，对其使用的土地只有占有权、使用权、收益权，而没有处分权。对未经批准，擅自转让、出租、抵押土地划拨使用权的单位和个人，当地人民政府土地管理部门有权没收其非法所得，并根据情节轻重处以罚款。

(5) 无偿收回性。土地划拨使用权的使用者，因迁移、解散、撤销、破产或者其他原因而停止使用土地时，当地人民政府有权无偿收回其土地使用权，而不给予任何补偿。

(二) 土地划拨使用权的变更

土地划拨使用权的变更，是指土地划拨使用权，可以通过土地使用权出让程序，变更为土地出让使用权的情形。这是市场经济背景下经常发生的一种情形。

为了发展城市的土地市场，促进历史上形成的土地划拨使用权向土地出让使用权转化，国家出台了一系列政策和措施，鼓励公司、企业、其他经济组织和个人，将自己拥有的土地划拨使用权，通过出让程序变更为土地出让使用权。

根据我国《土地使用权条例》第 45 条的规定，凡领有国有土地使用证，具有地上建筑物、其他附着物合法产权证明的公司、企业、其他经济组织和个人，都可以通过签订《土地使用权出让合同》，向当地人民政府补交土地使用权出让金的途径，将自己的土地划拨使用权变更为土地出让使用权。

为了促进土地划拨使用权向土地出让使用权转化，我国《土地使用权条例》第 45 条还允许在办理变更手续的过程中，采取变通的做法。即先批准土地使用权及地上建筑物、其他附着物转让、出租、抵押，然后用转让、出租、抵押所获收益，抵交土地使用权出让金。

第三节 土地承包权

一、土地承包权的定义

土地承包权，是指个人或集体依据承包合同取得的，对集体所有的或者国家所有由集体长期使用的土地，通过经营管理进行占有、使用、收益的权利。

土地承包使用权，是我国农村集体经济组织实行大包干、承包责任制的产物，是在农村土地等自然资源的所有权与使用、收益权分离的基础上产生的一类新型物权。

对这类新型物权，我国《民法通则》及其他法律文件中，一般称为“承包经营权”。作者认为，把这类物权称为“承包经营权”并不确切，应当称为“承包使用权”或者“土地承包权”似乎更贴切一些。

这类物权具有使用权的性质，是土地使用权的一个独立类型，而不是经营权的一个独立类型。所以，在把握土地承包权时，应当特别注意它的内涵和外延的界限。

作者认为，土地承包权作为我国《农村土地承包法》的主要调整对象，是我国农村改革近 30 年来的伟大创造，是符合我国农村现状的民事权利。它的基本特征是：

(1) 客体特定性。土地承包权的客体，局限于土地这种自然资源，而且，是属于集体土地或国家所有由集体长期使用的土地。相比之下，经营权的客体，是包括动产与不动产在内的综合财产。

（2）内容有限性。土地承包权的权能不包括处分权，土地承包人只有占有权、使用权和收益权，没有处分权。而经营权的权能包括了处分权。

（3）主体身份性。土地承包权的承包主体，主要是农村集体经济组织的成员，权利主体在生产经营过程中，可以拥有属于自己所有的生产资料。而经营权的主体，则没有专门的限制。但是，依我国现行法的规定，经营权的主体却不能拥有属于自己所有的生产资料。

（4）成果所有权性。土地承包权的权利主体，对其生产经营成果能够直接取得所有权，而经营权主体对其生产经营成果，则不能直接取得所有权。除此之外，把这类本应属于使用权范畴的物权称为“承包经营权”，容易与属于经营权范畴的企业承包经营权相混淆。

二、土地承包权的取得与转让

土地承包权根据承包人与发包人依法签订的承包合同取得。早在1982年1月1日，《全国农村工作会议纪要》就指出：“实行各种承包责任制的生产队，必须抓好订立合同的工作，把生产队与农户、作业组、专业人之间的经济关系和双方权利、义务用合同形式确定下来。”2002年8月29日《中华人民共和国农村土地承包法》第3条规定，国家实行农村土地承包经营制度。这就将20年前的政策，变成了法律制度。

根据我国《土地承包法》第20条、第21条的规定，发包方应当与承包方签订书面承包合同。承包合同一般包括以下条款：（1）发包方、承包方的名称，发包方负责人和承包方代表的姓名、住所；（2）承包土地的名称、坐落、面积、质量等级，即承包使用的客体表现为土地；（3）承包期限和起止日期，即耕地的承包期为30年，草地为30年至50年，而林地为30年至70年，特殊林地，经林业部门批准可延长；（4）承包土地的用途，即承包土地的使用目的，表现为承包人应当利用承包土地，进行生产经营的项目等；（5）发包方和承包方的权利和义务，包括承包人包干上交的任务、土地保护、设施维修等；（6）违约责任即当事人一方不履行合同义务或者履行义务不符合约定的，应当依照我国《合同法》的规定承担的违约民事责任等①。

我国《土地承包法》第22条规定：“承包合同自成立之日起生效。承包方自承包合同生效时取得土地承包经营权。”承包合同，作为农村集体经济组织成员和集体之间，就集体土地等基本生产资料使用权设定的法律手段，在合同生效后，各承包人依法取得了承包土地的使用权，并在此基础上，独立从事生产经营活动。承包合同生效后，发包方应将合同规定的土地等生产资料，移交给承包方使用，承包方应按合同规定享受权利，承担义务。双方在履行合同过程中发生的纠纷，亦应按合同的规定进行处理。

土地承包使用权的转让，是指承包人将其取得的承包使用权，依法让与第三人，由第三人取代原承包人的地位，继续履行承包合同的行为。土地承包使用权转让后，原承

① 《中华人民共和国农村土地承包法》第54条规定，发包方有下列行为之一的，应当承担停止侵害、返还原物、恢复原状、排除妨害、消除危险、赔偿损失等民事责任：（1）干涉承包方依法享有的生产经营自主权；（2）违反本法规定收回、调整承包地；（3）强迫或者阻碍承包方进行土地承包经营权流转；（4）假借少数服从多数强迫承包方放弃或者变更土地承包经营权而进行土地承包经营权流转；（5）以划分“口粮田”和“责任田”等为由收回承包地搞招标承包；（6）将承包地收回抵顶欠款；（7）剥夺、侵害妇女依法享有的土地承包经营权；（8）其他侵害土地承包经营权的行为等。

包人退出承包合同，不再享有土地承包权，即土地承包使用权。

按照我国《土地承包法》第 32 条的规定，允许通过家庭承包取得的土地承包权依法采取转包、出租、互换、转让或者其他方式流转。土地承包权的转让，对改变农民依附于土地的自然经济状态，促使耕地、林地、草原、水面逐步向规模经营集中，实现农业、林业、渔业生产的商品化和集约化，为发展乡、村企业和城镇建设提供丰富的劳动力资源，均具有重要的意义。

我国《土地承包法》第 33 条、第 34 条规定，土地承包权流转时，应当遵循以下原则：(1) 平等协商、自愿、有偿，任何组织和个人不得强迫或者阻碍承包方进行土地承包经营权流转；(2) 不得改变土地所有权的性质和土地的农业用途；(3) 流转的期限不得超过承包期的剩余期限；(4) 受让方须有农业经营能力；(5) 在同等条件下，本集体经济组织成员享有优先权。同时，土地承包权流转的主体是承包方。承包方有权依法自主决定土地承包权是否流转和流转的具体方式。

三、土地承包权的主体和客体

我国《民法通则》第 80 条第 2 款规定："公民、集体依法对集体所有的或者国家所有由集体使用的土地的承包经营权，受法律保护。"但是，由于土地承包权是农村集体经济组织实行承包责任制的产物，这里所说的作为土地承包权主体的公民，并非指中华人民共和国的一切公民，而是指作为农村集体经济组织成员的个人和家庭。按照我国《土地承包法》第 5 条的规定，农村集体经济组织成员，有权依法承包由本集体经济组织发包的农村土地。任何组织和个人，不得剥夺和非法限制农村集体经济组织成员承包土地的权利。所以，要求取得一份土地承包使用权，是我国农村集体经济组织成员的神圣权利，他们既可以以个人或家庭的名义承包，也可以自愿组成作业组、专业组联合承包。我国《土地承包法》第 3 条、第 15 条规定的土地承包权，采取农村集体经济组织内部的家庭承包方式。而家庭承包的承包方，是本集体经济组织的农户。

土地承包权的客体，是农村土地这种自然资源。其中，农村土地是指农民集体所有和国家所有依法由农民集体使用的耕地、林地、草地，以及其他依法用于农业的土地，以及荒山、荒沟、荒丘、荒滩等农村四荒土地。土地承包权的客体在所有权的归属上，存在两种不同的情况：一是属于农村集体经济组织所有的土地；二是由根据需要划拨给农村集体经济组织长期使用的国有土地。

这两类土地，虽然所有权归属不同，但是，由于都由农村集体经济组织统一管理，因此在土地承包时，都由农村集体经济组织作为发包人。只是土地的类型不同，土地承包的具体条件和相关内容亦可能有所不同。土地承包合同生效后，其原来的所有权归属关系和管理关系不发生改变。

四、土地承包权的内容

土地承包权的内容，在合同关系形成层面上，包括了发包人依法和依据合同享有的权利和应当承担的义务，而在合同内容层面上，则主要是承包人依照法律的规定和承包合同的约定，享有的权利和应当承担的义务。我国《土地承包法》第 13 条至第 17 条规定的双方权利、义务如下：

发包方享有的权利有：(1) 发包本集体所有的或者国家所有依法由本集体使用的农村土地；(2) 监督承包方依照承包合同约定的用途合理利用和保护土地；(3) 制止承包

方损害承包地和农业资源的行为；(4) 法律、行政法规规定的其他权利。

发包方承担的义务：(1) 维护承包方的土地承包经营权，不得非法变更、解除承包合同；(2) 尊重承包方的生产经营自主权，不得干涉承包方依法进行正常的生产经营活动；(3) 依照承包合同约定为承包方提供生产、技术、信息等服务；(4) 执行县、乡(镇) 土地利用总体规划，组织本集体经济组织内的农业基础设施建设；(5) 法律、行政法规规定的其他义务等。

承包方依法和依照合同享有的具体权利包括：(1) 依法享有承包地使用、收益和土地承包经营权流转的权利，有权自主组织生产经营和处置产品；(2) 承包地被依法征用、占用的，有权依法获得相应的补偿；(3) 法律、行政法规规定的其他权利。而其应当承担的义务是：(1) 维持土地的农业用途，不得用于非农建设；(2) 依法保护和合理利用土地，不得给土地造成永久性损害；(3) 法律、行政法规规定的其他义务等。

第四节　宅基地使用权

一、宅基地使用权的定义

宅基地使用权，是指公民个人在依法取得的农村集体组织所有或国家所有由集体管理的土地上，建筑房屋，并加以居住使用的权利。国家依法保护公民的宅基地使用权，这是新中国建立以后我国大陆历来的法律传统。

我国《宪法》第13条规定：“国家保护公民的合法收入、储蓄、房屋和其他合法财产的所有权。”房屋作为土地的附着物，与土地连接密不可分。在土地依法归国家所有或集体所有的社会主义公有制下，要从物质上保证公民取得房屋所有权，满足公民建房用地的需要，建立宅基地使用权制度是唯一的选择。这就决定了宅基地使用权在土地权中的重要地位。

我国《土地管理法》第59条规定，农村村民住宅等乡村建设用地，应当符合乡村土地利用总体规划和土地利用年度计划，并依照《土地管理法》第44条、第60条至第62条的规定办理审批手续。

宅基地使用权与城镇国有土地出让使用权比较，既相类似又有区别。其类似的地方在于：两种使用权的使用人，都有权在其使用的土地上建筑房屋，并取得房屋的所有权。其主要区别在于：(1) 城镇国有土地出让使用权的使用目的，在于解决企业生产用房、营业用房、商品房及其他地上地下设施的用地问题，而宅基地使用权的目的，在于解决居民私有住房的用地问题；(2) 城镇国有土地出让使用权实行有偿使用制，按出让程序取得，宅基地使用权实行无偿使用制，按批准程序取得；(3) 城镇国有土地出让使用权的客体，局限于国有城镇土地，而宅基地使用权的客体，既可以是集体所有的土地，也可以是国家所有而由集体管理的土地。

二、宅基地使用权的取得与转让

宅基地使用权按批准程序取得，这是一种严格的行政控制取得民事权利的程序。

第一，农村村民建筑住宅需要使用集体土地时，须向村农业集体经济组织或村民委员会提出申请，经村民代表会或村民大会讨论通过后，报乡人民政府批准。其中，需要占用耕地的，由乡级人民政府审核，经县级人民政府土地管理部门审查同意后，报县级人民政府批准。而需要使用原有宅基地、村内空闲地和其他土地的，报乡级人民政府批准。

第二，城镇居民建筑房屋，需要使用国有土地时，须向所在地土地管理部门申请，经批准取得宅基地使用权。城镇非农业户口居民，建筑住宅需要使用集体所有的土地时，须先取得所在单位或居民委员会同意，然后按土地所有权的归属关系，向村或乡农业集体经济组织提出申请。经乡或村农业集体组织讨论通过，并由乡（镇）人民政府审查同意后，再报县级人民政府批准。城镇非农业户口居民使用集体所有的宅基地，须参照国家建设征用土地的标准，支付土地补偿费和安置补偿费。

第三，回原籍乡村落户的职工、退伍军人和离退休干部，以及回家乡定居的华侨、港澳台胞，需要使用集体所有的土地建住宅时，享受村民的待遇，按村民取得宅基地使用权的程序办理有关手续。

我国《土地管理法》第62条规定："农村村民一户只能拥有一处宅基地，其宅基地的面积不得超过省、自治区、直辖市规定的标准。农村村民建住宅，应当符合乡（镇）土地利用总体规划，并尽量使用原有的宅基地和村内空闲地。"

宅基地使用权可以转让。但是，这种转让是有条件的，是受到了严格限制的。

根据我国《房地产法》第31条的规定，房地产转让、抵押时，房屋的所有权和该房屋占用范围内的土地使用权同时转让、抵押。所以，宅基地使用权只能随房屋产权的转让而转让。当房屋所有权因出卖、互易、赠与、继承而转移时，当事人不仅应当到房屋管理部门办理房屋产权过户登记，还应当到土地管理部门办理宅基地使用权登记。

宅基地使用权不得单独转让，禁止宅基地使用权人采用出租、出卖、抵押或土地入股搞联营等方式，转让空闲宅基地。当事人之间转让空闲宅基地的任何协议均属无效行为，宅基地所有人有权收回其非法转让的宅基地。所以，我国《土地管理法》第62条规定："农村村民出卖、出租住房后，再申请宅基地的，不予批准。"

三、宅基地使用权的主体、客体和内容

宅基地使用权的主体，只能是公民个人。按照我国现时的住房体制，我国公民的住房问题，可通过租赁公房、购买商品房、自建私房或购买私房等途径解决。

凡拥有私房者，也都同时拥有了宅基地使用权。凡没有私房，也没有租赁公房者，如欲自建私房，理论上都可以依法申请宅基地使用权。

宅基地使用权的客体，是依法批准给公民作为建造住宅使用的城市国有土地或农村集体所有的土地。在农村，则主要是在功能上定位为宅基地的土地。

宅基地使用权的内容，包括宅基地使用权人依法享有的权利和依法承担的义务。宅基地使用权人的主要权利是：(1) 对其依法取得的宅基地享有长期的占有权，并可排除他人非法侵占；(2) 有在其依法取得宅基地上建筑房屋的权利，并可取得其房屋的所有权；(3) 有在房前屋后栽种竹木的权利，并依法取得竹木的所有权。

宅基地使用权人的义务主要是：(1) 按批准程序无偿取得的宅基地，只能建筑生活用房，不能建筑生产经营用房。城镇个体工商户或私营企业主建筑生产经营用房，应按城镇土地使用权出让程序取得使用权。将生活用房用于生产经营目的的，虽不受限制，但因此而影响居住条件的，则不能另外申请宅基地。

(2) 宅基地使用权不包括处分权，宅基地使用权只能随房屋所有权转让而转让，不得单独买卖、出租、抵押。

(3) 行使宅基地使用权，不得妨碍公共利益和他人的合法权益。

思考题

1. 何谓土地权？其法律依据与种类应当如何界定？

2. 评述土地使用权的定义与特征。

3. 通过出让方式，取得土地使用权后，其内容、转让、出租和抵押等，应当如何界定？

4. 我国法律对土地使用权的期限是如何规定的？为什么？

5. 划拨取得土地使用权的优缺点及其发生变更的依据是什么？

6. 农民的土地承包权是否其他任何人都不能取得？

7. 土地承包权的主体、客体与内容，以及转让规则分别是什么。

8. 城市居民能否取得宅基地使用权？宅基地使用权转让的限制规则是什么？

9. 宅基地使用权的主体、客体和内容是什么？简要评析法律对于宅基地使用权的控制性规范。

学习资料指引

1. 梁慧星等：《中国物权法草案建议稿》，社会科学文献出版社，2000 年 3 月版，第 3 章～第 5 章。

2. 魏振瀛：《民法》，北京大学出版社、高等教育出版社，2000 年 9 月版，第 14 章。

3. 彭万林：《民法学》，中国政法大学出版社，1999 年 8 月修订版，第 16 章。

4. 谢在全：《民法物权论》（上），中国政法大学出版社，1999 年 1 月版，第 3 章～第 5 章。

6. 梁慧星、陈华彬：《物权法》，法律出版社，2002 年月版，第 11 章～第 14 章。

7. 王建平：《民法学（下）》，四川大学出版社，1994 年 8 月版，第 15 章。

参考法规提示

1.《中华人民共和国土地管理法》（1986 年 6 月 25 日，1988 年 12 月 29 日修订），第 4 条，第 14 条，第 19 条，第 44 条，第 59 条～第 62 条。

2.《中华人民共和国土地管理法实施条例》（1998 年 12 月 24 日），第二章“土地的所有权和使用权”，第四章“耕地保护”。

3.《中华人民共和国农村土地承包法》（2002 年 8 月 29 日），第 20 条，第一章“总则”，第二章“家庭承包”。

4.《中华人民共和国城市房地产管理法》（1994 年 7 月 5 日），第二章“房地产开发用地”。

5. 国务院《中华人民共和国城镇国有土地使用权出让和转让暂行条例》（1990 年 5 月 19 日），第 4 条、第 8 条，第 17 条。

6. 城乡建设环境保护部《城镇个人建造住宅管理办法》（1983 年 6 月 4 日），第 1 条～第 9 条。

第十八章　相邻关系

【阅读提示】　本章的重点是相邻关系产生的原因、特征，以及相邻关系与相邻权之间的关系。学习本章，学习者应当明确：不动产相邻关系是一种表现不动产之间空间限制的权利，或者利益联系的特殊形式。因此，任何试图要对物权法理论和学理明确的学习者，都必须明确把握相邻关系发生冲突的时候，应当如何处理。本章的难点是，相邻关系即是相邻权。

第一节　相邻关系界定

一、相邻关系的概念

相邻关系，是指不动产相邻各方，在对各自所有的或占有的不动产行使所有权或使用权时，因相互间依法应给予方便或接受限制而发生的权利义务关系。从实质上讲，相邻关系是相邻不动产的所有人或占有人行使其权利的一种延伸或限制。

民法理论及其立法的具体规则，通过适当扩展或限制不动产所有权与使用权的方法来调整相邻关系，既无损于所有人或使用人的正当权益，同时，也满足了对方的合理需要。因此，相邻关系制度，是一种协调各方民事主体关系（互相的利益受到限制），给予对方便利的财产利益与财产负担容忍制度。

在市民社会，相邻关系本身，说明市民之间的利益链是既互相依赖，又互相制约的。所以，相邻关系也被一些学者理解为相邻权。①

作为一种权利，相邻权对于充分发挥财产的效用，促进市民社会的经济发展，提升市民的权利素质，稳定社会交易秩序，具有十分重要的法律意义和文化价值。

二、相邻关系的特征

相邻关系，从其质的界定性以及量的依赖性上理解，具有如下特征：

1．主体为两个以上

相邻关系的发生，是因为两个或两个以上的不动产所有人或占有人（使用人）之间，就其不动产有着不可分割的关系。也就是说，只有相邻不动产分属于不同主体所有或者由不同主体使用，才可能发生相邻关系。

相邻人可以是公民，也可以是法人；可以是不动产的所有人，也可以是不动产的合法占有人或者使用人。

---

①　有学者认为，可以将相邻关系人所享有的这种权利称为相邻权。但是，作者认为，这种提法值得商榷。相邻关系制度的目的，在于为协调不动产相邻各方行使所有权或使用权的关系提供指导原则，并非创造出一种新的物权类型。当相邻一方在行使权利受到妨害时，其请求权基础，仍是其对不动产的所有权或使用权，而非相邻权。况且，相邻权在现行的所有权、用益物权和担保物权的物权体系中，并无适当的位置。因此，相邻权的提法并不太妥帖。

2. 不动产的空间毗邻

相邻关系主体所有或占有的不动产是相互毗邻即相邻的，这是其最基本的特征。不具备这一条件，不能发生相邻关系。所谓相邻，通常是指地理位置的相邻或毗连，既包括相互连接的不动产（如房屋、土地），也包括相邻近，但不相连接的房屋等不动产，例如，在距一平房 10 米处盖 100 米高的楼房，一旦高楼建成，将严重影响与高楼相邻的平房的采光。

3. 相邻利益是客体

相邻关系的客体，并不是不动产本身，而是由于行使所有权或使用权时，所引起的和相邻方有关的经济利益或其他利益，而对于财产本身不发生争议。例如，造纸厂排放污水造成邻近养鱼专业户所养鱼苗的死亡，造纸厂与养鱼专业户对不动产所有权与占有权并无争议，但是，该厂排放污水造成相邻人鱼苗的死亡，相邻人有要求该厂停止排放污水的权利。这个相邻关系的客体，就表现为相邻人有要求造纸厂停止排放污水权利，造纸厂有停止排放污水的义务。

4. 必要的便利为内容

相邻权的行使，必须以从相邻另一方取得必要的便利为限度，不能以相邻权为借口损害相邻另一方的合法权益。所谓必要的便利，是指非从相邻方得到这种方便，就不能正常行使不动产所有权或使用权。例如，从邻地上通行，必须是在无其他道路可以行走的情况下，方给予便利。而且，这种便利的取得不是无限的，也不能超越合理的范围，从而损害相邻方的合法权益。

第二节　相邻关系类型

人们在生产、生活中，基于不动产相互毗邻而发生的相邻关系，按其性质和内容，可以具体分为土地相邻关系、水相邻关系和建筑物相邻关系等三类。

一、土地相邻关系

这种相邻关系，显然是与土地有关的，是土地权利的一种延伸。它又具体分为：

（一）相邻土地通行使用关系

相邻土地通行使用关系，是指一方必须在相邻一方所有或者使用的土地上通行的，相邻一方应当予以准许；因此造成损失的，一方应当给予适当补偿。

对于一方所有的或者使用的建筑物范围内，历史形成的必经通道，所有权人或者使用权人不得堵塞。因堵塞影响他人生产、生活的，他人有权要求排除妨碍或者恢复原状。但是，有条件另开通道的，也可以另开通道。

相邻一方因修建施工、架设电线、埋设管道等，需要临时占用他人土地的，他人应当允许。但是，施工应选择对他人损失最小的方案，并按照双方约定的范围、用途和期限进行。施工完毕后，应及时清理现场，恢复原状。如果因此而给相邻一方造成损失的，施工一方应当给予适当补偿。

（二）相邻土地环保关系

通常，土地的环保，主要是与防止有害液体、固体废弃物的污染等有关。根据我国《水污染防治法》第 5 条、《固体废物污染环境防治法》第 15 条、第 21 条的规定，一切企事业单位排放“三废”、放射性物质以及固体废物等，不得超过国家规定的标准，以确保相邻各方的合法权益。一旦发生土地污染事件，例如，未经处理的工业废水排放、废渣堆积，影响到邻人区域内的生活、生产的，土地占有人有权请求对方停止侵害；造成邻人损害的，应赔偿损失。

（三）相邻土地防险关系

相邻一方在自己的土地上开挖水沟、水池、地窖、水井和地基等时，应注意对方房屋、地基及其他建筑物的安全。一方的建筑物有倒塌的危险，严重威胁对方的人身、财产安全时，对方有权请求采取排除危险来源，消除危险。

如果一方放置或使用易燃、易爆、剧毒物品，必须严格按照有关法规办理，并应当与邻人的建筑物保持适当的距离或采取必要的措施，使邻人免遭人身和财产损失。如果因此给邻人造成损害的，应赔偿邻人的损害。

相邻一方种植的竹木、根枝延伸，危及另一方建筑物的安全和正常使用的，应当分情况，责令竹木种植人消除危险、恢复原状、赔偿损失。

二、水相邻关系

在现实社会的生产、生活活动中，水是一种重要的资源。由于水对不动产具有的依附性，不动产的相邻各方，也相应产生了水相邻关系。水相邻关系，在理论上，主要包括相邻用水关系和相邻排水关系两个方面。

（一）相邻用水关系

在相邻用水关系中，无论是自然水还是天然水，无论是地下水还是地表水，水源的所有人或使用人都有权合理使用水资源，任何一方不得垄断对水的使用权。

具体言之，就地表水来说，相邻各方应当根据自然流水的流向，按照“由远及近，由高至低”的原则，合理使用自然流水，正当排除水患。水流上游要照顾下游用水；低地需水，高地邻人应当允许流水通过自己使用的土地，让高处的水流向低地邻人，而不得擅自截流，影响下游和低地的邻人使用。

任何一方不得为自己的利益，擅自堵截或独占自然流水。例如，在我国，黄河上游和中游的许多水库或者水利工程，阻断了流量越来越少的黄河河水，使下游河水断流或者径流干涸，就是不符合相邻水关系处理原则的。

一方擅自堵截或者独占流水，影响他方正常生产、生活的，他方有权请求排除妨碍；造成他方损失的，应负赔偿责任。而就地下水来说，相邻各方应不得为自己的利益滥开乱凿水井，汲取地下水，破坏原有水源状况。否则，应当恢复原状，造成损失的，还应当赔偿损失。

任何单位与个人必须根据法律、法规，以及按照各级水行政主管部门确定的数额，从国有或者集体所有的各类水体中取水，亦可以按照各级水行政主管部门批准的规划，在各类水体及其沿岸建造水利设施。土地权利人在利用土地时，不得随意开采或者污染地下水。受水污染危害的单位或者个人可以要求污染单位或者个人停止侵害、赔偿损失、恢复原状。

（二）相邻排水关系

相邻排水，包括自然排水和人工排水。对于自然排水，高地所有人或使用人有权向低地排水，即低地所有人或使用人对高地的排水有承受的义务。低地所有人或使用人不得妨碍或者阻止高地所有人或使用人排水。否则，高地所有人或使用人有权请求排除妨碍。

对于人工排水，高地所有人或使用人，原则上不享有使用低地排水的权利。也就是说，高地所有人或使用人不得设置屋檐或其他工作物，使雨水直接泻于相邻的不动产上。但是，对于人工排水，低地所有人或使用人，应当允许高地所有人或使用人使水流通过低地，即高地所有人或使用人享有过水权。

相邻方应当按照水的自然流向合理利用水源，相邻一方用另一方的土地排水的，另一方应当予以准许。但应在必要限度内，采取适当的保护措施排水，如仍造成损失的，由受益人合理补偿。相邻一方可以采取其他合理的措施排水而未采取，向他方土地排水毁损或者可能毁损他方财产，他方要求加害人停止侵害、消除危险、恢复原状、赔偿损失的，应当予以支持。

此外，司法实践中，还应当注意房屋滴水问题。房屋所有人以将雨水直接注泻到邻地上的方式建造房屋的，邻地权利人有权要求予以改建。人民法院在处理相邻房屋滴水纠纷时，对有过错的一方造成他方损害的，应当责令其排除妨碍、赔偿损失。当然，权利人也可以接受赔偿而维持现状。如果有公共排水系统，应当将雨水通过屋檐或者排水沟导入公共排水系统，法律、法规另有规定的除外。

三、建筑物相邻关系

（一）相邻建筑物使用关系

相邻建筑物使用关系，一般情况下主要是：一方必须在相邻一方使用的建筑物内正常通行的，应当予以准许；因此造成损失的，应当给予适当补偿。

而相邻一方因修建施工、架设电线、埋设管道等，需要临时使用他人建筑物的，他人应当允许。但是，施工应选择对他人损失最小的方案，并按照双方约定的范围、用途和期限进行，施工完毕后，应及时清理现场，恢复原状；因此而给他人造成损失的，施工一方应当给予适当补偿。

（二）相邻建筑物环保关系

在相邻环保关系中，建筑物所有人或使用人应当采取措施，防止废气、废水、废渣、恶臭、震动、噪音等侵入相邻人的不动产。超过国家规定标准排放废气、废水、废渣、粉尘、油污和放射性物资污染环境，造成邻人损害的，相邻人有权要求治理并请求赔偿损失。

相邻一方在修建厕所、粪池、污水池或堆放腐朽物、恶臭物、垃圾等的时候，应当与邻人生活居住的建筑物保持一定的距离或采取相应的防范措施，防止空气污染。

同时，相邻各方不得制造噪音、喧嚣、震动等，妨碍邻人的生活和生产。如果音响和震动损害邻人的，应及时处理，消除损害。对噪音污染严重的单位，应按我国《环境噪声污染防治法》第 7 条、第 17 条、第 31 条至第 34 条的规定，采取措施加以治理。

在正常限度内，不动产权利人不得禁止自邻地自然排出或者传出的烟雾、煤气、蒸汽、不良气体、噪音、震动等类似排放。正常限度依次根据下列方式确定：法律、法规；通常做法；大多数人的意愿。对一些轻微的、正当的音响和震动，相邻他方则应给予谅解或者容忍。

土地和建筑物相邻关系中，都可能存在不可称量物侵害问题。所谓不可称量物侵害，就是指煤气、蒸汽、热气、臭气、烟气、灰屑、喧嚣、无线电波、光、振动及其他相类者侵入邻人的土地、建筑物或其他工作物时造成的干扰性妨害或损害。这是现代社会发展带来的新的相邻问题。

（三）相邻建筑物的通风、采光关系

相邻各方修建房屋和其他建筑物，必须与邻居保持适当距离，不得妨碍邻居的通风和采光权利。相邻一方违反有关规定修建建筑物，影响他人通风、采光的，受害人有权要求停止侵害、恢复原状或赔偿损失。

土地权利人有权在自己土地上用墙壁、沟壑、篱笆、树木等物围圈其土地，但不得影响业已承担的对邻人通行、采光、通风、排水、引水、架设管线等相邻关系的义务。

土地权利人可以在征得邻地权利人同意的情况下，独自或者共同于疆界上建造墙壁、沟壑、篱笆、树木等分界物。独自负担费用的，负担人享有对分界物的所有权；分担费用的，分担人共同享有分界物的所有权；无证据或者无明显标志证明分界物归一方土地权利人所有的，推定为相邻方共同所有。分界物归一方所有的，所有人负有保养义务，并在不损害邻人利益的前提下独占使用分界物；分界物为共有的，共有人均有保养的义务与使用权利。

不动产权利人不得在分界墙上设置任何窗户或者通孔，设立时即存在的除外；不得设立以窥望他人不动产为目的的窗户或者通孔；不得设立可窥望到他人的住宅内的窗户或者通孔。不动产权利人不遵守这一规则的，即便是建筑已完工，邻地不动产权利人仍可请求改正。

总而言之，在我国《民法通则》、最高人民法院《民通意见》中，关于相邻关系的规定，还是比较简略、模糊的。与许多国家民法典对相邻关系的规定相比，还有相当大的差距。

现代市民社会，不断涌现出新的相邻关系，也对我们的法律提出了挑战。例如，建筑物相邻关系中的区分建筑物的相邻关系、电波障碍、日照妨害、观瞻妨害、不可称量物侵害等。为此，我们的民事立法，应当在司法实践中不断总结经验，并大胆参考现代各国对相邻关系制度的成功立法成果，尽快健全和完善我国的相邻关系法律制度。

第三节　相邻关系处理

我国《民法通则》第83条规定："不动产的相邻各方，应当按照有利生产、方便生活、团结互助、公平合理的精神，正确处理截水、排水、通行、通风、采光等方面的相邻关系。"可见，处理相邻关系，必须本着一种合作的精神，才能处理好互相的利益关系。

一、有利生产、方便生活

相邻关系是人们在生产生活中，因行使不动产权利而产生的，与人们的生产和生活密切相关。基于此，处理相邻关系，必须从有利于生产和生活的原则出发，妥善解决相邻关系中的利益冲突问题。相邻各方不得因行使自己的权利，而损害他人的生活或社会生产活动。

二、团结互助

相邻关系，作为相互毗邻的不动产权利人之间，在行使所有权或者使用权时，因相互间给予便利或者接受限制所发生的权利义务关系，从而在本质上涉及各方当事人的利益。团结互助，其实质是合作互助。相邻各方在行使所有权或使用权时，应与邻为善，即以邻为善，相邻一方为对方行使不动产权利，应当提供必要的便利。如果相邻各方只要求他人给予方便，而自己却不为他人提供方便，就不可能处理好相邻关系。

因此，处理相邻关系，应当团结互助，兼顾他人利益，不能损人利己。具体来说，就是不动产相邻各方应当为他方排水、通行、通风、采光、日照、排污、汲水、用水、排冰、防御等方面，提供必要的便利，给予合作，并应容忍来自于他方的正当合理的轻微妨害。而且，不动产权利人所主张或者履行的相邻关系的权利、义务，应当与该不动产的使用用途相一致，不能过分强调自己一方的权利或者利益。

三、公平合理

公平合理，在相邻关系中，相邻各方在获得便利时，也应当承担一定的义务。对受到损失的一方，应按照公平合理的原则给予适当的补偿。

当然，相邻关系中的权利义务内容，当事人可以约定排除，但不得违反法律和公序良俗。因履行相邻关系义务而受损失的，可要求受益人公平合理地予以补偿。当事人对于相邻关系中的公平合理补偿作出约定的，依其约定。

需要特别留意的是，现代市民社会中，公寓大厦或者社区内，住户可以三分之二多数制定《公寓大厦公约》、《社区公约》等等，用以规范本区域内的不动产相邻关系。对此，可以依照其具体规定来规范相关的关系。

思考题

1. 现代经济、科技和社会的发展，催生了许多新的相邻关系问题，请运用学习的理论，以及其他理论知识，分析案例。

移动通信公司购买某小区房屋后，改变房屋住宅使用功能，使房屋成为移动通信机房，并在屋顶竖立该公司移动通信天线。小区其他业主、住户，以移动通信天线电磁波影响健康为由，提出要求移动通信公司拆除之。个别住户还以拒缴物管费，迫使小区物管公司采取拆除移动通信天线行动。小区物管公司与移动通信公司多次协商，移动通信公司以政府无线电管理部门测定移动通信天线发射的电磁波未超出国家标准范围，并不影响人体健康为由，加上移动通信公司也是小区业主，拥有屋顶的所有权、使用权，因此拒绝拆除。

请分析：移动通信公司是否因其购买了小区房屋，就有权在屋顶上竖立移动通信天线？

2. 分析相邻关系产生的原因。相邻关系能否变成相邻权？

3. 在小区中，《社区公约》一类的规则，能否成为规范人们的相邻关系的规约？

4. 谈谈在我国有哪些相邻关系的类型，并比较其区别。

5. 如果相邻关系发生冲突，应当如何处理，说明理由。

学习资料指引

1. 梁慧星等:《中国物权法草案建议稿》,社会科学文献出版社,2000 年 3 月版,第 2 章第四节。

2. 彭万林:《民法学》,中国政法大学出版社,1999 年 8 月修订版,第 17 章。

3. 谢在全:《民法物权论》(上),中国政法大学出版社,1999 年 1 月版,第 2 章第二节。

4. 梁慧星、陈华彬:《物权法》,法律出版社,2002 年月版,第 8 章。

5. 王建平:《民法学(下)》,四川大学出版社,1994 年 8 月版,第 14 章第三节。

6. 张鹏、曹诗权:《相邻关系的民法调整》,载《法学研究》,2002 年第 2 期。

参考法规提示

1.《中华人民共和国民法通则》第 83 条。

2.《最高人民法院关于贯彻执行〈中华人民共和国民法通则〉若干问题的意见(试行)》第 97 条~第 103 条。

3.《中华人民共和国水污染防治法》第 5 条。

4.《中华人民共和国固体废物污染环境防治法》第 15 条、第 21 条。

5.《中华人民共和国环境噪声污染防治法》第 7 条、第 17 条、第 31 条至第 34 条。

第十九章　担保物权

【阅读提示】 本章的重点是介绍担保物权的基本理论以及抵押权、质权、留置权和让与担保制度。学习者在学习过程中，应当掌握担保物权的定义以及各种具体担保物权的构成、法律特征，各种担保物权的设立及其法律效力，几种特殊抵押权的产生原因等等。本章的难点是，担保物权的作用原理以及让与担保、最高额担保等。

第一节　担保物权概述

一、担保物权的定义

担保物权是他物权的一种，由于设立目的不同，而与用益物权相对应。

担保物权，是为了担保债权的实现，在债务人或第三人的特定财产上，设定的以变价和优先受偿为内容的他物权。

在债的法律关系中，债务人应以全部财产为债务履行的总担保。在债务人不履行债务时，债权人有权依法定程序，就债务人的全部财产要求受偿。但由于债权的特性，多个债权人的债权具有平等性、竞争性，这使债权无法实现的风险加大。担保物权制度，在对债权的实现上，设立了一道安全保障措施或者安全保护屏障。债权人可以通过设立担保物权，以物权人的身份，行使物权来保障其债权。

作为他物权的一种，担保物权既具有物权的一般特性，如绝对性、支配性、排他性、优先性等，又具有他物权的一般特征，系他主物权、派生物权、限定物权等。

二、担保物权的法律特征

担保物权的法律特征，是担保物权所具有的与其他物权不同的法律特性。担保物权所特有的法律特性，主要取决于其与其他物权不同的设立目的。

（一）从属性

担保物权是以确保债权实现为目的而设立的，是从属于被担保的债权的从权利，被担保的债权也就是主权利。其从属性体现在：有主债权，才有担保物权的产生；主债权无效，担保物权也无效；主债权转移、消灭，担保物权随之转移或消灭。

（二）担保物权具有变价性

与用益物权是为了支配物的使用价值不同，担保物权的行使往往通过拍卖、变卖担保物或折价的方式，以支配、获取担保物的交换价值，来实现确保主债权的目的。

（三）优先受偿性

物权的优先性，在担保物权上具体体现为优先受偿，即担保权人按照一定的优先顺序，通过折价或拍卖、变卖担保物，获得担保物的交换价值，从而实现担保的目的。

我国《担保法》第 33 条、第 63 条和第 82 条，分别规定了抵押权人、动产质押权人、留置权人等，有权依法以担保财产折价或者拍卖、变卖担保财产的价款优先受偿。

（四）物上代位性

在担保物灭失、毁损或被征用的情况下，担保权人得就担保物的赔偿金、保险金、补偿金受偿，此即担保物权的物上代位性。我国《担保法》第 58 条规定："抵押权因抵押物灭失而消灭。因灭失所得的赔偿金，应当作为抵押财产。"而我国《担保法》第 73 条，对质权有相同的规定。

（五）不可分性

在主债权全部受偿前，担保物权人得就担保物的全部行使担保物权。如果主债权因受清偿、抵消、混同等原因部分消灭时，并不产生担保物权部分消灭的效力，其行使不受影响，担保物权人仍能对全部担保物行使担保物权；如果主债权分割、部分让与，担保物权并不发生分割；如果担保物部分灭失，剩余部分担保物仍担保债权的全部；如果担保物被分割或部分转让，担保权人可以就分割或者转让后的担保物，全部行使担保权。

担保物权的不可分性的目的，在于保障债权的实现。我国《担保法》第 50 条中，对担保物权的不可分性作了明确规定，最高人民法院《担保法解释》第 71 条、第 96 条也有明确规定。

（六）无期限限制

我国《担保法》第 52 条、第 74 条规定了抵押权、质权与其担保的债权同时存在，债权消灭的，抵押权、质权也消灭。

在实践中，当事人约定了担保物权的期间，或在办理登记时登记机关要求登记担保期间，期间一旦届满，是否担保物权就终止了呢？就这一问题，曾在司法实践中出现了争议。最高人民法院《担保法解释》第 12 条明确解释了这个问题："当事人约定的或者登记部门要求登记的担保期间，对担保物权的存续不具有法律约束力。"

担保物权所担保债权的诉讼时效结束后，担保权人在诉讼时效结束后的二年内，行使担保物权的，人民法院应当予以支持。

三、担保物权的种类

各国担保物权体系中，担保物权的种类不尽一致，各种具体担保物权的内容、设定方式等也不相同，主要有抵押权、质押权、留置权。除此之外，还有让与担保和所有权保留等种类。我国《担保法》第 2 条规定的担保物权制度，只规定了抵押权、质押权和留置权三种。

第二节　抵押权

一、抵押权界定

（一）抵押权的定义与特征

抵押权，是指债务人或者第三人向债权人提供一定的财产作担保，担保期间不转移担保财产的占有，当债务人不履行债务的时候，债权人依法享有以抵押物折价或拍卖、变卖抵押物的价款优先受偿的权利。在抵押法律关系中，债权人是抵押权人，提供财产作抵押担保的债务人，或第三人是抵押人，用以担保的财产是抵押物。

抵押权是一种担保物权，除具有担保物权的特征外，还具有与其他担保物权不同的法律特征：

1．担保期间不转移对担保物的占有

依据我国《担保法》第33条的规定，抵押权依照法定的方式、程序设立，但债务人或者第三人不转移对抵押财产的占有。由于不转移对抵押财产的占有，在抵押期间，抵押人仍能够直接对抵押物进行使用、收益。这样就可以在利用抵押财产的担保价值的同时，又充分发挥抵押财产的使用价值。

2．抵押物只能是耐消耗物

由于抵押期间抵押人仍对抵押物进行使用、收益，因此抵押物应为耐消耗物。

3．抵押物的类型，比其他担保物权的标的物要广

我国现行的担保制度规定，抵押物包括不动产、动产和权利。而质押只针对动产和权利，留置只能对动产实施。

（二）抵押权的分类

1．不动产抵押权、动产抵押权、权利抵押权

这是根据抵押物的类型不同而作的划分，分别是指以享有所有权的不动产、动产和权利所作的抵押。其中，权利抵押从现行法律来看，主要是指以土地的使用权作为抵押。

该分类的原因在于，设立抵押时法律所要求的方式、程序不同。不动产抵押、不动产权利抵押必须登记，动产抵押可不登记。以航空器、船舶、车辆以及企业的设备和其他动产抵押的，作为准不动产，也必须办理登记。

2．一般抵押权、特别抵押权

一般抵押权是带有普遍性的法律作为抵押权的一般情形加以规定的抵押权。特别抵押权是具有特殊性的法律上有特别规定的抵押权。特别抵押权主要有共同抵押、财团抵押、最高额抵押、所有人抵押等。

（1）共同抵押，又称总括抵押、聚合抵押，是指为共同担保同一债权，而在数个不同财产上设定抵押权。共同抵押在数个抵押物上分别设定抵押权，即抵押权为复数。共同抵押中的抵押人可以是一个，也可以是数人。

当事人设定共同抵押时，可以约定数个抵押财产的担保份额或顺序。如果当事人在设定抵押权时未作约定，在实现抵押权时，抵押权人有权就其中的任一财产或数个财产行使其权利。最高人民法院《担保法解释》第72条，进一步区分了债务人与第三人的共同抵押和均为第三人的共同抵押。对于债务人和第三人的共同抵押，债权人放弃债务人提供的抵押担保的，其他抵押人可以请求人民法院减轻或者免除其应当承担的担保责任。

（2）财团抵押，是指以属于企业的有形资产、无形资产等财产整体作为财团的抵押标的，从而设定一个抵押权的抵押。可分为英美法上的浮动式财团抵押和大陆法上的固定式财团抵押。

浮动式财团抵押，其标的包括企业现有的财产，也包括企业将来取得的财产。在抵押权实现之前，用于抵押的财产处于不断变动之中；抵押人在抵押设定后，可以继续就抵押物进行使用、收益、自由处分。固定式财团抵押，其标的限于企业现有财产中的特定财团，抵押人在抵押设定后可对抵押物为使用、收益，但处分受一定限制。

（3）最高额抵押，是指抵押人、抵押权人约定，在最高债权限度内，以抵押物对将来一定期间内，连续发生的债权作担保。最高额抵押的特殊性在于，设定抵押时，主债权尚未实际发生。

我国《担保法》第59条中明确规定了这种特别抵押，并规定，最高额抵押的主合同债权不得转让。最高人民法院《担保法解释》第81条至第83条，对最高额抵押权的行使作了规定，最高额抵押权所担保的不特定债权，在特定后，债权已届清偿期的，最高额抵押权人可以根据普通抵押权的规定行使其抵押权。

抵押权人实现最高额抵押权时，如果实际发生的债权余额高于最高限额的，以最高限额为限，超过部分不具有优先受偿的效力；如果实际发生的债权余额低于最高限额的，以实际发生的债权余额为限对抵押物优先受偿。

（4）所有人抵押权，是指所有人对自己的物享有的抵押权。这是抵押权的一种特殊现象。按照抵押权的一般理论，抵押权是一种他物权，是对他人的物享有的物权。但由于某种原因，可能发生抵押权人在行使抵押权前，即取得了抵押物所有权的情况。此时，抵押权人又是抵押物的所有人，如承认所有人可以对自己享有所有权物享有抵押权，则就产生所有人抵押权。由于所有人抵押权与抵押权的他物权属性不符，立法上承认所有人抵押权的不多，一般认为抵押权人与所有人混同时，抵押权消灭。而德国民法承认所有人抵押权。

所有人抵押权对抵押权人有实际的意义。当在同一个物上有数个抵押权时，前一顺位的抵押权人成为了抵押物的所有人。如果其抵押权当然消灭，而其债权还未实现时，其债权成为无抵押的普通债权。顺位在后的抵押权有可能就整个抵押物行使抵押权，抵押权已消灭的所有人无法对抗顺序在后的抵押权。我国《担保法》虽未规定这一问题，但最高人民法院《担保法解释》第77条的规定，通过司法解释的形式，承认了所有人抵押权。

3．约定抵押权、法定抵押权

这是按抵押权产生的原因不同所作的分类。法定抵押权是依据法律的直接规定而产生的，约定抵押权是基于当事人的约定而产生的。我国《担保法》中没有法定抵押权，但我国《合同法》第286条规定，建设工程承包合同的承包人，在合理催告发包人后，发包人逾期不支付的，除按照建设工程的性质不宜折价、拍卖的以外，承包人可以与发包人协议将该工程折价，也可以申请人民法院将该工程依法拍卖。

建设工程的价款就该工程折价或者拍卖的价款优先受偿。最高人民法院《关于建设工程价款优先受偿权问题的批复》（2002年6月11日 法释〔2002〕16号）规定，承包人的优先受偿权，优先于抵押权。上述规定中承包人的优先受偿权，有学者认为是法定抵押权。

二、抵押权的设立

（一）抵押合同

抵押合同，是抵押人与抵押权人就设定抵押权达成的协议。我国《担保法》中抵押制度都是约定抵押，所以，当事人双方必须达成一致，而且抵押合同是要式合同。

我国《担保法》第38条规定："抵押人和抵押权人应当以书面形式订立抵押合同。"抵押合同的主要内容包括：主债权、主债务的情况，种类、数额、履行期等；抵押物的状况，名称、数量、权属等；抵押担保的范围及当事人认为需要约定的其他事项。

抵押合同对被担保的主债权种类、抵押财产没有约定或者约定不明，根据主合同和抵押合同不能补正或者无法推定的，抵押不成立。

我国《担保法》第40条明确规定，禁止抵押合同中的流质条款。即订立抵押合同时，当事人不得在合同中约定，在债务履行期届满抵押权人未受清偿时，抵押物的所有权转移为债权人所有。如果有这样的条款，该条款无效。但该条款的无效，不影响抵押合同其他部分内容的效力。

（二）抵押物

我国《担保法》第34条、第37条，对可以抵押的财产和禁止抵押的财产都作了明确的规定。

1. 可以抵押的财产，应当具有特定性、可让与性，具有交换价值，是耐消耗物。依法主要是指：抵押人有所有权的不动产、准不动产和其他财产，包括：(1) 抵押人所有的房屋和其他地上定着物，(2) 抵押人所有的机器、交通运输工具和其他财产。

抵押人没有所有权，但依法可以进行处分、转让的财产权，这包括：(1) 抵押人依法有权处分的国有土地使用权，房屋和其他地上定着物；(2) 抵押人依法有权处分的国有的机器、交通运输工具和其他财产；(3) 抵押人依法承包并经发包方同意抵押的荒山、荒沟、荒丘、荒滩等荒地的土地使用权。

依法可以抵押的其他财产。这是除上述明确列出的财产以外的符合抵押物的特性的，可以抵押的其他财产。

现在有关房地产抵押中，存在较多以尚未开工的房地产项目或在建工程抵押的情况。设定这种抵押时，房屋或其他建筑尚未实际建成，这与传统抵押中抵押物已为现实的特定物，抵押人已享有所有权有所区别。但依法获得批准尚未开工的，或者正在建造中的房屋，或者其他建筑物在法律上的归属明确，已具有市场认可的价值，且可以通过登记予以公示，应属于依法可以抵押的其他财产。对尚未开工或者正在建造的建筑物设定抵押的登记，属预告登记，这是债权人为了限制债务人处分不动产，保障其将来取得物权而办理的登记。在建筑物建成的合理期间内，应当办理正式登记。

2. 不得抵押的财产，主要是因为财产或其权利本身的性质不能转让，或权属有争议，或已被依法采取强制措施等而不能转让的财产。包括：(1) 土地所有权；(2) 耕地、宅基地、自留地、自留山等集体所有的土地使用权，但依法承包并经发包人同意的荒地使用权和乡（镇）、村企业建筑物占用范围内的土地使用权因建筑物抵押而同时抵押的除外；(3) 学校、幼儿园、医院等以公益为目的的事业单位、社会团体的教育设施、医疗卫生设施和其他社会公益设施；(4) 所有权、使用权不明或者有争议的财产；(5) 依法被查封、扣押、监管的财产；(6) 依法不得抵押的其他财产等。

（三）抵押权登记

1. 抵押权登记的概念、效力

抵押权登记，是指登记主管机关依法在登记簿上记载抵押物上的抵押权状况的行为。抵押权是他物权，抵押权的设定、变更、消灭依法应该公示，由登记主管机关进行登记成为抵押权具有公信力的重要方式。

抵押权登记的效力，各国立法有两种不同的主张。一是登记生效主义，也称生效要件主义。抵押权的设定必须进行登记，不经登记的抵押权不生效，即登记是抵押权生效的要件。德国是采用登记生效主义的典型。另一种是登记对抗主义。抵押权的设定只需在当事人之间达成抵押合意即可，不经登记的抵押权在当事人之间有效，但不能对抗第三人，即登记是抵押权对抗第三人的要件。法国是采用登记对抗主义的典型。

我国现行抵押制度，吸收了上述两种立法例。根据财产的不同，有的财产抵押必须办理登记才能生效，抵押权自登记之日起生效。有的财产抵押当事人可以自愿办理登记。当事人可以自愿办理登记的，抵押权自抵押合同签订之日生效，但不得对抗第三人。

2. 登记的抵押物及登记主管机关

我国《担保法》第 42 条列举了应当办理登记的抵押物及其登记主管机关：(1) 以无地上定着物的土地使用权抵押的，为核发土地使用权证书的土地管理部门；(2) 以城市房地产或者乡（镇）、村企业的厂房等建筑物抵押的，为县级以上地方人民政府规定的部门。最高人民法院《担保法解释》第 60 条进一步规定，县级以上地方人民政府对登记部门未作规定，当事人在土地管理部门或者房产管理部门办理了抵押物登记手续的，人民法院可以确认其登记的效力；(3) 以林木抵押的，为县级以上林木主管部门；(4) 以航空器、船舶、车辆抵押的，为运输工具的登记部门；(5) 以企业的设备和其他动产抵押的，为财产所在地的工商行政管理部门。

3. 自愿登记

当事人以上述抵押物以外的财产抵押的，可以自愿办理抵押登记。当事人自愿办理抵押登记的，登记部门为抵押人所在地的公证部门。

三、抵押的效力

抵押的效力，是指生效抵押权所担保的债权范围、抵押权所及标的物范围、抵押当事人所享有的权利和承担的义务。

(一) 抵押权所担保的债权范围

抵押权所担保的债权范围，是债权人有权主张通过行使抵押权而优先受偿的债权范围。债权人对债务人所享有的债权范围，与债权人以抵押物受担保的债权范围有时可能不一致。

对债务人的债权范围可能由多种类构成，如主债权、利息、违约金、损害赔偿金、实现债权的费用等。在设立抵押时，上述债权有的种类还未实际发生、不确定是否会发生及发生后的数额是多少。在签订抵押合同时，当事人双方可以就抵押所担保的债权范围进行约定，包括约定担保的债权种类、债权数额等。如果抵押合同就抵押担保的范围有约定的，按照约定。抵押合同没有约定的，依照法律规定，抵押担保的范围就是全部的债权范围。

1. 主债权

主债权又称原本债权，是债权人享有其他债权的基础，是抵押担保所列法定范围的主要方面。主债权为金钱之债时，双方仅就其数额进行约定和登记；主债权不是以给付金钱为标的的，当事人应先确定担保的债权数额，并进行登记。

2. 利息

利息是主债权所生的孳息，包括法定利息和约定利息。法定利息又分普通利息和迟延利息。约定利息的利率不得违反法律规定，否则法律不予保护。

3. 违约金

违约金，是合同一方因违反合同义务而依照法律规定或合同的约定，应向对方支付的一定数额的款项。这也是被担保债权的组成部分。但如果约定的违约金数额过高或过低，经当事人申请，人民法院有权予以适当减少或增加。

4. 损害赔偿金

损害赔偿金，是债务人不履行债务给债权人造成实际损失时，应向债权人支付的赔偿款项。

5. 实现抵押权的费用

实现抵押权的费用，是债权人因债务人不履行债务而行使抵押权所发生的费用，包括人民法院就抵押物的保全费用、强制执行的费用、抵押物评估费用、抵押物拍卖费用等。

需要说明的是，上述抵押权担保的债权范围，只是抵押权可能担保的范围，而非实际范围。我国《担保法》第35条规定："抵押人所担保的债权不得超出其抵押物的价值。"如果一项财产的价值，明显低于其所担保的债权的数额，债权人实现债权就没有保障，这样有违设立抵押的目的。

（二）抵押权的标的物范围

抵押权所及标的物范围，就是可以对其行使抵押权，予以折价、拍卖、变卖，而优先受偿的财产。抵押权当然及于抵押物。在抵押权人行使抵押权时，其效力往往不仅及于约定或登记记载的抵押物，与原抵押物有关的一些财产、权利等，抵押权人也可以行使抵押权以优先受偿。

抵押权所及标的物，包括抵押物原物和与其有关的其他财产、权利。

1. 抵押物原物

抵押物原物，是抵押当事人在抵押合同中约定的，如须办理登记，须在登记中记载的用于抵押的财产。如抵押登记记载的内容与抵押合同约定的内容不一致的，以登记记载的内容为准。

2. 抵押物的从物

抵押物的从物，是指配合抵押物使用而起辅助效用的物。民法中区分主物和从物的关系，其意义之一在于：当法律和合同无相反规定时，从物的归属依主物的归属而定。主物的权属发生转移的，从物也随之转移。

抵押权人行使抵押权，会导致抵押物原物的所有权转移。所以，抵押权也可以对抵押物的从物行使，将从物与抵押物原物一并处分而优先受偿。但抵押权对从物的效力又受到一定的限制。最高人民法院《担保法解释》第63条的规定，就对抵押权及于抵押物的从物，考虑了从物是否在设定抵押前已成为抵押物的从物和从物与抵押物，是否同属于抵押人一人所有等情况。所以，该条规定："抵押权设定前为抵押物的从物的，抵押权的效力及于抵押物的从物。但是，抵押物与其从物为两个以上的人分别所有时，抵押权的效力不及于抵押物的从物。"

3. 从权利

从权利是指从属于抵押物所有权或使用权，为抵押物发挥作用而起辅助作用的权利。如同从物与主物的关系，抵押权实现时，从权利也应随主权利的转移而转移，即抵押权的效力应及于从权利。如土地使用权与该使用权人对相邻土地的地役权，就是主权利与从权利的关系。对土地使用权行使抵押权，效力可及于地役权。

4. 孳息

孳息，是指抵押物原物所产生的新物，包括法定孳息和约定孳息。根据我国《担保法》第 47 条的规定，抵押权有条件地及于孳息：债务履行期届满，债务人不履行债务致使抵押物被人民法院依法扣押的，自扣押之日起抵押权人有权收取由抵押物分离的天然孳息以及抵押权人可以收取的法定孳息。抵押权人未将扣押抵押物的事实通知应当清偿法定孳息的义务人的，抵押权的效力不及于该孳息。

我国《担保法》第 47 条、最高人民法院《担保法解释》第 74 条，还规定了抵押权人所收取孳息的清偿顺序：孳息首先充抵收取孳息的费用；然后清偿主债权的利息；再用于清偿主债权等。

5. 添附物

添附物是指抵押物因发生附合、混合、加工而成为新物。对于抵押物因附合、混合、加工而发生添附时，抵押权人是否对新物行使抵押权，取决于在发生添附后，添附物的权属是否有变化。对此，最高人民法院《担保法解释》第 62 条规定："抵押物因附合、混合或者加工使抵押物的所有权为第三人所有的，抵押权的效力及于补偿金；抵押物所有人为附合物、混合物或者加工物的所有人的，抵押权的效力及于附合物、混合物或者加工物；第三人与抵押物所有人为附合物、混合物或者加工物的共有人的，抵押权的效力及于抵押人对共有物享有的份额。"

需要注意的是，对土地使用权设定抵押后，土地上新增的房屋，不按上述添附物的规则处理。我国《担保法》第 55 条规定：城市房地产抵押合同签订后，土地上新增的房屋不属于抵押物。需要拍卖该抵押的房地产时，可以依法将近该土地上新增的房屋与抵押物一同拍卖，但对拍卖新增房屋所得，抵押权人无权优先受偿。

（三）抵押人的权利

在抵押期间，抵押人对抵押物的占有、使用、收益和相关权属未发生改变，因此，抵押人仍可行使其对抵押物的权利。但由于抵押权的设立，其权利又受到一定的限制。

1. 抵押人的使用权

抵押设立后，抵押权人对抵押物的交换价值享有优先受偿的可能。但在其行使抵押权之前，抵押人仍可对抵押物进行占有、使用，这是抵押权的特点，也是其优点。但抵押人的使用权要受一定的限制，其使用不得造成抵押物价值的不当减少。否则，抵押权人可行使保全权。

2. 抵押人的出租权

这是抵押人为获得孳息而对抵押物使用权的处分。由于抵押物是耐消耗物，在抵押期间，使用权由承租人正常行使并不会损害抵押物的交换价值。但是，抵押权人依法行使抵押权时，如果因租赁期限尚未届满，承租人主张承租权，则由于抵押物上有承租权这一负担，会影响抵押物能否变价及变价数额。此时，抵押权与承租权有冲突。法律应优先保护抵押权还是承租权，在理论上曾有不同的观点。最高人民法院《担保法解释》第 65 条、第 66 条对此作了规定，优先保护抵押权。承租人所受损失，视出租时抵押人是否书面告知承租人租赁物已抵押而定。如果未告知的，抵押人承担损失赔偿责任；如果已告知的，由承租人自己承担。

抵押权优先于租赁权，是由抵押权设立在先的情况决定的。如租赁权设立在先时，则租赁权优先于抵押权。我国《担保法》第48条规定："已出租财产的抵押，应书面告知承租人，原租赁合同继续有效。"

3. 抵押人的出抵权

抵押人的出抵权，是指抵押人为充分利用抵押物的交换价值，再次以抵押物设立抵押权。

为充分利用抵押物的价值，在不损害抵押权人利益的前提下，抵押物上可以有多个抵押权并存，抵押人有权就同一抵押物多次设立抵押。但是，多个抵押权是在同一抵押财产上重复设立，还是只能就同一财产的余额设立，理论界有不同的观点。

我国《担保法》采纳了余额再押的观点，该法第35条第2款规定："财产抵押后，该财产的价值大于所担保债权的余额部分，可以再次抵押，但不得超出其余额部分。"

4. 抵押人的处分权

抵押人的处分权，是抵押人转让抵押物的权利。抵押权设定后，抵押人对抵押物的处分权并未丧失。只要不影响抵押权人的优先受偿权，抵押人可以对抵押物进行法律上的处分。但抵押权人、抵押人与抵押物受让人三者间的利益可能会有冲突。为平衡三者的利益，法律要制定一定的规则，来规制因抵押人转让引起的法律关系。

抵押人转让已办理登记的抵押物的，应当通知抵押权人并告知受让人转让物已经抵押的情况；未通知抵押权人或者未告知受让人的，转让行为无效。转让抵押物的价款明显低于其价值的，抵押权人可以要求抵押人提供相应的担保；抵押人不提供的，不得转让抵押物。转让所得价款，应当向抵押权人提前清偿所担保的债权或者向与抵押权人约定的第三人提存。超过债权数额的部分，归抵押人所有。如果抵押人转让时通知了抵押权人，抵押权人对转让价款没有异议，转让价款用于提前清偿或办理了提存，抵押权人的利益就不会受到损害。如果抵押人转让时没有通知抵押权人，抵押权人可以依据抵押权的追及性，继续对抵押物行使抵押权。如果抵押物未经登记，抵押权不得对抗受让人，因此，给抵押权人造成损失的，由抵押人承担赔偿责任。

如果抵押人转让时没有告知受让人转让物已抵押的情况，受让人可以主张转让无效。受让人也可以代替债务人清偿其全部债务，使抵押权消灭，这是受让人的涤除权。受让人清偿债务后可以向抵押人追偿。

5. 对债务人的追偿权

为他人的债务提供抵押担保的抵押人，在抵押权人实现抵押权后，有权向债务人追偿。

（四）抵押权人的权利

1. 抵押权人的保全权

抵押权人的保全权，是指抵押期间，抵押物的价值受到侵害而有害于抵押权时，抵押权人有权为一定保障其抵押权益行为的权利。

抵押期间，由于抵押物不转移占有，抵押物价值可能因某种原因而不当减少，这将损害抵押权人的利益。为保障抵押权人的利益，法律赋予抵押权人有权实施一定的行为，包括要求停止侵害抵押物的行为、恢复原状、提供相应担保，以及请求债务人履行债务或者请求提前行使抵押权。

根据抵押物价值不当减少，是否已实际发生和是否可归责于抵押人，法律后果有所不同。抵押人的行为足以使抵押物价值减少的，抵押权人有权要求抵押人停止其行为。抵押物价值减少时，抵押权人有权要求抵押人恢复抵押物的价值，或者提供与减少的价值相当的担保。抵押人的行为足以使抵押物价值减少的，抵押权人要求抵押人恢复原状，或提供担保遭到拒绝时，最高人民法院《担保法解释》第70条规定，抵押权人可以请求债务人履行债务，也可以请求提前行使抵押权。

2. 抵押权人的处分权

抵押权人的处分权，是指抵押权人处分其抵押权的权利。处分权利有多种方式，包括放弃权利、转让权利、加以利用等。

在不损害他人、社会公共利益的前提下，法律不禁止权利人放弃抵押权的行为。

抵押权的利益在于抵押物未来的交换价值，可以就未来的交换价值进行利用的方式也主要就是用于担保。由于抵押权的从属性和不可让与性，抵押权人对抵押权进行转让或用于担保都受到限制。我国《担保法》第50条规定："抵押权不得与债权分离而单独转让或者作为其他债权的担保。"也就是说，抵押权应与主债权一并转让。

3. 抵押权人的优先受偿权

抵押权人的优先受偿权，是指债务人不履行债务时，抵押权人享有以抵押物的变价优先获得清偿的权利。优先受偿是担保物权的重要特性，也是担保物权的实质内容，是担保物权人的主要权利。抵押权人的优先受偿权表现在：

(1) 当债务人有数个债权人时，抵押权人就抵押财产优先于其他一般债权人受偿。

(2) 同一财产有数个抵押权时，登记在先的抵押权人优先于登记在后的抵押权人受偿。可以自愿办理登记的同一财产上有数个抵押时，其中办理了登记的，则登记的先于未登记的受偿；都未办理登记的，我国《担保法》第54条规定，按照合同生效时间的先后顺序受偿。但最高人民法院《担保法解释》第76条规定，各抵押权人按照债权比例受偿。

(3) 最高人民法院《担保法解释》第79条规定："同一财产有法定登记的抵押权与质权并存时，抵押权人优先于质权人受偿。"

(4) 最高人民法院《担保法解释》第55条规定："已经设定抵押的财产被采取查封、扣押等财产保全或者执行措施的，不影响抵押权的效力。"

(5) 抵押人破产时，抵押权人享有别除权。抵押财产不列入破产财产进行分配。

四、抵押权的行使

抵押权的行使，是指债务履行期届满而没有清偿时，抵押权人就抵押物的价值优先受偿以实现抵押权的目的。

1. 抵押权行使的条件

抵押权行使的条件，主要是：(1) 抵押权有效存在；(2) 债权已届清偿期；(3) 非因债权人方面的原因，债务人未履行其债务等。

2. 抵押权行使的方式

抵押权行使的方式，一是协议方式，即抵押权人与抵押人协议以抵押物折价或者以拍卖、变卖抵押物所得的价款受偿；二是诉讼方式，即协议不成的，抵押权人可以向人民法院提起诉讼。

3．清偿顺序

折价或者拍卖、变卖的抵押物的价款清偿规则是：(1) 抵押物折价或者拍卖、变卖的价款低于抵押权设定时约定价值的，应当按照抵押物实现的价值进行清偿；不足清偿的剩余部分，由债务人清偿；价款超过债权数额的部分归抵押人所有。(2) 清偿顺序：抵押物折价或者拍卖、变卖所得的价款，有约定的，按约定的顺序清偿；没有约定的，按实现抵押权的费用、主债权的利息、主债权的顺序清偿。

五、抵押权的消灭

抵押权的消灭，是抵押权因一定的事由而终止。引起抵押权消灭的原因有：

(1) 抵押权因行使而消灭。抵押权行使后，不论其所担保的债权是否全部受到清偿，抵押权均消灭。

(2) 主债权消灭。抵押权的从属性，决定了抵押权随主债权同时存在，主债权消灭的，抵押权也消灭。因为抵押权的不可分性，主债权只部分消灭时，抵押权人仍可以就抵押物的全部行使其抵押权。

(3) 抵押物灭失、毁损或者被征用。物权标的物灭失、毁损或者被征用会引起物权的消灭。抵押物灭失，也会引起抵押权的消灭。但抵押物灭失有赔偿金、保险金、补偿金的，抵押权人因抵押权的物上代位性，可以就该赔偿金、保险金、补偿金优先受偿。在抵押物灭失、毁损或者被征用的情况下，抵押权所担保的债权未届清偿期的，抵押权人可以请求人民法院对赔偿金、保险金或补偿金等采取保全措施。

(4) 抵押权还可因为抛弃、双方合意等原因而消灭。

第三节　质　　权

一、质权概述

(一) 质权的定义

质权，又称质押权，是指债务人或者第三人将其动产或权利移转给债权人占有，或登记以担保债权人的债权，债务人不履行债务时，债权人可依法将提供担保的动产或权利折价、拍卖、变卖以优先受偿的权利。

因质押标的物的不同，我国《担保法》第四章中质权分为动产质权、权利质权两种。

(二) 质权的法律特征

质权除具备物权、他物权、担保物权的法律特征外，还具有与其他担保物权不同的法律特征，主要是：(1) 质权的标的物是动产或者权利；(2) 质权的生效须转移动产的占有，以权利质押时应转移占有或进行登记。

二、动产质权

(一) 动产质权的设立

动产质权，是指债务人或者第三人将其动产移交债权人占有，将该动产作为债权的担保，债务人不履行债务时，债权人依法以该动产折价或者拍卖、变卖该动产的价款，优先受偿的担保物权。设立动产质权，需要当事人签订质押合同，并移转担保动产的占有。

1．动产质押合同

动产质押合同，是债权人与债务人或者第三人签订的，以动产质押方式担保债权人债权实现的协议。理解动产质押合同，应当把握的主要基本点是：

（1）质押合同的双方当事人分别是质权人和出质人，质权人就是债权人，出质人可以是债务人或者第三人。出质人应该是对出质的财产有所有权或处分权的人。出质人以自己合法占有但没有所有权的动产出质的，质权人为善意时，仍可以行使质权。但因此给动产的所有人造成损失的，由出质人承担赔偿责任。

（2）动产质押合同标的物称为质物，只能是动产，而且，应该是出质人有权处分的动产。质物应当是特定物，金钱等种类物一般不能作为质物。但金钱以特户、封金、保证金等形式特定化后，移交债权人占有，也可以作为质物。

（3）我国《担保法》第64条规定："出质人和质权人应当以书面形式订立质押合同。"需要说明的是，书面质押合同不是质押关系成立的必要条件。实践中，出质人和质权人没有签订书面质押合同，但转移了质物的占有而设立质押的，当事人有证据证明时，可以认定质押关系成立。

（4）质押合同中不得约定留置条款，即质权人和出质人不得约定，在债务履行期届满质权人未受清偿时，质物的所有权转移为质权人所有。如有约定有留置条款，该条款的内容无效。

2．动产质权生效

质权人占有质物是质权生效的必要条件，动产质权自质物移交于质权人占有时生效。我国《担保法》第64条第2款规定："质押合同自质物移交于质权人占有时生效。"

质权人占有质物，基于出质人的交付。设立质权，现实交付转移了质物的直接占有，质权可以生效，有的拟制交付则对设立质权无效。简易交付，质权可以生效。指示交付，质权也可以生效。最高人民法院《担保法解释》第88条规定："出质人以间接占有的财产出质的，质押合同自书面通知送达占有人时视为移交。占有人收到出质通知后，仍接受出质人的指示处分出质财产的，该行为无效。"占有改定，质权不能生效。最高人民法院《担保法解释》第87条规定："出质人代质权人占有质物的，质押合同不生效。"

质押合同签订后，出质人不按照质押合同的约定移交质物的，对质权人造成损失的，出质人应当根据其过错承担赔偿责任。

（二）动产质权的效力

1．动产质权所担保的债权范围

出质人、质权人可以约定质押担保的范围。没有约定时，质押担保的范围包括：主债权、利息、违约金、损害赔偿金、质物保管费用、实现质权的费用。除了因动产质押需要转移质物的占有，担保范围可能有质物保管费用外，质押担保范围的构成与抵押担保范围的构成是一样的。

2．动产质权的标的物范围

动产质权的标的物，涉及质物原物、从物、孳息、添附物等。

(1) 原物。动产质押的原物，是指设立质押时实际交付质权人占有的出质物。质押合同中，对出质物一般有约定。如果约定不明，或者约定的出质财产与实际移交的财产不一致的，以实际交付占有的财产为准。

(2) 从物。质权以占有质物为生效的必要条件，从物成为质权的标的物时也如此。最高人民法院《担保法解释》第91条规定："动产质权的效力及于质物的从物。但是，从物未随同质物移交质权人占有的，质权的效力不及于从物。"

(3) 孳息。质权人有权收取质物所生的孳息。质押合同另有约定的，按照约定。收取的孳息，首先充抵收取孳息的费用，然后清偿主债权的利息，最后清偿主债权。

(4) 添附物。质物因附合、混合、加工使质物的所有权为第三人所有的，质权的效力及于补偿金；质物所有人为附合物、混合物、加工物的所有人的，质权的效力及于附合物、混合物、加工物；第三人与质物所有人为附合物、混合物、加工物的共有人的，质权的效力及于出质人对共有人的份额。

3. 出质人的权利、义务

出质期间，出质人不能直接占有、使用质物。但质物所有权、处分权并未转移，所以，出质人仍可行使所有权、处分权，只不过要受到一定的限制。出质人有权制止有害质物的行为以保护自己的权益。出质人的权利与义务具体如下：

(1) 收取质物的孳息。出质人可以和质权人约定，质物的孳息由出质人收取。没有约定时，孳息由质权人收取。

(2) 保护质物不受侵害。质权人不能妥善保管质物可能致使其灭失或者毁损的，出质人可以要求质权人将质物提存，或者要求提前清偿债权而返还质物。提存费用由质权人负担。

(3) 处分质物的权利。出质人不能为事实上的处分，但可以为法律上的处分。出质人对质物的处分，不能对抗质权。

(4) 对债务人的追偿权。为他人的债务提供质押担保的出质人，在质权人实现质权后，有权向债务人追偿。

(5) 质物的瑕疵担保责任。质物有损坏或者价值明显减少的可能，足以危害质权人权利的，质权人可以要求出质人提供相应的担保。质物有隐蔽瑕疵造成质权人其他财产损害的，应由出质人承担赔偿责任。但是，质权人在质物移交时明知质物有瑕疵而予以接受的除外。

4. 动产质权人的权利、义务

(1) 占有质物的权利。质权人占有质物是质权生效、存续的条件，质权人对质物的占有，受到法律的保护。质权存续期间，出质人不得要求返还质物。因不可归责于质权人的事由而丧失对质物的占有，质权人可以向不当占有人请求停止侵害、恢复原状、返还质物。

(2) 保全权。质物有损坏或者价值明显减少的可能，足以危害质权人权利的，质权人可以要求出质人提供相应的担保。出质人不提供的，质权人可以拍卖或者变卖质物，并与出质人协议将拍卖或者变卖所得的价款，用于提前清偿所担保的债权或者向与出质人约定的第三人提存。

(3) 费用偿还请求权。在质权存续期间，质权人为保管质物所支出的必要费用，或者因质物有损坏或者价值减少的可能而提存所支出的费用等，有权要求出质人偿还。

(4) 优先受偿权。质权人在其受质押担保的债权到期未受清偿时，有权以质物折价或拍卖、变卖质物的价款优先受偿。优先受偿权中的“优先”，表现在受质押担保的债权优先于无担保的普通债权，优先于未登记的抵押权。在因转质而有两个质权时，转质权优先于原质权。

(5) 转质权。转质，是指质权人为担保自己的债务，将质物移交给债权人占有而设定新的质权。质权人以他人向自己出质的质物，为自己的债务设质的权利，是转质权①。最高人民法院《担保法解释》第94条规定：“质权人在质权存续期间，为担保自己的债务，经出质人同意，以其所占有的质物为第三人设定质权的，应当在原质权所担保的债权范围之内，超过的部分不具有优先受偿的效力。转质权的效力优先于原质权。”未经出质人同意，为担保自己的债务，在其所占有质物上为第三人设定质权的无效。质权人对因转质而发生的损害承担赔偿责任。

(6) 妥善保管质物的义务。质权人负有妥善保管质物的义务。因保管不善致使质物灭失或者毁损的，质权人应当承担民事责任。

(7) 不得对质物为使用、收益、处分。质权是担保物权，目的在于对质物的变价优先受偿。在质权存续期间，未经出质人同意，不得擅自使用、出租、处分质物。否则，给出质人造成损失的，由质权人承担赔偿责任。

(三) 动产质权的行使

债务履行期届满，质权人未受清偿的，可以行使质权受偿。包括与出质人协议以质物折价，或者依法拍卖、变卖质物。折价或者拍卖、变卖后，其价款超过债权数额的部分，归出质人所有，不足部分由债务人清偿。

在出质人提出请求时，债权人应当及时行使质权。如果质权人怠于行使权利致使质物价格下跌的，由此造成的损失，质权人应当承担赔偿责任。

(四) 动产质权的消灭

动产质权消灭的原因有：(1) 主债权消灭；(2) 质权人抛弃质权；(3) 丧失对质物的占有，不能请求返还的；(4) 质物灭失。根据质权的代位性，因质物灭失而有赔偿金的，应当作为出质财产等。

三、权利质权

权利质权，是指为担保债权，债务人或第三人以依法可以设质的财产权利设定的质权。

(一) 可以设质的权利

可以设质的权利，应当具有下列特性：(1) 必须是财产权；(2) 必须是可以让与的财产权；(3) 必须是不违背质权性质的财产权，即是适合于设质的财产权。

可以设质的权利，主要有以下几类：(1) 汇票、本票、支票、债券、存款单、仓单、提单；(2) 依法可以转让的股份、股票；(3) 依法可以转让的商标专用权，专利权、著作权中的财产权；(4) 依法可以质押的其他权利，如最高人民法院《担保法解

---

① 不是所有国家的担保制度都有转质权的规定。有转质权规定的国家，有的要求转质必须征得出质人同意，有的不要求这一条件。我国《担保法》未规定转质权。

释》第97条中规定的公路桥梁、公路隧道或者公路渡口等不动产收益权。

（二）权利质权的设立

权利质权是约定担保，所以出质人、质权人的协商一致是设立质权的基础。权利质权的生效，则因设质权利不同而有区别。

(1) 以汇票、本票、支票、债券、存款单、仓单、提单出质的，应当在合同约定的期限内将权利凭证交付质权人。质权自权利凭证交付之日起生效。

根据我国《票据法》第4条、第14条，以及最高人民法院《担保法解释》第98条和第99条的规定，汇票、本票、支票出质，应当背书记载“质押”字样。以汇票、本票、支票出质，出质人与质权人没有背书记载“质押”字样，以票据出质对抗善意第三人的，人民法院不予支持。如果以公司债券出质的，出质人与质权人没有背书记载“质押”字样，以债券出质对抗公司和第三人的，人民法院也不予支持。

(2) 以依法可以转让的股票出质的，出质人与质权人应当订立书面合同，并向证券登记机构办理出质登记。质权自登记之日起生效。以有限责任公司的股份出质的，适用公司法股份转让的有关规定。质押合同自股份出质记载于股东名册之日起生效。

(3) 以依法可以转让的商标专用权，专利权、著作权中的财产权出质的，出质人与质权人应当订立书面合同，并向其管理部门办理出质登记。质权自登记之日起生效。

（三）权利质权的效力

以票据、债券、存款单、仓单、提单出质的，质权人再转让或者质押的无效。如票据、债券、存款单、仓单、提单兑现或者提货日期先于债务履行期的，质权人可以在债务履行期届满前兑现或者提货，并与出质人协议将兑现的价款或者提取的货物，用于提前清偿所担保的债权或者向与出质人约定的第三人提存。兑现或提货日期后于债务履行期的，质权人只能在兑现或者提货日期届满时兑现款项或者提取货物。

以依法可以转让的股份、股票出质的，质权的效力及于股份、股票的法定孳息。

以依法可以转让的商标专用权，专利权、著作权中的财产权出质的，出质人不得转让或者许可他人使用。但经出质人与质权人协商同意的，可以转让或者许可他人使用。出质人所得的转让费、许可使用费，应当向质权人提前清偿所担保的债权，或者向与质权人约定的第三人提存。出质人未经质权人同意而转让或者许可他人使用已出质权利的，应当认定行为无效。由此给质权人或者第三人造成损失的，由出质人承担民事责任。

（四）权利质权行使

权利质权的行使，不仅涉及出质人，还可能直接涉及出质权利的债务人。质权人向出质人、出质债权的债务人行使质权时，出质人、出质债权的债务人拒绝的，质权人可以起诉出质人和出质债权的债务人，也可以单独起诉出质债权的债务人。

第四节　留置权

一、留置权概述

（一）留置权的概念

留置权，是债权人依据合同占有债务人动产，债务人不履行合同债务时，有权留置占有的动产，并依法就该动产折价或者以拍卖、变卖该动产的价款优先受偿的权利。留置权是一种担保物权。

（二）留置权的法律特征

留置权具有他物权、担保物权的一般特征，还有与抵押权、质权不同的特征，其表现在：(1) 留置权是法定担保物权。留置权不是因当事人的约定产生，而是在符合一定的条件时，依法律的规定直接发生。但是，当事人可以在合同中约定排除留置权。(2) 留置权的标的物只能是动产。(3) 留置权针对的义务人就是债务人本人，留置权一般不对第三人发生。(4) 只有几种合同债权能发生留置权担保。我国《担保法》第 84 条规定："因保管合同、运输合同、加工承揽合同发生的债权，债务人不履行债务的，债权人有留置权。"法律规定可以留置的其他合同，适用这一规定。

二、留置权成立的条件

（一）法定条件出现

依法享有留置权的，须在符合法律规定的条件出现时（主要是符合我国《担保法》第 84 条的规定时），才能成立留置权。具体包括：

1．债权人根据合同占有债务人的动产

债权人依据合同占有债务人的动产，这是留置权成立的前提条件。留置权的标的物只能是动产。债权人取得对债务人动产的占有，是根据合同的合法占有。如果债权人占有的是债务人无处分权的动产，但债务人交付占有，债权人不知债务人对该动产无处分权，债权人因为善意，仍然可以行使留置权。

2．债权与动产的占有有内在联系

债权人债权的产生，与占有债务人的动产具有牵连关系。具体地说，债权与对留置权标的物的占有，是基于同一合同而发生。正是因为如此，能够成立留置权的合同关系是有限的，主要是承揽合同、运输合同、保管合同、行纪合同等。这些合同的债权人因为合同可能会占有债务人的动产。

3．债务已届清偿期而未清偿

虽然债权人依据合同占有债务人的动产，但是，债务人的债务已届清偿期后，债务人仍未为清偿。于是，留置权的成立，成为债务已届清偿期而应清偿的一种工具。债务未届清偿期时，留置权尚不能成立。

（二）不具备法定条件的情形

以下情况，债权人不能行使留置权：(1) 债权人、债务人已约定排除留置权的；(2) 双务合同中，债权人的债权未届清偿期，其交付占有标的物的义务已届履行期的。但债权人能够证明债务人无支付能力的除外。(3) 对当事人在合同中约定不得留置的物。

三、留置权的效力

（一）留置权担保的范围

根据我国《担保法》第 83 条的规定，留置担保的范围包括主债权及利息、违约金、损害赔偿金、留置物保管费用和实现留置权的费用。

（二）留置权标的物的范围

留置权的标的物，应是债权人依据产生债权的合同而占有的标的物。留置财产为可分物的，留置物的价值应当相当于债务的金额。留置期间，留置权人有权收取留置物的孳息。

（三）留置权对当事人的效力

留置期间，留置物的所有权仍属原所有权人，但原所有权受到留置权的限制。

留置权人的权利、义务主要是：（1）对留置物的占有权。（2）留置期间的孳息收取权。（3）必要费用的返还请求权。留置权人因保管留置物而支付的必要费用，有权要求债务人支付。（4）妥善保管留置物义务。因保管不善致使留置物灭失或者毁损的，留置权人应当承担民事责任。（5）不得擅自使用、处分留置物的义务等。

（四）留置权优先于抵押权

同一财产上，留置权与抵押权竞合时，留置权人优先于抵押权人受偿。

最高人民法院《担保法解释》第77条至第79条的规定，就是抵押权竞合后的一般处理规则。即：（1）同一财产向两个以上债权人抵押的，顺序在先的抵押权与该财产的所有权归属一人时，该财产的所有权人可以以其抵押权对抗顺序在后的抵押权。（2）同一财产向两个以上债权人抵押的，顺序在后的抵押权所担保的债权先到期的，抵押权人只能就抵押物价值超出顺序在先的抵押担保债权的部分受偿。顺序在先的抵押权所担保的债权先到期的，抵押权实现后的剩余价款应予提存，留待清偿顺序在后的抵押担保债权。（3）同一财产法定登记的抵押权与质权并存时，抵押权人优先于质权人受偿。因此，同一财产抵押权与留置权并存时，留置权人优先于抵押权人受偿。

四、留置权的实现与消灭

（一）留置权的实现

留置权的实现，是指将留置物折价，或者拍卖、变卖后，以其价款优先由留置权人受偿，从而满足其债权目的的情形。

1．实现条件

留置权的实现，应当具备的条件是：债务履行期限届满后，经过合理的宽限期，债务人仍不履行债务。合理期限的长短，由双方在合同中约定，一般不应少于两个月；未约定的，债权人留置财产后，自行确定不少于两个月的期限，并通知债务人。债权人未按期限通知债务人履行义务，直接变价处理留置物的，应当对此造成的损失承担赔偿责任。

2．实现方式

留置权实现的方式，是债权人与债务人协议，可以留置物折价抵偿，也可以依法拍卖、变卖留置物，以所得价金由留置权人优先受偿。

（二）留置权的消灭

留置权可以因为出现法定条件而消灭，其具体原因是：（1）主债权消灭；（2）留置物灭失，但有赔偿金、补偿金、保险金的，留置权可以就赔偿金、补偿金、保险金优先行使；（3）债务人另行提供担保并被债权人接受的。

第四节　让与担保权

让与担保是一种与传统的抵押、质权、留置担保不同的一种非典型担保方式。在我国现行担保制度中，没有让与担保的规定。让与担保因其特点和优越性，逐渐被越来越多的国家所接受。在我国《民法草案》当中，对让与担保制度有一些具体的规定。

一、让与担保的界定

（一）让与担保的概念

让与担保，也称担保让与，是指为了担保债权的实现，将债务人或者第三人的财产转让给债权人，债务履行后，债权人应当返还该财产；债务不履行的，债权人有权就该财产优先受偿的情形。德国的让与担保，是债务人转让动产的所有权给债权人，而保留对物的占有、使用的担保形式。

（二）让与担保的特征

1．所有权转移给债权人。让与担保权利人对担保物享有的权利相当于所有权。在担保期间，担保物的所有权转移给债权人。当然，让与担保所有权的转移具有暂时性，债务履行后，债权人应当将财产返还给担保人。虽然，我国《民法草案》中，未明确规定让与担保是所有权担保，但规定了让与担保期间，让与担保的权利人破产，担保物的占有人不清偿债务的，该担保物为破产财产。这实际上，是将担保物在一定条件下，作为让与担保权利人所有的财产。

2．所有权受到限制。让与担保期间转移的所有权，必然要受到限制。担保期间，担保物的收益权，不是由让与担保的权利人享有，而是由占有人享有。让与担保期间，让与担保的权利人不得处分担保物，因为担保期间行使处分权与担保的目的相违背。

3．担保标的物广泛。我国《民法草案》中规定的让与担保标的物广泛，既可以是动产，也可以是不动产，还可以是权利等。

4．实现方式灵活。让与担保的权利实现方式较为灵活。当事人可以约定行使优先受偿权的方式；没有约定或者约定不明确的，权利人应当以合理的方式行使。

从让与担保的上述特征看，让与担保具有抵押的优点，即担保期间担保人继续享有担保物的使用收益权，而担保权人享有担保权。这能够充分发挥物的效用。但让与担保与抵押担保还有不同，抵押权人对担保物享有的是他物权，让与担保权人对担保物享有的权利相当于所有权。在此意义上，让与担保比他物权的担保效力更强。

二、让与担保的设立

当事人应当订立让与担保合同。以动产作为让与担保标的的，让与担保的权利自该动产上设定让与担保时成立；以不动产或者权利作为让与担保标的的，设立让与担保的权利适用有关不动产抵押，以及权利质押的规定。

三、让与担保的效力

让与担保期间，当事人没有约定时，担保物的占有人享有该担保物的收益权。占有人以及让与担保的权利人不得处分担保物。

让与担保期间，担保物的占有人破产，担保物的占有人提前清偿债务的，该担保物为破产财产；担保物的占有人不清偿债务的，让与担保的权利人有权就该担保物优先受偿。

如果让与担保的权利人破产，担保物的占有人提前清偿债务的，该让与担保的权利消灭；担保物的占有人不清偿债务的，该担保物为破产财产。

思考题

1. 简述担保物权的概念、法律特征。
2. 抵押权应当如何界定？其分类及其设立规则是什么？
3. 如何理解抵押的效力？
4. 什么是抵押权的实现。实现的条件有哪些？
5. 简述质权、动产质权、权利质权的定义、设立，以及特征比较。
6. 简述留置权产生与成立的条件。其使用范围应当如何界定？
7. 简述让与担保的定义与法律特征。我国能否规定让与担保？
8. 为什么会出现担保物权的竞合？说明你的看法与理解。

学习资料指引

1. 梁慧星等：《中国物权法草案建议稿》，社会科学文献出版社，2000年3月版，第7章～第10章。
2. 魏振瀛：《民法》，北京大学出版社、高等教育出版社，2000年9月版，第15章。
3. 彭万林：《民法学》，中国政法大学出版社，2002年1月修订版，第18章～第20章。
4. 谢在全：《民法物权论》（下），中国政法大学出版社，1999年1月版，第7章～第10章。
5. 梁慧星、陈华彬：《物权法》，法律出版社，2002年月版，第16章。
6. 李国光、奚晓明、金剑峰、曹士兵：《〈关于适用中华人民共和国担保法若干问题的解释〉理解与适用》，吉林人民出版社，2000年12月版。
7. 郭明瑞：《担保法》，中国政法大学出版社，1999年3月版。
8. 孙宪忠：《德国当代物权法》，法律出版社，1997年7月版，第4章，第7章～第8章。
9. 王建平：《民法学（下）》，四川大学出版社，1994年8月版，第15章。

参考法规提示

1. 《中华人民共和国民法通则》，第89条。
2. 《最高人民法院关于贯彻执行〈中华人民共和国民法通则〉若干问题的意见（试行）》，第112条至第117条。
3. 《中华人民共和国担保法》，第三章“抵押”，第四章“质押”，第五章“留置”。
4. 《最高人民法院关于适用〈中华人民共和国担保法〉若干问题的解释》（2000年9月29日），第三部分“关于抵押部分的解释”，第四部分“关于质押部分的解释”，第五部分“关于留置部分的解释”。
5. 《中华人民共和国合同法》第286条。
6. 《中华人民共和国公司法》第35条～第36条。
7. 《中华人民共和国票据法》第35条第2款。
8. 最高人民法院《关于建设工程价款优先受偿权问题的批复》（2002年6月11日，法释〔2002〕16号），第1条～第5条。

第二十章 占　　有

【阅读提示】 本章的重点是占有制度的定义、特征以及占有的构成条件，占有、占有权和占有权能的区别，占有的效力，即时取得和取得时效等。学习者通过学习，应当了解占有的分类，占有制度的意义。尤其是要把握占有究竟是作为一种民事权利还是一种事实。本章的难点是占有发生的根源，占有与相关制度区别的根源。

第一节 占　　有

一、占有概述

（一）占有的定义

占有，是指人对物的实际管理和控制，这是目前关于占有含义的通说。此学说对占有含义的解释，不以占有人的主观意思为要件，只要有占有人事实上对物的管理、控制，即可构成。因此，也被称为关于占有含义的客观说。此学说为德国法学家耶林所倡导。

关于占有的含义还有主观说。主观说认为占有应有占有人主观的意思才能构成。至于占有人应有怎样的意思，又有三种观点：(1) 所有意思说。这是德国法学家萨维尼主张的学说，他认为占有就是以所有人的意思支配某物的状态。(2) 自己意思说。德国法学家庞堡倡导此学说，他认为占有是指以自己的名义为自己的利益而持有物。(3) 支配意思说。该学说为德国法学家温德夏所主张，他认为占有指主体具有全面支配物的意思。

（二）占有的性质

无论主观说、客观说，都是从占有的事实状态对占有进行解释，而不问占有物的权属。虽然学说上对于占有的性质有争议，争论主要在于占有是一种事实还是一种权利，但通说认为，占有的性质就是一种事实状态，而不是一种权利。

大陆法系的立法中，占有是物权法中独立于所有权、他物权的一种制度。大多数国家的立法都认为占有是一种事实，日本民法认为占有是所有权、他物权之外的一种权利①。

（三）占有的构成要件

1．占有的客体须为有体物、特定物。无论动产、不动产，都可成立占有；无体物（如权利），不能成立占有。若是为了维护社会秩序及交易安全，可使对无体物的占有，准用一般占有的规定，这称为准占有。种类物未特定化以前，也不能成立占有。

2．占有须为对物的事实上的管理和控制。这是指占有应表现出人对物的实际的控

---

① 《日本民法典》第二编物权编中，第二章为占有权，第三章为所有权，第四章至第十章则为他物权。

制。这种控制是现实的、确定的。

3. 占有须具有某种为外人所认识的外观。人对物的实际控制，应该能被外界所认知。通常被外界所认知的外观，一般有两种：一是物的空间位置，如置于某人住宅之内的物，通常被认为属于住宅的所有人或使用人占有；二是物的法律地位，如某物虽然被承租人现实地使用、收益，但依该物的法律地位，应认定为物的所有人具有间接的占有关系。

（四）占有制度的意义

占有制度，是民法调整的占有关系形成的民事法律制度的总和。占有制度在社会经济生活中具有重要意义。在现代各国民法中，占有制度已成为物权法中的一个重要组成部分，被称为类物权制度。它弥补了所有权制度、他物权制度调整范围之外的空白，与物权法的其他制度一起，共同调整静态财产关系，成为物权法调整财产关系不可或缺的部分。

占有制度，旨在保护现实的占有关系。它从推定一定现实的占有为合法占有出发，宣布给占有以普遍的法律保护，特别是对一些缺乏本权的占有给予适当的调整。它有利于稳定现实的占有关系，有利于维护市场交易安全，有利于促进商品经济的发展，从而维护社会经济秩序，维护社会和谐，实现公平和正义。

二、占有、占有权、占有权能

（一）占有与占有权

1. 占有与占有权的概念、性质不同。占有是指人对物的实际管理和控制，是一种事实状态；占有权是根据占有的事实依法享有的权利。

2. 占有是占有权形成的基础和前提；占有权是占有保护现实的占有，并赋予其法律效力的结果。

3. 占有有合法占有、非法占有之分。只有合法的占有，才能形成法律上的权利。

（二）占有、占有权与占有权能

权能，是指权利所包含的可能性实现的方式和手段。占有权能是权利的一项权能，是指依据权利而对物的实际控制。

占有不同于占有权能：占有是一种事实状态而非权利。占有权能则是以权利为前提，是实现权利的一种手段或者一种方式。

占有权与占有权能也不同：占有权的根据，是现实地对物进行占有的事实，并随着占有的丧失而消灭；占有权能产生于本权，随着本权的消灭而消灭。

三、占有的分类

（一）有权占有、无权占有

这是根据占有是否依据本权而发生所作的划分。

有权占有，也称合法占有、正权原占有，是指基于法律行为或法律规定的合法原因，而取得的占有。作为正权原占有之权原，即为本权，又称为“得为占有之权利”，指基于一定法律上的原因而享有占有的权利。它是占有合法的根据，主要包括物权和债权，还包括某些人身权。如所有权、典权、质权、承租权、保管权，以及父母基于亲权对未成年子女财产的占有。

无权占有，也称非法占有、无权原占有，是指无合法原因而取得的占有。如小偷占有赃物就是无权占有。区分有权占有和无权占有的法律意义，在于对两种占有实行不同的保护。有权占有不仅受占有制度的保护，还受其他法律制度，如所有权制度、债权制度、人身权制度的保护；无权占有作为一种状态，只受占有制度的适当保护。

（二）善意占有、恶意占有

这是依据无权占有人的主观心理状态不同而作的划分。

善意占有，是指占有人不知或不应知其无占有的权利而为的占有。恶意占有，是指占有人明知其无占有的权利或受让占有时，对有无占有的权利有怀疑而进行的占有。

区分善意占有、恶意占有的意义在于：善意占有和恶意占有产生的法律效力不同。恶意占有除在本权人提起返还之诉前，受“占有适法”推定原则的保护外，基本上不受其他保护；而善意占有则还要受多种保护，可适用即时取得，对占有物有使用收益权等。

（三）自主占有、他主占有

这是依据占有人是否以所有的意思对物进行占有而作的分类。

自主占有，是占有人以行使所有权的意思而进行的占有。他主占有，是占有人不是以所有的意思对物进行的占有。区分自主占有、他主占有的意义在于：取得时效、先占的构成要件，须是自主占有；占有物灭失毁损时，自主占有人的责任比他主占有人的责任要轻。

（四）自己占有、辅助占有

这是依据占有是否亲自占有标的物所作的划分。

自己占有，是指占有人亲自对标的物为事实上的管理和控制的占有。辅助占有，是指基于特定的从属关系，辅助人依占有人的指示而对标的物为事实上的管理的占有。辅助人如雇员、学徒等有类似法律关系的人。区分自己占有、辅助占有的意义在于：辅助占有人不是为自己的利益而占有，所以，辅助占有的权利和义务应归属于被辅助人；辅助占有不能独立存在，自己占有可以独立存在。

（五）直接占有、间接占有

这是依据占有是否以他人的占有为媒介所作的划分。

直接占有，是指不以他人的占有为媒介，直接对物进行事实上的管理和控制。如质权人对质物的占有、承租人对租赁物的占有、借用人对借用物的占有。

间接占有，是指以他人的占有为媒介，凭一定的法律关系对直接占有人享有占有返还请求权的占有。间接占有人对物有间接的管理和控制。如出租人对租赁物的占有，出借人对借用物的占有。间接占有的构成，须具备三个条件：(1) 间接占有人与直接占有人之间，存在一定的法律关系；(2) 间接占有人须对直接占有人享有返还原物请求权；(3) 间接占有人须对直接占有人，就物的占有具有一定的制约能力。

区分直接占有、间接占有的意义在于：间接占有不是对物实际上的管领，法律将其视为一种占有准用占有的制度来保护，但二者受保护的范围不相同；间接占有不能独立存在，直接占有可独立存在；占有物受到第三人侵夺时，直接占有人与间接占有人都有权要求非法侵夺人返还占有物，以排除对其占有的侵害。

（六）单独占有、共同占有

这是依据占有人的人数是一人还是两人或两人以上所作的划分。

单独占有，是指一个人对标的物的占有。共同占有，是指两个或两个以上的人对同一标的物的占有。区分单独占有、共同占有的意义在于：共同占有不仅有与非占有人的法律关系，还有占有人之间的关系；共同占有人中，各占有人不得在其占有物各自享有的使用范围内，请求独立保护。

（七）有瑕疵占有、无瑕疵占有

这是依据占有人占有方式的不同所作的划分。

有瑕疵占有，是指占有人以强暴、隐秘的方式实施的占有。无瑕疵占有，是指占有人以公然、和平的方式实施的占有。区分有瑕疵占有、无瑕疵占有的意义主要在于能否适用取得时效。有瑕疵占有不能适用取得时效，无瑕疵占有可以适用取得时效。

由于占有的状态不同，在法律上的后果完全不同，所以，事实上的占有是何种状态的占有对占有人至关重要。对此，在无证据证明时，各国民法规定了对占有事实状态的推定。各国民法对占有状态的推定一般涉及如下规定：占有人是善意占有还是恶意占有不明时，推定为善意占有；在任何情形推定以所有人名义为自己而占有；现在占有人如证明过去亦有占有者，在前后两时之间，推定为继续占有。日本民法直接规定：对占有人，推定其以所有的意思，善意、平稳而公然实行。①

第二节　占有的效力

占有的效力，是占有的事实状态因受法律保护而形成的后果。

占有具有法律效力，主要体现在：权利推定、占有物的使用收益、占有人与返还请求权人的权利和义务、占有的救济（包括自助和提起占有之诉）、即时取得、取得时效等。

一、权利推定

权利推定，是指占有人于占有物上行使的权利，推定为占有人适法享有的权利。至于占有人是否真有此权利，在第三人举证破除法律所作推定之前在所不问。

权利推定适用的范围，是适用于一切占有，即适用于占有人于占有物上，表现出来的一切权利。权利推定适用于动产，但是否也适用于不动产，各国民法规定不一致。《德国民法典》第1006条规定，“占有人的所有权的推定”只规定了对动产占有的推定。《日本民法典》第188条的规定，则采用“权利适法的推定”，所以，未对占有物作限制。占有人于占有物上行使的权利，推定为适法的权利。《瑞士民法典》第930条、第937条中，前者是“所有权的推定”，但只是对动产的推定，而后者是“占有不动产的权利的推定”。即已在不动产登记簿上登记的不动产，对其占有权利的推定及占有诉权，仅属于登记人；但实际支配不动产的人，对他人非法侵夺或妨害占有，得提起诉讼。

学者们对此有不同的观点。有的认为，权利推定只适用于动产。因为，不动产物权的公示方法为登记，应推定不动产的登记人享有登记的权利②；或者，认为登记的效力

① 《法国民法典》第2230条、第2234条，《意大利民法典》第1142条，《日本民法典》第186条。

② 彭万林：《民法学》，中国政法大学出版社，2002年1月版，第365页。

当然强于占有的推定，所以就不动产而言，这种权利的推定没有什么实际意义[①]；也有观点认为，权利推定也适用于不动产[②]。我国《民法草案》采纳了占有推定也适用于不动产的观点。该草案第327条规定："占有的不动产或者动产的所有权人不明的，占有该不动产或者动产的占有人，推定为所有权人。"

当权利推定与真正的权利状况不符时，真正的权利人有权通过反证推翻权利推定。因此，权利推定并不会对真正权利人的利益造成损害。

二、占有物的使用收益

占有物的使用收益，要区分占有人是善意占有还是恶意占有。

善意占有人在占有期间，可以对占有物使用和收益，没有返还所获收益及使用对价目的义务。该占有物因使用受到损害的，善意占有人不承担损害赔偿责任。善意占有人的使用收益的范围，应依推定的权利进行，推定享有某种权利，则有权依此权利对占有物为使用收益。善意占有人的使用收益权在其占有变为恶意占有时终止。

恶意占有人，不能对占有物为使用收益。权利人有权要求恶意占有人返还原物及孳息。

三、占有与返还的权利和义务

占有人与返还请求权人的权利和义务应当分别判断和处理。其基本规则是：

1. 权利人对占有人的返还请求权

真正的权利人有权要求占有人返还原物，对恶意占有人还有权要求返还孳息。

2. 占有人请求偿还费用的权利

占有人返还占有物时，有权要求返还请求权人偿还为妥善保管占有物支出的费用。无论善意占有人、恶意占有人均有此权利。但因善意占有人不返还收益，所以，在善意占有人要求偿还所支出的费用时，应扣除占有期间所获得的收益。

3. 占有人的损害赔偿责任

恶意占有人占有的占有物毁损、灭失，恶意占有人应当承担因自己的过错造成毁损、灭失的损害赔偿责任；占有人如为善意占有人，则应当将因毁损、灭失获得的收益，返还给权利人。

四、占有的救济

占有受到他人的侵害，占有人可以依法进行救济。包括私力救济和公力救济。

占有受到侵害时，占有人可以以自助行为进行私力救济。如《德国民法典》第859条规定了"占有人的自助"，包括对侵害行为的防御，取回被侵夺的占有物，排除妨害等。

占有的公力救济，主要是占有人有权提起占有之诉，即为通过诉讼方法保护占有。包括：(1) 占有保持之诉，即占有受到妨害时，请求排除妨害、赔偿损失；(2) 占有保全之诉，即占有有受妨害的可能时，请求预防妨害或者提供损害赔偿的担保；(3) 占有回收之诉，即占有物被侵夺时，请求返还原物及赔偿损害。占有之诉应在一定的期限内提起，德国、瑞士、日本民法典都规定应在侵夺或妨害发生之日起1年内行使请求权。

---

① 魏振瀛：《民法》，高等教育出版社、北京大学出版社，2000年9月版，第294页。

② 江平：《民法学》，中国政法大学出版社，2000年1月版，第460页。

占有之诉与本权之诉互不妨碍，可同时提起或分别提起。

五、即时取得

即时取得，又称善意取得，是指无处分权人将动产转让给受让人，如受让人在受让时是善意的，则从受让人占有动产之时即取得动产的权利。即时取得的适用范围：

1. 适用的标的物范围

《德国民法典》第 932 条，《日本民法典》第 192 条，《瑞士民法典》第 714 条、第 933条，《意大利民法典》第三编第八章第二节“动产的善意占有”的规定，都表明善意取得制度只适用于动产。因为从占有的法律效力来看，不动产的公示方法为登记，应以登记的权利人为权利人，而不是以占有人为权利人。但由于公信原则，不动产受让人自无处分权人善意受让不动产后，如已办理了登记，仍可取得不动产的权利。由于不动产权利的取得是以受让人的善意为要件的，因此有观点认为，善意取得制度也适用于不动产。

2. 即时取得的权利

即时取得的可以是所有权也可以是其他物权。如《日本民法典》第 192 条规定：“平稳而公然在于始占有动产者，如系善意且无过失，则即时取得行使于该动产上的权利。”同时，即时取得，也是不以原权利人的意志为基础的原始取得。

即时取得的条件，参见本编第二章所有权的取得部分。

第三节　取得时效

一、取得时效的定义

取得时效，又称占有时效，是指因为占有他人财产的事实状态经过法定期间，而取得该财产权利的法律制度。

取得时效是占有的法律效力之一，是因为持续占有引起的法律后果；也是权利取得的一种方法；还是一种时效制度，与消灭时效一样，是一定的事实状态经达法定期间后产生一定法律后果的制度。

在立法上，法国、日本等国，是把取得时效与消灭时效一起规定在时效制度中；德国、瑞士等国，则主要规定在所有权的取得方法中；意大利则主要规定在占有制度中，但也是所有权的取得方法之一。

我国现行民法，只规定了诉讼时效，而没有规定取得时效。其理由：一是认为取得时效与我国社会主义道德观念不符，规定这种制度利少弊多，可能会对那些侵占国家、集体、他人财产的行为，起到鼓励作用；二是认为其他的民事法律制度，如善意取得、诉讼时效、不动产登记等制度的建立、完善，使取得时效制度没有多少实际意义。

通说认为，取得时效制度对社会经济关系的调整，是上述任何制度都不可替代的。应规定取得时效制度，才能使民法对财产关系的调整机制完整、完善。另外，规定取得时效的目的，是为了弥补权利的缺陷，使财产权与财产的实际支配一致，督促权利人及时行使权利，发挥财产的效益，并稳定市民社会现实的经济关系。

为了防止这一制度可能具有的消极作用，通过取得时效的适用范围和法定要件的要求，就排除了通过取得时效，不法侵占国家、集体、他人财产合法化的可能。

二、取得时效的适用范围

取得时效的适用范围，包括取得时效适用的标的物、适用取得时效的权利。

（一）取得时效适用的标的物

取得时效适用于动产，各国立法均如此规定。是否适用于不动产，各国有不同的规定。《德国民法典》规定取得时效不适用于不动产；《瑞士民法典》、《意大利民法典》、《日本民法典》等，则都明确规定取得时效适用于不动产。我国台湾地区《民法典》规定，取得时效对未登记的不动产可以适用。

对取得时效的标的物的限制，主要是：第一，不能适用于公共物、禁止流通物；第二，不能适用于无主物等。

（二）适用取得时效的权利

适用取得时效的权利，即能够通过取得时效取得的权利。各国立法规定不相同，有的只规定了所有权的取得时效；有的规定可取得所有权和他物权；有的规定对一般财产权均可适用时效取得。

对取得时效所能取得的权利的限制：一是一次性行使即归消灭的权利，如撤销权、选择权、解除权等；二是以人身关系为前提的财产权，如扶养费请求权、继承权等。

三、取得时效的要件

取得时效的构成要件主要是：(1) 须为无瑕疵占有，即是和平、公然的占有。(2) 须占有状态连续经过法定的时效期间，即占有必须是连续的。如时效期间中断，则取得时效应在中断后重新计算。造成取得时效中断的事由有自然原因[①] 和法律原因。(3) 如果占有人要取得所有权，则须为自主占有。(4) 是否须为善意占有，各国有不同的规定要求。

《德国民法典》第 937 条第（2）项规定："取得人在取得自主占有时，为非善意或是在以后知悉所有权不属于自己者，不成立因时效而取得所有权。"《瑞士民法典》第 728 条和第 661 条、第 662 条规定：善意地以所有人的意思占有他人的动产，且无争议、无间断地占有 5 年之久时，因时效而取得所有权。而不动产的普通占有时效和特殊占有时效，对于善意有不同要求，即前者要求善意，后者未要求善意。《日本民法典》中取得时效未要求须以善意为要件，但占有人为善意所需时效期间，较不为善意时的时效期间要短。《意大利民法典》的规定与日本的规定类似。

四、取得时效的效力

取得时效具有补正占有的权原瑕疵，使占有人确定的取得权利，使原权利人丧失权利的效力。根据取得时效制度，无权利人可以按其占有的意思取得权利，成为有权占有人；同时，原权利人的相应权利归于消灭。法律对占有人原来的权原瑕疵不再追究。

占有人取得何种权利，依占有人的意思和行使权利的范围而定。如为自主占有，取得所有权；如行使他物权，则取得他物权；占有全部物，取得对全部物的权利；占有物的一部分，取得该部分上的权利；占有主物者，其取得不及于从物。

---

① 时效中断的自然原因，一般认为有：(1) 占有人任意中止其占有；(2) 占有意思的变更，如从自主占有变为他主占有；(3) 占有性质的变更，如无瑕疵占有变为有瑕疵占有；(4) 占有物偶然丧失，未在法定期间回复占有，如占有物遗失而未能在法定期间回复占有人；(5) 占有被侵夺超过法定期间未恢复，一般规定为一年。而时效中断的法律原因有：送达法院传票、送达支付命令或送达扣押命令给享有时效利益的人。

占有的是动产，时效届满即取得权利；占有的是不动产，如占有人是在不动产簿上登记的权利人，则时效届满，取得权利。如占有的是尚未在不动产登记簿上登记的土地时，时效届满，占有人得请求权利登记。

思考题

1. 占有是一种事实还是一种权利，请说明你的看法。
2. 比较占有、占有权、占有权能等概念，说明它们的异同。
3. 在我国，占有制度具有什么样的民商法律意义？
4. 如何对占有进行分类以及分类的法律意义何在？
5. 评析占有的效力以及占有的救济方法。
6. 取得时效制度，在我国建立与发展的可行性分析。

学习资料指引

1. 梁慧星等：《中国物权法草案建议稿》，社会科学文献出版社，2000 年 3 月版，第 11 章。
2. 王利明等：《民法新论》（下），中国政法大学出版社，1988 年 7 月版，第 2 章。
3. 彭万林：《民法学》，中国政法大学出版社，2002 年 1 月修订版，第 21 章。
4. 魏振瀛：《民法》，北京大学出版社、高等教育出版社，2000 年 9 月版，第 16 章。
5. 孙宪忠：《德国当代物权法》，法律出版社，1997 年 7 月版，第 3 章。
6. 谢在全：《民法物权论》（下），中国政法大学出版社，1999 年 1 月版，第 11 章。
7. 梁慧星、陈华彬：《物权法》，法律出版社，2002 年月版，第 21 章。
8. 王建平：《民法学》（下），四川大学出版社，1994 年 8 月版，第 15 章。

参考法规提示

1.《中华人民共和国民法通则》第 92 条、第 117 条。
2.《最高人民法院关于贯彻执行〈中华人民共和国民法通则〉若干问题的意见（试行）》第 131 条～第 132 条。
3.《中华人民共和国合同法》第 132 条、第 140 条。

第三编 债权

第二十一章　债与债权

【阅读提示】　债权和物权，并列为民法财产权体系中的两大支柱，是民法学最重要的研究对象之一。本章首先通过债的界定、特征、分类和要素等研究手段，勾勒出“债权”这一民法基本范畴的基本面貌，让学习者在深入学习之前，对债的概念有基本的理解。本章的重点是债的发生根据、债的主体变更、债的消灭，以及保障债权实现的措施，即保证和定金，代位权和撤销权等债权的保全方法。本章的难点是债权形成后，如何能顺利实现。作为担保、保全以及诉讼状态下的证据保全、财产保全措施，是否都能作为一种债权实现的保障方式。

第一节　债的概述

一、债的界定与法律特征

所谓债权法律关系，简称债，是指特定当事人之间请求为给付的民事法律关系。

我国《民法通则》第84条规定：“债是按照合同的约定或者依照法律的规定产生的特定的权利和义务关系。”这是我国《民法通则》给债下的一个简单的定义。罗马人则将债比作“法锁”，优士丁尼《法学纲要》称：“债是依国法使他人为一定给付的法锁。”

在债权法律关系中，一方所享有的请求对方为一定行为或不为一定行为（即给付）的权利称作债权，而对方所负有的满足该项请求的义务称作债务。享有债权的一方称作债权人，负有债务的一方称作债务人。例如，在买卖合同中，买受方有请求出卖方交付出卖物归其所有的权利，而出卖方则负有满足这种权利的义务。

与物权法律关系相比，债权法律关系具有如下特征：

1. 主体上，债权法律关系的义务主体是特定的，是相对权；而物权法律关系的义务主体，是不特定的除权利人外的一切人，是绝对权。

2. 内容上，债权是请求对方为给付，需要他人配合，为请求权；而物权直接支配物，无须他人积极配合，为支配权。

3. 客体上，债权法律关系的客体是行为，而物权法律关系的客体是物。债的客体是债权债务指向的对象。因债权是请求为特定行为的权利，故债权指向的是该特定行为；因债务是应请求而为特定行为，故债务指向的也是该特定行为（包括作为和不作为）。

二、债的要素

债的要素是指构成债所必须具备的因素，包括主体、内容和客体。

（一）债的主体

债的主体是指参与债的关系的当事人。具体称谓，在具体的债权法律关系当中，可能有所不同。

（二）债的内容

债的内容是指债权和债务。这是债权法律关系的灵魂，也是债权法律关系的意义所在。

1. 债权是指债权人请求债务人为给付的权利。债权具有如下法律特征：

(1) 债权为请求权。

(2) 债权为相对权。债权人只能向债务人主张债权，请求债务人向自己履行债务。债务人以外的其他一切人，对债权人不负有履行的义务，除非依法构成债权侵害。

(3) 债权具有相容性，即在同一标的上可同时并存数个债权。而物权具有排斥性，同一物上不得成立两个内容相同的物权。

(4) 债权具有平等性，即数个债权人对于同一个债务人先后发生普通债权时，其效力一律平等，不因其成立先后而有效力上的分别。

(5) 债权为有期限的权利，期限届满，债权即归于消灭，不具有永久性。如果设定无期限的债务，债务人永久失去人身或交易的自由，这与现代法律的精神相悖。

2. 债务是指债务人依约定或法定应为给付的义务，其内容既包括积极的作为，也包括消极的不作为。

债务包括给付义务和附随义务。给付义务包括主给付义务和从给付义务。所谓主给付义务是指该类型债的基本义务。如在买卖合同中，出卖人交付标的物的义务，买受人支付价款的义务。所谓从给付义务是指不具有独立意义，仅具有补充主给付义务的功能的义务。所谓附随义务是指以诚实信用为依据，根据债的目的、性质和交易习惯而发生的义务。如我国《合同法》第60条规定，当事人应当遵循诚实信用原则，根据合同的性质、目的和交易习惯履行通知、协助、保密等义务就是附随义务。

（三）债的标的

债的标的，又称债的客体，是指债权债务共同指向的对象。从债权人方面观察，债权是一种能够请求债务人为一定给付的权利；从债务人方面而言，债务系应债权人请求而为一定给付的义务。可见，债权债务共同指向的对象就是给付。标的必须合法、确定和适格。以违法行为作给付，在当事人之间不得发生债；给付不确定将使债权债务无法实现，故给付不确定的，债的关系不成立；所谓适格是指依事物的性质，适于作为债的标的。

给付的形态包括交付财物、支付金钱、移转权利、提供成果及不作为等。

债的标的与标的物不同。前者是从债的构成要素而言，是指给付本身；而后者则是从债务人的行为所及之物而言，是指给付的对象。因此，在单纯提供劳务的债中，其本身即足以完成给付，不必再另有标的物；而在交付财物的债中，则有标的物的存在。

三、债的发生根据

债的发生根据是指引起债产生的法律事实。它主要包括以下四种情况：

1. 合同

合同是平等主体的自然人、法人、其他组织之间设立、变更、终止民事权利义务关系的协议。由合同产生的债，称为合同之债。合同是最常见的、最重要的产生债的原因。

2. 侵权行为

侵权行为是指不法侵害他人的合法权益，应承担民事责任的行为。侵权行为发生，侵权人有义务赔偿受害人的损失，受害人有权请求侵权人予以赔偿，从而在双方之间形成债。由侵权行为产生的债，称为侵权之债。侵权行为也是社会生活中产生债的常见的、重要的原因。

3. 不当得利

不当得利是指没有合法根据，致使他人受到损失而取得的利益。由于该项利益没有法律上的根据，应返还给受害人，从而在获得利益的人和受到损害的人之间形成以不当得利返还为内容的债。

4. 无因管理

所谓无因管理是指没有法定或约定的义务而为他人管理事务。因无因管理在本人和管理人之间形成以费用偿付、损失赔偿等为内容的债。

除上述事实外，其他法律事实也可引起债的产生，如缔约过失和单独行为。所谓缔约过失是指当事人在缔约过程中具有过失，从而导致合同不成立、无效、被撤销或不被追认等缺陷，导致对方遭受损失。在此情形，过失方应赔偿对方受到的损失，受害方享有请求过失方赔偿的权利，从而形成债。

单独行为是指表意人向相对人作出的为自己设定某种义务，使相对人取得某种权利的意思表示。它之所以可以引起债的发生，在于依意思自治原则。当事人可基于某种物质或精神上的需要，为自己设定单方义务，同时放弃对于相对人给付对价的请求，如遗赠、设定幸运奖等。

四、债的分类

1. 意定之债与法定之债

按照债的发生依据，可分为意定之债与法定之债。依据当事人之间的合意而产生的债为意定之债，如合同之债。依据法律的规定产生的债为法定之债，如侵权之债、不当得利之债、无因管理之债等。

债的这种分类的法律意义在于：前者贯彻意思自治原则，债的主体、内容及责任等方面，均可由当事人约定；而在后者，债的发生、内容、效力及责任等均由法律直接作出规定。

2. 特定物之债与种类物之债

按照债的标的物的属性，可分为特定物之债和种类物之债。以特定物为标的物的债称为特定物之债；以种类物为标的物的债称为种类物之债。前者在债发生时，其标的物即已特定；后者在债发生时，其标的物尚未特定，甚至尚不存在。

债的这种分类的法律意义在于：在特定物之债中，如果履行前发生标的物灭失，则发生履行不能，债权人只能请求赔偿；而在种类物之债中，不存在这个问题。

3. 按份之债和连带之债

按照债的主体多少为标准，可分为单一之债和多数人之债。债的双方主体即债权人和债务人都为一人的债为单一之债；债的双方主体均为两人以上或者其中一方主体为两人以上的债为多数人之债。在多数人之债中，按照多数人一方各自享有的权利或承担的义务以及相互间的关系，可分为按份之债和连带之债。

按份之债是指多数人一方各自按照一定的份额，享有权利或承担义务的债。我国《民法通则》第86条规定：“债权人为二人以上的，按照确定的份额分享权利。债务人为二人以上的，按照确定的份额分担义务。”按份之债，包括按份债权和按份债务。债权主体一方为多数人，各债权人按一定份额分享权利的，为按份债权；债务主体一方为多数人，各债务人按一定份额分担义务的，为按份债务。

按份债权的各个债权人只能就自己享有的份额请求债务人给付和接受给付，无权请求和接受债务人的全部给付。按份债务的各债务人只对自己分担的债务额负责清偿，债权人无权请求各债务人清偿全部债务。

连带之债是指债的多数人一方之间具有连带关系的债。所谓连带关系是指对于多数人一方中一人发生效力的事项，对于其他当事人同样发生效力。连带之债包括连带债权和连带债务。债权主体一方具有连带关系的，为连带债权；债务主体一方具有连带关系的，为连带债务。我国《民法通则》第87条规定：“债权人或者债务人一方人数为二人以上的，依照法律的规定或者当事人的约定，享有连带权利的每个债权人，都有权要求债务人履行义务；负有连带义务的每个债务人，都负有清偿全部债务的义务，履行了义务的人，有权要求其他负有连带义务的人偿付他应当承担的份额。”按照这一规定，连带之债既可因法律的直接规定发生，也可因当事人的约定而发生。因连带债务加重债务人的责任，所以除法律有明确规定或当事人有特别约定外，不得让当事人负连带债务。

债的这种分类的法律意义在于：按份之债的多数债权人的债权或多数债务人的债务各自是独立的，相互间没有连带关系；而连带之债的连带债权人或连带债务人的权利或义务是连带的。在按份之债中，任一债权人接受了其应受份额义务的履行或者任一债务人履行了自己应负担份额的义务后，与其他债权人或债务人均不发生任何权利、义务关系。在连带之债中，连带债权人的任何一人接受了全部义务的履行，或者连带债务人的任何一人清偿了全部债务时，虽然原债归于消灭，但连带债权人或连带债务人之间则会产生新的按份之债。

4. 简单之债与选择之债

按照债的标的有无选择性，可分为简单之债和选择之债。债的标的是只有一种的债为简单之债，当事人只能就该种标的履行，没有选择的余地，所以又称不可选择之债。相对于不可选择之债而言，债的标的为两项以上，当事人可以从中选择其一来履行的债为选择之债。例如，对商品实行“三包”制度，在出售的商品不符合质量要求时，买受人与出卖人之间就会发生选择之债，或修理、或更换、或退货，当事人须从中选择一种履行。

5. 主债与从债

按照两个债之间的关系，可分为主债和从债。能够独立存在的债为主债，以主债的存在为存在前提，且效力受主债影响的债为从债。

区分主债与从债的法律意义在于：从债随主债的存在而存在，随主债的消灭而消灭；从债的效力决定于主债的效力。例如，设有保证担保的借款合同，便存在两个债：一是借款合同之债即主债；一是保证合同之债，即从债。如果借款人履行了还款义务，主债消灭，保证合同这一从债也就随之归于消灭；如果借款合同无效，则保证合同亦无效。

6．财物之债与劳务之债

按照债务人的义务是提供财物还是提供劳务，债可分为财物债务与劳务债务。债务人须交付财物的债为财物之债。例如买卖合同中，债务人给付的标的物为有形财物，如房屋、汽车、机器设备等。债务人须提供劳务的债为劳务之债。例如加工承揽合同、委托合同。

区分财物债务和劳务债务的法律意义在于：当债务人不履行债务时，财物债务可以强制履行；而劳务债务，因具有人身性质，不得强制履行。

五、债的履行

债的履行是指债务人按照合同的约定或者依照法律的规定，全面地适当地完成自己所负义务的行为。① 债的履行应当遵循三个基本原则：

（1）完全正确履行原则。所谓完全履行是指当事人履行全部债务，而不能部分履行，部分不履行。所谓正确履行，也称适当履行，是指当事人履行债务符合法律规定和合同约定。

（2）诚实信用原则。我国《合同法》第 60 条规定："当事人应当遵循诚实信用原则，根据合同的性质、目的和交易习惯履行通知、协助、保密等义务。"因债权人的原因使债务不能履行的，债务人可免除履行的义务，一般也不承担民事责任。

（3）协作履行原则。债的履行虽为债务人履行义务的行为，但债权人负有协助履行的义务。

债的履行通常包括五个要素：履行主体、履行标的、履行时间、履行地点和履行方式。

第二节　债的担保

一、债的担保

1．概念和性质

所谓债的担保是指为保障债权的实现，而在特定财产上或者依靠人的信用所建立的法律措施，包括抵押权、质权、留置、保证和定金等五种方式。作者认为，在广义上，债的担保作为一个过程来看，可以包括债的保全措施，以及诉讼状态下的证据保全和财产保全等。

一般认为，债的担保具有从属性。所谓从属性是指债的担保从属于主债，以主债的存在为前提，随主债的消灭而消灭，一般也随着主债的变更而变更；其效力也受到主债的影响，主债无效，担保亦无效。

我国《担保法》第 5 条规定："担保合同是主合同的从合同，主合同无效，担保合同无效。担保合同另有约定的，按照约定。"按照这一规定，担保可分为从属担保和独立担保。只有从属担保具有从属性，而独立担保并不具有从属性，其成立、变更、消灭

---

① 履行与给付、清偿这三个概念的含义，互相联系而又具有差别。给付是指债务人应为的特定行为，它作为债的标的，具有抽象的、静态的意义；履行则指债务人为给付的行为，具有具体的、动态的意义；清偿指的是债务人履行的效果，通常在债的消灭原因的意义上使用。仅有给付行为而未达给付结果时，不构成清偿，亦不视为履行，只能定为不履行。

和效力不受主债的影响。因此，笼统地说担保具有从属性是不准确的。这一点司法解释未进行明确区分，所以，以下谈到担保合同，如无特别说明，皆指从属担保合同。

2．担保的原理

物权是一种支配权，权利人有权直接支配物；而债权是一种请求权，其权利的实现仰赖于相对人的密切配合。因此，与物权相比，债权的效力显得更为脆弱，债权的保障也显得更为重要。为此，有必要在主债之上补充一层担保关系，如保证法律关系、抵押法律关系、定金法律关系等，以加强对债权的保护。

各种担保方式，都是通过不同的方法来保障债权的实现。保证是通过扩大责任财产即一般财产的范围来保障债权实现的。在保证下，通过将责任财产的范围，从债务人扩展至保证人，即将保证人的全部财产增列入承担责任的财产范围，从而大大提高了债权实现的安全系数。

抵押权、质权和留置权，则是通过在特定财产上设定优先受偿权来保障债权的实现。由于设定优先受偿权，使得特定财产与债务人的其他财产相对隔离，从而达到不受或少受债务人其他普通债务的影响的效果。当债务人的一般财产不足以清偿数个并存的债权时，设定抵押权、质权和留置权担保的债权，一般也能得以实现。定金则是通过金钱得丧的规则效力，使当事人产生心理压力，为避免自己遭受金钱损失而积极履行债务，保障债权实现。

3．反担保

所谓反担保是指为换取担保人提供担保，由债务人或第三人向该担保人提供的担保，该新担保相对于原担保而言被称为反担保。我国《担保法》第 4 条规定："第三人为债务人向债权人提供担保时，可以要求债务人提供反担保。反担保适用本法担保的规定。"《最高人民法院关于适用〈中华人民共和国担保法〉若干问题的解释》（简称《担保法解释》）第 2 条规定："反担保可以是债务人，也可以是债务人之外的其他人。"

关于反担保的方式，依最高人民法院《担保法解释》第 2 条，可以是债务人提供的抵押或质押，也可以是其他人提供的保证、抵押或质押。留置权不能成为反担保方式。因为按我国《担保法》第 4 条规定，反担保产生于约定，而留置权却发生于法定。

定金虽然在理论上可以作为反担保的方式，但是，由于支付定金会进一步削弱债务人向债权人支付价款或酬金的能力，加之，往往形成原担保与反担保不成比例的局面，因而在实践中极少采用。

在实践中，运用较多的反担保形式是保证、抵押权，然后是质权。不过，在债务人亲自向原担保人提供反担保的场合，保证就不得作为反担保方式了。因为这会形成债务人既向原担保人负偿付因履行原担保而生之必要费用的义务，又向原担保人负保证债务，债务人与保证人合二而一，起不到反担保作用。只有债务人以其特定财产设定抵押权、质权作为反担保方式，才会实际地起到保护原担保人的合法权益的作用。

至于实际采用何种反担保方式，取决于债务人与原担保人之间的约定。在第三人充任反担保人的场合，抵押、质权和保证均可采用。究竟采取何者，取决于该第三人（反担保人）与原担保人之间的约定。

4．担保合同

担保合同是担保人与债权人之间，为担保债权实现而订立的合同。保证合同、抵押合同、质押合同、定金合同可以是单独订立的书面合同，包括当事人之间的具有担保性质的信函、传真等，也可以是主合同中的担保条款。

担保合同为从合同，其效力受到主合同的影响。我国《担保法》第5条第2款规定："担保合同被确认无效后，债务人、担保人、债权人有过错的，应当根据其过错各自承担相应的民事责任。"① 担保人因无效担保合同向债权人承担赔偿责任后，可以向债务人追偿，或者在承担赔偿责任的范围内，要求有过错的反担保人承担赔偿责任。

二、保证

（一）保证概述

所谓保证是指保证人和债权人约定，当债务人不履行债务时，保证人按照约定履行债务或者承担责任的行为。债务人和债权人之间形成主债关系，保证人和债权人之间形成从债关系。在这里，债权人既是主债的债权人，又是从债即保证合同的债权人。

1. 保证合同

保证合同是指保证人与债权人订立的在主债务人不履行债务时，由保证人承担保证债务的协议。保证合同具有如下特征：

第一，保证合同是单务合同。在保证合同中，只有保证人承担债务，债权人不负对待给付义务，因而保证合同为单务合同。

第二，保证合同是无偿合同。在保证合同中，保证人对债权人承担保证债务，但债权人对此不支付相应对价，所以保证合同为无偿合同。

第三，保证合同为诺成合同。保证合同因保证人和债权人的合意而成立，不需另交付标的物，所以为诺成合同。

第四，保证合同为要式合同。我国《担保法》第13条规定："保证人与债权人应当以书面形式订立保证合同。"

第五，保证合同为从合同。若主合同无效，不论什么原因使然，保证合同均为无效。但是，当事人另有约定的除外。保证合同无效的，则对主合同的效力不生影响。

第三人单方以书面形式向债权人出具担保书，债权人接受且未提出异议的，保证合同成立。主合同中虽然没有保证条款，但是，保证人在主合同上以保证人的身份签字或者盖章的，保证合同成立。

2. 保证的分类

（1）一般保证和连带责任保证

按照保证方式，保证可分为一般保证和连带责任保证。当事人在保证合同中约定，债务人不能履行债务时，由保证人承担保证责任的保证，为一般保证。当事人在保证合

---

① 依最高人民法院《担保法解释》第7条、第8条，主合同有效而担保合同无效，债权人无过错的，担保人与债务人对主合同债权人的经济损失，承担连带赔偿责任；债权人、担保人有过错的，担保人承担民事责任的部分，不应超过债务人不能清偿部分的二分之一。之所以不超过二分之一，是因为债权人、担保人都有过错，应当分担损失，债权人、担保人作为两方，按照均分计算，担保人承担的责任份额上限为二分之一。

主合同无效而导致担保合同无效，担保人无过错的，担保人不承担民事责任；担保人有过错的，担保人承担民事责任的部分，不应超过债务人不能清偿部分的三分之一。之所以不超过三分之一，是因为债权人、债务人和担保人作为三方，按照均分计算，担保人承担的责任份额上限为三分之一。必须注意的是，将二分之一、三分之一作为上限，并不要求所有案件都按二分之一、三分之一判，只要不超过二分之一、三分之一，就符合司法解释的精神。在上限以下，具体判多少，作担保人、债权人过错大小而定。

同中约定，保证人与债务人对债务承担连带责任的保证，为连带责任保证。

这两种保证之间最大的区别在于保证人是否享有先诉抗辩权，亦称检索抗辩权。在一般保证情况下，保证人享有先诉抗辩权，即一般保证的保证人在主合同纠纷未经审判或者仲裁，并就债务人财产依法强制执行仍不能履行债务前，对债权人可以拒绝承担保证责任。而在连带责任保证的情况下，保证人不享有先诉抗辩权，即连带责任保证的债务人在主合同规定的债务履行期届满没有履行债务的，债权人可以要求债务人履行债务，也可以要求保证人在其保证范围内承担保证责任。

由此可见，一般而言，连带保证人所负责任比一般保证人所负责任更重。一般保证人仅在债务人不能履行债务时才承担责任；而连带责任保证人只要债务人不履行其债务，就必须满足债权人提出的承担保证责任的请求。当然，从债权人的角度而言，连带责任保证比一般保证更有利于保护债权。

(2) 单独保证和共同保证

按照保证人的人数，保证可分为单独保证和共同保证。只有一个保证人担保同一债权的保证为单独保证，数人担保同一债权的保证为共同保证。

共同保证的认定，必须注意如下问题：第一，保证人担保的是同一债务。如果数个保证人分别保证各自的债务，相互之间并无关联，则仍为单独保证，而非共同保证；第二，数个保证人与债权人签订一个保证合同固然可以成立共同保证，而签订数个保证合同共同担保同一债权也可以成立共同保证；第三，这些合同是同时成立还是先后成立，彼此间有无意思联系，均在所不问。

共同保证分为连带共同保证和按份共同保证。两个以上保证人对同一债务同时或分别提供保证时，各保证人与债权人对保证份额有明确约定的，为按份共同保证。两个以上保证人对同一债务同时或分别提供保证时，各保证人与债权人没有约定保证份额的，应当认定为连带共同保证。按份共同保证的保证人应当按照保证合同约定的保证份额，承担保证责任。按份共同保证的保证人，按照保证合同约定的保证份额承担保证责任后，在其履行保证责任范围内，对债务人行使追偿权。

连带共同保证的保证人，债权人可以要求其中任何一个保证人承担全部保证责任，保证人都负有担保全部债权实现的义务。连带共同保证的保证人以其相互之间约定各自承担的份额对抗债权人的，人民法院不予支持。已经承担保证责任的保证人，有权向债务人追偿，或者要求承担连带责任的其他保证人清偿其应当承担的份额。连带共同保证的保证人承担保证责任后，向债务人不能追偿的部分，由各连带保证人按内部约定的比例分担，没有约定的，平均分担。

(3) 有限保证和无限保证

按照当事人是否约定了保证担保的范围，保证可分为有限保证和无限保证。当事人自由约定担保范围的保证为有限保证。当事人未特别约定保证担保的范围，而是依照法律的规定确定该范围的保证为无限保证。

(4) 将来债务的保证和既存债务的保证

按照被担保的债务是否为既存债务，保证可分为将来债务的保证和既存债务的保证。前者是指为将来存在的债务设定的保证，如最高额保证；后者是指为业已存在的债务设定的保证，这是保证的常态。

(二) 保证人

保证人一般应是具有行为能力和偿债能力的自然人、法人或其他组织。依我国《担保法》第7条至第9条和最高人民法院《担保法解释》第14条的规定，学校、幼儿园、医院等以公益为目的的事业单位、社会团体不得作保证人。之所以将这些主体排除在外，是从社会公共利益角度考虑的。例如，学校承担保证责任后，很可能会导致大量学生失学，造成社会的不稳定。但依最高人民法院《担保法解释》第16条，从事经营活动的事业单位、社会团体为保证人的，如无其他导致保证合同无效的情况，其所签订的保证合同仍应当认定为有效。

国家机关原则上不得为保证人，但经国务院批准为使用外国政府或者国际经济组织贷款进行转贷的除外。之所以国家机关不得担任保证人，也是从公共利益角度来考虑的。国家机关的活动经费全由财政按照其职责核定，若由其活动经费承担保证责任，必然严重影响其政府职责的履行，危及公共利益。例如公安机关承担保证责任就可能引发地方社会治安问题。

(三) 保证的范围

保证的范围，亦即保证债务的范围，或称保证责任的范围。

我国《担保法》第21条规定：“保证担保的范围包括主债权及利息、违约金、损害赔偿金和实现债权的费用。保证合同另有约定的，按照约定。”当事人约定保证担保的范围，既可以单就本金债权为保证，不保证利息；也可以仅就债权的一部分设定保证；还可以只保证缔结保证合同时已存的债权，而不及于以后扩张的部分。但当事人对保证担保的范围没有约定或者约定不明确的，保证人应当对全部债务承担责任。

(四) 保证与物的担保

同一债权既有保证又有物的担保的，保证人对物的担保以外的债权承担保证责任。债权人放弃物的担保的，保证人在债权人放弃权利的范围内免除保证责任。同一债权既有保证又有物的担保的，物的担保合同被确认无效或者被撤销，或者担保物因不可抗力的原因灭失而没有代位物的，保证人仍应当按合同的约定或者法律的规定承担保证责任。债权人在主合同履行期届满后怠于行使担保物权，致使担保物的价值减少或者毁损、灭失的，视为债权人放弃部分或者全部物的担保。保证人在债权人放弃权利的范围内减轻或者免除保证责任。

(五) 保证人的权利

被保证人即债权人对保证人享有请求承担保证责任的权利，保证人负有满足这种请求的义务。由于保证合同是单务合同，因此保证人对被保证人不享有要求给付的权利，但有各种抗辩权或者其他防御性的权利。

(1) 基于债务人权利的权利。我国《担保法》第20条规定：“一般保证和连带责任保证的保证人享有债务人的抗辩权。债务人放弃对债务的抗辩权的，保证人仍有权抗辩。抗辩权是指债权人行使债权时，债务人根据法定事由，对抗债权人行使请求权的权利。”例如，主债务已经单独消灭时，保证人有权主张保证责任消灭；主债务未届清偿期，保证人有权抗辩；主债不成立、无效或被撤销致使保证债务不存在时，保证人有权主张不负保证责任；主债务已过诉讼时效时，保证人亦可拒绝承担保证责任。

(2) 基于保证人的地位特有的抗辩权。即一般保证人的先诉抗辩权，又称检索抗辩权。依据先诉抗辩权，保证人在债务人财产依法强制执行仍不能履行债务前，即依法强制执行无效果前，对债权人可以拒绝承担保证责任。

所谓依法强制执行无效果，包括执行结果不能清偿债务，或不足清偿债务诸情形。例如，拍卖主债务人的财产无人应买，或拍卖所得价款仅能清偿一部分债务，或者主债务人虽有财产却不知其所在等。

先诉抗辩权，既可通过诉讼行使，也可以在诉讼外行使。但有下列情形之一的，保证人不得行使该权利：第一，债务人住所变更，致使债权人要求其履行债务发生重大困难的。所谓重大困难，包括债务人下落不明、移居境外，且无财产可供执行。第二，人民法院受理债务人破产案件，中止执行程序的。在此情况，债权人行使债权遇到重大障碍，只有另行追究保证人的保证责任才能顺利实现其债权。因此，为了充分保障债权人的利益，法律规定这种情况下保证人不得行使先诉抗辩权；第三，保证人以书面形式放弃该权利的。既然保证人放弃此权，法律就无必要对其特别保护，因此不允许其再主张先诉抗辩权。

(3) 基于保证债务人的地位应有的权利。在保证关系中，保证人是保证债务的债务人，因而一般债务人应有的权利，保证人也应享有。例如，保证债务已经单独消灭时，保证人有权主张保证责任消灭；保证债务未届清偿期，保证人有权抗辩；保证合同不成立、无效或被撤销致使保证债务不存在时，保证人有权主张不负保证责任；保证债务已过诉讼时效时，保证人亦可拒绝承担保证责任。

(六) 保证人的求偿权

保证人的求偿权，又称保证人的追偿权，是指保证人承担保证责任后，可以向主债务人请求偿还的权利。保证人自行履行保证责任时，其实际清偿额大于主债权范围的，保证人只能在主债权范围内对债务人行使追偿权。

关于共同保证人的求偿权问题，应分情况而论：

其一，连带共同保证的债务人，在主合同规定的债务履行期届满没有履行债务的，债权人可以要求债务人履行债务，也可以要求任何一个保证人承担全部保证责任。连带共同保证的保证人承担保证责任后，向债务人不能追偿的部分，由各连带保证人按其内部约定的比例分担。没有约定的，平均分担。

其二，按份共同保证的保证人，按照保证合同约定的保证份额承担保证责任后，在其履行保证责任的范围内，对债务人行使追偿权。

其三，保证合同对共同保证人的责任范围，约定不明的，推定共同保证人对全部债务负连带保证责任。

我国《担保法》第 32 条规定："人民法院受理债务人破产案件后，债权人未申报债权的，保证人可以参加破产财产分配，预先行使追偿权。"这是保证人求偿权的预先行使。

(七) 保证责任的免除

在下述情形下，如果严重损害了保证人的合法权益，那么，保证人得以免除其保证责任：

(1) 我国《担保法》第 30 条规定："有下列情形之一的，保证人不承担民事责任：主合同当事人双方串通，骗取保证人提供保证的；主合同债权人采取欺诈、胁迫等手段，使保证人在违背真实意思的情况下提供保证的。”

(2) 未经保证人许可，转移债务的。保证期间，债权人许可债务人转让债务，未经保证人同意的，这极可能损害保证人的利益。因此，我国《担保法》第23条规定：“保证期间，债权人许可债务人转让债务的，应当取得保证人书面同意，保证人对未经其同意转让的债务，不再承担保证责任。”

但是，债权人依法将主债权转让给第三人的，保证人仍应在原保证担保的范围内，对受让人承担保证责任，因为这不会影响到保证人的利益。

(3) 未经保证人许可，变更主合同，加重了债务人的责任的。债权人和债务人变更主合同，未经保证人同意，也是极有可能损害保证人的合法权益的。为此，我国《担保法》第24条规定：“债权人与债务人协议变更主合同的，应当取得保证人书面同意。未经保证人书面同意的，保证人不再承担保证责任。”

不过，主合同的变更，并不一定会损害保证人的利益，有时甚至有利于保证人，如减轻债务人的责任。在这种情况下，免除保证人的责任，不符合我国《担保法》第24条的立法原意。有鉴于此，最高人民法院《担保法解释》第30条，进一步明确了法律界限：“保证期间，债权人与债务人对主合同数量、价款、币种、利率等内容作了变动，未经保证人同意的，如果减轻债务人的债务的，保证人仍应当对变更后的合同承担保证责任；如果加重债务人的债务的，保证人对加重的部分不承担保证责任。”“债权人与债务人对主合同履行期限作了变动，未经保证人书面同意的，保证期间为原合同约定的或者法律规定的期间。”“债权人与债务人协议变动主合同内容，但并未实际履行的，保证人仍应当承担保证责任。”

(八) 保证期间与诉讼时效

债权人的利益应当得到保护，但是，如果以此要求保证人无限期的承担保证责任，将对保证人是一个沉重的负担。为在债权人和保证人的利益之间达到平衡，必须对债权人行使保证债权的期间作一个限定。如果债权人未在这一期间主张其保证债权，保证人则不再承担保证责任。

所谓保证期间是指债权人可以请求保证人履行保证义务的有效期间。保证期间一般由当事人约定，如果当事人未约定保证期间的，保证期间为主债务履行期届满之日起六个月。

保证期间与诉讼时效均可能导致保证人不再承担保证责任，但二者存在着本质的区别。保证期间主要适用于形成权，其效力在于消灭实体权利本身。保证期间属于除斥期间，不发生中止、中断或延长的情况。而诉讼时效适用于请求权，其效力在于消灭请求权的胜诉。诉讼时效可依法中止、中断或延长。在保证期间内，如果债权人未向保证人主张权利，保证人因此免责，不存在诉讼时效问题。在保证期间内，债权人向保证人主张权利，保证人的保证责任即受诉讼时效的制约。

保证期间与诉讼时效期间的衔接，是一个复杂的问题。依最高人民法院《担保法解释》第34条、第35条的规定，在一般保证的情况下，保证责任的诉讼时效期间，从判决或仲裁裁决生效之日起开始计算。主债务诉讼时效中断，保证债务诉讼时效中断；主债务诉讼时效中止，保证债务诉讼时效中止。在连带责任保证的情况下，连带保证的债权人在保证期间届满前，要求保证人承担保证责任的，保证责任的诉讼时效从债权人要求保证人承担保证责任之日起开始计算。主债务诉讼时效中断，保证债务诉讼时效不中断；主债务诉讼时效中止，保证债务诉讼时效同时中止。

保证人对已超过诉讼时效期间的债务，承担保证责任或者提供保证的，又以超过诉讼时效为由抗辩的，人民法院不予支持。

三、定金

定金是指合同当事人为了确保合同的履行，依据法律规定或者当事人双方的约定，由当事人一方在合同订立时或合同订立后履行前，预先给付对方当事人的金钱。

（一）定金的种类

（1）成约定金是指作为合同成立要件的定金。因定金的交付，合同才成立。

（2）证约定金是指定金为订立合同的证据。这种定金不是合同的成立要件，仅以证明合同成立为目的。

（3）违约定金是指交付定金的一方不履行债务，接受定金的一方可以没收定金。

（4）解约定金是指以定金为保留合同解除权的代价，也就是交付定金的当事人可以抛弃定金以解除合同，而接受定金的当事人也可以双倍返还定金来解除合同。

（5）立约定金是指为保证正式缔约的定金。交付定金的当事人若拒绝立约，则丧失定金；接受定金的当事人若拒绝立约，则应加倍偿还定金。

我国民商立法对定金的性质，没有直接明确的规定，在实践中产生了许多问题。例如，在商品房买卖中，房地产开发商通常要求购房者在签订正式的购房合同之前，交付一定数额的定金。而在协商正式合同过程中，一旦双方未对合同条款达成一致，即使购房者没有任何缔约过错，房地产开发商也没收定金。实际上，购房者所交定金为立约定金。其罚则的适用条件，应当严格限定在任一方有过错，故意不订立合同的情形。一般由于双方意见不一致，而未签订合同不应适用定金罚则。

一般认为，我国《担保法》规定的定金，是具有证约定金和违约定金的性质。定金是合同成立的证据，具有证据的性质和作用，所以，具有证约定金性质。若交付定金的一方不履行合同，则无权请求返还定金；接受定金的一方当事人不履行合同，必须双倍返还定金，以符合违约定金的基本要求。

当然，在合同实践中，是允许当事人特别约定其他性质的定金的。例如成约定金、解约定金或立约定金。当事人约定交付定金，作为主合同成立或者生效要件的，该约定有效。给付定金的一方未交付定金，但主合同已经履行或者已经履行主要部分的，不影响主合同成立或者生效。当事人约定定金作为解除合同条件的，该约定有效。定金交付后，交付定金的一方可以按照合同约定，以丧失定金为代价而解除合同；收受定金一方可以以双倍返还定金为代价而解除合同。

（二）定金的成立

定金合同是主合同的从合同，定金以主合同的有效成立为前提。主合同无效或被撤销时，定金合同亦无效；主合同因解除或其他原因消灭时，定金合同也消灭。这表明定金具有从属性。

定金的成立，必须有书面定金合同。按照最高人民法院《担保法解释》第118条的规定，合同中必须明确写明“定金”字样。合同条款中应写明留置金、担保金、保证金、订约金、押金或订金等。但是，双方当事人未约定定金性质的，不按定金处理。

定金合同为实践性合同。主合同可以是实践性的，也可以是诺成性的，但定金合同不仅需要当事人双方的意思表示一致，而且需要现实交付定金。定金合同从实际交付定金之日起生效。

定金交付的时间：证约定金通常于主合同成立时交付，以确实起到证明合同成立的作用；违约定金既可以在主合同成立同时交付，也可以在主合同成立后、履行前交付。因为在这段期限内的任何时刻交付，其功效都是同样的。

定金的数额由当事人约定，但不得超过主合同标的额的 20%，超过部分不按定金处理。当事人实际交付的定金数额多于或少于数额，视为变更定金合同。收受一方提出异议并拒绝接受定金的，定金合同不生效。

（三）定金的效力

定金的效力表现为，当事人一方不履行合同或者拒绝履行时，适用定金罚则。即给付定金的一方不履行约定的债务的，无权要求返还定金；收受定金的一方不履行约定的债务的，应当双倍返金。

司法实践中，因当事人一方迟延履行或者其他违约行为，合同目的不能实现的，也可适用定金罚则。但是，法律另有规定或者当事人另有约定的除外。当事人一方不完全履行合同的，应当按照未履行部分所占合同约定内容的比例适用定金罚则。因合同关系以外人的过错致使主合同不能履行的，适用定金罚则。受定金处罚的当事人，可依法向第三人追偿。因不可抗力、意外事件，致使主合同不能履行的，不适用定金罚则。

同一合同中，既有定金条款，又有违约金条款，只能由非违约方选择行使，不能同时适用。

第三节　债的保全

一、债的保全

所谓债的保全是指法律为防止因债务人的财产不当减少损害债权人的债权，允许债权人代债务人之位，向第三人行使债务人的债权，或者撤销债务人与第三人的民事行为的法律制度。其中，债权人代债务人之位，以自己的名义向第三人行使债务人的权利的法律制度，叫做债权人的代位权制度；债权人请求法院撤销债务人与第三人的民事行为的制度，称为债权人的撤销权制度。

代位权制度旨在保持债务人的财产，撤销权制度旨在恢复债务人的财产。两者的共同目的在于强化债权的实现，防止因债务人的不当行为侵害债权。

债的保全涉及第三人，其效力属于债的对外效力。债以相对性为原则，债权人不得直接支配债务人的人身、行为及其财产，更不得直接支配第三人的人身、行为及其财产；债权人也不得干涉债务人与第三人的民事法律行为。但债的保全，突破了债的相对性原则，使债权人的权利涉及到第三人的行为或者财产。

二、代位权

所谓代位权是指当债务人怠于行使其对第三人的到期债权，而危及债权人的债权时，债权人可以以自己的名义代位行使债务人对第三人的债权的权利。其中，第三人（即债务人的债务人）被称为次债务人。

债权人的代位权是债权人以自己的名义行使债务人的债权，所以不是代理权，不适用代理的规定。

(一) 代位权的成立要件

1. 债权人对债务人享有有效债权

债权人对债务人存在有效债权，这是债权人行使代位权的前提。债权人如对债务人不存在有效债权，则债权人不能行使。

2. 债务人对次债务人享有有效债权，且该债权非专属于债务人本身

债务人对次债务人享有有效债权，是债权人行使代位权的另一前提。要使债权人能代位向次债务人主张债权，必须债务人对次债务人本身享有有效债权。否则，代位权的行使失去事实基础。

代位行使的债权包括合同债权、不当得利返还请求权、无因管理债权等等。但是，专属于债务人本身的权利，不得为债权人代位行使。其中，包括基于扶养关系、抚养关系、赡养关系、继承关系产生的给付请求权和劳动报酬、退休金、养老金、抚恤金、安置费、人寿保险、人身伤害赔偿请求权等权利。

3. 债权人和债务人的债权均已到期

在对债务人的债权到期以前，债权人无权向债务人主张其债权；在对次债务人的债权到期以前，债务人也无权向次债务人主张其债权。所以，代位权的行使，应以债权人和债务人的债权均已到期为成立要件。

4. 债务人怠于行使其到期债权，对债权人造成损害

所谓债务人怠于行使其到期债权，对债权人造成损害，是指债务人不履行其对债权人的到期债务，又不以诉讼方式或者仲裁方式，向其债务人主张其享有的具有金钱给付内容的到期债权，致使债权人的到期债权未能实现。次债务人不认为债务人有怠于行使其到期债权情况的，应当承担举证责任。

(二) 代位权的行使

代位权的行使主体是债权人。债务人的各个债权人，在符合法律规定的条件下，均可以行使代位权，可作共同原告。债权人应以自己的名义行使代位权，并须尽到善良管理人的注意。如违反该项义务给债务人造成损失，债权人应负赔偿责任。

债权人的代位权，必须通过诉讼程序行使。之所以必须通过诉讼程序行使，其主要原因在于：一方面，债权人的代位权突破了债的相对性原则，存在债权人的利益与次债务人的利益的平衡问题；另一方向，只有通过裁判方式，才能有效地防止债权人滥用代位权，使债权人在保全债权的必要范围内行使代位权。

债权人提起代位权诉讼的，债权人应以次债务人为被告，由被告住所地人民法院管辖。债务人在诉讼中的法律地位，为第三人。如果债权人对债务人的债权为合法有效的到期债权，债务人对次债务人的债权亦为合法有效的到期债权。次债务人对债权人行使代位权无争议，则债务人可以不参加代位权诉讼；如果在代位权诉讼中，存有争议，则人民法院应追加债务人为诉讼中的第三人。

(三) 代位权行使的效力

1. 对于债务人的效力

经人民法院审理，代位权成立的，由次债务人向债权人履行清偿义务。债权人与债

务人之间的债权债务关系归于消灭。

代位权的行使，使债务人的处分权受到约束。在债权人提起诉讼后，不允许债务人抛弃、免除或让与其权利。

2. 对于次债务人的效力

在代位权诉讼中，次债务人享有的权利是：(1) 向债权人主张自己对债务人的抗辩权；(2) 债权人要求对其财产采取保全措施的，有要求提供相应担保的权利。

次债务人应负的义务是：(1) 代位权有效成立的，负有向债权人清偿的义务；(2) 债权人胜诉，负担诉讼费用的义务。

3. 对于债权人的效力

债权人行使代位权不得超出债务人权利的范围。按照最高人民法院《关于适用〈中华人民共和国合同法〉若干问题的解释（一）》（简称《合同法解释（一）》）第19条、第20条的规定，在代位权诉讼中，债权人胜诉的，诉讼费用由次债务人负担，从实现的债权中优先支付。债权人向次债务人提起的代位权诉讼，人民法院审理后认定代位权成立的，由次债务人履行清偿义务，债权人、债务人与次债务人之间的债权债务关系消灭。

三、撤销权

所谓撤销权是指债权人对于债务人危害债权的交易行为，请求法院予以撤销的权利。

（一）撤销权的成立要件

撤销权的成立要件，因债务人所为的行为系无偿行为、有偿行为而有所不同。现分述如下：

1. 无偿行为

(1) 债务人有减少其责任财产的行为。根据我国《合同法》第74条的规定，债务人有减少其责任财产的行为，指债务人放弃其到期债权、无偿转让财产等。司法实践中，债务人减少责任财产，包括两个方面：一为减少积极财产，例如让与所有权、设定他物权、免除到期债权；二为增加消极财产，例如债务人新负担债务。

(2) 该行为损害债权人利益。所谓损害债权人利益，是指由于债务人减少其承担责任的财产，使债权人的利益依债权本旨不能得到满足。

(3) 债务人的行为必须以财产为标的。所谓以财产为标的的行为，是指财产上受直接影响的行为。债务人的行为，如果不是以财产为标的，则不得予以撤销。例如，结婚、收养或终止收养、继承的抛弃或承认等，不得撤销。

2. 有偿行为

我国《合同法》第74条第1款规定："债务人以明显不合理的低价转让财产，对债权人造成损害，并且受让人知道该情形的，债权人也可以请求人民法院撤销债务人的行为。"

与无偿行为的撤销权不同，有偿情形下的撤销权的构成要件中，要求"受让人知道该情形"。如果受让人不知道该情形，即使债务人以明显不合理的低价转让财产，债权人也不得请求撤销。

之所以有这样的分别，在于需要保护善意第三人的合法权益。无偿行为的撤销，仅使受益人失去无偿所得的利益，并未损害其固有利益。因此，无论受益人是否明知该情形，法律也应首先保护受害的债权人的利益。

在有偿行为中，受让人如果不知道该情形并支付了对价，则法律应首先保护善意的受让人的利益；而在其明知该情形仍然以明显不合理的低价受让财产，存在明显恶意，法律就没有必要保护其利益，而转为保护债权人的利益。制度的这种安排，乃使法律在债权人和受让人的利益之间持一公正立场。

受让人知道该情形，是指受让人在取得一定财产或取得一定财产利益时，已经知道债务人所为的行为有害于债权人的债权。也就是说已经认识该行为对债权损害的事实。至于受益人是否具有故意损害债权人的意图，或是否曾与债务人恶意串通，不在考虑之列。受让人必须在受让时为恶意，若在受让后才为恶意的，债权人不得行使撤销权。

（二）撤销权的行使

撤销权由债权人以自己的名义，通过诉讼方式行使。原告为债权人。在债权为连带债权的情况下，所有的债权人可作为共同原告主张撤销权，也可以由其中的一个债权人作为原告主张撤销权。依最高人民法院《合同法解释（一）》第 24 条的规定，债权人依照我国《合同法》第 74 条的规定，提起撤销权诉讼时，只以债务人为被告。未将受益人或者受让人列为第三人的，人民法院可以追加该受益人或者受让人为第三人。

之所以要求以诉讼的方式行使，是因为撤销权对于第三人利害关系重大，应由法院审查债权人撤销权的主体资格，以及债权人撤销权的成立要件，以避免债权人的撤销权滥用，从而达到债权人的撤销权制度的立法目的。

（三）债权人撤销权行使的效力

债务人的行为，一经判决撤销，即从行为开始失去法律约束力。具体说来，债权人撤销权的效力表现在如下方面：

1. 对于债务人的效力。债务人的行为一旦被撤销，即自始失去法律约束力。

2. 对于受益人或受让人的效力。尚未依该行为给付的，不得给付；已经依该行为给付的，受领人应当恢复原状。如果原物存在，则应返还财产于给付人；如果原物不存在，则应作价返还于给付人。债权人行使撤销权所支付的律师代理费、差旅费等必要费用，由债务人负担；第三人有过错的，应当适当分担。

3. 对于行使撤销权的债权人的效力。行使撤销权的债权人，有权请求受益人返还所受利益于债务人，但债权人无优先受偿权。

第四节　债的移转

一、债的移转界定

债的移转是指债的主体发生变更，即由新的债权人、债务人代替原债权人、债务人，而债的内容保持不变的一种法律制度。

债的移转和债的变更，虽然都是债的要素的改变，但前者改变的是债的主体，后者改变的是债的内容，因而两者不同。

债的移转，有的基于法律的直接规定而发生，此类移转称为法律上的移转；有的基于法院的裁决而发生，此类移转称作裁判上的移转；有的基于民事法律行为而发生，此类移转称为民事法律行为上的移转，如转让人与受让人订立转让合同而将债转让。其中，通过转让合同而转让债权的，叫做债权让与；通过转让合同而移转债务的，称为债务承担；债权债务同时移转的，称为债的概括承受。

二、债权让与

(一) 概念与特征

所谓债权让与，是指债权人通过合同方式，把自己的债权的一部分或者全部，有偿或者无偿地转移给其他人的情形。债权让与具有如下特征：

1. 债权让与具有非要式性

债权人与第三人就让与债权意思表示一致，债权让与合同即告成立。除法律、行政法规规定应当办理批准、登记手续的以外，无须履行特别的合同形式。

2. 债权让与是一种处分行为

债权让与是将债权作为一项财产进行处分，所以，要求让与人就该债权必须具有处分权限和处分能力。无处分权人让与他人债权的，除非经债权人追认，否则，其行为无效。

3. 债权让与可以是部分，也可以是全部。在具体的债权让与过程中，债权人所转移出去的债权，既可以是债权中的全部，也可以是债权中的一部分。同时，按照意思自治的原则，这种转移既可以是有偿的，也可以是无偿的。

(二) 债权让与的条件

根据债权让与的基本理论，以及我国《合同法》第五章“合同的变更和转让”的规定，债权让与一般应具备以下条件：

1. 须存在有效的债权

有效债权的存在，是债权让与的根本前提。以不存在或者无效的债权让与他人，或者以已经消灭的债权让与他人，都将因标的不存在或者标的不能而导致债权让与合同无效。让与人对受让人因此而产生的损失，应负赔偿责任。

有效的债权是指该债权真实存在且并未消灭，但并不意味着它一定能够得到实现。也就是说，让与人仅负有保证它确实存在的义务，并不负保证债务人能够清偿的义务。

2. 被让与的债权须具有可让与性

由于债权转让本质上是一种交易行为，只要不违反法律的强行性规定和社会公德，债权让与应当允许。依据我国《合同法》第 79 条的规定，以下三类债权不得转让：

(1) 根据合同性质不得转让的债权。主要包括：基于个人信任关系而发生的债权，如雇佣、委托、租赁等合同所生债权。专为特定债权人利益而存在的债权，例如专向特定人教授外语的合同。不作为债权，例如，竞业禁止约定。由于不作为债权只是为了特定债权人的利益而存在，如果允许债权人让与债权，无异于为债务人新设义务，显然于债务人不公，所以不允许转让。属于从权利的债权，也不能单独转让。例如，保证债权系为担保主债权而存在，若与主债权分离，将失去担保性质，所以不得单独让与。

(2) 按照当事人的约定不得转让的债权。根据合同自由原则，当事人可以在不违反法律的强行性规定和公序良俗的前提下，自由约定合同债权不得转让。

(3) 依照法律规定不得转让的债权。我国《合同法》没有明确规定何种债权禁止让与，所以依照法律规定不得转让的债权是指我国《合同法》以外的其他法律中关于债权禁止让与的规定。例如我国《担保法》第 61 条规定，最高额抵押担保的主合同债权不得转让。

3. 让与人与受让人须就债权让与达成有效协议

债权让与为合同行为，应当适用民法关于意思表示的规定。当事人就债权转让的意思表示，应在自主自愿的基础上达成一致。转让合同如果存在我国《合同法》第 52 条规定的合同无效的原因时，该转让合同当然不发生法律效力。

因一方当事人欺诈、胁迫等行为，致使对方当事人陷于意思表示不自由，而为债权让与或受让行为时，债权让与合同的效力将会受到影响。债权让与合同为可撤销的合同的，撤销权人可以行使撤销权。转让合同被撤销后，受让人已经受领的利益，应该向让与人返还。

（三）对债务人的债权让与通知

如果符合上述三个条件，让与人和受让人之间的让与合同即成立并生效，对双方当事人具有法律约束力，且发生债权转让的效果。但是，对于债务人而言，依据我国《合同法》第 80 条第 1 款规定："债权人转让权利的，应当通知债务人。未经通知，该转让对债务人不发生效力。"

（四）债权让与的法律效力

债权让与有效成立以后，即在让与人、受让人和债务人之间发生一定的法律效果。其中，债权让与在让与人和受让人之间的效力，称为债权让与的内部效力；而债权让与对债务人的效力，则称为债权让与的外部效力。

1. 债权让与的内部效力

（1）法律地位的取代。债权让与生效后，在债权全部让与时，该债权即由原债权人（让与人）移转于受让人，让与人脱离原债权债务关系，受让人取代让与人而成为债权债务关系的新债权人。但在债权部分让与时，让与人和受让人共同享有债权。

（2）从权利随之移转。根据民法原理，主债权移转时，从权利原则上应随之一同移转。为此，我国《合同法》第 81 条规定："债权人转让权利的，受让人取得与债权有关的从权利，但该从权利专属于债权人自身的除外。"

随同债权移转而一并移转的从权利，通常包括：①担保物权；②保证债权；⑧定金债权；④优先权（例如职工工资的优先清偿权等）；⑤形成权（如选择权、催告权等）；⑥利息债权；⑦违约债权和损害赔偿请求权等。

（3）让与人应将债权证明文件全部交付受让人，并告知行使合同权利所必要的一切情况。对此，我国《合同法》虽然未作规定，但依据诚实信用原则，该义务构成让与人的从给付义务。有关证明文件包括债务人出具的借据、票据、合同文书、来往电报，并应告知受让人主张债权的必要情况，如债务的履行期、履行方式、债务人的住所、债权担保的方式以及债务人可能会主张的抗辩等。此外，让与人占有的债权担保物，也应全部移交受让人占有。

（4）让与人对其让与的债权应负瑕疵担保责任。由于债权让与本身即为一种合同，因而当转让债权为有偿时，在瑕疵担保责任问题上可准用买卖合同的有关规定。

（5）债权多重让与的法律效力，即让与人将债权让与给一人之后，又就同一债权重复让与给其他人，由此引起的债权让与合同的效力和债权的归属问题。对此，通说认为按照以下规则处理：有偿让与的受让人应当优先于无偿让与的受让人取得权利；全部让与中的受让人优先于部分让与中的受让人取得权利；已通知给债务人的债权让与优先于未通知的债权让与。

2. 债权让与的外部效力

债权让与的外部效力是指债权让与对债务人的效力。债权的自由转让，必须在不损害债务人现存利益的前提下进行，债务人不应因债权的让与而增加自己的负担或者丧失应有的权利。债权让与对债务人的效力，主要是从保护债务人利益的角度出发而规定的，具体表现为以下几点：

(1) 债权让与对债务人的效力，以债权让与通知时间为准。在债务人收到债权让与通知之前，对让与人（原债权人）所为的民事法律行为有效，即债务人仍以让与人为债权人而履行的，同样可以免除其债务。受让人不得以债权已经让与为由要求债务人继续履行，而只能要求让与人返还所受领的债务人的履行。

但是，债务人在收到债权让与的通知后，即应当将受让人作为债权人而履行债务，其对让与人的履行不能构成债的清偿。债务不能免除，仍须向受让人履行。而让与人如果仍然受领债务人的给付，则属不当得利，债务人可以要求返还。

(2) 表见让与的效力。当债权人将债权让与第三人的事项通知债务人后，即使让与并未发生或者该让与无效，债务人基于对让与事实的信赖而向第三人所为的履行仍然有效，此即为表见让与。

表见让与一般只有在债权人为让与通知行为时才能产生。如果由受让人进行让与通知，则不产生表见让与的效力。也就是说，即使受让人已将债权让与通知了债务人，但在债权未能让与或者让与无效时，债务人也不能以其对抗受让人的事由对抗让与人。但如果受让人为债权让与通知行为时，提出了其享有债权的充分证据，足以表明债权已经发生了移转，在此情形，应认为仍可构成表见让与。

(3) 抗辩权。根据我国《合同法》第 82 条的规定："债务人接到债权转让通知后，债务人对让与人的抗辩，可以向受让人主张。"这是因为债权让与是债之主体的变更，而不改变债之内容，债的同一性不因债权让与而丧失。因而债权原有的瑕疵，不能不随同移转于受让人；债务人可以对抗原债权人的事由，自然可以对抗新的债权人。对抗受让人的抗辩权制度的目的，在于保护债务人免于因未经其同意的让与而实质性地恶化其地位。

债务人对受让人享有的抗辩权包括：(1) 合同不成立以及无效的抗辩权；(2) 履行期尚未届至的抗辩权；(3) 合同已经消灭的抗辩权；(4) 合同原债权人将合同上的权利单独让与第三人，而自己保留合同债务时，债务人基于让与人不履行对应债务而产生的同时履行抗辩权、不安抗辩权等；(5) 被让与债权已过诉讼时效的抗辩权等。

对于以上抗辩事由，不论是发生在让与前还是让与后，也不论是发生在让与通知前还是让与通知之后，债务人均可主张。

(4) 抵消权。根据我国《合同法》第 83 条的规定，债务人接到债权让与通知时，债务人对让与人享有债权并且债务人的债权先于让与债权到期或者同时到期的，债务人仍然可以依法向受让人主张抵消。这是因为，在债权转让之前，债务人存在与原债权人相抵消的到期债权，若因债权的转让，而使债务人丧失抵消的权利，对债务人显然不公平。同时，抵消权是自债权抵消时发生的，在债权转让之前已经产生的抵消权，故不应因债权的让与而消灭。

三、债务承担

（一）概念与特征

所谓债务承担，是指不改变债的客体和内容，由第三人承受债务，从而成为新的债务人。

债务承担是无因行为。它是将债务负担由原债务人移转至第三人，而第三人愿意承担他人债务，通常是具有一定的原因的。但是，此种原因本身，并不构成债务承担合同的组成部分。该原因自始无效、被撤销、不被追认或者解除的，并不影响债务承担的效力。

债务承担成立以后，第三人不得以原债务人未履行承担债务的原因约定或者原因行为有瑕疵而对抗债权人。同时，债务承担的这种无因性不是绝对的。当事人可以在订立债务承担合同时，把原因行为作为附加条件订入债务承担协议，并以原因行为的成就，作为债务承担的前提，从而排除债务承担无因性的适用。

（二）债务承担的分类

按照承担后原债务人是否免责为标准，可以分为免责的债务承担和并存的债务承担。其中，免责的债务承担，强调的是指第三人取代原债务人地位而承担全部债务，使债务人脱离债的关系的债务承担方式。并存的债务承担，则强调债务人并不脱离债的关系，而由第三人加入到债的关系当中，与债务人共同承担债务的债务承担方式。

(1) 免责的债务承担，是指债务人经债权人同意，将其债务全部移转给第三人负担。我国《合同法》第 84 条规定："债务人将合同的义务全部或者部分转移给第三人的，应当经债权人同意。"

免责的债务承担，成立方式有两种：一是第三人与债权人达成协议，由第三人承担债务人的债务，由于合同的一方当事人是债权人，协议本身就体现了债权人的同意。二是债务人与第三人达成协议，由第三人承担债务人的债务。这种承担方式须经债权人的承认才能发生债务承担的效力。

免责的债务承担的效力表现在，原债务人脱离债的关系，不再对所移转的债务承担责任。

(2) 并存的债务承担，是指债务人不脱离债的关系，第三人又加入债的关系，与债务人共同承担债务。严格说来，这并非债的主体变更，而是增加债务人的人数。由于第三人的加入，债务人增加而成为多数债务人之债。第三人加入后，与债务人之间成立连带关系，对同一债务负连带责任。债权人可以请求债务人履行义务，也可以径直向第三人请求履行义务。

在并存的债务承担中，由于原债务人没有脱离债的关系，对债权人的利益不会发生影响，因而原则上无须债权人的同意，只要债务人或第三人通知债权人即可发生效力。但如果第三人与债务人约定按份承担债务，则须债权人同意。

（三）债务承担的条件

1. 须存在有效的债务

债务有效存在是债务承担的前提。债务自始无效或者承担时已经消灭的，即使当事人就此订有债务承担合同，也不发生效力。但如果债务存在可撤销或者解除的事由，在被撤销或者解除之前，仍可成立有效的债务承担。若债务其后被撤销或者解除，则债务承担合同自始无效。对撤销权或者解除权的行使，在免责的债务承担中，承担债务的第三人也有权行使。而在并存的债务承担中，只有原债务人才可以行使撤销权或者解除权。

将来发生的债务也可以设立债务承担，只不过只有在该债务成立时，才能发生转移的效果。

2. 被移转的债务应具有可移转性

不具有可移转性的债务，不能成为债务承担合同的标的。以下债务不具有可移转性：(1) 性质上不可移转的债务。它是指与特定债务人的人身具有密切联系的债务，需要债务人亲自履行，因而不得移转。这种债务，一般是以特定债务人的特殊技能或者特殊的人身信任关系为基础而产生的。前者如以某著名演员的表演为标的的合同义务，以某画家绘画为标的的合同义务等；后者如以对某人的特殊信任为基础而成立的委托合同等。这种债务一般不能发生移转，否则会使债权人的预期目的落空。(2) 当事人特别约定不能移转的债务。(3) 法律规定不得移转的债务。

3. 第三人须与债务人就债务的移转达成合意

债务承担，要求第三人须就债务的移转与债务人意思表示一致。该意思表示一致就是一个合同，名为债务承担合同。其订立及效力应适用我国《合同法》总则关于合同订立的规定，以及我国《民法通则》关于意思表示的规定。

4. 债务承担须经债权人同意

第三人与债权人订立债务承担合同本身即表明债权人同意，不需另外的表示。而在第三人与债务人订立债务承担合同时，则必须经债权人同意。但是，对于并存的债务承担，由于第三人对债的关系的加入，并未导致原债务人脱离债的关系；并且第三人对债的关系的加入，有利于加强对债权人利益的保护，增加了债权实现的可能性。所以，第三人与债务人订立并存的债务承担合同，不必征得债权人的同意，但应通知债权人，自通知时起对债权人生效。

在债权人同意之前，第三人与债务人的债务承担合同，属于效力待定的民事行为。债务人或第三人为了避免债务承担合同的效力久悬不决，可以定相当期限催告债权人，于此期限内对同意与否进行答复。债权人逾期不答复的，即可推定为拒绝同意。

一项有效的债务承担，一般须具备上述条件。在特殊情况下，根据我国《合同法》第 87 条的规定，债务人转移合同义务，法律、行政法规规定应当办理批准、登记等手续的，自办理上述手续后方可生效。当事人之间约定须履行特定形式的，如公证，也需依法办理才能生效。

(四) 债务承担的法律效力

1. 第三人作为债务人法律地位的产生

免责的债务承担有效成立后，第三人取代原债务人，成为新债务人；原债务人脱离债的关系，由第三人直接向债权人承担债务。嗣后债务承担人不履行债的义务，债权人不得再请求原债务人承担债务，只能要求债务承担人承担债务不履行之损害赔偿责任，或者请求人民法院向债务承担人强制执行。原债务人对债务承担人的偿还能力并不负担保证义务。

并存的债务承担有效成立后，第三人加入到债的关系中来，成为新债务人，同原债务人一起对债权人连带承担债务。但当事人约定按份承担债务的，依其约定。债务承担人不履行债务的，债权人可以请求债务承担人履行，也可以请求原债务人履行债务。

2. 从债务一并随之移转

依我国《合同法》第 86 条规定，债务人转移义务的，新债务人承担与主债务有关的从债务。例如，附随于主债务的利息债务，随主债务的移转而移转于第三人。但是，从债务专属于原债务人自身的除外。例如，保证债务不应当随主债务移转于第三人，除非保证人同意。

3. 抗辩权随之移转

根据我国《合同法》第 85 条的规定，债务人转移义务的，新债务人可以主张原债务人对债权人的抗辩。这一点无论对于免责的债务承担，还是并存的债务承担都适用。债务存在无效原因的，债务承担人可以向债权人主张无效；履行期尚未届满的，债务承担人对债权人的履行请求也可以抗辩。

此外，在双务合同中，也可以主张同时履行抗辩权。但应注意的是，由于债务承担的无因性，没有特别约定，债务承担人不能基于原因行为的事由对债权人进行抗辩。而只能基于债务本身所具有的抗辩事由，向债权人行使抗辩权。

四、概括承受

（一）概括承受概念与分类

债的概括移转，是指债权债务的一并移转。

债的概括移转按照发生依据不同，可分为意定概括移转和法定概括移转。基于当事人之间的合同而发生的概括移转，称为意定概括移转；基于法律的直接规定而发生的概括移转，称为法定概括移转。当事人签订债的概括移转合同即合同承受，就属于意定概括移转；而租赁物的买卖是法定概括移转。我国《合同法》第 229 条规定：“租赁物在租赁期间发生所有权变动的，不影响租赁合同的效力。”据此可知，当买卖租赁物时，基于“买卖不破租赁”的原则，买受人除取得物的所有权外，还承受该租赁物上原已存在的租赁合同关系中出租人的权利义务。此种合同权利义务的概括移转，并非基于当事人的意志，而是基于法律的直接规定，因而属于法定概括移转。企业合并也会发生法定概括移转。

（二）合同承受和企业合并

1. 合同承受

根据我国《合同法》第 88 条的规定，合同承受必须经对方当事人的同意才能生效。因为合同承受不仅包括合同权利的移转，还包括合同义务移转。所以，合同一方通过合同将权利和义务进行概括移转时，必须取得对方的同意。在取得对方当事人同意后，合同承受生效，从而承受人完全取代出让人的法律地位，成为合同关系的当事人，出让人脱离合同关系。其后，如果承受人不履行合同义务，也不能再诉请原当事人承担责任。另外，合同承受是一种无因行为，因而承受人对抗出让人的事由，不得用以对抗对方当事人。

合同承受既转让合同权利，又转让合同义务，因而被移转的合同必须是双务合同。

单务合同只能发生特定承受，即债权让与或债务承担，不能产生概括承受。

2．企业合并

企业合并，是指两个以上的企业合并为一个企业。为了保证相对人和合并企业的利益，根据主体的承继性原则，企业合并之前的债权债务，应由合并后的企业承担。对此，我国《民法通则》第44条第2款明确规定："企业法人分立、合并，它的权利和义务由变更后的法人享有和承担。"

根据我国《公司法》第184条的规定，公司合并须征得债务人同意。自合并之日起，合并后的新公司成为债的关系的当事人，享有债权并承担债务。并且，债权的从权利、抗辩权和债务的从义务、抗辩权一并移转。

第五节　债的消灭

一、债的消灭的概念

所谓债的消灭，是指债的关系在客观上不复存在。债的消灭包括清偿、抵消、提存、免除和混同等五种方法。

债消灭后，当事人仍应遵循诚实信用原则，根据交易习惯，履行通知、协助、保密等义务。例如，科技开发合同中的开发人，在合同终止后仍应为委托人保守技术秘密。当事人违反上述债消灭后的义务（如后合同义务），应承担损害赔偿责任。

二、清偿

所谓清偿，是指债务人向债权人给付，从而实现债的目的的行为。在法律有规定或合同有约定时，清偿也可由第三人进行。

债的清偿，往往涉及清偿费用的承担。清偿费用，是指清偿所需要的必要费用。通常情况下，清偿费用包括运送费、包装费、汇费、登记费、通知费等。对于清偿费用，当事人有约定的，依照其约定；法律有规定的，依照其规定。法律无明文规定，当事人又无约定时，由债务人负担。

但是，债权人变更住所或其他行为而致清偿费用增加时，增加的费用由债权人负担。例如，债权人受领迟延而致清偿费用增加，债权人请求增加物品特别包装而增加费用，债权人请求将物品送往清偿地以外的地点而增加费用，因债权移转增加费用等，均由债权人负担。

三、抵消

（一）抵消的概念

抵消，是指二人互负债务时，各以其债权充当债务之清偿，而使其债务与对方的债务在对等额内相互消灭。充当抵消的债权，即债务人的债权，称为主动债权；被抵消的债权，即债权人的债权，叫做受动债权。

（二）抵消的种类

按照抵消产生的根据不同，可分为法定抵消和合意抵消。法定抵消，是指依据法律规定的构成要件，当要件具备时，依当事人一方表示即可发生效力的抵消。依当事人一方的意思表示即可发生效力的权利，称为抵消权，属于形成权。合意抵消，是指按照当事人双方的合意所为的抵消。它重视当事人的意思自由，可不受法律规定构成要件的限制。当事人订立的这种合同叫做抵消合同。

（三）法定抵消的要件

按照我国《合同法》第99条的规定，法定抵消必须具备以下要件：

1. 必须是双方当事人互负债务、互享债权

抵消系以在对等额内使双方债权消灭为目的，故以双方债权的存在为前提。抵消权的产生，在于当事人对于对方既负债务同时又享有债权。只有债务而无债权或者只有债权而无债务，不产生抵消问题。

当事人双方存在的两个债权债务，必须合法有效。任何一债务的原因行为（合同）不成立或无效时，其债权不能有效存在，自然不能抵消。

在附条件的债权中，如所附条件为生效条件，在条件成就前，债权尚不发生效力，自然不得抵消。如其为解除条件，则条件成就前，债权为有效存在，因而可以抵消；且条件成就并无溯及力，因而行使权后条件成就时，抵消仍为有效。

超过诉讼时效期间的债权，不得作为主动债权而主张抵消，否则，无异于强迫对方履行自然债务。如果被动债权已过诉讼时效期间，则可以抵消。对此，可认为债务人抛弃了时效利益。附有同时履行抗辩权的债权，不得以之为主动债权而主张抵消，否则，即为剥夺对方的抗辩权。但如将其作为被动债权，则可认为抵消权人已抛弃同时履行抗辩权，此时，可以要求抵消。

未到期的债权，不能作为主动债权主张抵消，但是，可作为受动债权予以抵消。

2. 双方互负的债务，必须标的物的种类、品质相同

正因为要求标的物的种类、品质相同，故抵消通常在金钱债务或代替债务以及其他种类物的债务适用较多。双方当事人给付标的物的种类虽然相同，但品质不同时，原则上不允许抵消，但当事人有约定的除外。

以特定物为给付物时，即使双方的给付物属于同一种类，也不允许抵消。但是，在双方当事人均以同一物为给付物时，仍属同一种类的给付，可以抵消。例如，甲有向乙请求交付某特定物的债权，同时，对于丙负有交付该物的债务，嗣后，在乙继承丙的遗产场合，就发生这种抵消。

3. 必须是自动债权已届清偿期

因债权人通常仅在清偿期届至时，才可以现实地请求清偿。若债权未届清偿期也允许抵消的话，就等于在清偿期前强制债务人清偿，牺牲其期限利益，显属不合理。所以，自动债权已届清偿期才允许抵消。

不过，自动债权未定清偿期的，只要债权人给债务人以宽限期，宽限期满即可抵消。虽然我国《合同法》第99条规定了双方债权均应届履行期，可以抵消。但是，因债务人有权抛弃期限利益，在无相反的规定或约定时，债务人可以在清偿期前清偿。所以，债权即使未届清偿期，也应允许抵消。

应该指出，在破产程序中，破产债权人对其享有的债权，无论是否已届清偿期，无论是否附有期限或解除条件，均可抵消。

4. 必须是依债的性质可以抵消

某些债如果抵消，将达不到合同目的，这种债就不允许抵消。

法律规定不得抵消的债务，不得抵消。例如，法院决定扣留、提取劳动收入时，应

保留被执行人及其所供养的家属的生活必需品。查封、扣押、拍卖、变卖被执行人的财产，应当保留被执行人本人及其所供养家属的生活必需品。再如，故意实施侵权行为的债务人，不得主张抵消侵权损害赔偿。违约金债务，不得自行以扣款等方式作为充抵。

（四）抵消的方法

抵消为民事行为，应适用法律关于民事法律行为及意思表示的规定。抵消为处分债权的行为，故抵消人应有行为能力，并需要对债权有处分权。抵消应由抵消权人以意思表示向受动债权人为之，自受动债权人了解或通知到达受动债权人处发生效力。受动债权人为无行为能力人或限制行为能力人时，自通知到达其法定代理人处发生效力。

抵消的意思表示，不得附有条件或期限。因为附有条件或期限，使其效力不确定，与抵消的本旨相悖，并且有害于他人的利益。

（五）抵消的效力

抵消使双方债权按照抵消数额消灭。抵消使双方债权溯及得为抵消时消灭。

所谓得为抵消时，是指抵消权发生之时。如果双方债权的抵消权发生之时不同，则应以为抵消人的抵消权发生时为标准。被抵消人嗣后纵为抵消的意思表示，也不得溯及其抵消权发生时产生抵消效力。因为，其抵消权已依对方的抵消意思表示归于消灭。

至于溯及力的内容，包括双方债权的担保及其他从权利，均从得为抵消时消灭；双方债权的利息债权，均从得为抵消时消灭；给付迟延、受领迟延、违约金、损害赔偿金等，均从得为抵消时消灭。

四、提存

所谓提存，是指由于债权人的原因而无法向其交付合同标的物时，债务人将该标的物交给提存部门而消灭债的法律制度。

（一）提存的原因

1. 债权人迟延受领

债权人迟延受领，是指债权人无正当理由未按清偿期受领或者拒绝受领。对此，我国《合同法》第 101 条第 1 款第 1 项规定，债权人无正当理由拒绝受领的，债务人可以提存。构成该提存原因，必须是债务人现实地提出了给付，个别情况下是以言词提出给付。如果债务人未现实地提出给付（包括允许以言词提出给付），则不构成提存原因。

2. 债权人下落不明

债权人下落不明包括债权人不清、地址不详、债权人失踪又无代管人等情况。债权人下落不明使债务人无法履行债务，即使履行也达不到合同目的，故允许债务人提存，以保护其合法权益。

3. 债权人死亡或者丧失行为能力，又未确定继承人或者监护人

在债权人死亡或者丧失行为能力，又未确定继承人或者监护人的情况下，债务人失去履行受领人，或者即使履行也达不到合同目的。为使债务人从这一困境中解脱出来，允许提存。

4. 法律规定的其他情形

如我国《担保法》第 49 条第 3 款规定：“抵押人转让抵押物所得的价款，应当向抵押权人提前清偿所担保的债权，或者向与抵押权人约定的第三人提存。”

（二）提存的主体

提存的主体，又称提存的当事人，包括提存人、债权人（提存受领人）、提存部门。

提存人，是提存之债的债务人，指为履行清偿义务或担保义务，而向提存部门申请提存的人。提存受领人，是指提存之债的债权人。提存部门，是指国家指定专门进行提存工作的部门。《提存公证规则》第 4 条规定，公证处为提存部门。提存地无提存部门的，当事人可以向当地基层人民法院提存。

（三）提存的标的物

提存的标的，为债务人依约定应当交付的标的物。债务人为提存时，不得以与合同内容不相符的标的物交付提存部门。否则，就是违约，而非提存。

《提存公证规则》第 3 条规定，提存标的与合同标的不符或者在提存时，难以判明两者是否相符的，提存部门应告知提存人。如提存受领人因此拒绝受领提存标的物，则不能产生提存的效力。提存的标的物，以适于提存者为限。标的物不适合提存或者提存费用过高的，债务人依法可以拍卖或者变卖标的物，提存所得的价款。

（四）提存的效力

关于提存的效力，应分债务人与债权人之间、提存人与提存部门之间和债权人与提存部门之间的效力三个方面。

1．债务人与债权人之间的效力

自提存之日起，债务人的债务归于消灭。提存物在提存期间，所产生的孳息归提存受领人所有。提存人取回提存物的，孳息归提存人所有。提存的不动产或其他物品的收益，除用于维护费用外，剩余部分应当存入提存账户。

标的物提存使债权得到清偿，标的物所有权移转归债权人，标的物毁损、灭失的风险也转移归债权人承担。但因提存部门过错造成毁损、灭失的，提存部门应负赔偿责任。

2．提存人与提存部门之间的效力

提存部门有保管提存标的物的权利和义务。提存部门应当采取适当的方法，妥善保管提存标的物，以防毁损、变质或灭失。对不宜保存的，提存受领人到期不领取或超过保管期限的提存物品，提存部门可以拍卖，保存其价款。

提存人可以凭人民法院生效的判决、裁定或提存之债已经清偿的公证证明取回提存物。提存受领人以书面形式向公证处表示抛弃提存受领权的，提存人得取回提存物。提存人取回提存物的，视为未提存，因此产生的费用由提存人承担。提存人未支付提存费用前，提存部门有权留置价值相当的提存标的。

3．债权人与提存部门之间的效力

债权人可以随时领取提存物，但债权人对债务人负有到期债务的，在债权人未履行债务或者提供担保之前，提存部门根据债务人的要求应当拒绝其领取提存物。债权人领取提存物的权利，自提存之日起 5 年内不行使而消灭，提存物扣除提存费用后归国家所有。

除当事人另有约定外，提存费用由提存受领人承担。提存受领人未支付提存费用前，提存部门有权留置价值相当的提存标的物。

提存部门未按法定或者当事人约定条件给付提存标的给当事人造成损失的，提存部门负有连带赔偿责任。符合法定或当事人约定的给付条件，提存部门拒绝给付的，由其主管机关责令限期给付；给当事人造成损失的，提存部门负有赔偿责任。

五、免除

（一）免除的概念

免除，是指债权人抛弃债权，从而全部或部分终止债的关系的单方行为。免除仅依债权人表示免除债务的意思而发生效力，其原因如何在所不问。所以，免除为无因行为。免除为债权人处分债权的行为，因而需要债权人具有处分该债权的能力。无行为能力人或限制行为能力人不得为免除行为。

（二）免除的方法

免除应由债权人向债务人作出意思表示。免除的意思表示为民事法律行为，民法关于法律行为的规定适用于免除。免除可以由债权人的代理人为之，也可以附条件或期限。

免除为单独行为，自向债务人或其代理人表示后，即产生债务消灭的效果。因而，一旦债权人作出免除的意思表示，即不得撤回。

（三）免除的效力

免除发生债务绝对消灭的效力。因免除使债权消灭，故债权的从权利，如利息债权、担保权等，也同时归于消灭。仅免除部分债务的，债的关系仅部分终止。

免除不得损害第三人的合法权益。例如，已就债权设定质权的债权人不得免除债务人的债务，而以之对抗质权人。保证债务的免除，不影响被担保债务的存在；被担保债务的免除则使保证债务消灭。

六、混同

所谓混同，是指债权债务同归一人，致使债的关系消灭的事实。

合同关系及其他债之关系，因混同而绝对地消灭。债权的消灭也使从权利如利息债权、违约金债权、担保权等归于消灭。

在混同的效力方面，有一点需要注意，即我国《合同法》第 106 条规定：“债权和债务同归于一人的，合同的权利义务终止，但涉及第三人利益的除外。”

思考题

1. 请分析和说明债与债权的关系。
2. 如何对债进行担保才能有效地促进债的实现？
3. 债的担保与债的保全的异同是什么？
4. 分析代位权、撤销权取得和行使的条件。
5. 何谓债权让与、债务承担？为什么会发生债的转让？
6. 债权让与无须债务人同意，而债务承担必须债权人同意，为什么？
7. 免责的债务承担与并存的债务承担的条件、效力有何差别？
8. 抵消的方式有哪些，债权债务为什么可以抵消？
9. 提存的条件以及提存后的处理是什么？

学习资料指引

1. 魏振瀛：《民法》，北京大学出版社、高等教育出版社，2000年9月版，第17章～第20章。

2. 彭万林：《民法学》，中国政法大学出版社，1999年8月修订版，第28章。

3. 张俊浩：《民法学原理》，中国政法大学出版社，1991年10月版，第28章～第34章。

4. 王建平：《民法学（下）》，四川大学出版社，1994年8月版，第16章。

5. 李国光等；《最高人民法院关于适用〈中华人民共和国担保法〉若干问题的解释理解与适用》，吉林人民出版社，2000年12月版。

6. 李明发：《关于保证期间的几个问题——兼评〈担保法解释〉关于保证期间之若干规定》，《政法论坛》2003年第1期。

7. 白彦等：《债权让与制度若干问题研究》，《政法论坛》2003年第3期。

8. 张驰：《代位权法律制度比较研究》，《法学》2002年第10期。

参考法规提示

1.《中华人民共和国民法通则》，第五章第二节"债权"。

2.《最高人民法院关于贯彻执行〈中华人民共和国民法通则〉若干问题的意见（试行)》，第104条～第118条。

3.《中华人民共和国合同法》，第52条，第60条，第73条～第75条，第五章"合同的变更和转让"，第六章"合同的权利义务终止"。

4.《最高人民法院关于适用〈中华人民共和国合同法〉若干问题的解释（一)》，第11条～第29条。

5.《中华人民共和国担保法》第4条～第5条，第二章"保证"和第六章"定金"。

6.《最高人民法院关于适用〈中华人民共和国担保法〉若干问题的解释》第2条～第46条，第115条～第122条。

7. 司法部《提存公证规则》(1993年6月2日)，第3条～第26条。

第二十二章　合同利益

【阅读提示】 本章的重点是对合同这种反映交易需要的法律形式，作为一种平等主体之间的合意所产生的合同利益进行分析和研究。市场经济社会里，民事主体交易方式的多样化以及合同内容的复杂化，决定了合同目的的异化以及合同类型的多样化。本章的目的，主要是对合同利益的界定和合同相关问题的表述。本章的难点是如何理解合同利益的存在与设定。

第一节　合同利益与合同目的

一、合同的含义

民商法中的合同，是一种反映民事利益交易需求的法律形式。这种交易需求，本质上是双方当事人的一种利益互换的外在表现形式。

合同在英文中，称为“Contract”，在法文中称为“Contract”或“Pacte”，在德文中称为“Vertrag”或“Kontrakt”。这些用语，都来源于罗马法的合同概念“Contractus”。“Contractus”一词，由“Con”和“Tractus”组成，“Con”由“Com”转化而来，有“共”字的意义，“Tractus”有“交易”的意义，合而为“共相交易”，[①]即利益的互换。

合同在汉语中又称为契约。“契”者，契合也；“约”者，约束也。合起来则包含有“合意基础上的约束”之意。但是，在中国古代，“合同仅是契约形式之一种，严格地说，它是验证契约的一种标记，犹如今天的押缝标志，它本身不是当事人之间的协议”。[②]

在近代大陆法系法律理论中，契约与合同也有着不同的含义。契约，系当事人双方的目的对立、意思表示的方向相反的民事行为。合同，则为当事人的目的相同、意思表示的方向一致的共同行为。

现今，人们在法律上，已不再区分这两个概念。我国台湾地区《民法典》称之为契约，而大陆民事立法、司法实践以及理论研究等，主要采用合同的概念。

二、合同利益

关于合同的概念，长期以来，大陆法和英美法一直存在不同的理解。大陆法认为，合同是一种合意或协议。所谓合意，是两个或两个以上的民事主体意思表示一致，其以意思表示为前提，具有法律效力。

---

① 王家福：《中国民法学·民法债权》，法律出版社，1991年版，第255页～第256页。

② 贺卫方：《“契约”与“合同”的辨析》，载《法学研究》1992年第2期。

在罗马法中，合同被定义为“得到法律承认的债的协议”。[①]《法国民法典》承继了这一定义，该法典第1101条规定：“契约为一人或数人对另一人或数人承担给付某物、作为或不作某事的义务的合意”。《意大利民法典》第1321条规定：“契约是双方或者多方当事人关于它们之间财产法律关系的设立、变更或者消灭的合意”。《德国民法典》没有对合同的概念作出规定，而是将其归于总则编的法律行为范畴内。但是德国著名法学家萨维尼认为，“契约之本质在于意思之和致”。[②] 英美法传统理论认为，合同是一种允诺。所谓允诺，乃由一个以上当事人所为一组具有法律拘束力之允诺。[③] 它将合同归结为当事人承担债务的单方意思表示。如美国《合同法第二次重述》第1条规定：“合同是一个允诺或一系列允诺，违反该允诺将由法律给予救济，履行该允诺是法律所确认的义务。”由于英美法上合同的概念仅强调一方对另一方的允诺，而忽视了合同中的合意因素，日益受到许多西方学者的批评。

20世纪以来，英美法学者也越来越重视大陆法系合同概念中的合意要素，并力图将其移植到英美法系合同法中。如美国《统一商法典》第1-201条规定：“合同是指当事人依本法及其他法律规则达成的合意所产生的全部合法债务。”

可见，两大法系对合同概念的理解正日趋一致，也就是，在合意和合同是一种交易允诺这一层面上，慢慢地在达成共识。

我国民法理论中，关于合同本质的定位，采用了大陆法的“合意说”，认为合同本质上是一种合意或协议，是一种双方当事人民商交易利益的一种约定或者协商转移，强调合同当事人双方的意思自治。

我国《民法通则》第85条规定：“合同是当事人之间设立、变更、终止民事法律关系的协议，依法成立的合同受法律的保护。”同时，我国《合同法》第2条第1款规定：“本法所称合同是平等主体的自然人、法人、其他组织之间设立、变更、终止民事权利义务关系的协议。”根据这些定义，合同的概念可概括为：合同是民事主体之间设立、变更、终止民事权利义务关系意思表示一致的协议。

合同的本质，是双方当事人通过对于合同预期利益的设定、交易即履行行为的实施，最终实现合同的目的——双方利益的顺利地互相交换。

在这里，双方互换的利益，即是合同利益。所谓合同利益，作者认为是由双方当事人的生存利益或者生产利益等作为基础，通过使用合同这种交易手段而要实现的交易利益。这种互换或者交易的利益，在交易之前，是对方当事人的权利客体；而通过交换或者交易过程，在交易之后，则成为一方当事人的权利客体。所以，合同利益本身，实际上指的是双方用来进行交换的利益。合同，实质上只是实现这些利益互换的一种交易手段而已。

三、合同目的

合同的目的，就是双方当事人有意识地通过合同的订立与履行，即双方以协商或意思表示达成合意一致，使带有明确交易目标即利益互换的合同能够订立，继而通过双方

---

① ［意］彼德罗·彭梵得：《罗马法教科书》，中国政法大学出版社，1992年版，第307页。
② 胡长清：《中国民法债编总论》，商务印书馆，1934年版，第16页。
③ 杨桢：《英美契约法论》，北京大学出版社，1997年版，第1页。

的履行与合作行为，使之变成实际已经交付或者转让利益的目标设定。

具体而言，就是双方当事人进行要约、承诺的意思表示，以及遵循合同成立、有效、生效的规则等；然后，通过合同义务人的履行行为，使合同所设定的预期利益，按照合同约定获得实现。这样的一个利益交易过程，作者认为是合同目的的设定、实现过程。

也就是说，合同订立后，在合同的履行期间内，双方当事人中的义务人，履行合同约定的义务，即义务人付出代价，交付其约定转让出来的利益，而权利人给予协助。那么，合同预期利益或者合同目的就能顺利实现。如果双方当事人中的义务人，违反合同约定的义务，或者不履行合同约定的义务，即义务人不愿意付出代价，也不交付其约定转让出来的利益，或者权利人不给予协助，那么，合同预期利益或者合同目的就不能顺利地实现。

因此，合同作为双方当事人利益互换的手段，其合同目的的设定，是双方依据合同这种交易方式，进行要约、承诺或怎样进行要约、承诺的关键所在。

世界范围内，任何一个国家或者任何一个民族，只要在民事主体之间存在着利益或者财产、财富差距，那么，民商交易就是不可避免的。这种民商利益交易的不可避免性，是构成合同手段功能的核心因素。

在市民社会，利用合同满足市民的各种利益需要，是一个简单而又明了的道理。但是，合同不仅仅可以用来作为实现当事人正当合法目的的手段，也可以作为一种用来实现某些不合法非正当目的的手段。所以，在市民社会里，我们必须重视合同手段的异化现象。

第二节　合同的特征

合同是一种利益交易手段和工具。因此，任何国家在民商立法时，对于合同立法都是非常重视的。这种重视，一方面反映了市民社会对于制度型规则的重视；另一方面，则表现了一个“以人为本”的社会，即重视人的全面发展的市民社会，对于利益交易效率的崇尚与追求。从合同立法的行为规则与裁判规则的复合目的看，合同有如下法律特征。

一、合同是一种法律行为

合同作为一种重要的法律事实，能够引起民事权利义务关系的发生、变更或终止。至于合同是否为法律行为，学者间存在较大分歧。

《德国民法典》将合同纳入法律行为的范畴。合同为一种民事法律行为的观点，得到我国多数学者的充分肯定。①

作者认为，合同分为有效合同和无效合同，有效合同当属法律行为无疑。当事人通过意思表示一致，所建立的民事权利义务关系具有合法性，不仅能够产生当事人预期的

① 王家福：《中国民法学·民法债权》，法律出版社，1991年版，第259页；江平：《中华人民共和国合同法精解》，中国政法大学出版社，1999年版，第3页；王利明、崔建远：《合同法新论·总则》，中国政法大学出版社，2000年版，第8页；郭明瑞、房绍坤：《新合同法原理》，中国人民大学出版社，2000年版，第9页；郑玉波：《民法债编总论》，三民书局1998年版，第22页。

法律后果，实现合同预期利益的设定，而且符合法律行为合法性的特征。

但是，无效合同因违反法律和社会公共利益，而受到法律的否定性评价，不能产生当事人预期的法律后果，而是产生因无效行为而引起的民事责任承担的民事法律关系。

有学者认为，“无效合同不是合同”①。实际上，合同的成立，只意味着合同的存在，并不必然具备有效要件。依法成立的合同为有效合同，非法成立的合同为无效合同。无效合同也是当事人在平等基础上的合意，与有效合同一样能引起民事权利义务关系的发生、变更或终止，故仍然属于合同。因此，合同是一种法律行为，并不必然是民事法律行为，即合法行为。

二、合同是平等主体之间的合意一致

合同是一种进行商品交换的法律形式。因此，合同当事人的地位平等，是商品经济关系的属性，也是合同这种利益互换手段的内在要求。

合同本身的合意一致，就是对任何否定权利、义务平等的强权或特权的否定。合同当事人，不论是自然人、法人或其他社会组织，其法律地位一律平等；任何一方不得将自己的意志强加给另一方。当然，这里的平等，是指当事人之间机会的平等，而非实质的平等。

在意思表示层面上，合同是当事人意思表示一致的协议，即两个或两个以上的当事人各自作出设立、变更或终止民事权利义务关系的意思表示，通过平等协商，各方意思表示达成一致，则合同成立。这时，合同就成为双方或者各方意思表示一致，共同设置合同目标即预期利益的产物。因此，合同是双方或多方的民事行为，是当事人在自由平等基础上达成的合意一致。

三、合同是当事人进行利益交换的法律手段

合同作为一种民商利益互换的法律手段，已经通过民事立法尤其是《合同法》给以了明确。就是说，合同的手段或者工具功能，是得到了立法者的认可的。我国《合同法》第1条确立的“为了保护合同当事人的合法权益，维护社会经济秩序，促进社会主义现代化建设，制定本法”的宗旨，说明了《合同法》确实是“保护合同当事人的合法权益，维护社会经济秩序”的一种极为重要的法律手段和工具。

作者认为，合同是当事人进行利益交换的法律手段，还有另外一层意思，即合同对于当事人来说，既可以成为实现合法利益的合法手段，也可以成为实现非法利益的合法手段，还可以成为实现非法利益的非法手段等等。换句话说，合同的手段与工具功能是多层次的，并不是单一的。这就如同菜刀，放在厨房的切菜板上，用来切菜时，是合法目的的合法手段或者工具；但是，用它来进行非法侵害时，就是非法目的的非法手段或者工具。合同有时也可以异化其功能，是一种具有复合功能的东西。

一般而言，人们基本上都看到或者非常重视合同的合法目的的合法手段或者工具功能，这确实是对的，也是应该的。但是，合同可以用来作为一种不合法目的的合法手段或者工具，甚至非法目的的非法手段功能，也是必须要强调的。现实生活中，利用合同大量设置陷阱或者利用合同订立、履行中的违法违约行为，谋取非法利益的情形，比比皆是，这是我们必须重视的。

---

① 隋彭生：《合同法要义》，中国人民大学出版社，2003年版，第29页。

第三节　合同的分类

合同作为当事人进行利益交换的基本法律手段，随着商品交易方式的多样化和内容的复杂化，合同的类型也多样化了。

在理论上，从不同的角度，按照不同的标准，对合同进行科学的分类，有助于我们掌握具体合同类型的共同特征，以及其成立或生效的条件等；也有助于正确理解法律，适用法律，同时，还有助于完善我们的合同理论。

在我国，合同法理论主要采用大陆法系国家的合同分类方法，对合同作出如下几种分类：

一、单务合同和双务合同

根据当事人双方是否互负对待给付义务，可以将合同分为双务合同和单务合同。

双务合同，是指当事人双方互负对待给付义务的合同，即一方当事人所享有的权利则为另一方当事人所负担的义务。如买卖、租赁、承揽等合同，均属于双务合同。双务合同是反映商品交换的典型形态。

所谓单务合同，是指仅有一方合同当事人负担给付义务的合同，即当事人一方负担给付义务，另一方不负有相对义务的合同。如赠与、借用等合同属单务合同。

区分双务合同与单务合同的意义在于：

第一，在双务合同中，除非当事人另有约定或法律另有规定的，双方当事人应同时履行义务，否则，任何一方均可行使同时履行抗辩权。而在单务合同中，因不存在当事人间义务的对待给付问题，不能适用同时履行抗辩权。

第二，因不可归责于双方当事人的原因，而不能履行合同时，双务合同的任何一方当事人，不得请求对方履行合同，债务人的债务被免除。如果一方当事人已履行，另一方应将所得予以返还。而在单务合同中，不发生双务合同的风险负担问题。

第三，因可归责于一方当事人的原因，而不能履行合同时，双务合同的非违约方有权要求违约方继续履行，或承担其他违约责任；非违约方要求解除合同的，则可以要求未履行给付义务的一方返还非违约方已履行的部分。单务合同的双方当事人因不存在对待给付义务，因此，在一方违约时，不存在要求对方继续履行和返还财产的问题。

二、有偿合同和无偿合同

根据当事人取得权利是否须支付代价，可以将合同分为有偿合同和无偿合同。

有偿合同，是指当事人一方要取得合同权利，必须向对方支付相应代价的合同。如买卖、租赁、保险等合同，都是有偿合同。

无偿合同，是指当事人一方要取得合同权利，无须支付相应代价的合同。赠与、借用的合同是典型的无偿合同。

一般而言，双务合同都是有偿合同，单务合同都是无偿合同。但并非绝对，双务合同可以是无偿合同，如委托合同，既可以是有偿合同，也可以是无偿合同。单务合同也可以是有偿合同，如借贷合同等。

区分有偿合同与无偿合同的意义在于：

第一，债务人的责任不同。有偿合同因存在对价关系，债务人应尽到较重的注意义务，负抽象的轻过失责任。而无偿合同的债务人应尽到的注意义务较轻，仅负故意和重大过失责任。

第二，主体要求不同。有偿合同的当事人须具有完全民事行为能力。限制民事行为能力人未经法定代理人事先同意或事后追认，所订立的有偿合同无效。但对于单纯获得利益的无偿合同，限制民事行为能力人和无民事行为能力人均可订立。

第三，债权人行使撤销权的条件不同。在债务人无偿转让财产给第三人，从而有害于债权人的债权实现的，债权人就可行使撤销权，撤销债务人的无偿转让行为。但对于债务人有偿的明显低价的转让行为，只有受让的第三人在实施交易时存在损害债权的恶意的，债权人才能行使撤销权。

第四，构成善意取得的条件不同。无权处分人将他人财产转让给第三人时，如果第三人是善意有偿取得，则构成善意取得；如果第三人是无偿取得，则不论第三人是否为善意，均不构成善意取得。

三、诺成合同和实践合同

根据合同的成立是否须交付标的物或完成其他给付为标准，可将合同分为诺成合同和实践合同。

当事人各方的意思表示一致即成立的合同为诺成合同。如买卖、赠与等合同。除各方当事人的意思表示一致以外，尚需交付标的物或完成其他给付才能成立的合同，为实践合同。如保管合同、自然人之间的借款合同等。

关于交付标的物或完成其他给付，究竟是实践合同的成立要件还是生效要件？学者之间存在较大分歧。多数学者认为，物的交付或完成其他给付决定了实践合同的成立，而非生效。① 也有学者认为，诺成合同与实践合同的分类意义，不在于确定合同是否成立，而在于确定合同是否生效。② 有的学者干脆将合同成立或生效，均作为物的交付或完成其他给付的法律后果。③

我国法律对实践合同的规定，也不相一致。如我国《合同法》第 367 条规定："保管合同自保管物交付时成立，但当事人另有约定的除外。"但我国《担保法》第 90 条规定："定金合同从实际交付定金之日起生效。"法律的不统一，导致实践的分歧。作者认为，有效成立的合同，不论是否生效，均具有法律约束力。除非法律有特别规定，如一般的赠与合同，任何一方不得片面废约。而实践合同在交付标的物或完成其他给付之前，对任何一方当事人均无法律约束力，合同尚未成立。只有在交付标的物或完成其他给付之后，合同才能成立，而非生效。

区分诺成合同与实践合同的意义在于，二者的成立要件不同。诺成合同以当事人的合意为成立要件；实践合同除各方当事人意思表示一致以外，尚需交付标的物或完成其他给付才能成立。

---

① 王利明、崔建远：《合同法新论·总则》，中国政法大学出版社，2000 年版，第 40 页；王家福：《中国民法学·民法债权》，法律出版社，1991 年版，第 274 页；郭明瑞、房绍坤：《新合同法原理》，中国人民大学出版社，2000 年版，第 18 页；崔建远：《合同法》，法律出版社，2003 年版，第 25 页；尹田：《法国现代合同法》，法律出版社，1995 年版，第 10 页；史尚宽：《债法总论》，中国政法大学出版社，2000 年版，第 9 页。

② 翟云岭：《合同法总论》，中国人民公安大学出版社，2003 年版，第 8 页。

③ 王利明：《民法》，中国人民大学出版社，2000 年版，第 337 页；隋彭生：《合同法要义》，中国人民大学出版社，2003 年版，第 35 页。

四、要式合同和不要式合同

根据合同的成立或生效，是否必须以特定的形式为要件，将合同分为要式合同和不要式合同。

要式合同，是指法律要求必须采用特定形式或履行特定程序，才能成立或生效的合同。不要式合同，是指法律没有规定必须采用特定形式或履行特定程序的合同。在古代，合同法的发展初期，对合同成立的形式有较严格的要求，以要式合同为原则。[①] 近现代合同法为适应市场经济交易便捷和安全的双重需求，合同以不要式为原则，以要式为例外。

关于法律规定的特定形式属于合同的成立要件，还是合同生效要件，学术界有不同的认识。[②] 作者认为，应根据法律的具体规定和合同的性质，来确定特定形式究竟属成立要件还是生效要件。如我国《合同法》第 32 条规定："当事人采用合同书形式订立合同的，自双方当事人签字或盖章时合同成立。"此时，合同书形式及双方当事人的签字或盖章，则为合同的成立要件。而我国《合同法》第 44 条第 2 款规定："法律、行政法规规定应当办理批准、登记手续生效的，依照其规定。"显然，办理批准、登记手续为合同的生效要件。

区分要式合同与不要式合同的意义主要在于，特定的形式对不同类型合同的成立或生效分别具有不同的意义。

五、有名合同和无名合同

根据法律是否为合同规定特定的名称，而将合同区分为有名合同与无名合同。

有名合同，又称典型合同，是指法律已确定了特定名称和相应规则的合同。如我国《合同法》规定的买卖合同等十五种合同，以及其他法律规定的保险合同、广告合同、抵押合同等，均属有名合同。

无名合同，又称非典型合同，是指法律尚未确定其名称及相应规则的合同。根据合同自由原则，当事人可自由约定合同内容，只要不违反法律的强制性规定和社会公共利益，即承认其效力。生活的复杂化，使法律不可能将实际生活中可能发生的一切合同都予以规定，无名合同的大量存在也就成为必然。但是，随着市民社会的不断发展，不断会有一些无名合同逐渐形成自己的规则，经法律确认后，即成为有名合同。

区分有名合同与无名合同的意义主要在于，两者适用的法律规则不同。有名合同应直接适用法律的相关规定。对于无名合同，应适用合同法的一般规则。我国《合同法》第124 条规定："本法分则或者其他法律没有明文规定的合同，适用本法总则的规定，并可以参照本法分则或者其他法律最相类似的规定。"

六、主合同和从合同

根据合同间的主从关系，可将合同分为主合同与从合同。

主合同是指不依赖于其他合同而能独立存在的合同。从合同，是指以其他合同的存在为存在前提的合同。从合同不能独立存在，须以主合同的有效存在为前提，并随主合同的终止而终止。如担保合同即为被担保的债权合同的从合同，被担保的债权合同即为

---

① 梅因：《古代法》，商务印书馆，1996 年版，第 184～185 页。

② 郭明瑞、房绍坤：《新合同法原理》，中国人民大学出版社，2000 年版，第 22 页。

主合同。

区分主合同与从合同的意义在于，主合同决定从合同的法律命运。主合同的存在决定从合同的存在；主合同变更和消灭，从合同原则上也变更和消灭。

七、利己合同与利他合同

根据订约人究竟是为了谁的利益而订立合同，可以将合同分为利己合同和利他合同。

利己合同，又称为“为订约人利益的合同”，是指订约当事人为自己设定权利，使自己直接取得和享有利益而订立的合同，即合同仅在当事人之间发生效力，完全体现合同的相对性规则。绝大多数情况下，订约人都是为了本人利益而订约。但在某些特殊情况下，订约人也会为他人利益订立合同。

利他合同，又称为“为第三人利益的合同”，是指订约当事人订立的使第三人直接取得请求履行权利的合同。如指定受益人的人寿保险合同即为典型的利他合同。在利他合同中，第三人不是订约主体，合同的签订一般也无须事先征得第三人的同意或通知第三人，第三人却可以直接享有合同权利。订约当事人只能为第三人设定权利，不能设定义务，但第三人应承担与其实现权利有关的义务。

利他合同成立后，须经第三人同意才能对第三人产生效力。第三人接受权利的意思表示可以明示或默示的方式向债权人或债务人为之。第三人拒绝接受权利的，视为自始未取得合同权利，该权利可以由订约当事人享有，也可以由订约人重新指定的受益人享有。第三人接受合同权利的，第三人有权请求债务人向其作出履行。如果债务人不履行债务，第三人和债权人均可要求债务人承担违约责任。然而，第三人毕竟不是合同当事人，不享有变更和撤销合同的权利。

区分利己合同与利他合同的意义在于，利己合同仅在订约当事人之间发生合同权利义务关系；而利他合同，由第三人直接取得合同权利，是合同相对性规则的例外。

八、实定合同与射幸合同

根据合同订立时当事人的给付义务是否确定，可将合同分为实定合同与射幸合同。

实定合同，是指合同订立时，合同当事人的给付义务已经确定的合同。绝大多数合同均为实定合同。射幸合同，又称机会性合同，是指合同的给付义务在合同订立时，不能确定的合同。如保险合同、有奖销售合同等，均属射幸合同。

区分实定合同与射幸合同的意义在于，实定合同以给付是否等价作为判断合同是否公平合理的价值标准。如明显不等价的，可以显失公平为由要求变更或撤销。而射幸合同，为偶然性、机会性的合同，不以是否等价为公平合理的价值判断标准，不能以不等价为由要求变更或撤销。

思考题

1. 如何理解合同利益以及预期利益、合同目的等定义。
2. 合同预期利益是如何实现的？请说明其原理。
2. 试述合同的交易工具或者利益转让工具的特征。
3. 如何区分实践合同和诺成合同、要式合同与不要式合同？
4. 怎样理解有名合同与无名合同、无名合同的意义何在？

5. 划分有偿合同与无偿合同、主合同与从合同、实定合同与射幸合同有什么意义?

学习资料指引

1. 江 平:《中华人民共和国合同法精解》,中国政法大学出版社,1999年版,第1章~第8章。

2. 魏振瀛:《民法》,北京大学出版社、高等教育出版社,2000年9月版,第21章。

3. 彭万林:《民法学》,中国政法大学出版社,1999年8月修订版,第29章。

4. 张俊浩:《民法学原理》,中国政法大学出版社,1991年10月版,第35章。

5. 王家福:《中国民法学·民法债权》,法律出版社,1991年版,第8章。

6. 杨 桢:《英美契约法论》,北京大学出版社,1997年版,第1~11页。

7. 崔建远:《合同法》,法律出版社,2003年版,第1章~第2章。

8. 尹 田:《法国现代合同法》,法律出版社,1995年版,第1章。

9. 王建平:《民法学(下)》,四川大学出版社,1994年8月版,第18章。

参考法规提示

1.《中华人民共和国民法通则》,第85条。

2.《中华人民共和国合同法》,第2条,第32条,第44条,第124条,第367条。

3.《中华人民共和国担保法》,第90条。

4.《中华人民共和国保险法》,第二章"保险合同"。

5.《中华人民共和国广告法》,第22条~第27条。

6.《中华人民共和国电力法》,第27条~第34条。

第二十三章　合同的订立

【阅读提示】 本章重点是要约、承诺这两个步骤。同时，区分合同订立、合同成立、合同有效和合同生效等定义。本章的难点是合同订立与合同成立的区分，以及要约、邀请要约、要约撤回、要约失效，承诺迟延、承诺撤回等基本概念。

第一节　合同订立概述

一、合同是合意

合同，在本质上是一种合意，即合同当事人就一定的权利义务达成意思表示的一致的过程。而当事人合意的过程，是双方当事人设定合同利益目标，达成意思一致，即为合同的订立。

合同是反映双方利益交易的法律形式。交易双方的最基本目标和追求，就是以最小的代价，获得自己所需的商品与服务。当主体从各自的利益和目的出发进行交易时，双方的目标和追求就会发生直接的冲突。这就迫使双方相互协商、讨价还价，甚至相互妥协。这种讨价还价很可能反复进行，最后才能形成合意。

二、合意是一个过程

“契约是一个漫长过程中的最后一步”。① 合同订立是缔约各方自接触、洽商，直至达成合意的过程，是动态行为与静态协议的统一体。该动态行为包括缔约各方的接触、洽商，以及达成协议前的整个讨价还价过程，也就是动态行为阶段。此阶段由要约邀请、要约、反要约诸制度来规范和约束，产生先合同义务及缔约过失责任。静态协议是缔约达成合意，各方的权利义务确定，合同成立。其中，承诺、合同成立要件和合同条款等制度发挥作用。②

由此可见，合同的订立与合同的成立不是同一法律概念。合同的成立意味着当事人合意的达成，标志着合同的产生和存在，是合同订立的静态结果。而合同订立既包括合同成立，也包括缔约各方相互协商的动态过程。

三、通过要约与承诺进行合意

缔约各方从相互协商到达成合意的过程，就是一个要约、反要约及承诺的复杂过程。我国《合同法》第 13 条规定：“当事人订立合同，应当采用要约、承诺方式。”要约和承诺是合同订立的基本规则，也是合同成立必经的两个阶段。

因此，在合同订立这个问题上，我们应当区分清楚：合同订立与合同成立、合同有效与合同生效，以及缔约过失等基本概念。作者认为，合同订立，是缔约各方自接触、

---

① ［德］罗伯特·霍恩等：《德国民商法导论》，中国大百科全书出版社，1996 年版，第 81 页。

② 崔建远：《合同法》，法律出版社，2003 年版，第 34 页。

商洽直至达成合意的过程；而合同成立，是指合同当事人双方意思表示达成一致。至于合同有效，是指一个已成立的合同符合法律的规定，获得了法律的肯定评价，能够产生合同双方当事人预期的法律效果；而合同生效，是指已成立的合同具备一定条件后开始在双方当事人之间产生履行合同的法律效力。

通过要约与承诺进行合意，订立合同，这是合同在发生时的合意基本规则。这是因为，合同作为双方利益交易的自愿方式，必然是以双方的意愿表达，即意思表示作为基本方式。意思表示的一致，是当事人采用合同方式的根源所在。

第二节　要约

一、要约的定义与要件

（一）要约的定义

要约，是指当事人以订立合同为目的，而向他人所为的意思表示。要约又称为发盘、出盘、报价、出价等。发出要约的人称为要约人，接受要约的人称为受要约人、相对人。

关于要约的法律性质，大陆法系的传统观点认为，要约是一种意思表示而不是法律行为；英美法系则认为："要约实际上是要约人做什么事或不做什么事的一种允诺"，[①]而非意思表示。我国学者大多采用大陆法系的观点，认为要约的目的在于订立合同，从而与不以发生民事权利义务为目的的民事事实行为相区别。

同时，要约虽具有法律约束力，但要设立、变更、终止民事权利义务关系，尚需相对人的承诺方能发生，仅有要约不能产生预期的法律效果。因此，要约不是民事法律行为，而是具有法律约束力的意思表示。

（二）要约的有效要件

1. 要约是特定人作出的意思表示

要约的提出，旨在等待受要约人的承诺而成立合同。因此，要约可以是未来合同当事人的任何一方提出，但提出人必须是特定的，即要约人必须是客观上能够确定的，受要约人才能对之作出承诺。要约人可以亲自为意思表示，也可委托代理人进行，还可以利用机械为之，如自动售货机的设置。

2. 要约应向要约人希望与之签订合同的相对人发出

要约人希望与谁订立合同就应向谁发出要约，这样才能唤起受要约人的承诺而订立合同。一般而言，受要约人应该是特定的人。如果受要约人不特定，要约人就无法明确订立合同的相对人，同时，也要面临因多人的承诺而成立数个同一内容合同的风险。但是，在某些特殊情况下，受要约人也可以是不特定的人。英美法将向不特定的人所发出的要约，称为"广泛的要约"；[②] 法国法称之为"共同性要约"。[③]

与向特定的人所发出的要约一样，向不特定的人所发出的要约，也可因特定人的承

① ［英］P·S·阿蒂亚：《合同法概论》，法律出版社，1980年版，第41页。

② ［英］A·G·盖斯特：《英国合同法与案例》，中国大百科全书出版社，1998年版，第31页。

③ 尹田：《法国现代合同法》，法律出版社，1995年版，第44页。

诺而导致合同的成立。如自动售货机的设置、自选市场商品的标价陈列、亮着空车灯的出租汽车等，均属向不特定的人发出的要约。

3. 要约必须具有订立合同的目的

要约人发出要约的目的在于订立合同，从而赋予受要约人以承诺权。不以订立合同为目的的意思表示，不构成要约。判断要约是否具有订立合同的目的，应当综合要约所实际使用的语言、文字及其他情况，确定要约人是否已经决定订立合同。[①] 即要约“足以使受要约人合理地相信自己已经被授予创设合同的权利”。[②] 如要约人在要约中明确要约一经受要约人承诺，要约人即受该意思表示约束，就表明要约人具有订立合同的目的。是否具有订约的目的，是要约与要约邀请的主要区别。

要约邀请是希望他人向自己发出要约的意思表示。其目的不是订约，而是邀请他人向自己发出订立合同的要约，希望自己处于承诺人的地位。根据我国《合同法》第15条的规定，寄送的价目表、拍卖公告、招标公告、招股说明书、商业广告等为要约邀请。但是，符合要约有效要件的商业广告为要约。

4. 要约的内容必须具体确定

要约的内容具体，是指要约必须具备能够决定合同成立的主要条款，经受要约人同意后才能导致合同的成立。至于哪些是合同的主要条款，应当根据合同的性质和合同的目的来确定。不同的合同所要求的主要条款不尽相同。要约的内容确定，是指要约的内容必须明确，而不能含糊不清。受要约人若不能了解要约的真实含义，就难以作出承诺。

二、要约的法律效力

要约的法律效力，又称要约的拘束力，是指要约的生效及要约对要约人和受要约人的拘束力。

（一）*要约的生效*

要约的生效，是指要约从什么时间开始发生法律效力。要约的生效时间，因采用形式的不同而不同：采用对话方式发出的要约，其法律效力从相对人了解要约时开始生效；采用非对话方式发出的要约，对于其生效时间，学理上有两种不同的见解，即发信主义与到达主义。

发信主义认为，要约人发出要约后，只要要约已处于要约人控制范围之外，要约即发生效力。英美法系多采用此说。到达主义认为，要约只有到达受要约人时才能发生法律效力。大陆法系多采用到达主义。《联合国国际货物销售合同公约》、《国际商事合同通则》和我国《合同法》等，均未区分对话方式与非对话方式，对要约生效时间一律采用到达主义。

所谓到达是指要约送达受要约人能够控制的地方，如信箱等，但并不要求要约一定送达受要约人手中。如果采用数据电文形式订立合同，收件人指定特定系统接收数据电文的，该数据电文进入该特定系统的时间，视为到达时间；未指定特定系统的，该数据电文进入收件人的任何系统的首次时间，视为到达时间。

---

① 王利明、崔建远：《合同法新论·总则》，中国政法大学出版社，2000年版，第142页。

② ［英］A·L·科宾：《科宾论合同》（上），中国大百科全书出版社，1998年版，第24页。

（二）要约的形式拘束力

要约对要约人的拘束力，称为要约的形式拘束力，是指要约一经生效，要约人即受到要约的拘束，不得随意撤销和变更。其目的在于保护受要约人的合法利益，维护交易安全。

关于要约是否具有形式拘束力，各国的法律制度不同。英美法系原则上否定，认为要约原则上对要约人没有拘束力，只有受要约人作出承诺时，要约才对要约人产生拘束力。①

而大陆法系则持肯定态度，各国民法大都规定了要约对要约人具有拘束力。我国《合同法》对此没有作出明确规定，但《合同法》第19条规定两种情形下，要约不得撤销，从而承认了要约的形式拘束力。

（三）要约的实质拘束力

要约对受要约人的法律效力，称为要约的实质拘束力，又称为承诺适格，是指要约生效后，受要约人取得承诺的资格。要约的本质，是赋予受要约人以承诺权，把成立合同的最终权利交给了受要约人，② 受要约人有承诺和不承诺的自由。受要约人承诺的，合同成立；受要约人不承诺的，合同不成立，并不负有通知要约人的义务。即使要约人在要约中明确受要约人不为通知即为承诺的，也不能约束受要约人。但在强制缔约的情况下，承诺是一项法定义务，受要约人无拒绝承诺的自由。

（四）要约的有效期间

要约的有效期间，是指要约发生法律效力的期间，同时，也是受要约人作出有效承诺的期限，故又称承诺期间。确定要约有效期间，是保障正常交易秩序的需要。一方面，可防止要约人无期限地等待受要约人的承诺而丧失其他交易机会，以致影响商品的正常流转；另一方面，它既保障了受要约人缔约权的安全性，又敦促受要约人及时行使权利，使相对不确定的法律关系，尽早臻于明确。③

根据我国《合同法》第23条的规定，要约的有效期间可分为两种情况：以对话方式发出的要约，若定有承诺期限的，该期限为要约的有效期间。若未定有承诺期限的，如果受要约人未及时承诺的，要约即失去效力；以非对话方式发出的要约，若要约中定有期限的，该期限为要约的有效期间。若未定有期限的，应以合理的期间为要约的有效期间。

合理期间的确定，应综合考虑以下几个因素：要约到达受要约人的必要时间、为承诺所必需的时间和承诺到达要约人的必要时间。

三、要约的撤回和撤销

（一）要约的撤回

要约的撤回，是指要约人在发出要约后，要约生效之前，取消要约，阻止其生效的法律行为。撤回要约是在要约生效前作出的，并不会影响到受要约人的利益，而且体现了对要约人意志和利益的尊重。

---

① 王家福：《中国民法学·民法债权》，法律出版社，1991年版，第290页。
② 隋彭生：《合同法要义》，中国人民大学出版社，2003年版，第40页。
③ 翟云岭：《合同法总论》，中国人民公安大学出版社，2003年版，第43～44页。

任何一项要约，即使是不可撤销的要约，都是可以撤回的。只要要约撤回的通知先于或同时与要约到达受要约人，都可产生撤回的效力。

（二）要约的撤销

要约的撤销，是指要约人在要约生效后，将该项要约取消，从而使要约的法律效力归于消灭。关于要约能否撤销，两大法系存在严重分歧。英美法系将要约看作是一项允诺，只要没有采取签字盖章的形式，或者要约没有对价的支持，该要约就无拘束力，可以被撤销。大陆法系强调要约的形式拘束力，要约一旦生效，要约人就不能随意撤销。

为保护受要约人的信赖利益，要约生效后，要约人不应随意撤销要约。但是要约人的缔约目的，也可能会基于不可抗力、对要约内容的表述错误和疏漏或者市场行情发生变化等原因，而不能实现或变更。若一律不允许撤销要约，也不利于保护要约人的合法利益。

基于此，我国《合同法》第 18 条规定："要约可以撤销。撤销要约的通知应当在受要约人发出承诺通知之前到达受要约人。"我国《合同法》第 19 条又规定："有下列情形之一的，要约不得撤销：（1）要约人确定了承诺期限或者以其他形式明示不可撤销；（2）受要约人有理由认为要约是不可撤销的，并且已经为履行合同作了准备工作。"

四、要约的消灭

要约的消灭，是指要约失去法律拘束力，要约人与受要约人都不再受其拘束。根据我国《合同法》第 20 条的规定，要约消灭的原因，主要有以下几种：

（1）拒绝要约的通知到达要约人。

受要约人不接受要约规定的条件，要约人的缔约目的不能实现，要约就无存在的价值，自拒绝要约的通知到达要约人时失效。

（2）要约人依法撤销要约。

（3）承诺期限届满，受要约人未作出承诺。

承诺期限是受要约人可以承诺的期限，即要约的有效期间。凡是在要约中明确规定了承诺期限的，则承诺必须在该期限内作出。超过了该期限，要约自动失效。

（4）受要约人对要约的内容作出实质性变更。

如果受要约人对要约中的标的、数量、价款、质量或履行期限、地点等实质性要素，进行变更、扩张，实质上是对要约的拒绝，并向原要约人提出了一个新要约。原要约因此而失去效力。

第三节　承诺

一、承诺的定义与要件

所谓承诺，是指受要约人对要约人作出的同意要约的意思表示，又称收盘或接盘。从性质上看，承诺与要约一样，属意思表示，而非法律行为。

一项有效的承诺，必须具备以下几个要件：

（一）承诺须由受要约人向要约人作出

受要约人是要约人意欲订立合同的对方当事人，其承诺的资格是要约人赋予的。因此，只有受要约人才有承诺的资格，无论受要约人是特定的人，还是不特定的人。

承诺既可由受要约人本人作出，也可由受要约人的代理人作出。除此之外的任何第三人向要约人作出的同意要约的意思表示，均不构成承诺，只构成第三人向要约人发出的一项新要约。

承诺必须向要约人作出。因为承诺是对要约的同意，承诺的目的是为了同要约人订立合同，因此，承诺只能向要约人发出才能导致合同成立。向第三人发出的承诺，不发生承诺效力。

（二）承诺的内容须与要约的内容一致

受要约人作出承诺的目的，是要追求合同成立的法律效果，而合同成立须双方当事人意思表示一致。因此，承诺的内容须与要约的内容相一致，英美法称之为“镜像规则”。但是，要求承诺与要约的内容绝对一致，既不易导致合同成立，也不利于鼓励交易。

《联合国国际货物销售合同公约》和《国际商事合同通则》开始采用相对灵活的态度：承诺对要约的内容进行非实质性的添加、限制或其他更改的，除要约人及时表示反对，或要约明确规定承诺不得对要约内容进行任何添加、限制或修改外，该承诺仍为有效，合同内容以承诺内容为准。我国立法也借鉴了这一思想。

我国《合同法》第 30 条、第 31 条规定：“承诺的内容应当与要约的内容一致。受要约人对要约的内容作出实质性变更的，为新要约。有关合同标的、数量、质量、价款或者报酬、履行期限、履行地点和方式、违约责任和解决争议方法等的变更，是对要约内容的实质性变更。”“承诺对要约的内容作出非实质性变更的，除要约人及时表示反对或者要约表明承诺不得对要约内容作出任何变更的以外，该承诺有效，合同的内容以承诺的内容为准。”

（三）承诺应当在承诺期间内到达要约人

承诺期间即要约效力的存续期间。超过了承诺期间，要约即失去法律效力。因此，承诺必须在承诺期间内到达要约人，否则，不成立承诺，而只构成一个新的要约。如果要约规定了承诺的期限，则承诺必须在规定的期限内到达要约人；如果要约没有规定承诺的期限，以对话方式发出要约的，应当立即承诺，以非对话方式发出要约的，承诺应当在合理期限内到达。合理期限的确定，应综合考虑习惯、交易的性质以及要约所使用的通讯方法的迅速程度等因素。

关于承诺期限的具体起算点，我国《合同法》第 24 条规定：“要约以信件或者电报作出的，承诺期限自信件载明的日期或者电报交发之日开始计算。信件未载明日期的，自投寄该信件的邮戳日期开始计算。要约以电话、传真等快速通讯方式作出的，承诺期限自要约到达受要约人时开始计算。”

二、承诺的方式

承诺的方式，是指受要约人将承诺送达要约人的具体形式。

如果要约对承诺的方式有明确规定，则按要求的方式进行承诺成为承诺的有效要件。如果要约中，规定了一种承诺方式而没有排除其他方式的，则承诺人采取规定的承诺方式或者采取比要约更迅捷的方式作出的承诺为有效；反之，如承诺采用比要约规定方式还迟缓的方式，则承诺无效。[①] 如果要约中没有对承诺方式提出特定要求的，承诺应当以通知方式作出。通知包括口头通知和书面通知。但根据交易习惯或者要约表明可以通过行为承诺的除外，除非法律另有规定或者当事人另有约定，沉默或不作为不构成承诺。

三、承诺的法律效力

（一）承诺的生效时间

对承诺的生效时间，各国也存在着两种截然不同的立法。英美法系采取发信主义，即承诺自受要约人将信件投入邮筒和电报交付电信部门时开始生效，承诺遗失或延误的风险悉由要约人承担。而以德国、意大利为代表的大陆法系国家，则采用到达主义，即承诺于到达要约人控制的范围时生效，由受要约人承担承诺遗失或延误的风险。

发信主义有利于交易便捷，但过于偏重保护承诺人；到达主义兼顾了要约人与承诺人双方的利益，且符合交易安全的要求。我国《合同法》借鉴《联合国国际货物销售合同公约》的规定，采用到达主义的立法原则，规定承诺通知到达要约人时生效。但根据交易习惯或者要约的要求而以行为方式承诺的，作出承诺行为时生效。

（二）承诺的效力内容

我国《合同法》第 25 条规定："承诺生效时合同成立。"除非法律有特别规定或当事人有特别约定，否则要约一经承诺，合同即成立。

四、承诺的迟到与承诺的撤回

（一）承诺的迟到

承诺在承诺期限届满后到达要约人，称为承诺的迟到。根据承诺迟到的原因不同，而将迟到的承诺分为迟发而迟到的承诺和未迟发而迟到的承诺。

迟发而迟到的承诺，是指受要约人在承诺期限届满后发出的承诺。因已超过承诺期限，不发生承诺的法律效力，应视为一种新的要约。但如果要约人及时通知受要约人该迟到的承诺有效的，则迟到的承诺仍为有效承诺。

我国《合同法》第 28 条规定："受要约人超过承诺期限发出承诺的，除要约人及时通知受要约人该承诺有效外，为新要约。"如果受要约人在承诺期限内发出但按通常情形必然迟到的承诺，也应属于迟发而迟到的承诺。

未迟发而迟到的承诺，是指受要约人在承诺期限内作出，按常理能够及时到达要约人，因传达原因而迟延到达要约人的承诺。受要约人对承诺的迟到并无过错，让其完全承担承诺无效的风险是不公平的。要约人如果不承认该迟到的承诺，应当立即将承诺迟到的情况通知受要约人，否则，视为承诺未迟到。

我国《合同法》第 29 条规定："受要约人在承诺期限内发出承诺，按照通常情形能够及时到达要约人，但因其他原因承诺到达要约人超过承诺期限的，除要约人及时通知受要约人因承诺超过期限不接受该承诺的以外，该承诺有效。"

（二）承诺的撤回

承诺的撤回，是指承诺人阻止承诺发生法律效力的行为。承诺在生效前，可以被撤回，但撤回承诺的通知应当在承诺通知到达要约人之前或者与承诺通知同时到达要约

---

① 王家福：《中国民法学·民法债权》，法律出版社，1991 年版，第 300 页。

人。如果承诺已经到达要约人，合同已成立，承诺人就不能再撤回承诺。

与要约的撤回相比，对承诺的撤回的限制，显然要多一些。也就是说，承诺一旦到达，合同即成立。因此，承诺的撤回必须注意时间界限。同时，对于承诺而言，不存在撤销的概念。这是因为，承诺一旦到达，合同成立，承诺成为成立合同的一种意思表示，当然不能撤销。

第四节　合同的成立、有效与生效

一、合同成立

合同成立是指合同当事人双方意思表示达成一致。合意是合同成立的必要的前提条件。确定合同是否成立，关键在于判断合同当事人双方是否有缔结合同的目的，以及缔结合同的意思表示是否达成一致。

当事人双方通过自由的协商，经过要约和承诺阶段，合同即告成立。甚至通过当事人能充分表明其合意的行为，合同也能成立。如我国《合同法》第 36 条、第 37 条的规定表明，当事人一方已经履行主要义务，对方接受的，合同成立。

一般情况下，合同成立的要件是承诺的生效。我国《合同法》第 25 条规定的“承诺生效时合同成立”，既是对合同成立时间的确定，也是对合同成立条件的规定。

但是，某些特殊合同的成立，除须具备合同的一般成立要件之外，还须具备其他条件。如要式合同必须依一定的方式才能成立，我国《合同法》第 32 条规定：“当事人采用合同书形式订立合同的，自双方当事人签字或盖章时合同成立。”

合同成立后，能否产生当事人预期的法律后果，则非合同当事人的意志所能决定。合同能否产生法律约束力，则依合同本身有效或无效而定。如果合同违反法律的规定导致无效，则双方当事人之间虽已形成合同关系，但双方所希望实现的合同内容得不到法律上的承认和保护，不能产生法律约束力。如果合同有效成立，则成立后的合同具有法律约束力。

我国《合同法》第 8 条规定：“依法成立的合同，对当事人具有法律约束力。”其中“依法成立的合同”，实质上是指有效合同。已成立的合同，除依法成立的合同之外，还存在非依法成立的合同，即无效合同。因此，已成立的合同不一定产生法律约束力，只有依法成立的合同才具有法律约束力。

合同成立的对应概念，是合同不成立，即当事人双方意思表示不一致，虽有要约但缺乏生效的承诺。合同不成立，则在当事人之间没有产生合同关系，也就不存在合同有效及生效问题。但这并不等于当事人之间没有任何权利义务关系。

根据我国《合同法》第 42 条、第 43 条的规定，当事人在订立合同过程中违反诚实信用原则或保密义务，而给对方造成损失的，应当承担损害赔偿责任，即缔约过失责任。

二、合同有效

合同有效是指一个已成立的合同符合法律的规定，获得了法律的肯定评价，能够产生合同双方当事人预期的法律效果。

合同有效与否是代表国家意志的法律对体现个人意志的合同的审查与干预。符合法律要求的合同，被确定为有效，反之则被认定为无效。一般来说，合同双方当事人订立合同所追求的合同目的的实现依赖于合同的有效。只有合同有效，双方当事人才能通过实际的履行，实现其经济利益的满足。依法成立的合同具有法律约束力，有效合同是合同的常态。

（一）合同有效的要件

合同有效的要件是指合同能够按行为人意思表示的内容产生法律效果所应具备的条件。我国《合同法》未直接规定合同有效的要件，只规定了合同无效的原因。我国《民法通则》第55条明确规定了民事法律行为应该具备的条件，即民事行为的有效要件。依据一般法与特别法的关系，我国《民法通则》关于民事行为的规定，对于合同这种双方民事行为自然也应适用。依照我国《民法通则》第55条的规定，合同有效应具备以下三个要件：

1. 合同主体须具有相应的民事行为能力

合同主体具有相应的民事行为能力这一要件，又称为合同主体适格。有效合同作为一种民事法律行为，以合同主体的意思表示为基本要素，以产生一定的法律效果为合同目的。这就要求合同主体必须具有健全的理智，能够正确理解自己的行为性质和后果，独立地表达自己的意思即具有订立具体合同相应的民事行为能力。

就自然人而言，18周岁以上的成年人和16周岁以上的被视为成年人的未成年人，只要不属于不能辨认自己行为的精神病人，都具有完全民事行为能力，具备订立合同的资格。10周岁以上的未成年人和不能完全辨认自己行为的精神病人，是限制民事行为能力人。

根据我国《合同法》第47条的规定，限制民事行为能力人可以订立纯获利益的合同，或者与其年龄、智力、精神健康状态相适应的合同。订立其他合同须由其法定代理人代为实施，或者征得其法定代理人同意后才能实施。不满10周岁的未成年人和不能辨认自己行为的精神病人是无民事行为能力人，只能成为纯获法律上的利益而不承担法律义务的合同主体，订立其他合同只能由其法定代理人代理进行。

法人的民事行为能力是一个值得研究的问题。我国《民法通则》第42条规定："企业法人应当在其核准登记的经营范围内从事经营"。在我国的司法实践中，法人超越其经营范围订立的合同往往被认定为无效合同。但随着市场经济的发展，对法人的民事行为能力进行限制，已经出现越来越多的弊端，常常牺牲交易安全和相对人的利益，并导致产生大量的无效合同，不利于市场交易的自由和效率的提高。

我国《合同法》对法人超越经营范围订立合同的效力，未做明确规定，但最高人民法院《合同法解释（一）》第10条规定："当事人超越经营范围订立合同，人民法院不因此认定合同无效，但违反国家限制经营、特许经营以及法律行政法规禁止经营规定的除外。"这一规定，有利于维护市场交易秩序，能够实现合同当事人的意思自治。

2. 意思表示真实

合同是双方民事行为，本质上是一种合意，即合同双方当事人意思表示一致，合同即成立。但成立的合同若成为有效合同，还须要求合同主体的意思表示真实。

所谓意思表示真实，是指合同主体内心的效果意思与外部表达相一致。在判断意思表示是否真实表达内心的效果意思时，现代各国一般采用以表示主义为主，兼顾意思主义的折中主义。即根据具体情况既要考虑当事人的外部表达，也要考虑当事人的内心真意。

在当事人受到欺诈、胁迫、乘人之危或重大误解等法律规定的情况下，尊重当事人的内心真意，可以由人民法院或仲裁机关依法撤销该行为。除此之外，一般以当事人的外部表达为准来认定其真实意思。

3．不违反法律和社会公共利益

不违反法律和社会公共利益是指合同目的和合同内容诸事项，不得违反法律和社会公共利益。这一条件又称为合法性要件，是合同有效的根本性要件。民事行为要取得法律效力必须符合法律的规定，否则，只能成为无效民事行为。

合同不违反法律是指不得违反全国人大及其常委会制定的法律，以及国务院制定的行政法规的强制性规定。至于任意性规定，合同当事人可以通过实施合法的行为，改变这些规范的内容。而合同不违反社会公共利益是指不得违反不特定多数人的利益，包括国家、社会和个人利益在内，及促进国家社会生存发展不可欠缺的合理秩序。

（二）合同有效的效力

具备有效要件的合同，自成立时起便具有法律约束力，这种法律约束力主要表现为两个方面：其一，合同任一当事人片面废约的禁止。“所谓契约之拘束力，系指除当事人同意外或有解除原因外，不容一方任意反悔请求解约，无故撤销。易言之，即当事人一方不能片面废止契约。”[①] 其二，已成立的有效合同在具备生效要件而生效之后，在合同双方当事人之间产生履行合同的效力，即合同所确定的权利义务开始发生。当事人取得请求对方当事人履行合同义务的请求权，或者应对方当事人请求履行合同的义务。合同当事人对有效合同的第二项法律约束力的违反，固然要承担违约责任，对第一项法律约束力的违反，同样也应该承担违约责任。

（三）欠缺合同有效要件的法律后果

欠缺有效要件的合同是指不完全具备合同有效要件的合同。因所欠缺的具体要件的不同，而表现为不同的效力层次。

我国《合同法》根据合同的效力状态，将欠缺有效要件的合同划分为三类：无效合同、可撤销合同和效力待定合同等。

1．无效合同

无效合同是指欠缺合同根本性有效要件，自始、确定、当然不发生法律效力的合同。在合同的三个有效要件中，哪些属于根本性有效要件，取决于立法者的主观认识和判断。合法性是有效合同的本质特征，因此，各国合同立法都把不违反法律强制性规定或社会公共利益作为合同的根本性有效要件，规定违反法律强制性规定和社会公共利益的合同无效。[②]

我国《民法通则》将“行为人具有相应行为能力”和“意思表示真实”，也作为民事行为（合同）有效的根本性要件，规定违反这两个要件的民事行为无效。其结果导致无效合同范围的无限扩大，违反了当事人的意思自治，不利于鼓励交易。

---

① 王泽鉴：《债法原理》（一），中国政法大学出版社，2001年版，第193页。

② 李开国：《民法基本问题研究》，法律出版社，1997年版，第182页。

我国《合同法》大胆吸收国外的先进立法经验，将一部分原属无效的合同从无效合同中分离出去，分别确定为可撤销合同和效力待定合同，减少了导致无效的因素，缩小了无效合同的范围。我国《合同法》第 52 条规定了无效合同的五种原因，基本上是以合法性作为有效合同的根本性要件，只有违反合法性要件才导致合同无效。

无效合同不发生合同当事人所追求的效果，但并非不发生任何其他意义上的法律效果。在当事人对无效合同有过错时，仍须承担相应的民事责任或行政责任。

2. 可撤销合同

可撤销合同是指在合同当事人的意思表示存在瑕疵时，赋予当事人以变更撤销权，合同的效力取决于撤销权人的意志。可撤销合同又称为相对无效的合同。国外立法大都规定意思表示真实，是可撤销合同所欠缺的有效要件。

我国《合同法》第 54 条规定的可撤销合同，包括以欺诈、胁迫、乘人之危而订立的合同，以及因重大误解和显失公平而订立的合同。除显失公平以外，其他几种情形均属合同双方当事人的意思表示不真实。

可撤销合同虽欠缺合同的有效要件，但欠缺的不是根本性生效要件，法律并不使之当然无效。可撤销合同本身是有效合同，只有在撤销权人行使撤销权后，可撤销合同才溯及成立之时无效，产生无效的法律后果。

3. 效力待定的合同

效力待定的合同是指合同有效与否处于不确定状态，尚待第三人或相对人的意思表示予以确定的合同。我国《合同法》规定了效力待定合同的三种情形：限制民事行为能力人订立的合同，无权代理人订立的合同以及无权处分行为。这三种情形均缺乏“行为人具有相应民事行为能力”这一有效要件。

效力待定合同可因有权人的同意而有效，从而有利于促进交易和维护相对人的利益。效力待定合同在效力上显示出以下几个特征：（1）效力待定合同的效力是不确定的，它既非有效也非无效，而是处于悬而未决的不确定状态；（2）效力待定合同在有权人追认后，便确定为有效；（3）效力待定合同经有权人拒绝追认或者在善意相对人行使撤销权后，溯及成立时无效。

三、合同生效

合同生效是指已成立的合同具备一定条件后，开始在双方当事人之间产生履行合同的法律效力。合同成立是合同生效的逻辑前提，不成立的合同就不存在生效的问题，但成立的合同也不一定存在生效问题。

合同有效是合同生效的又一逻辑前提。因为无效合同是自始、确定、当然的无效，根本不可能生效。由此可见，生效侧重于对合同发生法律效力的时间的确定，它本身是一个事实判断。

理论界有代表性的观点认为：“合同生效是解决合同效力的问题，它体现了国家对合同关系的肯定或否定的评价。”① 这种观点，实质上混淆了合同生效与合同有效。作者是不赞同的。

---

① 江平：《中华人民共和国合同法精解》，中国政法大学出版社，1999 年版，第 35 页。

（一）合同生效的条件

合同生效的条件，也因一般情况和特殊情况而不同。一般情况下，合同成立即生效。这里的“合同成立”，是指合同的依法成立或有效成立，成立与生效同时发生。但在特殊情况下，如因当事人约定、合同的性质等原因，使合同的生效与成立时间并不一致。依据我国《合同法》的规定，这样的特殊情况主要有以下三种情形：

1. 附生效条件的合同

附生效条件的合同是指合同生效以某种事实的发生作为条件的合同，即如果这种事实发生了，合同就生效，否则就不生效。这里所说的条件，是指将来可能发生也可能不发生的某种客观情况。当事人一旦订立附生效条件的合同，合同的权利义务就已经确定，但合同的效力，处于停止状态或者说合同的效力要延缓发生，待条件成就时，该合同才发生法律效力。在附生效条件的合同中，使合同生效的条件称为停止条件、延缓条件或生效条件。[①]因此，对附生效条件的合同而言，其生效的条件就是所附条件的成就。

2. 附始期的合同

附始期的合同是指所附期限到来才发生效力的合同。这里所说的期限，是指合同当事人选定的将来确定要发生的事实。附始期的合同虽已成立，但在期限到来之前暂不发生法律效力，在期限到来之后才发生法律效力。对附始期的合同而言，生效的条件是所附的始期的到来。

3. 法律、行政法规规定，应当办理批准、登记等手续生效的合同

我国《合同法》第44条规定：“依法成立的合同，自成立时生效。法律、行政法规规定应当办理批准、登记等手续生效的，依照其规定。”合同的成立完全遵循意思自治，双方意思表示一致，合同就成立。有关机关或国家的公权力不能介入合同的成立，只能在有法律规定的特殊情况下，才可以决定合同的生效。

此类合同在成立之后，并不能立即生效，须待办理批准或登记手续后，才正式生效。办理批准或登记手续，是合同生效的条件。

（二）合同生效的效力

合同生效后，合同双方当事人之间产生履行的效力，即合同当事人须按合同的约定履行合同，开始享有合同约定的权利并承担约定的义务。合同的履行是合同的目的，是合同效力消灭的一种方式，同时也是合同效力的一种体现。合同当事人应依合同的约定，及时、适当、全面地履行合同。

合同生效后，合同便具有了一个有效合同所具有的全部拘束力，即片面废约的禁止和履行的效力。而对于已有效成立但未生效的合同，仅具有片面废约禁止的效力。

（三）未生效合同

合同生效的对应概念是合同的不生效或未生效。不生效的合同可分为两种情况：一种是无效合同，此类合同永远也不能生效；另一种则是有效成立的合同尚未生效。这一类合同的效力是值得深入研究的一个问题。

作者认为，合同有效成立后，即具有法律约束力。因为成立的合同是双方意思表示的一致，因此其约束力就表现在，任何一方当事人都不得随意撤销合同。此时的合同因

① 江平：《中华人民共和国合同法精解》，中国政法大学出版社，1999年版，第35页。

未生效，尚不具有双方履行合同内容的效力。对于依法成立而未生效的合同的违反，当事人究竟该承担什么样的法律责任，理论上尚无统一的认识。

有观点认为："缔约上的过失责任与违约责任的基本区别在于，此种责任发生在缔约过程中而不是发生在合同成立以后，若合同已经成立，则因一方当事人的过失而致他方损害，就不应适用缔约过失责任。"① 作者同意这种观点。违反成立后的合同不应承担缔约过失责任，而应该承担违约责任。

也有人认为："违约责任作为保障债权的实现和债务的履行的重要措施，是指当事人不履行合同债务时，所应承担的赔偿损害、支付违约金等责任。"② 作者认为这一观点缩小了违约责任的范围。"违约"既包括对合同履行义务的违反，也包括对意思表示一致后的合同的随意撤销。换句话讲，对有效合同的违反均构成违约，都应承担违约责任。因此，对已经有效成立而未生效的合同的违反，如当事人随意撤销合同，当事人应该承担违约责任。

（四）合同成立与合同生效

合同成立与合同生效是两个各自独立又相互联系的概念，他们各自有独特、内在的规定性。合同成立是合同订立的结果，它决定了合同的存在。而合同的生效，是已经成立的有效合同开始在当事人之间产生履行的效力，它解决的是合同内容发生履行效力的时间。二者之间存在着本质的不同。

有观点认为："合同成立与合同生效的效力具有同一性。合同成立制度已经能够涵盖合同生效制度的内容。"③ 作者对此观点持否定态度，现就二者的区别分述如下：

1. 含义不同。合同的成立是指在双方当事人之间产生了合同关系。至于这一合同关系是否有效，能否产生预期的法律后果则在所不问。它解决的是合同的有无问题。合同生效，则指已经成立的合同在当事人之间开始发生履行的效力。生效的合同都是已成立的合同，但成立的合同不一定都生效。

2. 时间不同。合同的成立是合同生效的前提。只有成立的合同才涉及生效问题。虽然，大多数合同在成立时即生效，但仍有部分合同成立后并不立即生效，而是在条件具备时才生效（或者永远不生效）。

3. 条件不同。合同成立的条件是承诺的生效，即当事人双方意思表示达成一致。而合同生效的前提，首先，必须是已成立的合同；其次，已成立的合同必须是有效合同；最后，在法律有规定或当事人有约定的情况下，合同还必须具备生效的具体条件，如经批准或登记、停止条件的成就、始期的到来等。若无特殊规定或约定，合同自有效成立时生效。

4. 效力不同。成立的合同若为无效合同，则不具有法律约束力；若为有效合同，则对双方当事人产生法律约束力。这种约束力具体表现为，任何一方当事人不得随意撤销合同。而生效合同的效力，则表现为当事人双方均须按合同的约定，履行自己的义务或享受约定的权利。

---

① 王利明：《违约责任论》，中国政法大学出版社，2000年版，第707页。

② 王利明：《违约责任论》，中国政法大学出版社，2000年版，第23页。

③ 杨树明、张平：《合同成立与合同生效的效力统一性研究》，《中山大学学报》（社科版）2000年第3期，第100页。

我国《合同法》第 8 条规定了依法成立的合同的法律约束力，主要体现在两个方面：其一，当事人应当按照约定履行自己的义务；其二，当事人不得擅自变更或者解除合同。作者认为，“当事人按照约定履行自己的义务”是生效合同的效力，并非所有依法成立的合同都具有这一效力。

（五）合同生效与合同有效

合同生效与合同有效，是一对极易混淆的概念，理论界常将二者混同使用。将我国《民法通则》第 55 条规定的民事法律行为应当具备的条件，理解为民事法律行为的生效要件，进而又推导出是合同的生效要件。[①] 认为合同的生效，主要指合同的合法性，只有合法的合同才受到法律的约束。有人甚至将无效作为生效的对应概念，认为合同生效反映的是国家通过法律对合同的肯定或否定的评价，是法律认可或不认可当事人的意思的结果。

实质上，合同生效与合同有效，是两个完全不同的概念。其内涵、构成要件及法律后果均不相同。

1. 含义不同。合同的生效与合同的成立一样是一事实判断。合同是否生效是指一个有效的合同是否在当事人之间产生，包括按合同约定实际履行在内的当事人预期的法律效果。合同有效成立后，当事人应当按合同履行，称之为合同生效。它决定着合同的履行效力自何时开始发生，解决的是效力发生的时间点问题。

合同的有效，则是一法律价值判断，是对合同进行法律评价后得到的肯定性的结果。它决定着合同效力的有无，解决的是法律对合同的肯定或否定的评价。

2. 对应的概念不同。合同生效的对应概念，是合同不生效；合同有效的对应概念，则是合同无效。只有在合同有效的前提下，才能涉及合同生效与不生效的问题，以及何时生效的问题。若合同无效，则根本不存在生效问题。

3. 构成要件不同。如上文所述，合同有效的构成要件有三个：合同主体须具有相应的民事行为能力；意思表示真实；内容不违反法律和社会公共利益。而只能在合同有效的前提下，才谈得上生效问题。

因此，合同生效除要求合同成立并有效之外，在特殊情况下还需要具备一些特殊条件。如附生效条件的合同所附条件的成就；附始期的合同所附的始期的到来；法律、行政法规规定应当办理批准、登记等手续生效的合同批准或登记手续的办理等。

4. 效力的内容不同。具备有效要件的合同，自成立时起便具有法律约束力。这种法律约束力主要表现为当事人片面废约的禁止。已成立的有效合同在具备生效要件而生效之后，在合同双方当事人之间产生履行合同的效力。

5. 发生效力的时间不同。一般情况下，合同有效与合同生效的效力发生时间相同，都自合同成立时发生效力。但有些合同并不立即履行，而须一定的事实出现后当事人方开始履行。这种情况称之为合同有效但不生效或未生效。

思考题

1. 简述要约、邀请要约、承诺的定义，以及构成条件。

---

① 王家福：《中国民法学·民法债权》，法律出版社，1991 年版，第 315 页。

2. 要约、要约邀请的有效要件有哪些？其法律效力如何理解？

3. 比较要约撤回、要约撤销的异同。

4. 阐述承诺的有效要件以及承诺的生效条件。

5. 如何理解承诺迟到？迟到的承诺是否具有法律意义？

6. 试述合同的订立、成立、有效和生效的区别。

7. 合同欠缺有效要件时，其法律后果如何理解？

8. 什么是无效合同、未生效合同？

9. 分析合同有效与合同生效的关系。

学习资料指引

1. 崔建远：《合同法》，法律出版社，2003 年版，第 1 章～第 2 章。

2. 魏振瀛：《民法》，北京大学出版社、高等教育出版社，2000 年 9 月版，第 22 章。

3. 彭万林：《民法学》，中国政法大学出版社，1999 年 8 月修订版，第 29 章。

4. 张俊浩：《民法学原理》，中国政法大学出版社，1991 年 10 月版，第 35 章。

5. ［英］A·G·盖斯特：《英国合同法与案例》，中国大百科全书出版社，1998 年版，第 2 章。

6. ［德］海因·克茨：《欧洲合同法》（上卷），法律出版社，2001 年版，第 2 章。

7. 王建平：《民法学（下）》，四川大学出版社，1994 年 8 月版，第 18 章。

参考法规提示

1. 《中华人民共和国民法通则》，第 42 条，第 55 条～第 62 条。

2. 《中华人民共和国合同法》，第二章“合同的订立”、第三章“合同的效力”。

3. 最高人民法院《关于适用〈中华人民共和国合同法〉若干问题的解释（一）》，第 9 条～第 10 条。

4. 《联合国国际货物销售合同公约》，第二部分“合同的订立”。

5. 国家工商行政管理局《合同鉴证办法》（1998 年 12 月 3 日），第 2 条～第 4 条，第 9 条～第 10 条。

第二十四章　合同的内容与形式

【阅读提示】 本章的重点是合同条款的采用与合同形式的选择问题，尤其是格式条款和合同的推定成立等。当事人通过合同订立程序达成的合意一致，便形成合同条款。合同固定了当事人各方的合同权利和合同义务，成为合同内容的表现形式。本章中，合同格式条款的提出和使用，即当事人一方预先拟定，且在订立合同时不与对方协商，因此常包含了不公平的条款。为此，合同立法有必要对其进行规制。本章的难点是合同条款与合同形式之间是否存在内在的逻辑关系。

第一节　合同条款

一、合同条款概述

合同条款，是合同当事人达成合意的具体内容。它固定了当事人各方的合同权利和合同义务，成为合同内容的表现形式。

为保障合同目的的实现，保证合同的正确履行，避免或减少发生争议，合同的条款应当明确、肯定、完整，而且条款之间不能相互矛盾。[①]

如果合同条款含糊不清，或者欠缺某些条款，合同当事人可通过协商予以明确或补充，或者由法官或仲裁人员对合同予以解释或适用补缺性规定，从而填补合同的空白点。

为鼓励交易，保障合同的安全，除非欠缺合同的必备条款，合同不成立。仅普通条款的缺失，不影响合同的成立。

二、合同条款的种类

（一）主要条款和普通条款

根据合同条款在合同中所起的作用不同，可将合同条款分为主要条款和普通条款。

主要条款是指合同成立必须具备的条款。根据我国《合同法》第 61 条、第 62 条的规定，当事人条款、标的条款和数量条款等，是合同的主要条款。有时，合同的主要条款可以由法律直接规定。如我国《合同法》第 197 条第 2 款规定，借款合同应有借款币种的条款。则币种条款，成为借款合同的主要条款。同时，合同的性质和类型决定合同的主要条款。如价款条款是买卖合同的主要条款。另外，合同的主要条款，也可以由当事人约定而产生。

普通条款是主要条款之外，不影响合同成立的条款。普通条款，对于明确合同当事人权利、义务具有重要的作用。一旦缺失，可由当事人通过协商予以补正。不能达成补充协议的，按照合同有关条款或者交易习惯确定。通过以上方式仍不能确定的，法律也

---

① 董安生等编译：《英国商法》，法律出版社，1991 年版，第 46 页。

规定了补救措施。

如我国《合同法》第 62 条规定，当合同的质量、价款或报酬、履行地点、履行期限、履行方式、履行费用六个方面的条款约定不明时，可以由当事人按照法律的规定，达成补充性约定加以补救。

(二) 实体条款和解决争议条款

实体条款是指规定合同当事人实体权利、义务的条款。实质上是表现当事人交易条件的条款，如标的条款、数量条款、质量条款、价款条款等。

解决争议条款是指规定解决争议方法内容的合同条款，如仲裁条款、选择管辖法院的条款、选择法律适用的条款、选择检验及鉴定机构的条款等。合同无效、被撤销或者终止的，合同的实体条款也无效、被撤销或者终止。但解决争议条款的效力具有相对独立性，不受合同无效、被撤销或者终止的影响。

(三) 明示条款和默示条款

根据合同条款的表现形式，可将合同条款分为明示条款和默示条款。

明示条款是指当事人以口头、文字等方式明确表示的条款。明示条款是合同存在的基础，合同的主要条款通常都是明示条款。

默示条款是当事人未在合同中明确约定，但根据法律规定、交易习惯、当事人行为的推定，合同中应当存在的条款。默示条款一般是明示条款的补充。

三、合同的提示性条款

合同的具体条款，由当事人根据合同的类型、性质及需要等因素自由确定。但我国《合同法》第 12 条为了向当事人示范完备的合同条款，列举了合同的一般条款，以提示缔约人。这些合同条款，是合同一般所包括的条款，既不必完全具备这些条款，也不限于这些条款。

(一) 当事人的名称或者姓名和住所

当事人是合同关系的主体，没有当事人，合同的权利义务就失去存在的意义。当事人条款成为合同的必备条款。合同当事人包括自然人、法人和其他组织。

自然人的姓名是指身份证或户口簿上载明的正式用名，住所为自然人的户籍所在地或经常居住地。法人、其他组织的名称是指经登记机关核准登记的名称，住所为其主要办事机构所在地。

(二) 标的

标的是指合同当事人权利义务共同指向的对象，是合同法律关系的客体。没有标的，权利义务就会失去目标，合同不能成立。

因此，标的是一切合同的必备条款。合同关系的标的为给付行为，而我国《合同法》第 12 条规定的标的，主要指标的物。标的必须明确、具体、合法。

(三) 数量

数量是指以数字和计量单位表示的合同标的多少的尺度，直接决定合同权利义务的大小。没有数量约定或者约定不明确的，合同将无法履行。

数量条款也是决定合同成立的必备条款。标的的数量必须确切，计量单位和计量方法须由双方当事人共同选择或认可，同时应允许规定合理的磅差和尾差。

（四）质量

质量是指标的内在素质与外观形态的综合体现，是确定合同标的的具体条件。如产品的技术指标、规格、型号、性能、成分等。质量条款是全面、正确履行合同的保障，当事人关于质量条款的约定应详细、具体。

质量要求约定不明确的，按国家标准、行业标准履行；没有国家标准、行业标准的，按照通常标准或者符合合同目的的特定标准履行。

（五）价款或者报酬

价款或者报酬，是指取得合同标的所应支付的货币对价，是衡量标的价值的尺度。价款一般针对取得物而言，如买卖合同的价金、租赁合同的租金等；报酬一般针对服务或成果而言，如运送合同的运费、承揽合同的加工费等。

价款或者报酬条款一般包括价款或者报酬的总金额、计价单位、计算标准、结算方式、支付条件及支付日期等。合同中未约定该条款或约定不明的，不影响合同成立，当事人可通过协商予以补救或依照法律规定予以明确。

（六）履行期限、地点和方式

履行期限是指当事人履行合同义务的时间界限。当事人可以约定即时履行或定时履行，也可约定一次性履行或分期履行。履行期限约定不明的，债务人可以随时履行，债权人也可以随时要求履行，但应当给对方必要的准备时间。

履行地点是指合同当事人履行合同义务的场所。履行地点是确定验收地点、运输费用的承担及风险承担的依据。有时，也是确定标的物所有权是否转移及何时转移的依据。同时，它对于确定处理合同纠纷案件的诉讼管辖地，以及涉外合同中适用准据法具有重要意义。

履行方式是指当事人履行合同义务的具体方法，包括交货方式、服务方式、验收方式、付款方式等。当事人可以根据合同的性质与内容，具体约定义务人亲自履行或第三人代为履行，现实交付或拟制交付等。履行方式约定不明确的，按照有利于实现合同目的的方式履行。

（七）违约责任

违约责任是指合同当事人不履行合同义务或者履行合同义务不符合约定，而应承担的民事责任。违约责任是保护债权人利益的事后保障措施。当事人可在合同中事先约定违约金的数额、赔偿的范围及其计算方法、免责条款和其他补救措施等。在当事人违约时，依合同约定追究违约方的违约责任。

当然，违约责任是法律责任，当事人未在合同中约定的，违约方仍应依法律规定承担违约责任。

（八）解决争议的方法

解决争议的方法是指当事人关于解决争议的程序、方法及适用法律等内容的约定。当事人在合同中约定的仲裁条款、选择诉讼法院的条款、选择检验或鉴定机构的条款、涉外合同中的法律适用条款，以及协商解决争议的条款等均属解决争议方法的条款。

合同中未约定解决争议方法的，当事人应依法通过诉讼解决合同纠纷。

第二节 格式条款

一、格式条款的概念

所谓格式条款是指当事人一方为与不特定多数人交易而预先拟定，且在订立合同时不与对方协商的条款。关于格式条款的名称，各国规定不一，但大都将其称为合同。如英国称为标准合同；而法国、美国称为附合合同；我国台湾地区称为定型化契约；德国则称为一般契约条款等。

格式条款的产生和发展，是20世纪合同法发展的重要标志之一。它的出现，不仅改变了传统的订约方式，而且，对合同自由原则形成了重大的挑战。① 据此，各国都纷纷通过修改或制定单行的法律，对格式条款加以规范。

我国《合同法》第39条至第41条，对格式条款作出了明确规定。

格式条款，具有如下法律特征：

（一）当事人双方经济地位的不对等性

使用格式条款的双方，经济地位往往具有较大的差异。格式条款的要约人多为工商业组织，在经济上处于较强地位。在订立合同时，往往利用其事实上和法律上的垄断地位，剥夺了对方当事人自由表达意志的权利，导致缔约双方缔约能力事实上的不平等。

（二）合同条款的不可协商性

格式条款的最主要的特征，在于其条款的不可协商性。格式条款在订约以前就已经被要约人预先制订出来，在订立合同时，对方当事人只能对之表示全部接受或全部不接受。双方当事人无自由协商的余地，即“要么接受，要么走开”。

需要指出的是，我国《合同法》第39条将格式条款界定为“在订立合同时未与对方协商的条款”不妥。因为未与对方协商的条款，并不意味着条款不能与对方协商。某些条款有可能是能够协商确定的，但条款的制定人并没有与对方协商，而相对人也没有要求就这些条款进行协商，但这并不意味着这些条款便属于格式条款。格式条款只是指不能协商的条款。

（三）格式条款内容的定型化

格式条款是要约人预先拟定，而向不特定的多数人发出的要约。它将普遍适用于一切要与要约人订合同的不特定的相对人，而且，往往包含成立合同所需的全部条款，并不允许相对人进行任何变更，其内容具有稳定性和标准化。

同时，格式条款的要约人和承诺人双方的地位也是固定的，而不像一般合同在订立过程中，要约方和承诺方的地位，可以随时改变。

二、格式条款的规制

格式条款是市场经济发展的产物。垄断的产生，使具有政治、经济优势的大公司使用事先拟定好的，含有对合同相对方不公平条款的格式条款，以获取巨额的利润。同时，交易的频繁发生，促使交易者对交易效率的追求，简化交易手续，降低交易成本。因此，垄断的形成和对交易效率的追求，是导致格式条款产生的原因。格式条款的优点

① 王利明：《对合同法格式条款规定的评析》，载《政法论坛》，1999年第6期。

在于效率高，避免重复谈判，节约交易的时间和成本，“对大规模交易清算的理性化作出了巨大贡献”①。格式条款的弊端在于，格式条款的要约人，往往会利用其经济上的优势地位，将一些有利于自己而不利于对方当事人的不公平条款订入合同。

有鉴于此，有必要对格式条款进行规制，以平衡双方当事人的利益，维护社会正义。因此，各国合同法无不对格式条款中的“合同自由”进行必要的限制，从立法、司法、行政、社会等方面规制格式条款。我国《合同法》第 39 条至第 41 条在规定格式条款的同时，也确定了格式条款规制的一般规则。

(一) 格式条款提供方的义务

1. 根据公平原则，确定当事人之间的权利和义务

公平原则是合同法的基本原则，格式条款的提供方应根据公平原则拟定合同条款，保证当事人双方的权利义务相当，防止不公平合同条款的出现。关于不公平合同条款的判断标准，德国《标准合同条款法》第 3 条规定：“标准合同的条款依客观情形，尤其是由契约的外观衡量是异乎寻常，以致相对人必然不考虑接受者，不能成为契约的一部分。”

我国《合同法》第 39 条规定，采用格式条款订立合同的，提供格式条款的一方应当遵循公平原则，确定当事人之间的权利和义务。格式条款违背公平原则而对相对人不利益的，不生效力。

2. 提请相对方注意的义务。

格式条款是提供方预先拟定而不与相对方协商的条款，并且“或印载于各式文件、或罗列于种种招牌、或字体细小、或字迹模糊”，② 相对人大多对此不加注意，为保护相对人的合法利益，要求格式条款的提供方，对免除或限制其责任的条款以合理、适当的方式，提请相对人注意，让相对人了解合同条款的内容。

这条规则，为大多数国家所确认。德国《标准合同条款法》第 2 条规定：“于下列情形，标准合同条款始成为契约的一部分：(1) 条款利用者于缔结契约时明示其条款，或由于缔约方式而使明示有困难时，将标准合同条款悬挂于缔约场所能清晰可见之处并指明之；(2) 使相对人在可得期望的程度内能明了其内容，以及相对人对其效力同意者。”这要求所有格式条款，均应提请相对人注意。

在认定一项提请注意是否合理时，英国普通法形成了一套较为完备的规则。需要从文件的性质、提请注意的方法、提请注意的时间、提请注意的程度等方面综合考察。格式条款的提供方应当在合同订立之前，以清晰、确切、醒目的合同文字明示提请相对人。

3. 说明的义务

格式条款的提供方应相对人的要求，有义务对免除或者限制其责任的条款予以说明。如介绍其基本含义，分析其风险和负担的大小，使相对人了解格式条款，尤其是免除或者限制提供者责任的条款的内容。

---

① [德] 茨威格特：《合同法中的自由与强制》，载梁慧星主编：《民商法论丛》第 9 卷，第 364 页。

② 韩世远：《免责条款研究》，载梁慧星主编：《民商法论丛》第 2 卷，第 486 页。

（二）规定格式条款无效的情形

根据我国《合同法》第40条的规定，格式条款无效主要有以下几种情形：

（1）格式条款符合我国《合同法》第52条规定的无效合同的情形之一，则绝对无效。

（2）格式条款符合我国《合同法》第53条规定的情形，即规定造成对方人身伤害而免责的条款，或者规定因故意或重大过失造成对方财产损失而免责的条款，一律无效。

因为造成对方人身伤害或者因故意或重大过失，造成对方财产损失均属于侵权行为。如果该格式条款免除侵权责任的话，等于以合同方式剥夺相对人合同以外的权利。

（3）免除格式条款提供方主要义务、加重相对方责任、排除相对方主要权利的格式条款无效。“主要义务”与“主要权利”的范围，根据合同的性质确定。这样的条款，违背合同法的公平原则，导致当事人双方权利义务的严重失衡，应当无效。

（三）规定格式条款解释的规则

在格式条款含义不明确或存在多种解释时，就需要确定一定的规则来解释格式条款。无论大陆法系还是英美法系，均采用对格式条款提供者不利的解释规则。因为格式条款提供方在经济地位上往往优于相对方，可能在其拟定的条款中已包含对自己有利的内容。作出不利于格式条款提供者的解释，有利于平衡当事人之间的利益。

德国《标准合同条款法》第5条规定：“标准合同条款的内容有异议时，由条款利用者承受其不利益。”英国判例法也确认，只有在免责条款的用语绝对准确、肯定，并且不发生歧义的情况下，才裁定其有效。如果含糊不清时，将作对格式条款的适用者不利的解释，甚至否定其效力。①

我国《合同法》第41条规定：“对格式条款的理解发生争议的，应当按照通常理解予以解释。对格式条款有两种以上解释的，应当作出不利于提供格式条款一方的解释。格式条款和非格式条款不一致的，应当采用非格式条款。”

第三节　合同的形式

合同的形式是当事人合意的表现形式，是合同内容的外部表现，是合同内容的载体。

从合同法的历史发展看，在合同的形式上，明显表现出从重形式到重意思的变化规律。在早期简单商品交易中，物物交易和即时交易是其基本形式。人们主要关注交易的安全，强调合同的要式性。合同中的合意因素被物权转移行为和繁琐的形式所吸收，重形式轻意思成为罗马法中的一项原则。

随着商品经济的发展，这种要式交易行为中的合意因素与物权转移行为逐渐分离，导致诺成合同的产生。诺成合同的产生，在合同法的发展中具有极为重要的意义。它使合意具有了独立的法律意义，“使契约逐渐和其形式的外壳脱离”②，并最终孕育了契约

① 董安生等编译：《英国商法》，法律出版社，1991年版，第69页。

② ［英］梅因：《古代法》，商务印书馆，1959年版，第177页。

自由原则。

从重形式到重意思的真正转变，发生于商品经济极大发展的资本主义社会，是人们对交易便捷强烈追求的结果，也是合同自由原则在合同形式上的反映。

重意思并非完全否定形式，法律难以评价纯粹内心的意思。只有意思以一定形式表现出来，能被人们把握和认定时，法律才能准确地评价。① 合同形式对合同来讲是必不可少的，合同形式与合同内容的不可分割地结合，共同构成一个完整的合同。

我国《合同法》第10条规定："当事人订立合同，有书面形式、口头形式和其他形式。法律、行政法规规定采用书面形式的，应当采用书面形式。当事人约定采用书面形式的，应当采用书面形式。"

一、口头形式

口头形式是指合同当事人通过语言交谈为意思表示而订立合同。现实生活中的大多数合同都是口头合同。凡当事人无约定、法律未规定特定形式的合同，均可采用口头形式。

口头形式的优点在于简便、迅速、易行、节约交易费用，方便民众的日常生活。但口头形式缺乏文字依据，发生合同纠纷时难于取证，不易分清责任。

为保证交易安全，对于不能即时清结的合同和标的数额较大的合同，不宜采用这种形式。

二、书面形式

书面形式是指以书面文字表达合意而订立合同的形式。当事人有约定或法律有特别规定采用书面形式的，应当采用书面形式。对于标的数额较大、内容复杂、不能即时清结的合同，当事人一般也采用书面形式。

我国《合同法》第11条规定："书面形式是指合同书、信件和数据电文（包括电报、电传、传真、电子数据交换和电子邮件）等可以有形地表现所载内容的形式。"据此，书面形式有以下几种情形：

（1）合同书。合同书是指载有合同条款的文书，该文书上应有当事人或其代理人的签字或盖章。

（2）信件。当事人为订立合同而来往的信件，如果载有合同的主要条款，并有当事人或其代理人的签字或盖章，也可成为合同。

（3）数据电文。数据电文是指经由电子手段、光学手段或者类似手段生成、储存或传递的信息，包含电报、电传、传真、电子数据交换和电子邮件等方式。通过电子脉冲而发送的电报、电传和传真，或接收方能凭借从接收机中得到的一张通讯记录纸，来形成书面的证据，仍为书面形式。

电子邮件（E-mail），是以网络协议为基础，从终端机输入信件、便条、文件、图片或声音等通过邮件服务器传送到另一端终端机上的信息。而电子数据交换（EDI）则是通过计算机联网，按照商定的标准采用电子手段传送和处理具有一定结构的商业数据。两者均不再以纸张为原始凭证，而表现为一组电子信息。但记录于媒介载体上的信息可被认知，也可以纸张打印，故仍为一种书面形式。

---

① 王利明、崔建远：《合同法新论·总则》，中国政法大学出版社，2000年版，第224页。

只是数据电文主要以磁性介质等作为载体，因而不具有有形物的特点，易于改动，而且不留痕迹，这就带来诸如商业文件的书面形式、签字与认证和证据力等问题。数据电文通过信息系统而不是传统的邮政、电信系统等来传递，这将带来与之相应的通讯安全和网络责任等问题。[①]

我国《合同法》第32条、第33条规定，当事人采用合同书形式订立合同的，自双方当事人签字或者盖章时合同成立。而当事人采用信件、数据电文等形式订立合同的，可以在合同成立之前要求签订确认书。签订确认书时合同成立。

三、推定形式

推定形式，又称为默示形式，是指当事人仅以某种行为间接表示合同内容的合同形式。承诺可以行为作出，已得到法律的认可。我国《合同法》第26条规定："承诺不需要通知的，根据交易习惯或者要约的要求作出承诺的行为时生效。"如通过自动售货机进行交易，合同形式即为推定形式。

四、行为方式

所谓行为方式，是指合同当事人通过履行合同义务，对方接受合同义务履行的方式，依据法律、法规的规定，使合同成立的合同方式。有人认为，这种方式与推定形式是一种形式。

我国《合同法》第36条、第37条规定，法律、行政法规规定或者当事人约定采用书面形式订立合同，当事人未采用书面形式但一方已经履行主要义务，对方接受的，该合同成立。而采用合同书形式订立合同，在签字或者盖章之前，当事人一方已经履行主要义务，对方接受的，该合同成立。

但是，必须注意，采用行为形式判断合同的成立，必须以法律、法规有直接而明确的规定为条件。如果法律、法规没有规定，或者规定不明确的，不能采用行为形式。

思考题

1. 试述合同一般条款、普通条款与必备条款。
2. 合同的提示性条款的主要内容有哪些？
3. 如何区分合同的必备条款与合同的普通条款或可协议条款？
4. 简述格式条款产生原因以及法律特征。
5. 简述我国《合同法》对使用格式条款的基本规则，以及遇到格式条款的解释时，有哪些限制？
6. 分析合同形式中，各种形式的利弊。
7. 书面合同什么时间成立？以拍卖、招标方式订立合同时，合同什么时间成立，为什么？

学习资料指引

1. 王利明、崔建远：《合同法新论·总则》，中国政法大学出版社，2000年版，第6章、第7章。

---

① 王利明、崔建远：《合同法新论·总则》，中国政法大学出版社，2000年版，第230页。

2. ［德］海因·克茨：《欧洲合同法》(上卷)，法律出版社，2001 年版，第 5 章。

3. A·G·盖斯特：《英国合同法与案例》，中国大百科全书出版社，1998 年版，第 4 章。

4. 魏振瀛：《民法》，北京大学出版社、高等教育出版社，2000 年 9 月版，第 22 章。

5. 彭万林：《民法学》，中国政法大学出版社，1999 年 8 月修订版，第 29 章。

6. 隋彭生：《合同法要义》，中国人民大学出版社，2003 年版，第 3 章。

参考法规提示

1.《中华人民共和国合同法》，第 10 条～第 12 条，第 26 条，第 36 条～第 37 条，第 39 条～第 41 条，第 61 条～第 62 条。

2.《联合国国际货物销售合同公约》，第 8 条～第 11 条。

3. 建设部、国家工商行政管理局《商品房买卖合同示范文本》(2000 年 9 月 13 日，编号：GF－2000－0171)，“商品房买卖合同说明”部分第 1 条，第 3 条～第 7 条。

第二十五章　合同履行

【阅读提示】 本章重点是合同履行的原理、履行合同的原则与双务合同履行抗辩权等。其中，合同履行的目的，实际上就是合同订立的目的。而合同之所以能够履行，恰恰是合同的利益交易或者互换的工具性的必然表现。合同为了能够顺利履行，就要坚持适当履行、协作履行等原则。本章的难点是合同履行中的抗辩权，即双务合同的同时履行抗辩权、先履行抗辩权和不安抗辩权等，是如何起到保护合同义务履行的作用的。

第一节　合同履行原理

一、合同履行的理由

合同履行，是指合同当事人按照合同约定完成合同义务的行为。如交付约定的标的物、支付约定的价款、提供约定的服务、完成约定的工作等。合同履行既可以是作为的方式，也可以是不作为的方式。

合同履行或者履行合同的理由，主要是合同履行本身是实现合同目的或者达到利益交易或者交换的重要手段。没有合同的履行，合同的订立就是没有意义的。从这个意义上讲，合同的履行，是合同的真正目的和合同法的全部意义。

换句话说，当事人订立合同都是为了履行合同，实现合同的内容，即达到利益的交换或者利益的互换。“无论从什么意义上讲，履行都是债权关系的目的。任何一项交易都是要完成一件事情，如满足某种需要，或获得一项财产等，而契约以及由契约产生的各种义务，就是用来实现这一目标的。”①

合同履行是合同的基本效力，是生效合同所必然发生的法律效果，是构成有效合同所具有的全部拘束力的主要内容。

二、合同履行的后果

合同履行，也是合同消灭最主要的原因。

合同当事人全面、正确地履行合同义务，合同目的得以实现，合同关系即归于消灭。因此，合同履行又称为债的清偿。

无论从合同的目的、合同的效力或合同的消灭看，合同履行都是合同制度的核心，是其他一切合同法律制度的归宿与延伸。合同的有效成立是合同履行的前提；合同的效力的主要内容是合同履行；合同的担保，是为了促使合同履行；合同的保全，通过保障债权人债权的实现，达到清偿的目的；合同的变更和转让，是合同履行内容和履行主体的变更；违约责任既是违约的补救手段，又是促使债务人履行合同的法律措施。

所以，“合同法的作用正在于，以法律所具有的强制力，保障合同当事人正确履行

---

① 罗伯特·霍恩等：《德国民商法导论》，中国大百科全书出版社，1996年版，第97页。

合同，使合同关系归于消灭，通过合同关系的不断产生，不断履行和不断消灭，实现社会流转。”①

三、合同履行的要素

（一）履行主体

合同履行主体，是指履行合同债务和受领合同履行的人。基于合同的相对性，合同通常由当事人亲自履行，即合同债权人和债务人是合同履行的主体。

但是，随着交易的发展，经济关系日益复杂化，合同相对性原则被突破。在不违反法律规定和当事人的特别约定，并符合合同性质的前提下，第三人可以成为合同履行的主体。因此，合同履行主体不同于合同主体。合同主体仅限于合同当事人，即债权人和债务人。而合同履行主体，包括但不限于债权人和债务人。

第三人履行包括第三人接受履行和第三人代替债务人履行两种情况。

（1）第三人接受履行，是指根据当事人的约定，由债务人向第三人履行合同义务。第三人成为合同履行主体。但第三人只是代替债权人受领履行，并不享有合同的实体权利和义务。因此，债务人未向第三人履行债务或者履行债务不符合约定，应当向债权人承担违约责任。

债务人向第三人履行债务后，债权人的债权消灭。因向第三人履行而增加履行费用的，应由债权人承担增加的费用。

（2）第三人代替债务人履行，是指当事人约定，由合同外的第三人代替债务人向债权人履行合同义务。但是，法律规定或当事人约定须由债务人亲自履行的义务，或者合同的性质决定须由债务人亲自履行的义务，不得由第三人履行。

代替债务人履行的第三人，不是合同当事人，不享有合同的实体权利和义务。第三人不履行债务或者履行债务不符合约定，债务人应当向债权人承担违约责任。第三人代为履行后，合同关系消灭。第三人可基于与债务人之间的委托合同，或者基于无因管理、不当得利向债务人进行追偿。

（二）履行标的

履行标的，是指债务人应当履行的内容。不同性质的合同存在不同的履行标的，如交付财物、支付价款、提供劳务、完成工作等。标的是合同的必要条款，标的缺失，合同不成立。

对于履行标的，债务人原则上应严格按合同的约定履行，否则不生合同清偿效力。但根据诚实信用原则，部分履行或不以原定给付为履行，对债权人并无不利或不便时，债权人不得拒绝受领。我国《合同法》第72条规定：“债权人可以拒绝债务人部分履行债务，但部分履行不损害债权人利益的除外。债务人部分履行债务给债权人增加的费用，由债务人承担。”

代物履行，又称为代物清偿，是指合同当事人约定履行他种给付，代替原定给付而使合同得以清偿。代物清偿须具备以下几个要件：①必须有原债务存在；②必须以他种给付代替原定给付；③必须有当事人关于代物清偿的合意；④必须受领履行人现实地受领给付。代物清偿与清偿的效力相同，导致债权消灭。

---

① 王家福：《中国民法学·民法债权》，法律出版社，1991年版，第385页。

(三)履行期限

履行期限是履行债务和受领债务的时间。履行期限可以由当事人明确约定，也可以根据法律规定或合同性质加以确定。

履行期限不明确的，当事人可以协议补充；不能达成补充协议的，按照合同有关条款或者交易习惯确定。如果仍不能确定履行期限的，债务人可以随时履行，债权人也可以随时要求履行，但应当给对方必要的准备时间。

履行期限确定的，应当按照确定的期限履行。任何一方当事人无权要求另一方放弃期限利益而提前履行或提前受领。但一方自愿放弃期限利益，对另一方并无不利或不便时，应允许提前履行。我国《合同法》第71条规定："债权人可以拒绝债务人提前履行债务，但提前履行不损害债权人利益的除外。债务人提前履行债务给债权人增加的费用，由债务人承担。"

(四)履行地点

履行地点是指合同履行主体为履行行为的地方。履行地点可以由当事人明确约定，也可以根据法律规定或合同性质加以确定。履行地点不明确的，当事人可以协议补充；不能达成补充协议的，按照合同有关条款或者交易习惯确定。如果仍不能确定履行地点，给付货币的，在接受货币一方所在地履行；交付不动产的，在不动产所在地履行。其他标的，在履行义务一方所在地履行。

(五)履行方式

履行方式是完成合同义务的方法。履行方式对债权人的利益有密切关系。履行方式不符合合同要求，可造成标的物瑕疵、费用增加、履行迟延等后果。[①] 合同没有约定履行方式或约定不明确的，当事人可以协议补充；不能达成补充协议的，按照合同有关条款或者交易习惯确定。如果仍不能确定履行方式的，则按照有利于实现合同目的的方式履行。

(六)履行费用

履行费用是指履行合同所需支出的费用。对于履行费用的负担，当事人有约定的，从约定；没有约定或约定不明确的，当事人可以协议补充；不能达成补充协议的，按照合同有关条款或者交易习惯确定。如果仍不能确定履行费用的负担，则由履行义务一方负担。

第二节　合同履行的原则

一、合同履行原则的界定

合同履行的原则，是指合同当事人在履行合同过程中，所应遵循的基本规则。关于合同履行的原则，学者之间存在较大争议。有人认为，理论上的合同履行原则，实际上是合同履行中的规则。我国《合同法》没有规定也无必要单独规定合同的履行原则。[②]

---

① 隋彭生：《合同法要义》，中国人民大学出版社，2003年版，第189页。

② 陈小君：《合同法学》，中国政法大学出版社，2002年版，第63页；隋彭生：《合同法要义》，中国人民大学出版社，2003年版，第187页。

主张存在合同履行原则的学者，对合同履行原则的具体范围，也有不同的理解。

作者认为，合同履行原则，是指导合同履行的基本规则。虽然，有的原则是合同效力的应有之义，有的原则是民法基本原则在合同履行中的具体体现。但是，只要这些规则对整个合同履行起到价值指引作用，就不失为合同履行的原则。

而实际履行原则作为计划经济的产物，“否认或限制了当事人的意思自治，不能成为市场经济体制下指导合同的履行原则”。① 根据我国《合同法》第 60 条的规定，合同履行原则主要有适当履行原则和协作履行原则。

二、适当履行原则

适当履行原则，又称正确履行原则或全面履行原则，是指合同当事人应当按照合同约定的全部条款，全面、适当地完成合同义务的原则。

我国《合同法》第 60 条规定：“当事人应当按照约定全面履行自己的义务。”根据适当履行原则，当事人应按照合同约定的标的及标的的数量和质量、履行期限、履行地点、履行方式等全面履行合同义务。

至于双方当事人对于某些合同条款约定不明时，我国《合同法》第 61 条至第 63 条也规定了处理的基本规则，即当事人就有关合同内容约定不明确，可依照《合同法》第 61 条的规定。当事人可以就质量、价款或者报酬、履行地点等内容中，没有约定或者约定不明确的部分，协议订立补充条款。如果不能达成补充协议的，按照合同有关条款或者交易习惯确定。如果仍不能确定的，对于不能确定具体内容的相关条款，适用下列履行规则：

（1）质量要求不明确的，按照国家标准、行业标准履行；没有国家标准、行业标准的，按照通常标准或者符合合同目的的特定标准履行。

（2）价款或者报酬不明确的，按照订立合同时履行地的市场价格履行；依法应当执行政府定价或者政府指导价的，按照规定履行。

（3）履行地点不明确，给付货币的，在接受货币一方所在地履行；交付不动产的，在不动产所在地履行；其他标的，在履行义务一方所在地履行。

（4）履行期限不明确的，债务人可以随时履行，债权人也可以随时要求履行，但应当给对方必要的准备时间。

（5）履行方式不明确的，按照有利于实现合同目的的方式履行。

（6）履行费用的负担不明确的，由履行义务一方负担。

特别是执行政府定价或者政府指导价的，在合同约定的交付期限内政府价格调整时，按照交付时的价格计价。逾期交付标的物的，遇价格上涨时，按照原价格执行；价格下降时，按照新价格执行。逾期提取标的物或者逾期付款的，遇价格上涨时，按照新价格执行；价格下降时，按照原价格执行。

因此，全面履行原则，是判断当事人是否承担违约责任的依据。

三、协作履行原则

协作履行原则，是指当事人在履行合同中，应当协助对方当事人履行合同义务的原则。合同的履行并非债务人单方的行为，如果没有债权人的积极配合以及债权人的受领

① 隋彭生：《合同法要义》，中国人民大学出版社，2003 年版，第 187 页。

给付，合同的内容就难以实现。

我国《合同法》第60条规定，当事人在履行合同中，根据合同性质、目的和交易习惯履行通知、协助和保密等义务。协助履行原则主要包括以下内容：

(1) 债务人履行合同债务，债权人应当及时受领。

(2) 债权人应为债务人履行合同债务创造条件、提供方便。

(3) 债务人不能履行或不完全履行时，债权人应积极采取措施，避免损失过大。

在我国《合同法》第92条、第96条、第102条、第107条、第109条、第110条、第118条、第119条等条款中，分别规定了其他层面上的合同履行中的协助规则。

第一，合同的权利义务终止后，当事人应当遵循诚实信用原则，根据交易习惯履行通知、协助、保密等义务。

第二，当事人一方依照我国《合同法》第93条第2款、第94条的规定主张解除合同的，应当通知对方。合同自通知到达对方时解除。对方有异议的，可以请求人民法院或者仲裁机构确认解除合同的效力。

第三，标的物提存后，除债权人下落不明的以外，债务人应当及时通知债权人或者债权人的继承人、监护人。

第四，当事人一方不履行合同义务或者履行合同义务不符合约定的，应当承担继续履行、采取补救措施或者赔偿损失等违约责任。

第五，当事人一方未支付价款或者报酬的，对方可以要求其支付价款或者报酬。当事人一方不履行非金钱债务或者履行非金钱债务不符合约定的，对方可以要求继续履行。

第六，当事人一方因不可抗力不能履行合同的，应当及时通知对方，以减轻可能给对方造成的损失，并应当在合理期限内提供证明。

第七，当事人一方违约后，对方应当采取适当措施防止损失的扩大；没有采取适当措施致使损失扩大的，不得就扩大的损失要求赔偿。当事人因防止损失扩大而支出的合理费用，由违约方承担。

这些规定，都是协助履行原则的具体化及其表现。

应当说明的是，合同的适当履行原则、协助履行原则，都是在我国《合同法》立法时，扩张了合同义务人的义务的基础上，作为一种社会主义市场经济背景下，发展市民社会，建设全面小康社会，重视人的全面发展，以人为本等理念为基本思想规定的，它们的灵魂是诚实信用这一理念。

第三节 合同履行抗辩权

合同履行抗辩权，是指在双务合同履行过程中，当事人一方依法享有的暂时拒绝对方当事人履约请求的权利。包括同时履行抗辩权、先履行抗辩权和不安抗辩权等。

合同履行中的抗辩权，对于保护债权人的利益，维护交易安全具有重要意义。

合同履行中的抗辩权是合同效力的体现。抗辩权的行使，使合同履行在一定期限内暂时中止，但并不消灭合同的履行效力。产生抗辩权的原因消失后，债务人仍应履行合同义务。合同履行中的抗辩权性质上属于一时的抗辩权、延缓的抗辩权，而非永久抗辩权。

合同履行中的抗辩权，具体表现为对合同履行的拒绝，但并不构成违约，而是债务人行使合法权利，应受法律保护。

一、同时履行抗辩权

同时履行抗辩权，是指在没有规定履行顺序的双务合同中，当事人一方在他方未为对待给付之前，有权拒绝自己的履行。我国《合同法》第66条规定："当事人互负债务，没有先后履行顺序的，应当同时履行。一方在对方履行之前有权拒绝其履行要求。一方在对方履行债务不符合约定时，有权拒绝其相应的履行要求。"

同时履行抗辩权的法理基础，是诚实信用原则。在有同时履行义务的情况下，一方当事人不履行而要求另一方先履行，先履行一方就要承担对方不为对待履行的风险，就会破坏合同当事人的利益平衡状态，导致当事人之间的不公平。而同时履行抗辩权正是基于诚实信用原则设定的合同当事人积极地恢复其失衡利益的重要措施。

其主要内容包括：当事人一方在对方未为对待给付之前或对方履行不符合约定时，可以暂时不履行自己承担的义务；如果自己尚未履行，不得要求对方先为履行；当事人一方行使同时履行抗辩权时，应及时通知对方，以免给对方造成损失；在对方已履行或提供适当担保的情况下，应及时履行自己的合同义务。

同时履行抗辩权产生的直接前提，是双务合同权利义务的牵连性。在双务合同中，当事人的权利、义务之间具有相互依存、互为因果的关系，一方的权利即另一方的义务，一方的义务即为另一方的权利。如果一方的权利、义务不成立或无效，另一方的权利、义务也发生同样的效果。在合同生效后，当事人各方基于合同履行义务，任何一方负担义务均以另一方负担义务为前提。如果一方不履行义务，另一方的权利就不能得以实现，当然，就应当有权拒绝自己义务的履行。

（一）同时履行抗辩权的构成要件

1．当事人因同一双务合同而互负债务

首先，同时履行抗辩权产生的根据，是双务合同权利义务的牵连性。因而，同时履行抗辩权只适用于双务合同。在单务合同中，只有一方享有权利，一方承担义务，不存在履行抗辩权的可能。

其次，当事人互负的债务应因同一合同关系而产生。非因同一合同关系而产生的给付，因不具有牵连性，而不产生同时履行抗辩权。

第三，当事人互负的债务应具有对价性。关于双务合同对价性的判断，理论上有不同的认识，如同价说、比较高价说、要素说及主观的均整关系说等。[①]

通说认为，拒绝履行的义务与对方不履行或不完全履行的义务之间大体相当，具有互为条件、互为牵连的关系即可，并不要求考虑双方履行的义务经济上是否等价。

2．当事人互负的债务没有先后履行顺序，并均已届清偿期

同时履行抗辩权的适用，是当事人双方对待给付的交换关系的反映，旨在使双方所负的债务同时履行，双方享有的债权同时实现。因此，就要求当事人互负的债务没有先后履行顺序并均已届清偿期。

---

① 苏俊雄：《契约原理及其适用》，中国台湾中华书局1983年版，第78～82页。

所谓当事人互负的债务没有先后履行顺序，是指当事人明确约定双方应同时履行合同义务，或当事人对履行顺序没有约定或约定不明确，根据交易习惯亦不能确定履行先后顺序。此时，当事人应同时履行。

如果当事人的履行有先后顺序，先履行义务一方应先履行合同义务，不能行使同时履行抗辩权。同时，只有在双方债务同时到期时，才能行使同时履行抗辩权。否则，就等于要求未到期的债务人提前履行合同义务。

3. 对方未履行债务或者履行债务不符合约定

当事人一方向另一方提出履约请求，只有请求方未履行对待给付或者履行的给付不符合合同约定时，被请求方才有权提出同时履行抗辩。"未履行"是指没有履行债务。"履行不符合约定"是指瑕疵履行，包括全部瑕疵和部分瑕疵。一方所为的给付不符合约定即存在瑕疵时，与此相对应的对方的对待给付将因其前提给付有瑕疵而可以拒绝履行。如果一方已提出履行债务，但并未实际履行的，另一方仍有权行使同时履行抗辩权。

4. 对方的对待给付是可能履行的

同时履行抗辩权制度的目的，是为了促使双方当事人同时履行其债务。只有在双方的债务可以履行的情况下，同时履行抗辩权才有意义。

如果对方的履行已不可能，无论是由于可归责或不可归责于对方的原因，同时履行的目的已不能实现，故不发生同时履行抗辩权问题。此时，应通过合同解除制度等其他救济途径解决。

（二）同时履行抗辩权的效力

同时履行抗辩权性质上属延期抗辩，其效力仅为使对方的请求权延期，即在对方未履行对待给付前，拒绝履行自己的债务，而无权消灭对方请求权。在行使同时履行抗辩权时，债务人仅表示行使抗辩的意思即可，无须举证证明对方未履行或不适当履行。对方主张自己已履行的，应负举证责任。债务人的同时履行抗辩权成立的，不负迟延履行的违约责任。

二、先履行抗辩权

先履行抗辩权，也称为后履行抗辩权，是指在双务合同中，负有先履行义务的一方未依合同约定履行债务，后履行一方可以拒绝履行自己的合同义务。

我国《合同法》第67条规定："当事人互负债务，有先后履行顺序，先履行一方未履行的，后履行一方有权拒绝其履行要求。先履行一方履行债务不符合约定的，后履行一方有权拒绝其相应的履行要求。"先履行抗辩权由后履行一方享有，先履行一方不能行使先履行抗辩权。

传统民法未严格区分同时履行抗辩权和先履行抗辩权，先履行抗辩权被包含于同时履行抗辩权中。如《德国民法典》第320条第1款规定："因双务合同而负有义务的人，在对待给付履行前，可以拒绝其负担的给付，但其负有先为给付的义务的，不在此限。"但是，同时履行抗辩权与先履行抗辩权的规则并不一致。同时履行抗辩权不是对违约的抗辩，而先履行抗辩权是对违约的抗辩。[①] 二者的规则、后果、行使权利的主体等均不

① 隋彭生：《合同法要义》，中国人民大学出版社，2003年版，第204页。

相同。区分这两种抗辩权，既有理论意义，又有实践意义。我国《合同法》首次明确规定了先履行抗辩权。

（一）先履行抗辩权的要件

1．双方因同一双务合同互负债务

与同时履行抗辩权的条件相同，当事人双方在同一双务合同中互负具有对价关系的债务。

2．双方的债务有先后履行顺序

即双方当事人约定或根据法律规定或依交易习惯确定，一方的义务应先履行，另一方的义务后履行。

3．先履行一方到期未履行或未适当履行债务

先履行抗辩权，反映了后履行义务人的后履行利益，包括期限利益和履行合同条件。在先履行一方违约时，后履行一方可暂时拒绝履行合同义务。因此，先履行抗辩权又称为违约救济权。

4．对方的先义务是可能履行的

如果先履行一方已实际上不可能履行合同义务，不论是否可归责于双方当事人，均不产生先履行抗辩权。这时，可通过解除合同或其他救济途径解决。

（二）先履行抗辩权的效力

先履行抗辩权属于延期的抗辩，不具有消灭先履行一方请求权的效力。如果先履行一方完全履行了先义务，则先履行抗辩权归于消灭，后履行一方应恢复履行合同义务。

三、不安抗辩权

不安抗辩权，是指双务合同中负有先履行义务一方当事人，在负有后履行义务一方当事人有难为给付之虞时，暂时中止履行；并且，在后履行义务 方于合理期限内，未能恢复履行能力或提供担保时有权解除合同。

通常情况下，负有先履行义务一方，应按合同约定先履行给付义务。但是，合同生效后，如果后履行义务一方的财产状况严重恶化，而负有先履行义务一方若按合同履行给付义务，则要承担债权无法实现的风险，导致当事人双方利益的失衡。为保护先给付义务一方的合法权利，特设立不安抗辩权予以救济。

不安抗辩权，是大陆法系的合同制度。《法国民法典》第1613条规定："如买卖成立时，买受人陷于破产或处于无清偿能力致使出卖人有丧失价金之虞时，即使出卖人曾同意延期给付，出卖人也不负交付标的物的义务。但买受人提出到期给付的保证者，不在此限。"《德国民法典》第321条规定："因双务合同而负有先为给付义务的人，在合同订立后另一方的财产发生明显减少，并由此危害对待给付的请求权时，可以在对待给付履行前或在为对待给付提供担保前，拒绝其负担的给付。"其他如《意大利民法典》第1496条、《奥地利民法典》第105条、《瑞士债法典》第83条等，均对不安抗辩权作出了明确规定。

我国《合同法》亦借鉴大陆法系的法律规定，确立不安抗辩权制度。我国《合同法》第68条规定："应当先履行债务的当事人，有确切证据证明对方有下列情形之一的，可以中止履行：（1）经营状况严重恶化；（2）转移财产、抽逃资金，以逃避债务；（3）丧失商业信誉；（4）有丧失或者可能丧失履行债务能力的其他情形。当事人没有确

切证据中止履行的，应当承担违约责任。”合同中止履行后，对方在合理期限内，未恢复履行能力并且未提供适当担保的，中止履行的一方可以解除合同。

（一）不安抗辩权的构成要件

1. 双方当事人因同一双务合同互负债务。

双方当事人基于同一双务合同产生对待给付义务，一方的先履行，是为了换取另一方的对待履行。负有先履行义务的一方在履行前，必须要考虑作为对价的对方的履行能否实现。若对待给付存在不能实现的危险，当事人有权保留自己的给付。

2. 当事人一方有先履行义务并已届清偿期。

不安抗辩权是负有先履行义务的当事人一方所享有的抗辩权。负有先履行义务的当事人一方在义务已届清偿期时，本应依合同约定履行合同义务，但将来的债权有不能实现之危险时，可通过行使不安抗辩权来保护自己的权益。而先履行抗辩权，则是后履行义务一方享有的抗辩权。

3. 后履行义务一方有不能为对待给付的现实危险。

先履行合同义务一方应履行合同义务时，如果后履行义务一方财产状况严重恶化，有不能为对待给付的现实危险，则产生先履行义务一方的不安抗辩权。这是不安抗辩权的基础条件。

根据我国《合同法》第68条的规定，有不能为对待给付的现实危险主要包括：经营状况严重恶化；转移财产、抽逃资金，以逃避债务；有丧失或者可能丧失履行债务能力的其它情形。先履行义务一方有证据证明以上事实的，可以行使不安抗辩权。若后履行义务一方在接到通知后提供了充分担保的，先履行义务一方应恢复履行。没有充分的证据证明对方不能履行合同而中止自己的履行，或者后履行义务一方提供充分担保后，先履行义务一方仍未恢复履行的，将承担违约责任。

（二）不安抗辩权的效力

不安抗辩权的法律效力，主要体现为先履行义务一方中止履行合同，同时，基于诚实信用原则，应负及时通知对方的义务。在行使不安抗辩权时，先履行义务一方应负举证责任。对方恢复履行能力或提供担保的，不安抗辩权消灭，应当恢复履行。对方在合理期限内未恢复履行能力并且未提供适当担保的，中止履行的一方可以解除合同。

思考题

1. 合同履行的原理应当如何理解？合同履行在整个合同制度中的意义是什么？
2. 试述合同履行的原则，在这些原则中，应否包括诚实信用原则？
3. 如何理解第三人履行，其法律后果如何把握？
4. 比较同时履行抗辩权、先履行抗辩权和不安抗辩权的构成要件。
5. 先履行抗辩权的法律效力中，是否有构成永久性拒绝履行的意义，为什么？
6. 不安抗辩权当中，会不会出现违约，为什么？

学习资料指引

1. 王利明、崔建远：《合同法新论·总则》，中国政法大学出版社，2000年版，第10章。

2. 魏振瀛：《民法》，北京大学出版社、高等教育出版社，2000 年 9 月版，第 23 章。

3. 彭万林：《民法学》，中国政法大学出版社，1999 年 8 月修订版，第 28 章。

4. 郭明瑞、房绍坤：《新合同法原理》，中国人民大学出版社，2000 年版，第 4 章。

5. 崔建远：《合同法》，法律出版社，2003 年版，第 6 章。

6. 隋彭生：《合同法要义》，中国人民大学出版社，2003 年版，第 5 章。

7. 翟云岭：《合同法总论》，中国人民公安大学出版社，2003 年版，第 4 章。

参考法规提示

1.《中华人民共和国合同法》，第四章“合同的履行”。

2.《中华人民共和国民法通则》，第 88 条。

3.《联合国国际货物销售合同公约》，第 45 条～第 52 条，第 61 条～第 65 条。

第二十六章 合同解除

【阅读提示】 本章的重点是合同解除的原因，合同解除中的协议解除、约定解除、法定解除和裁判解除等具体方法使用的条件，以及合同解除后的法律效力。本章的难点是合同解除条件的分析与梳理。通过本章的学习，学习者应当学会合同解除的一般规则，以及在合同解除状况下的受损利益的救济。

第一节 合同解除概述

一、合同解除的定义和特征

合同有效成立后，对当事人双方具有法律拘束力。但是，由于主客观情况的变化，使合同的履行成为不必要或者不可能时，应当允许当事人通过解除合同的方式，提前消灭合同关系。

合同解除有广义和狭义之分。广义的合同解除，是指在合同有效成立后，而尚未全部履行前，当事人双方基于协商、法律规定，或者当事人约定，而使合同关系归于消灭的一种法律行为。它包括协议解除、约定解除和法定解除等情形。

狭义的合同解除，仅指单方行使解除权的解除，不包括协议解除。大陆法系国家均采用狭义的合同解除，认为协议解除是合同自由原则的应有之义，毋须再另设条款予以规定。英美法系的合同解除则有两种含义，在广义上与合同消灭或终止是同义语；就其狭义而言，相当于大陆法系的合同解除。①

我国《合同法》关于合同解除的含义以及立法体例与两大法系均有一些不同，采取了广义的合同解除概念。

合同解除具有以下特征：

1．合同解除适用于有效成立的合同

合同解除的对象，是已经有效成立而尚未履行或尚未履行完毕的合同。

合同有效成立后，当事人双方应当依照合同约定履行合同。由于主客观情况的变化使合同的履行成为不必要或者不可能时，如继续让合同发生效力，不但对其中一方甚至双方有害无益，而且有时会妨碍市场经济的顺利发展。应当允许当事人通过解除合同的方式提前消灭合同关系。因此，能够解除的合同必须是合法有效的合同。

无效合同自始不发生履行效力，不存在解除的问题。可撤销合同，在被撤销之前为有效合同，可以解除。但一般情况下，当事人都会选择请求人民法院或仲裁机关予以撤销或变更。

效力待定的合同在被追认之前，效力处于不确定状态，不能解除；在被追认之后，

① 周林彬：《比较合同法》，兰州大学出版社，1989年版，第323页。

成为有效合同，则可以解除。

2. 合同解除必须具备解除条件

有效成立的合同，对当事人双方具有法律约束力，任何一方当事人都不得在没有法定、约定及协商根据的情况下，任意解除合同。如不具备解除条件而“解除”合同，则构成违约。为此，我国《合同法》第 93 条、第 94 条对合同解除的条件作了具体的规定。

合同解除的条件，既可以是法律规定的，也可以是当事人约定的；既有单方行使解除权的条件，也有合意解除的条件。

3. 合同解除必须有当事人的解除行为

我国《合同法》没有采取当然解除主义。具备合同解除条件，合同不会自动解除，当事人还必须实施一定的解除行为，合同才能被解除。解除行为具体表现为，当事人双方协商一致或者一方依约定的条件或法定的条件，行使合同解除权而发出解除的通知。

适用情事变更原则的解除，无须当事人的解除行为，由人民法院或仲裁机关裁判解除。

4. 合同解除使合同效力消灭

合同解除所寻求的结果，就是解除双方的合同关系，使当事人双方之间的权利义务归于消灭。至于合同解除将使合同关系自始消灭还是向将来消灭，在学说上历来存在争议，各国立法对此规定也不尽相同。

作者认为，在当事人有约定的情况下，则应尊重当事人的约定。当事人没有特别约定的，依照我国《合同法》第 97 条的规定，根据合同履行情况和合同性质决定。

二、合同解除与相关制度的区别

（一）合同解除与合同终止

大陆法系的传统理论区别合同终止与合同解除。合同终止指在继续性合同中，一方行使终止权而使合同的效力向将来消灭，从而结束合同关系。终止前的合同关系仍然有效，不发生恢复原状的法律后果。而合同解除，使有效合同关系溯及既往地消灭，发生恢复原状的效力。合同解除与合同终止是不同的概念。

我国《合同法》规定的合同终止，是指合同的消灭。而合同解除，是合同权利义务终止的原因之一。由此可见，合同终止是上位概念，合同解除则是下位概念。我国《合同法》在借鉴大陆法的基础上，构建了独具特色的最广泛意义上的合同终止制度，而合同解除是该制度的组成部分。

（二）合同解除与合同撤销

合同解除和合同撤销都使合同关系归于消灭，但两者存在着如下区别：

第一，合同可撤销的原因是由法律直接规定的，如重大误解、显失公平、欺诈、胁迫、乘人之危等意思表示不真实的行为，并且在合同成立时已经存在。合同解除的原因，则可以由法律规定，也可以由当事人约定或协商一致，且大都发生在合同成立以后。

第二，合同撤销必须由撤销权人提出请求，由人民法院或者仲裁机关裁决撤销；合同解除则可以通过当事人双方协商一致或一方行使解除权而实现。

第三，合同撤销具有溯及力，使合同自始没有法律约束力；而合同解除原则上无溯及力，仅在当事人有特别约定或法律有特别规定及违约解除非继续性合同时，才具有溯及力。

（三）合同解除与附解除条件的合同解除

合同解除与附解除条件的合同解除，有许多相似之处，如均表现为合同关系的消灭。但两者存在较大差异：

第一，解除条件是附解除条件合同的附款，由双方当事人约定，目的是限制合同的效力；合同解除不是合同附款，主要由法律规定。

第二，附解除条件的合同，在所附条件成就时，合同自动失效；合同解除不但要具备解除的条件，还必须要有解除行为。

第三，附解除条件的合同解除之后，向将来失去效力；而合同解除既向将来失去效力，也可以在具备条件时溯及合同成立时消灭。

三、合同解除的方式

（一）协议解除

协议解除，又称为解除契约或反对契约①，是指双方当事人协商一致而解除合同。双方当事人均无单方解除权，应对解除合同达成合意，通过一个新的合同解除原来的合同。

我国《合同法》第93条规定："当事人协商一致，可以解除合同。"根据合同自由原则，当事人有权通过协商方式解除合同，他人无权干涉。

（二）约定解除

约定解除，是指在合同约定的解除条件成就时，由单方行使解除权而使合同的效力消灭。我国《合同法》第93条第2款规定："当事人可以约定一方解除合同的条件。解除合同的条件成就时，解除权人可以解除合同。"当事人可以在订立合同时，约定解除权条款，也可以在合同成立后另行约定。

约定解除与协议解除，虽都表现为双方当事人的合意，但两者存在较大差别。

首先，约定解除属单方解除。约定解除的条件虽由双方约定，但其内容是赋予一方解除合同的权利。在条件成就时，仅一方行使解除权就可解除合同。而协议解除为双方解除，双方对解除合同协商一致时，合同解除。

其次，约定解除为事前的约定，约定在一定的情况发生时，一方享有解除权。而协议解除为事后的约定，在一定的情况发生后，双方协商解除合同。

再次，约定解除常与违约的救济和责任联系在一起，在解除发生时，成为对违约的一种补救方式。而协议解除性质上是对双方当事人的权利义务关系重新安排、调整和分配，并不是针对违约而寻求补救措施。②

因此，作者认为，约定解除是与协议解除、法定解除等相并列的一种独立的合同解除方式。

（三）法定解除

法定解除，是指在符合法律规定的条件时，由当事人一方行使解除权而使合同的效

① 史尚宽：《债权总论》，中国政法大学出版社，2000年版，第530页。

② 王利明、崔建远：《合同法新论·总则》，中国政法大学出版社，2000年版，第446页。

力消灭。根据我国《合同法》第94条的规定，法定解除的事由，主要是发生不可抗力或者一方违约致使合同目的不能实现。

法定解除与协议解除的主要区别是：法定解除属单方解除，而协议解除属双方法律行为。法定解除与约定解除的主要区别在于：法定解除权是依法律规定产生的，而约定解除权是依当事人的约定而产生。

（四）裁判解除

裁判解除，是指在合同履行过程中，因发生情事变更而致合同的基础丧失或动摇，若继续维持合同原有效力则显失公平时，由人民法院或仲裁机关裁判解除合同。虽然约定解除和法定解除也可以由当事人诉请人民法院或仲裁机关解除合同，但是，仍属于单方行使解除权的具体方式，不属于裁判解除。

与上述各解除方式不同的是，适用情事变更原则解除合同，当事人无合同解除行为，而是由人民法院或仲裁机关根据案件事实和法律规定予以裁决。

第二节　合同解除的条件

合同解除的条件，又称为合同解除的事由。协议解除是以一个新合同解除原合同，因此，解除协议符合有效合同的要件即可。对于约定解除，只要不违反法律的强制性规定，当事人可以对解除权的产生条件任意约定。裁判解除则须符合情事变更的构成要件。这里主要探讨法定解除的条件。

鉴于合同解除对合同“法锁力”，以及合同订立的目的、双方当事人的利益，还有社会整体利益等，均具有较大影响，各国无不对合同法定解除的事由在立法、判例及学说上作出严格、明确的限定。①

英国法历来将合同条款分为条件和担保两类：“条件”是合同中重要的、根本性的条款，担保是合同中次要的和附属性的条款。当事人违反条件将构成根本违约，受害人不仅可以诉请赔偿，而且有权要求解除合同。

德国法中没有根本违约的概念，但《德国民法典》将违约后“合同的履行对于对方无利益”作为决定合同是否解除的标准，与英国法中的根本违约概念相似。②《联合国国际货物销售合同公约》借鉴了两大法系的立法经验，规定了根本违约。该公约第25条规定：“一方当事人违反合同的结果，如使另一方当事人蒙受损害，以至于实际上剥夺了他根据合同规定有权期待得到的东西，即为根本违反合同，除非违反合同一方并不预知而且一个同等资格、通情达理的人处于相同情况中也没有理由预知会发生这种结果。”

我国《合同法》第94条引进了根本违约的概念，只是去掉了判断根本违约的主观标准，仅以违约结果的严重性，即“合同目的不能实现”作为认定根本违约的标准。从而，更有利于对债权人的保护。合同必须严守，只有在合同履行成为不必要或不可能时，才能解除合同。通过根本违约来限制合同的解除，避免轻易解除合同给当事人造成

---

① 曹诗权、朱广新：《合同法定解除的事由探讨》，载《中国法学》1998年第8期，第34页。

② 王利明、崔建远：《合同法新论·总则》，中国政法大学出版社，2000年版，第450～451页。

损害，达到鼓励交易和有效利用资源的目的。

根据我国《合同法》第94条的规定，合同法定解除的条件主要包括以下三方面：

一、因不可抗力导致合同目的不能实现的解除

不可抗力是指不能预见、不可避免并不能克服的客观情况。不可抗力可能影响合同的履行，只是对合同履行的影响程度不一样而已。若不可抗力的发生影响合同履行，但对当事人仍有履行利益的，合同应继续履行；若不可抗力导致合同不能履行或虽能履行但该履行对当事人失去意义的，则可认定为不能实现合同目的，即当事人订立合同所追求的目标和基本利益不能实现，当事人可以解除合同。

这时，合同解除权原则上属于直接承受不可抗力的一方。但是，也不排除相对方行使解除权的可能。

二、违约解除

违约解除是指当事人一方严重违约时，非违约方行使合同解除权而解除合同。我国《合同法》第94条规定："在履行期限届满之前，当事人一方明确表示或者以自己的行为表示不履行主要债务；当事人一方迟延履行主要债务，经催告后在合理期限内仍未履行；当事人一方迟延履行债务或者有其他违约行为致使不能实现合同目的，当事人可以解除合同。"

（一）预期违约

在合同有效成立至合同履行期限届满之前，当事人一方明确肯定地向另一方当事人表示或者以自己的行为表示不履行主要债务的，称为预期违约。当事人一方明确肯定地表示不履行主要债务的，为明示预期违约；当事人一方以自己的行为表示不履行主要债务的，为默示预期违约。

在预期违约的情况下，表明毁约当事人根本不愿意受合同约束，合同目的将不能实现。非违约方因此获得单方合同解除权，可通知违约方而解除合同。

（二）超过宽限期的迟延履行

迟延履行，指当事人在合同履行期届满时未履行合同。当事人一方迟延履行主要义务时，法律并不主张对方立即解除合同。从维护交易、平衡双方当事人的利益，以及减少其损失的角度考虑，允许相对人给予迟延方一定的宽限期，催告迟延方在宽限期内履行合同义务。

经催告在合理期限内仍未履行主要债务的，表明迟延方根本没有履行合同的诚意，或已根本不能履行合同，相对方的合同目的就不能得以实现。此时，相对方应有权解除合同。至于宽限期为多长才合理则是一个事实问题，应视不同合同的具体情况而定。

（三）其他根本违约

当事人迟延履行合同致使不能实现合同目的的，已构成根本违约，无须催告，非违约方可直接解除合同。

其他违约行为如拒绝履行、瑕疵履行、部分履行等，若导致合同目的不能实现的，非违约方也可以解除合同。

三、法律规定的其他情形

法律规定的其他情形，属于兜底条款，是对其他的法定解除情形的概括。如我国《合同法》第69条规定，因行使不安抗辩权而中止履行合同的，对方在合理期限内未恢复履行能力并且未提供适当担保的，中止履行的一方可以解除合同。

同时，也包括我国《合同法》分则中规定的一些具体合同的法定解除权。如我国《合同法》第 268 条规定：“定作人可以随时解除合同，造成承揽人损失的，应当赔偿损失。”又如我国《合同法》第 410 条规定：“委托人或者受托人可以随时解除委托合同，因解除合同给对方造成损失的，除不可归责于该当事人的事由外，应当赔偿损失。”

另外，其他法律、行政法规中规定了合同法定解除权的，依其规定。

第三节　合同解除的程序

关于合同解除的程序，各国立法的规定不尽相同。主要有以下几种类型：

其一，通过法院裁决解除合同。《法国民法典》第 1184 条第 2 款规定：“债权人解除契约应向法院提出，法院得根据情况给予被告一定期限。”

其二，解除权人以意思表示通知对方而解除合同。《德国民法典》第 349 条规定：“解除以向另一方作出意思表示的方式进行。”

其三，在一定条件下合同自动解除，即不以当事人的意思表示为必要，依法律规定合同当然而自动地消灭。英美法对因合同落空而解除等，采取当然解除方法。

其四，协议解除与裁判解除两种。《俄罗斯联邦民法典》第 452 条规定：“一方面，解除合同的形式可按照合同签订的形式为之；另一方面，一方当事人请求法院解除合同的，只有在其收到对方对其提出的解除合同的建议拒绝、在合同和法律或建议中所规定的期限内，在没有期限时即 30 日内未收到答复时，方可为之。”

我国《合同法》根据不同的合同解除方式，采取不同的程序。

一、协议解除的程序

协议解除，是当事人双方协商一致解除合同，不是基于当事人一方的意思表示，不以解除权的存在为前提。因此，协议解除只需遵循合同的订立程序即可，即要经过要约和承诺过程，最终达成一个解除合同的协议。

协议解除发生解除效力的时间，则根据法律规定是否需经批准而定。合同解除需经批准的，有关部门批准解除的日期即为合同解除的日期；合同解除不需批准的，当事人协商一致之时或当事人商定的日期为合同解除的日期。

二、行使解除权的程序

约定解除与法定解除均为单方解除，在符合当事人约定或法律规定的解除条件时，解除权人可单方行使解除权。解除权性质上属于形成权，仅需单方的意思表示，无需对方当事人的同意，即可发生合同解除的效果。但是，解除合同的通知必须到达对方当事人，合同解除自到达对方当事人时生效。

如果当事人对合同解除权有争议的，一方当事人可向人民法院或仲裁机关提出解除合同的请求，由人民法院或仲裁机关予以确认。法律、行政法规规定解除合同应当办理批准、登记手续的，依其规定。

合同解除权的行使必须及时，法律规定或者当事人约定解除权行使期限，期限届满当事人不行使的，该权利消灭。法律没有规定或者当事人没有约定解除权行使期限，经对方催告后在合理期限内不行使的，该权利消灭。

合同解除权人可以自主决定选择行使合同解除权，或要求继续履行合同，也可以采取与对方协商的方式解决。

三、裁判解除的程序

裁判解除只有在符合情事变更构成要件的情况下，一方当事人向人民法院提起诉讼或向仲裁机关申请仲裁，由人民法院或仲裁机关审理后，认为符合情事变更要件的，通过裁判予以解除。

第四节　合同解除的效力

合同解除的效力，是指合同解除后所产生的法律后果。我国《合同法》第 97 条规定："合同解除后，尚未履行的，终止履行；已经履行的，根据履行情况和合同性质，当事人可以要求恢复原状、采取其他补救措施，并有权要求赔偿损失。"可见，合同解除的效力主要体现在以下几个方面：

一、终止履行

终止履行是合同解除的一般法律效果。无论何种类型的合同解除，均导致合同关系的消灭，合同未履行的，不论全部未履行或部分未履行，当事人都不再履行。

二、恢复原状

恢复原状是指合同当事人恢复到订约前的状态。合同解除后，已履行部分是否应恢复原状，就涉及合同解除是否有溯及力的问题。

合同解除有溯及力的，合同溯及成立时失去效力，发生恢复原状的法律效果；合同解除无溯及力的，已履行部分仍有效存在，合同仅向将来失去效力，当事人无需恢复原状。

在大陆法中，合同解除是违约救济制度，为了保护非违约方的利益，法律规定合同解除具有溯及力。如《德国民法典》第 346 条规定："在合同中，一方保留解除权的，在进行解除时，当事人有义务相互返还受领的给付"。《日本民法典》第 545 条第 1 项规定："当事人一方行使解除权时，各当事人负有使相对人恢复原状的义务，但不得侵害第三人的利益。"英美判例及学说亦承认合同解除的溯及力。如英国法在解除合同时，允许当事人提起按所交价值偿还之诉，以便收回他所提供的财物或服务的代价。

我国《合同法》对合同解除的溯及力，作了较为灵活的规定。

第一，对于协议解除和约定解除，当事人可以约定合同解除有无溯及力，无约定时由人民法院或仲裁机关根据具体情况确定。

第二，单方行使解除权的，合同解除有无溯及力常常取决于解除权人的意志。解除权人可以要求恢复原状，也可以不要求恢复原状。

第三，根据合同履行情况和合同性质，确定合同解除有无溯及力。一般来讲，继续性合同解除后无溯及效力。继续性合同是指债务不能一次履行完毕，必须在一定持续的时间内完成的合同。如租赁合同，加工承揽合同，供用水、电、气、热力合同等。以物的用益为目的和以提供劳务为目的的合同，大都无法恢复原状。而非继续性合同，原则上有溯及效力。

合同解除有溯及力的，当事人可以要求恢复原状。原物存在的，应当返还原物及其孳息，并补偿因返还原物所支出的费用。原物不存在的，如原物是种类物，可以用同一种类物返还；如原物是特定物，可按解除时该物的价款返还。

三、采取其他补救措施

合同解除无溯及力时，解除前的合同关系仍然有效。对当事人一方已经履行部分不能要求恢复原状。如果双方当事人各自的履行在数量上不对等，则只能采取其他措施予以补救。如运用不当得利请求权，偿还劳务或者物品使用的折价金额、偿还因毁损灭失等原因而不能返还的原物的价额等。

四、赔偿损失

对于合同解除后是否发生损害赔偿责任，各国立法存在不同的三种立法例。一是合同解除与损害赔偿不能并存。该观点认为，合同解除使合同溯及合同成立时无效，合同自始不存在，而损害赔偿以合同存在为前提。因此，当事人选择解除合同，就不能要求损害赔偿，故解除合同与赔偿损失不能并存。《德国民法典》采取这种观点。

二是合同解除与债务不履行的损害赔偿可以并存。其理由是，债务不履行所发生的损害赔偿在合同解除前就已存在，不因合同的解除而丧失。在一方不履行合同时，另一方除了能够解除合同之外，还可以请求因债务不履行产生的损害赔偿。法国、日本、意大利采取这种观点。《日本民法典》第 545 条第 3 款规定："解除权的行使，不妨害损害赔偿的请求。"

三是合同解除与信赖利益的损害赔偿并存。该观点认为，合同解除与债务不履行的损害赔偿不能并存。但是，非违约方因此而遭受的因相信合同继续存在，而实际不存在所致的损害，即信赖利益的损害，应该享有赔偿。这种损害赔偿，既不是根据合同的债务不履行，也不是基于侵权行为，而是直接根据法律的规定。[①] 瑞士民法采取这种观点。《瑞士债法典》第 109 条规定："解除合同的一方可以拒绝履行其债务并要求返还其已作出的给付。此外，它可以请求因解除合同所遭受的损害赔偿，但债务人能证明其无过错的除外。"

我国法律一直承认合同解除与损害赔偿可以并存。如我国《民法通则》第 115 条规定："合同的变更和解除，不影响当事人要求赔偿损失的权利"。又如我国《合同法》第 97 条规定："合同解除后，当事人有权要求赔偿损失等。"

合同因违约而解除时，不论合同解除是否有溯及力，非违约人均有权要求违约人赔偿不履行债务所致的损失和恢复原状所致的损失；如果合同系因不可抗力原因而解除的，当事人双方都不承担合同不履行的赔偿责任。但是，因一方迟延履行发生不可抗力而致不能履行的，迟延方仍应承当赔偿责任。发生不可抗力后，一方未及时采取补救措施的，应对扩大的损失承担赔偿责任。

合同因裁判而解除的，因双方当事人都不存在违约行为，故无违约责任产生。但是因一方以自己遭受不利益为由要求解除合同，从而使对方当事人蒙受不利益的，应当向对方作出适当补偿。此种赔偿责任从性质上看，"非基于信任损害之责任，乃直接根据于情事变更原则之基本观念，即诚信原则是也。故与其谓损害赔偿，不若谓之损害之均

---

① 王利明、崔建远：《合同法新论·总则》，中国政法大学出版社，2000 年版，第 466－467 页。

分或补偿。”①

思考题

1. 合同为什么可以解除？合同解除后会有损失吗？
2. 比较合同解除与合同撤销两个概念。
3. 如何区分约定解除与附解除条件的合同解除？
4. 试述合同法定解除的条件以及解除权行使的条件。
5. 评析我国《合同法》关于合同解除溯及力的规定。
6. 试比较合同解除与损害赔偿关系的不同立法例。

学习资料指引

1. 王利明、崔建远：《合同法新论·总则》，中国政法大学出版社，2000 年版，第 13 章。

2. 郭明瑞、房绍坤：《新合同法原理》，中国人民大学出版社，2000 年版，第 7 章第三节。

3. 尹 田：《法国现代合同法》，法律出版社，1995 年版，第 14 章第二节。

4. [英] A·G·盖斯特：《英国合同法与案例》，中国大百科全书出版社，1998 年版，第 13 章～第 16 章。

5. 陈小君：《合同法学》，中国政法大学出版社，2002 年版，第 7 章第二节。

参考法规提示

1. 《中华人民共和国合同法》，第 93 条～第 97 条。
2. 《中华人民共和国民法通则》，第 111 条～第 115 条。
3. 《联合国国际货物销售合同公约》，第 25 条。

① 史尚宽：《债法总论》，中国政法大学出版社，2000 年版，第 460 页。

第二十七章　具体合同

第一节　买卖合同

【阅读提示】 买卖合同是一种非常常见而又非常复杂的民事合同。这种合同在实际民商活动中，类型与变种也非常多。因此，学好买卖合同，是学好整个合同法的基础。本节的重点是掌握买卖合同的界定、特征，买受人的检验义务、标的物所有权转移与保留，以及买卖活动中知识产权的独立性，标的物的风险承担，特种买卖合同的特殊性等。

一、买卖合同的定义与法律特征

（一）买卖合同的定义

我国《合同法》第130条规定："买卖合同是出卖人转移标的物的所有权于买受人，买受人支付价款的合同。"通过这一定义，我们可以看出，买卖合同是一种最为常见的所有权转移，并支付对价的有偿性合同。

日常生活中，我们遇到的合同，最大量的就是买卖合同。它具有任何合同都无法替代的特点。

（二）买卖合同的法律特征

根据《合同法》的定义，买卖合同的法律特征是：第一，买卖合同是标的物所有权转移的合同；第二，这种合同是一种典型的双方义务、有偿的合同；第三，这是一种诺成性合同，只要双方当事人达成买卖交易的意思表示，合同关系即成立；第四，这种合同通常是不要式合同，当事人可以比较随意地使用合同交易的具体方式。

二、买卖合同的主体与标的物

（一）买卖合同的主体

在买卖合同中，主体是从事标的物交易的双方当事人，包括出卖人和买受人。所谓出卖人，是把属于自己所有或者有权处分的标的物出卖给别人的人。对于买受人，他应当具备法律规定的相应的民事行为能力，以便能实施有效的处分行为。而所谓买受人，是指买入标的物或者以有偿购买行为获得买卖标的物的人。对于出卖人，他在必须具有相应的民事行为能力外，还应当是买卖合同标的物的所有权人或者其他有处分权人。

买卖合同中，所谓所有权人，是指依法对自己的财产享有占有、使用、收益和处分权利的人。所谓有处分权人，是指经过所有权人授权即合同约定或基于法律规定，可以对他人的财产为出卖即处分行为的人。如抵押权人、质押权人、留置权人、法定优先权人、行纪人以及经营权人等。人民法院在依法进行裁判、执行生效的执行文书时，也是有处分权人。

（二）买卖合同的标的物

根据我国《合同法》规定，买卖合同的标的物一般应为实物。而无形物或者无体物，一般不能作为买卖合同的标的物。

对于当事人而言，依法能够买卖的物，可以是现成的物即现物，也可以是将来产生的物即期物；既可以是特定的物，也可以是不特定的物。但是，都必须是依法可以流转的物。

买卖合同中的物，有时是单一物，有时可以是复合物或者集合物以及混合物等等。有时候，当事人双方可以订立合同，对于依法可以流转的特殊物，依照约定进行买卖。

三、合同主要条款

买卖合同的主要条款，一般由当事人任意约定。但是，任何一种买卖合同的订立，在条款上一般包括：买卖标的、数量、质量、价款、履行期限、履行地点、履行方式、包装方式、检验标准、结算方式，合同使用的文字及其效力，违约责任，以及解决争议的方式条款等等。

我国《合同法》第12条、第131条和第132条，根据这种合同的特征，规定了合同的主要条款，供当事人在订立买卖合同时使用。需要说明的是，买卖合同的条款多少，取决于合同的形式。如果是口头形式，往往双方当事人之间协商的主要是价格，而买卖标的、数量、质量、履行期限、履行地点、履行方式、包装方式、检验标准、结算方式，合同使用的文字及其效力，违约责任，以及解决争议的方式条款等等，付诸交易习惯或者通过现场的履行来解决。

四、买卖合同的效力

买卖合同订立后，依法具有对当事人的约束力。这种约束力，即买卖合同的效力。它是买卖合同依法成立后的法律后果，主要表现为当事人双方即出卖人、买受人在买卖合同中的具体权利关系和义务关系，以及不履行合同义务的法律责任。

（一）出卖人的义务

我国《合同法》第135条规定："出卖人应当履行向买受人交付标的物或者交付提取标的物的单证并转移标的物的所有权的义务。"这是出卖人的首要义务，即标的物交付义务。

1. 交付标的物

所谓标的物的交付义务，是出卖人依照合同约定，实际地将买卖合同中的客体——标的物交给或者移交给买受人或者其指定的人。交付在理论上，又称为给付或者标的物给付。

从交付方式上看，交付标的物分为现实交付、拟制交付以及简易交付、占有交付和指示交付等。其中，现实交付是指出卖人交付标的物给买受人，标的物处于买受人的实际控制之下。而拟制交付则是出卖人将标的物占有的权利，通过一定方式移转给买受人，以代替实物交付的情形。

至于简易交付，则是指买卖合同订立前，买方已实际占有标的物，那么，自合同生效之时即视为已经交付的情形。理论上，占有交付是指买卖双方当事人通过订立买卖合同，使买受人取得标的物的间接占有，以代替标的物的实际交付的情形。而所谓指示交付，指买卖合同的标的物由第三人占有时，出卖人将对于第三人的返还请求权转让给买受人，则视为已经交付的情形。尽管各种交付方式的特点不同，但是，作为出卖人履行义务的一种主要形式，交付标的物的目的，仅仅是为了让买受人获得对标的物的所有权。

一般而言，出卖人交付标的物应当按照买卖合同的约定，在交付的时间、方式、地点等方面符合约定和法律规定。具体交付方式、时间以及地点的法定要求，详见我国《合同法》第 136 条、第 138 条和第 141 条的规定。

2．移转标的物所有权义务

我国《合同法》第 135 条规定，出卖人应当履行向买受人转移标的物所有权的义务。这种义务，是交付标的物义务的一种延伸。也是交付标的物义务的必然后果，或者买受人实现其买卖合同目的的前提。一般而言，买受人要想对所购买的标的物享有完整的民事权利，必须首先取得所有权。买卖标的物的所有权，是买受人购买买卖合同标的物的主要交易目标。

出卖人应当履行向买受人转移标的物所有权的义务，意味着出卖人必须保证其在所出卖的标的物上，是有所有权或者处分权的。

3．瑕疵担保义务

这种瑕疵担保义务，是指出卖人必须保证，其所出卖的标的物上不存在质量瑕疵以及权利瑕疵。克服出卖物上的瑕疵，是为了买受人顺利地取得所有权，并防止第三人对买卖标的物的追夺。

（1）瑕疵担保义务。出卖人的瑕疵担保义务，是指出卖人保证其所出卖的标的物，不存在内在质量或品质瑕疵，或者不存在所有权或标的物处分权等权利瑕疵的义务。如果出现前述瑕疵，则按照法律的规定或买卖合同的约定，由出卖人向买受人承担保证性质的民事责任。

瑕疵担保义务，在买卖合同订立、履行过程中，体现出来的特征是：①是出卖人对买受人的一种保证义务；②是双方当事人约定的或合同法规定的义务；③一般情况下，这种义务不履行时，出卖人承担的是严格责任即无过错责任；④瑕疵担保义务包括出卖物的瑕疵担保义务和标的物权利瑕疵担保义务等。

（2）标的物瑕疵担保义务。标的物瑕疵担保义务，是指出卖人对其所出卖的标的物，在质量或品质方面所承担的保证无瑕疵或已经将全部瑕疵如实告知的义务。

标的物瑕疵担保义务包括：①标的物的价值担保，即标的物交换价值的保证；②标的物的效用担保，即标的物的使用价值保证；③标的物的品质担保，即所交换的标的物的品质保证。

标的物的瑕疵，在构成条件上应当考虑：①标的物的瑕疵在标的物风险负担转移时，已经存在；②买受人在该瑕疵上，不知情或无重大过失；③买受人发现瑕疵后，在规定期间内通知了出卖人等。在这方面，我国《合同法》第 158 条的规定，可资参考。

（3）权利瑕疵担保义务。权利瑕疵担保义务，是指出卖人保证第三人不能就买卖的标的物，向买受人主张任何权利。标的物权利瑕疵，一般而言，有两种情形：①买卖标的物的权利，属于第三人所有，或者第三人是买卖标的物的共有者；②买卖标的物上，存在所有权或者处分权等权利享有、行使的负担。如在买卖标的物上，已经设立了抵押权等。

标的物权利瑕疵的构成要件主要是：①权利瑕疵必须在买卖合同成立时已经存在；②权利瑕疵在买卖合同成立后未能消除；③买受人须不知权利存在瑕疵等。出卖人知道或者应当知道提供的标的物存在权利瑕疵的，出卖人应当承担侵权的民事责任。

（二）买受人的检验义务

买方的主要义务，一般包括支付合同约定的价款、领受标的物等。但是，在受领标的物时，我们认为，有一种新的义务需要特别地关注，即买受人的检验义务。

1. 支付价款的义务

价款，是指买受人取得标的物所有权，所应支付的对价或等量的货币额。价款支付义务是买受人的主要义务。这种义务的履行，必须按照合同约定的数额、地点、时间和方式，向出卖人以支付价款的方式履行。对这种义务，我国《合同法》第159条至第161条做出了具体详细的规定。

2. 受领标的物的义务

买受人受领标的物，既是买受人的一种权利，也是买受人的一种重要的合同义务。如果买受人无正当理由拒绝受领标的物，应当承担相应的违约责任。

3. 买受人的检验义务

我国《合同法》第157条、第158条规定："买受人收到标的物时，应当在约定的检验期间内检验。""没有约定检验期间的，应当及时检验。当事人约定检验期间的，买受人应当在检验期间内将标的物的数量或者质量不符合约定的情形通知出卖人。买受人怠于通知的，视为标的物的数量或者质量符合约定。"

当事人没有约定检验期间的，买受人应当在发现或者应当发现标的物的数量或者质量不符合约定的合理期间内通知出卖人。买受人在合理期间内未通知或者自标的物收到之日起两年内未通知出卖人的，视为标的物的数量或者质量符合约定。但对标的物有质量保证期的，适用质量保证期，不适用该两年的规定。出卖人知道或者应当知道提供的标的物不符合约定的，买受人不受前两款规定的通知时间的限制。

通过这些规定性规则，我们认为，买受人对于出卖人交付的买卖标的物的检验，不只是一种义务，更是一种法定义务。不履行这种义务，往往容易导致买受人的异议权利的消灭。

（三）标的物所有权的转移与风险负担

1. 标的物所有权转移的时间

买卖合同中，买卖标的物的所有权的转移时间，在法律规定层面上，并没有一个统一的标准。一般而言，买卖合同中标的物的所有权的转移时间，包括了下列几种：

（1）标的物的所有权自出卖人将标的物交付给买受人时起转移，法律另有规定或者当事人另有约定的除外。这是我国《合同法》第133条、第163条规定的原则。

（2）买卖的标的物需要办理特定的手续的，在办理完毕规定手续之日，所有权才转移。

（3）买卖合同当事人还可以约定自买受人付清全部价款以后，所有权才转移等。

需要注意的是，买卖合同的双方当事人也可以约定，所有权转移的时间可以保留到付完全款或者满足交易条件时，所有权才转移。

2. 标的物风险负担

(1) 所谓标的物风险，是指买卖合同的标的物，在交易过程中因为意外原因而毁损或者灭失，所导致的标的物交付不能，或者交付的标的物不符合约定的情况的情形。标的物的风险，必须是双方当事人以外的原因，造成标的物因为意外原因毁损、灭失。

(2) 标的物风险负担。我国《合同法》第 142 条规定："标的物毁损、灭失的风险，在标的物交付之前由出卖人承担，交付之后由买受人承担，但法律另有规定或者当事人另有约定的除外。"

另外，我国《合同法》第 143 条至第 145 条规定，因买受人的原因，致使标的物不能按照约定的期限交付的，买受人应当自违反约定之日起承担标的物毁损、灭失的风险。出卖人出卖交由承运人运输的在途标的物，除当事人另有约定的以外，毁损、灭失的风险自合同成立时起由买受人承担。而当事人没有约定交付地点或者约定不明确的，依照《合同法》第 141 条第二款第一项的规定，标的物需要运输的，出卖人应当将标的物交付给第一承运人以运交给买受标的物毁损、灭失的风险由买受人承担。

五、特殊买卖合同

(一) 分期付款买卖

买受人将其应付的总价款，按照约定的期限或者付款方式，分批向出卖人支付的买卖方式，构成分期付款买卖。

分期付款买卖的特殊性主要是：

(1) 出卖人负有交标的物给买受人的义务，但是，因为是分期付款，所以，可能所有权并不转移。

(2) 买受人必须按照约定分期付款。如果买受人未支付到期价款的金额，达到全部价款的五分之一的，出卖人可以要求买受人支付全部价款或者解除合同。

(3) 在现实经济活动中，按揭购房关系有些方面与分期付款买卖相同。但是，按揭买卖商品房合同中，有一个借款关系在其中。这与一般的分期付款买卖是不同的。

我国《合同法》第 167 条规定："分期付款的买受人未支付到期价款的金额达到全部价款的五分之一的，出卖人可以要求买受人支付全部价款或者解除合同。"出卖人解除合同的，可以向买受人要求支付该标的物的使用费。那么，使用费应当以什么标准支付，是否还要给付违约金等等，这都是需要特别研究的问题。

(二) 样品买卖

所谓样品买卖，是指当事人双方约定或者封存一定样品，作为双方当事人买卖标的物交付的参照物，出卖人交付的标的物应与样品相同的买卖情形。

根据我国《合同法》第 168 条的规定，样品买卖的特殊性在于：

(1) 买卖的当事人应当封存样品，并对样品的质量予以说明。出卖人交付的标的物应当与样品及其说明的质量相同。

(2) 凭样品买卖的买受人不知道样品有隐蔽瑕疵的，即使交付的标的物与样品相同，出卖人交付的标的物的质量仍然应当符合同种物的通常标准。

凭样品买卖，除了有样品的特定要求之外，并没有其他更多的特征。

(三) 试用买卖

所谓试用买卖，是指当事人双方约定于合同成立时，由出卖人将标的物交付买受人试用，由买受人在试用期内决定是否购买标的物的买卖形式。作为一种特殊的买卖形式，试用买卖的当事人可以约定标的物的试用期间。对试用期间没有约定或者约定不明确的，依照《合同法》第 61 条的规定仍不能确定的，由出卖人确定。

试用买卖的买受人，在试用期内可以购买标的物，也可以拒绝购买。试用期间届满，买受人对是否购买标的物未作表示的，视为购买。这是我国《合同法》第 171 条的特别规定和要求。

（四）招投标买卖

招投标买卖，是指由招标人即买受人向数人或社会公众发出招标通知或招标公告，招标人在诸多投标人即出卖人中，通过竞价方式选择自己最满意的出卖招标商品的投标人，并与该投标人订立买卖合同的情形。

我国《合同法》第 172 条规定，招标投标买卖合同当事人的权利和义务，以及招标投标程序等，依照我国《招标投标法》、《政府采购法》等有关法律、行政法规的规定确定。根据我国《招标投标法》、《政府采购法》等法律的规定，作为一种方式，招投标买卖的过程，一般分为招标邀约、投标、开标、验标、评标、定标（即中标），签订合同等过程。

（五）拍卖

根据我国《拍卖法》第 3 条的规定，拍卖是以公开竞价的形式，将特定物品或者财产权利转让给最高应价者的买卖方式。作为一种买卖合同的订立方式，拍卖强调的是以公开竞价的形式，将买卖标的物出卖给最高出价者。

拍卖的法律效力问题，是一个特殊问题。

(1) 拍卖人负有交付标的物，并转移标的物所有权的义务。

(2) 拍卖人对其拍卖的标的物，负有瑕疵担保义务和权利瑕疵担保义务。但是，拍卖前拍卖人声明，不能保证拍卖标的物真伪或者品质的除外。

(3) 买受人负有支付价款的义务。买受人不支付拍定价格的价款的，拍卖人有权不经催告而解除合同，并将标的物再行拍卖。如果因为再行拍卖给拍卖人造成损失的，买受人负有赔偿义务。

（六）互易物合同

互易物合同，是指当事人以金钱以外的财产作为对价物，与对方当事人互相交换标的物，而达成的一种买卖合同。互易物合同，是一种买卖的价款为互相可以交换的物的合同。

所以，互易物合同的法律特征是：第一，它是一种以物易物的合同；第二，它与一般的买卖合同一样，也是转移财产所有权的合同；第三，这种合同的诺成、双务、有偿性，集中表现在互相交换的标的物，是作为买卖合同的约定等价物。

互易物合同作为双方都负有支付标的物义务的合同，对于双方而言，他们对其交付的标的物，互相都负有瑕疵担保义务。但是，需要强调的是，如果在互易物合同中，双方交付物价值不相等，可以用金钱进行差价补偿。

思考题

1. 应当如何理解买卖合同的定义、特征？

2. 出卖人担保义务的理论依据在哪里？请分析说明。

3. 买受人对买卖标的物的检验为何会成为一种义务？

4. 应当如何负担标的物风险？

5. 简述分期付款买卖合同的违约处理。

6. 评述招投标买卖、拍卖以及试用买卖、样品买卖的区别。

参考法规提示

1.《中华人民共和国合同法》，第九章“买卖合同”。

2.《中华人民共和国招标投标法》，第二章“招标”，第三章“投标”，第四章“开标、评标和中标”。

3.《中华人民共和国政府采购法》，第五章“政府采购合同”。

4.《中华人民共和国拍卖法》，第四章“拍卖程序”。

5.《中华人民共和国消费者权益保护法》，第35条～第39条，第41条～第49条。

6.《联合国国际货物销售合同公约》，第三部分“货物销售”。

7. 建设部、国家工商行政管理局《商品房买卖合同示范文本》（2000年9月13日，编号：GF－2000－0171），“商品房买卖合同”。

第二节　供用电合同

【阅读提示】　本节所研习的供用电合同，是日常生活中的特殊合同。它具有缔约时的强制性、供应时的持续性等其他合同不可能具备的特征。学习本节，重点是掌握供用电合同的缔约、履约特征，以及供用电合同中具有特殊性的当事人权利、义务等。本节的难点是合同履行时的分界点问题，以及法定的告知义务。

一、供用电合同的订立

供用电合同，是供电人向用电人供电，用电人支付电费的合同。这是我国《合同法》第176条规定的定义。这种合同的订立，因为供电人的自然垄断性，往往带有一定的强制性，即在供用电合同订立时，供电人有义务与电力用户即用电人订立合同。但是，供电人多用格式条款订立合同。

根据我国《合同法》第177条的规定，供用电合同的内容，包括供电的方式、质量、时间，用电容量、地址、性质，计量方式，电价、电费的结算方式，供用电设施的维护责任等条款。

二、供用电合同的履行

我国《合同法》第178条规定：“供用电合同的履行地点，按照当事人约定；当事人没有约定或者约定不明确的，供电设施的产权分界处为履行地点。”在这里，供电设施的“产权分界处”，是指供电设施的产权人与电力用户之间在没有明确的产权分界约定时，供电人输送电力到用户的进入界点。这个界点，属于电力设施的产权分界点，也是因为电力设施而引起的民事责任承担的分界线。一般而言，供电人往往以电力设施的入口或者进口处（经常有各种电力仪器设备）为合同履行的地点。

我国《合同法》第179条、第180条规定：“供电人应当按照国家规定的供电质量标准和约定安全供电。供电人未按照国家规定的供电质量标准和约定安全供电，造成用电人损失的，应当承担损害赔偿责任。”同时，“供电人因供电设施计划检修、临时检修、依法限电或者用电人违法用电等原因，需要中断供电时，应当按照国家有关规定事先通知用电人。未事先通知用电人中断供电，造成用电人损失的，应当承担损害赔偿责任。”

由于供用电合同的特殊性，根据我国《合同法》第181条的规定，如果因为自然灾害等原因而断电，那么，供电人应当按照国家有关规定及时抢修。未及时抢修，造成用电人损失的，应当承担损害赔偿责任。特别需要强调的是，用电人应当按照国家有关规定和当事人的约定及时交付电费。用电人逾期不交付电费的，应当按照约定支付违约金。经催告用电人在合理期限内仍不交付电费和违约金的，供电人可以按照国家规定的程序中止供电。也就是说，断供必须要履行法定的告知义务，而不是随随便便地拉闸限电或者中断电力供应。

三、供用电合同的特殊问题

第一，供用电合同的公用性，即强制缔约义务问题。供电人是特定的供电企业，对用户提出的要求供电的请求，一般不得拒绝，而是必须依法签订合同。并且，供电价格必须经过国家有关部门的审核，而不是由电力供应人自己单方面定价。

第二，供用电合同的公益性问题。这是我国的一个特殊问题，它强调电力公司的经营活动的公益性，也就是电力公司并非纯粹以营利为目的。所以，不得随意提高收费标准。在我国，电价作为重要的国民经济价格，实行价格听证制度。

第三，供用电合同的持续性问题。这是一个特别的问题，电力供应合同并不是各次分开的单个合同，而是一个合同，需要供电人持续不断地在用户需要时供给电力的合同。只是，用户的电费支付，是分期分批履行或者分次给付的而已。

第四，供用电合同的解除的非溯及性问题。由于本合同标的物为一次性可消耗物，所以，一旦双方因故终止合同时，合同终止或者解除的效力，不能溯及既往。也就是说，由于电具有不可储存性，供用电合同无效或者被解除以后，不适用恢复原状等措施，而只能向将来发生法律效力。

思考题

1. 简述供用电合同的订立与履行的特点。
2. 什么是供用电合同履行中的产权分界点？
3. 发生意外事件或者不可抗力事故时，供电人有何义务？
4. 为何供用电合同具有非溯及力？

参考法规提示

1.《中华人民共和国合同法》，第十章“供用电、水、气、热力合同”。

2.《中华人民共和国电力法》（1995年12月28日），第四章“电力供应与使用”，第五章“电价与电费”。

3. 国务院《电力供应与使用条例》（1996年4月17日），第六章供用电合同。

第三节　赠与合同

【阅读提示】 赠与合同是一种出赠人给予受赠人恩惠的合同。这种合同体现了人际交往上的恩惠与帮助以及礼尚往来的特点。现实生活中，赠与合同要强调的是，出赠人在合同中往往居于一种优势地位。对此，本节要求学习者重点掌握赠与合同的定义、特征，赠与合同的撤销，了解当事人的权利义务。

一、赠与合同的定义、特征

赠与合同是赠与人将自己的财产无偿给予受赠人，受赠人表示接受赠与的合同。这是我国《合同法》第185条规定的定义。

根据我国《合同法》的规定以及学理解释，赠与合同的特征是：(1) 转移出赠物的财产所有权；(2) 单务、无偿的恩惠性合同；(3) 诺成性合同，在赠与财产的权利转移之前可以撤销赠与；(4) 不要式的合同，但是，赠与可以附义务。

二、出赠物瑕疵及其处理

根据我国《合同法》第189条、第191条的规定，出赠物的瑕疵，按照下列原则处理：

第一，赠与的财产有瑕疵的，赠与人不承担责任。

第二，附义务的赠与，赠与的财产有瑕疵的，赠与人在附义务的限度内承担与出卖人相同的责任。

第三，赠与人故意不告知瑕疵或者保证无瑕疵，造成受赠人损失的，应当承担损害赔偿责任。

三、赠与合同的撤销、解除

(一) 赠与合同任意撤销

所谓赠与合同任意撤销，是指出赠人在赠与物的权利转移之前，可以基于自己的任意意思表示而收回出赠承诺的情形。在实际生活中，如果是出赠人部分未交付出赠物的，对未交付部分的赠与，也可以撤销。

对于任意撤销赠与合同，可能引起的不利后果，我国《合同法》第188条规定的条件是：具有救灾、扶贫等社会公益、道德义务的赠与合同，或者经过公证的赠与合同，不得任意撤销。

(二) 赠与合同的法定撤销

所谓赠与合同法定撤销，是指出赠人在赠与物的权利转移之前，可以基于受赠人的侵权行为，而由出赠人或者赠与人的继承人或者法定代理人撤销赠与，收回出赠物的情形。

根据我国《合同法》第192条至第195条的规定，受赠人因为严重侵害赠与人或者赠与人的近亲属，对赠与人有扶养义务而不履行，不履行赠与合同约定的义务等，赠与人可以撤销赠与。如果因受赠人的违法行为致使赠与人死亡或者丧失民事行为能力的，赠与人的继承人或者法定代理人可以撤销赠与。

赠与人行使撤销权，应当自知道或者应当知道撤销原因之日起一年内行使。而赠与人的继承人或者法定代理人行使撤销权，应当自知道或者应当知道撤销原因之日起六个月内行使。

撤销权人撤销赠与合同的，其法律后果是：他可以向受赠人要求返还赠与的财产。也就是赠与合同的撤销，具有溯及既往的效力。撤销权人有权要求返还受赠人已经得到的受赠与财产。如果受赠人已经将赠与人的财产消费，或者出赠物已经不复存在，撤销权人有权要求折合成金钱，予以返还。

（三）赠与合同的解除即履行不能

我国《合同法》第195条规定：“赠与人的经济状况显著恶化，严重影响其生产经营或者家庭生活的，可以不再履行赠与义务。”在这里，赠与人可以不再履行赠与义务，就是指赠与人有权解除赠与合同。这种情形，在合同理论上，又称为履行不能或者因为履行不能而解除合同。

赠与合同的解除，不发生返还原物或者恢复原状的溯及既往效力。也就是说，赠与人已经履行了的赠与物给付，无权要求受赠人予以返还。

赠与合同的解除与赠与合同法定撤销之间的差别主要是：

第一，赠与合同的法定撤销有溯及力，已经移转的赠与物的权利，可以要求受赠人返还，即回复到原来状态。赠与合同的解除，则不具有溯及既往的效力，出赠人不得要求返还赠与物。

第二，赠与合同的法定撤销，是对受赠人的忘恩或者不讲回报（至少不能实施对出赠人的伤害）行为，或者不履行赠与合同义务行为的一种惩罚。而赠与合同的解除，是照顾客观上确实已经处于经济困境中的出赠人，属于合同履行不能的情形。赠与合同的解除，是社会公正的需要。

四、赠与合同的履行

赠与合同应当履行。尤其是具有救灾、扶贫等社会公益、道德义务性质的赠与合同，或者经过公证的赠与合同，是不能被任意撤销的。

根据我国《合同法》第188条规定：“具有救灾、扶贫等社会公益、道德义务性质的赠与合同，或者经过公证的赠与合同，赠与人不交付赠与的财产的，受赠人可以要求交付。”也就是说，这时的赠与合同具有强制执行力。

同时，对于出赠人而言，我国《合同法》第187条还规定：“赠与的财产，依法需要办理登记等手续的，应当办理有关手续。”那么，显而易见的是，出赠人有义务办理或者协助办理出赠物的所有权转移手续。

当然，对于受赠人而言，赠与合同附义务的，受赠人应当按照约定履行义务。不履行义务的，则构成违约，受赠人应当依法承担违约责任。

思考题

1. 赠与合同的定义、特征各是什么？
2. 什么是赠与合同的撤销？
3. 简述赠与物瑕疵及其处理规则。
4. 简述赠与合同履行与限制。

参考法规提示

1.《中华人民共和国合同法》，第十一章“赠与合同”。

2.《中华人民共和国公益事业捐赠法》，第二章“捐赠和受赠”。

3. 司法部《赠与公证细则》(1992 年 1 月 24 日)，第 14 条～第 16 条。

第四节　借款合同

【阅读提示】　借款合同是金融关系或者一种典型的财产关系。了解借款关系的特征，有助于我们在日常生活中，自己把握借款给人或者向人借款的基本规则。本节的重点是掌握借款合同订立的特征，金融机构借款与自然人借款的差别，以及为何不能预扣利息的原因，并了解借款合同中的利率、利息政策。

一、借款合同的订立

根据我国《合同法》的 196 条的规定：“借款合同是借款人向贷款人借款，到期返还借款并支付利息的合同。”借款合同包括金融机构借款、自然人借款等。

就其订立要求来看，我国《合同法》第 197 条至第 199 条规定，借款合同应当采用书面形式。但是，自然人之间借款另有约定的除外。该合同的内容包括：借款种类、币种、用途、数额、利率、期限和还款方式等条款。同时，贷款人也可以要求借款人依照《中华人民共和国担保法》的规定，提供担保。

需要强调的是，借款合同订立时，借款人应当按照贷款人的要求，提供与借款有关的业务活动和财务状况的真实情况。

可见，借款合同的订立，具有相当的特殊性、专门性要求。

二、借款合同的特征

(1) 合同主体。除自然人之间的借款合同外，其他借款合同的当事人，在我国《商业银行法》上有特定资格方面的要求。也就是在这种合同中，金融机构必须是一方当事人，而借款人则可以是任何具备法定借款条件的自然人、法人或者其他组织机构。但是，根据我国《商业银行法》等法律的规定，非金融机构的企业或者法人之间，不能直接订立借款合同。否则，该借款合同无效。

(2) 借款合同的标的，是作为流通物的货币。这是借款合同与借用合同，尤其是实物借用合同不同的地方。需要强调的是，借款合同本身所要借用的货币，在很多时候，是由存款转化过来的一种资金。因此，借款关系只是货币周转关系的一个方面。

(3) 借款合同具有双务性、有偿性和返还性等特点。但是，自然人之间的借款，可能会是无偿的。如果不具有返还性，那么，就不是借款合同，而应当是赠与合同。

(4) 合同中有特殊规则限制。主要是：①借款的利息不得预先在本金中扣除。利息预先在本金中扣除的，应当按照实际借款数额返还借款并计算利息。②贷款人按照约定可以检查、监督借款的使用情况。借款人应当按照约定向贷款人定期提供有关财务会计报表等资料。③借款人未按照约定的借款用途使用借款的，贷款人可以停止发放借款、提前收回借款或者解除合同。④金融机构贷款的利率，应当按照中国人民银行规定的贷款利率的上下限确定。⑤贷款人未按照约定的日期、数额提供借款，造成借款人损失的，应当赔偿损失。借款人未按照约定的日期、数额收取借款的，应当按照约定的日期、数额支付利息。

第五，借款合同在订立时，往往要同时或者先行签订担保合同。需要注意的是，现实经济活动中，先行订立担保合同的，是否有效？这在理论学界还存在争议。

三、金融机构借款合同

金融机构借款合同，是指办理贷款业务的金融机构作为贷款人一方，向借款人提供贷款，借款人到期返还借款，并支付利息的合同。

金融机构借款合同的特点是：

（一）有偿性

金融机构发放贷款，意在获取相应的营业利润，所以，这种借款合同必须是有偿的。如果是无偿的，那么，就成为赠与合同或者无息借款合同，不符合这种合同订立的目的。

（二）要式性

金融机构的借款合同，根据我国《合同法》、《商业银行法》等法律、法规的规定，应当采取书面形式。

（三）诺成性

只要双方当事人协商一致，这种合同关系即可成立。但是，需要留意在合同订立之前的审贷过程和程序性要求。

（四）金融机构借款合同订立时的相关义务

借款人应当在订立合同时，如实告知其偿还能力或者偿还债务的能力，以及借款人资格等相关基本情况和借款人财务状况方面的真实情况等。

（五）借款人应在订立合同时提供担保

在金融机构借款合同订立时，贷款人可以要求借款人提供保证、抵押、质押等形式的担保。

金融机构借款合同订立后，具有的法律效力主要是：贷款人应当按期足额提供贷款，并负有对借款人的情况保密的义务。而借款人应当担负按照约定日期、数额收取借款，并按照约定用途使用借款、按期支付利息、返还借款等义务。

我国《合同法》第205条至第209条规定，借款人应当按照约定的期限支付利息。对支付利息的期限没有约定或者约定不明确，依照《合同法》第61条的规定仍不能确定，借款期间不满一年的，应当在返还借款时一并支付；借款期间一年以上的，应当在每届满一年时支付；剩余期间不满一年的，应当在返还借款时一并支付。同时，借款人应当按照约定的期限返还借款。对借款期限没有约定或者约定不明确，依照《合同法》第61条的规定仍不能确定的，借款人可以随时返还；贷款人可以催告借款人在合理期限内返还。借款人未按照约定的期限返还借款的，应当按照约定或者国家有关规定支付逾期利息。但是，借款人提前偿还借款的，除当事人另有约定的以外，应当按照实际借款的期间计算利息。

另外，借款人可以在还款期限届满之前，向贷款人申请展期。贷款人同意的，可以展期。这时，金融机构借款合同继续有效。

四、民间或自然人借款合同

民间或者自然人之间的借款合同，是指合同双方都为自然人的借款合同。这种合同，一方面具有满足自然人生活中不时之需的优点；另一方面，也具有不易规范的特殊性。

与金融机构借款合同相比，民间或自然人借款合同具有的特点是：

(1) 自然人借款合同，往往是不要式合同。也就是写个借条，或者只是口头约定等，都可以作为一种借款合同成立的方式。

(2) 自然人借款合同为实践性合同，即贷款人提供借款或者将借款交付给借款人时，合同才生效。在这里，要特别强调自然人之间借款合同的实践性，即借款的交付性或者给付性，是因为只有给付了借款，贷款人才能取得对该借款的占有权、使用权等。

(3) 自然人借款合同一般是无偿的。借款合同对支付利息没有约定或者约定不明确的，视为不支付利息。自然人之间的借款合同约定支付利息的，借款的利率不得违反国家有关限制借款利率的规定。

思考题

1. 简述借款合同的订立、特征。
2. 简述金融机构借款合同当事人之间权利、义务关系的特殊性。
3. 自然人借款合同为何是实践性合同？
4. 借款合同中，担保的功用与作用是什么？

参考法规提示

1.《中华人民共和国合同法》，第十二章“借款合同”。

2.《中华人民共和国商业银行法》，第35条～第38条，第40条～第42条。

3. 国务院《借款合同条例》（1985年2月28日），第二章“借款合同的订立和履行”，第三章“借款合同的变更和解除”。

4.《最高人民法院关于审理借贷案件的若干意见》（1991年8月31日），第1条～第22条。

第五节　租赁合同

【阅读提示】 本节通过对租赁合同两种重要形式的分析，让学习者明确租赁合同的基本原理。本节应重点掌握租赁合同的特征，租赁物维修义务的异同，租赁物的归属，以及房屋租赁合同的特殊性等问题。

一、租赁合同的订立

租赁合同，是出租人将租赁物交付承租人使用、收益，承租人支付租金的合同。

这种合同在订立时，首先要解决好两个问题：

(1) 租赁期限不得超过20年。超过20年的，超过部分无效。租赁期间届满，当事人可以续订租赁合同，但约定的租赁期限自续订之日起不得超过20年。同时，如果租赁期限6个月以上的，应当采用书面形式。当事人未采用书面形式的，视为不定期租赁。这是我国《合同法》第214条、第215条所作的规定。

当事人对租赁期限没有约定或者约定不明确，依照我国《合同法》第 61 条的规定仍不能确定的，视为不定期租赁。当事人可以随时解除合同，但出租人解除合同应当在合理期限之前通知承租人。

（2）租赁合同的内容包括租赁物的名称、数量、用途、租赁期限、租金及其支付期限和方式、租赁物维修等条款。在具体条款上，租赁合同与其他合同存在重大的差异。

二、租赁合同的履行

租赁合同以特定的有体物、非消费物为标的。而非消费物，是指能够供人反复适用的物。因此，出租人在租赁物上承担的义务主要是：（1）应当按照约定将租赁物交付承租人，并在租赁期间，保持租赁物符合约定的用途；（2）出租人应当履行租赁物的维修义务，但当事人另有约定的除外。承租人在租赁物需要维修时可以要求出租人在合理期限内维修。出租人未履行维修义务的，承租人可以自行维修，维修费用由出租人负担。因维修租赁物影响承租人使用的，应当相应减少租金或者延长租期。

需要强调的是，出租人负有的通知义务非常具有特色。根据我国《合同法》第 230 条、第 232 条的规定，出租人应当承担两项法定通知义务：一是出租人出卖租赁房屋时，应当在出卖之前合理期限内通知承租人，以便承租人行使优先购买权；二是在不定期租赁中，出租人解除合同应当在合理期限之前通知承租人。

对于不可归责于承租人的事由，致使租赁物部分或者全部毁损、灭失的，承租人可以要求减少租金或者不支付租金；因租赁物部分或者全部毁损、灭失，致使不能实现合同目的的，承租人也可以解除合同。

同时，如果租赁物危及承租人的安全或者健康的，即使承租人订立合同时明知该租赁物质量不合格，承租人仍然可以随时解除合同。

根据我国《合同法》第 217 条至第 235 条的规定，承租人应当履行的义务如下：

（1）承租人应当按照约定的方法使用租赁物。对租赁物的使用方法没有约定或者约定不明确，依照我国《合同法》第 61 条的规定仍不能确定的，应当按照租赁物的性质使用。承租人按照约定的方法，或者租赁物的性质使用租赁物，致使租赁物受到损耗的，不承担损害赔偿责任。

（2）承租人未按照约定的方法或者租赁物的性质使用租赁物，致使租赁物受到损失的，出租人可以解除合同并要求赔偿损失。

（3）承租人应当妥善保管租赁物。因保管不善造成租赁物毁损、灭失的，应当承担损害赔偿责任。

（4）承租人对租赁物进行改善或者增设他物时，应当经出租人同意。承租人未经出租人同意，对租赁物进行改善或者增设他物的，出租人可以要求承租人恢复原状或者赔偿损失。

（5）租赁期间届满，承租人应当返还租赁物。返还的租赁物应当符合按照约定或者租赁物的性质使用后的状态。

三、租金与转租

根据我国《合同法》第 226 条、第 227 条的规定，承租人应当按照约定的期限支付租金。对支付期限没有约定或者约定不明确，依照我国《合同法》第 61 条的规定仍不能确定的，租赁期间不满一年的，应当在租赁期间届满时支付；租赁期间一年以上的，应当在每届满一年时支付；剩余期间不满一年的，应当在租赁期间届满时支付。

承租人无正当理由未支付或者迟延支付租金的，出租人可以要求承租人在合理期限内支付。承租人逾期不支付的，出租人可以解除合同。如果因第三人主张权利，致使承租人不能对租赁物使用、收益的，承租人可以要求减少租金或者不支付租金。在这时，第三人主张权利的，承租人应当及时通知出租人。

我国《合同法》第224条规定："承租人经出租人同意，可以将租赁物转租给第三人。承租人转租的，承租人与出租人之间的租赁合同继续有效，第三人对租赁物造成损失的，承租人应当赔偿损失。承租人未经出租人同意转租的，出租人则可以解除合同。"

需要附带强调的是，在租赁期间因占有、使用租赁物获得的收益，归承租人所有，但当事人另有约定的除外。

四、租赁权的物权化

根据我国《合同法》第229条的规定，租赁物在租赁期间发生所有权变动的，不影响租赁合同的效力，即"买卖不破除租赁的原则"。这是通过立法在一定意义上赋予租赁权以物权性的表现。

(1) 优先购买权。我国《合同法》第230条规定："出租人出卖租赁房屋的，应当在出卖之前的合理期限内通知承租人，承租人享有以同等条件优先购买的权利。"

(2) 优先承租权。我国《合同法》第234条规定："承租人在房屋租赁期间死亡的，与其生前共同居住的人可以按照原租赁合同租赁该房屋。"

(3) 租赁合同的更新。我国《合同法》第236条规定："租赁期间届满，承租人继续使用租赁物，出租人没有提出异议的，原租赁合同继续有效，但租赁期限为不定期。"

五、融资租赁合同

融资租赁合同，是出租人根据承租人对出卖人、租赁物的选择，向出卖人购买租赁物，提供给承租人使用，承租人支付租金的合同。这种合同，是在租赁合同的基础上，形成的一种新类型的合同。

我国《合同法》第238条规定："融资租赁合同的内容，包括租赁物名称、数量、规格、技术性能、检验方法、租赁期限、租金构成及其支付期限和方式、币种、租赁期间届满租赁物的归属等条款。"同时，这种合同的订立应当采用书面形式。

(一) 融资租赁合同的基本特征

(1) 出租人根据承租人对出卖人、租赁物的选择订立的买卖合同，出卖人应当按照约定向承租人交付标的物，承租人享有与受领标的物有关的买受人的权利。同时，出租人、出卖人、承租人可以约定，出卖人不履行买卖合同义务的，由承租人行使索赔的权利。承租人行使索赔权利的，出租人应当协助。

可见，融资租赁合同是由两个合同即买卖合同、租赁合同构成的，有三方当事人即出卖人、出租人（买受人）、承租人，结合在一起形成的具有自己独立特点的一种合同。但是，两个合同在订立、合同效力上，具有相互交错的特色：第一，出卖人向租赁合同的承租人交付标的物；第二，承租人享有与标的物买受人有关的权利；第三，承租人向出租人交付租金，而购买租赁物的价款，由出租人支付。

(2) 出租人根据承租人对出卖人、租赁物的选择订立的买卖合同，未经承租人同意，出租人不得变更与承租人有关的合同内容。同时，出租人应当保证承租人对租赁物的占有和使用。

(3) 出租人享有租赁物的所有权。承租人破产的，租赁物不属于破产财产。

(4) 租金问题，除当事人另有约定的以外，应当根据购买租赁物的大部分或者全部成本以及出租人的合理利润确定。

(5) 租赁物不符合约定或者不符合使用目的的，出租人不承担责任。但承租人依赖出租人的技能，确定租赁物或者出租人干预选择租赁物的除外。

(6) 出租人和承租人可以约定租赁期间届满租赁物的归属。对租赁物的归属没有约定或者约定不明确，依照我国《合同法》第 61 条的规定仍不能确定的，租赁物的所有权归出租人。

(二) 承租人的特殊义务

(1) 承租人占有租赁物期间，租赁物造成第三人的人身伤害或者财产损害的，出租人不承担责任。该责任当然应当由承租人承担。

(2) 承租人应当妥善保管、使用租赁物，并应当履行占有租赁物期间的维修义务。

(3) 承租人应当按照约定支付租金。承租人经催告后在合理期限内仍不支付租金的，出租人可以要求支付全部租金；也可以解除合同，收回租赁物。

(4) 当事人约定租赁期间届满租赁物归承租人所有，承租人已经支付大部分租金，但无力支付剩余租金，出租人因此解除合同收回租赁物的，收回的租赁物的价值超过承租人欠付的租金以及其他费用的，承租人可以要求部分返还。

根据我国《合同法》第 246 条的规定，承租人占有租赁物期间，租赁物造成第三人的人身或者财产损害的，出租人不承担责任。

(三) 出卖人的义务

在融资租赁合同中，出卖人的义务主要是：(1) 按照买卖合同的约定，向合同外的第三人即承租人交付买卖标的物；(2) 对其所交付的标的物，承担瑕疵担保责任，包括质量担（保）约责任。若出卖人未按买卖合同约定交付标的物时，应当向买受人即出租人承担违约责任；(3) 对于承租人作为买受人索赔权利的承受人，出卖人不能进行抗辩。

六、房屋租赁合同

房屋租赁合同，是指出租人将房屋出租给承租人使用，由承租人向出租人支付租金的合同。房屋租赁，可以分为作为生产资料的房屋租赁和作为生活资料的房屋租赁等。

私房租赁的当事人一般是自然人，而不是单位。这种租赁合同，与其他租赁合同相比较，最大的特点是：私人的房屋由自然人租赁。

在私房租赁合同中，经常会遇到换房合同。换房合同一旦订立，原租赁合同即行终止，新承租人与出租人应当另行签订租赁合同，从而形成一个新的租赁关系。换房合同有别于租赁合同中的转租。转租形成的是两个租赁合同，原租赁合同继续有效。而换房合同形成的只是一个合同关系。

思考题

1. 简述租赁合同的订立与履行。
2. 租赁合同为何不能超过 20 年，并对期限的要求比较严格？

3. 简要评析租金关系与转租关系。

4. 融资租赁合同中承租人的特殊权利、义务是什么？

5. 私房租赁关系与换房关系的特殊性是什么？

参考法规提示

1.《中华人民共和国合同法》，第十三章“租赁合同”，第十四章“融资租赁合同”。

2.《中华人民共和国城市房地产管理法》（1994 年 7 月 5 日），第四章第四节“房屋租赁”。

3. 建设部《城市房屋租赁办理办法》，第 6 条～第 7 条，第二章“租赁合同”，第三章“租赁登记”，第五章“转租”。

4. 国务院《城市私有房屋管理条例》（1983 年 12 月 17 日），第四章“租赁”。

5. 建设部等五部委《城镇最低收入家庭廉租住房管理办法》（2003 年 12 月 31 日），第 12 条～第 19 条。

6.《最高人民法院关于审理融资租赁合同纠纷案件若干问题的规定》（1996 年 5 月 27 日），第 1 条－第 21 条。

第六节　承揽合同

【阅读提示】　承揽合同在日常生活中，也是一种常见的合同。本节重点掌握承揽合同的定义，承揽人的义务，定作人的任意合同解除权，以及承揽成果交付与风险的承担等。

一、承揽合同的定义

我国《合同法》第 251 条对承揽合同的定义是，承揽合同是承揽人按照定作人的要求完成工作，交付工作成果，定作人给付报酬的合同。承揽在具体范围上，包括加工、定作、修理、复制、测试、检验等工作。

对承揽合同定义的理解，要从以下几个方面入手：(1) 承揽合同的订立具有人身信任性质，承揽人以自己的设备、技术和劳力，完成主要工作，所以，承揽人是定作人基于一定的相信而特别指定的。(2) 承揽合同的标的，是承揽人完成特定的工作，并将工作成果交给定作人。(3) 承揽合同为诺成性、有偿的双务合同，承揽人以自己的设备、技术、管理等独立完成工作，并独自承担工作中的风险。(4) 我国《合同法》第 252 条规定，承揽合同的内容包括承揽的标的、数量、质量、报酬、承揽方式、材料的提供、履行期限、验收标准和方法等条款。

二、承揽工作的完成与报酬

我国《合同法》第 253 条至第 257 条、第 263 条，对于承揽工作的完成与报酬事项，进行了明确的规定。

1. 自己独立完成

承揽人以自己的设备、技术、管理等独立完成工作。如果将其承揽的主要工作交由第三人完成的，承揽人应当就该第三人完成的工作成果向定作人负责。未经定作人同意的，定作人可以因此而解除合同。

2. 第三人辅助完成

承揽人可以将其承揽的辅助工作交由第三人完成。承揽人将其承揽的辅助工作交由第三人完成的，应当就该第三人完成的工作成果向定作人负责。

3. 承揽工作材料的提供

承揽人提供材料的，承揽人应当按照约定选用材料，并接受定作人检验。如果定作人提供材料的，定作人应当按照约定提供材料。承揽人对定作人提供的材料，应当及时检验，发现不符合约定时，应当及时通知定作人更换、补齐或者采取其他补救措施。需要强调的是，承揽人不得擅自更换定作人提供的材料，不得更换不需要修理的零部件。

4. 合作与协助。承揽人发现定作人提供的图纸或者技术要求不合理的，应当及时通知定作人。因定作人怠于答复等原因造成承揽人损失的，定作人应当赔偿损失。定作人中途变更承揽工作的要求，造成承揽人损失的，应当赔偿损失。同时，承揽工作需要定作人协助的，定作人有协助的义务。定作人不履行协助义务致使承揽工作不能完成的，承揽人可以催告定作人在合理期限内履行义务，并可以顺延履行期限；定作人逾期不履行的，承揽人可以解除合同。承揽人在工作期间，应当接受定作人必要的监督检验。定作人不得因监督检验妨碍承揽人的正常工作。

5. 报酬支付。定作人应当按照约定的期限支付报酬。对支付报酬的期限没有约定或者约定不明确，依照《合同法》第61条的规定仍不能确定的，定作人应当在承揽人交付工作成果时支付；工作成果部分交付的，定作人应当相应支付。

三、承揽合同的履行与救济

我国《合同法》第261条至第262条、第263条至第267条，规定了承揽合同履行与救济的具体规则。

（1）工作成果的交付与验收。承揽人完成工作的，应当向定作人交付工作成果，并提交必要的技术资料和有关质量证明。

（2）承揽人应当按照定作人的要求保守秘密，未经定作人许可，不得留存复制品或者技术资料。定作人应当验收该工作成果。

（3）承揽人交付的工作成果不符合质量要求的，定作人可以要求承揽人承担修理、重作、减少报酬、赔偿损失等违约责任。

（4）共同承揽人对定作人承担连带责任，但当事人另有约定的除外。

（5）定作人未向承揽人支付报酬或者材料费等价款的，承揽人对完成的工作成果享有留置权，但当事人另有约定的除外。

四、定作人随时解约权

我国《合同法》第268条规定，定作人可以随时解除合同，这是一种任意合同解除权，属于解除承揽合同的一种特殊权利。这种权利的存在，与承揽合同的特征即委托（定作）、工作（承揽）以及交付（成果）的前后关联性有关，也与承揽合同本质上是一种授权型的委托合同有关。所以，定作人这种随时解除合同的权利，是一种法定权利，属于形成权范畴。也就是，只要定作人单方面的意思表示即可，无须要求或者强调什么理由。

当然，在民商活动领域，任何人的民事权利都是相对的。因此，定作人任意解除合同权利的行使，造成承揽人损失的，应当赔偿损失或者承担赔偿损失的民事责任。

五、承揽合同的风险负担

承揽合同中的风险，是指在承揽人完成承揽工作，并交付工作成果过程中，由于不可归责于任何一方当事人的原因而毁损、灭失时，损失的归属与承担。根据我国《合同法》第265条的规定，承揽人应当妥善保管定作人提供的材料以及完成的工作成果。因保管不善造成毁损、灭失的，应当承担损害赔偿责任。

由于不可归责于任何一方当事人的原因，定作人提供的材料，以及完成的工作成果毁损、灭失时，其损失的归属与承担，应当参照《合同法》买卖合同的原则处理：(1) 工作成果须交付的，工作成果交付前的风险，由承揽人承担；定作人受领迟延的，则由定作人负担。(2) 工作成果无须交付的，工作完成前由承揽人负担；工作完成后，由定作人负担。

思考题

1. 简述承揽合同的定义、特征。
2. 承揽工作物应当如何完成，并有哪些权利与义务？
3. 评析定作人的随意解约权。
4. 承揽合同的风险如何负担？

参考法规提示

1.《中华人民共和国合同法》，第十五章“承揽合同”。

第七节　建设工程合同

【阅读提示】　建设工程合同作为一种带有明显的系统化，即每一份建设工程合同往往涉及众多的相关合同的合同，在现实生活中，与每一个人息息相关。我国《建筑法》、《合同法》等法律法规，对于建设工程合同，有特别的规定。本章重点掌握建设工程合同的订立特点，总承包合同与分包合同的关系，以及监理合同中监理人的权利义务等。建设工程合同的合法性问题，是本章的难点。

一、建设工程合同的订立与特点

建设工程合同，是承包人进行工程建设，发包人支付价款的合同。它包括建设工程勘探合同、建设工程设计合同以及建设工程施工合同等。

这种合同的订立，根据我国《合同法》第270条至第274条的规定，具有如下特点：

(1) 建设工程合同，应当采用书面形式订立。现实经济活动中，往往是由国家机关提供标准示范文本，分成《建设工程合同条件》和《建设工程合同》两部分书面文本。

(2) 建设工程合同的订立前提。建设工程合同的订立，往往要通过招标投标过程。因此，当事人应当依照《中华人民共和国招标投标法》等法律的规定，公开、公平、公正地进行招标、投标、决标，然后签署书面的《建设工程合同》。而国家重大建设工程合同，应当按照国家规定的程序和国家批准的投资计划、可行性研究报告等文件订立。

(3) 合同的系统性。发包人可以与总承包人订立建设工程合同，也可以分别与勘察人、设计人、施工人分别订立建设工程勘察合同、建设工程设计合同以及建设工程施工承包合同。总承包人或者勘察、设计、施工承包人经发包人同意，可以将自己承包的部分工作交由第三人完成。第三人就其完成的工作成果与总承包人或者勘察、设计、施工承包人向发包人承担连带责任。

(4) 禁止性与强制性规则。我国《合同法》第272条使用了禁止性规则，这种规定与我国《建筑法》的规定是完全一致的，即发包人不得将应当由一个承包人完成的建设工程肢解成若干部分发包给几个承包人。承包人不得将其承包的全部建设工程转包给第三人，或者将其承包的全部建设工程肢解以后以分包的名义分别转包给第三人。禁止承包人将工程分包给不具备相应资质条件的单位。禁止分包单位将其承包的工程再分包。建设工程主体结构的施工必须由承包人自行完成。这是立法者对于当事人的资质条件以及合同的统一性的严格要求。

(5) 合同条款的特殊性。建设工程勘察、设计合同的内容，包括提交有关基础资料和文件（包括概预算）的期限、质量要求、费用以及其他协作条件等条款。而建设工程施工合同的内容，则包括工程范围、建设工期、中间交工工程的开工和竣工时间、工程质量、工程造价、技术资料交付时间、材料和设备供应责任、拨款和结算、竣工验收、质量保修范围和质量保证期、双方相互协作等条款。

(6) 监理合同。建设工程实行监理的，发包人应当与监理人采用书面形式订立委托监理合同。发包人与监理人的权利和义务以及法律责任，应当依照我国《合同法》关于委托合同以及其他有关法律、行政法规的规定处理。

建筑工程合同是源于承揽合同的一种特殊合同。我国《合同法》第287条规定："本章没有规定的，适用承揽合同的有关规定。"

二、总承建合同与分承建合同

1. 总承建合同

总承建合同是指发包人与承包人签订的，由一个总的承包人承建整个建设工程项目的合同。总承建合同在内容上就是一个总承包人承建了包括建设工程勘探项目、建设工程设计项目和建设工程施工项目等全部内容。在总承建合同下，发包人、承包人分别只有一个人。承包人对建设工程的勘察项目、设计项目、施工项目负全部责任。

2. 分承建合同

分承建合同是一个发包人，就其一个建设工程中的建设工程勘察项目、建设工程设计项目、建设工程施工项目等任务，分别与勘察人、设计人、施工人订立的相应合同。

在分承建合同下，承包人与勘察人、设计人、施工人分别建立合同关系。也就是发包人是一人，但是，承包人有两个或者两个以上。勘察人、设计人、施工人则互相独立，各自就其所承包的部分，分别独立自主地完成工作，分别向发包人各负其责。

总承建合同与分承建合同，都是为法律所允许的。但是，法律也对总承建合同、分承建合同的订立有明确的规范。如我国《合同法》第272条第1款就规定："发包人不得将应当由一个承包人完成的建设工程，肢解成若干部分发包给几个承包人。"也就是说，在这里总承建合同与分承建合同的订立，必须是一个建设工程的分项目的总承建、分承建关系，而不是一个分项目的再次分包，即把一个分项目又分成几个相同内容的部分。如将20层的大楼，分成地下、1－10层和11－20层三部分，分别由三个不同的主体承建，就为法律所不允许。

三、总包合同和分包合同

1. 总包合同

总包合同，是发包人与总承包人或者某一勘探人、设计人、施工人，就完成其所承包的建设工程的全部工作所订立的合同。有时，总包合同即是总承建合同。

2. 分包合同

分包合同，是总承包人或者勘探人、设计人、施工人将承包的建设工程任务的部分工作，再分包给他人完成所订立的合同。根据我国《合同法》第 272 条第 2 款的规定，总承包人或者勘察人、设计人、施工人经发包人同意，可以将自己承包的部分工作交由第三人完成。需要强调的是，分包合同不是转包合同。

但是，分包合同受到来自法律和工程项目本身相当多的控制和约束。主要是：(1) 分包必须经过发包人的同意；(2) 分包人不得转包或者以分包的名义转包；(3) 可以分包的部分，不是建设工程的主体结构部分；(4) 分包人必须具备相应的资质条件；(5) 分包一般只能发生一次，不能允许多层分包。

3. 分包后的法律责任

分包合同必须严格依照法律规定履行，否则，即是违约，当事人应当承担相应的法律责任。主要是：(1) 分包人就其完成工作成果与总承包人或者勘探人、设计人、施工人向发包人承担连带责任；(2) 分包人不适当履行其分包合同的，发包人有权要求总承包人承担全部责任，总承包人有权追究分包人的责任；(3) 发包人也可以要求分包人承担责任。

四、合同履行中的合作义务

我国《合同法》第 277 条至第 286 条规定了建设工程合同履行中，发包人、承包人各自不同的合作与协助义务。

1. 接受检查义务

发包人在不妨碍承包人正常作业的情况下，可以随时对作业进度、质量进行检查，承包人有接受检查的义务。

2. 通知检查和及时检查的义务

隐蔽工程在隐蔽以前，承包人应当通知发包人检查。发包人没有及时检查的，承包人可以顺延工程日期，并有权要求赔偿停工、窝工等损失。

3. 验收与付款义务

建设工程竣工后，发包人应当根据施工图纸及说明书、国家颁发的施工验收规范和质量检验标准，及时进行验收。验收合格的，发包人应当按照约定支付价款，并接收该建设工程。建设工程竣工经验收合格后，方可交付使用；未经验收或者验收不合格的，不得交付使用。

4. 质量义务

质量义务分成若干层次和阶段：(1) 勘察、设计的质量不符合要求，或者未按照期限提交勘察、设计文件拖延工期，造成发包人损失的，勘察人、设计人应当继续完善勘察、设计，减收或者免收勘察、设计费并赔偿损失。(2) 因施工人的原因，致使建设工程质量不符合约定的，发包人有权要求施工人在合理期限内无偿修理或者返工、改建。

经过修理或者返工、改建后，造成逾期交付的，施工人应当承担违约责任。(3) 因承包人的原因致使建设工程在合理使用期限内造成人身和财产损害的，承包人应当承担损害赔偿责任。

5. 发包人义务

发包人义务也被分成若干层次和阶段：(1) 发包人未按照约定的时间和要求提供原材料、设备、场地、资金、技术资料的，承包人可以顺延工程日期，并有权要求赔偿停工、窝工等损失。(2) 因发包人的原因致使工程中途停建、缓建的，发包人应当采取措施弥补或者减少损失，赔偿承包人因此造成的停工、窝工、倒运、机械设备调迁、材料和构件积压等损失和实际费用。(3) 因发包人变更计划，提供的资料不准确，或者未按照期限提供必需的勘察、设计工作条件而造成勘察、设计的返工、停工或者修改设计，发包人应当按照勘察人、设计人实际消耗的工作量增付费用。(4) 发包人未按照约定支付价款的，承包人可以催告发包人在合理期限内支付价款。发包人逾期不支付的，除按照建设工程的性质不宜折价、拍卖的以外，承包人可以与发包人协议将该工程折价，也可以申请人民法院将该工程依法拍卖。建设工程的价款就该工程折价或者拍卖的价款优先受偿。

五、监理合同

建设工程监理合同，是指建设单位即发包人与监理单位就其建设工程项目，委托给监理单位进行该工程的施工过程、质量以及验收、结算等监督、管理，以及督促等达成的协议。

监理合同的法律特征主要是：(1) 监理人必须具备合法的监理资质；(2) 工程监理单位不得转让工程监理业务；(3) 应当订立书面形式的合同；(4) 就国际惯例而言，监理合同都是有偿性的合同。

监理合同各方当事人的权利义务：

1. 建设单位的权利义务

在监理合同中，建设单位的权利义务主要是：(1) 确定监理范围、监理权限和监理要求；(2) 做好有利于监理工作的相关事项的协助；(3) 按照监理方的要求，履行其在建设工程中的相应义务；(4) 支付监理费。

2. 监理人的权利义务

在监理合同中，监理人的权利义务主要是：(1) 有权纠正不符合工程设计的施工；(2) 有权建议撤换不合格的分包单位、项目负责人及有关人员；(3) 有权要求支付监理费；(4) 按照监理合同的约定，履行监理职责；(5) 监理人与承包人恶意串通时，应当承担连带责任。

思考题

1. 简述建设工程合同的订立与法律特征。
2. 总承建合同与分承建合同、总承包合同与分承包合同的区别是什么？
3. 建设工程合同履行中有哪些合作义务？
4. 监理合同的当事人的权利、义务各是什么？

参考法规提示

1.《中华人民共和国合同法》，第十六章“建设工程合同”。

2.《中华人民共和国建筑法》（1997年11月1日），第三章“建筑工程发包与承包”，第四章“建筑工程监理”，第六章“建筑工程质量管理”。

3. 国务院《建设工程质量管理条例》（2000年1月10日），第二章“建设单位的质量责任和义务”，第四章“施工单位的质量责任和义务”，第五章“工程监理单位的质量责任和义务”。

4. 建设部、国家工商行政管理局《建设工程勘察设计合同管理条例》（1996年7月25日），第4条－第8条。

5. 建设部《建设工程监理范围和规模标准规定》（2001年1月17日），第2条，第5条，第7条。

第八节　运输合同

【阅读提示】　运输合同是我们日常生活离不开的一种合同。运输合同在订立、履行以及发生争议和纠纷时，都有其不同的特点。因此，学习本节要重点掌握运输合同的订立特征，客运合同当事人的权利、义务，货运合同中联运合同的区段责任与最终责任，货运合同发生争议纠纷时的救济特征。本节的难点是，运输合同在履行时，发生在交通工具上或者交通工具内，来自第三人的原因造成的损害，为何要承运人承担责任。

一、运输合同的订立

运输合同是承运人将旅客或者货物从起运地点运输到约定地点，旅客、托运人或者收货人支付票款或者运输费用的合同。我国《合同法》第289条至第292条规定了这种合同的特征：

(1) 从事公共运输的承运人，不得拒绝旅客、托运人通常、合理的运输要求。也就是这种合同具有强制缔约的色彩。

(2) 承运人应当在约定期间或者合理期间内将旅客、货物安全运输到约定地点。这当中，运输的期间、时间或者班次、车次、时刻等，是双方约定的。

(3) 承运人应当按照约定的或者通常的运输路线将旅客、货物运输到约定地点。可见，运输线路或者路径等，也是双方约定或者旅客、货主指定的。

(4) 旅客、托运人或者收货人应当支付票款或者运输费用。承运人未按照约定路线或者通常路线运输，从而增加票款或者运输费用的，旅客、托运人或者收货人可以拒绝支付增加部分的票款或者运输费用。可见这种合同是有偿的，而不能也不应该是无偿的。

另外，应当强调的是，运输合同的标的是运输行为。合同在订立时，往往使用格式条款。因而，多数情况下，运输合同是一种格式合同。

还有，运输合同的种类也很繁多。按照运输对象划分，运输合同可以分为客运合同、货运合同；按照运输工具划分，可以分为铁路运输合同、公路运输合同、水上运输合同、海上运输合同、航空运输合同和管道运输合同等等；按照运输方式的组合划分，则可以分为单一运输合同、多式联运合同等。

二、客运合同

（一）客运合同的成立

客运合同，是指承运人将旅客及其行李安全运输到目的地，旅客为此支付运费的合同。

客运合同，根据我国《合同法》第 293 条的规定，自承运人向旅客交付客票时成立，但当事人另有约定或者另有交易习惯的除外。一般而言，市内公共交通运输工具所代表的运输合同，往往是先行上车（乘运或者先乘），然后再交付票款购买车票。对于现代城市中的无人售票公共交通车辆，我们认为，只要乘客在车上，就应当认为有运输合同，而不能简单地以有无车票来判断有无运输合同关系。

（二）客运合同的特殊性

客运合同，具有自己独有的特殊性。第一，承运人必须是取得合法承运资格的承运主体，并且具备履行运输合同的适运条件，比如合格的运输工具、合法的运输线路经营资格以及合格的驾乘人员等等。第二，合同的标的为运输旅客的行为，即运送行为。第三，多数情况下，这种合同为格式合同，即固定的车票或者绝大多数交易条件，都是承运人单方面提供的。第四，往往涉及旅客行李运输或者旅客携带物品的运输，有附随关系相伴随。第五，车、船票或者机票等等，往往包含强制保险的内容在内。第六，合同权利义务表现的特定性，即承运人的权利，主要表现在收票、验票或收费以及安全检查等方面。而旅客的义务，主要是支付票款、运费，不得携带违禁品，遵守运输规章以及合理注意义务等等。

（三）客运合同的履行

我国《合同法》第 294 条至第 303 条规定了客运合同履行的规则。

（1）有效票乘运。旅客应当持有效客票乘运。旅客无票乘运、超程乘运、越级乘运或者持失效客票乘运的，应当补交票款，承运人可以按照规定加收票款。旅客不交付票款的，承运人可以拒绝运输。

（2）延误处理。旅客因自己的原因不能按照客票记载的时间乘坐的，应当在约定的时间内办理退票或者变更手续。逾期办理的，承运人可以不退票款，并不再承担运输义务。

（3）行李条款。旅客在运输中应当按照约定限量携带行李。超过限量携带行李的，应当办理托运手续。同时，旅客不得随身携带或者在行李中夹带易燃、易爆、有毒、有腐蚀性、有放射性以及有可能危及运输工具上人身和财产安全的危险物品或者其他违禁物品。旅客违反规定的，承运人可以将违禁物品卸下、销毁或者送交有关部门。旅客坚持携带或者夹带违禁物品的，承运人应当拒绝运输。在运输过程中旅客自带物品毁损、灭失，承运人有过错的，应当承担损害赔偿责任。但是，旅客托运的行李毁损、灭失的，适用货物运输的有关规定。

（4）告知义务。承运人应当向旅客及时告知有关不能正常运输的重要事由和安全运输应当注意的事项。

（5）按照约定承运。承运人应当按照客票载明的时间和班次运输旅客。承运人迟延运输的，应当根据旅客的要求安排改乘其他班次或者退票。承运人擅自变更运输工具而降低服务标准的，应当根据旅客的要求退票或者减收票款；提高服务标准的，不应当加收票款。

(6) 救助与赔偿。承运人在运输过程中，应当尽力救助患有急病、分娩、遇险的旅客。同时，承运人应当对运输过程中旅客的伤亡承担损害赔偿责任，但伤亡是旅客自身健康原因造成的或者承运人证明伤亡是旅客故意、重大过失造成的除外。这一规定，适用于按照规定免票、持优待票或者经承运人许可搭乘的无票旅客。

三、货运合同

货运合同，是指承运人将托运人交付运输的货物，按照约定的时间、路径等运送到约定地点，托运人支付运费的合同。

(一) 货运合同的特征

货运合同的特征主要有：

1. 货运合同往往涉及第三人，即收货人。在托运人为第三人的利益而订立货运合同时，托运人与收货人就有可能不一致，这是需要我们特别注意的。

2. 合同的订立有特别要求。我国《合同法》第 304 条至第 307 条规定了货运合同订立的特殊要求，主要是：(1) 托运人办理货物运输，应当向承运人准确表明收货人的名称或者姓名或者指示的收货人，货物的名称、性质、重量、数量，收货地点等有关货物运输的必要情况。因托运人申报不实或者遗漏重要情况，造成承运人损失的，托运人应当承担损害赔偿责任。(2) 货物运输需要办理审批、检验等手续的，托运人应当将办理完有关手续的文件提交承运人。(3) 托运人应当按照约定的方式包装货物。对包装方式没有约定或者约定不明确的，适用《合同法》第 156 条的规定。托运人违反这条规定的，承运人可以拒绝运输。(4) 托运人托运易燃、易爆、有毒、有腐蚀性、有放射性等危险物品的，应当按照国家有关危险物品运输的规定对危险物品妥善包装，作出危险物标志和标签，并将有关危险物品的名称、性质和防范措施的书面材料提交承运人。托运人违反这条规定的，承运人可以拒绝运输，也可以采取相应措施以避免损失的发生，因此产生的费用由托运人承担。

3. 以货物交付收货人，方为承运人履行完毕，这是由货物运输合同的特征决定的。

(二) 货运合同履行中的特殊规则

我国《合同法》第 308 条至第 316 条规定了货运合同履行中的特殊规则。

1. 托运人变更合同规则

在承运人将货物交付收货人之前，托运人可以要求承运人中止运输、返还货物、变更到达地或者将货物交给其他收货人，但应当赔偿承运人因此受到的损失。

2. 通知与提货

货物运输到达后，承运人知道收货人的，应当及时通知收货人，收货人应当及时提货。收货人逾期提货的，应当向承运人支付保管费等费用。收货人提货时，应当按照约定的期限检验货物。对检验货物的期限没有约定或者约定不明确，依照《合同法》第 61 条的规定仍不能确定的，应当在合理期限内检验货物。收货人在约定的期限或者合理期限内对货物的数量、毁损等未提出异议的，视为承运人已经按照运输单证的记载交付托运物。

3. 风险与赔偿

承运人对运输过程中货物的毁损、灭失承担损害赔偿责任。但承运人证明货物的毁损、灭失是因不可抗力、货物本身的自然性质或者合理损耗以及托运人、收货人的过错造成的，不承担损害赔偿责任。货物的毁损、灭失的赔偿额，当事人有约定的，按照其约定；没有约定或者约定不明确，依照《合同法》第 61 条的规定仍不能确定的，按照交付或者应当交付时货物到达地的市场价格计算。法律、行政法规对赔偿额的计算方法和赔偿限额另有规定的，依照其规定。

4．运费支付与返还

货物在运输过程中，因不可抗力灭失，未收取运费的，承运人不得要求支付运费；已收取运费的，托运人可以要求返还。

5．留置货物

托运人或者收货人不支付运费、保管费以及其他运输费用的，承运人对相应的运输货物享有留置权，但当事人另有约定的除外。

6．提存货物

收货人不明或者收货人无正当理由拒绝受领货物的，依照《合同法》第 101 条的规定，承运人可以提存货物。

四、联运合同

联运合同，是指旅客或者货物由不同的承运人以相同或者不同的运输方式进行运输，并安全、按时运达目的地的运输合同。这种合同，是多个运输合同组合在一起的合同。

联运合同的基本特征是：存在名义承运人和实际承运人两种承运人。也就是说，总的承运人只是第一区段的承运人，但是，在运输责任上，其可能要承担全部运输过程的责任。或者，按照运费的收取方式，总承运人因为直接针对托运人，所以，应当直接对托运人或者收货人承担全部责任。

联运合同，按照具体联运时涉及的运输方式，可以分为同一运输方式联运合同和多式联运合同两种。

1．同一运输方式联运合同

这种联运合同，是两个以上承运人，以同一运输方式联营运输的合同。这种合同的主要特点，按照我国《合同法》第 313 条的规定，是与托运人订立合同的承运人，应当对全程运输承担责任。也就是说，同一运输方式联运合同中，货运的损失发生在某一运输区段的，由与托运人订立合同的承运人和该区段的承运人承担连带责任。但是，与托运人订立合同的承运人，对全程运输承担赔偿责任。

2．多式联运合同

这种联运合同，是两个以上承运人，以不同的运输方式联营运输的合同。这种合同的主要特点，按照我国《合同法》第 317 条的规定，是多式联运经营人负责履行或者组织履行多式联运合同，对全程运输享有承运人的权利，承担承运人的义务。

与同一运输方式的联运合同相比，多式联运合同在承担责任方面有其特殊性。我国《合同法》第 318 条至第 321 条规定的特殊规则主要是：

第一，多式联运经营人，可以与参加多式联运的各区段承运人，就多式联运合同的各区段运输约定相互之间的责任，但该约定不影响多式联运经营人对全程运输承担的义务。

第二，多式联运经营人收到托运人交付的货物时，应当签发多式联运单据。按照托运人的要求，多式联运单据可以是可转让单据，也可以是不可转让单据。

第三，因托运人托运货物时的过错，造成多式联运经营人损失的，即使托运人已经转让多式联运单据，托运人仍然应当承担损害赔偿责任。

第四，货物的毁损、灭失，发生于多式联运的某一运输区段的，多式联运经营人的赔偿责任和责任限额，适用调整该区段运输方式的有关法律规定。货物毁损、灭失发生的运输区段不能确定的，依照我国《合同法》货物运输合同的规定承担损害赔偿责任。

思考题

1. 简述运输合同的订立。
2. 简述客运合同的成立和履行。
3. 简述客运承运人的救助、赔偿义务的理由。
4. 货运合同的履行规则是什么？
5. 联运合同的责任承担规则是什么？

参考法规提示

1.《中华人民共和国合同法》，第十七章“运输合同”。

2. 铁道部《铁路货物运输合同实施细则》（1986 年 12 月 1 日），第二章“货物运输合同的签订”，第三章“货物运输合同的履行”，第四章“货物运输合同的变更或解除”。

3. 交通部《水路货物运输合同实施细则》（1986 年 12 月 1 日），第二章“货物运输合同的签订”，第三章“货物运输合同的履行”，第四章“货物运输合同的变更或解除”。

4.《最高人民法院关于审理铁路运输损害赔偿案件若干问题的解释》（1994 年 10 月 27 日），第 1 条～第 15 条。

第九节　技术合同

【阅读提示】　学习本节，应当重点掌握技术合同的定义、特征，技术开发合同中技术成果的归属，技术转让时职务技术成果与非职务技术成果权益的差别，以及技术咨询合同、技术服务合同履行中，新成果的归属等。本节的难点是技术成果的归属与当事人权利义务的对应关系。

一、技术合同的界定

技术合同是当事人就技术开发、转让、咨询或者服务订立的，确立相互关系之间权利义务的合同。技术合同从类型上讲，包括技术开发合同、技术转让合同、技术咨询合同和技术服务合同等。

由于技术的共同性，使得技术合同具有突出特点：

(1) 标的具有独特性。技术合同的标的是技术成果。技术是无形的，技术成果是一种特殊的商品，是一种凝聚着人类智慧的创造力智力劳动成果。

(2) 技术合同受多重法律调整。技术合同除受我国《合同法》调整以外，还受到我国《科学技术进步促进法》、《专利法》、《反不正当竞争法》等保护技术成果的法律调整。

(3) 技术合同的内容复杂。尽管由当事人约定，但是，一般而言，合同条款具有特别性的比较多。包括：项目名称，标的的内容、范围和要求，履行的计划、进度、期限、地点、地域和方式，技术情报和资料的保密，风险责任的承担，技术成果的归属和收益的分成办法，验收标准和方法，价款、报酬或者使用费及其支付方式，违约金或者损失赔偿的计算方法，解决争议的方法，以及名词和术语的解释等等。另外，与履行合同有关的技术背景资料、可行性论证和技术评价报告、项目任务书和计划书、技术标准、技术规范、原始设计和工艺文件，以及其他技术文档，按照当事人的约定可以作为合同的组成部分。如果技术合同涉及专利的，应当注明发明创造的名称、专利申请人和专利权人、申请日期、申请号、专利号以及专利权的有效期限等。

(4) 合同价款特别。技术合同价款、报酬或者使用费的支付方式由当事人约定，可以采取一次总算、一次总付或者一次总算、分期支付的方式，也可以采取提成支付或者提成支付附加预付入门费的方式。约定提成支付的，可以按照产品价格、实施专利和使用技术秘密后新增的产值、利润或者产品销售额的一定比例提成，也可以按照约定的其他方式计算。提成支付的比例可以采取固定比例、逐年递增比例或者逐年递减比例。约定提成支付的，当事人应当在合同中约定查阅有关会计账目的办法。

(5) 成果性质应当区分。职务技术成果的使用权、转让权属于法人或者其他组织的，法人或者其他组织可以就该项职务技术成果订立技术合同。法人或者其他组织应当从使用和转让该项职务技术成果所取得的收益中提取一定比例，对完成该项职务技术成果的个人给予奖励或者报酬。法人或者其他组织订立技术合同转让职务技术成果时，职务技术成果的完成人享有以同等条件优先受让的权利。职务技术成果是执行法人或者其他组织的工作任务，或者主要是利用法人或者其他组织的物质技术条件所完成的技术成果。非职务技术成果的使用权、转让权属于完成技术成果的个人。完成技术成果的个人可以就该项非职务技术成果订立技术合同。完成技术成果的个人有在有关技术成果文件上写明自己是技术成果完成者的权利和取得荣誉证书、奖励的权利。

(6) 签约限制。我国《合同法》第 329 条规定：“非法垄断技术、妨碍技术进步，或者侵害他人技术成果的，技术合同无效。”

二、技术开发合同

技术开发合同，是指当事人之间就新技术、新产品、新工艺或者新材料及其系统的研究开发所订立的合同。这种合同，包括委托开发合同和合作开发合同。

我国《合同法》分别就委托开发合同与合作开发合同的具体关系，明确规定了具体规则。

(一) 委托开发合同

委托开发合同，是一方当事人委托另一方当事人进行技术成果的研究开发，委托方支付费用，研究开发人进行技术成果的研究开发所订立的合同。

委托开发合同的履行，根据我国《合同法》第 331 条至第 334 条的规定，委托人应当按照约定支付研究开发经费和报酬，提供技术资料、原始数据，完成协作事项，接受研究开发成果。而委托开发合同的研究开发人，应当按照约定制定和实施研究开发计划，合理使用研究开发经费，按期完成研究开发工作，交付研究开发成果，提供有关的技术资料和必要的技术指导，帮助委托人掌握研究开发成果。委托人或者研究开发人违反约定造成研究开发工作停滞、延误或者失败的，应当承担违约责任。

（二）合作开发合同

合作开发合同，是一方与另一方当事人共同承担研究开发费用，进行技术成果的研究开发所订立的合同。这种合同的特征在于，是一种双方合作的合同关系。

合作开发合同的履行，与委托开发合同最大的区别，在于双方在技术成果开发中的合作性。根据我国《合同法》第 335 条、第 336 条、第 340 条的规定，合作开发合同的履行特点是：第一，合作开发合同的当事人，应当按照约定进行投资，包括以技术进行投资，分工参与研究开发工作，协作配合研究开发工作等。第二，合作开发合同的当事人，违反约定造成研究开发工作停滞、延误或者失败的，应当承担违约责任。第三，合作开发完成的发明创造，除当事人另有约定的以外，申请专利的权利属于合作开发的当事人共有。当事人一方转让其共有的专利申请权的，其他各方享有以同等条件优先受让的权利。合作开发的当事人一方声明放弃其共有的专利申请权的，可以由另一方单独申请或者由其他各方共同申请。申请人取得专利权的，放弃专利申请权的一方可以免费实施该专利。合作开发的当事人一方不同意申请专利的，另一方或者其他各方不得申请专利。

（三）技术开发合同成果归属与风险分担

（1）因作为技术开发合同标的的技术已经由他人公开，致使技术开发合同的履行没有意义的，当事人可以解除合同。

（2）技术开发合同在履行过程中，因出现无法克服的技术困难，致使研究开发失败或者部分失败的，该风险责任由当事人约定。没有约定或者约定不明确的，依照《合同法》第 61 条的规定仍不能确定的，风险责任由当事人合理分担。当事人一方发现该条规定的可能致使研究开发失败或者部分失败的情形时，应当及时通知另一方并采取适当措施减少损失。没有及时通知且采取适当措施，致使损失扩大的，应当就扩大的损失承担责任。

（3）委托开发完成的发明创造，除当事人另有约定的以外，申请专利的权利属于研究开发人。研究开发人取得专利权的，委托人可以免费实施该专利。研究开发人转让专利申请权的，委托人享有以同等条件优先受让的权利。

（4）委托开发或者合作开发完成的技术秘密成果的使用权、转让权以及利益的分配办法，由当事人约定。没有约定或者约定不明确，依照《合同法》第 61 条的规定仍不能确定的，当事人均有使用和转让的权利。但委托开发的研究开发人不得在向委托人交付研究开发成果之前，将研究开发成果转让给第三人。

三、技术转让合同

技术转让合同，是技术成果的所有人或者权利人，将其技术成果通过出卖或者许可的方式，出让给受让人，受让人取得技术成果或者技术成果的使用权的合同。技术转让合同可以是技术成果买断式的交易，也可以是技术成果使用权的买卖或者交易。

我国《合同法》第 342 条规定："技术转让合同包括专利权转让、专利申请权转让、技术秘密转让、专利实施许可合同。”

(一) 专利权转让合同

专利权转让合同，是指专利权人作为转让人，将其发明创造专利的所有权出让、移交给受让人，受让人支付约定价款所订立的合同。

专利转让合同生效后，受让人称为新的专利权人，并享受实施该项发明创造专利的排他性权利。除合同另有约定外，专利权的出让人自己也不得再实施该项专利技术。同时，中国的单位和个人向外国人转让专利权的，必须经国务院有关主管机关批准。

(二) 专利申请权转让合同

专利申请权转让合同，是指转让人将其特定的发明创造申请专利的权利，依照约定转让给受让人，受让人支付约定价款的合同。在这里，这种合同与专利权转让合同相比较，最大的不同在于，它转让的是专利申请权。这种权利，还不是专利权，只是申请专利的权利。

经过申请，能否获得专利，还是一个未知数。因此，这种转让合同，显然与专利权的转让是不同的。所以，相关的转让费用，应当是比较低廉的。

(三) 专利实施许可合同

专利实施许可合同，是指专利权人或其授权的人作为转让方，许可受让方在约定的范围内实施专利，受让方支付约定的使用费所订立的合同。

根据我国《合同法》第344条至第346条的规定，专利实施许可合同的基本要求如下：

(1) 专利实施许可合同只在该专利权的存续期间内有效。专利权有效期限届满或者专利权被宣布无效的，专利权人不得就该专利与他人订立专利实施许可合同。

(2) 专利实施许可合同的让与人，应当按照约定许可受让人实施专利，交付实施专利有关的技术资料，提供必要的技术指导。

(3) 专利实施许可合同的受让人，应当按照约定实施专利，不得许可约定以外的第三人实施该专利，并按照约定支付使用费。

(四) 技术秘密转让合同

技术秘密转让合同，是指转让人将自己拥有的技术秘密提供给受让人，明确相互就技术秘密的使用权、转让权的范围，受让人支付约定使用费所订立的合同。在这里，技术秘密是指非《专利法》保护范围的，只有持有人知道和掌握的技术成果。公知公用的技术，不是技术秘密。

技术秘密转让合同中，让与人应当按照约定提供技术资料，进行技术指导，保证技术的实用性、可靠性，承担保密义务。而受让人则应当按照约定使用技术，支付使用费，承担保密义务。可见，在合同中，双方都承担了保密义务。

(五) 技术转让合同的履行与违约

技术转让合同在履行过程中，可以约定让与人和受让人实施专利或者使用技术秘密的范围，但不得限制技术竞争和技术发展。这是我国《合同法》第343条的要求，也是我国《科学技术进步法》第5条的要求。

同时，为了保证技术转让合同的顺利履行，让与人应当保证自己是所提供的技术的合法拥有者，并保证所提供的技术完整、无误、有效，能够达到约定的目标。而受让人应当按照约定的范围和期限，对让与人提供的技术中尚未公开的秘密部分，承担保密义务。

如果让与人未按照约定转让技术的，应当返还部分或者全部使用费，并应当承担违约责任。实施专利或者使用技术秘密超越约定的范围的，违反约定擅自许可第三人实施该项专利或者使用该项技术秘密的，应当停止违约行为，承担违约责任。违反约定的保密义务的，应当承担违约责任。

至于受让人未按照约定支付使用费的，应当补交使用费并按照约定支付违约金。不补交使用费或者支付违约金的，应当停止实施专利或者使用技术秘密，交还技术资料，承担违约责任。实施专利或者使用技术秘密超越约定的范围的，未经让与人同意擅自许可第三人实施该专利或者使用该技术秘密的，应当停止违约行为，承担违约责任。违反约定的保密义务的，应当承担违约责任。

不过，受让人按照约定实施专利、使用技术秘密侵害他人合法权益的，由让与人承担责任，但当事人另有约定的除外。同时，当事人也可以按照互利的原则，在技术转让合同中约定实施专利、使用技术秘密后续改进的技术成果的分享办法。没有约定或者约定不明确的，依照我国《合同法》第 61 条的规定仍不能确定的，一方后续改进的技术成果，其他各方无权分享。

四、技术咨询合同

技术咨询合同，是指委托人就特定技术项目提供可行性论证、技术预测、专题技术调查、分析评价报告等，向受托人咨询，并确定相互之间权利义务的合同。

根据我国《合同法》第 357 条至第 359 条的规定，技术咨询合同的委托人，应当按照约定阐明咨询的问题，提供技术背景材料及有关技术资料、数据，接受受托人的工作成果，支付报酬。委托人未按照约定提供必要的资料和数据，影响工作进度和质量，不接受或者逾期接受工作成果的，支付的报酬不得追回，未支付的报酬应当支付。委托人按照受托人符合约定要求的咨询报告和意见作出决策所造成的损失，由委托人承担，但当事人另有约定的除外。

而受托人应当按照约定的期限，完成咨询报告或者解答问题。并且，提出的咨询报告应当达到约定的要求。如果未按期提出咨询报告或者提出的咨询报告不符合约定的，应当承担减收或者免收报酬等违约责任。

五、技术服务合同

技术服务合同，是指一方以技术知识为另一方解决特定技术问题所订立的合同。这种合同不包括建设工程合同和承揽合同。

根据我国《合同法》第 360 条至第 363 条的规定，技术服务合同的委托人应当按照约定提供工作条件，完成配合事项，接受工作成果并支付报酬。委托人不履行合同义务或者履行合同义务不符合约定，影响工作进度和质量，不接受或者逾期接受工作成果的，支付的报酬不得追回，未支付的报酬应当支付。

而受托人应当按照约定完成服务项目，解决技术问题，保证工作质量，并传授解决技术问题的知识。受托人未按照合同约定完成服务工作的，应当承担免收报酬等违约责任。

需要特别强调的是，在技术咨询合同、技术服务合同履行过程中，受托人利用委托人提供的技术资料和工作条件完成的新的技术成果，属于受托人。委托人利用受托人的工作成果完成的新的技术成果，属于委托人。当事人另有约定的，按照其约定处理。

思考题

1. 简述技术合同的界定。
2. 技术委托开发合同与技术合作开发合同的区别是什么？
3. 技术转让合同的类型有哪些？
5. 技术合同中，技术成果如何归属，为什么？
6. 技术咨询合同和技术服务合同在概念上有无区别，为什么？

参考法规提示

1.《中华人民共和国合同法》，第十八章“技术合同”。

2. 科学技术部《技术合同认定登记管理办法》(2000年2月16日)，第9条～第15条，第18条。

3. 国家知识产权局《专利实施许可合同备案管理办法》(2001年12月17日)，第5条～第7条，第9条～第12条，第20条～第25条。

第十节　保管合同

【阅读提示】 保管合同作为一种提供照看服务的合同，它的核心意义在于：在保管合同中，保管人提供了一种照看服务或者专业仓储服务后，被照看的保管物应当原样返还。所以，本节重点掌握保管合同的订立原理，保管人的注意义务，事实保管关系以及与其他合同有关的附随保管义务。本节的难点是事实保管关系，以及其他合同的附随保管义务等。

一、保管合同的订立

保管合同是保管人保管寄存人交付的保管物，并返还该物的合同。这种合同，首先是一种实践性合同，即将保管标的物转让占有给保管人。寄存人向保管人交付保管物的，保管人应当给付保管凭证，但另有交易习惯的除外。其次，保管合同的客体是保管人提供保管服务行为。再次，这种合同为双务合同、不要式（仓储合同为要式合同）的。根据我国《合同法》366条规定：“保管合同的当事人对保管费没有约定或者约定不能确定时，保管是无偿的。”

（一）保管合同的履行

保管合同在履行时，具有如下的特点：第一，如果是有偿保管，那么，寄存人应当按照约定向保管人支付保管费。同时，有偿的保管合同，寄存人应当按照约定的期限向保管人支付保管费。当事人对支付期限没有约定或者约定不明确，依照《合同法》第61条的规定仍不能确定的，应当在领取保管物的同时支付保管费。第二，保管人应当妥善保管保管物。同时，当事人可以约定保管场所或者方法。除紧急情况或者为了维护寄存人利益的以外，保管人不得擅自改变保管场所或者方法。第三，寄存人交付的保管物有瑕疵，或者按照保管物的性质需要采取特殊保管措施的，寄存人应当将有关情况告知保管人。寄存人未告知，致使保管物受损失的，保管人不承担损害赔偿责任；保管人因此受损失的，除保管人知道或者应当知道并且未采取补救措施的以外，寄存人应当承担损害赔偿责任。第四，保管人不得将保管物转交第三人保管，但当事人另有约定的除外。保管人违反本条规定，将保管物转交第三人保管，对保管物造成损失的，应当承担损害赔偿责任。第五，保管人不得使用或者许可第三人使用保管物，但当事人另有约定的除外。

（二）第三人主张权利

我国《合同法》第 373 条规定，在保管合同有效期间，第三人对保管物主张权利的，除依法对保管物采取保全或者执行的以外，保管人应当履行向寄存人返还保管物的义务。同时，如果第三人对保管人提起诉讼或者对保管物申请扣押的，保管人应当及时通知寄存人。

（三）保管财产风险与保管物领取

保管期间，因保管人保管不善造成保管物毁损、灭失的，保管人应当承担损害赔偿责任。但保管是无偿的，保管人证明自己没有重大过失的，不承担损害赔偿责任。但是，寄存人寄存货币、有价证券或者其他贵重物品的，应当向保管人声明，由保管人验收或者封存。寄存人未声明的，该物品毁损、灭失后，保管人可以按照一般物品予以赔偿。

我国《合同法》第 376 条规定："寄存人可以随时领取保管物。当事人对保管期间没有约定或者约定不明确的，保管人可以随时要求寄存人领取保管物；约定保管期间的，保管人无特别事由，不得要求寄存人提前领取保管物。"而保管期间届满，或者寄存人提前领取保管物的，保管人应当将原物及其孳息归还寄存人。保管人保管的如果是货币的，可以返还相同种类、数量的货币。保管其他可替代物的，可以按照约定返还相同种类、品质、数量的物品。寄存人未按照约定支付保管费以及其他费用的，保管人对保管物享有留置权，但当事人另有约定的除外。

二、有偿保管与无偿保管的注意义务

无偿保管合同，是寄存人不支付保管费的保管合同。在无偿保管合同中，保管人因为没有获得报酬，所以，在其没有故意或者重大过失的情况下，不承担保管物毁损、灭失的损害赔偿责任。

有偿保管合同，是寄存人要支付保管费的保管合同。在有偿保管合同中，保管人保管不善，即没有尽到善良管理人的注意义务，应当承担保管物毁损、灭失的损失赔偿责任。这是我国《合同法》第 374 条规定的原则。

因此，无偿保管、有偿保管因为双方在保管合同订立时，就合同交易条件方面存在较大的差异，所以，一旦遇到保管物的毁损、灭失时，保管人所尽的注意义务是不同的。无偿保管时是一般人的注意义务，而有偿保管时，是善良管理人的注意，故承担的责任就不相同。

三、仓储合同的定义

仓储合同，是保管人储存存货人交付的仓储物，存货人支付仓储费的合同。仓储合同自成立时生效。

与保管合同相比，仓储合同具有明显的特点，即保管人必须是具有专门经营仓储业务资格的人，主体资格有专门的营业登记要求，属于专门的营业人范畴。同时，仓储的标的物，往往是大宗物品或者需要专业性保管条件才能保管的货物，如成吨的冷冻猪肉。与保管合同还有一点不同，就是仓储合同是一种诺成合同。因此，我国《合同法》第 382 条规定："仓储合同自成立时生效。"仓储合同不以交付为合同成立要件，并且是双务、有偿以及要式性合同。

四、仓储合同中的仓单

仓储合同订立时，存货人交付仓储物的，保管人应当给付仓单。在仓单上，保管人应当在仓单上签字或者盖章。仓单包括下列事项：(1) 存货人的名称或者姓名和住所；(2) 仓储物的品种、数量、质量、包装、件数和标记；(3) 仓储物的损耗标准；(4) 储存场所；(5) 储存期间；(6) 仓储费；(7) 仓储物已经办理保险的，其保险金额、期间以及保险人的名称；(8) 填发人、填发地和填发日期等。

仓单是提取仓储物的凭证。存货人或者仓单持有人在仓单上背书并经保管人签字或者盖章的，可以转让提取仓储物的权利。

因此，保管人履行义务时，根据存货人或者仓单持有人的要求，应当同意其检查仓储物或者提取样品。而入库仓储物发现有变质或者其他损坏的，应当及时通知存货人或者仓单持有人。

储存期间届满，存货人或者仓单持有人应当凭仓单提取仓储物。存货人或者仓单持有人逾期提取的，应当加收仓储费；提前提取的，不减收仓储费。

五、仓储合同的履行

我国《合同法》第 383 条、第 384 条和第 390 条至第 394 条对于仓储合同的履行，有专门的规则性要求。

(1) 储存易燃、易爆、有毒、有腐蚀性、有放射性等危险物品或者易变质物品，存货人应当说明该物品的性质，提供有关资料。存货人违反本条规定的，保管人可以拒收仓储物，也可以采取相应措施以避免损失的发生，因此产生的费用由存货人承担。而保管人储存易燃、易爆、有毒、有腐蚀性、有放射性等危险物品的，应当具备相应的保管条件。

(2) 保管人应当按照约定对入库仓储物进行验收。保管人验收时发现入库仓储物与约定不符合的，应当及时通知存货人。保管人验收后，发生仓储物的品种、数量、质量不符合约定的，保管人应当承担损害赔偿责任。

(3) 保管人对入库仓储物发现有变质或者其他损坏，危及其他仓储物的安全和正常保管的，应当催告存货人或者仓单持有人作出必要的处置。因情况紧急，保管人可以作出必要的处置，但事后应当将该情况及时通知存货人或者仓单持有人。

(4) 当事人对储存期间没有约定或者约定不明确的，存货人或者仓单持有人可以随时提取仓储物，保管人也可以随时要求存货人或者仓单持有人提取仓储物，但应当给予必要的准备时间。

(5) 储存期间届满，存货人或者仓单持有人不提取仓储物的，保管人可以催告其在合理期限内提取。逾期不提取的，保管人可以提存仓储物。

(6) 储存期间，因保管人保管不善造成仓储物毁损、灭失的，保管人应当承担损害赔偿责任。因仓储物的性质、包装不符合约定，或者超过有效储存期造成仓储物变质、损坏的，保管人不承担损害赔偿责任。

六、事实保管关系

现实生活中，人们往往对于各种交易关系或者交易场合经营者的义务，在理解或者把握上存在一些偏差，从而导致了一些不应有的纠纷和麻烦。比如，餐饮、娱乐和商场等场所，作为营业性经营场所，是否负有保证消费者携带的物品或者衣服口袋里财物的安全的义务？在很多时候，人们的看法是不一致的。

我们认为，人们在这样的场所，随身物品或者衣服口袋里的东西，都不应当是由经营者保管的物品或者保管物。这些营业场所的经营者，对于消费者仅仅负有提示、采取措施防范，以及发生消费者财物被盗后，协助报案或者抓获偷盗者的义务，而没有保管义务。

但是，餐饮、娱乐和商场等场所的门前、院坝或者专门设置的停车场或者小件物品寄存处等，则是保管场所，与消费者形成了保管关系。有些停车场或者寄存物品的地方，往往以无偿保管为由，不出具任何保管凭证，企图否认保管关系的存在，这是不能成立的。因为，这些场所，往往可能是餐饮、娱乐和商场等经营者的延伸性营业场所。在这些地方停放车辆或者寄放免费保存的消费者物品，显然已经形成了事实上的保管关系。不管是有偿保管，还是无偿保管，其经营者都应当承担保管责任。

另外，作为一种特殊情形，需要强调的是，在实行物业管理的小区，外来者停放车辆时，如果没有与物业管理公司形成保管关系的，其财物被盗或者毁损、灭失的，不能简单地定义为保管关系。因为，物业管理公司的保安或者门卫，允许外来者开车或者携带物品进入小区，并不当然意味着就形成了事实上的管理关系。只有物业管理公司的保安或者门卫，在核对了外来者开车或者携带物品，并发放了相关的凭证（比如出入门凭证、停车凭证或者物品出入凭证等）之后，它才在事实上承担了看护外来者财物的保护义务，即外来者开车或者携带物品进入小区后，物业管理公司的保安或者门卫才负有管理人的义务。

思考题

1. 保管合同中，第三人主张权利时如何处理？
2. 有偿保管与无偿保管有何区别？
3. 仓储合同的订立与履行有哪些特点？
4. 简述仓单的法律属性和意义。
5. 如何理解事实保管合同关系？

参考法规提示

1.《中华人民共和国合同法》，第十九章“保管合同”，第二十章“仓储合同”。

2. 卫生部《关于切实加强传染性非典型肺炎病毒毒株、人体标本集中管理、确保病毒实验室及保管单位生物安全的紧急通知》（2003年12月17十七日），第1条～第5条。

3.《交通银行保管箱业务暂行办法》（1994年7月14日），第1条～第20条。

4. 广州市人民政府《广州市自行车摩托车保管站管理规定》（1989年8月14日），

第2条～第13条。

第十一节　委托合同

【阅读提示】　委托合同在生活中大量存在，把握委托合同时，应从委托关系的特征入手。本节的重点是在委托合同中，受托人的披露义务，委托合同终止的原因，委托合同与委托代理的关系等。本节难点是委托合同中的介入权和抗辩权。

一、委托合同的概念

委托合同是委托人和受托人约定，由受托人处理委托人事务的合同。这种合同是一种受托人提供劳务的合同，并以双方当事人的信任为前提。委托合同是诺成性、不要式的合同，既可以是有偿的合同，也可以是无偿的合同。

现实生活中，委托合同的意义在于，我们可以利用受托人的技能或者专业特长，为实现自己的各种各样的民事权利带来方便。

委托合同订立和履行时，有其专门规则。主要是：

(1) 委托人可以特别委托受托人处理一项或者数项事务，也可以概括委托受托人处理一切事务。

(2) 委托人应当预付处理委托事务的费用。受托人为处理委托事务垫付的必要费用，委托人应当偿还该费用及其利息。

(3) 受托人应当按照委托人的指示处理委托事务。需要变更委托人指示的，应当经委托人同意；因情况紧急，难以和委托人取得联系的，受托人应当妥善处理委托事务，但事后应当将该情况及时报告委托人。

(4) 受托人应当亲自处理委托事务。经委托人同意，受托人可以转委托。转委托经同意的，委托人可以就委托事务直接指示转委托的第三人，受托人仅就第三人的选任及其对第三人的指示承担责任。转委托未经同意的，受托人应当对转委托的第三人的行为承担责任，但在紧急情况下受托人为维护委托人的利益需要转委托的除外。

(5) 受托人应当按照委托人的要求，报告委托事务的处理情况。委托合同终止时，受托人应当报告委托事务的结果。受托人处理委托事务取得的财产，应当转交给委托人。

(6) 受托人完成委托事务的，委托人应当向其支付报酬。因不可归责于受托人的事由，委托合同解除或者委托事务不能完成的，委托人应当向受托人支付相应的报酬。当事人另有约定的，按照其约定。

二、委托事务处理中的赔偿

根据我国《合同法》第406条至第409条的规定，委托人或者受托人可以随时解除合同。因解除合同给对方造成损失的，除不可归责于该当事人的事由外，应当承担赔偿损失。

(1) 有偿的委托合同，因受托人的过错给委托人造成损失的，委托人可以要求赔偿损失。无偿的委托合同，因受托人的故意或者重大过失给委托人造成损失的，委托人可以要求赔偿损失。受托人超越权限给委托人造成损失的，应当赔偿损失。

(2) 受托人处理委托事务时，因不可归责于自己的事由受到损失的，可以向委托人要求赔偿损失，或者委托人经受托人同意，可以在受托人之外委托第三人处理委托事务。因此给受托人造成损失的，受托人可以向委托人要求赔偿损失。

(3) 两个以上的受托人共同处理委托事务的，对委托人承担连带责任。

三、委托合同关系的终止

(1) 我国《合同法》第 410 条规定："委托人或者受托人可以随时解除委托合同。"因解除合同给对方造成损失的，除不可归责于该当事人的事由以外，应当赔偿损失。

(2) 委托人或者受托人死亡、丧失民事行为能力或者破产的，委托合同终止，但当事人另有约定或者根据委托事务的性质不宜终止的除外。如因委托人死亡、丧失民事行为能力或者破产，致使委托合同终止将损害委托人利益的，在委托人的继承人、法定代理人或者清算组织承受委托事务之前，受托人应当继续处理委托事务。

(3) 因受托人死亡、丧失民事行为能力或者破产，致使委托合同终止的，受托人的继承人、法定代理人或者清算组织应当及时通知委托人。因委托合同终止损害委托人利益的，在委托人作出善后处理之前，受托人的继承人、法定代理人或者清算组织应当采取必要措施。

四、委托合同与委托代理的区别

应当说明，委托合同能够产生委托代理。但是，委托合同并不都是产生委托代理关系。也就是说，委托代理必须通过委托合同，而委托合同产生的法律关系，可能是多元化的。

要让委托合同与委托代理区分开，就要从以下几个方面入手：

(1) 委托合同的成立是以双方合意为条件的，而代理关系除通过双方合意的委托合同形成委托代理外，还有法定代理、指定代理等。这些形式的代理关系，不需要以当事人双方合意为前提。

(2) 委托关系属于对内关系，这种关系仅存在于委托人与受托人之间，与第三人之间的关系，仅仅属于一种可能性。而代理关系属于外部关系，代理人一定要与第三人发生法律关系，并且与第三人进行代理行为，是属于肯定性的行为或者活动。

(3) 委托可以是法律行为，也可以是事实行为。法律行为作为一种意思表示，追求的是一种法律上的后果，具有当然的法律意义。而事实行为，则无须有此要求。相比之下，代理人所代理进行的行为，一般仅限于法律行为，而不能是事实行为，更不能是违法或者犯罪行为等等。

可见，委托合同的概念在外延上，远远大于委托代理。

五、受托人的披露义务

我国《合同法》第 402 条、第 403 条针对现实生活中复杂的委托关系，规定了受托人的披露义务，即受托人因为第三人、委托人的原因，不能履行合同义务，而导致合同不能履行或者受托人法律责任时，受托人通过披露第三人、委托人，进而可能免除其义务或者责任的情形。

(1) 第三人知情的交易。受托人以自己的名义，在委托人的授权范围内与第三人订立的合同，第三人在订立合同时知道受托人与委托人之间的代理关系的，该合同直接约束委托人和第三人，但有确切证据证明该合同只约束受托人和第三人的除外。

(2) 受托人披露第三人。受托人以自己的名义与第三人订立合同时，第三人不知道受托人与委托人之间的代理关系的，受托人因第三人的原因对委托人不履行义务，受托人应当向委托人披露第三人，委托人因此可以行使受托人对第三人的权利。但第三人与受托人订立合同时如果知道该委托人就不会订立合同的除外。这时，形成的权利关系，是委托人的介入权。

委托人行使受托人对第三人的权利的，第三人可以向委托人主张其对受托人的抗辩。第三人选定委托人作为其相对人的，委托人可以向第三人主张其对受托人的抗辩以及受托人对第三人的抗辩。

(3) 受托人披露委托人。受托人因委托人的原因对第三人不履行义务，受托人应当向第三人披露委托人。第三人因此可以选择受托人或者委托人作为相对人主张其权利，但第三人不得变更选定的相对人。这时，形成的权利关系，是第三人的选择权。

我国《合同法》在第403条中，规定了受托人的披露义务、委托人的介入权、第三人的选择权、委托人和第三人的抗辩权等，用仅仅一个条文，就揭示了复杂的权利关系。

思考题

1. 简述委托合同的订立与履行。
2. 委托事务出现麻烦时如何处理？
3. 简述委托合同与委托代理的区别。
4. 受托人的披露义务与介入权、选择权、抗辩权分别是什么？

参考法规提示

1.《中华人民共和国合同法》，第二十一章“委托合同”。

2. 建设部、国家工商行政管理局《建设工程委托监理合同（示范文本）》(2000年2月17日)，第三部分“专用条件”。

3. 中国证监会《网上证券委托暂行管理办法》(2000年4月14日)，第7条～第10条。

4. 中国证券业协会《证券交易委托代理业务指引》(2001年11月5日)，第2号“证券交易委托代理协议书”，第4号“网上委托协议书”。

5. 中国人民银行《金融信托投资公司委托贷款业务规定》(1993年3月28日)，第2条～第11条。

6. 国家教育委员会《高等学校接受委托培养学生的试行办法》(1986年1月11日)，第3条～第4条。

7.《最高人民法院关于加强和改进委托执行工作的若干规定》(2000年2月4日)，第2条～第9条。

第十二节　行纪合同

【阅读提示】　本节的重点是掌握行纪合同的定义与特点以及行纪合同中行纪人的

义务与委托人的义务，行纪人的介入权等。本节的难点是行纪人的介入权理论。

一、行纪合同的界定

行纪合同，是指行纪人以自己的名义，为委托人从事贸易活动，委托人支付报酬的合同。在这一合同中，行纪人以自己的名义为委托人办理委托事务，委托人与第三人之间，原则上不存在直接的权利义务关系，行纪人与第三人的合同不能对委托人直接发生法律效力。

同时，行纪合同的标的，是为委托人从事贸易活动，即行纪人虽然以自己的名义对外从事活动，但是，并非为了自己的利益而进行活动。也就是，行纪的结果归属于委托人，其经济效益最终由委托人享有。

行纪合同与信托关系，在法律层面上存在着差别。根据我国《信托法》第 2 条的规定，信托是指委托人基于对受托人的信任，将其财产权委托给受托人，由受托人按委托人的意愿以自己的名义，为受益人的利益或者特定目的，进行管理或者处分的行为。显然，在两者所涉及的法律关系内容上，存在较大的差别。

二、行纪人的义务

根据我国《合同法》第 415 条至第 419 条、第 421 条的规定，行纪合同中，行纪人负有的义务主要是：

(1) 行纪人处理委托事务支出的费用，由行纪人负担，但当事人另有约定的除外。

(2) 行纪人占有委托物的，应当妥善保管委托物。

(3) 行纪人低于委托人指定的价格卖出或者高于委托人指定的价格买入的，应当经委托人同意。未经委托人同意，行纪人补偿其差额的，该买卖对委托人发生效力。行纪人高于委托人指定的价格卖出或者低于委托人指定的价格买入的，可以按照约定增加报酬。没有约定或者约定不明确，依照《合同法》第 61 条的规定仍不能确定的，该利益属于委托人。委托人对价格有特别指示的，行纪人不得违背该指示卖出或者买入。

(4) 行纪人卖出或者买入具有市场定价的商品，除委托人有相反的意思表示的以外，行纪人自己可以作为买受人或者出卖人。行纪人依照前款规定交易的，仍然可以要求委托人支付报酬。

(5) 行纪人与第三人订立合同的，行纪人对该合同直接享有权利、承担义务。第三人不履行义务致使委托人受到损害的，行纪人应当承担损害赔偿责任，但行纪人与委托人另有约定的除外。

三、委托人的义务

(1) 行纪人按照约定买入委托物，委托人应当及时受领。经行纪人催告，委托人无正当理由拒绝受领的，行纪人依照我国《合同法》第 101 条的规定可以提存委托物。委托物不能卖出或者委托人撤回出卖，经行纪人催告，委托人不取回或者不处分该物的，行纪人依照我国《合同法》第 101 条的规定可以提存委托物。

(2) 委托物交付给行纪人时有瑕疵或者容易腐烂、变质的，经委托人同意，行纪人可以处分该物；和委托人不能及时取得联系的，行纪人可以合理处分。

(3) 行纪人完成或者部分完成委托事务的，委托人应当向其支付相应的报酬。委托人逾期不支付报酬的，行纪人对委托物享有留置权，但当事人另有约定的除外。

四、行纪人的介入权

行纪人的介入权，是指行纪人在执行委托人指令卖出或者买入有价证券或者其他有市场公示价格的商品时，以自己的名义充当买受人或者卖出人的权利。

行纪人行使介入权的条件是：(1) 行纪人须执行委托人的指令，进行商品买卖；(2) 行纪人卖出或者买入须是市场定价的商品（市场交易中客观形成的确定的商品价格）；(3) 须委托人没有相反的意思表示等。

行纪人的介入权行使以后，委托人和行纪人之间产生了买卖合同关系，适用买卖合同的规定。但在行纪合同关系中，行纪人仍负有行纪合同的义务。

思考题

1. 简述行纪合同的界定与特征。
2. 行纪人、委托人的义务有何区别？
3. 简述行纪人的介入权。

参考法规提示

1.《中华人民共和国合同法》，第二十二章“行纪合同”。

2.《中华人民共和国信托法》(2001 年 4 月 28 日)，第二章“信托的设立”，第五章“信托的变更与终止”。

2. 国家工商行政管理局《经纪人管理办法》(1995 年 10 月 26 日)，第四章“经纪活动”。

3. 中国证监会《期货经纪公司管理办法》(2002 年 5 月 17 日)，第 17 条～第 20 条。

4. 中国保监会《保险经纪公司管理规定》(2001 年 11 月 6 日)，第 46 条～第 51 条。

5. 上海市房地产交易管理中心《上海市房地产经纪行业规则（试行)》(1997 年 11 月 1 日)，第 11 条，第 15 条。

第十三节　居间合同

【阅读提示】　本节重点掌握居间合同的定义，居间人的权利义务，以及居间合同与委托合同的区别。本节的难点是居间合同如何与委托合同、行纪合同相区分。

一、居间合同的定义

居间合同，是指居间人向委托人报告订立合同的机会，或者提供订立合同的媒介服务，委托人支付报酬的合同。这种合同中，居间人按照委托人的委托要求，进行从中介绍或者提供媒介服务等业务活动。

居间合同中，居间人是为了促使委托人与第三人之间订立合同的人，他以报告订约机会或者提供媒介服务的方式，履行自己的义务。

二、居间人的权利义务

(1) 如实报告义务。居间人应当就有关订立合同的事项，向委托人如实报告。如果故意隐瞒与订立合同有关的重要事实或者提供虚假情况，损害委托人利益的，居间人不得要求支付报酬并应当承担损害赔偿责任。

(2) 报酬取得权。居间人促成合同成立的，委托人应当按照约定支付报酬。对居间人的报酬没有约定或者约定不明确，依照《合同法》第61条的规定仍不能确定的，根据居间人的劳务合理确定。因居间人提供订立合同的媒介服务而促成合同成立的，由该合同的当事人平均负担居间人的报酬。居间人促成合同成立的，居间活动的费用，由居间人负担。

(3) 费用要求权利。居间人未促成合同成立的，不得要求支付报酬，但可以要求委托人支付从事居间活动支出的必要费用。

(4) 保密义务。居间人对于掌握的有关委托人的商业秘密和商业信息、机会，应当保守秘密，不得侵犯其权益。

三、居间合同与委托合同的区别

(1) 居间合同必须是有偿的，而委托合同则可以是有偿的，也可以是无偿的。

(2) 居间合同中居间人的行为，是报告机会或者提供媒介服务，属于法律行为；而委托合同中，受托人的行为本身，不一定就属于法律行为，即委托合同的受托人办理的事务，可以是法律行为，也可以是事实行为。

(3) 居间合同的居间人，只报告订立合同的机会或者提供双方签约的媒介机会，并不是该被中介的合同的一方当事人。而委托合同的受托人，可以依据委托人的指示以自己的名义与第三人建立法律关系，成为法律关系的一方主体。

(4) 居间合同的居间人，不承担将处理的事务后果交给委托人的责任。但是，委托合同的受托人，则有将处理事务的后果，依法交给委托人的义务。

思考题

1. 简述居间合同的定义是什么？
2. 居间人、委托人的权利与义务是什么？
3. 居间合同与委托合同、行纪合同的区别。

参考法规提示

1.《中华人民共和国合同法》，第二十三章“居间合同”。

2. 建设部《城市房地产中介服务管理规定》(2001年8月15日)，第16条～第17条，第21条～第23条。

3. 国家计委《中介机构收费管理办法》(2000年1月3日)，第14条～第15条，第20条～第22条。

第十四节　保险合同

【阅读提示】　本节的重点是保险合同的订立，保险条款的形式，财产保险和人身保险等的不同之处，以及保险人责任免除的限制等。同时，保险事故的发生，保险危险的增减与投保人交付保险费的关系等，都是学习者应当特别注意的。本节的难点是财产保险的代位权与人身保险中的双倍索赔权。

保险，是指投保人根据合同约定，向保险人支付保险费，保险人对于合同约定的可能发生的事故因其发生所造成的财产损失承担赔偿保险金责任，或者当被保险人死亡、伤残、疾病或者达到合同约定的年龄、期限时承担给付保险金责任的商业保险行为。

从事保险活动，必须具备的条件是：(1) 经营商业保险业务的人，必须是依照我国《保险法》设立的保险公司，其他单位和个人不得经营商业保险业务；(2) 在我国境内，法人和其他组织需要办理境内保险的，应当向境内的保险公司投保；(3) 保险公司开展业务应当遵循公平竞争的原则，不得从事不正当竞争。当事人行使权利、履行义务应当遵循诚实信用原则。

一、保险合同的定义与特征

保险合同，是投保人与保险人约定保险权利义务关系的协议。其中，投保人是指与保险人订立保险合同，并按照保险合同负有支付保险费义务的人；保险人则是指与投保人订立保险合同，收取保险费并承担赔偿或者给付保险金责任的保险公司。

保险合同与其他民事合同相比较，具有如下的显著特点：

第一，最大诚信原则。也就是说，投保人和保险人订立保险合同，应当遵循公平互利、协商一致、自愿订立的原则，不得损害社会公共利益。除法律、行政法规规定必须保险的以外，保险公司和其他单位不得强制他人订立保险合同。不论是投保人还是保险人，都应当履行保险合同订立时的告知与提示义务，并在合同生效与履行的过程中，保险人不得随意解除合同，而投保人则不得任意拖欠保险费，或者对于保险事故不加防范等等。

我国《保险法》第 15 条、第 16 条以及第 32 条明确规定，除本法另有规定或者保险合同另有约定外，保险合同成立后，投保人可以解除保险合同，而保险人不得解除保险合同。

保险人或者再保险接受人对在办理保险业务中知道的投保人、被保险人、受益人或者再保险分出人的业务和财产情况及个人隐私，负有保密的义务等。

第二，利益关联原则。投保人对保险标的，具有保险利益。如果投保人对保险标的不具有保险利益的，保险合同无效。在这里，所谓保险利益，是指投保人对保险标的具有的法律上承认的利益。而保险标的，是指作为保险对象的财产及其有关利益或者人的寿命和身体等等。

第三，保险合同订立时，条款的格式性。投保人提出保险要求，经保险人同意承保，并就合同的条款达成协议，保险合同成立。多数情况下，保险人使用书面格式条款来与投保人订立保险合同。保险人应当及时向投保人签发保险单或者其他保险凭证，并在保险单或者其他保险凭证中载明当事人双方约定的合同内容。

经投保人和保险人协商同意，也可以采取法定形式以外的其他书面协议形式订立保险合同。

第四，保险合同生效的条件性。保险合同成立，投保人按照约定交付保险费后，往往才使合同生效；此后，保险人才按照约定的时间开始承担保险责任。

这些特点说明，保险人与投保人往往不是居于同一个或者完全平等的法律地位上的。

二、保险合同的订立与条款

我国《保险法》第 17 条、第 18 条规定了订立保险合同的基本要求，即订立保险合同时保险人应当向投保人说明保险合同的条款内容，并可以就保险标的或者被保险人的有关情况提出询问，投保人应当如实告知。

如果投保人故意隐瞒事实，不履行如实告知义务的，或者因过失未履行如实告知义务，足以影响保险人决定是否同意承保或者提高保险费率的，保险人有权解除保险合同。投保人故意不履行如实告知义务的，保险人对于保险合同解除前发生的保险事故，即保险合同约定的保险责任范围内的事故，不承担赔偿或者给付保险金的责任，并不退还保险费。

当然，投保人因过失未履行如实告知义务，对保险事故的发生有严重影响的，保险人对于保险合同解除前发生的保险事故，不承担赔偿或者给付保险金的责任，但可以退还保险费。

特别是保险合同中规定有关于保险人责任免除条款的，保险人在订立保险合同时，应当向投保人明确说明，未明确说明的，该条款不产生效力。

根据我国《保险法》第 19 条的规定，保险合同应当包括下列条款：(1) 保险人名称和住所；(2) 投保人、被保险人名称和住所，以及人身保险的受益人的名称和住所；(3) 保险标的；(4) 保险责任和责任免除；(5) 保险期间和保险责任开始时间；(6) 保险价值；(7) 保险金额；(8) 保险费以及支付办法；(9) 保险金赔偿或者给付办法；(10) 违约责任和争议处理；(11) 订立合同的日期等。除了这些条款之外，投保人和保险人可以就与保险有关的其他事项作出约定。

通常，保险公司将保险合同的条款事先已经草拟在书面形式的“保险条款”、“保险须知”等上面。其中许多条款，对于投保人而言，具有一定的专业性和系统性，因而如果投保人对这些条款不提出异议，它们就成为正式合同条款，即格式条款。对于格式条款，我国《合同法》第 39 条至第 41 条，有明确具体的使用、限制和解释规则。

对于保险合同的条款，保险人与投保人、被保险人或者受益人有争议时，人民法院或者仲裁机关应当作有利于被保险人和受益人的解释。

我国《保险法》第 29 条、第 30 条对再保险合同，也进行了规定，即保险人将其承担的保险业务，以分保形式，部分转移给其他保险人的，为再保险。应再保险接受人的要求，再保险分出人应当将其自负责任及原保险的有关情况告知再保险接受人。再保险接受人不得向原保险的投保人要求支付保险费。原保险的被保险人或者受益人，不得向再保险接受人提出赔偿或者给付保险金的请求。再保险分出人不得以再保险接受人未履行再保险责任为由，拒绝履行或者迟延履行其原保险责任。

需要说明的是，在保险合同有效期内，投保人和保险人经协商同意，可以变更保险合同的有关内容。但是，变更保险合同的，应当由保险人在原保险单或者其他保险凭证上批注或者附贴批单，或者由投保人和保险人订立变更的书面协议方为有效。

三、人身保险合同

人身保险合同是以人的寿命和身体为保险标的的保险合同。这种合同，以投保人对于被保险人有投保利益为限。没有投保利益，不能投保。即使投了保，也可能归于无效。

根据我国《保险法》第 53 条的规定，投保人具有保险利益的人是：（1）本人；（2）配偶、子女、父母；（3）与投保人有抚养、赡养或者扶养关系的家庭其他成员、近亲属等。除此之外，被保险人同意投保人为其订立合同的，视为投保人对被保险人具有保险利益。人身保险合同，具有与财产保险合同完全不同的特点。

（一）如实告知义务

在人身合同中，投保人负有如实告知被保险人年龄的义务。投保人申报的被保险人年龄不真实，并且其真实年龄不符合合同约定的年龄限制的，保险人可以解除合同，并在扣除手续费后，向投保人退还保险费。但是自合同成立之日起逾二年的除外。

投保人申报的被保险人年龄不真实，致使投保人支付的保险费少于应付保险费的，保险人有权更正并要求投保人补交保险费，或者在给付保险金时按照实付保险费与应付保险费的比例支付。投保人申报的被保险人年龄不真实，致使投保人实付保险费多于应付保险费的，保险人应当将多收的保险费退还投保人。

同时，投保人不得为无民事行为能力人投保以死亡为给付保险金条件的人身保险。对此，保险人也不得承保。父母为其未成年子女投保的人身保险，可以不受前述条件的限制。但是，死亡给付保险金额总和，不得超过保险监督管理机构规定的限额。

（二）死亡保险的同意

以死亡为给付保险金条件的合同，未经被保险人书面同意并认可保险金额的，合同无效。

依照以死亡为给付保险金条件的合同所签发的保险单，未经被保险人书面同意，不得转让或者质押。父母为其未成年子女投保的人身保险，不受前述规则的限制。

（三）保险费支付与合同复效

投保人于合同成立后，可以向保险人一次支付全部保险费，也可以按照合同约定分期支付保险费。合同约定分期支付保险费的，投保人应当于合同成立时支付首期保险费，并应当按期支付其余各期的保险费。

合同约定分期支付保险费，投保人支付首期保险费后，除合同另有约定外，投保人超过规定的期限 60 日未支付当期保险费的，合同效力中止，或者由保险人按照合同约定的条件减少保险金额。

依照我国《保险法》第 58 条规定合同效力中止的，经保险人与投保人协商并达成协议，在投保人补交保险费后，合同效力恢复。但是，自合同效力中止之日起二年内双方未达成协议的，保险人有权解除合同。保险人依照我国《保险法》第 58 条规定解除合同，投保人已交足二年以上保险费的，保险人应当按照合同约定退还保险单的现金价值；投保人未交足二年保险费的，保险人应当在扣除手续费后，退还保险费。

我国《保险法》第 60 条规定，保险人对人身保险的保险费，不得用诉讼方式要求投保人支付。这是因为，保险合同中的人身保险合同，是最具有人身自由、意思自治色彩的一种协议。加上分期付费的人身保险合同，其效力维持层面上的交费义务，带有相当强的权利意义。如果允许保险人采用诉讼方式追讨保险费，有不符合交易自愿原则的嫌疑。

（四）保险受益人

人身保险的受益人，由被保险人或者投保人指定。投保人指定受益人时须经被保险人同意。被保险人为无民事行为能力人或者限制民事行为能力人的，可以由其监护人指定受益人。

被保险人或者投保人可以指定一人或者数人为受益人。受益人为数人的，被保险人或者投保人可以确定受益顺序和受益份额；未确定受益份额的，受益人按照相等份额享有受益权。

被保险人或者投保人可以变更受益人并书面通知保险人。保险人收到变更受益人的书面通知后，应当在保险单上批注。投保人变更受益人时，须经被保险人同意。

（五）保险金及第三人赔偿请求权

被保险人死亡后，遇有下列情形之一的，保险金作为被保险人的遗产，由保险人向被保险人的继承人履行给付保险金的义务：

(1) 没有指定受益人的；

(2) 受益人先于被保险人死亡，没有其他受益人的；

(3) 受益人依法丧失受益权或者放弃受益权，没有其他受益人的。

当然，投保人、受益人故意造成被保险人死亡、伤残或者疾病的，保险人不承担给付保险金的责任。投保人已交足二年以上保险费的，保险人应当按照合同约定向其他享有权利的受益人退还保险单的现金价值。受益人故意造成被保险人死亡或者伤残的，或者故意杀害被保险人未遂的，丧失受益权。

以死亡为给付保险金条件的合同，被保险人自杀的，除合同成立已满二年外，保险人不承担给付保险金的责任。但对投保人已支付的保险费，保险人应按照保险单退还其现金价值。以死亡为给付保险金条件的合同，自成立之日起满二年后，如果被保险人自杀的，保险人可以按照合同给付保险金。

被保险人故意犯罪导致其自身伤残或者死亡的，保险人不承担给付保险金的责任。投保人已交足二年以上保险费的，保险人应当按照保险单退还其现金价值。

人身保险的被保险人因第三者的行为而发生死亡、伤残或者疾病等保险事故的，保险人向被保险人或者受益人给付保险金后，不得享有向第三者追偿的权利。但被保险人或者受益人仍有权向第三者请求赔偿。

在这里，被保险人或者受益人向第三人的赔偿请求权，是基于被保险人的死亡、伤残或者疾病等保险事故，是第三人的侵权行为造成的，是侵权行为产生的侵权赔偿。而保险人之所以要给付保险金，是因为被保险人与保险人之间有人身保险合同关系。两种不同的法律关系的存在，意味着被保险人或者收益人是两个不同法律关系中的主体。因而，其请求权就可以是两个方面的请求权。

四、财产保险合同

财产保险合同，是以财产及其有关利益为保险标的的保险合同。

财产保险合同是保险合同中最常见也是量最大的一种合同。这种合同的基本特点是：

第一，保险标的可以转让。保险标的的转让，有其特别规则，即应当通知保险人，经保险人同意继续承保后，依法变更合同。但是，货物运输保险合同和另有约定的合同除外。货物运输保险合同和运输工具航程保险合同，保险责任开始后，合同当事人不得解除合同。

第二，被保险人负有安全义务。也就是说，被保险人应当遵守国家有关消防、安全生产操作、劳动保护等方面的规定，维护保险标的的安全。根据财产保险合同的约定，保险人可以对保险标的的安全状况进行检查，及时向投保人、被保险人提出消除不安全因素和隐患的书面建议。投保人、被保险人未按照约定履行其对保险标的安全应尽的责任的，保险人有权要求增加保险费或者解除合同。保险人为维护保险标的的安全，经被保险人同意，可以采取安全预防措施。

第三，保险危险增加与减少影响合同效力。也就是在合同有效期内，保险标的危险程度增加的，被保险人按照合同约定应当及时通知保险人，保险人有权要求增加保险费或者解除合同。被保险人未履行该通知义务的，因保险标的危险程度增加而发生的保险事故，保险人不承担赔偿责任。

在下列情形之下，除合同另有约定外，保险人应当降低保险费，并按日计算退还相应的保险费：（1）据以确定保险费率的有关情况发生变化，保险标的危险程度明显减少；（2）保险标的的保险价值明显减少。

第四，解除合同自由。保险责任开始前，投保人要求解除合同的，应当向保险人支付手续费，保险人应当退还保险费。保险责任开始后，投保人要求解除合同的，保险人可以收取自保险责任开始之日起至合同解除之日止期间的保险费，剩余部分退还投保人。

（一）保险价值

保险标的的保险价值，可以由投保人和保险人约定并在合同中载明，也可以按照保险事故发生时保险标的的实际价值确定。保险金额不得超过保险价值；超过保险价值的，超过的部分无效。但是，保险金额低于保险价值的，除合同另有约定外，保险人按照保险金额与保险价值的比例承担赔偿责任。

有时，投保人试图通过重复保险，增加保险价值。也就是投保人对同一保险标的、同一保险利益、同一保险事故分别向二个以上保险人订立保险合同的保险。重复保险的投保人，应当将重复保险的有关情况通知各保险人。重复保险的保险金额总和超过保险价值的，各保险人的赔偿金额的总和不得超过保险价值。除合同另有约定外，各保险人按照其保险金额与保险金额总和的比例承担赔偿责任。

保险事故发生时，被保险人有责任尽力采取必要的措施，防止或者减少损失。保险事故发生后，被保险人为防止或者减少保险标的的损失所支付的必要的、合理的费用，由保险人承担。保险人所承担的数额在保险标的损失赔偿金额以外另行计算，最高不超过保险金额的数额。

（二）责任保险

责任保险是指以被保险人对第三者依法应负的赔偿责任为保险标的的保险。

保险人对责任保险的被保险人给第三者造成的损害，依照我国《保险法》的规定或者财产保险合同的约定，直接向该第三者赔偿保险金。

责任保险的被保险人因给第三者造成损害的保险事故而被提起仲裁或者诉讼的，除合同另有约定外，由被保险人支付的仲裁或者诉讼费用以及其他必要的、合理的费用，由保险人承担。

（三）合同终止与代位权

保险标的发生部分损失的，在保险人赔偿后30日内，投保人可以终止合同；除合同约定不得终止合同的以外，保险人也可以终止合同。保险人终止合同的，应当提前15日通知投保人，并将保险标的未受损失部分的保险费，扣除自保险责任开始之日起至终止合同之日止期间的应收部分后，退还投保人。

保险事故发生后，保险人已支付了全部保险金额，并且保险金额相等于保险价值的，受损保险标的的全部权利归于保险人；保险金额低于保险价值的，保险人按照保险金额与保险价值的比例取得受损保险标的的部分权利。

因第三者对保险标的的损害而造成保险事故的，保险人自向被保险人赔偿保险金之日起，在赔偿金额范围内代位行使被保险人对第三者请求赔偿的权利。但是，如果保险事故发生后，被保险人已经从第三者取得损害赔偿的，保险人赔偿保险金时，可以相应扣减被保险人从第三者已取得的赔偿金额。保险人行使代位请求赔偿的权利，不影响被保险人就未取得赔偿的部分向第三者请求赔偿的权利。

保险事故发生后，保险人未赔偿保险金之前，被保险人放弃对第三者的请求赔偿的权利的，保险人不承担赔偿保险金的责任。保险人向被保险人赔偿保险金后，被保险人未经保险人同意放弃对第三者请求赔偿的权利的，该行为无效。由于被保险人的过错致使保险人不能行使代位请求赔偿的的权利，保险人可以相应扣减保险赔偿金。

除被保险人的家庭成员或者其组成人员故意造成的保险事故以外，保险人不得对被保险人的家庭成员或者其组成人员行使代位请求赔偿的权利。

在保险人向第三者行使代位请求赔偿权利时，被保险人应当向保险人提供必要的文件和其所知道的有关情况。

五、出险与赔付

投保人、被保险人或者受益人知道保险事故发生后，应当及时通知保险人。在这里，被保险人是指其财产或者人身受保险合同保障，享有保险金请求权的人。投保人可以为被保险人。而受益人，是指人身保险合同中由被保险人或者投保人指定的享有保险金请求权的人。投保人、被保险人可以为受益人。

保险事故发生后，依照保险合同请求保险人赔偿或者给付保险金时，投保人、被保险人或者受益人，应当向保险人提供其所能提供的与确认保险事故的性质、原因、损失程度等有关的证明和资料。保险人依照保险合同的约定，认为有关的证明和资料不完整的，应当通知投保人、被保险人或者受益人补充提供有关的证明和资料。

我国《保险法》第24条规定："保险人收到被保险人或者受益人的赔偿或者给付保险金的请求后，应当及时作出核定，并将核定结果通知被保险人或者受益人；对属于保险责任的，在与被保险人或者受益人达成有关赔偿或者给付保险金额的协议后10日内，履行赔偿或者给付保险金义务。保险合同对保险金额及赔偿或者给付期限有约定的，保险人应当依照保险合同的约定，履行赔偿或者给付保险金义务。保险人未及时履行赔付规定义务的，除支付保险金外，应当赔偿被保险人或者受益人因此受到的损失。"

保险人收到被保险人或者受益人的赔偿或者给付保险金的请求后，对不属于保险责任的，应当向被保险人或者受益人发出拒绝赔偿或者拒绝给付保险金通知书。保险人自收到赔偿或者给付保险金的请求和有关证明、资料之日起 60 日内，对其赔偿或者给付保险金的数额不能确定的，应当根据已有证明和资料可以确定的最低数额先予支付。保险人最终确定赔偿或者给付保险金的数额后，应当支付相应的差额。

需要注意的是，人寿保险以外的其他保险的被保险人或者受益人，对保险人请求赔偿或者给付保险金的权利，自其知道保险事故发生之日起二年内行使。而人寿保险的被保险人或者受益人对保险人请求给付保险金的权利，自其知道保险事故发生之日起五年内行使。

同时，对于不实索赔或者“诈保”行为，我国《保险法》第 28 条作了限制性规则，即被保险人或者受益人在未发生保险事故的情况下，谎称发生了保险事故，向保险人提出赔偿或者给付保险金的请求的，保险人有权解除保险合同，并且不退还保险费。当然，投保人、被保险人或者受益人故意制造保险事故的，保险人有权解除保险合同，不承担赔偿或者给付保险金的责任。除《保险法》第 65 条第 1 款规定的情形外，也不退还保险费。

至于保险事故发生后，投保人、被保险人或者受益人以伪造、变造的有关证明、资料或者其他证据，编造虚假的事故原因或者夸大损失程度的，保险人对其虚报的部分不承担赔偿或者给付保险金的责任。投保人、被保险人或者受益人因为前述行为之一，致使保险人支付保险金或者支出费用的，应当退回或者赔偿。

思考题

1. 保险合同应当如何订立？它的最核心特点是什么？

2. 财产保险合同与人身保险合同的区别点在哪里，为什么？

3. 第三人原因导致发生保险事故时，财产保险的投保人与人身保险的被保险人、受益人的权利义务有何不同？

4. 说明下列名词：保险利益与保险价值，保险事故与保险危险，保险费与保险金，格式条款与保险条款，合同复效与合同终止，保险人代位权与向第三者索赔权，责任保险与保险责任等。

参考法规提示

1.《中华人民共和国合同法》，第二十三章“居间合同”。

2.《中华人民共和国保险法》，第二章“保险合同”。

3. 国务院《工伤保险条例》（2003 年 4 月 27 日），第三章“工伤认定”，第四章“劳动能力认定”。

4. 中国人民保险公司、公安部《关于贯彻实施〈道路交通事故处理办法〉有关保险问题的通知》(1992 年 2 月 26 日)，第 2 条～第 3 条。

5. 中国保监会《保险公司管理规定》（2000 年 1 月 3 日），第三章“保险经营”，第四章“保险条款和保险费率”，第七章“再保险”。

6. 中国保监会《人身保险新型产品信息披露管理暂行办法》(2001 年 12 月 6 日)，第 2 条～第 7 条，第二章“投资连结保险的信息披露”，第三章“万能保险的信息披露”，第四章“分红保险的信息披露”，第七章“备案制度”。

7. 中国保监会《再保险公司设立规定》(2002年9月17日)，第4条～第8条。

8. 中国保监会《关于消费者购买机动车辆保险注意事项的公告》(2002年12月18日)，第1条～第3条。

学习资料指引

1. 江 平:《中华人民共和国合同法精解》，中国政法大学出版社，1999年版。

2. 魏振瀛:《民法》，北京大学出版社、高等教育出版社，2000年9月版，第26章。

3. 彭万林:《民法学》，中国政法大学出版社，1999年8月修订版，第32章～第45章。

4. 张俊浩:《民法学原理》，中国政法大学出版社，1991年10月版，第36章～第45章。

5. 崔建远:《合同法》，法律出版社，2003年版，第14章～第28章。

6. 王建平:《民法学(下)》，四川大学出版社，1994年8月版，第18章、第19章。

第二十八章　违约与救济

【阅读提示】　违约行为是指合同当事人违反合同义务的行为。本章的重点是预期违约的定义、特征，违约的分类，以及各种违约的构成要件。学习本章，对于预期违约而言，目的是为了使合同当事人在未来预期目的已经不可能实现的情况下，尽可能地减少不必要的损失，从而有效地保护自己的利益。同时，针对不同的违约行为，采取不同的违约救济方式。本章的难点是违约之后的救济方式中，继续履行、采取补救措施、给付违约金、赔偿损失等，如何合理使用，科学救济而又不失立法的初衷。

第一节　违约与预期违约

一、违约

（一）违约的原理

违约行为，是指合同当事人违反合同义务的行为。学者们认为，违约行为的发生，就意味着不履行合同或者履行合同有缺陷。

其实，违约行为与不履行合同的行为，是两个不同的概念。任何违反合同义务的行为，都可以归结为违约行为。不履行合同、不完全履行合同都属于违约的行为。可见，违约行为的外延，大于不履行合同的行为，后者通常是前者的一种形式。

违约行为是违约责任的客观要件，也是违约责任的首要要件。对此，各国立法都有规定。如《法国民法典》第1142条规定："一切作为或不作为的债务，如义务人不履行债务时，转变为赔偿损害的责任。"

从合同目的上说，合同是双方当事人在订立合同时，就其双方的利益互换达成了一种约定。这种约定的目的，是将双方预先设定的利益，通过履行行为，变成现实或者成为实际交换或者取得的利益。那么，违约行为就是对于双方利益交换或者交易约定的违反，属于不遵守诺言的行为。

问题是合同双方当事人为何要实施违约行为呢?

作者认为，人们违约与守约，取决于三个条件：

第一，利益权衡。当违约所得到的利益大于守约的利益时，违约比守约有更多的利益基础或者理由。也就是违约更符合违约者的经济利益时，违约就是不可避免的。

第二，条件变化。有时，交易条件或者交易环境的变化，也构成了一方或者双方违约的重要条件。这时，违约可能会有无可奈何的情形。但是，任何以诚信为本的民商活动，出现违约行为，也能得到有效的救济。因为违约而导致的损失，可以有效减轻或者防止。

第三，客观诱因。市民社会里，不讲诚信、爱占小便宜，或者社会文化环境中不倡导惩恶扬善等等，往往成为人们实施违约行为的效仿的事实理由。这一点，恰恰是中国市民社会的一大弱点或者大部分违约行为产生的原因。

有时候，违约也与合同当事人的素质、司法救济的效率以及整个社会运行机制中，诚信机制的价值取向有关等。这些因素直接或间接地深深影响着合同当事人的行为。总之，一旦当市民社会或者从事民商活动的市民，形成“守约无荣，违约不耻”的是非不分的意识，而整个司法体制又不能有效地加以遏制时，违约行为的大量发生，就是必然的，不可避免的。

（二）违约行为的特征

（1）违约行为的主体，是合同关系中的当事人，而不能是任何合同外的第三人，或者与合同没有直接关系的其他人。这是由合同关系的相对性决定的。合同关系是在合同双方当事人之间，而与合同外的任何人无关系。因此，合同外的人，不能违约。

（2）违约行为是以有效合同的存在为前提。合同有效，才对当事人产生拘束力，因此，一旦违反，才可能构成违约。而如果合同无效，则对于当事人不产生拘束力，所以，不会出现违约之说。

（3）违约行为在性质上，是违反了合同义务。合同义务可以是约定的，也可以是法律为维护公序良俗和交易安全而为当事人设定的。如我国《合同法》第60条规定，依诚实信用原则产生的附随义务，主要是注意义务、告知义务、忠实义务、保护义务等，就是法定义务。违约行为的实质，是不履行约定的合同义务或者法定的合同义务。

（4）违约行为导致了对合同权利的侵害。显然，任何不履行合同义务的行为，都会导致合同订立的目的不能实现。因此，违约行为本身，必然导致合同权利受到损害。但是，这并不是说，违约行为本身就是一种损害，而是违约行为的后果，必然是一种合同权利的损害。

正是因为如此，所以，我国《合同法》才对违约行为严加惩处。

（三）违约行为的类型

关于违约行为形态的分类，肇始于古罗马法。罗马法将违约行为分为给付不能、迟延履行这两种。而大陆法系和英美法系对于违约行为分类，以及类型化的法律意义的态度，相去甚远。

大陆法系除法国外，一般都持肯定态度，认为有必要对各种违约行为进行分类，并以此为基础，而给予救济措施以制度型设计。法国、英美法系则认为，这种分类是不必要的，其根据在于：任何违约行为，均会导致合同义务的违反，并使受害人享有获得救济的权利，受害人是否选择救济的方式，应由其自己决定。但是，这些国家在立法中，也确定了不同的违约状态。我国法学界，关于违约形态的观点，主要有以下几种：一是履行不能、迟延履行及履行不当。① 二是全部不履行、部分不履行、不正确履行。② 三是预期违约与实际违约。③

我国《合同法》第107条的规定。与我国《民法通则》第111条一样，将违约行为规定为两种基本类型，即不履行合同义务和履行合同义务不符合约定。在学理上，前者

① 靳宝兰、徐武生：《民事法律制度比较研究》，中国人民公安大学出版社，2001年版，第589页。

② 佟柔：《民法原理》，法律出版社，1983年版，第197页。

③ 王利明：《违约责任论》，中国政法大学出版社，1996年出版，第127页。

被称为不履行，是指当事人拒绝履行合同义务；而后者被称为不完全履行。所谓不完全履行，是指合同虽然得到全部或部分履行，但在质量、数量、地点、方式等方面，不符合合同约定的情形。只是这两种基本类型的违约行为，均属于实际违约，即到期不履行合同义务或者履行合同义务不符合合同的约定。我国《合同法》第108条还规定了一种新的违约形态，即预期违约。这是一种为了合同权利人的利益，让其在合同义务人未到期而不履行合同义务时，进行救济，避免和防止违约损失的积极性制度设计。

可见，我国《合同法》在违约形态的分类上，并没有继受大陆法系的传统，而是借鉴了英美法系的做法。这是一种“以人为本”的做法，具有为构建市民社会的诚实信用奠基的功用。

二、预期违约

（一）预期违约的概念

预期违约，是指在合同规定的履行期限到来或者届满之前，已有根据或者证据预示合同的一方当事人将不履行合同义务的违约的行为。这种违约之所以称之为预期违约，关键点在于：合同义务的履行期限还没有到来或者届满，合同预期利益的实现，还有一个时间概念。但是，合同义务人的违约行为，则可以通过其明示的行为，或者默示的行为，能够准确地推测、判断出来。

我国《合同法》第94条第2款，对预期违约作出的界定是：“在履行期限届满之前，当事人一方明确表示或者以自己的行为表明不履行主要债务”。对于预期违约，另一方当事人既可以采取补救措施，也可以解除合同。

预期违约制度，是英美法创制的一种合同制度。其目的是为了使合同当事人在未来预期目的已经不可能实现的情况下，尽可能地减少不必要的损失，从而有效地保护自己的利益。如果明知或有确凿证据证明当事人一方，在合同履行期限届至前，将肯定不履行或不能履行，却让其坐等违约行为的实际发生，而不允许他采取积极的补救措施，不利于交易的效率和相对人利益的保护。因此，预期违约的科学之处，是针对预期违约的行为，及时采取措施，防止和避免违约损失的发生。

预期违约与届期违约的根本区别，在于违约行为发生的时间不同而已。

（二）预期违约的特征

1．违约行为发生在合同履行期限到来之前

预期违约行为，发生在合同成立以后，履行期限到来之前。有学者认为，此时的违约，单从时间逻辑概念上讲，并不存在违约问题。因为履行期限毕竟尚未到来，此时言其违约，有逼迫其提前履行债务之嫌。可能的违约并不等同于现实的违约，明确表示届期不履行合同的当事人，在履行期限到来之时，可能会改变主意，实际履行合同规定的义务；或在合同履行期限到来之时，清除掉阻碍履约的情形和状况，而实际履行合同义务。

这种观点，虽有一定的道理，但过多地考虑了义务人的利益，而未考虑权利人的利益和社会交易整体成本的增加。如果抛弃预期违约制度，而只采用届期预约制度，那么，就会造成大量本应避免的交易损失的发生。所以，对那些已有明显迹象表明“可能的违约”会变成“现实的违约”的先期违约，有必要在违约救济的法律制度上预以肯定。

2．预期违约的外在表征是客观存在的

在合同履行期限未到来之前，我们之所以断定合同义务人违约，并不是主观的臆断，而是有充分的客观事实依据的。这些表征性的客观事实主要是：

（1）合同当事人的明确告知。比如，在合同履行期限届满之前，合同一方当事人由于主观和某些客观原因，不愿或不能履行未来的合同义务，而通过电话、电报、电传、书信、网络等，明确告知在履行期限到来时，其将不再履行合同约定的义务。

（2）合同当事人以自己的行为表明。比如，合同义务人在履行期限届满之前，以逃避债务为目的，转移财产、抽逃资金等。

（3）合同当事人的本身状况表明。比如，在合同期限到来之前，合同当事人经营状况严重恶化、资不抵债、丧失商业信誉，或有其他丧失履行债务能力的情形。

如果合同当事人一方在履约之前，存在上述情形之一的，就可认定其存在预期违约。

3．合同当事人不履行或不能履行的义务是主要义务

合同当事人预期不能履行的应该是合同的主要义务，而不是非主要义务。这与根本违约制度的合同基本理念是完全一致的。

如果不考虑违约的基本情形和内容，而一概将对合同未来命运的处置权，赋予对方当事人，即合同权利人，则可能会给合同违约人造成不必要的损失，使双方的利益失去平衡。因此，一般而言，预期违约的构成，以合同义务人不履行或不能履行合同主要义务为必要。

三、违约与预期违约的主要差异

1．发生或认定的时间不同

预期违约，是在履行期届满之前发生的，也是在履行期限届满之前认定的。实际违约中的不履行，是在履行期届满之后发生和认定的；不完全履行虽发生于履行期限届满之前，但却是在履行期满后认定的。

2．是否存在消除违约状态不同

预期违约中，如果合同一方尚未因对方违约而要求对方承担责任，则预期违约方可以撤回其毁约的意思表示，从而消除违约状态。但是，在实际违约中，则不存在这种可能。因此，预期违约具有积极意义，而实际违约往往只有消极意义。

四、预期违约的种类与构成

预期违约从意思表示形式上分类，有明示的预期违约和默示的预期违约两种。

（一）明示的预期违约

明示的预期违约，是指在合同履行期限到来之前，一方当事人无正当理由，而明确地向另一方当事人表示不履行合同。明示的预期违约，在意思表示层面上强调的是：一方当事人不履行合同义务的行为是确实的，没有疑义的。这种预期违约的构成要件是：（1）违约方必须明确告知对方，在履行期到来之前，将不履行合同义务。（2）没有正当的理由，包括如第三人的原因等在内。如果违约方有正当的理由，则不构成明示预期违约，如不可抗力等。这种情况下，构成损失防范的通知。

（二）默示的预期违约

默示的预期违约，是指在合同履行期限到来之前，一方当事人以自己的行为表示，

或有其他事实表明，在履行期限到来前，将不履行或不能履行合同。默示的预期违约，在意思表示上具有一定的隐秘性，必须通过另一方的推测和判断，才能确认出来。

因此，默示的预期违约的构成要件只有一个，即在履行期限到来之前，有客观事实表明义务人不履行或不能履行合同义务。比如，义务人以自己的行为表明不履行合同，或者义务人的经营状况严重恶化，丧失商业信誉等。

实践中，需要注意的是，对违约人的不履行合同的行为，要有一个准确合理的判断和认定标准，而不能单靠自己主观的想象。[①]

五、违约后的救济

（一）违约后的救济

在当事人一方违约后，受损害一方的当事人有权采取某些补救措施，包括：(1) 停止继续履行合同；(2) 诉请赔偿损失；(3) 诉请给付劳务报酬；(4) 诉请强制履行合同义务；(5) 诉请法院发布禁令等。

通过这些救济措施，受损害方可以减少损失，或者防止、避免损失的发生。

（二）预期违约的救济

1. 明示预期违约的补救

根据我国《合同法》第 94 条的规定，明示预期违约的补救措施主要有：

其一，解除合同。在义务人明确表示将不履行合同义务时，权利人有权先期解除合同。当然，如果合同义务人有继续履约的能力，权利人也可以拒绝对方毁约的意思表示，而要求其继续履行合同。

其二，赔偿损失。在合同因当事人先期违约而被解除之后，如果由此而给权利人造成损失的话，权利人有权要求合同义务人进行相应的赔偿。

2. 默示预期违约的补救

我国《合同法》对默示预期违约，只规定了一种发生的形式，即《合同法》第 94 条第 2 款规定的，在履行期限届满之前，当事人“以自己的行为表明不履行主要债务”。

我国《合同法》将明示预期违约与默示预期违约规定在了一个条款中，从其补救措施来讲，默示预期违约与明示预期违约一样，都是解除合同和赔偿损失两种。

应当说，这种规定没有反映出默示预期违约的特点。也就是说，未能更充分地考虑到默示预期违约人的利益。作者认为，从合理平衡合同双方当事人的利益考虑，应当借鉴英美法国家以及有关国际公约的相关规定，通过增加权利人的一些柔性补救措施，而限制其直接采用解除合同这类刚性的补救措施。

在发生默示的预期违约时，合同权利人应先采用中止履行或要求对方提供担保的补救措施。如果义务人拒绝提供担保，合同权利人将有权解除合同，并要求对方赔偿损失。

3. 两种违约的比较

在明示预期违约中，由于合同义务人未来不履行合同是通过明示方式来表达自身意思的，因此，法律给予合同权利人的补救措施力度要强些；而在默示预期违约中，由于合同义务人毁约的方式不甚明确肯定，为防止合同权利人由于主观上的判断失误，给合

---

① 徐学鹿：《合同法违约责任若干问题》，人民法院出版社，2001 年版，第 288 页

同义务人造成不必要的损失，所以，法律上给予的补救措施的力度相对弱些。

第二节　继续履行

一、继续履行的概念

继续履行，又称实际履行或强制实际履行，是指合同当事人一方根本不履行合同或者不完全履行合同时，违约方应当承担的按合同约定的标的，实际履行合同的责任。我国《民法通则》第 111 条规定："当事人一方不履行合同义务或者履行合同义务不符合约定条件的，另一方有权要求履行或者采取补救措施。"

继续履行即实际履行，在性质上，属于一种救济制度。无论大陆法系还是英美法系，学理上均将其作为一种救济手段而论述。在我国民法理论上，其既被作为一种补救方式，也被作为合同履行的一项原则。前者体现为一般原则，是合同当事人承担的基本义务，贯穿于合同履行全过程；后者则是违约后非违约方的权利，以不履行或者不完全履行合同行为的存在为前提。

二、继续履行与合同预期利益实现

继续履行，是违约责任的三种基本形式之一。将继续履行作为一种违约责任，其目的就是为了保证当事人缔约目的的实现。也就是说，为了合同预期利益的顺利实现。

继续履行适用的三种状态是：其一，义务人无正当理由拒不履行合同，权利人可以要求其履行。其二，义务人履行合同有某些不适当。比如给付数量不足，仅为一部分给付，则需要补足数量全部履行。其三，权利人迟延，在履行期内未受领，义务人则可请求其继续履行，受领义务人的给付。[①]

继续履行，尽管未增加违约者的负担，但是，它采用特殊的方法，促使违约方履行其应该履行的义务；或者是通过采取其他的补救措施，来使在合同当事人中守约的一方的利益不会受到大的损害。从而保证合同目的能够顺利达到，合同预期利益能够顺利实现。

三、继续履行的特征

1. 继续履行的特征

继续履行，是一种独立的违约责任形式，不同于一般意义上的合同履行。具体表现在：继续履行以违约为前提；继续履行体现了民法规范的强制性；继续履行不依附于其他责任形式。

继续履行的内容，表现为按合同约定的标的履行义务，这一点与一般履行并无不同。继续履行以对方当事人即守约方的请求为条件，法院不得径行判决。

2. 继续履行的适用

继续履行的适用，因债务性质的不同而不同。对金钱债务而言，无条件适用继续履行。金钱债务只存在迟延履行，不存在履行不能，因此，应无条件适用继续履行的责任形式。对非金钱债务而言，则是有条件的适用继续履行。原则上，可以请求继续履行，但下列情形除外：一是法律上或者事实上不能履行即履行不能；二是债务的标的不适用

① 李建国：《合同法理解与运用》，中国劳动社会保障出版社 1999 年版，第 123 页。

强制履行，或强制履行费用过高；三是权利人在合理期限内，未请求履行，如季节性物品之供应等。

四、继续履行的条件

义务人承担继续履行的责任是有条件的，即义务人不履行或者不完全履行合同的违约行为的存在，是继续履行的前提条件。除了具备这些条件之外，尚有下列条件。

（一）权利人请求继续履行

义务人一方违反合同后，权利人一方有权要求义务人继续履行，也可以不要求义务人继续履行。因此，是否要求义务人承担实际履行责任，是权利人的一项权利，他人不能强迫。

如果因一方违反合同，而受害的权利人获得了一项权利，即要求义务人继续履行。但是，如果受害的权利人不要求义务人继续履行合同的，则人民法院也不能强制违约方继续履行合同。在此情况下，违约的义务人不承担实际履行的责任，而只能以其他方式承担违约责任。应当指出，实际履行责任可以与支付违约金、赔偿损失等责任形式并用，但不能与解除合同并用。

（二）须有实际履行的可能

实际履行，是按合同约定的标的履行。因此，只有在合同有实际履行的可能时，违约方才能够承担实际履行的责任。如果合同已经履行不能，则不能适用实际履行的责任方式。

合同履行不能，是指合同当事人已经根本没有继续按合同约定的标的履行的可能性。在合同当事人违约后，发生合同履行不能时，因违约方已经没有履行合同的能力，人民法院也就不能强制违约方继续履行。在这种情形下，不能让违约方承担实际履行的责任，双方只能解除合同，由违约方承担赔偿损失的责任。例如，合同标的物为特定物，该特定物已毁损灭失；选择之债的各种供选择履行的标的均不存在等，义务人可以不承担实际履行的违约责任。

（三）须有实际履行的必要

所谓有实际履行的必要，是指义务人不能以其他方式代替原约定的标的的履行，或者以其他方式代替原约定的标的履行。否则，在经济上不合理。

如果当事人一方违反合同，没有履行或者没有全部履行合同，但是，再继续履行已没有必要，则另一方有权解除合同，违约方可以不承担实际履行的违约责任。

（四）须人民法院认为适于强制履行

义务人承担实际履行的违约责任，法院得强制违约方实际履行。因此，只有在合同约定的标的适于强制履行时，才宜于追究违约方实际履行的责任。

如果人民法院认为双方当事人约定的合同标的不适于强制履行，则在义务人一方不履行或者不全部履行合同时，虽权利人请求义务人继续履行，人民法院也不能强制义务人实际履行，而应责令义务人以其他方式承担违约责任。

第三节　采取补救措施

一、采取补救措施的概念

（一）采取补救措施的定义

所谓补救措施，作为一种独立的违约责任形式，是指矫正合同不适当履行，如质量不合格等，使履行缺陷得以消除的具体措施。

采取补救措施的定义，有广义与狭义的补救措施之分。从广义上讲，补救措施是违反合同义务人所承担违约责任的具体方式。英美法系国家通常都是从广义上理解补救措施的；从狭义上讲，补救措施是与继续履行、赔偿损失等并列的一种违约责任形式。

我国《合同法》第 107 条将继续履行、采取补救措施、赔偿损失等并列规定，这表明，在我国的违约责任制度中，补偿措施是一种单独的违约责任形式。

（二）补救措施的类型

在我国，相关法律、法规规定的补救措施的类型有：

(1) 我国《合同法》第 111 条规定为：修理、更换、重作、退货、减少价款或者报酬等。

(2) 我国《消费者权益保护法》第 44 条规定为：修理、重作、更换、退货、补足商品数量、退还货款和服务费用等。

(3) 我国《产品质量法》第 40 条规定为：修理、更换、退货等。

通过这些主要法律的规定，可以看出，补救措施的主要形式是：在维持合同当事人的交易关系的前提下，通过修理、更换、退货等方式，来实现合同目的或者合同利益的平衡。对此，我们应当明确：现实生活中的“三包”，即是一种积极意义上的补救措施。

二、我国《合同法》的补救措施

我国《合同法》第 111 条规定：“质量不符合约定的，应当按照当事人的约定承担违约责任。对违约责任没有约定或者约定不明确，依照本法第 61 条的规定仍不能确定的，受损害方根据标的的性质以及损失的大小，可以合理选择要求对方承担修理、更换、重作、退货、减少价款或者报酬等违约责任。”

在这里，我国《合同法》所规定的是质量不适当履行的补救措施，具体措施有修理、更换、重作、退货、减少价款或者报酬等。但是，作为违约责任的补救措施，并不应当仅仅限于此。在履行的数量、地点、方式等，不适当履行时，也同样存在补偿措施问题。例如，在履行数量不足的情况下，权利人可以要求义务人补足数量；履行地点不正确的，权利人可以要求按照正确的地点履行等。这里的补足数量，改变履行地点等，也都是补偿措施。①

三、“三包”与商品退换，服务瑕疵时的免单

我国《消费者权益保护法》第 45 条规定：“对国家规定或者经营者与消费者约定包修、包换、包退的商品，经营者应当负责修理、更换或退货。在保修期内两次修理仍不能正常使用的，经营者应当负责更换或退货。”

---

① 房绍坤等：《违约损害赔偿》，人民法院出版社，1999 年版，第 206 页。

国家经济贸易委员会、原国家技术监督局、国家工商行政管理局、财政部等有关部门1995年联合发布的《部分商品修理更换退货责任规定》第14条规定，换货后的“三包”有效期自换货之日起重新计算，由销售者在发票背面加盖更换章并提供新的“三包”凭证或者在“三包”凭证背面加盖更换章。

因此，经销商店认为消费者换了货，就不再承担“三包”责任，是不对的。理由是，按照前述规定，应当从换货之日起，重新计算“三包”有效期，继续实行“三包”。消费者可依照以上法律规定与商店协商解决。如协商不成，消费者可向当地消费者协会投诉或者向人民法院起诉，依法保护自己的合法权益。①

按照我国《民法通则》、《消费者权益保护法》等法律的规定，对一般产品、服务瑕疵，其承担民事责任方式可以是免单，从而维护消费者的利益。在这里，应当区分产品与服务责任的差别。后者的结果往往比前者严重。服务责任的涵义，从广义看，是指服务法律责任；从狭义看是一种服务民事责任，又称为服务安全责任，是指经营者提供的服务不符合保障消费者人身或财产安全的要求，致使消费者人身或财产受到损害，所应承担的损害赔偿责任；但是，不包括一般的服务质量不合格而应该承担的民事责任。

对此，我国《消费者权益保护法》第7条、第11条和第18条，分别规定：

(1) 消费者在购买、使用商品和接受服务时，享有人身、财产安全不受损害的权利。消费者有权要求经营者提供的商品和服务，符合保障人身、财产安全的要求。

(2) 消费者因购买、使用商品或者接受服务受到人身、财产损害的，享有依法获得赔偿的权利。

(3) 经营者应当保证其提供的商品或者服务符合保障人身、财产安全的要求。对可能危及人身、财产安全的商品和服务，应当向消费者作出真实的说明和明确的警示，并说明和标明正确使用商品或者接受服务的方法以及防止危害发生的方法。

经营者发现其提供的商品或者服务存在严重缺陷，即使正确使用商品或者接受服务仍然可能对人身、财产安全造成危害的，应当立即向有关行政部门报告和告知消费者，并采取防止危害发生的措施。

可见，“三包”与商品退换，服务瑕疵时的免单之类，也需要认真分析，才能不至于弄混。

第四节　违约金

一、违约金的定义

（一）违约金的定义

违约金，是指当事人一方违反合同，应当向对方支付预先确定的一定数量的金钱或财物。该制度起源于罗马法。大陆法系国家继受了罗马法的违约金制度，认为违约金既可以是一定的货币，也可以是一定价值的财物，并且认为违约金是契约的条款或“从契约”，是可供当事人选择担保的形式。

英美法系国家，并不重视违约金作为一种民事责任形式。虽然，允许当事人在合同

---

① 《商品退换货后是否实行“三包”》，载《质量指南》，2003年第1期。

中约定，义务人不履行合同时，应当向权利人支付一定数额的金钱作为赔偿，但约定数额应当是公正、合理的，与可能预见的损失相称。否则，该违约金就变成了惩罚性违约金，法律应确认其无效。所以，英美法中的违约金远比大陆法系的简单，它实际上是预定的损害赔偿金。

我国法律对违约金没有明确的定义。按照我国《合同法》第114条的规定，违约金可以界定为：当事人在合同中约定的一方违约时，应当向对方支付的一定数额的金钱。

在我国，曾经对违约金非常重视。我国原《经济合同法》以及以此为依据制定的许多“合同条例”或者“合同细则”等，都对违约金极端重视，并有非常细密和严格的规定。在理论与司法上，甚至将违约金分成了所谓法定违约金和约定违约金。这种做法，人为地夸大了违约金的效用，是对合同的功能认识有偏差的产物。

事实上，违约金作为一种违约事后的补救方法或者补救措施，其效用或者合同功能，主要仅仅限于对违约损失的补救，在没有损失时的惩罚。违约金的设定本身，说明市民社会中，民事交易或者民商活动的风险——不讲诚实信用的风险，确实是到处都有。

（二）违约金的分类

1．法定违约金、约定违约金和混合违约金

根据违约金订立的根据，可分为法定违约金、约定违约金和混合违约金。所谓法定违约金，是指由法律直接规定了违约的情况，以及应支付的违约金数额的违约金。对于法定违约金，即使当事人在合同中没有约定，只要当事人一方发生有关法规中规定的违约情况，违约方就应按照法规规定的数额向对方支付违约金。

约定违约金，是指完全由当事人双方自行约定的违约金。对于约定违约金，如果当事人在合同中没有约定，则不能要求违约方支付。约定违约金可以排除法定违约金的适用，即当事人有约定的，应当按照约定向违约方要求违约金；但当事人无违约金的约定时，则适用法定违约金。

混合违约金，是指由当事人双方在法律规定的限额和幅度内，自行约定的违约金。这种违约金兼具法定与约定的性质。

关于违约金的补救责任，我国《合同法》第114条的规定，取消了法定违约金，只保留了约定违约金，并且约定的违约金数额，一般情况下，可以不受限制。如果当事人约定的违约金数额，低于或过分高于违约损失的，当事人可以请求法院或制裁机构调整增加或减少。

2．惩罚性违约金与赔偿性违约金

根据违约金的性质，可将其分为惩罚性违约金和赔偿性违约金。惩罚性违约金具有惩罚性质。适用惩罚性违约金时，违约的义务人不仅应按约定或法律规定支付违约金，而且还应赔偿对方因其违约而造成的全部损失。

赔偿性违约金，是具有预定赔偿性质的违约金。赔偿性违约金，只是赔偿违约受害方的经济损失，所以，是具有赔偿性质的违约金。适用这种违约金，在一方违反合同时，不问给对方造成的损失情况具体如何，违约方应向对方支付约定或规定数额的违约金。违约方在支付违约金后，不再赔偿对方的损失。[①]

---

① 王家福：《中国民法学·民法债权》，法律出版社，1991年版，第249页。

3. 抵消性违约金、选择性违约金、排他性违约金和惩罚性违约金

根据违约金与赔偿金的关系，可分为抵消性违约金、选择性违约金、排他性违约金和惩罚性违约金等。

抵消性违约金，是指得以抵消赔偿金的违约金，这实际上是最低限额的赔偿金。而选择性违约金，是指当事人一方违反合同后，另一方可以选择要求违约方或支付违约金或支付赔偿损失的违约金。这时，违约金和赔偿金二者不能并用。

排他性违约金，是指违约方仅以支付违约金承担违约责任的违约金，这实际上是最高限额的赔偿金，只支付违约金而不支付赔偿金。而惩罚性违约金，是指与赔偿金并用的违约金。我国《合同法》以及相关法律上的违约金，一般属于抵消性违约金，具有预定赔偿金的性质。

4. 定额违约金、比例违约金与计算型违约金

根据违约金约定的方式，可以将违约金分为定额违约金、比例违约金与计算方法性违约金等。我国《合同法》第114条规定："当事人可以约定一方违约时应当根据违约情况向对方支付一定数额的违约金，也可以约定因违约产生的损失赔偿额的计算方法。"

根据我国《合同法》第114条的规定，定额违约金，是合同当事人在订立合同时，约定一个确定的数额即定额。如一方违约给付守约方20万元的违约金，就是这种违约金。这种违约金的好处是简单明了，易于适用。但是，其缺点是，在事后不分违约损失和情节。如果损失很小或者没有损失，则带有惩罚性色彩。

比例违约金，是合同当事人在订立合同时，约定一个确定的比例。如一方违约给付守约方合同总标的额5%或者违约部分20%的违约金，就是比例违约金。这种违约金是根据违约情况而产生的，是当事人对于违约预期设定的一个比例。因此，比例的高低，有时是这种违约金的关键或者灵魂所在。

计算型违约金，也可以称之为计算方法性违约金，是指合同当事人在订立合同时，约定一种违约金的计算方法。如一方违约给付守约方合同总标的额或者违约部分每日20元或者万分之五的违约金，就是这种违约金。这种违约金，是当事人约定产生的损失赔偿额计算方法，是异于前两种违约金的，又是一种确定违约金具体数额的方式。

二、支付违约金的条件

（一）违约金条款

在合同中，必须有关于违约金的约定，或者法律中有关于违约金的具体规定，才能在一方违约后，适用违约金这种民事责任形式或者支付违约金。

违约金的支付，以有违约金条款，即有违约金约定或者规定为条件。对于当事人约定的违约金，只有在当事人关于违约金的约定有效时，才能适用支付违约金的责任。约定违约金的效力，决定于主合同义务的效力。但主合同义务解除的，并不能当然免除义务人支付违约金的民事责任。

（二）违约行为应支付违约金

由于违约金的给付，是在所有的违约救济方法的中后部分，所以，一旦合同权利人要求继续履行，或者要求采取补救措施之后，认为已经可以补偿其损失或者违约损失的，也可能不再要求给付违约金。

因此，只有在违约方的违约行为，属于应当支付违约金情况下，才能支付违约金。

如违约方的违约行为，不属于双方约定的或者法律规定的应当支付违约金的情况，则违约方不承担支付违约金的违约责任。

三、违约金与定金

（一）违约金与定金的区别

我国《担保法》第89条至第91条规定了定金条款。从定义上看，定金是当事人订立合同时约定的，一方向对方给付一定数额的金钱，作为合同义务履行即合同债权实现的担保金。定金以书面形式约定，当事人在定金合同中，应当约定交付定金的期限。该合同从实际交付定金之日起生效。

定金的数额由当事人约定，但不得超过主合同标的额的20%。义务人履行债务后，定金应当抵作价款或者收回。给付定金的一方不履行约定的债务的，无权要求返还定金；收受定金的一方不履行约定的债务的，应当双倍返还定金。

与违约金相比，定金和违约金都是一方应付给对方的一定款项，都有督促当事人履行合同的作用。但是，两者又有很大的不同。主要是：

第一，给付的时间不同。定金须于合同履行前交付，而违约金只能在发生违约行为以后交付。

第二，作用不同。定金有证约和预先给付的作用，而违约金却没有证约和预先给付的作用。

第三，主要效力不同。定金主要具有担保效力，是合同担保的一种方式；而违约金虽也具有担保的作用，但主要是违反合同的违约责任形式。

第四，设立依据不同。定金一般是法定的，而违约金可以是法定的，也可以是约定的；定金常确定为一固定金额，而违约金常是确定一定比例。

（二）违约金与定金的适用排斥

在合同中，当事人既约定了合同的违约金，又同时约定了定金的情况下，当一方违约时，就会发生违约金责任和定金责任竞合的情形。

我国《合同法》第116条规定："当事人既约定违约金，又约定定金的，一方违约时，对方可以选择适用违约金或者定金条款。"按照这一规定，同时约定定金和违约金，只能请求违约方承担这两种责任中的一种违约责任，或者是给付违约金，或者是执行定金条款。选择权在未违约的一方。不能合并适用违约金和定金条款。①

债务人履行债务后，定金应当抵作价款或者收回。给付定金的一方不履行约定的债务的，无权要求返还定金；收受定金的一方不履行约定的债务的，应当双倍返还定金。

我国《合同法》的这种规定，是基于我国违约责任的制度架构，是一种补偿性的责任。同时，也是为了体现法律的公平原则，才对当事人的违约金和定金共同约定，适用时受到干预，以使任何一方都不能因为对方的违约获取法律允许限度以外更高的利益。

四、违约金与赔偿金

（一）赔偿金的定义

赔偿金，是指当事人一方因过错而不履行，或者不完全履行合同时，给对方造成损失，在没有规定、约定违约金，或者违约金不足弥补损失时，向对方当事人支付的货

---

① 杨立新：《中国合同责任研究》，载自 http：//www.mastvu.ah.cn/jszy/jsj/htf/tjcl/28.htm。

币。显然，赔偿金具有事后的损失补偿性。

如果违约金已能弥补损失，就不再支付赔偿金。在没有规定、约定违约金的情况下，只要因过错造成了损失，就应向对方支付赔偿金。所以，在许多国家，赔偿金成为违约后的最后一种救济或者补救方法。

（二）违约金与赔偿金的联系

违约金具有预定赔偿金的性质。依我国《合同法》第113条、第114条的规定，当事人约定违约金数额时，可以将将来违反合同可能造成的损失估计在内。当事人约定的违约金过高或过低时，人民法院或仲裁机关可以酌情增减。

在当事人约定了违约金时，赔偿金用来补偿违约金的不足部分。如果违约金已能补偿对方的损失，则不再支付赔偿金；如果违约给对方造成的损失超过违约金数额，则违约方还应支付赔偿金，补偿违约金的不足部分。违约金实际上成为赔偿金的一部分。

（三）违约金与赔偿金的区别

1. 作用不同

违约金有一定的担保作用，表现为它的直观威慑力，可以促使当事人履行合同。当然，因违约金是一种违反合同的民事责任形式，主要具有补偿作用。我国《民法通则》、《担保法》等，都没有把违约金规定为债的担保方式。但是，不能以此否认其担保作用，而认定其只有补偿作用；而赔偿金则不同，它并不是当事人一开始就十分清楚的，因而只是具有补偿性，而不起任何担保作用。

2. 确定时间不同

违约金是约定或法律直接规定的，违约金协议具有补充性；而赔偿金是一方违反合同后才确定的。如果法律没有规定，当事人也没有在合同中约定违约金，只是在违反合同后，当事人协商由违约方支付给对方一定款项，这笔款项属于赔偿金，而不属于违约金。

3. 成立条件不同

支付违约金，只须发生合同中约定的或法律规定的违反合同的事项即可，不需另外证明损失的存在；而支付赔偿金，权利人必须证明损失的存在和确定损失额。所以，双方约定违约金可以免去一方违反合同后证明损失和计算损失额的困难。

4. 范围不同

违约金的数额，一般情况下，最多不能超过合同未履行部分的标的的价值总额；而赔偿金的数额，一般却要与损失额相当。

第五节　赔偿损失

一、赔偿损失的定义与特征

（一）赔偿损失的定义

赔偿损失，是指违约方赔偿因其违约而给对方造成的经济损失或者可得利益损失。当事人一方违反合同给对方造成损失时，对方当事人有权要求赔偿损失，违约方应当承担赔偿损失的违约责任。

而在定义赔偿损失时，要注意与相关的概念，即赔偿金的区别。

所谓赔偿金，是指当事人一方因过错而不履行或者不完全履行合同时，给对方造成损失，在没有规定、约定违约金或者违约金不足弥补损失时，向对方当事人支付的货币。与赔偿损失相比，这两者是不同的概念，不可混同为一。

在理解层面上，赔偿金仅仅是赔偿损失的一种方式，而不是唯一的方式。

(二) 赔偿损失的法律特征

1. 具有普遍适用性

赔偿损失，是我国《民法通则》第 134 条中规定的一种民事责任形式，既可适用于侵权行为，也可适用于违约行为和其他不履行债的行为。

在违约责任中，当事人违反合同时，对于因义务人违约所造成的损害或者损失，包括可得利益损失，在不能适用其他违约责任形式，达到违约责任的目的时，都可以适用赔偿损失这一责任形式。

2. 具有并用性

在违约责任中，赔偿损失责任不仅可以单独适用，也可以与其他责任形式同时适用。因此，赔偿损失具有赔偿性。

我国《合同法》第 112 条规定："当事人一方不履行合同义务或者履行合同义务不符合约定的，在履行义务或者采取补救措施后，对方还有其他损失的，应当赔偿损失。"在违约责任中，赔偿损失可以与继续履行、采取补偿措施同时适用。但是，一般认为，赔偿损失与支付违约金不能同时适用。因为，违约金具有预定损害赔偿金的性质。

3. 具有补偿性

在违约责任中，赔偿损失是对受害的合同当事人，因义务人违约所受到的损失的补偿。赔偿的范围，一般以违约所造成的损失为限。但是，特定情况下，还要承担守约方的可得利益损失。我国《合同法》第 113 条规定："当事人一方不履行合同义务或者履行合同义务不符合约定，给对方造成损失的，损失赔偿额应当相当于因违约所造成的损失，包括合同履行后可以获得的利益，但不得超过违反合同一方订立合同时预见到或者应当预见到的因违反合同可能造成的损失。"

在个别情况下，赔偿损失也具有惩罚性。例如，我国《消费者权益保护法》第 49 条规定的经营者承担给付一倍惩罚性赔偿金，就体现出了赔偿损失的惩罚性。

4. 赔偿损失的方式具有双重性

赔偿的确定方式，就是赔偿损失的数额或范围的确定方法。根据我国《合同法》的规定，赔偿损失的确定方式有两种：一是法定的确定方式，在我国《合同法》第 113 条中规定；二是约定的确定方式，在我国《合同法》第 114 条中规定。

约定的确定方式，优先于法定的确定方式。但应当指出，这两种确定方式不能同时并用，当事人只能选择一种方法确定赔偿损失。[①]

二、赔偿损失的适用条件

(一) 须受害人一方受到损害。

损害的客观存在，是确定赔偿损失责任的必要条件。没有损害，也就谈不上赔偿损失。只有在合同一方因对方违反合同遭受到损害的情况下，违约方才承担赔偿损失的违

① 房绍坤等：《违约损害赔偿》，人民法院出版社，1999 年版，第 190 页。

约责任。

损害应当具有的特征包括：财产性、确定性，即损害事实是真实存在的，是在客观上能够认定的，以及法律上的可补救性等。

（二）须有因果关系。

受害人的损失与违约行为之间有因果关系，是指受害人的损失，是因合同当事人一方违反合同所造成的。合同义务人违反合同，权利人的利益就不能实现或不能完全实现，权利人所追求的经济目的不能达到，也就会造成损失。

只有在权利人因义务人违反合同的行为造成损失，即义务人的违约行为，是权利人损失的原因时，违约方才应承担赔偿损失的违约责任。对于不是因违约行为造成的损失，违约当事人不负赔偿责任。

三、赔偿损失的原则

（一）合理预见原则

合理预见规则，又称应当预见规则、可能预见规则，是指违反合同当事人承担的赔偿责任的范围，应以订立合同时，当事人应当预见到的损失为限度。这个原则，在一定意义上可以说是对赔偿责任的限制。

在适用合理预见规则时，有主观和客观两种不同的标准。主观标准说认为，应以违约方的主观预见能力为标准，确定损害是否为应当预见的。客观标准说主张，确定损害是否为应当预见的，应当以社会一般人的认识能力为标准。作者的观点是坚持主观、客观标准相结合原则。因为，损害是否为违约方订立合同时能够预见的，涉及当事人双方的举证责任。

（二）过失相抵原则

过失相抵原则，又称有过失规则、混合过错规则，是指违反合同的当事人违约给另一方造成损害，于另一方对此亦有过错时，应当减轻违约方的赔偿数额，或者免除其赔偿责任。

适用这一原则，必须具有两个条件：其一是须权利人有过错；其二，须权利人的过错行为促成损害的发生或者扩大。

需要指出的是，过失相抵规则，与当事人双方违反合同是不同的，应当将两者区别开来。前者适用于义务人违反合同，权利人对此也有过错的场合，并且仅存在一个违反合同的行为后果。后者是当事人双方都有违反合同的义务，即不履行的行为，有两个违约行为，应当各自对自己的违约行为后果负责。

（三）损益相抵原则

损益相抵原则，又称为损益同销规则，是指权利人基于与损失发生的同一赔偿原因而受有利益时，其所能请求赔偿的数额，应为从损失额中扣减其所受利益的差额。也就是说，依损益相抵规则，违反合同的义务人一方，仅就权利人因此所受损失与所受利益之间的差额承担赔偿责任。

（四）扩大损失原则

所谓扩大损失规则，是指对因权利人一方的原因而扩大的损失，违约方不承担赔偿责任。我国《民法通则》第 114 条规定：“当事人一方因另一方违反合同受到损失的，应当及时采取措施防止损失的扩大；没有及时采取措施致使损失扩大的，无权就扩大的损失要求赔偿。”

适用该原则，须具有以下条件：一是须义务人一方已违反合同；二是须权利人一方应及时采取措施；三是须权利人能够及时采取措施；四是须扩大的损失，与权利人未及时采取措施之间有因果关系。

（五）完全赔偿原则

所谓完全赔偿原则，是指因违约方的违约行为使受害人所遭受的全部损失，都应由违约方负赔偿责任。换言之，违约方不仅应赔偿对方因其违约而引起的现实财产的减少，而且应赔偿对方因合同履行而得到的履行利益。

完全赔偿，是对受害人的利益实行全面的、充分的保护的有效措施。从公平和等价交换原则来看，由于违约当事人的违约，而使受害人遭受损害，违约当事人也应以自己的财产赔偿全部损害。

当然，我国《合同法》第112条中的完全赔偿，是指对受害人遭受的全部财产损失予以赔偿，同时，此种赔偿应限制在法律规定的合理范围内。

各国合同立法，对违约损害赔偿，往往都采用完全赔偿原则。我国民事立法，也采用了完全赔偿的原则。

根据我国《合同法》第113条规定，损失赔偿额应当相当于因违约所造成的损失，包括合同履行后可以获得的利益。我国采用了大陆法系国家的做法，损失仅指财产损失。此外，关于损失是否包括间接损失，而可得利益损失属于直接损失，还是间接损失，更为学者之间所争议。根据完全赔偿原则，违约方不仅应赔偿受害人遭受的全部损失，还应赔偿可得利益损失，即包括合同履行后可以获得的利益损失。

直接损失为现存的损失，可以说是“看得见，摸得着”的损失，一般也不会产生争议。关键是如何掌握可得利益损失。

可得利益，是合同履行后权利人可以实现或者取得的收益。可得利益具有如下特点：（1）未来性。可得利益不是现实的利益，而是一种未来的利益，它必须是经过合同违约方履行后才能获得的利益；（2）期待性。可得利益是当事人订立合同时可以预见的利益，它的损失，也是合同当事人能够预见的损失；（3）可得利益具有一定的现实性。尽管可得利益并非订立合同时就可实际享有的利益，但这种利益并不是臆想的。如果合同违约方不违约，那可得利益就是非违约方可以得到的利益。[①]

四、损失赔偿额的计算

（一）计算方法

赔偿责任，有约定损害赔偿与法定损害赔偿之分。在约定损害赔偿的情况下，违约方应当按照合同中预定的损失赔偿额的计算方法，确定赔偿额。在没有约定损害赔偿的情况下，即发生法定损害赔偿。在法定损害赔偿的情况下，赔偿额一般有具体计算方法和抽象计算方法两种。

具体计算方法，又称为主观计算方法，是指根据受害人具体遭受的损失、支出的费用，来计算赔偿额的方法；抽象计算方法，又称为客观计算方法，是指按照当时社会一般情况而确定赔偿额的计算方法。两者的区别在于，是否将受害方的主观因素加以考

① 詹桂清：《论合同中的“赔偿损失”》，载 http：//www.sunshiny.net/docc/xcr6/tk0613.htm。

虑。具体计算方法旨在恢复权利人实际遭受的全部损失，它着眼于具体的实际情况，也就是以合同未被违反情况下，非违约方所应得到的全部利益为其损害额。抽象计算方法并不注重非违约方的特定损失，但却要给当事人以一个合理的赔偿。两种计算方法在《国际商事合同规则》第7、4、5条和第7、4、6条中分别有规定。

（二）关于适用计算方法的争议

第一种观点认为，在我国《合同法》中，除了法律规范已明确规定以实际支出的费用为准确赔偿损失额外，只要存在着市场价格或国家规定的价格，都可以采取抽象的方法确定赔偿损失额。

第二种观点认为，在计算方法上以客观方法为主，主观方法为辅。

而第三种观点认为，抽象计算方法的一个前提条件，乃在于抽象计算只依据标准的存在，而这一客观存在的标准通常表现为市场价格。因而，抽象计算方法普遍适用，应该说是以市场以及市场价格的存在为基础的。加之，抽象计算方法具有方便简捷，避免举证琐碎的特点，因此，具有广泛的适用基础。但具体计算方法仍有存在的必要。

作者的观点是，两者都有其存在的价值，都可以作为计算损失赔偿额的标准。同时，也应允许受害人选择适用计算方法。在不同条件下，根据不同的情况，可以适用不同的计算方法。

思考题

1. 比较违约与预期违约的定义，说明违约的原因。
2. 预期违约的分类与构成要件、补救措施，各是什么？
3. 合同义务人承担继续履行责任的条件是什么？
4. 在我国，采取补救措施的具体情形有哪些，适用哪些法规？
5. 违约金的性质以及违约金与赔偿金的区别是什么？
6. 为什么违约金与定金排斥适用？
7. 简述赔偿损失与赔偿金的异同，并说明各自的特征。
8. 违约后，间接损失是否能够得到赔偿，为什么？

学习资料指引

1. 王利明：《违约责任论》，中国政法大学出版社，1996年版。
2. 魏振瀛：《民法》，北京大学出版社、高等教育出版社，2000年9月版，第25章。
3. 彭万林：《民法学》，中国政法大学出版社，1999年8月修订版，第29章第六节。
4. 崔建远：《合同法》，法律出版社，2003年版，第12章。
5. 王建平：《民法学》（下），四川大学出版社，1994年8月版，第18章。

参考法规提示

1. 《中华人民共和国民法通则》，第六章“民事责任”。
2. 《最高人民法院关于贯彻执行〈中华人民共和国民法通则〉若干问题的意见（试

行)》，第 153 条，第 157 条。

3.《中华人民共和国合同法》，第 94 条，第 107 条～第 111 条，第 113 条～第 116 条，第 120 条～第 121 条。

4.《中华人民共和国担保法》，第 89 条～第 91 条

5.《中华人民共和国消费者权益保护法》，第 44 条，第 49 条。

6.《中华人民共和国产品质量法》，第 40 条，第四章“损害赔偿”。

第二十九章　侵权行为

【阅读提示】　侵权行为依法导致承担民事责任的消极的法律后果。同时又要在加害人与被害人之间，引起债权债务关系的发生。侵权行为作为债关系发生根据之一，具有任何时候都不能否认或者轻视的价值。学习本章，重点掌握侵权行为的界定、构成和分类，以及一般侵权行为与特殊侵权行为的区别，各类特殊侵权行为的构成特点。本章的难点是侵权损害与赔偿，尤其是精神损害赔偿的原则和范围等。

第一节　侵权行为界定

一、侵权行为的概念与特征

民法学界对侵权行为的界定不一，各有侧重。有的强调过错因素，有的偏重损害赔偿责任范围。我国《民法通则》第106条的规定："公民、法人由于过错侵害国家的、集体的财产，侵害他人财产、人身的，应当承担民事责任。""没有过错，但法律规定应当承担民事责任的，应当承担民事责任。"

根据这些规定，我们可以将其定义为：侵权行为，是指行为人不法侵害他人非合同上的财产权利、人身权利以及其他合法利益，依法应当承担民事法律责任的行为。侵权行为和违法犯罪行为，就其本质而言，并没有太大的差别，都是一种损害受害人的合法权利的行为。但是，侵权行为这一定义，毕竟只能在民法当中使用。因此，它具有自己独有的特征。

(一) 侵害他人合法权益并造成损害后果

侵权行为，是对他人合法权益的损害行为，无论行为人实施行为时主观愿望如何，只要对他人的合法的人身权益与财产权益，造成客观上的损害后果，就要依法承担民事责任。

因此，侵权行为的构成，不仅指侵权行为本身，还包括该行为引起的后果。而其后果中，既包括物质的损害，也包括人身伤亡与精神损害、人格损害等。

同时要强调的是，侵权行为侵害的是他人的合法权益，即受到法律保护的权利与利益。由此，侵权行为当然具有了违法性特征。

(二) 客体是他人的人身、财产等方面的合法权益

侵权行为中，所"侵"之"权"，是受害人依法享有的人身权益、财产权益以及其他合法权益等。这些权益，是侵权行为的客体。

人身权与财产权，是自然人、法人与其他民事主体，依照法律规定享有的基本民事权利。作为法定权利而非依照合同产生的权利，其权利主体是特定的，义务主体为权利主体之外的一切不特定的人，因此，这些权利是绝对权或者对世权。绝对权或者对世权的义务主体，负有尊重他人权利的法定义务。而侵权行为的实施导致侵权责任的产生，

是因为侵权行为引起了违反这种法定义务的结果。

（三）行为人实施的是过错行为

我国《民法通则》第106条第2款的规定将过错作为侵权行为的构成条件，也即是说，有过错即有责任无过错而无责任。法律并不从客观损害后果判定责任的承担。

法律强制加害人承担赔偿受害人的损失等侵权责任，是对受害人实施的法律救济，更重要的是，表现了法律对侵权行为及行为人主观心理意志的谴责与非难，是法律对其行为作出的否定性评价。因此，侵权行为是一种过错行为。

如果行为人没有过错而造成损害，除了法律另有规定，并不构成侵权行为。

（四）依法应当承担侵权民事责任

侵权行为是行为人违反法定义务，非法侵害他人的人身财产权利的行为。行为人主观上虽无追求某一民事法律关系产生的愿望，但却要依法导致民事法律责任的产生。因此，侵权不是轻微的损害行为，而是足以产生民事法律责任的行为，加害人承担的是侵权法律责任而非刑事或者行政责任。

二、侵权行为与犯罪行为的区别

侵权行为与犯罪行为都是违法行为，同一行为可能既是侵权行为，同时又是犯罪行为。侵权行为法与刑法，都具有惩罚不法行为，教育社会大众，维护社会秩序的功能。但是，侵权行为与犯罪行为是两种性质不同的违法行为，二者的主要区别在于：

（一）法律依据不同

侵权行为及其责任的界定与构成依据的是民法中的侵权行为法的规定，而犯罪行为的认定与处罚依据，是刑法中的规定，即犯罪行为是应受刑事处罚的严重的侵权行为，是跨过了侵权与犯罪界限的行为。

（二）侵害的对象不同

侵权行为侵害的具体对象，是民事主体的人身权与财产权，而犯罪行为的侵害对象，并不限于特定人的特定权利，更广泛地包括政治、军事、经济、文化，以及婚姻家庭、社会管理等多方面的秩序与社会关系，即刑法保护的社会关系。

（三）社会危害性程度不同

犯罪行为的损害后果与行为人的主观恶性，远远比侵权行为严重，所以，犯罪行为的社会危害性程度，远远要大于侵权行为。

（四）责任的构成要件不同

侵权责任的构成要件中，必须含有损害后果，无损害后果就无侵权责任，同时，并不一定要求行为人存在主观故意或者过失。而犯罪行为的构成要件，却不要求损害后果的发生，而且一律实行主观归责，无主观罪过即无犯罪行为。

（五）责任目的不同

侵权行为导致的民事责任具有惩戒与教育功能，但核心作用是救济受害人遭受的损失，而刑事责任的主要功能，是为了惩治犯罪，具有非常明显的惩罚性。

三、侵权行为的分类

（一）一般侵权行为与特殊侵权行为

一般侵权行为与特殊侵权行为，是根据行为的构成要件不同作出的划分。

一般侵权行为，指行为人因为过错而造成他人损害的行为，适用民法上的一般责任条款。一般侵权行为适用过错责任原则，过错是侵权行为构成的必要条件。

同时，一般侵权行为还实行自己责任原则，即行为人自己对行为后果承担责任。我国《民法通则》第106条第2款，就是关于一般侵权行为的基本规定。

特殊侵权行为，是其行为界定及其责任的构成由法律作出特别规定的侵权行为。特殊侵权行为适用民法上的特别责任条款或者民事特别法。

特殊侵权行为的成立，一般不需行为人的主观过错要件，其责任主体可以是行为人本人，还可以是非行为人。我国《民法通则》第121条至第127条，就是关于特殊侵权行为的规定。

（二）作为的侵权行为与不作为的侵权行为

根据侵权行为的外在表现形态，可将侵权行为划分为作为的侵权行为与不作为的侵权行为。

作为的侵权行为，又称积极的侵权行为，指行为人以积极作为的方式实施的侵权行为。大多数侵权行为都呈现作为形态，如毁损他人名誉、损害他人财产、盗版、假冒等等。

不作为的侵权行为，又称消极的侵权行为，指行为人违反应当作为的义务，以消极的不作为的方式实施的侵权行为。构成不作为的侵权行为，以行为人负有作为义务为前提。如我国《民法通则》第125条规定的施工人责任即属此类行为。

（三）单独侵权行为与共同侵权行为

这是以行为主体的人数多少作为标准作出的分类。

单独侵权行为，指一人独自实施的侵权行为。这种侵权行为责任，一般情况下，当然由侵权人一人来全部承担。

共同侵权行为，是两个或两个以上的行为人，基于共同的故意或者过失所实施的侵权行为。构成共同侵权行为，除了加害主体为二人或二人以上，并基于共同的过错实施行为之外，还需要以行为的损害后果是同一的，不可分割的，且共同行为与损害后果之间具有因果关系作为条件。共同侵权行为人，对损害后果应当承担连带责任。

第二节　一般侵权行为

一、一般侵权行为的概念与特征

一般侵权行为，是指行为人因为过错而实施的造成他人损害，依法应当承担民事法律责任的行为。一般侵权行为是与特殊侵权行为相对应的范畴，行为的认定与责任的构成，适用民法的一般责任条款，行为人承担的是过错责任。

现实社会生活中，大多数侵权行为都是一般侵权行为。一般侵权行为具有如下特征：

（一）行为主体为完全民事行为能力人

一般侵权行为的行为主体，为完全民事行为能力人，具备能够辨认自己行为的性质、意义与后果并控制自己行为的能力。

按照我国《民法通则》第133条规定，无行为能力人与限制行为能力人造成他人损害的，由监护人承担责任。监护人为被监护人承担的侵权责任，属于特殊侵权责任，已经不属于一般侵权行为。因此，只有完全行为能力人才有可能成为一般侵权行为的行为主体。

（二）行为人对自己的行为负责

在一般侵权行为中，行为人对自己的行为负责，即是说，自己对自己造成的损害进行赔偿，而不是由他人代为承担责任，即行为主体与责任主体为同一人，所负责任形式为直接责任或者自己责任。

而在特殊侵权行为中，责任主体常与行为主体发生分离而分属不同的人，如监护人与被监护人的关系，雇主与受雇人关系，当被监护人或受雇人致人损害，要由监护人或雇主承担赔偿责任，即承担所谓的间接责任或者替代责任。

（三）过错责任

一般侵权行为的行为人，承担的是过错责任，过错是构成一般侵权行为责任的必要条件。

一般侵权行为的损害后果直接来自行为主体的过错行为，行为人在主观上对损害后果的产生持有故意或过失的心理状态，并且，由其行为本身直接导致了损害后果的发生，而不是由行为人占有或管理的物件或动物造成他人损害。

因此，在一般侵权行为中，损害后果与主体的过错行为存在直接的联系。

二、一般侵权行为的归责原则与构成要件

（一）一般侵权行为的归责原则

一般侵权行为适用过错责任原则，因此，构成一般侵权行为，行为人主观上必须具有过错，即持有故意或者过失的心理状态。如果行为人主观上不存在过错，即使其行为造成了损害后果，也不构成侵权行为而承担侵权责任。

由于实行过错责任原则，在涉及一般侵权行为的诉讼活动中，实行“谁主张，谁举证”的举证责任承担方式，受害人应当对加害人实施行为时的主观过错进行证明，如果不能证明或不能充分证明，其诉讼请求就可能得不到满足。

过错决定了一般侵权行为的构成，并且过错程度在一定情况下，对一般侵权责任的责任范围的正确认定，具有相当的意义。例如，对公民人格权的侵害，加害人的故意与过失，对赔偿数额的确定具有一定影响。在共同过错中，共同加害人各自的过错程度，在混合过错中，加害人与受害人双方的过错程度，都对确认行为人的责任大小与赔偿数额的负担具有重要作用。

（二）一般侵权行为的构成要件

侵权行为的构成，也即是侵权民事责任的构成，二者可以作为同一概念看待，只是前者注重的是客观事实及其要素的确认，后者更强调法律的作用与价值判断，也即在法律的眼光中行为引起的不利的法律后果。因此，一般侵权行为的构成要件也等于一般侵权责任的构成要件。

关于一般侵权行为的构成要件问题，在学者们的见解中，有“四要素说”与“三要素说”之分。持三要素说者认为，由于有过错要件存在，违法行为已无必要作为一个独立的构成要件，其根据是过错行为一般就是违法行为，违法要素已被过错概念吸收。

作者认为，既然是行为构成要件，必须有行为人的行为事实存在，违法行为强调的是行为要素，即侵权主体活动的外部表现形态，没有行为，何谈责任。同时，我们不能以纯粹的客观标准去界定过错的内涵，否则，易于走向客观归责。衡量过错，应当坚持主观标准与客观标准相结合的方式，因此，过错的含义，不能完全概括违法性因素。

一般侵权行为的构成有四个要件：

(1) 损害事实的存在，即侵权人的行为造成他人人身权利、财产权利，或其他合法利益的损害后果。

(2) 行为人实施了违法行为，即侵权人依法不应作为却有所作为，应当作为却不作为，其行为违反了法定义务。

(3) 违法行为与损害事实之间存在因果联系，即违法行为是损害事实发生的原因，损害事实是违法行为引起的结果。

(4) 行为人主观上具有过错，即行为人实施行为时，主观上对损害事实的发生存在故意或者过失的心理状态。

由于一般侵权行为实行过错归责原则，适用民事责任制度中的一般责任条款，这方面的内容在本书相关章节有详尽阐述，因此理解侵权行为构成要件，一定要结合阅读本书相关章节的具体内容。

第三节　特殊侵权行为

一、特殊侵权行为的概念与特征

特殊侵权行为，指当事人基于与自己有关的他人的行为或者所管理的物件致人损害，依照民事法律的特别规定而承担的侵权责任。

特殊侵权行为是与一般侵权行为相对应的范畴，一般侵权行为是侵权主体自己实施的行为，行为人对自己的行为负责；而在特殊侵权行为中，责任主体不是加害行为的实施人，而是因为责任主体与实施人之间，与其管理的物件之间的特定关系，使其依法成为责任主体而承担特殊侵权责任。大陆法将这种特殊侵权责任称为间接责任，英美法称为替代责任或者转承责任。

特殊侵权行为的特征主要在于：

(1) 特殊侵权行为适用无过错归责，或者过错推定归责。

(2) 特殊侵权行为的界定与责任构成等因素，由法律直接予以特别规定，包括民事特别法的规定和民事特别条款的规定。

(3) 特殊侵权行为引起的民事责任的承担者，不是侵权行为的亲自实施者，产生的是替代责任，责任主体与行为主体分离。

(4) 由于特殊侵权行为采用无过错归责或者过错推定归责，因此，在举证责任的分配上采取倒置方式，由加害人就自己没有过错或者存在法定抗辩事进行举证，只有举证成功，才能免除或减轻责任。

二、特殊侵权行为的类型

(一) 国家机关及其工作人员的侵权行为

这是一种职务侵权行为。所谓职务侵权行为，指国家机关或者国家机关工作人员，在执行职务中侵犯他人合法权益造成损害的行为。职务侵权的特点在于：(1) 行为主体的特定性，即必须是国家机关或国家机关工作人员；(2) 行为的特殊性，即损害发生在执行职务的过程中，或者与主体的特定职务存在密切联系。(3) 责任范围的法定性，即是否承担责任及责任的范围，都由法律加以明确规定。

根据我国《民法通则》第 121 条的规定，职务侵权的构成要件为：

(1) 行为主体必须是国家机关及其工作人员。

(2) 侵害行为发生在国家机关及其工作人员执行职务的过程中，与职务无关的损害行为不构成职务侵权。

(3) 执行职务中的违法行为损害了他人的合法权益，或者说，在执行职务的活动中违反了执行职务应当注意的义务而造成了损害结果。

(4) 行为人的侵害行为与损害结果之间，存在因果关系。

关于职务侵权致人损害的归责原则，学者们有不同主张。有的认为，应适用过错责任原则，有的认为适用无过错责任原则，有的主张适用过错推定责任。

按照我国《民法通则》第 121 条和我国《国家赔偿法》第 2 条的规定，作者认为，职务侵权应当适用过错推定责任，受害人只要证明损害行为，损害行为与损害事实之间的因果关系，职务侵权责任即可成立，而无须证明国家机关及其工作人员在执行职务中存在过错，除非其抗辩事由成立。

国家机关及其工作人员致人损害责任的赔偿主体，是国家机关而非工作人员个人，所以，又称为国家赔偿责任。在国家机关承担侵权民事责任之后，可以按照有关规定向实施侵权行为的具体工作人员追偿。所以这种责任的实际赔偿，最后可能要落到具体工作人员的身上。

(二) 产品缺陷致人损害的侵权行为

产品缺陷的侵权行为，是指产品的制造者或者销售者因制造或者销售质量不合格的产品，造成他人人身损害或者财产损害而依法应当承担民事责任的行为。

这种侵权责任，简称为产品责任。我国《民法通则》第 122 条专门规定了这种侵权责任，1993 年 2 月 22 日，我国颁行的《产品质量法》进一步加强和完善了相关规定。

按照我国《民法通则》第 122 条、我国《产品质量法》第 41 条和第 42 条的规定，产品缺陷侵权，是产品本身存在质量缺陷造成他人人身财产损害，虽有质量缺陷，但未造成他人受到损害的事实，只能追究商家或者厂家的违约责任而非侵权责任。

在产品质量缺陷造成损害的情况下，对加害人一般会形成违约责任与侵权责任的竞合。

在我国，产品责任的构成要件是：

(1) 产品存在缺陷。这里的产品，指已经生产出厂进入了流通领域的产品；“缺陷”指产品存在危及人身、他人财产安全的不合理危险；在产品有保障人体健康、人身、财产安全的国家标准、行业标准时，是指不符合该标准[①]。

(2) 客观上造成他人人身或财产的损害后果。财产的损害不包括缺陷产品自身的损失，而是指造成缺陷产品之外的其他财产的损失。

(3) 产品缺陷与损害后果之间存在因果关系。

产品缺陷致人损害承担的责任是无过错责任，不以过错作为责任构成要件。一旦构

① 《中华人民共和国产品质量法》，第 34 条。

成侵权责任，受害人可以向产品的销售者索赔，也可以向产品的生产者要求赔偿。根据最高人民法院的司法解释，受害人可以要求销售者给予先行赔偿。

（三）高度危险作业致人损害的侵权行为

高度危险作业，指利用现代科学技术及设施，从事高空、高压、易燃、易爆、剧毒、放射性以及高速运输工具等，对周围环境形成高度危险的业务活动。按照我国《民法通则》第123条的规定，从事高度危险作业造成他人人身财产损害的，应当承担侵权的民事责任。

高度危险作业致人损害适用无过错责任。这是因为只要从事高度危险作业，即使管理者、操作者最大限度地履行了注意义务，由于作业本身的高度危险性，仍然难免对周围的人身和财产造成损害。为了弥补受害人的损失，保障交易秩序与安全，法律规定即使管理者操作者没有过错，也应当承担责任。

高度危险作业人损害的侵权责任的构成要件有：(1) 加害人从事的是对周围环境形成高度危险的作业活动。(2) 客观上对他人人身财产造成损害后果。(3) 高度危险作业与损害后果之间存在因果关系。

（四）污染环境致人损害的侵权行为

污染环境致人损害的侵权行为，是指污染环境而造成他人人身与财产损害，而依法承担民事责任的行为

污染环境，是人实施的行为导致环境产生物理、化学或者生物指标的有害变化，从而对人的生命、健康与生产、生活带来不良影响。在现代工业社会中，随着社会经济与科学技术的发展，污染环境已造成为一大社会公害。因此，我国《民法通则》、《环境保护法》、《水污染防治法》等一系列法律、法规的颁行，构成了对污染环境行为进行法律规制的专门体系。

污染环境致人损害适用无过错责任，其根据是“危险责任”理论。

我国《民法通则》第124条规定：“违反国家保护环境防止污染的规定，污染环境造成他人损害的，应当依法承担民事责任。”根据这一规定，承担污染环境致人损害的民事责任的构成要件是：(1) 行为人违反了国家保护环境防止污染的规定，实施了污染环境的行为。(2) 客观上造成了他人人身财产的损害。(3) 污染环境的行为与损害后果之间存在因果关系。

作者认为，由于环境污染具有污染物富集、聚集等特性，所以，污染环境的污染物是多个或者污染源众多，但是每一个都没有违反国家环境保护的法律法规时，仍然要承担相应的环境污染侵权责任。

（五）地面施工致人损害的侵权行为

地面施工致人损害的侵权行为，指在公共场所、道旁，或者通道上挖坑、修缮安装地下设施等，没有设置明显标志或采取安全措施，从而造成他人的损害，依法应当承担民事责任的行为。

地面施工对周围环境有一定的危险，但完全可以避免，故不属于高度危险作业。只要施工人具有足够谨慎，采取适当的安全措施或者设置警示标志，损害后果一般不会发生。

根据我国《民法通则》第125条规定的内容，地面施工致人损害适用的应当是过错

推定责任。构成责任需要过错要素，也即没有设置明显标志和采取安全措施，未尽到足够的注意。只要加害人不能证明设置了明显标志和采取了安全措施，并已履行足够的注意义务，就推定其具备过错。

地面施工致人损害的责任构成要件是：(1) 加害人的行为是在公共场所、道旁，或者通道上进行挖坑、修缮安装地下设施等施工活动。(2) 施工人违反了法律要求的设置明显标志和采取安全措施的义务，或者虽履行该义务但不足以防止损害。(3) 发生了损害事实。(4) 施工行为与损害事实之间存在因果关系。

(六) 建筑物及其他设施致人损害的侵权行为

建筑物及其他设施致人损害，是指建筑物本身以及其他地上的物件，因设置或保管不当而造成他人人身财产损害。

我国《民法通则》第 126 条规定："建筑物或者其他设施以及建筑物上的搁置物、悬挂物发生倒塌、脱落、坠落造成他人损害的，它的所有人或者管理人应当承担民事责任，但能够证明自己没有过错的除外。"这种责任，也称为工作物致人损害责任。

建筑物不单指房屋，还包括桥梁、铁路、围墙、烟囱、电线杆、堤坝、纪念碑塔、雕塑等，建筑物的其他设施包括索道、缆车、路灯等为建筑物的功能、使用提供服务与方便的各种设置。总之，建筑物及其他设施，统指在土地之上由人工营造之物。建筑物上的搁置物、悬挂物，指离开地面的放置或者悬挂在建筑物上的物品，如花盆、鸟笼、晾晒的衣物等。

按照我国《民法通则》第 126 条的规定，建筑物及其他设施致人损害，适用过错推定责任而不是无过错责任，即当事人对其所有或者管理的物件致人损害，不能证明自己没有过错，即为有过错，应当承担民事责任，如能证明没有过错，则不承担民事责任。

建筑物及其他设施致人损害的责任构成要件是：(1) 发生了损害事实。(2) 当事人对其所有或管理的建筑物及其他设施，建筑物上的搁置物、悬挂物的管理或者设置有欠缺。(3) 由前述物件倒塌、脱落、坠落等原因致人损害。(4) 当事人没有免责事由。

如果当事人能够证明自己没有过错，如证明损害后果是由于不可抗力，或者受害人的过错行为造成的，则可免除对损害后果的民事责任。

(七) 饲养的动物致人损害的侵权行为

饲养的动物致人损害，指因动物自身的本性动作或者动物天性，而致他人人身财产损害，而非指人以动物为工具伤害他人，如骑马故意伤人，就属于一般侵权行为。

饲养的动物，指特定人饲养或者管理的动物，处于特定人的控制之下。饲养的动物短暂逃逸走失、离开饲养人的控制，仍视为当事人饲养的动物。

我国《民法通则》第 127 条规定："饲养的动物造成他人损害的，动物饲养人或者管理人员应当承担民事责任；由于受害人的过错造成损害的，动物饲养人或者管理人不承担民事责任；由于第三人的过错造成损害的，第三人应当承担民事责任。"按照这条规定，并参照各国立法通例，饲养的动物致人损害应当适用无过错责任，因动物具有天然的危险性，其饲养者或管理者即使高度谨慎，有时也难免发生动物伤人毁物的事实。让饲养者或管理者承担无过错责任，才能有效保护无辜受害人的合法权益，从而体现法律的公平。

饲养的动物致人损害的责任构成要件是：(1) 存在损害事实。(2) 损害事实是由饲养的动物造成，其直接原因是饲养动物自身的独立动作。(3) 没有免责事由，即非由受害人自己的过错或第三人的过错造成了损害结果。

在损害发生后，一时不知引起损害后果的第三人为何人的特定情况下，动物饲养人或管理人仍然应当先行赔偿，事后可向有过错的第三人追偿。

(八) 无民事行为能力人、限制民事行为能力人的侵权行为

我国《民法通则》第 133 条规定："无民事行为能力人、限制民事行为能力人造成他人损害的，由监护人承担民事责任。"根据这条规定，无民事行为能力人和限制民事行为能力人造成他人财产与人身损害的，其监护人负责赔偿。这种责任也称为替代责任，其特点是加害人与责任人相分离。

无民事行为能力人与限制民事行为能力人，因为无意思能力或者意思能力不健全，不能辨认控制或不能完全辨认控制自己的行为，法律不能要求他们对自己的行为后果负责。而监护人对无民事行为能力人与限制民事行为能力人，负有照看、管理、教育、监督等法定义务，其目的之一就是为了防止被监护人对他人造成损害。

如果出现了无民事行为能力人、限制民事行为能力人对他人损害的事实，应该推定监护人怠于履行监护义务，从而应当承担民事责任。即使监护人尽了监护义务，按照我国《民法通则》第 133 条的规定，监护人也应适当承担责任。

监护人对被监护人致人损害的责任，原则上是过错推定责任。监护人对自己没有过错负有证明的义务，如果不能证明，应当推定监护人具有过错，从而承担完全民事责任。

采用过错推定责任方式归责，是为了救济受到被监护人损害的无辜的受害人，强化监护人履行监护义务的责任感与自觉性。如果监护人尽了监护职责而适当赔偿，又是一种公平责任。由监护人与受害人双方共同分担损失。

监护人责任的构成要件是：(1) 被监护人，即无行为能力人与限制行为能力人致人损害。(2) 这种损害是被监护人自己的独立行为所造成，而非具有行为能力人的教唆、操纵、指使的结果。(3) 被监护人的行为是客观上能够依法引起侵权民事责任的行为。

对某些特殊情况下监护人的责任问题，最高人民法院在《民通意见》第 158 条、第 160 条作出了明确规定：

第一，夫妻离婚后，未成年子女侵害他人权益的，同该子女共同生活的一方应当承担民事责任；如果独立承担民事责任确有困难的，可以责令未与该子女共同生活的一方共同承担民事责任。

第二，在幼儿园、学校生活、学习的无民事行为能力人或者在精神病院治疗的精神病人，受到伤害或者给他人造成损害，单位有过错的，可以责令这些单位适当给予赔偿。

第三，监护人可以将监护职责部分或者全部委托给他人。因被监护人的侵权行为需要承担民事责任的，应当由监护人承担，但另有约定的除外；被委托人确有过错的，负连带责任。

第四节　侵权损害与救济

侵权行为对被害人造成了人身或财产的损害后果，需要法律对受害人提供救济手段。法律救济要以侵权行为的责任主体依法承担民事责任来实现。

从某种意义上看，责任主体承担民事责任的方式，也就是对受害人被损害利益的救济方式。依照我国《民法通则》第134条的规定，民事责任的承担方式有10种，其中除了修理、重作、更换与支付违约金两种责任形式仅适用于违反合同的责任领域外，其余8种责任形式都可以适用于侵权行为。

我国《民法通则》第134条的规定的八种责任形式：停止侵害、排除妨碍、消除危险、返还财产、恢复原状、赔偿损失、消除影响与恢复名誉、赔礼道歉。其中，侵权责任的主要承担方式是赔偿损失，即通常所指的损害赔偿。

损害赔偿，是侵权损害的主要的并且是最普遍适用的一种救济方式。

一、侵权损害赔偿的界定与特征

侵权损害赔偿，是侵权行为的责任主体对其侵权行为造成他人的财产损害与人身损害，依法给付金钱或者给付实物，以赔偿受害人损失的责任方式。

作为一种事后的补救手段，侵权损害赔偿的特征为以下三方面。

（一）财产性

侵权损害赔偿，是一种纯粹的财产责任，即以给付财产的方式，赔偿受害人的损失，即使对受害人的人身伤害，也可以赔偿因人身引起的财产损失，对精神损害，其赔偿的内容亦是财产给付。

（二）救济性

损害赔偿的根本目的，是救济损害。赔偿是基于损害，有损害才有赔偿，无损害即无赔偿。损害赔偿是为了救济与恢复受到损害的权利。此外，损害赔偿还具有制裁不法行为的功能，但是，其根本目的还是救济受损害的民事权利。

（三）相对性

损害赔偿具有相对性，是强调由加害人向受害人赔偿。也就是损害赔偿是侵权责任主体对受害人的一种经济上或者财产上的赔偿。由于损害赔偿法律关系是一种相对法律关系，即获得赔偿的权利主体与承担赔偿责任的义务主体都是特定的，权利主体只能向义务主体要求赔偿，因此，这种赔偿具有相对性。

二、侵权损害赔偿的原则

（一）全部赔偿原则

全部赔偿原则，指侵权责任主体对受害人承担的赔偿范围与数额，要等同于侵权行为造成的全部实际损害。对财产的损害的赔偿，既包括直接损失，也包括间接损失，对人身损害的赔偿，则要包括因人身损害引起的全部财产损失以及精神损失等。

实行全部赔偿原则，是为了全面救济受害人的损失，以实现侵权行为法的根本功能。

（二）财产赔偿原则

财产赔偿原则，指无论侵权行为造成受害人的财产损害、人身损害还是精神损害，无论损害以何方式实施，无论达到何种程度，赔偿都只能采取财产给付的方式实行，而不能实施其他方式。

因此，所谓赔偿，实质上就是指的是财产赔偿。

（三）考虑经济状况原则

赔偿是侵权责任的承担主体以自己的财产进行赔偿。能否实现全部赔偿，这与责任主体的财产状况是不能分离的。因此，法律不能为了救济受损权利而违反人道主义原则，让责任主体因为赔偿而失去基本的物质生存条件。所以赔偿数额的确定，一定要考虑当事人的实际经济状况以及赔偿能力等。

（四）衡平原则

所谓衡平原则，指加害人对损害的发生没有过错或者加害人与受害人均无过错的情况下，对损失的分配，应当贯彻衡平理念，让双方当事人合理地分担损失。

在合理分担损失的基础上，责任主体对赔偿范围、赔偿数额，都承担的是适当赔偿责任。

三、对财产权损害的赔偿

侵害财产权的基本形态，是非法侵占他人财产，损坏他人财产和妨害他人正当行使财产权利。侵害财产权主要表现为对所有权的侵害，但是，也包括对所有权之外的财产权，如用益物权、担保物权的侵害，凡非法侵害财产权造成受害人损失的，都应当赔偿损失。

赔偿财产权损失的范围包括：

1. 直接损失

直接损失，即侵权行为造成受害人现有财产的损失。侵害财产造成原物的灭失或毁坏，应当按照原物的现时价值进行赔偿，财产被损害而丧失部分价值，应当按照减少的价值进行赔偿。

2. 间接损失

间接损失，即受害人可得利益的损失。可得利益的确认与计算，是一个相对复杂的问题。确认可得利益，应当考虑的因素是受害人确因侵权行为丧失了未来的财产利益，侵权行为的方式与侵害的财产权利对象则在所不问。

计算可得利益的损失务必根据具体情况如实计算。当法律、法规对赔偿数额的确定标准有规定，应当按照规定计算。如按照著作权法、专利法、商标法的有关规定，对侵犯著作权、专利权、商标权造成的损失数额的确定，可以按照受害人因侵权而减少的利润计算，也可以按加害人的非法所得计算。

四、对人身权损害的赔偿

按照我国《民法通则》第119条的规定，结合司法实践活动的经验，对人身权损害的赔偿范围与赔偿标准，可以分别按损害的具体情况确定。

（一）致人伤害的损害赔偿

致人伤害的损害赔偿范围包括：（1）医疗费，具体包括挂号费、检查费、治疗费、药品费、护理费、住院费、手术费等费用；（2）与医疗有关的交通费与伙食补助费；（3）因误工减少的收入。

（二）致人残废的损害赔偿

致人残废的损害赔偿范围包括：（1）前述伤害赔偿费用；（2）残废者生存期间的生活补助费，以及依靠其扶养的人的生活补助费；（3）残废用具费，如购买的轮椅、安装的假肢等费用。

（三）致人死亡的损害赔偿

致人死亡的损害赔偿范围包括：（1）死者治疗期间的医疗费；（2）死者治疗期间因误工减少的收入；治疗所需的交通费、伙食补助费等；（3）死者的丧葬费；（4）死者生前所扶养的人的生活费。

对人身权损害的赔偿所涉及的具体数额应当根据实际情况计算。如果法律、法规有特别规定，应当按照规定执行。

五、精神损害赔偿

所谓精神损害，是指加害人的侵权行为造成受害人的精神痛苦，或损害了受害人的精神利益。加害人由此承担的赔偿责任，即为精神损害赔偿。

受害人的精神痛苦与精神利益的损害，通常是通过加害人侵害受害人的人身权利而引起的，包括侵犯受害人的人格利益与身份利益。

精神损害赔偿属于财产赔偿责任，其功能主要是为了救济受害人遭受的精神损害，用财产方式赔偿其精神利益损失，消除或减轻其精神痛苦。此外，精神损害赔偿对受害人还具有抚慰功能，对加害人具有惩罚的意义。

（一）精神损害赔偿的适用范围

我国《民法通则》第120条以及有关司法解释等，对精神损害赔偿，大致划定了一个适用范围，精神损害赔偿的适用范围是：

1．侵害人格权和其他人格利益

主要是：（1）侵害物质性人格权，如生命权、健康权、身体权等；（2）侵害精神性人格权，如肖像权、姓名权、名誉权、荣誉权、隐私权、贞操权等；（3）侵害一般人格权，如人格尊严、人身自由等；（4）侵害其他人格利益。

凡侵害前列人格权与其他人格利益，受害人有权要求精神损害赔偿。

2．侵害身份权

侵害身份权，也常会引起受害人的精神痛苦和精神利益的损失，如医院的过失，导致新生儿被他人错抱而造成亲生父母的亲权受到损害等。还有如非法使被监护人脱离监护，造成亲子关系或者近亲属间的亲属关系遭到严重损害，受害人即可提起精神损害赔偿请求。

3．侵害死者人格利益

自然人死亡后，其人格利益遭到下列方式损害，其近亲属因此而遭受精神痛苦的，可以提起精神损害赔偿。（1）以侮辱、诽谤、贬损、丑化或者违反社会公共利益、社会公德的其他方式，侵害死者姓名、肖像、名誉、荣誉等；（2）非法披露、利用死者隐私，或者以违反社会公共利益、社会公德的其他方式侵害死者隐私；（3）非法利用、损害遗体、遗骨或者以违反社会公共利益、社会公德的其他方式侵害遗体、遗骨等。

4．灭失毁损具有人格象征意义的特定纪念物品

具有人格象征意义的特定纪念物品，对受害人是一种特定的精神利益，而不在于其

实际财产价值。侵权行为造成这类特定物品的灭失毁损，对受害人通常会形成精神痛苦，故侵权人应当承担精神损害赔偿责任。

(二) 精神损害赔偿的数额确定

因为精神损害难以量化，我国《民法通则》等法律没有作出关于赔偿数额的具体规定。按照《最高人民法院关于确定民事侵权精神损害赔偿责任若干问题的解释》第 10 条的规定，精神损害赔偿的数额，根据以下因素确定：

1. 侵权人的过错程度，法律另有规定的除外

过错有不同表现形态和等级，一般而论，故意重于过失，重大过失重于一般过失。若行为人没有过错，除了法律另有特别规定，不能让行为人承担赔偿责任。

2. 侵害的手段、场合、行为方式等具体情节

这些具体情节，表现了加害人的过错程度与心理状态，是决定赔偿数额的重要因素。

3. 侵权行为所造成的后果

损害后果是构成侵权责任的要件，也是确定精神损害赔偿数额的极为重要的因素，损害后果越重，赔偿数额应当越大。

4. 侵权人的获利状况

如果行为人通过侵权而获利，其赔偿责任应当重于无获利目的或者未能获利者。

5. 侵权人承担责任的经济能力

这一因素，体现了损害赔偿要考虑责任人经济能力的原则。同时，精神损害后果不能量化，按照责任人的经济能力赔偿，不会损害法律的公正。

6. 受诉法院所在地平均生活水平

全国各个地区生活水平、经济状况不一致，甚至存在很大的差距。精神损害赔偿考虑受诉法院所在地平均生活水平这一因素，有利于赔偿的具体数额趋于公平合理，符合当地人的经济承受能力。

思考题

1. 何谓侵权行为？侵权行为与犯罪行为有何本质区别？
2. 比较一般侵权行为与特殊侵权行为，说明二者的构成条件的差别。
3. 特殊侵权行为有哪些类型？其分别有哪些构成要件？
4. 侵权损害赔偿应当贯彻什么样的赔偿原则，为什么？
5. 如何理解精神损害，说明对精神损害进行赔偿的理由。
6. 精神损害赔偿的范围怎样界定？确定精神损害赔偿数额应当考虑何种具体因素？

学习资料指引

1. 王利明、杨立新：《侵权行为法》，法律出版社，1996 年 12 月版，第 1 章～第 21 章。

2. 张新宝：《中国侵权行为法》，中国社会科学出版社，1998 年 8 月版，第 1 章～第 30 章。

3. 李仁玉：《比较侵权法》，北京大学出版社，1996 年 8 月版，第 1 章～第 9 章。

4. 魏振瀛：《民法》，北京大学出版社、高等教育出版社，2000年9月版，第36章～第42章。

5. 彭万林：《民法学》，中国政法大学出版社，1999年8月修订版，第30章。

6. 张俊浩：《民法学原理》，中国政法大学出版社，1991年10月版，第46章。

7. 王建平：《民法学（下）》，四川大学出版社，1994年8月版，第17章。

参考法规提示

1.《中华人民共和国民法通则》，第六章。

2.《最高人民法院关于贯彻执行〈中华人民共和国民法通则〉若干问题的意见（试行）》，“五、民事责任”。

3. 国务院《工伤保险条例》(2003年4月16日)，第五章“工伤保险待遇”。

4.《最高人民法院关于确定民事侵权精神损害赔偿责任若干问题的解释》(2001年2月26)，第1条～第11条。

5.《最高人民法院关于审理人身损害赔偿案件适用法律若干问题的解释》(2003年12月4日)，第1条～第35条。

6.《最高人民法院关于贯彻执行民事政策法律若干问题的意见》(1984年8月30日)，“九、损害赔偿问题”。

第三十章　不当得利和无因管理

【阅读提示】 本章的重点是产生非合同之债的不当得利、无因管理的原因以及概念、性质、构成要件和法律后果等。通过本章的学习，学习者应当了解不当得利、无因管理的类型以及发生不当得利、无因管理后的处理方法。本章的难点是对不当得利与无因管理的产生原因的把握，以及避免产生新的不当得利、无因管理的措施。

第一节　不当得利

一、不当得利的概念与性质

(一) 不当得利的概念

对于不当得利，从不同的角度理解，有不同的含义。

从不当得利是一种利益的得失角度看，它是指没有法律上的根据，有损于他人而自己获得的一种利益。[①] 如果从债权发生根据的角度看，不当得利是指没有法律上的原因，使他人受到损害而自己获得利益的法律事实。

由于获得利益没有法律上的原因，获得利益的人，应将所获得的利益返还给受损失的人。受损失的人，有权要求获得利益的人返还所获得的不当利益。从而，在受损失的人和获利人之间，形成了一种债的法律关系。

不当得利，就是受损失的人与获利人之间发生债权债务的原因。因不当得利发生的债权债务是不当得利之债。

不当得利制度是法律调整不正当财产损益变动的一种手段。

不当得利出现在法律中，可以追溯到两千多年前的古罗马法。虽然罗马法中并无“不当得利”一词，但是，一般认为，罗马法中的“取回诉讼”，就是现代不当得利制度的历史渊源。

罗马法学家认为，任何人取得财产或金钱利益，致使他人蒙受损失的，该他人有权诉请“取回”。后世学者根据罗马法这一精神，称其为“不当得利”。

罗马法中，没有关于“不当得利”的一般规定。各种具体的不当得利，属于准契约，意为当事人行为进行前未缔结契约，而其行为发生与缔结契约相同的法律效果，可准用契约的规定。不当得利和无因管理同为准契约，与契约、私犯、准私犯并列为债权的发生根据。

《法国民法典》沿袭了罗马法的立法规定，1881 年《瑞士债务法》对不当得利设有统一规定。《德国民法典》、《日本民法典》、《意大利民法典》中，则都将不当得利、无因管理区分开来单列，认为不当得利、无因管理与契约、侵权行为等同为债的发生根

---

① 彭万林：《民法学》，中国政法大学出版社，2002 年 1 月修订版，第 539 页。

据。

我国《民法通则》第 92 条规定："没有合法根据，取得不当利益，造成他人损失的，应当将取得的不当利益返还给受损失的人。"这是我国关于不当得利制度的直接法律渊源。

（二）不当得利的性质

在民商法理论上，法律事实有事件、行为之分。作为引起债发生的法律事实，不当得利是属于事件还是行为，学者们有两种不同的意见。一种意见认为，不当得利是一种行为，是事实行为。因为尽管不当得利的原因很多，但是，其本身与人的意志有关，属于不公正的行为。

另一种意见认为，不当得利是事件。因为，尽管引起不当得利发生的原因可能是行为，但也可能是事件。作为引起债发生的法律事实，无论不当得利本身是因为什么原因而发生，只要不当得利的事实出现，在受损失人和获益人之间，发生债权债务都是基于法律的规定，而与人的直接意志无关。受益人获得不当利益的主观状态如何，不影响不当得利事实的成立和不当得利之债的形成。作者持后一种意见。

二、不当得利的构成要件

不当的财产损益变动，必须符合以下条件，才构成不当得利。

（一）一方获得利益

获得利益，是指财产总额的增加。获得利益分为积极获利和消极获利。

积极获利，是指因为财产权利的增强或义务的消灭，财产范围扩大。包括财产权利的取得、效力的增强，财产权利限制的消灭。如取得所有权、抵押权顺位的上升、担保物权的消灭等。

消极获利，是指财产本应减少，而因一定事实未减少所产生的利益。包括本应承担的债务不再承担、本应支出的费用而没有支出、本应设定的权利限制而未设定等。

（二）一方受到损失

受到损失，是指因有一定的事实，而使其财产总额减少。受到损失，又分为财产的积极损失和消极损失。

财产的积极损失，指既有财产的减少。如财产权的丧失、财产权利受到限制等。

财产的消极损失，是指可以增加的利益未予以增加。

（三）获益和受损之间有因果关系

获益和受损间的因果关系，是指基于某种原因而发生一方获得利益和另一方受到损失的结果。不当得利的因果关系，有直接因果关系说和间接因果关系说。

直接因果关系说认为，因同一原因事实而发生的受损和获益间，才存在因果关系，才可能产生不当得利。间接因果关系说认为，获得利益和受到损失的因果关系，不限于是基于同一原因事实。即使获益和受损是由两个原因事实造成的，如果社会观念认为二者有牵连关系，也应认为二者具有因果关系。

间接因果关系说容易扩大不当得利请求权的范围；直接因果关系说，则适当限制了受损失人对间接获利的第三人的返还请求权。作者认为不当得利的构成，宜采直接因果关系说。

(四) 没有合法根据

没有合法根据，是指获得利益和受到损失，都没有法律上的原因。如有法律的规定或合同的约定，财产的损益变动则不是不当，故不构成不当得利。

没有合法根据，包括没有法律直接规定的根据，也包括没有合同上的根据；既包括获得利益当时没有合法根据，也包括获得利益后合法根据丧失。

三、不当得利的类型

不当得利的类型，可依据不同标准作不同的划分。依据取得不当利益的原因所作的划分，分为因给付产生的不当得利和因给付以外的原因产生的不当得利。这是研究不当得利时，划分不当得利的基本类型。

(一) 因给付产生的不当得利

“在不当得利法上，给付系指有意识地增益他人财产。”① 给付须有一定原因，也就是要有给付的目的。欠缺给付目的而增加他人的财产，该他人即构成不当得利。欠缺给付目的的不当得利，又有三种：

(1) 给付目的自始不存在。为某目的给付他人财产，而给付他人财产的目的自始就不存在。如一方为买卖而交付货物，而买卖合同实际上不成立。

(2) 给付目的不达。为实现将来的目的现时为给付，但日后该目的并未实现。如一方以结婚为目的而交付金钱，而实际上未能结婚。

(3) 给付目的消灭，也叫给付目的嗣后不存在。给付目的曾有效存在，但在给付后因故该目的消灭。如双务合同一方已履行，因不可抗力另一方履行不能。

在上述情形中，因给付使一方受损而另一方获益，由于欠缺给付目的，即无法律上的原因，构成不当得利。但并非所有欠缺给付目的的获益，都构成不当得利。下列情况则不成立不当得利返还请求权：

(1) 为履行道德上的义务而为给付。如没有扶养义务而自愿尽道德义务，为他人支付生活费用。

(2) 为提前清偿未到期的债务而交付财产。虽然债务尚未到期，但并非不存在债务，故不能认为提前受领，是无法律上的原因。但提前清偿到实际到期日之间的利息是否可以请求返还，各国有不同的规定。德国规定不得请求返还，日本则规定可以请求返还。

(3) 明知无债务而为清偿。明知自己没有义务而向他人交付财产，对方接受，可视作赠与。

(4) 因不法原因而为给付。因存在给付一方或双方的不法原因而发生的给付，如偿还赌博欠款。

(二) 因给付以外的原因产生的不当得利

因给付以外的原因产生的不当得利主要是：

(1) 因受损失者自己的行为产生的不当得利。如误将他人的牲畜，认为是自己的而喂养。

(2) 因受益人的行为产生的不当得利。如擅自将他人委托保管的动产，卖给第三人

---

① 王泽鉴：《民法学说与判例研究（一）》，中国政法大学出版社，1997年第1版，第425页。

而无法追回。

(3) 因第三人的行为产生的不当得利。如第三人以甲的饲料喂养乙的牲畜。

(4) 因为自然事件产生的不当得利。如洪水将上游水库的鱼，冲到下游的水库里。

(5) 因为法律规定发生的不当得利。如发生添附时，一方有权取得新物的所有权，但对另一方应依法予以补偿。

四、不当得利的法律后果

不当得利的法律事实一旦发生，依据我国《民法通则》第92条规定，受损失的人有权利要求获得利益的人返还所获得的不当利益，获得利益的人有义务将获的不当利益返还给受损失的人，即不当得利使获得利益的人和受损失的人之间形成债的关系。

(一) 不当得利之债的主体

不当得利之债的主体，就是债权人和债务人。债权人是因不当得利受到损失的人，债务人是因不当得利获得利益的人。根据直接因果关系说，获得利益的人应是直接获得利益的人。

(二) 不当得利之债的内容

不当得利之债的内容，主要就是债权人要求返还不当利益的权利，以及债务人返还不当利益的义务。

(三) 不当得利之债的客体

不当得利之债的客体，是指债权人、债务人的权利义务所指向对象，即受益人所获得的利益。包括获益人所受的利益和基于所受利益的取得。所受利益，是获益人直接因不当得利所取得的权利或消灭的权利限制等。基于所受利益的取得，包括：(1) 原物所生的孳息；(2) 基于权利之所得，如原物为奖券的中奖所得；(3) 原物的代偿，如因原物灭失、毁损、被征用等获得的赔偿、补偿。

返还不当得利以原物返还为原则，即以受益人所受领或取得的权利或物返还。在原物返还不可能时，偿还原物的价额。

价额偿还是在所受利益因为其性质不能返还，或者受领人因其他原因，导致返还不能时的返还方式。所谓因其性质不能返还，如所受领利益为劳务或使用利益。所谓因其他原因致返还不能，如所受利益被出卖等。

(四) 不当得利返还的范围

不当得利返还的范围，因受益人主观上是善意还是恶意而有所不同。

(1) 受益人为善意，即受益人不知道自己获得利益没有合法根据。这种情况下，受益人的返还，以受损失人请求返还时所存利益为限。

(2) 受益人为恶意，即受益人知道无法律上原因而取得利益。受益人为恶意时，应该就所受领的全部利益及其孳息一并返还。利益已不存在的，应返还其价款。所获利益小于受损失人的受损失时，应对不足部分予以赔偿。

(3) 受益人先为善意后为恶意的，即受益人取得利益时，不知无法律上原因而后来知道的，应该就其知道无法律上原因之时起所存利益为基础，以后按恶意受益人负返还义务。

第二节 无因管理

一、无因管理的概念与性质

（一）无因管理的概念

无因管理，是指无法定或约定的义务，而为他人管理事务的法律事实。管理他人事务的人是管理人，受事务管理的人是本人。因为本人一般会从事务管理中受益，所以也称受益人。

在社会生活中，人们应当尊重他人，无权任意干涉他人事务，否则，可能构成对他人权利的侵犯。但是，符合法律规定的无因管理是一种例外。

虽然无法定或约定的原因，但是管理他人事务，构成无因管理时，就阻却了行为的违法性，为法律所认可，并在管理人和本人间形成债权债务关系。

无因管理制度也起源于古罗马法。在罗马法中，并未将无因管理作为独立的债的发生根据，而是与不当得利同属于准契约，与契约、私犯、准私犯等并列为债权的发生根据。

《瑞士债务法》的相关规定具有特殊性，它把不当得利、合同、侵权行为等，并列为债的发生根据，而将无因管理与各种具体合同并列，规定在“各种合同”一编。我国《民法通则》的第93条规定了无因管理制度，是与合同、不当得利并列的债的发生根据。

我国《民法通则》第93条规定：“没有法定或者约定的义务，为避免他人利益受损失进行管理或者服务的，有权要求受益人偿付由此而支付的必要费用。”

（二）无因管理的性质

作为一种债的发生根据，无因管理属于事实行为。无因管理不以意思表示为要件，也不要求管理人以设立民事法律关系为目的进行管理。虽然，管理人在管理事务时，有管理他人事务的意思，但这种意思无须表示出来；或者实施的管理行为本身是法律行为，如为他人购买某种其急需的物品。但购买物品只是引起无因管理的原因，而不是直接引起无因管理之债发生的原因。无论管理人有无发生民事法律后果的目的，只要有这类管理行为的事实，依照法律规定就可以产生无因管理之债。

既然无因管理是事实行为，就不要求无因管理人具有民事行为能力。但是，因管理事务行为应具有为避免他人利益受损失的要件，管理人应具有相应的认识能力，即能认识自己的管理行为，是为了避免他人的利益受损失。

二、无因管理的成立要件

（一）管理他人事务

管理他人事务，是无因管理成立的前提，也是无因管理的客观要件。事务，是指有关市民生活利益的一切事项。管理，是指处理事务的行为，如对他人财物的保存、利用、改良、管领、处分，如为他人提供服务等。管理行为，包括法律行为和事实行为两大类。

管理他人事务，应是积极行为；不作为的行为不能构成无因管理。管理他人事务的行为，应是合法、合乎社会道德的行为；违法、违背社会道德的行为，不能构成无因管理。代他人实施了依法必须由本人实施的行为，或者非经本人授权不能代为实施的行为，都不能构成无因管理。不能发生民事法律后果的纯粹道德、宗教上的，或者其他一般生活事务，不能构成无因管理。

管理人管理的必须是他人事务。有的事务从外观即可明显看出是他人事务，如将突发疾病的路人送往医院救治，是客观的他人事务。有的事务，则从客观上难以判断是否是他人事务，而要依管理人的主观意思为判断标准。如购买物品行为，如管理人是为自己购买，则是自己的事务；如管理人为他人购买，则是管理他人事务，这是主观的他人事务。

（二）须有为他人管理事务的意思

为他人管理事务的意思，是无因管理的主观要件。它是指有将管理所获利益归于他人的意思。我国《民法通则》的表述是“为避免他人利益受损失”。

管理人是否有为他人管理事务的意思，可从其动机和后果两个方面考察。从动机上看，管理人是出于为避免他人利益受损失而进行管理；从后果来看，因管理行为所取得的利益最终归本人享有，而不是为管理人享有。

在对客观的他人事务进行管理时，只要管理人认识到管理的事务是他人事务，即可认为有为他人管理事务的意思。对主观的他人事务进行管理时，管理人是否有为他人利益进行管理的意思，须有外在表示。有争议时，应由主张无因管理的人负举证责任。

为他人管理事务的意思，并不要求明确是某个特定的人。如甲将乙的事务误认为是丙的事务而进行管理，虽然甲并没有管理乙的事务的意思，但对甲、乙而言，甲管理了他人的事务，且有为他人管理的意思，甲对乙仍可成立无因管理。

管理人将他人的事务，误认为是自己的事务而管理，虽然客观上管理了他人事务，但不具备主观上为他人管理事务的意思，不构成无因管理。

管理人因为管理行为也受益，仍可以构成无因管理。如甲为避免邻居乙的围墙倒塌而予以维修，维修好的围墙在洪水来临时，也保护了甲自己财产的安全，所以，甲对乙仍成立无因管理。如管理人在管理事务时，既有为他人利益的意思，同时也有为自己利益的意思，可以就本人受益部分成立无因管理。但如果管理人仅为自己的利益而管理他人事务，则不成立无因管理。

（三）没有法定或者约定的义务

无因管理之“无因”，是指无法律上的原因，包括管理人实施管理，并非是履行法定义务或者约定义务。

无因管理必须“无因”，因此下列情形不能成立无因管理：如监护人对被监护人财产人身的管理，消防队员的救火行为，警察的救助行为等，因管理人负有法定义务，而不构成无因管理。

管理人没有法定或者约定的义务，应以管理人实施管理行为之时确定。原来有义务，但在管理时义务已终止；或者管理时没有义务，管理行为实施后才产生义务的，都可以构成无因管理。

没有法定或约定的义务，应以客观上是否负有义务来判断，而不是以管理人自己的认为来判断。如本来没有法定或约定的义务，管理人以为自己有义务而为他人管理事务，应构成无因管理。

三、无因管理的类型

根据无因管理是否有利于本人及不违反本人的意思，可分为适法的无因管理和不适法的无因管理。无法律上的原因为他人管理事务，虽然构成无因管理，但只有适法的无因管理能在管理人和本人之间形成无因管理之债。

（一）适法的无因管理

适法的无因管理，是指符合被管理人利益或社会公共利益的无因管理。适法的无因管理，应是以下两种情形之一：

（1）管理事务有利于本人，而且管理事务不违反本人的意思。

管理事务不违反本人的意思，包括本人明示的意思和可推知的意思。是否有利于本人并不违反本人的意思，应以实施管理事务时的情形判断。如管理人明知是本人抛弃的物品，而进行管理，则不构成无因管理。

（2）管理事务虽然违反本人的意思，但其管理是为本人尽公益上的或者法定的义务。

如本人在公共场所施工，拒不设置安全警示标志，管理人代为设置；本人对父母不尽赡养义务，而管理人为其父母提供衣食等。

（二）不适法的无因管理

不适法的无因管理，是指违反本人的明示或可推知的意思，而又无客观适法事由的无因管理。

不适法的无因管理，不具有阻却违法的效力，不能形成无因管理之债。管理人不能按无因管理之债，要求本人偿付支出的费用或所受的损失。在本人因管理人的行为受有利益时，管理人只能按不当得利，要求受益人返还所获得的不当利益。

四、无因管理之债

适法的无因管理发生，在管理人和本人之间引起无因管理之债。对管理人和本人之间的权利、义务关系，分析如下：

（一）管理人的义务

1．妥善管理义务

管理人应依本人明示或可推知的意思，以有利于本人的方法进行事务管理。管理方法是否有利于本人，应以客观上能否避免本人利益受损失为标准。管理开始后，如中止或停止会使本人的利益损失扩大，则应当继续管理。

2．通知、报告义务

实施管理以后，以管理人能够通知为限，管理人应尽快通知本人管理开始的事实。管理事务进行的状况，应如实报告本人知晓。

3．交付义务

以能够将所管理的事务交付给本人时，应将管理事务进行移交，并且，所获利益也应转达归本人。

4．管理人的赔偿责任

管理人不履行上述义务，给本人造成损失的，应对本人承担赔偿责任。

（二）本人的义务

1. 费用偿还义务

本人应偿付管理人所支出的必要费用，以及必要费用支出之日起的利息。

2. 负债清偿义务

管理人为本人管理事务而负债时，可请求本人直接清偿。

3. 损害赔偿义务

管理人因管理本人事务而受到损害时，本人应赔偿其损害。

思考题

1. 请对不当得利产生的原因进行分析。
2. 简述不当得利的类型、构成要件及其在法律上是否必须。
3. 何谓因给付原因产生的不当得利？说明不当得利返还的理由。
4. 比较无因管理与不当得利的性质、特征，并说明“无因”、“不当”的内涵。
5. 什么是适法的无因管理、不适法的无因管理？它们应如何处理？

学习资料提示

1. 王利明等：《民法新论》（下），中国政法大学出版社，1988年7月版，第3章。

2. 魏振瀛：《民法》，北京大学出版社、高等教育出版社，2000年9月版，第27章～第28章。

3. 江平：《民法学》，中国政法大学出版社，2000年1月版，第32章～第33章。

5. 王泽鉴：《无法律上原因之财产损益变动》，载《民法学说与判例研究（一）》，中国政法大学出版社，1998年1月版，第421页。

6. 王泽鉴：《无权处分与不当得利》，载《民法学说与判例研究（二）》，中国政法大学出版社，1998年1月版，第104页。

7. 王泽鉴：《无因管理制度基本体系之再构成》，载《民法学说与判例研究（二）》，中国政法大学出版社，1998年1月版，第73页。

参考法规提示

1.《中华人民共和国民法通则》，第92条～第93条。

2.《最高人民法院关于贯彻执行〈中华人民共和国民法通则〉若干问题的意见（试行）》，第131条～第132条。

第四编

知识产权

第三十一章　知识产权与 TRIPS

【阅读提示】　本章的重点是知识产权的概念、特征以及基本原则和 TRIPS 协议的产生。作为世界知识产权保护领域最为重要的国际公约的 TRIPS 协议，是学习者必须弄清楚，并认真掌握的国际公约。学习者通过对本章的学习，应把握 TRIPS 协议对中国知识产权保护的影响。本章的难点是中国知识产权立法与 TRIPS 协议的关系以及中国知识产权的发展趋势。

第一节　知识产权界定

一、知识产权的概念

知识产权，在英语中被称为 intellectual property。它是指人们对于自己的智力成果和经营管理活动中的标记、信誉等依法享有的权利。

17 世纪中叶，法国学者卡普佐夫将一切来自知识活动领域的权利，概括为“知识产权”。随后，比利时学者又将此概念有所发展。在日本，知识产权曾经被称为“无形财产权”，现在则称为“知识所有权”。在我国台湾地区，称之为“智慧财产权”。

我国民法学界，在 20 世纪 70、80 年代称之为“智力成果权”。“知识产权”作为正式的法律用语，最早出现在 1986 年 4 月 12 日颁行的《中华人民共和国民法通则》中。根据我国《民法通则》的规定，知识产权属于民事权利，是基于创造性智力成果和工商业标记依法产生的权利的统称。

知识产权的概念，可以从两个角度来理解：一是将知识产权从广义与狭义两方面来理解；二是从知识产权的三种表达方式来理解。

知识产权有广义和狭义之分。① 广义的知识产权，包括著作权、邻接权、商标权、商号权、商业秘密权、产地标记权、专利权、集成电路布图设计权等各种权利。

目前，已有两个国际公约认可了广义知识产权的范围，即 1967 年《成立世界知识产权组织公约》(简称《知识产权公约》)、1994 年关贸总协定缔约方签订的《与贸易有关的知识产权协定》（即 TRIPS 协定）。其中，TRIPS 协定将知识产权的范围界定为：著作权及其相关权利（即邻接权）；商标权；地理标记权；工业品外观设计权；专利权；集成电路布图设计权；未公开信息专有权（即商业秘密权）等。

TRIPS 协定关于知识产权的范围，与 1886 年《保护文学艺术作品伯尔尼公约》(简称《伯尔尼公约》)，以及 1883 年《保护工业产权巴黎公约》(简称《巴黎公约》) 所规定的知识产权范围相比要宽泛得多，特别是它包括了科技奖励制度中的发明权、发现权等。

---

① 吴汉东：《知识产权法》，中国政法大学出版社，2001 年版，第 1 页。

我国《民法通则》所规定的知识产权基本类型，同于《知识产权公约》中的规定。

狭义的知识产权，即传统意义上的知识产权，包括著作权、商标权和专利权三部分。有学者又将狭义的知识产权分为两类：一类是文学产权，包括著作权及与著作权有关的邻接权；另一类是工业产权，包括商标权和专利权。

文学产权是关于文学、艺术、科学、文娱作品的创作者以及传播者所享有的权利。它注重于保护作品及传播这种作品的原创性，将创造者的思想表达形式作为知识产权的独特保护形式。

工业产权是指工业、商业和其他产业中，具有实用经济意义的一种无形财产权。有人将工业产权称为“产业产权”。

知识产权的概念，目前主要有三种表达方法。① 一是采取列举式；二是下定义的方法；三是完全列举知识产权保护对象或者划分。

用列举知识产权主要内容的方法，表述知识产权的定义，是国内外的普遍方法。例如，知识产权传统上包括著作权、商标权及专利权等。

用定义知识产权的方法，主要出现在国内外相关著作和教科书中。例如，世界知识产权组织编写的《知识产权法教程》一书，以及我国编写的教科书中都是如此。

用完全列举知识产权保护对象的方法，类似于上文所说的广义的知识产权。它主要包括了两个公约，即《知识产权公约》第 2 条第 8 款和 TRIPS 协定中知识产权的范围规定。

知识产权概念的三种表达方法，都存在着局限性：前者不能揭示具体的权利类型，只包含了传统的著作权、商标权及专利权三种；中者所做的表述，虽然简单、抽象，其缺点也是明显的，即它未能概括知识产权保护对象的全部，并将标记排除在外；后者用来说明概念，则过于繁杂，且知识产权保护对象的范围没有随之变化。

二、知识产权的特征

知识产权是一种民事权利，是一种有别于财产所有权的无形财产权。知识产权权利的私有性，是将知识产权归于民事权利范畴的基本依据。而这种权利客体的非物质性，是知识产权区别于财产所有权的本质特征。总的来说，知识产权具有如下基本特征：

（一）无形性

知识产权的第一个也是最重要的特点，就是无形性。这一特点，把知识产权同一切有形财产以及人们就有形财产享有的权利分开。

知识产权的客体，即知识产品更体现出了无形性，它是一种没有形体的精神财富。知识产权的无形，是相对于动产、不动产的有形而言的，它具有不同的存在、利用、处分形态。

第一，不发生有形控制的占有。由于知识产权产品不具有物质形态，不占有一定空间，所以人们对它的占有不是一种实有和具体的占据，而是表现为对某种知识、经验的认识与感知。

第二，不发生有形损耗的使用。知识产品的公开性，是知识产权产生的前提条件。

第三，不发生消灭知识产品的事实处分与交付的法律处分。知识产品不可能有实物

---

① 刘春田：《知识产权法》，高等教育出版社、北京大学出版社，2000 年版，第 1 页。

形态消费，而导致其本身消灭的情形，它的存在仅会因保护期的届满而消灭。

由于无形，知识产权的权利人只有在诉讼时，主张自己的权利才能显示出自己是权利人。因此，对于知识产权权利人以外的使用人，往往会因为不知道真正的权利人，而导致侵权产生的可能性高于有形财产的使用人。同时，也可能一项专利权的所有人，把他的专利同时转让给不同的买主。只要这些买主在使用上不产生权利冲突，就可能永远不会知道自己同时与别人享有相同的权利。

无形的特点，给知识产权保护，知识产权侵权认定，以及知识产权贸易，带来了在相同情况下，比有形财产更为复杂的问题。

（二）专有性

知识产权是一种专有性的民事权利，它同所有权一样，具有排他性和绝对性的特点。由于知识产品是精神领域的成果，所以知识产权的专有性，又与所有权的专有性有所区别。

第一，所有权的排他性，表现为所有人排斥非所有人对其所有物进行不法侵占、妨害或损害。而知识产权的排他性，表现为排斥非专有人对知识产品进行不法仿制、假冒或剽窃。

第二，所有权的独占性是绝对的。所有人行使对物的权利，既不需要他人的干涉，也不需要受到地域或者时间的限制。而知识产权的独占性是相对的。这种独占，往往要受到法律的限制。例如，著作权中的合理使用、法定许可；专利权中的临时过境使用；商标权中的先用权人的使用等。

同时，知识产权还要受到地域和时间的限制。但是，知识产权相比其他的民事权利而言，其本身又具有特殊的专有性特征。[①] 主要包括：(1) 知识产权的权利人的专有权利，是受到法律的严格保护的。没有法律规定或未经权利人许可，任何人不得使用权利人的知识产品。(2) 对同一项的知识产品，不允许有两个或两个以上的同一属性的知识产权存在。例如，两个相同的外观设计只能允许授予其中一个。

（三）地域性

知识产权作为一种专有的民事权利，在空间上是要受到限制的，这就是它的地域特点。知识产权的这一特点，有别于有形财产权，它具有严格的领土性，其效力只能及于本国境内。

早在知识产权法律制度的雏形时期，地域的特点就同知识产权紧密地联系在了一起。在欧洲封建国家末期，原始著作权与专利权，都是君主恩赐并作为特许权出现的，但这种权利只可以在君主管辖的区域里行使。

随着近代资本主义的发展，知识产权最终脱离了封建特许权的形式，成为法律规定的精神权利。但是，资本主义国家依照其主权原则，只对依本国法取得的知识产权加以保护。因此，地域作为知识产权的特点，继续保留了下来。

从 19 世纪起，知识产品的国际性需求与知识产权的地域限制之间，出现了巨大的矛盾。为了解决这些矛盾，各国先后签订了一些保护知识产权的国际公约，成立了一些全球性的国际组织，在世界范围内，形成了一个国际保护知识产权的体系。

---

① 吴汉东：《知识产权法》，中国政法大学出版社，2001 年版，第 6 页。

在国际知识产权保护中，国民待遇原则的规定，是对知识产权地域特点的重要补充。国民待遇原则，使得一国承认或授予的知识产权，根据国际公约在缔约国发生域外的效力成为了可能。

然而，随着国际经济的一体化，知识产权立法也出现了现代化、一体化的趋势，使得知识产权的地域特点受到了挑战。一方面，一些国家和地区正在建立一个共同的知识产权制度。例如欧盟，跨国知识产权的出现，使得一国的知识产权跨出了国门，在多个国家同时发生效力；另一方面，涉外知识产权管辖权与法律适用也得到长足的发展。由于网络技术的发展，涉及知识产权的侵权行为，有可能在几个甚至十几个国家内发生，这就会对地域特点带来影响。

（四）时间性

与所有权不同的是，知识产权是有时间限制的，即在法律规定的期限内受到保护。一旦超过了法律规定的有效期间，这一权利就会自行消灭。相关知识产品则会进入公共领域，成为整个社会的财富，为全人类所共有。

知识产权在时间上受到限制，是世界各国为了促进科学文化发展、鼓励智力成果公开所采取的原则。知识产权的产生，在于采取特别的法律手段，调整因知识产品创造或使用而产生的社会关系。这一制度既要促进文化广泛传播，又要注重保护知识产品创造者的合法权益，协调知识产权专有性与知识产品社会性之间的矛盾。

知识产权时间限制的规定，正是建立知识产权法律制度的社会需要。这一点体现了知识产权领域中，公共利益与私权所涉的个人利益的平衡。根据各类知识产权的性质和特点，以及本国实际情况，各国都对著作权、商标权及专利权，规定了不同的保护期。

（五）公开性

知识产权的公开性，更是集中体现了知识产权法中，公共利益与个人利益之间的平衡。一方面，知识产权是权利人对其智力劳动的成果，依法所享有的专有权利。而创造智力劳动成果的知识，从来都不是凭空从某人的脑中蹦出来的，那是人类智慧一代代的结晶，是从前人处继承而来的。因此，后人也有义务将自己的知识贡献给社会，向社会公开。只有这样，人类社会才会不断发展和进步。

另一方面，知识产权是有限的资源。从经济学的角度来看，知识产权是可能并且容易耗竭的资源。如果我们不对其进行法律保护，不授予知识产权创造者权利，将不易激发社会的创造愿望与创造力。一个社会中投入创造发明的人越少，知识产权将越快被耗竭，这也不利于社会的进步与发展。

因此，为达到二者的平衡，知识产权法律制度规定，知识产权一定要向社会公开。与此同时，以法律的强制性授予权利人在一定期限内，独享其利益的权利，这种权利受到法律的专门保护。

第二节　TRIPS协议与知识产权国际公约

一、TRIPS协议

（一）TRIPS协议概述

1993年12月15日，随着乌拉圭回合全部结束，知识产权问题也最终形成了《与贸易有关的知识产权协定》，即 TRIPS 协议。TRIPS 协议作为 1994 年 4 月 15 日在马拉喀什签署的乌拉圭回合最后文件的一个附件，成为最后文件的一部分。

从 TRIPS 协议的具体规定来看，TRIPS 协议所规定的，不再仅仅是与贸易有关的知识产权问题，而是所有的知识产权问题。

TRIPS 协议共 73 条，分为 7 部分。第一部分为总则和基本原则；第二部分为有关知识产权的有效性、范围和使用的标准；第三部分为知识产权的行使；第四部分为知识产权的取得与维持及有关程序；第五部分为争端的防止以及解决；第六部分为过渡安排；第七部分为惯例以及最后条款。

（二）TRIPS 协议的基本原则

1. 国民待遇原则

TRIP 协议第 3 条第 10 款规定了国民待遇原则。同时，TRIPS 协议又专门提及了允许成员国在特殊场合下，以互惠原则取代国民待遇原则的《伯尔尼公约》第 6 条和《罗马公约》第 16 条第 1 款 b）项。这表明，TRIPS 协议允许成员方在特殊情况下以互惠原则取代国民待遇原则。

2. 最惠国待遇原则

最惠国待遇原则，被称为世界贸易组织的基石，在所有协议中都处于重要地位，TRIPS 协议也不例外。TRIPS 协议第 4 条规定："在知识产权保护上，一个成员给予任何其他国家国民的利益、优惠、特权或豁免，应立即无条件给予所有其他成员的国民。"

（三）TRIPS 协议的特点

TRIPS 协议由序言以及七个部分共 73 条款构成。与以前的知识产权的国际公约相比，TRIPS 协议是一个更高标准、更严要求的知识产权公约。TRIPS 协议的显著特点有：

第一，TRIPS 协议首次将最惠国待遇原则引入知识产权的国际保护领域；

第二，要求成员对知识产权（限于其明文规定的七种客体）提供更高水平的立法保护；

第三，要求成员采取更为严格的知识产权执法措施；

第四，要求成员的知识产权权利获得和维持程序，必须公平合理；

第五，将成员之间的知识产权争端，纳入 WTO 争端解决机制，加强了协议的约束力。

（三）TRIPS 协议的主要内容

在对成员国保护知识产权的义务作出具体规定之前，TRIPS 协议首先将《巴黎公约》、《伯尔尼公约》（第 6 条之二关于精神权利的规定除外）、《罗马公约》以及《关于集成电路知识产权条约》的实体性规定，全部纳入到 TRIPS 协议中，成为世界贸易组织成员必须给予知识产权保护的最低标准。

按 TRIPS 协议第二部分，关于知识产权的效力、范围及使用的标准的规定，知识产权包括了七种主要客体。

1. 版权及相关权利

在保护版权问题上，TRIPS 协议主要在保护客体和权利内容两个方面，对《伯尔尼公约》进行了补充。

在保护客体方面，将计算机程序和独创性的数据汇编明确列为版权保护对象；在权利内容方面，增加了计算机程序和电影作品出租权。

与《罗马公约》相比，TRIPS 协议又在两个方面有所提高：一是延长了权利保护期限。规定了对表演者和录制者的保护期限，应从录制或节目表演当年年底算起，至少持续 50 年；对广播组织的保护期限，应为广播开始之年年底算起至少持续 20 年。二是将《伯尔尼公约》关于追溯力的规定，比照适用于表演者权及录音制品制作者权。

2．商标

TRIPS 协议第一次给商标下了一个明确的定义，即任何能够将一企业的商品和服务，与其他企业的商品或服务区分开的标记或标记的组合，包括文字、字母、数字、图形要素、色彩的组合以及上述内容的组合。

与《巴黎公约》相比，知识产权扩大了对驰名商标的特殊保护。具体表现在：一是将驰名商标的保护，扩大到了服务标记。确认某一商标是否驰名，要看相关公众对其的知晓程度；二是将相对保护扩大为绝对保护，即驰名商标特殊保护的规定，还应比照适用于与该商标核准使用的商品或服务不相类似的商品或服务上。

关于商标专用权的保护期，TRIPS 协议规定，商标首次注册以及每次续展，其期限均不得少于 7 年。

3．地理标志

根据 TRIPS 协议，各成员国有义务对地理标志提供法律保护。禁止将地理标志做任何不正当竞争的使用，或作为商标注册。

此外，由于对酒类商品的地理标志保护具有特别的重要性，所以，TRIPS 协议特别要求各成员采用法律手段，防止任何人使用一种地理标志，来表示并非来源于该标志所指地方的葡萄酒或烈酒。

4．工业品外观设计

TRIPS 协议要求，各成员对独立创作的、具有新颖性或原创性的工业品外观设计提供保护。受保护的工业品外观设计的所有人，应有阻止第三人未经其许可，为商业目的而制造、复制或进口载有或体现有受保护的外观设计的复制品，或实质上是复制品的货物的权利。

成员可自行确定用工业产权法，或通过版权法来保护工业品外观设计，但其保护期至少为 10 年。

5．专利

在专利保护客体方面，TRIPS 协议规定，除了疾病的诊断方法、治疗方法和外科手术方法以及动植物新品种两种例外，其他一切技术领域内具有新颖性和创造性，并能付诸工业应用的任何发明，不论是产品还是方法，都有可能获得专利。

而且，专利的保护和专利权享有，不能因发明地点、技术领域、产品是进口或者在本地制造而有任何歧视。与《巴黎公约》相比，TRIPS 协议的专利权内容方面，增加了专利进口权、提供销售权，并且，还要求成员将对方法专利的保护，至少延及依该方法而直接获得的产品。

在专利权的保护期方面，TRIPS 协议规定，应不少于自提交专利申请之日起的 20 年。

6. 集成电路布图设计

TRIPS协议首先将1989年《关于集成电路知识产权条约》（简称《集成电路条约》）的全部实体性规定纳入，并在此基础上，又提高了保护水平。表现为以下几个方面：

第一，扩大了权利保护范围。《集成电路条约》只保护布图设计和含有受保护布图设计的集成电路的物品；TRIPS协议将保护对象，扩大到了含有受保护集成电路的物品。

第二，将《集成电路条约》8年保护期延长为10年。此外，还允许成员将布图设计的保护期限规定为自创作完成之日起15年。

第三，对善意侵权作出了补充规定。规定善意侵权人在收到该布图设计系非法复制的明确通知后，仍可以就其现有存货或订单继续实施其行为，但有责任向权利持有人支付报酬。

7. 对未披露信息的保护

根据TRIPS协议，未披露的信息要得到保护，必须符合三个条件：第一，秘密性，即信息整体或者其组成部分的确切组合，不是通常从事该信息行业的人所普遍知悉或容易获得的；第二，该信息因为秘密，而具有商业上的价值；第三，合法控制信息的人，为了保守该信息的秘密性，已经根据情况采取了适当的措施。

（四）TRIPS协议的影响

1. 提高了保护标准

TRIPS协议在各有关知识产权国际公约的基础上，提高了知识产权的保护水平。例如，在版权保护方面，把《罗马公约》中唱片保护期20年，提高到了50年；在商标保护方面，加大了对驰名商标的保护；在专利保护方面，对专利强制许可的限制条件，比《巴黎公约》严格得多；在保护集成电路布图设计方面，对强制许可加以更多限制，将保护期限由8年提高到10年。

2. 加强了知识产权的实施

知识产权的实施，在现行体系之下，由各国国内法自行决定。TRIPS协议将国内法实施改变为国际法实施。例如，TRIPS协议规定，各成员国有义务为知识产权所有人，提供机会制止冒牌货和侵犯版权的货物进入国境等。这些规定，限制了各成员的立法自由，相关成员国必须执行TRIPS协议的规定。

3. 加强争端解决机制和对违反协议的制裁

《巴黎公约》、《伯尔尼公约》等对争端的解决机制设计不健全，更缺乏强有力的措施来制裁违反这些协议的行为。这在很大程度上削弱了对知识产权的国际保护。TRIPS协议针对这些缺点，加强了有关机制的建设，以确实保障TRIPS协议的实施。

4. 完善了知识产权国际保护体制

现行知识产权国际保护体制是以世界知识产权组织主持下的三大国际公约为核心，并由几十个外围专业公约或协议所组成的。这一体制的一个显著特点是涉及条约数量多，而且各个条约之间有时相互冲突。如《伯尔尼公约》和《世界版权公约》的许多规定是不相同的。

TRIPS协议将各个主要公约的内容进行统一，形成了统一的标准。并将众多的国际条约，如《巴黎公约》、《伯尔尼公约》、《罗马公约》和《华盛顿公约》，统一纳入总协定体系。同时，成立与贸易有关知识产权理事会，处理有关事宜。

（五）TRIPS 协议存在的问题与消极影响

TRIPS 协议的缔结、实施，促进了知识产权的国际保护。但是，我们也应当看到，TRIPS 协议在某些方面还存在着一些缺陷，可能产生一定的副作用。

1. 对发展中国家的特殊需要，没有给予相应的照顾

知识产权的保护，对于发展中国家有着特殊的作用。因此，发展中国家要求国际社会照顾到它们的特殊需要。这些要求，已经反映在有关的国际公约中。

世界知识产权组织正在对《巴黎公约》进行修订，其主要原因之一，就是考虑发展中国家的特殊需要。TRIPS 协议对发展中国家的优惠，主要体现在两方面：一是发展中国家可以在协议生效后，延迟四年实施 TRIPS 协议规定的义务；二是发展中国家对于 TRIPS 协议扩大专利的范围，如果本国不保护的话，可以再延迟五年实施协议的义务。

但是，这些规定远远不够，与发展中国家的要求相差甚远。主要体现在：

第一，TRIPS 协议规定了国民待遇原则和最惠国待遇原则，而没有对发展中国家给予像《关贸总协定》中所规定的那样的例外。这与发展中国家所要求的差别和更优惠待遇是不一样的。

第二，协议对强制许可，规定了比其他任何知识产权国际条约更为严格的条件。这实际上大大限制了发展中国家发放强制许可的可能性，不利于发展中国家的技术进步和发展。

2. 对有关国际条约的保护不完备

TRIPS 协议在许多条款中，对有关知识产权国际条约作了保护的规定。但是，TRIPS 协议对《巴黎公约》及《伯尔尼公约》的保护，仍然存在着问题。

《巴黎公约》和《伯尔尼公约》是目前知识产权国际保护中，最基本的两个多边国际公约。TRIPS 协议要求成员应按两个公约的有关实体规则保护知识产权。从这方面看，TRIPS 协议扩大了这两个公约的适用范围，使那些本不是两公约的缔约国要承受公约的约束。

但是，考虑到知识产权国际保护的现实情况，我们不难发现，TRIPS 协议对这两个基本条约的保护是不完备的。例如，由于《伯尔尼公约》显然不能适应电子通讯及网络传播的新形势，所以，世界知识产权组织在《伯尔尼公约》的框架下，主持缔结了《世界知识产权组织版权条约》即《世界版权公约》，作为公约第 20 条之下的专门协议。对于这个后来的《世界版权公约》是否也应纳入 TRIPS 协议的框架是很不明确的。

3. 可能产生一定的负面影响

TRIPS 协议虽然对知识产权国际保护与国际贸易的正常发展具有十分积极的意义，但它对知识产权保护与国际贸易都可能会产生一定的负面影响。

（1）对知识产权保护的负面影响。从协议的实体内容看，它提高了知识产权保护的水平，有利于知识产权在国际范围内的保护。但是，由于 TRIPS 协议将知识产权作为一种私权来看待，所注重的只是知识产权的财产价值。因此，在保护知识产权时，只保护知识产权中的财产性因素，而对精神因素则没有提供任何保护。TRIPS 协议特别排

除了《伯尔尼公约》有关作者精神的规定的适用，就充分说明了这一点。

（2）对国际贸易的负面影响。知识产权保护的加强，从总体上来说，是有利于国际贸易的。但是，TRIPS协议对国际贸易的负面影响也是存在的：一方面，TRIPS协议只将最惠国待遇引入到知识产权国际保护领域，而没有将在《关贸总协定》中，已广为接受的非互惠待遇也同时引入，使发展中国家承担了相对较多的义务，对发展中国家的技术、经济及社会发展会产生一定的阻碍；另一方面，TRIPS协议加强了对知识产权保护的实施程序的规定，尤其是临时措施和边境措施的规定。这些规定，虽然可以为知识产权人提供充分有效的保护，但是，也可能会变成知识产权人滥用权利，限制或打击竞争对手的工具。

二、《巴黎公约》与《伯尔尼公约》

（一）保护工业产权的《巴黎公约》

1. 概况

《巴黎公约》是目前工业产权保护领域中最重要的多边国际条约。《巴黎公约》第1条至第2条所规定的工业产权保护的原则和规则，已为国际社会广泛接受，成为工业产权国际保护的基本标准。

《巴黎公约》自1883年制订、1884年生效以来，历经了数次修订，形成了若干个文本。最新的文本是1967年斯德哥尔摩文本。在通常情况下，《巴黎公约》仅指1967年斯德哥尔摩文本。到2000年为止，《巴黎公约》的成员国共有159个。中国于1984年12月19日向世界知识产权组织总干事交存了《巴黎公约》的加入书，同时，对公约第2条第1款的规定提出了保留。《巴黎公约》于1985年3月19日对我国生效。

2.《巴黎公约》的基本原则

（1）国民待遇原则。《巴黎公约》第2条第1款规定："任何本同盟成员国的国民，在工业产权保护方面，在其他本同盟成员国内，应享有各该国法律现成或今后给予该国国民的各种权利。"

国民待遇原则包括两个方面的含义：一是在工业产权的保护中，各成员必须在法律上给予其他成员国以本国国民能够享受的同等待遇；二是非成员国国民，只要在成员国有惯常住所或实际从事工商活动的营业场所，也应享受同该成员国国民的同等待遇。

（2）优先权原则。《巴黎公约》第4条规定："已在一个本同盟成员国正式提出一项发明专利、实用新型、工业品样式，或一项商标注册的申请人或其权利继承人，在下列规定期限内，即发明或实用新型专利12月，商标或外观设计6个月内，享有优先权。"

优先权是工业产权国际保护制度中一项重要内容，尤其是涉及中国申请专利或商标注册时意义更为重大。

（3）临时性保护。《巴黎公约》还规定，各成员国必须依本国法律，对于在任何一个成员国内举办的、经官方承认的国际展览会上展出的商品中，可以申请专利的发明、实用新型或外面设计，以及可以申请注册的商标，给予临时性保护，保护期限与优先权相同。

3.《巴黎公约》对工业产权保护的其他规定

《巴黎公约》除了基本原则以外，还对工业产权作了其他规定：

（1）宽限期。《巴黎公约》要求成员国撤销一项工业产权时，应给予一定的宽限期。

未按时缴纳专利费，或注册商标期满未及时申请续展的，得给予6个月的宽展期。

（2）各国工业产权专门机构。《巴黎公约》第12条规定："每一本同盟成员国都成立一个工业产权专门服务处和一个中央办事处，向公众发布发明专利、实用新型、工业品外观设计和商标。该服务处应发行一种正式期刊，按期发布。"

（3）专利中发明人的署名权。发明人有权要求在专利证书上写明发明人的姓名，这是为保护发明人的精神权利而做出的规定。

（4）对驰名商标的特殊保护。所有成员国都应在国内法中规定，禁止使用与成员国中的任何驰名商标相同或近似的标记，并拒绝这种标记的注册。

除了上述主要规定外，《巴黎公约》还对工业产权保护进行了其他规定。

（二）《伯尔尼公约》

1．概述

《伯尔尼公约》是著作权保护领域最为重要的国际公约。自1885年缔结以来，历经多次的修改与补充。到目前为止，绝大多数国家接受的是1971年巴黎文本。因此，一般来说，除有特殊说明外，《伯尔尼公约》指的是1971年巴黎文本。到2000年为止，《伯尔尼公约》共有144个成员国。中国于1992年12月15日成为公约的成员国，适用1971年的巴黎文本。

《伯尔尼公约》的正文有38条，另有一个附录。其中第1条到第21条为实体规定，主要包括四个方面内容：基本原则、受保护的作品、最低限度保护的规定、对发展中国家的特殊规定。

2．《伯尔尼公约》的基本原则

《伯尔尼公约》第5条规定了版权国际保护的基本原则：国民待遇原则、自动保护原则和版权独立原则等。

（1）国民待遇原则。同工业产权国际保护制度一样，版权国际保护制度的最基本的原则，也是国民待遇原则。如同《巴黎公约》一样，国民待遇原则也是《伯尔尼公约》的基石。该项原则主要内容包括有两点：第一，有资格享受国民待遇的人，有权享受公约各成员国依其本国法，对本国国民所提供的版权保护；第二，他们有权享有公约所要求的最低限度保护。

按照《伯尔尼公约》的规定，有权享受国民待遇资格的人包括：第一，《伯尔尼公约》所有成员国的国民，不论其作品是否出版；第二，非成员国的国民，只要其作品的首次出版发生在任何成员国内，或者与非成员国同时出版；第三，在成员国有惯常居所的非成员国的国民。

（2）自动保护原则。《伯尔尼公约》为版权保护，规定了比工业产权国际保护更高的标准。《巴黎公约》对工业产权提供的保护，不是自动保护。当事人必须按照成员国的工业产权法，办理各种法定手续，满足各种要求，如申请注册、登记等，才可在成员国享受公约规定的保护。

《伯尔尼公约》规定了不同的原则。该公约第5条第2款规定："受保护作品的作者，享受和行使根据国民待遇而获得的权利，不需要履行任何手续。"这就是所谓的自动保护原则。

（3）版权独立原则。《伯尔尼公约》规定，享有国民待遇的作者，在任何成员国所得到的版权保护，不依赖其作品的来源国受到的保护。在满足公约最低保护要求的前提下，该作者所能享受的版权保护水平及司法救济的手段，完全适用提供保护的那个国家的法律。

3.《伯尔尼公约》保护的客体范围

（1）成员国必须保护的作品，包括文学艺术作品、演绎作品及实用艺术作品和工业品外观设计。

（2）成员国可以选择是否给予保护的作品，包括官方文件、讲演、演说或其他同类性质的作品及民间文学艺术作品。

（3）《伯尔尼公约》明确规定版权保护不适用于日常新闻或纯属报刊消息性质的社会新闻。理由是这类东西缺乏构成作品条件的创造性因素。

4.《伯尔尼公约》保护的权利

（1）成员国必须保护的精神权利，包括两项：一是作者有主张自己是作品创作者的权利；二是作者有反对对其作品进行任何有损声誉的，或对作品有其他贬损行为的权利。

（2）成员国必须保护的经济权利，共有八项：复制权、翻译权、公演权、广播权、公开朗读权、改编权、电影权和录制权。

（3）权利限制。《伯尔尼公约》允许的权利限制，包括合理使用和法定许可制度等。

第三节　我国知识产权立法

一、知识产权立法缘起

我国知识产权制度的建立，始于清朝末年。当时，世界资本主义生产方式的产生和发展，国内变法图强的要求，促使清政府建立近代法制。

在知识产权保护方面，清政府于1898年、1904年和1910年颁布了保护发明创造的专利法规、商标法规和著作权法。这些法律，对当时的社会生活产生了深远的影响，并且，被后来的中华民国临时政府、北洋政府和国民政府继承下来，或作修改完善继续实施。但是，由于中国当时的社会条件的限制，这些法律都没有起到应有的作用。

二、新中国知识产权立法

中华人民共和国成立以后，由于长期受法律虚无主义思想的影响，我国的知识产权制度并没有能够很快建立。直到党的十一届三中全会以后，我国实行社会主义市场经济，并申请加入世界贸易组织，于是，先后颁布、修订了一系列知识产权保护方面的法律、法规。

我国1982年8月23日颁布《中华人民共和国商标法》（简称《商标法》）；1984年3月12日颁布《中华人民共和国专利法》（简称《专利法》）；1990年9月7日颁布《中华人民共和国著作权法》（简称《著作权法》）；1993年9月2日颁布《中华人民共和国反不正当竞争法》（简称《反不正当竞争法》）。1986年4月12日，我国又通过了《民法通则》，该法设专节对知识产权进行了规定。

在国际公约方面，1980我国加入《世界知识产权组织公约》；1985年加入《保护工业产权巴黎公约》；1989年加入《商标国际注册马德里协定》；1990年加入《关于集成电路知识产权条约》；1992 年加入《保护文学艺术作品伯尔尼公约》和《世界版权公约》；1993 年加入《保护唱片制作者防止唱片被擅自复制日内瓦公约》；1994 年加入《专利合作条约》。

虽然，中国知识产权的法制建设起步较晚，但是，从 20 世纪 70 年代末至今，短短几十年的时间，中国在立法上做出了举世瞩目的成绩。与此同时，随着世界经济一体化的形成，科学技术水平的高度发展，国际交往的日益密切，对我国的知识产权保护，也提出了更高的要求。

三、中国“入世”与知识产权立法

1986 年 7 月，我国正式提出恢复关贸总协定缔约国地位的申请。此后，我国一直坚持不懈地进行“复关”谈判，力争加入世界贸易组织，即 WTO。WTO 被称为世界的“经济联合国”，所以，TRIPS 对我国知识产权制度的影响是极为重要的。如何完善我国知识产权立法，使之与 TRIPS 相适应，已成为当前和今后的一项重要课题。

根据我国的知识产权法律体系，我国对于知识产权的保护主要包括：[①]

（1）著作权法。我国于 1990 年 9 月 7 日颁布了《著作权法》，2001 年 10 月 21 日通过了《著作权法》修正案，于同日公布实施。我国《著作权法》以保护文学、艺术、科学作品的创作者和传播者的专有权利为目的，其保护客体的范围，除了传统意义上的作品外，还包括了民间文学艺术和计算机软件等。

（2）专利权法。我国于 1984 年 3 月 12 日颁布了《专利法》，于 1992 年 9 月 4 日、2000 年 8 月 25 日两次进行了修改。我国《专利法》主要以工业技术领域的发明创造成果为保护对象，其客体包括三类：发明、实用新型、外观设计专利权。

（3）工业版权法。兼有著作权、专利权双重因素的新型知识产权，表现为集成电路布图设计专有权等。

（4）商标权法。我国于 1982 年 8 月 23 日颁布了《商标法》，于 1993 年 2 月 22 日、2001 年 10 月 27 日进行了两次修改。《商标法》主要是以保护商品商标和服务商标为对象的主要工业产权法律制度。

（5）反不正当竞争法。我国于 1993 年 9 月 2 日颁布了《反不正当竞争法》。该法的目的在于制止生产经营过程中，不正当损害他人知识产权行为，适用于各项知识产权制度中，无特别规定或不完备时，需要加以制裁的侵害行为。

（6）商号权法。它是以对工商企业名称、字号的专用权为主要目标，并进行保护的法律。我国目前采取的是，将其规定于《商标法》以及企业名称核准、登记等法律、法规中。

（7）产地标记权法。它是以货源标记或原产地名称为保护对象，禁止使用虚假产地标记的法律制度。我国主要规定于《反不正当竞争法》中。

（8）商业秘密权法。它以未公开的信息即经营信息和技术秘密为保护对象。我国将其列入《反不正当竞争法》中进行保护。

---

① 吴汉东：《知识产权法》，中国政法大学出版社，2001 年版，第 24 页。

第四节 知识产权侵权与责任

一、知识产权侵权行为

到目前为止，所有的知识产权多边条约，如《巴黎公约》、《伯尔尼公约》、TRIPS协定等，虽然规定了知识产权保护的最低标准，但未能规定一个大家普遍接受的标准。在一个国家被认定侵权的行为，在另外一个国家则可能是合法行为。因此，判定知识产权侵权行为，被认为完全是国内法所要解决的问题。

知识产权的侵权行为是指擅自行使知识产权人所享有的排他性权利，或给权利人的其他利益造成损害的不法行为。知识产权的侵权行为，与一般的侵权行为有着相同的法律性质，也有着相似的法律后果。但是，由于侵害对象的不同，知识产权的侵权行为又表现出了自己独有的特点。

1．侵害行为表现的特殊性

侵害财产的行为，往往表现为对有形财产的占有、使用、妨碍或损害。知识产权的客体是无形的，这就决定了对客体侵害行为的特殊性。它往往表现为剽窃、修改和假冒，其侵害的对象是作者、创作者或传播者的思想内容或思想表现形式，与客体所依附的物化载体无关。

2．侵害行为手段的技术性

随着现代科学技术的发展，智能犯罪，高度技术性、现代性侵权行为也不断产生。在知识产权领域，这些新型侵权行为产生得更多。由于知识产品含有相当程度的技术含量，使侵害知识产权行为人必须凭借相应的技术手段才能实施侵权行为，因而较一般的财产侵权，更具有技术性和隐蔽性。同时，这也给侵权行为责任认定、侵权行为的防范、侵害后果的避免方面带来了困难。

3．侵害范围的广泛性

由于知识产权的无形性和公开性的特征，再加上对知识产权某些方面的限制（如合理使用），使得侵权行为得以发生而具有欺骗性。

普遍存在的侵害行为主要有两个重要表现：一是个体侵权行为的普及化。静电复印技术与电子录制技术的推广与运用，使得非法复制行为日益增加；二是高科技侵权行为国际化。在互联网高度发达的今天 ，知识产品在全球范围内的传播，也达到了惊人的速度。它为不同国家和不同主体所接受与利用，使跨国侵权行为成为了一件容易的事情。

4．侵权行为类型的复杂性

依照不同的标准，知识产权的侵权行为可以分为如下几种类型：

（1）按照侵权人的行为方式及其在侵权中的作用，可以分为直接侵权行为和间接侵权行为。直接侵权行为，是指行为人直接实施侵害知识产权人权利的、为知识产权法律所明确禁止的行为。如在专利侵权案件中直接制作、使用或销售专利产品的行为。间接侵权行为，指行为人并未实施直接侵权行为，但参与了导致侵权行为发生的行为。如销售一个整体受专利保护的设备的关键部件的行为。

（2）根据侵权行为的性质，可分为一般侵权行为与特殊侵权行为。直接侵权行为属于一般侵权行为，而间接侵权行为中的替代侵权行为，则属于特殊侵权行为。

(3) 根据侵权行为主体的数量进行划分，可分为单方侵权行为和共同侵权行为。从事侵权行为者为一个的，称为单方侵权行为；两个或两个以上的共同行为致权利人受到同一损害的行为，为共同侵权行为。

二、知识产权侵权的归责原则

归责原则是侵权损害赔偿责任的核心问题。关于侵害知识产权的赔偿责任的归责问题，近年来学术界讨论的主要有三种学说，即过错责任说、无过错说及混合说。

普遍采取的原则，是二元归责原则，即在采用过错责任原则的基础上，补充适用其他归责原则。修改后的我国《著作权法》、《专利法》和《商标法》这三个知识产权法，实际上采取的归责原则，是在各自侵权行为的判断上，采用的是过错推定原则；在对侵权行为是否应当承担损害赔偿上，则采取的是过错原则。

如我国《著作权法》第52条规定："复制品的出版者、制作者不能证明其出版、制作有合法授权的，复制品的发行者，或者电影作品或者以类似摄制电影的方法创作的作品、计算机软件、录音录像制品的复制品的出租者，不能证明其发行、出租的复制品有合法来源的，应当承担法律责任。"我国《商标法》第56条第3款规定："销售不知道是侵犯注册商标专用权的商品，能证明该商品是自己合法取得的并说明提供者的，不承担赔偿责任。"我国《专利法》第63条第2款也有类似的规定。

三、知识产权侵权的法律救济

知识产权侵权的法律救济可分三种：民事救济、刑事救济和行政救济。这三种救济方式或者措施，使知识产权的法律保护呈现出了多层次性，更有利于对合法权利人的保护。

1. 民事救济手段

知识产权本身就属于民事权利的一种，利用民事救济手段进行保护符合其本身的特征。根据我国《民法通则》第118条的规定，民事救济手段包括停止侵害、消除影响和赔偿损失等。

由于知识产权的特点所致，对损害的金钱赔偿是最为有效的方式。侵犯知识产权的损害赔偿额，主要有两种计算方式：一是按侵权人在侵权期间，因侵权行为所得计算；二是按权利人在被侵权期间，因被侵权所受到的损失来计算。

2. 刑事救济手段

在我国《刑法》第二编第三章第七节中，明确将"侵犯知识产权罪"作为独立的罪名进行规定。我国《刑法》第213条～第220条，规定了假冒注册商标罪、假冒专利罪、侵犯商业秘密罪、损害商业信誉、商品声誉罪等各种犯罪行为，已包括了知识产权法的主要领域。追究这些罪，有利于保护知识产权权利人的利益。

3. 行政救济手段

我国在保护知识产权的行政立法方面，制定了大量的行政法规和规章，并具体规定了相应的救济手段。主要包括：训诫，责令停止制作和发行侵权复制品，没收非法所得，没收侵权复制品和制作侵权设备，以及罚款等。

思考题

1. 简述知识产权的定义与法律特征。
2. 你对知识产权、工业产权以及智力财产权、智力成果权的理解。
3. 简述TRIPS协议的基本原则以及保护范围。
4. TRIPS协议对驰名商标的保护做出了哪些规定?
5. 版权、专利和商标、商业秘密等，在TRIPS协议中，是如何进行保护性规定的?
6. 《巴黎公约》、《伯尔尼公约》等的最基本的保护原则是什么?
7. 评述我国知识产权保护法律体系。
8. 对知识产权侵权后，其归责的原则和救济的方式进行评述。

学习资料指引

1. 吴汉东:《知识产权法》，中国政法大学出版社，2001年版。
2. 刘春田:《知识产权法》，高等教育出版社、北京大学出版社，2000年版。
3. 郑成思:《知识产权法》，法律出版社，2001年版。
4. 世界知识产权组织:《知识产权纵横谈》，世界知识出版社，1992年版。
5. 张今:《知识产权新视野》，中国政法大学出版社，2000年版。
6. 郑成思:《TRIPS协议逐条讲解》，法律出版社，2001年版。

参考法规提示

1.《中华人民共和国著作权法》，第1章总则，第52条。
2. 国务院《计算软件保护条例》(2001年12月20日)，第1章总则。
3.《中华人民共和国商标法》，第1章总则，第56条。
4.《中华人民共和国专利法》，第1章总则，第63条第2款。
5.《中华人民共和国刑法》，第二编第3章第七节“侵犯知识产权罪”。
6.《保护工业产权巴黎公约》，第12条。
7.《保护文学艺术作品伯尔尼公约》，第1条~第21条。
8. 世界贸易组织《与贸易有关的知识产权协议》(即TRIPS协议)，

第一部分　总则和基本原则（第1条~第8条）;

第二部分　关于知识产权的效力、范围及使用的标准（第9条~第40条）[第1节版权与相关权利；第2节商标；第3节地理标志；第4节工业设计；第5节专利；第6节集成电路的外观设计；第7节对未泄露之信息的保护；第8节在契约性专利权使用中对反竞争性行为的控制];

第三部分　知识产权的实施（第41条~第61条）[第1节一般义务；第2节民事和行政程序及补救；第3节临时措施；第4节与边境措施相关的特殊要求；第5节刑事程序];

第四部分　知识产权的取得和保持及相关程序（第62条）;

第五部分　争端的预防和解决（第63条~第64条）;

第六部分　过渡期安排（第65条~第67条）;

第七部分　机构安排；最后条款（第68条~第73条）。

第三十二章　著作权

第一节　版权与著作权

【阅读提示】　本章的要点是版权、作品、作者等概念及特征，熟悉作者与作品、著作权之间的有机联系。学习本章的目的，是熟练掌握著作权的内容，了解著作权的取得方式，熟悉不同类型的作品及不同类型的著作权人在著作权保护期限上的区别。本章的难点是版权与著作权为什么是同义语，以及职务作品著作权的约定归属问题。

一、版权

（一）版权的界定

在英美法系中，作者对其文学、艺术和科学作品依法享有的专有权利，称为“copyright”，直译为“复制权”，通译为“版权”。早期的“版权”，是指作者因其作品而依法享有的以复制权为核心的财产权利，现代英美法系中的“版权”，已并非仅指“复制发行权”，其中还包括了其他多项著作财产权。①

（二）版权制度起源

版权制度，一般认为起源于英国王室授予的封建特许权即特许出版权，发端于出版产业。

当中国的造纸术、活字印刷术传入欧洲后，为出版产业的发展提供了有力的技术支持，新技术在适宜的社会环境下，被迅速转化为先进的社会生产力，大大促进了科学技术和文化的普及，催生出一种新兴的、有利可图的产业部门即出版业。

基于图书出版给出版商带来的丰厚利润，已进入这一领域的出版商们，便力图垄断这一行业，成立了“印刷公会”，公会会员以向英国王室缴纳特许权使用费为条件，来换取英国王室颁发的特许出版权，其他未加入印刷公会者，则不许出版图书。

在这种封建特许出版权制度下，受到保护的仅是获得特许出版经营权的印刷商们的出版权，但作者并未从中受益，作者是该项特许权的旁观者、局外人。因而，它不是现代法律制度中的“版权”或“著作权”。

随着社会生产力的发展，资本主义生产方式逐渐占据了统治地位，一些资产阶级启蒙学者的思想和学说，也逐渐转化为政治要求，其中包括对所出版图书之作者的权利、地位保障的要求。在作者阶层的强烈要求下，英国国会于 1709 年通过了世界上第一部以保护作者的权利为主要目的之法令——《安娜女王法》。

《安娜女王法》保护的权利是以作者为本位的权利，确立了作者在该法令中的权利人地位，作者权益处于受到法律保护的核心地位。同时，确认了其权利是依法产生的

---

① 郑成思：《“著作权”与“版权”在中外都是同义语》，载《版权参考资料》1990 年第 4 期。

(而非由王室授权产生的)权利，是可由民法调整的、可转让的民事财产权利，属于私权范围。

《安娜女王法》的颁布，为现代版权制度奠定了基石，故而史学界将其称为世界上的第一部著作权法。鉴于历史和当时科学技术条件的限制，该法令所保护的对象，仅涉及书籍和乐谱的复制发行行为，因而，当时这一权利被称为“Copyright”，这一时期相应地被称为“版权制度”时期。1790年，美国制定了以《安娜女王法》为模式的《联邦著作权法》。

但现代版权法的内容，早已与《安娜女王法》大相径庭，现代的版权制度中的财产权内容，早就不限于出版发行权了。因袭法律的习惯称谓，在现今的英美法系版权制度中，仍将作者因其文学、艺术、科学作品而产生的权利称之为“版权”。[①]

二、从作者权到著作权

(一) 著作权概念的形成

18世纪末，欧洲大陆国家相继建立了本国的著作权保护制度。1793年，法国制定的《著作权法》，成为大陆法系国家著作权法的立法典范。

与英、美不同，大陆法系国家的法律中集中体现了法国资产阶级启蒙思想家的一些代表性观点与主张，如“天赋人权论”，有关著作权保护的法律也不例外。在大陆法系的著作权保护制度中，除对作者财产权进行法律保护外，还强调对作者人格权的保护。而且，首先重视作者人格权保护，认为作者人格权是其财产权得以产生的基础。

因此在大陆法系中，作者对其创作的文学、艺术和科学作品依法享有的专有权利被称之为“Author's right”。Author's right曾被日本直译为“作者权”，现被通译为“著作权”。大陆法系中所保护的著作权，由相互联系、相互依存的多项人身权、财产权共同构成。“著作权”相比“版权”内容而言，其权利内容无疑更为充实，更为丰满。

所以，专门规定作者因其文学、艺术、科学作品依法享有的权利的法律，作为一种文化传统的反映，在国际间存在着以英国、美国为代表的版权制度，以及以法国、德国为代表的著作权制度两大流派，世界各国相关的国内立法分别受到了这两种不同流派的影响。

1886年，属于大陆法系制度的法国等10个国家，发起签订了关于加强著作权国际保护的《伯尔尼公约》。《伯尔尼公约》采取著作权自动产生原则，保护的内容包括著作人身权与著作财产权，一般保护期限为作者有生之年加作者死后50年。《伯尔尼公约》目前已有130多个成员国。

1952年，属于英美法系的美国等国家，发起签订了另一个关于加强著作权国际保护的《世界版权公约》。在《世界版权公约》中不保护作者人身权，其财产权以复制权为中心，实行非自动保护原则，保护期限要求不低于25年，提供的保护水平比较低，目前的成员国有30多个，且其中的大部分成员国，同时也是《伯尔尼公约》的成员国。

三、TRIPS协议下，版权、著作权制度的交融

作为乌拉圭回合谈判中，WTO组织成员所达成的一揽子协议的一部分，TRIPS协议要求WTO组织的所有成员，对其中的各项规定一体遵守，不允许做出任何保留。凡

① 吴汉东:《“著作权”、“版权”用语探疑》，载于《现代法学》1989年第6期。

未达到TRIPS协议规定保护义务的国家，必须修改本国法律，以使本国保护水平达到TRIPS协议要求的最低标准。

1997年后在全世界范围内，掀起了知识产权法的更新、修改高潮，其中包括各国的《著作权法》。我国于2000年开始重新修订《著作权法》，2001年10月27日在第九届全国人民代表大会常务委员会第二十四次会议上通过并公布，于当日实施。

四、"著作权"与"版权"的同义

我国著作权立法中，长期为该权利究竟应称为"著作权"还是"版权"，而争论不休。我国《民法通则》制定时，将其称为"版权"的意见占了上风。因此，在我国《民法通则》中，被表述为"版权（著作权）"。1990年9月7日我国《著作权法》出台时，则将该权利称为"著作权"，但"附则"的第56条中，规定"本法所称的著作权即版权"，将二者规定为同义语，以避免这种争论的继续。

我国的著作权制度基本上属于大陆法系，首先保护作者的精神权利，包括署名权、发表权、修改权、保护作品完整权等，同时，也保护作者的其他一系列财产权利。

在我国，著作权的产生原则，也采用了大陆法系的自动保护原则，著作权的保护时间，也基本遵从了《伯尔尼公约》规定的50年期限。

但是，我国的著作权制度在设计一些具体问题时，也借鉴吸收了英美法系国家在著作权保护上的成功经验。因此，我国的著作权制度是既具有中国特色的，又兼具大陆法系和英美法系优点的，与世界水准同步的法律制度。

第二节 作　　品

一、作品的概念与特征

（一）作品的概念

著作权，指作者对其创作的文学、艺术和科学作品依法享有的专有权利。因此，"作品"是著作权法律关系的客体，也被认为是著作权保护的对象。

《伯尔尼公约》第2条第1款概括性规定，受该公约保护的作品，是文学、艺术、科学领域内的一切作品，而不论其表现形式或方式如何。这种概括性规定的最大优点，是可以最大限度地将随着科学技术的发展而出现的各种新的作品表现形式包括在内，无需随着科学技术的发展，对国际公约的保护对象进行重大修改。

《世界知识产权组织版权条约》第2条中规定，版权保护延及表达，而不延及思想、过程、操作方法或数学概念本身。这种规定的最大优点，在于高度概括了作品的特点。

TRIPS协议中则同时采用了上述两种规定来定义应受著作权保护的作品。

我国《著作权法》立法过程中，通过两种方式对作品进行了定义：其一采用概括性定义法，在《中华人民共和国著作权法实施条例》① （简称《著作权法条例》）第2条规定，"作品指文学、艺术和科学领域内具有独创性并能以某种有形形式复制的创造性智力成果"；其二采取了列举式定义法，列举出我国保护的作品的具体表现形式。我国《著作权法》第3条规定，本法所称的作品，包括以下列形式创作的文学、艺术和自然

① 《中华人民共和国著作权法实施条例》1991年5月24日国务院批准，2002年8月2日修订后实施。

科学、社会科学、工程技术等作品：(1) 文字作品；(2) 口述作品；(3) 音乐、戏剧、曲艺、舞蹈、杂技艺术作品；(4) 美术、建筑作品；(5) 摄影作品；(6) 电影作品和以类似摄制电影的方法创作的作品；(7) 工程设计图、产品设计图、地图、示意图等图形作品和模型作品；(8) 计算机软件；(9) 法律、行政法规规定的其他作品等。

（二）作品的特征

我国《著作权法》第3条保护的作品，应具备以下法律特征：

1．具备思想、表达二分性（Idea / expression dichotomy）

“思想”，指仅仅存在于人脑中的作品内容，是抽象的、他人不可感知的思维活动。著作权法保护的作品，要求具有特定的思想内容，即具有属于文学、艺术、科学（含自然科学与社会科学）领域内的理论、概念、感情、构思、情节、人物形象、乐曲、舞蹈等特定内容。

作品作为一种智力劳动成果，是自然人进行具体的思维、推理、编排、判断的智力活动结果。抽象的智力活动，一旦缺乏上述特定思想内容，就不能形成受到社会承认的，由著作权法保护的智力劳动成果。[①]

但是，作者作品所表达的思想、感情本身，并不受著作权法保护，对其并不享有独占权、排他权，他人也可在自己的独立作品中，表达同样的思想内容。

“表达”，指通过具体的物质载体来表现的作品内容，是他人可感知的。具有特定思想内容的智力劳动成果，只有通过某种特定的、有形的载体形式被表达出来，才能使社会公众了解作品的思想内容，进而公众才会承认作者从事了该智力劳动，并已经形成了特定的智力劳动成果这一客观事实。

作者对其作品使用的物质载体的表现方式，也不享有垄断权，他人也可利用相同的物质载体，来表现自己的特定的思想内容。

受著作权法保护的作品，必须既具有特定的思想内容，也具有具体的作品表现形式，上述两个条件缺一不可，即作品应当具备二分性。

美国技术评估局（OTA）将著作权法所保护的主题，划分为艺术作品、事实作品和功能作品三类。艺术作品，具有审美、教育、娱乐等自身价值，其内在价值在很大程度上取决于作品所采取的表达形式。

事实作品，包括了其内在价值体现在对事实的准确表现上的所有作品，因其传递了某种知识信息，往往具有较高的经济价值，如地图、海图、纪录片、科学考察报告等作品。某些汇编作品如电话簿、股市行情表、统计表、文献目录等也属于事实作品。

功能作品，指那些描述和体现某种方法、规则或程序的作品，如说明书、使用手册、食谱、计算机软件等。一般说来，事实作品及功能作品的表达方式，因其必须真实、规范、准确的客观性要求，使作品的具体表达方式选择面比较窄，而艺术作品则可以依不同的审美需求呈现出纷繁多样的表达方式，选择面比较宽。

2．具备独创性

我国著作权法中，对受法律保护的智力成果的这种创新性要求，表述为作品应当具有独创性或称原创性。在我国，独创性的含义，主要指作品的创作活动是作者自己独立

① 江平、沈仁干：《中华人民共和国著作权法讲析》，中国国际广播出版社，1991年版，第148页。

创作的而非抄袭、剽窃他人作品所形成，既不要求作品的表现形式是首创的，也不要求作品素材、写作技巧是新颖的、有创意的。

实际上，这里所谓的“独创”就是指作者的原创。因而在我国，由不同作者就同一题材创作的作品，即使两个作品内容之间具有雷同、相似之处，只要作品的表达均系作者独立创作完成，而非抄袭、剽窃他人作品的结果，仍然应当认定作者各自对其作品享有独立的著作权，而不构成相互侵权。

各国著作权法中，均要求作品具有原创性，但对其要求各不相同。例如在前苏联、前捷克、前东德等国家，就认为受著作权法保护的作品，必须与以往的作品有截然不同，即要求有“创意”。就翻译作品而言，若属于逐字逐句的“直译”就会因缺乏创意，而不能受到著作权法的保护。美国对“独创性”的理解，则相对比较宽松，通过法院判例认为，一般的电话号码簿不能享有著作权，但是，某些具有创意的电话号码簿，则可享有著作权。英国则认为，作品即使不具有创意或者新颖性或者前所未有性，但是，只要是作者自己独立创作的，都应该获得著作权法的保护。

3．具备可复制性

作品要求具备可复制性的理由，是显而易见的。

作品是复杂的智力劳动的结果，无论是这种智力劳动过程还是智力劳动成果本身，都是主观的、抽象的，不能为他人了解或感知的。作者必须通过某种特定物质载体即作品载体，才能把作者“抽象”的智力活动转化为“具象”的作品。只有把主观的思想过程与结果固化在客观的物质载体上，才能使社会公众得以了解作者从事了哪些智力劳动，形成了什么样的智力劳动成果，并进而承认该智力成果的创作者及其依此所产生的权利。[①]

英美法系中，因将作品著作权等同于作品财产权，规定凡是不能被复制的作品，因不能为作者带来财产上的收益，一般不能作为著作权保护的对象，口述作品在当时的历史条件下，因不能被复制，就不能受到保护。

在大陆法系中，虽然强调和注重保护作者因其作品产生的人身权利，但仍然重视保护其著作财产权。若作品不能被复制，作者自然无法通过利用作品实现财产收益，所以，同样要求作品具备可复制性。

我国《著作权法》因立法较晚，在现今发达的科学技术条件下，目前的各种作品均可通过不同的媒体介质被复制出来。因此，我国《著作权法》中也要求作品应具备可复制性。但对英美法系中不予保护的作品形式，如口述作品，我国《著作权法》仍然给予保护。

“二分性”、“原创性”、“可复制性”三原则，是构成作品的充分必要条件。其中的“二分性”为充分条件，“原创性”、“可复制性”为必要条件。

二、作品的分类

出于讨论的方便，依据不同的分类标准，对作品进行分类。

1．依作品所处领域不同，可将作品划分为文学作品、艺术作品、自然科学作品、社会科学作品、工程技术作品等。

① 刘春田：《知识产权法》高等教育出版社，北京大学出版社，2000年版，第50页。

2．依作品表现的主题不同，可将作品划分为艺术作品、事实作品和功能作品等。

3．依作品作者人数多寡，可将作品划分为独创作品、合作作品等。

独创作品，指由作者根据个人意愿进行创作，体现作者的个人思想感情并由作者对作品承担法律责任的作品。独创作品由作者享有著作权。

两个以上的作者共同创作完成的作品为合作作品。合作作品具有下述特征：(1) 各合作作者之间，具有进行作品创作的共同意思表示；(2) 各合作作者都对作品的创作活动，付出了创造性智力劳动；(3) 作品体现了合作作者共同的思想感情、创作意向；(4) 由合作作者共同对该作品后果承担法律责任。合作作品的著作权一般由各合作作者共有。

合作作品，可进一步划分为可分割的合作作品与不可分割的合作作品。

第一，可分割的合作作品，是指在共同的创意下，将若干个独立作者创作的独立作品，结合在一起形成的作品。此时，各独立作品可以从合作作品中分割出来单独利用，而不会影响到合作作品的整体利用。如电视剧的主题歌，是由词作者、曲作者共同创作完成的音乐作品。

第二，可分割的合作作品，是指各合作作者的独立创作部分无法从作品整体中分割出来，单独加以利用的合作作品。如《共产党宣言》是马克思、恩格斯的合作作品，但无法从该作品中区分出哪些部分由马克思创作、哪些部分由恩格斯创作。

4．依作品与作者职务之间的联系不同，可划分为非职务作品、职务作品。

职务作品是作者基于其劳动关系，为履行工作职务或劳动合同而创作的作品。国外的雇佣作品或雇员作品，类似于我国《著作权法》中的职务作品。

我国《著作权法》第 16 条规定，公民为完成法人或者其他组织工作任务所创作的作品是职务作品。其中的“工作任务”，是指公民在该法人或者该组织中，应当履行的职责。

我国规定的职务作品，包括三种情况：

(1) 一般职务作品：作品由作者个人进行创作，反映的是作者的个人思想、感情和意志，并由作者个人对作品后果承担法律责任。

(2) 法人职务作品：作品由法人或其他社会组织主持创作，反映法人或其他社会组织的整体意志，并由该法人或其他社会组织对作品后果承担法律责任。

(3) 工程职务作品或约定职务作品：法律、行政法规中规定，或者合同中约定著作权由法人或其他社会组织享有的职务作品。

与职务作品相对应的，是非职务作品，亦称个人作品、自由作品，是由作者个人创作，反映作者个人意志，由作者个人对作品后果承担法律责任的作品。

5．依作品创意的来源不同，可划分为自由作品和委托作品。

作者根据自己的创作意愿，依靠自己的创作条件创作的作品为自由作品，或称个人作品。自由作品的著作权直接归于作者，当无疑义。

委托作品是指由委托人提供作品创作的物质条件，由受托人即作者按照委托人的创作要求和目的进行创作的作品。如新婚夫妇委托婚纱影楼创作的婚纱艺术摄影作品，广告公司根据客户要求设计、制作的广告作品等。委托作品的著作权，根据我国《著作权法》第 17 条的规定，应当由委托者与受托者按约定确定，如无约定或约定不明的，应当归于受托者。

6. 依作品与其他作品的依赖关系，可划分为原创作品和演绎作品。

原创作品，指基于作者的首次创作活动，而非依赖他人作品的存在而产生的作品，也被称为首创作品。

演绎作品，指依赖于既有作品，在既有作品的基础上进行再度创作而产生的作品，亦称再创作品或二次创作作品。典型的演绎作品有：

(1) 翻译作品：指将原作品使用的语言文字，转换成另一种语言文字进行表达的作品。

(2) 改编作品：指以原作品为基础，对原有作品的形式、内容进行解剖或重组，经过再创作活动，将原作品以新的形式加以表达的作品。

(3) 汇编作品：指将作品或者作品的片段经收集、编辑、整理、选择、组合、取舍、汇集后编排而成的作品。

作品的注释、整理行为，在我国也被视为一种作品的演绎行为。

7. 依作品的署名是否真实，可划分为真名作品与伪名作品。

作品署名与作者的真实法定的名称相一致的作品为真名作品，反之为伪名作品。

常见的伪名形式有：(1) 以作者的笔名、别称、绰号、乳名等署名；(2) 未经作者许可，为谋取个人名利，擅自在他人作品上署上自己的名字；(3) 未经合作作者许可，将与他人合作创作的作品当作自己的作品在作品上单独署名；(4) 经作者许可，在他人创作的作品上署上自己的名字。

其中，第一种伪名形式，属于受到著作权法保护的合法行为，是作者行使其署名权的表现。各国著作权法一般均允许作者以笔名、别称、绰号、乳名等非真实名字在作品上署名，这种署名方式，一般不会产生著作权纠纷或对作者身份的错误认知。

而第二、三种伪名形式，是应当禁止的侵犯著作权行为，第四种伪名形式，则属于无效民事行为。

8. 依作品上是否有作者署名，可划分为署名作品与匿名作品。

有作者署名的作品为署名作品，而不论作者署名是真名、假名、笔名、化名、乳名、别名还是绰号，甚至是非作者以作者身份在作品上署名。一般情况下，在作品上署名的人被视为作者。因在作品上没有署名而找不到作者的作品为匿名作品。

9. 依作品的具体表现方式不同可划分为：

(1) 文字作品是指小说、诗词、散文、论文等以文字形式表现的作品。文字是作品内容的基本载体，也是最古老、最经典、应用最广的作品表现形式。

在各国的早期著作权法中，文字作品就被列为保护对象且延续至今。文字作品大多数通过作品的复制、发行、出版、改编、翻译、汇编、广播、网络传输等手段进行传播。

(2) 口述作品是指即兴的演说、授课、法庭辩论等以口头语言形式表现的作品。口述作品的传播载体，为空气振动形成的音波，特征在于“即兴性”和“演说性”。

在科学技术尚不发达时，音波无法被复制，所以著作权立法较早的国家，一般不将其作为保护对象，但我国《著作权法》第3条保护口述作品。口述作品可通过录音、录像、广播、网络传输等手段进行传播，也可经记录后形成文字作品进行传播。

(3) 音乐等艺术作品。

①音乐作品是指歌曲、交响乐、打击乐等能够演唱或者演奏的带词或者不带词的作品。音乐作品的创作目的，是供演唱、演奏者进行表演，可通过复制、出版、发行、改编、汇编、表演、录音、录像、广播、网络传输等手段进行传播。

②戏剧作品，指话剧、歌剧、戏剧等供舞台演出的作品。我国著作权法保护的戏剧作品指的是戏剧脚本，而非戏剧演员的戏剧表演。戏剧作品最经典的传播手段是表演，还包括复制、出版、发行、广播、制作录音录像制品、翻译、改编、汇编、网络转输等。

③曲艺作品，是指相声、快板、大鼓、评书、评弹等以说唱为主要表现形式的作品。曲艺作品是东方国家特有的作品形式，尤其在我国，曲艺作品的表现形式最为丰富，是我国文化遗产的一部分。

但在西方国家则没有这一作品类型。受我国著作权法保护的曲艺作品指的是供曲艺表演的脚本。既可以是文字作品，也可以是口述作品。曲艺作品的传播手段除表演外，还应包括复制、出版、发行、广播、摄制、制作录音录像制品、翻译、改编、汇编、网络转输等。

④舞蹈作品，指通过连续的动作、姿势、表情等表现思想情感的作品。舞蹈作品可以通过舞蹈者的舞蹈来表现作品内容，也可通过类似于音乐乐谱的舞谱来表现作品内容。舞蹈作品的基本传播手段为表演，也可通过录像、摄制、广播、网络传输、改编、汇编、出版、发行等手段进行传播。

⑤杂技艺术作品，是指杂技、魔术、马戏等通过形体动作和技巧表现的具有思想内容和艺术感染力的作品。一般仅有形体动作或技巧动作，但无具体思想内容的表演，如体操表演、花样游泳表演、技巧表演、马戏表演等，均不能作为著作权的保护对象。

我国《著作权法》修订前未将杂技艺术列入著作权法的保护对象。鉴于现代杂技艺术早已脱离了以单纯的形体动作或技巧动作为表演内容的模式，而是通过综合运用舞蹈、造型、灯光、服装、布景、编排等营造出浓烈的艺术氛围，表达出作者特定的思想感情、审美情趣，给观众以强大的艺术冲击力，具有了独特的美学欣赏价值。因此，在2001年修订《著作权法》时，将杂技艺术作品列为了我国著作权法保护的对象。

(4) 美术作品、建筑艺术作品。

①美术作品是指绘画、书法、雕塑等以线条、色彩或者其他方式构成的，具有审美意义的平面的或者立体的造型艺术作品。美术作品是一种空间艺术、视觉艺术、造型艺术，根据创作目的的不同，可被划分为纯美术作品和实用美术作品。

纯美术作品是纯粹为了表现个性与美感而创作的供人们欣赏的作品，没有实用功能，如绘画、雕塑、书法作品。实用美术作品除了具有美学欣赏价值外，还具有实用的价值。实用美术作品除了受到著作权保护外，还可以作为产品外观设计受到工业产权保护。

绘画作品是一种纯美术作品，它通过构图、色彩、线条来表现作品内容。绘画不问所属画类，也不问其制作材料，都能受到著作权保护。但临摹不属于绘画的创作，不受绘画作品保护。雕塑作品是美术作品的一种立体表现形式。只要具备作品要件，不论其所用材料，也不论其所用创作方法（如铸造、圆雕、浮雕、微雕等），也不说雕塑的雏形或原型均受到著作权保护。书法作品是以特殊的书写风格与字体为创作元素创作的作品。篆刻是结合了书法、刀法、章法的一种综合艺术表现形式。通过特殊的刀法、章法将书法作品进行刻制而形成的作品是篆刻作品，例如第28届奥运会的会徽“中国印”即是。

②建筑艺术作品指以建筑物或者构筑物形式表现的具有审美价值的作品。将建筑物作为美术作品给予著作权保护的主要原因，在于建筑物的外观给人的第一印象具有美学欣赏价值。

对于纯粹为实用目的而建造但缺乏美学欣赏个性特点的建筑，如火柴盒式的楼房、平房等，不能受到著作权保护。

国际上将具有作品性质的建筑物给予著作权保护始于1908年《伯尔尼公约》的柏林文本。《伯尔尼公约》现行文本规定，建筑以及与建筑物有关的设计图、草图和立体作品，均是著作权保护的对象。有关建筑物的施工图，也可作为著作权的保护对象。

(5) 摄影作品是指借助器械在感光材料，或者其他介质上记录客观物体形象的艺术作品。

摄影，利用物理、化学、光学、机械等科学原理以及记录事物影像的现代科学技术成果，作者通过充分利用光线的强弱变化、被摄物体与背景距离的远近及相关位置的选择、画面构图的取舍、感光时间的长短等设计要素，来完成摄影作品的创作。

摄影作品的产生与被摄对象（如人物、风景、花卉、时事新闻等）、摄影目的（如广告、宣传报道、艺术追求等）等因素无关。摄影作品有底片的以其底片为作品原件，没有底片而直接摄于感光印相纸上的，以印相纸的正片为作品原件，其余的摄影照片均为复制件。对摄影作品进行翻拍、洗印、放大等均属于作品的复制。

但并非任何摄影照片均可构成摄影作品，通常月票上、工作证上使用的肖像照片、护照照片、身份证照片等，不受著作权法保护。

(6) 电影作品或以类似于摄制电影的方法创作的作品。

电影作品或以类似于摄制电影的方法创作的作品，是指摄制在一定介质上，由一系列有伴音或者无伴音的画面组成，需借助适当装置放映、传播、再现的作品。这种作品，也被称为影视作品或视听作品。

电影作品集合了多数作者的智力劳动，集中了多种作品的表现形式，结合了空间艺术与时间艺术的表达方式，属于综合作品、合作作品。其艺术表现力和感染力，是任何其他作品表现形式所难以比肩的。电影作品的表现手法复杂，创作过程繁琐，须通过电影文学剧本、分镜头剧本、音乐、布景及道具设计、美术设计、服装设计、效果设计、摄影、录制、表演、导演、配音等诸多创作要素与环节方能完成。

电影作品指的是作为综合创作结果的整体作品即电影本身。其中，可独立利用且其利用结果不会影响电影作品整体利用的各个独立作品、表演等，还可以分别受到著作权、邻接权的独立保护。

电视作品、录像作品、多媒体作品、FLASH动画作品等，是随着新技术的应用而产生与发展起来的另一类综合作品，其性质、制作过程与特点非常类似于电影作品，区别仅在于使用了不同的信息媒介，因此，他们受到著作权保护的前提、保护水平与电影作品一致。

(7) 工程设计图等图形作品及模型作品。

①图形作品是指为施工、生产绘制的工程设计图、产品设计图以及反映地理现象、说明事物原理或者结构的地图、示意图等作品。

工程设计图、产品设计图及其说明，都是为工程施工、产品设计而创作，其范围相当广泛，包括各种工程设计图、建筑设计图、电路设计图、机器设备设计图及机械产品、电子产品、化工产品等产品设计图。

这种作品与科学技术、发明创造紧密相关，其设计目的主要是为了满足施工、制造等物质生产需要。因此，工程设计图及产品设计图本身，除可以作为著作权保护对象外，也可能成为专利、外观设计、商业秘密等工业产权及合同法的保护对象。

地图是一种表示地球表面或空间自然现象、人文现象分布情况的，以实用为目的的绘画作品，如行政区划图、地理图、气象图、航海图等。地图的创作过程，分为测量及绘制两个阶段。测量时需要涉及多种学科的技术手段、技术仪器、科学仪表甚至卫星遥感、遥测等高新技术手段的利用。绘制时，首先需将测量结果数据化，再将数据图像化，然后绘制成以点、线、色彩、符号表示的图形。

根据同样的数据，不同地图的绘制者依地图的功能、目的、用途等，进行不同的处理、编排、取舍与综合，给予人们不同的艺术美感。所以，地图作品的创作在大多数情况，属于必须依靠集体力量方能完成的工程职务作品。

示意图是指借助于简单的线条、符号、几何图形，来说明内容较为复杂的事物及科学原理，或者为显示事物的具体形状或轮廓而绘制的作品，在《伯尔尼公约》中称其为"草图"。如家用电器的构造简图、汽车原理示意图等。示意图体现了作者独创性的选材、编排及表现形式，因而成为著作权法的保护对象。

①模型作品是指为展示、试验或者观测等用途，根据物体的形状和结构，将物体按照一定比例缩小后制成的立体作品。线条、色彩、符号等，往往被作为模型作品的创作要素。当被表现对象，通过二维平面图形表达时，是图形作品；当被表现对象通过三维立体图形表达时，成为模型作品。

(8) 计算机软件作品，包括计算机程序及计算机文档。计算机程序，包括源程序和目标程序。源程序是指用计算机高级语言或汇编语言编写的程序，目标程序是指源程序经编译或加工后，由计算机直接执行的程序。计算机文档，是指用自然语言或形式化语言编写的文字资料和图表，用来描述程序的内容、组成、设计、功能规格、开发情况、测试结果及使用方法等。创作计算机软件作品的目的，在于指令计算机实现一定的技术目的，因而，属于具有实用性质的技术范畴。

1991 年 6 月 4 日，国务院发布《计算机软件保护条例》，1992 年 4 月 6 日机械电子工业部发布《计算机软件著作权著作权登记办法》。1997 年 TRIPS 协议中，要求成员国将计算机软件作为一种文字作品给予著作权保护。因此，2001 年 12 月 20 日国务院修改发布新的《计算机软件保护条例》。2002 年 2 月 20 日，国家版权局发布《计算机软件著作权著作权登记办法》，并于同日实施。

(9) 民间文学艺术作品，是指作者不明，但有充分理由推定是由某国民国民、某民族人民或某地域人民所创作的未出版的作品。

我国《著作权法》第 6 条规定保护民间文学艺术作品，但保护办法由国务院另行规定。但迄今为止，该保护办法还未制定出来。

民间文学艺术作品，具有如下特征：①民族性或区域性；②作者不明确性；③延续性；④没有固定化的载体形式等。民间文学艺术作品的具体保护办法至今未制定，其著作权，究竟应归属于该国家还是该地区，抑或是该民族或挖掘整理者，一直没有定论。对其权属纠纷的确认，目前由司法机关行使自由裁量权。

三、不受著作权法保护的对象

（一）依法禁止出版、传播的作品

我国《著作权法》第4条第1款规定："依法禁止出版、传播的作品，不受本法保护。"

在我国，著作权属于法律授予的权利而非自然权利。即使某些文学、艺术、科学领域内的智力劳动成果，已具备了作品的构成要件，但该作品的创作目的或内容违反了国家法律、法规的规定，或者其传播结果会对社会的公序良俗有不良影响，国家依法禁止其传播、出版，以制止其对社会秩序、善良风俗的损害。1957年美国联邦法院曾经裁定，宣扬淫秽，不属于宪法保护的言论范围。欧洲大陆国家的宪法文件，以及发展中国家的宪法中，都有类似规定。

我国对于依法禁止出版、传播的作品，不仅不给予著作权保护，一经发现，还要追究违法行为人的行政责任直至刑事责任。这类对象主要包括：（1）违背一般法律原则的作品；（2）违背社会公德和社会伦理的作品；（3）故意妨害社会公共秩序的作品等。

（二）不适用著作权法保护的对象

第一，虽符合作品构成要件，但是，为了国家或社会公共利益应鼓励其大量出版、传播，给予著作权保护反而会影响公众充分利用的作品。包括：

（1）法律、法规、国家机关的决议、命令，或其他属于立法、行政、司法性质的文件及其官方译文。法律、法规、官方文件或其译文都是作品，但其内容涉及社会公众和国家整体利益，属于国家及相关公众的公有的信息资源，不应为任何人专有从而限制其传播和利用，故不授予著作权。

这一规定为国际惯例，在《伯尔尼公约》、《世界版权公约》、《TRIPS协议》等国际公约中都有表现。

（2）时事新闻。指通过报纸、期刊、杂志、广播电台、电视台等新闻传播媒介报道的，关于某一事件或某一事实的单纯事实消息。

新闻，指社会最新发生的事件。新闻传播媒介报道时事新闻的目的，在于使公众了解社会最新发生的事件，以满足公众对社会管理的知情权。新闻报道的信息，需要广泛而迅速地进行传播，不应加以控制，因此，没必要给予著作权保护。

时事新闻又称纪实新闻。新闻记者的职业道德要求记者对最新发生的社会事件进行客观的记载，并进行客观报道，不允许编新闻、造新闻，这种客观报道禁止对客观事实进行创作。所以，各国著作权法对此都不予保护。

第二，具有合法性，但欠缺作品实质要件的对象。

我国《著作权法》第5条规定，历法、数表、通用表格和公式等，不受著作权法保护。

历法、数表、通用表格和公式等，早已被人们广泛运用，成为进行社会生产及社会管理的必备工具，是人类共享的公共财富的组成部分，应当鼓励人们大量运用以推动社会进步，因而，它们也不受各国著作权法保护。

第三，已进入了公共领域，而不能享有著作权保护的作品。

这主要指，已超过著作权保护期限的作品，以及著作权保护期限内，经权利人主动声明放弃其著作权的作品。

自著作权保护期限届满之日或著作权人的放弃声明生效之日起，作品原来受到著作权保护的财产权利不复存在，该作品进入社会公有领域，成为社会公众可以无偿利用的共有财富的一部分。

第三节　作者与著作权人

一、作者的定义与特征

作者，指对作品的创作活动做出了独创性智力劳动贡献的人。一般情况下，作者为其所创作作品的著作权人。

作为作品的作者，必须具备下述特征：

1. 作者为自然人

作品是作者特定思想、感情的一种具体表达方式，是人脑智力创作活动的结晶，只有人类才能从事智力创作活动，即只有自然人才能成为作品的事实作者，我国《著作权法》第11条规定："创作作品的公民是作者。"

2. 作者指直接参与作品创作活动的人

所谓创作，指能够直接产生文学、艺术和科学作品的智力活动。为他人创作进行组织工作，提供咨询意见、物质条件，或者进行其他辅助工作（如领导工作、记录工作、协调工作、后勤保障工作等）均不属于创作。要求"直接参与作品创作活动"，是因为作品内容是作者思想、感情的表达，只有作者才能借助于语言、文字、图案、线条、色彩、旋律、韵律等创作元素来表达自己的思想、感情，反映自己的人格特点，因此由作者根据"文责自负"原则，对其作品后果承担法律责任。

在合作作品中，有两个以上的自然人共同参与了作品的创作活动，作品或在不同部分分别独立反映出各个作者的各自思想感情，或在作品整体上反映出全部作者思想感情的集合。

有些人虽然也参与了作品的创作活动，但作品并未反映这部分参与者的思想、感情。这部分非"直接"参与而是"间接"参与作品创作活动的人不能成为作者，如口述作品的记录者，为作品创作活动提供辅助劳动的校对者、领导者，后勤保障者、委托作品的委托者、除法人作品之外的其他职务作品中的作者所在单位等。

3. 如无相反证明，在作品上署名的人即为作者

在正常情况下，因作者享有署名权，所以，在作品上署名的人一般被认为是作者行使署名权的结果。但是，有时也会出现作者不在作品上署名，或非作者在他人作品上署名的现象。

在著作权归属于作者的原则下，作品著作权理应归属于真实作者，但此时应由署名争议人承担有关真实作者的主要举证责任，证明在作品上署名的人，不是真实作者而是

另有他人。若署名争议人举证不能或举证不力或拒绝举证，只能确认署名人为作者。

4．法人、非法人单位视为作者

这里的“非法人单位”，也被称之为“其他社会组织”。在特定的条件下，法人、非法人单位视为作者某些类型作品的创作活动，依靠独立的自然人创作难以胜任，需要相对集中大量的人力、财力、物力及交叉专业的管理、协调、协作方能完成，如某些大型计算机软件作品、地图作品、工程作品、影视作品等。

这类作品往往由法人或非法人单位主持、出资创作，作品反映主持创作单位的整体意志，而非作者的个人自由意志，并由该法人或非法人单位承担作品后果。为适当协调、平衡个人和单位之间的利益，法律承认在法人职务作品中，法人或非法人单位，可以取代作者地位而被“视为作者”，享有作品的全部著作权，包括专属于作者的署名权。

二、著作权人分类

著作权人，指依法对文学、艺术、科学作品享有著作权的人。著作权人概念与作者概念密切相关。在一般况下，由作者享有著作权成为作品的著作权人。

在法定情况下或约定条件下，一些非事实作者，可以取代作者地位成为著作权人。国家在特殊情况下，也可以成为著作权人。

根据不同的分类标准，著作权人可被划分为如下几类：

（一）原始著作权人与继受著作权人

根据著作权是否基于作品的原始创作活动而获得可将著作权人划分为原始著作权人与继受著作权人。

1．原始著作权人

指基于作品的原始创作活动而获得著作权的著作权人，包括：(1) 作者。一般情况下，由创作作品的作者享有全部著作权。(2) 视为作者。在法人职务作品中，主持作品创作并对作品承担法律后果的法人或其他组织，被视为作者，对其作品享有全部著作权，包括署名权。(3) 委托作品创作合同中，约定的著作权人的非事实作者。

需要注意的是，在著作权人中，有的可以原始获得全部著作权（个人作品、法人职务作品），有的只能原始获得除署名权之外的其他全部著作权（工程职务作品，委托作品）。

2．继受著作权人

继受著作权人，指从其他著作权人处以继受方式获得著作权的人。继受著作权人，只能继受获得著作权中的部分或全部财产权，不能继受获得著作人身权，因此，不可能享有全部的、完整的著作权。

继受著作权人在继受获得全部著作财产权后，若原著作权人已因死亡、撤销等原因，无法自行维护其著作人身权时，继受著作权人具有依法维护原始著作权人的著作人身权的义务。无人继受的作品，由国家继受其著作财产权。国家以继受方式获得著作权后，在法定保护期间内，原著作权人的著作人身权由国家著作权管理机关依法维护。一旦著作权的合法继承人、受遗赠人出现，国家即将其继受著作权归还其合法权利人。

继受著作权人包括：(1) 著作权的继承人；(2) 著作权的受赠人；(3) 著作权转让的合法受让人；(4) 遗赠抚养协议中的受赠人；(5) 国家在特殊情况下，成为继受著作权人。

（二）国内著作权人与国外著作权人

根据著作权人的国籍，可将著作权人划分为国内著作权人与国外著作权人。

中国公民、法人或者其他组织的作品，不论是否出版，均自其作品创作完成之日，自动获得著作权，其著作权产生的起始时间为作品创作完成之日。而外国人、无国籍人的作品，则要求必须首先在中国境内出版，自在中国境内首次出版之日起，该外国作品自动获得著作权保护，其著作权产生的起始时间为该作品在中国境内首次出版之日。

外国著作权人在我国得到的著作权保护，已非《伯尔尼公约》、《世界版权组织条约》、《TRIPS协议》等著作权国际公约中规定的“国民待遇”而是“超国民待遇”。

（三）完整著作权人与部分著作权人

根据著作权人享有著作权的完整程度不同，可将著作权人划分为完整著作权人与部分著作权人。

完整著作权人，指对其作品享有全部著作权（包括全部著作人身权及全部著作财产权）的著作权人。中国的作者、视为作者自其作品完成之日起，外国的作者、视为作者自其作品首次在我国境内出版之日起，自动产生著作权，包括著作人身权或著作财产权。

部分著作权人，指只享有著作人身权，或只享有著作财产权，或只享有除署名权之外的其他全部著作权的著作权人。

著作人身权是基于作者、视为作者特定身份而产生的权利，与特定人的身份密切联系。在继受获得著作权情况下，继受著作权人只能继受财产权而不能继受人身权，此时，著作权中的人身权，由原始著作权人享有，财产权部分由继受著作权人享有，他们都是部分著作权人。在法定或约定情况下，著作权人因不能获得署名权，也是部分著作权人。

（三）上层著作权人与下层著作权人

《著作权法》的一个特色，是存在著作权人的分层现象。根据作品创作活动所处层次的不同，著作权人可被划分为上层著作权人与下层著作权人。

著作权制度允许，甚至鼓励以他人的作品为基础，进行改编、翻译、汇编、注释、整理等二次创作活动，由此形成的二次创作智力成果被称为演绎作品，演绎作品的作者、视为作者对其演绎作品也享有独立著作权。但演绎者使用他人作品进行演绎时，应当征得原作品著作权人的同意，并向其支付报酬，同时，应当指明作者姓名、作品名称。但是，当事人另有约定或者由于作品使用方式的特性无法指明的除外。

虽然演绎者对其演绎作品享有独立的著作权，但演绎作品著作权人是原作品的下层著作权人，原作品著作权人是演绎作品的上层著作权人。一个作品可能产生若干个下层著作权人，一个下层著作权人，也可能是处于更下层地位作品的上层著作权人。各下层著作权人在行使自己的独立著作权时，都必须注意尊重、保护和实现各上层著作权人的合法权益。

这种权利主体的分层现象，在邻接权制度中也同样存在。

（四）职务著作权人与非职务著作权人

依据作品的创作活动是否属于作者职务行为而划分。职务作品的著作权人为职务著作权人，非职务作品的著作权人为非职务著作权人。

职务作品著作权的归属，在不同的国家有不同的处理方式。英美法系国家一般确认雇员作品的著作权首先归雇主所有，但作者享有署名权及获得报酬权；或将著作权确认归属于作者，但作者应将该作品著作权转让其雇主所有；或者通过雇佣合同中的特殊约定来确定著作权的归属。大陆法系国家一般确认雇员作品的著作权归属于作者享有。个别国家规定由雇主和作者共同享有雇员作品著作权，如前苏联。[①]

我国《著作权法》第 16 条，将其划分为三种情况，分别确定了不同的著作权归属原则：

1. 一般职务作品的著作权，归属于作者享有，单位在一定条件下享有优先使用权。

作者创作作品的活动属于职务行为，但作品由作者独立创作完成，反映作者个人的思想、感情和意志，并由作者对其后果承担法律责任的作品为一般职务作品，作品著作权原则上归属于作者所有。但是，作者所在单位有权在其业务范围内，优先使用该作品。作品完成两年内，未经本单位同意，作者不得许可第三人以与本单位使用的相同方式使用该作品。例如，四川省自贡市川剧院的专职编剧“巴蜀鬼才”魏明伦创作出《六出祁山》川剧剧本，属于由魏明伦享有著作权的一般职务作品。自贡市川剧院“在其业务范围内使用”该作品的方式是川剧舞台表演。若将该作品用于京剧舞台表演，或将该作品拍摄成川剧电视剧或电影，均不属于“与本单位使用的相同方式”。

2. 工程职务作品和约定作品，单位享有除署名权之外的其他全部著作权。

我国《著作权法》第 16 条规定，主要利用法人或其他社会组织的物质技术条件创作，并由法人或者其他社会组织承担法律责任的工程设计图、产品设计图、地图、计算机软件等职务作品，或者法律、行政法规规定的作品，作者所在单位享有除署名权之外的其他全部著作权。作者有权要求著作权人给与适当的奖励和报酬。单位行使著作权获得财产收益时，作者有权要求从该收益中，提取适当的比例作为奖励或报酬。这里的“主要利用法人或其他社会组织的物质技术条件”指单位为公民完成创作专门提供的资金、设备或者资料。

在作品委托创作合同中，也可以约定由委托单位享有除署名权之外的其他全部著作权，但署名权不属于约定范围。

3. 法人职务作品由单位享有全部著作权。

按照法人或其他社会组织的意志创作，由法人或其他社会组织主持，并由该法人或其他社会组织对作品后果承担责任时，该作品包括署名权在内的全部著作权，归属于该法人或非法人单位享有。

法人职能作品的事实作者，只能享有依劳动关系产生的获得报酬权，而不能享有依著作权法产生的各种权利。当单位行使著作权获得财产收益时，事实作者无权要求分享。

（六）自创作品著作权人与委托作品著作权人

该分类以作品创意的来源为划分依据。由作者根据个人的创作意愿，自行决定作品内容与表达形式创作的是自行创作作品，其著作权归属于作者享有。

作者按照委托人的创作意愿，或者按照委托人指定的作品内容，或表达形式进行创

① 郭禾主编：《知识产权法教学参考书》，中国人民大学出版社，2003 年版，第 107～108 页。

作的作品为委托创作作品。委托合同中，可以就委托作品著作权的归属问题做出约定，著作权归属从其约定。没有约定或虽有约定但约定不明时，委托作品著作权归属于作者享有，委托人在约定的作品使用范围内，享有无偿使用该作品的权利；双方没有明确约定使用作品范围的，委托人可以在委托创作的特定目的范围内无偿使用该作品。

除法人职务作品情况外，由他人执笔，本人审阅定稿并以本人名义发表的报告、讲话等作品，著作权归报告人或者讲话人享有。但执笔人有权要求著作权人支付适当的报酬。

（七）整体著作权人与部分著作权人

合作作品的作者，对合作作品共同享有除署名权外的其他著作权，是合作作品的整体著作权人。合作作品的著作权由各合作人共同共有。行使共同共有著作权时，基本原则是共有人之间有约定的依约定，没有约定或虽有约定但约定不明时，各共有人均不能单独行使著作权；任何一个共有人，独立行使整体著作权所得的收益，都应当与其他共有著作权人，根据共同共有或按份共有关系进行合理分配。

在合作作品是可分割的情况下，这种著作权共有关系的实质是按份共有关系，各独立作者在与其他作者共享合作作品整体著作权时，对其可单独分割使用的独立作品同时享有独立著作权。独立作者行使其独立著作权，以不得侵犯合作作品的整体著作权为前提。

在不可分割的合作作品中，除署名权之外的其他著作权由作者遵循财产权的共同共有关系共享整体著作权，依照协商一致原则行使著作权；不能协商一致但不同意行使的一方又无正当理由的，也不能阻止他方行使除转让之外的其他权利，但所得收益应当合理分配给所有合作作者。这一点与一般财产权的共同共有关系有所不同。

合作作者之一死亡后，其对合作作品享有的著作财产权无人继承又无人受遗赠的，由其他合作作者享有。

我国《著作权法》第 15 条规定，电影作品和以类似摄制电影的方法创作的作品的整体著作权，由制片者享有，其他作者享有署名权，并有权按照与制片者签订的合同获得报酬。其中的剧本、音乐等可以单独使用的作品，其作者在不影响整体著作权行使的情况下，有权单独行使著作权。涉及到与其上层著作权人、其他相关权利人关系的处理与协调问题，亦由整体著作权人负责。

（七）虚假著作权人与真实著作权人

利用虚假的作者署名获得著作权的人为虚假著作权人，反之则为真实著作权人。

各国《著作权法》均毫无例外地规定，著作权属于作者，一般情况下，在作品上署名的人是作者并获得全部著作权。但现实生活中，始终存在非作者以作者身份在作品上署名因而获得著作权的情况。

非作者以作者身份在作品上署名因而获得著作权的情况，主要是：(1) 未经合作作者许可，为谋取个人名利，非作者在他人的作品上，署上自己的名字；(2) 未经作者许可，将与他人合作创作的作品，当作自己的作品在作品上单独署名，而成为著作权人。(3) 未经作者许可，非作者在他人的作品上署上自己的名字；(4) 未经作者许可，在他人创作的作品上署名。

我国《著作权法》第 11 条第四款规定，“如无相反证据，在作品上署名的公民、法人或者其他社会组织为作者”。所以，在因作者署名引发的著作权纠纷中，主张享有署名权或著作权的真实作者、合作作者，需要承担关于作品如何创作、真实作者有哪些、各个作者在创作中参加创作的具体部分与内容、虚假署名行为是否经作者许可等有关事实的全部举证责任，如拒绝举证、举证不能或举证不力，将会导致败诉。

（八）匿名著作权人与回归著作权人

找不到真实作者的作品是匿名作品，对匿名作品行使著作权的人，是匿名著作权人。匿名作品确定了真实作者后，其著作权人称为回归著作权人。

匿名作品在未找到真实作者之前，由该匿名作品的作品原件合法所有人，或合法持有人享有除署名权之外的其他著作权，成为匿名作品著作权人。匿名作品的保护期间，同法人作品。

一旦该匿名作品的真实作者出现或被确定后，原匿名作品的全部著作权回归至作者。若作者为自然人，其保护期仍按照一般作品的保护期计算；若作者为单位，在剩余的保护期内由单位享有著作权。

第四节　著作权的内容、取得与期限

一、著作权的内容

著作权的内容是著作权法律制度的核心。著作权人通过行使受到著作权法保护的权利，来实现其财产收益，进行利益的流转，并禁止他人未经许可而擅自行使其著作权的行为，以保证其权利的实现。著作权的内容，由著作人身权与著作财产权共同构成。

（一）著作人身权（Moral Rights）

著作人身权，指著作权法所保护的，作者基于作品的创作活动所享有的，以人身利益为基本内容的权利。[①]

在大陆法系中，受“天赋人权”理论影响，认为作品是作者人格的延伸，因此，著作权法不仅应保护作者的财产权利，更应保护作者的人身权利。所以，法国1791年颁布的《表演权法》、1793年颁布的《作者权法》中，都规定了详尽的人身权内容，并被1948年修订的《伯尔尼公约》所确认。

著作人身权，英文为Moral Rights，法国称为“作者人格权”，日本著作权法中，沿用了法国“人格权”的称谓；而在英美法系中，则根据Moral Right的含义（精神上的权利、道义上的权利）将其称之为“精神权利”。著作人身权的特点，主要是：

1. 永久性。指著作人身权的保护，一般不受时间的限制，甚至在作者死亡后或著作财产权保护期限届满后，作者的著作人身权仍然受到法律保护。

如法国《著作权法》规定，“人身权利是永久的”，我国《著作权法》第20条规定“作者的署名权、修改权、保护作品完整权的保护期不受限制。”

2. 与作者人身不可分割性。指该项权利与作者的人身密切关联，不能与作者的人身分离。著作人身权利专属于作者享有，他人不能通过让渡、继承等继受方式获得，作者也不能自行放弃。

---

① 薄燕：《论著作人格权》，载《河北法学》，2000年第5期。

著作人身权利在作者生前由其专属享有；在作者死亡后，其继承人在继承著作财产权的同时，也继受了保护作者著作人身权不受他人侵犯的义务。在作者已死亡但无继承人、受遗赠人的情况下，由国家继承作者的财产权，同时，负责保护作者的著作人身权不受他人侵犯。

3. 不可剥夺性。指除非法律有专门规定，任何单位或个人不得剥夺作者的著作人身权。在著作权法规定情况下，作者所在单位或合同约定对象，只能享有除署名权之外的其他著作权，署名权只能由作者专属享有。

（二）著作人身权的内容

1. 署名权

署名权，指表明作者身份在作品上署名的权利，也被称为表明作者身份权。

作品是作者智力劳动成果的结晶，作品与该作品的作者之间存在天然的、密切的“血缘”联系，作者正是通过在作品上署名的行为，达到告知公众该作品为作者的智力劳动成果的目的，公众才会承认作者的劳动成果，进而通过法律尊重、保护作者的智力劳动成果。

这种权利，除非法律有特殊的明确规定，只能由作者专属享有并行使。

作者行使署名权的方式由作者自行决定，他可以决定署真名，也可以决定署乳名、假名、笔名、绰号等，还可以决定不署名。即使作者决定不署名，也并不意味着作者自愿放弃作者身份以及著作权的其他权利。

因作品署名顺序发生的纠纷，司法实践中按照下列原则处理：有约定的按约定确定署名顺序；没有约定的，可以按照创作作品付出的劳动、作品排列、作者姓氏笔划等确定署名顺序。任何情况下使用他人作品，都必须尊重作者署名权，指明作者姓名及作品名称，否则，构成著作权侵权。但是，当事人另有约定，或者由于作品使用方式的特性，无法指明的除外。

2. 修改权

修改权，即著作权人享有的修改或者授权他人修改其作品的权利。修改权隐含的另一层含义是，作者享有禁止未经其授权即修改其作品的权利。因此修改他人的作品，应事先征得作者同意。

“修改”，指作者对其已完成的作品形式、内容、思想感情等通过删改、纠错、更正、补充、充实等方法，予以改变的行为。修改即可涉及作品局部的修改，也可涉及作品全局的修改。作品是作者的特定思想、感情的集中体现，是作者人格的延伸，作者要对作品后果承担法律责任，因此修改权理所当然地属于作者，由作者根据自己的意志来决定其作品是否应当修改，如何修改，以及由何人修改。作者的修改权在特殊情况下，会受到一些限制：

(1) 报刊、杂志社因出版需要，仅对作品进行文字性修改、删节时，无需事先征得作者同意。但涉及到内容的修改，须事先征得作者的同意。

(2) 为了将不能使用的计算机程序，在特定的计算机上使用，使计算机程序在计算机上发挥更好的功效，法律允许第三人对计算机程序作必要的修改。

(3) 当作者行使修改权，与作品原件的物权行使发生法律冲突时，遵循民法中的“物权优先原则”，应优先实现物权人的物权，但会使著作权人不能充分行使甚至无法实现其修改权。例如，当美术作品的原件物权，已脱离了作者而由他人所有时，作者要想修改其美术作品原件，就须事先征得作品原件物权人的同意，物权人不同意作者修改，作者就不能修改。

3. 保护作品完整权

保护作品完整权，即保护作品不受歪曲、篡改的权利。法国将其称之为作品的受尊重权。所谓“歪曲”，指曲解作者原意、作品观点、作者世界观及思想感情倾向，丑化作者人格等行为；所谓“篡改”指利用割裂、变异、删削、改动等手段，损害作品完整性的行为。这里所说的作品完整，即包括作品内容的完整，也包括作品题目的完整。

作品的完整性与作者人格、荣誉、声望密不可分，任何歪曲、篡改、丑化作品的行为，不仅损害了作品形式上的完整性，同时，也对作者的人格、荣誉、声望产生了损害，降低社会对作者的人格评价。所以，必须通过授予作者保护作品完整权，来维护作品形式上的纯正。

但需注意的是，保护作品完整性，并不意味着作者对其作品所表达的思想、情感、观点等，享有了独占权。著作权法对作品的保护，始终只及于作者思想和情感的特定表达方式，而不能延及到思想与情感本身。

4. 发表权

发表权，即决定作品是否公之于众的权利。所谓“公之于众”，是指著作权人自行或者经著作权人许可，将作品向不特定的人公开的行为。但不以公众知晓为构成条件，即法律并不关心公众是否已知悉或确切关注了被发表的作品。任何他人未经作者许可，不得擅自行使该项权利。

作品发表的形式多种多样，如出版、发行、表演、广播、展览、演讲、放映等作品传播行为，都可导致作品发表。

在大陆法系中，发表权被认为是专属于作者的人身权利；在英美法系的著作权中，不包括作者人身权，发表权被认为是最重要的财产权之一。但两个法系中，发表权的外延并无重大区别。

发表权具有的特点是：(1) 发表权为一次性行使完毕的权利。(2) 发表权的行使，往往同时伴随着其他财产权的行使。(3) 发表权通常不能转移。(4) 发表权的行使往往受到第三人利益的制约。①

我国《著作权法》第 21 条规定，发表权由作者专属行使，作者生前曾明确表示死后不许发表的作品，在作者死亡后，他人不得违背作者意志予以发表。《中华人民共和国著作权法实施条例》(简称《著作权法条例》) 第 17 条规定，作者生前未发表的作品，如果作者未明确表示不发表，作者死亡后 50 年内，其发表权可由继承人或者受遗赠人行使；没有继承人又无人受遗赠的，由作品原件的所有人行使。

5. 收回权

收回权是指作者将其作品使用权让与他人，或作品出版发行后在有正当理由且赔偿了使用者经济损失的前提下，作者享有收回其作品使用权或发行权的权利。它也被称之为反悔权、撤回权等。

---

① 刘春田主编：《知识产权法》，中国人民大学出版社，2002 年版，第 66～68 页。

我国《著作权法》没有明文规定收回权，但是，出于对作者的尊重和保护作者合法权利的目的，只要作者收回作品的行为，不违反国家利益和社会公共利益，且对相关的权利人给予了补偿或赔偿，法律也没有理由加以禁止。①

（三）著作财产权

著作财产权（Economic Right），又被称为著作权人的经济权利，是指著作权人通过行使著作权获得财产收益的权利。著作财产权明显不同于著作人身权，其特征为：

（1）它具有可让与性、可继承性、可放弃性，可以作为财产流转、继承的对象。

（2）它具有严格的时间性，仅在著作权保护期间内受到法律保护，保护期限届满后，著作权人原来享有的财产权即不复存在。

（3）它的内容随着科学技术的发展，新技术的推广使用，作品新的传播手段的出现而不断丰富、完善和发展。如广播权、机械复制权、机械表演权、信息网络传输权、摄制权等概莫例外。

理论上，每当新技术的采用，导致出现新的作品传播方式时，都会产生相应的新的著作财产权内容。目前，各国所规定的著作财产权内容已趋于一致，差异并不大。

（四）著作财产权的内容

1．复制权

复制权，即以印刷、复印、拓印、录音、录像、翻录、翻拍、临摹等方式将作品制作一份或者多份的权利。复制是最原始、最基本、最古老，迄今为止仍然是最重要和使用最普遍的作品传播方式。所以，从世界上第一部著作权法《安娜女王法》起，就授予作者复制权。

狭义的复制行为，仅指以同样形式表现作品的行为，如复印、印刷等；广义的复制行为，除包含狭义的复制行为外，还包括以不同于作品的原有形式来表现作品。根据我国《著作权法》第10条规定精神，我国只保护狭义的复制权，因此认为将平面图形作品，以立体模型作品加以表现，不属于复制行为而属于创作行为。

在我国修订前的《著作权法》第52条② 中，明文规定了临摹属于复制，但我国修订后的《著作权法》，在第10条中未明文规定临摹属于复制。但迄今为止，世界各国普遍认为临摹仍属一种传统的复制手段。

目前的互联网技术中，出现的将作品上载到计算机中，或从计算机中下载作品的行为，是以计算机和计算机软件为复制工具的新型复制手段。

2．发行权

发行权，即以出售或者赠与方式，向公众提供作品的原件或者复制件的权利。复制权与发行权，具有密切的联系，复制的目的往往是为了发行，发行的前提是首先进行复制。

目前，世界各国都为著作权人设置了发行权。传统意义上的发行，被认为是作为作品物质载体的形式、物权发生了转移。但是，随着科学技术的进步，发行的概念也随之

---

① 江平、沈仁干：《中华人民共和国著作权法讲析》，中国国际广播出版社，1991年出版，第18页；吴汉东：《知识产权法》，中国政法大学出版社，2001年版，第65页。

② 本处引用为1990年9月7日的《中华人民共和国著作权法》第52条，2001年10月27日修改的《中华人民共和国著作权法》第10条，已经在“复制”内容中，将“临摹”一词删除。

发生了变化。美国建议，将信息传输即作品从某一计算机终端通过网络以数字信号形式发送到另一计算机终端的行为，也视为发行，并应由著作权人专有使用。

若依照传统的发行概念，信息传递的过程中，没有产生作品载体形式、物权的变化，很难归入发行的概念中。1993 年德国新修订的《著作权法》规定，只有当使用者为了复制而进行信息传输时，这种传输才是复制。

我国《著作权法》没有将信息传输归入复制，而是在修订后的《著作权法》中，专门在第 10 条第（十二）项，设置了信息网络传输权。

与发行权密切相关的一个原则，被称为“发行权穷竭原则”，也被称为“销售权用尽”原则，即如果作品原件或复制件以出租、出售等方式，合法首次发行后，他人可以自由传播作品，而不受著作权人的限制。这一原则在德国、美国、奥地利等国家的著作权法中都有规定，但我国《著作权法》中却没有此规定。

3. 出租权

出租权，即有偿许可他人临时使用电影作品和以类似摄制电影的方法创作的作品、计算机软件的权利，计算机软件不是出租的主要标的的除外。出租关系中的承租人，仅在租期内取得了租赁物的放映使用权，但并未取得租赁物的所有权。

这一权利，是我国《著作权法》修订后，在第 10 条第（七）项新增设的财产权。目前，不止我国，包括许多发达国家，作品复制品的出租业十分活跃，市场潜力巨大。因此，TRIPS 协议及《世界知识产权组织录制品公约》（简称《录制品公约》）中，都单独列出了出租权。但是，TRIPS 协议只为计算机程序作品和电影作品设置了出租权，《录制品公约》中则只为录音制品设置了出租权。而我国《著作权法》第 10 条、第 41 条，不仅为计算机软件作品、影视作品等著作权人规定了出租权，还为录音录像制品的制作者规定了出租权。

4. 展览权

展览权，指公开陈列展出美术作品、摄影作品的原件或复制件的权利，亦被称为“公开展出权”。

展览的对象，在法国《著作权法》中，为未发表的造型艺术作品、摄影作品的原件或其复制品；在日本《著作权法》中规定为美术作品或尚未发表的摄影作品；在美国《版权法》中，可使用展览权的对象最为广泛，包括大多数作品，甚至包括电影和音像作品中的个别图像。多数国家著作权法规定的展览对象，仅限于美术作品、摄影作品以及作为文学艺术或文物展出的手稿、乐谱、书法等作品。我国《著作权法》第 10 条第（八）项中规定只有美术作品和摄影作品的著作权人，享有展览权。

行使展览权时，须注意：(1) 作者对尚未发表的作品行使展览权，视为作者对该作品同时行使了发表权。(2) 当作品原件物权已与著作权人脱离时，著作权人的展览权要受到作品原件物权人的制约，当物权人不同意展览时，著作权人不能展览。(3) 著作权人行使展览权时，可能涉及第三人的权利。例如，展览对象为人体写生作品，就会产生对写生对象的肖像权、名誉权、隐私权的保护问题，在展览前，著作权人应当征得第三人的同意方能展览，以保护第三人的合法权利。

5. 表演权

表演权，即公开表演作品，以及利用各种手段公开播送作品之表演的权利，也被称之为“公演权”、“上演权”等。著作权人可以自行表演其作品，也可以授权他人表演其作品，或将表演权授权他人行使。

所谓“表演”，指演奏乐曲、朗诵诗词、上演剧本等直接或借助机器、设备，以声音、表情、动作再现作品内容的行为。演员的现场表演称为真实表演，借助机器、设备来再现的表演，称为机械表演。[①] 常用的再现表演的机器、设备，有放映机、录像机、录音机、计算机系统、MP3 等。既不向观众收取任何费用，也不向表演者支付任何费用的表演为免费表演，反之则为营利性表演。

《伯尔尼公约》中规定的表演权，包括：（1）授权公开表演和演奏其作品，包括用各种方式和手段公开表演和演奏；（2）授权用各种手段公开播送其作品的表演和演奏。其中，第一种情况即为真实表演或现场表演，第二种情况即为机械表演。我国《著作权法》第 10 条第（九）项中规定的表演权，与《伯尔尼公约》规定的内容完全一致。

6．放映权

放映权，即通过放映机、幻灯机等技术设备，公开再现美术、摄影、电影和以类似摄制电影的方法创作的作品的权利。所谓“公开再现”的放映，是指在个人或家庭范围之外的放映。任何面向公众的放映，不论其是否营利，都属于放映权中加以规范的“公开再现”行为。

放映权意味着，除著作权人有权自行放映或授权他人放映其作品外，任何人利用放映手段公开再现其作品，都应征的著作权人的同意，并向其支付报酬，著作权人享有禁止任何人未经许可，而利用放映手段公开再现其作品的权利。

我国修订前的《著作权法》中未设立此项权利，2001 年我国《著作权法》修订时才被补入。放映权的补入，强化了我国对美术作品、摄影作品、影视类作品著作权的保护力度，提高了我国著作权的保护水平。

7．广播权

广播权，即以无线广播或有线广播方式，向公众公开广播作品，或者传播、转播广播之作品，以及通过扩音器或者其他传送符号、声音、图像的类似工具，向公众传播广播之作品的权利。

所谓无线广播，指以电磁波为作品载体，向空间发射广播信号的传输方式。如调频广播、调幅广播和电视广播等。所谓“有线广播或传播”指通过电缆、广播线等方式传送广播信号的广播，如有线电视系统、闭路电视系统等。

适于通过广播手段传播的，主要有文字作品、口述作品、音乐、戏剧、曲艺、杂技、电影、电视、录像等作品及录音录像制品。广播者一般为广播电台、电视台、卫星广播与传送组织等。是否构成广播行为，与用户是否接收到广播信号，以及广播者是否营利等因素无关。广播他人作品，均应征得著作权人同意，并向其支付报酬。

8．信息网络传播权

信息网络传播权，即以有线或者无线方式，向公众提供作品，使公众可以在其个人选定的时间和地点，获得作品的权利。这是我国《著作权法》修订后在第 10 条第（十二）项规定的一项新型的权利。

① 高凌瀚：《中国著作权法中视听作品的权利的保护和行使》，于《著作权》1993 年第 3 期。

我国《计算机软件保护条例》(简称《软件条例》) 第8条规定，软件层面上的信息网络传播权，是指计算机软件著作权人享有的，以有线或者无线方式向公众提供软件，使公众可以在其个人选定的时间和地点获得软件的权利。著作权人享有以该种方式使用或者许可他人使用其作品，并由此获得报酬的权利，并对未经许可的擅自使用行为享有禁止权。

受著作权法保护的作品中，包括各类作品的数字化形式。将作品通过计算机网络向公众传播，属于我国《著作权法》第10条第（十二）项规定的作品使用方式。

为了加强网络环境下作品著作权的保护，我国《著作权法》第10条中各项权利的规定，也适用于数字化作品的著作权。在TRIPS协议中，也要求其成员保护作品的信息网络传播权，因此，我国《著作权法》修订时，特意为著作权人专门设立了此项权利。

9. 摄制权

摄制权，指以摄制电影或者以类似摄制电影的方法，将作品固定在载体上的权利。摄制权，也称为拍摄权或摄影权。“摄制”指通过艺术加工或技术处理，利用相关机械、设备将作品拍摄成电影、电视等视听类作品的行为。

作者行使摄制权的必然结果，是产生演绎作品——视听作品，摄制实际上是一种作品传播活动。但在传播中必须进行作品演绎的再创作性劳动。著作权人可以自己从事摄制行为，也可以许可他人从事摄制行为，还有权禁止未经其许可，而擅自摄制其作品的行为。

著作权人许可他人将其作品，摄制成电影作品和以类似摄制电影的方法创作的作品的，视为已同意对其作品进行必要的改动，但改动的前提，是不得歪曲篡改原作品。

10. 改编权

改编权，指以原作品为基础，对原有作品的形式、内容，进行解剖或重组，经再创作活动，将原作品以新的形式加以表达的权利。改编行为属于作品演绎行为。

改编权不同于修改权。修改权是专属于作者的著作人身权，作品修改后，并未改变作品的基本表达方式，没有产生新的作品形式及其他著作权。修改权没有明确的保护期限。改编权则属于著作财产权，作品经改编后，改变了作品的基本表达方式，产生了新的作品及其独立著作权。改编权受到了明确的保护期限的限制，在作品保护期限届满后，著作权人不再享有改编权，任何人均可自由地对作品进行改编。

改编作品的作者对其改编作品拥有独立著作权。但改编他人作品之前，应征得原作品著作权人的许可，并向其支付报酬，并应在其改编作品上，注明根据原作者的某作品进行改编等字样。当他人根据改编作品（二度创作）再次进行作品演绎活动（三度创作）时，改编作品的再演绎作者，就受到原作品著作权人、二度创作作品著作权人的双重授权制约，应分别征得原作品著作权人、二度创作作品著作权人的同意，并向他们分别支付报酬。

11. 翻译权

翻译权，指将作品从一种语言文字转换成另一种语言文字的权利。翻译行为也是一种作品演绎行为，因此翻译作品也是演绎作品，翻译者对其翻译作品也享有独立著作权。

《伯尔尼公约》为了促进发展中国家的科学艺术与文化创作活动和经济建设，规定发展中国家为了本国社会公共利益的需要，急需将外国作品翻译成本国文字的，而该外国作品著作权人在合理的条件下仍予以拒绝时，该发展中国家政府的著作权主管机关，可以就该外国作品的本国语言翻译使用，颁发强制许可证。但经强制许可使用的外国翻译作品，只能在强制许可证的颁发国地域范围内出版发行。这种外国作品的强制许可，仍然是有偿许可。

12. 汇编权

汇编权，指将作品或者作品的片段，经收集、编辑、整理、选择、编排，组合、取舍、汇集后，编排成新作品的权利。我国《著作权法》在修订前，只有编辑权没有汇编权。事实上，编辑仅仅是汇编的一种具体手段而已。我国《著作权法》在修订后，取消了编辑权代之以汇编权。

作品汇编行为，属于一种作品演绎行为。利用相同作品由不同的汇编者进行汇编时，汇编作品的表现形式丰富多彩，表现出不同汇编者独特的观察视角、审美情趣、思想观点、价值取向，因此，汇编人对经其汇编形成的汇编作品，也可以享有独立的著作权。但是，行使著作权时，不得侵犯原作品的著作权。汇编人对其汇编中使用的作品，不能享有专有汇编权，汇编人无权阻止其他人利用同样的作品，进行不同的汇编。目前，我国司法实践中将诸如广播电视节目表、电话号码簿、数据库等，也认为是汇编作品。

13. 获得报酬权

获得报酬权，指著作权人通过行使或许可他他人行使上述著作财产权时，有权依照约定，或者依照我国《著作权法》第 10 条第二款、第三款的规定，获得报酬的权利。

一般说来，获得报酬的权利，是我国《著作权法》第 10 条保护的著作权人的主要权利之一，也是整个《著作权法》的灵魂所在。

二、著作权的取得

著作权的产生和取得应当需要的条件，在各国不同的人文历史背景和法律传统下，其法律有不同的要求。大体说来，可划分为实质性条件和程序性条件两大类。

实质性条件，是对作品的实质性要求，国际上通行两种不同的衡量标准：其一，只要文学、艺术、科学领域的智力劳动成果，表达了作者的思想、感情并被赋予了某种艺术表现形式，无论其能否被物质载体固定下来，都可以成为受到著作权保护的作品。其二，受到著作权保护的作品，除应具备作品的二分性外，还要求这种艺术表现形式，能够通过物质载体被固定下来。凡是不能够通过物质载体固定下来的，不能作为著作权法保护对象，因此，诸如口述作品、即兴创作的舞蹈、音乐、曲艺等作品，就不能受著作权保护。

《伯尔尼公约》第 2 条规定，对不能以物质载体形式固定下来的作品，是否受著作权保护问题，由各国自行决定，国际公约并不强求统一标准。目前我国《著作权法》规定的取得著作权的实质性条件采取第一种衡量标准，口述作品在我国可以获得著作权。美国则采取第二种衡量标准。

形式条件，指作品获得著作权，对还需要附加的其他条件或履行的其他手续。各国著作权法因其所处法律体系、法律环境、历史文化背景的不同，取得著作权的形式条件要求也各不相同。即使同一国家在不同的历史时期，对取得著作权的形式条件要求也有所不同。

（一）著作权取得制度

目前，在取得方式上，存在自动取得和登记取得两大主流流派。作品在已创作完成并满足实质性条件后，如何获得著作权，国际上主要有三种做法：

1．自动取得原则

自动取得原则，也称无手续原则，指作品自创作完成之日，即自动获得著作权。

目前，世界上大多数国家的著作权法，采用了这一原则，我国也采用这一原则。我国《著作权法》第2条规定，中国公民的作品，自作品完成之日起作者自动获得著作权；外国公民的作品，自作品在我国境内首次出版之日起，自动获得著作权。

2．登记原则

登记原则，即作品创作完成后，还需履行作品登记手续才能获得著作权。

中国历史上的《大清著作权律》采用这一原则。《“中华民国”著作权法》、我国台湾地区《著作权法》，都曾经采用过这一原则。但是，在实行登记制的国家，各国作法各有不同。如有的国家规定不以登记为著作权的获得条件，但以登记作为著作权争议的确权条件。

《世界版权公约》的某些成员国，仍在实行登记制。但无论是在《伯尔尼公约》还是在《世界版权公约》中，都未规定作品登记为获得著作权的条件，所以，目前仍在实行登记制的国家，也纷纷简化了登记手续，或者干脆宣布放弃登记制。即使仍在实行登记制的国家，有关作品登记规定的法律效力，目前也只能及于其本国国民，而不能及于他国国民。

3．加注标记取得原则

加注标记取得原则，也称为有条件的自动保护原则，指以在作品上加注版权标记为获得著作权的条件。美国《著作权法》就采用这种做法，要求本国作者在其作品首次出版时，必须在作品复制件上加注版权标记，或指明作者姓名、版权人、首次出版日等。凡未加注版权标记的作品，不给予著作权保护。

国际间通行的版权标记，包括：

（1）在作品版权页，发表诸如“版权所有”、“未经许可不得复制”、“未经许可不得放映”等版权声明；

（2）在其文字作品上，加注“（c）”，在其音像作品上加注“（r）”等版权符号；

（3）注明著作权人的姓名或名称缩写，以及作品的首次出版发行日期。《世界版权公约》中，采用了这一方法。

即使在采用著作权自动产生原则的国家，法律也鼓励著作权人通过加注版权标记，警告他人不得侵犯其著作权。

三、著作权的期间

著作权的期间是指作品受到著作权保护的时间期限。一旦作品保护期限届满，原来受到法律保护的财产权内容，将不再受到保护，该作品进入社会公有领域，成为公众可以自由利用的社会共同财富。

著作权的期间，仅对著作财产权而言，对于著作人身权法律没有规定明确的期间限制，会受到国家法律永久的保护。即使作者已死亡甚至超过了作品保护期，作者的著作人身权仍然会得到法律保护，禁止他人非法的侵害。

对个人作品的保护期间，各国普遍做法是从保护期间起始日开始计算及于作者终身，终止于作者死亡后的第若干年，从 25 年至 80 年不等。前苏联、古巴、伊拉克等国为 25 年；美国 1997 年之前为 25 年现延长至 50 年，德国为 70 年，西班牙、巴拿马高达 80 年。《世界版权公约》中规定的最低保护期限为 25 年，《伯尔尼公约》中规定的最低保护期限为 50 年。对合作作品、法人作品、电影、地图、工程、计算机软件等特殊作品，通常各国都规定有特殊的保护期限。

我国《著作权法》第 21 条针对主体不同、类型不同的作品，分别规定了不同的保护期限：

（1）公民享有著作权（一般作品）的保护期限：期间自著作权产生之日起开始计算，其发表权、财产权及于作者终生至其去世后的 50 年，截止于第 50 年的 12 月 31 日。如果是合作作品，截止于最后死亡的作者去世后第 50 年的 12 月 31 日。

（2）作者不明确的作品，期间从作品发表之日开始计算保护 50 年，截止于第 50 年的 12 月 31 日。如在作品保护期内明确了作者的，则按一般作品计算保护期。

（3）作者生前未发表的遗作，期间为作者有生之年及于作者去世后 50 年，截止于第 50 年的 12 月 31 日。超过这个期限，则无论其遗作发表与否，都不再受到著作权保护。

（4）由法人或其他社会组织享有除署名权之外的其他著作权或全部著作权的，期间自作者向单位交付作品之日起开始计算，其发表权、财产权的保护期为 50 年，截止于第 50 年的 12 月 31 日。但作品在 50 年内没有发表的，著作权法不再提供保护。

（5）电影、电视、录像和摄影作品，期间自作品创作完成之日起计算，保护期为 50 年，截止于第 50 年的 12 月 31 日。但作品自创作完成后 50 年内没有发表的，著作权法不再保护。

（6）外国作品，自该作品在中国境内首次出版之日开始计算保护期，其计算方法与国内作品相同。

第五节　著作权的限制

国家通过对作品给予著作权保护，刺激和鼓励作者的创作热情，促使创作出更多的文化、艺术和科学作品，来满足人们日益增长的精神文明需求。但是，著作权属于私权，给予过度的保护，也会妨碍社会公众对作品的利用和传播，从而阻碍社会科学技术的进步与发展。事实上，从著作权制度问世之初，就对某些著作财产权的行使范围与方式作出了必要的限制。如严格的著作权保护期限，对著作财产权的行使就是一种限制。

各国《著作权法》中，普遍都确立了“合理使用”、“法定许可”、“强制许可”等权利限制方式，我国也不例外。但是，这种限制应当受到一定的约束，不能影响作者人身权的正常行使。①

① ［德］梅利亚、利普希克：《著作权与邻接权》，第 160 页。

一、合理使用

合理使用，指在著作权法规定的条件下，他人利用受著作权法保护的作品，可以不经著作权人许可，也不向其支付报酬，但应当指明作者姓名、作品名称，并不得侵害著作权人的其他合法权利的行为。

使用受到著作权保护的作品，既不经作者同意又不向作者支付报酬，实际上导致作者的财产权无从实现。但当法律规定的条件发生时，这种行为不属于侵犯著作权行为，而是合法行为。

美国《著作权法》中为“合理使用”规定了严格的认定规则，凡不符合该认定规则者，不能被认定为合理使用。即：(1) 看使用目的和性质：任何合理使用都不应该具有商业性质或者营利目的；(2) 看使用的作品类型：不同类型的作品有不同的著作权使用方式，所以对不同类型的作品，划分是否属于合理使用的界限也各不相同，不能一概而论地由此及彼，须针对具体情况进行分析后确认；(3) 看使用部分与整个作品之间的比例是否适当：若使用部分与被使用的整个作品相比或引用部分与引用者的整个作品相比所占比例过大，不能属于合理使用；(4) 看使用结果对著作人利益有无重大不利影响：若使用结果对该作品的潜在市场利益或市场价值将产生重大不利影响，也不属于合理使用。①

我国《著作权法》第22条规定，下列情形为合理使用：(1) 为个人学习、研究或者欣赏，使用他人已经发表的作品。(2) 为介绍、评论某一作品或者说明某一问题，在作品中适当引用他人已经发表的作品。(3) 为报道时事新闻，在报纸、期刊、广播电台、电视台等媒体中不可避免地再现，或者引用已经发表的作品。(4) 报纸、期刊、广播电台、电视台等媒体刊登或者播放其他报纸、期刊、广播电台、电视台等媒体已经发表的关于政治、经济、宗教问题的时事性文章，但作者声明不许刊登、播放的除外。(5) 报纸、期刊、广播电台、电视台等媒体刊登或者播放在公众集会上发表的讲话，但作者声明不许刊登、播放的除外。(6) 为学校课堂教学或者科学研究，翻译或者少量复制已经发表的作品，供教学或者科研人员使用，但不得出版发行。(7) 国家机关为执行公务在合理范围内使用已经发表的作品。(8) 图书馆、档案馆、纪念馆、博物馆、美术馆等为陈列或者保存版本的需要，复制本馆收藏的作品。(9) 免费表演已经发表的作品，该表演未向公众收取费用，也未向表演者支付报酬。(10) 对设置或者陈列在室外公共场所的艺术作品进行临摹、绘画、摄影、录像。(11) 将中国公民、法人或者其他组织已经发表的以汉语言文字创作的作品翻译成少数民族语言文字作品在国内出版发行。(12) 将已经发表的作品改成盲文出版等。

上述各款规定的对著作权人的合理使用限制，同样适用于对出版者、表演者、录音录像制作者、广播电台、电视台等邻接权人的邻接权限制。

我国规定的“合理使用”大部分符合国际惯例。但是，有三项与国际惯例有所不同。其一，第7条规定的国家机关为执行公务的合理使用，其他国家对这项的限制非常严格，一般仅限于国家司法机关为审理案件而使用作品，我国则比较宽松延及到立法、军事等国家机关。其二，在国外不存在第9条规定的免费表演的“合理使用”，国外甚

① 刘春田主编：《知识产权法》，中国人民大学出版社，2002年版，第126页。

至不存在“免费表演”这一法律概念，只要是公开表演作者的作品，无论属于现场真人表演还是机械表演，无论是否收取费用，都要向作者支付报酬。其三，第 11 条规定的少数民族语言翻译的合理使用，仅在前苏联的《著作权法》中有过类似规定。[①]

二、法定许可

法定许可是指在法定事由发生时，使用他人未发表过未经许可不得使用声明的已发表作品，使用前可以不经著作权人同意，但使用后须向著作权人支付报酬，并应当指明作者姓名、作品名称，同时，不得侵害著作权人的其他合法权利的行为。

法定许可作为对著作权人权利的一种限制方式，在大多数国家《著作权法》中都有明文规定。英美法系国家的规定一般比较严格，仅适用于将录音制品再行录音和将已发表的造型作品应用于工业生产部门，很少涉及报刊转载、表演、制作广播、电视节目等领域；大陆法系国家，则规定得比较宽泛，还涉及到对编辑作品、广播评论、报纸文章的复制和传播行为。

我国《著作权法》修订前的法定许可使用范围，比世界上任何国家规定的都宽泛，涉及到录音制品、报刊转载和摘编、表演他人已发表作品、使用他人已发表作品制作广播、电视节目等。过于迁就和偏重保护出版者、广播电台、电视台等作品传播者的既得利益，受到作者、著作权人的抨击及国际谴责。我国《著作权法》修改后，对法定许可使用范围进行了较大删改，与国际通行的法定许可相比较，已趋向合理。

我国的法定许可使用，必须同时满足下述条件：(1) 法定许可对象仅限于已发表作品；(2) 法定许可使用需向作者支付报酬；(3) 著作权人没有发表未经许可不得使用的声明；(4) 使用时需指出作品名称、作者姓名，并不得侵害著作权人的其他合法权益。

我国现行《著作权法》第 23 条规定的法定许可使用，有以下方式：

1. 报刊转载、摘编的法定许可使用

著作权人向报纸、杂志社投稿或报纸、杂志社约稿的，作品刊登后，除著作权人声明不得转载、摘编的外，其他报刊可以转载或者作为文摘、资料刊登，但应当按照规定向著作权人支付报酬。

2. 录音制作者的法定许可使用

录音制作者使用他人已经合法录制为录音制品的音乐作品制作录音制品，可以不经著作权人许可，但应当按照规定支付报酬；著作权人声明不许使用的除外。

3. 广播电视组织播放的法定许可使用。

广播电台、电视台播放已经出版的录音制品，可以不经著作权人许可，但应当自播放之日起 2 个月内的著作权人支付报酬，当事人另有约定的除外。需注意的是，其中“已经出版的录音制品”中，不包括电影作品和以类似于摄制电影的方法创作的作品及录像作品。

4. 教科书汇编的法定许可使用

为实施九年制义务教育和国家教育规划而编写、出版教科书，除作者事先声明不许使用的外，可以不经著作权人许可，在教科书中汇编已经发表的作品片段或者短小的文字作品、音乐作品或者单幅的美术作品、摄影作品，但应当自使用该作品之日起 2 个月

---

① 江平、沈仁干：《中华人民共和国著作权法讲析》，中国国际广播出版社，1991 年版，第 206 页。

内向著作权人支付报酬，按照规定支付报酬，指明作者姓名、作品名称，并且不得侵犯著作权人依法享有的其他权利。

三、著作权的强制许可使用

著作权的强制许可使用，是指著作权人在无正当理由拒绝与使用者达成作品使用协议情况下，由国家著作权主管机关根据提出合理条件要求作品使用的人的申请，通过颁发强制许可证，强制著作权人许可他人使用其作品的法律制度。

强制许可制度最早见于1909年的《美国版权法》，始于将音乐作品制成唱片。1919年英国的《版权法》也明文规定了此制度。随着著作权制度国际性的推广，强制许可制度逐渐扩展到大陆法系国家，适用对象也逐渐从音乐作品扩展到其他作品，并被规定入《伯尔尼公约》和《世界版权公约》中。

但我国《著作权法》没有规定强制许可制度。由于我国已分别加入了《伯尔尼公约》和《世界版权公约》，因此国际公约中的强制许可制度在我国也可依国际公约对外国作品适用。

思考题

1. 简述版权、出版权与著作权的定义、内容及区别。
2. 受我国《著作权法》保护的作品有哪些？请对其类别与构成要件进行分析。
3. 什么是职务作品、委托作品、合作作品？比较合作作品与职务作品、合作作品与委托作品的区别。
4. 一般情况下，如何确定著作权人？
5. 职务作品的著作权如何归属，我国《著作权法》如何协调职务作品的作者与其所在单位的利益的？
6. 我国演绎作品、影视作品的著作权如何归属，为什么？
7. 简述著作财产权与著作人身权的区别。
8. 哪些著作财产权与新技术的采用密切相关？试举例说明？
9. 我国著作权的取得，依据什么原则？其保护期限如何计算？
10. 比较合理使用、法定许可的概念以及使用条件的异同。
11.《美国版权法》中规定的合理使用认定规则对我国具有何种意义？
12. 比较、分析我国合理使用的范围及使用的具体方式。

学习资料指引

1. 吴汉东：《知识产权法》，中国政法大学出版社，2001年版。
2. 刘春田：《知识产权法》，高等教育出版社、北京大学出版社，2000年版。
3. 郑成思：《知识产权法》，法律出版社，2001年版。
4. 张楚等：《电子商务法案例分析》，中国人民大学出版社，2002年版。
5. 孙新强等译：《美国版权法》，中国人民大学出版社，2002年版。
6. 郑成思：《TRIPS协议逐条讲解》，法律出版社，2001年版。
7. 江平、沈仁干：《中华人民共和国著作权法讲析》，中国国际广播出版社，1991年版。

参考法规提示

1.《中华人民共和国著作权法》，第2章～第3章。

2. 国务院《计算软件保护条例》(2001年12月20日)，第2章～第3章。

3.《中华人民共和国著作权法实施条例》(2002年8月2日)，第2条～第37条。

4.《全国人大常委会关于维护互联网安全的决定》(2000年12月28日)，第6条。

5.《全国人民代表大会常务委员会关于惩治侵犯著作权的犯罪的决定》(1994年7月5日)，第1条～第5条。

6. 国家版权局《计算机软件著作权登记办法》(2002年2月20日)，第3条～第33条。

7. 国务院《实施国际著作权条约的规定》(1992年9月25日)，第2条～第19条。

8. 国家版权局《关于制作数字化制品的著作权规定》(2000年3月1日)，第1条～第9条。

9. 国家版权局《著作权行政处罚实施办法》(2003年7月24日)，第2条～第3条，第38条～第40条。

10. 国家发展改革委办公厅《关于音乐著作权使用费问题的复函》(2003年11月24日)，第1条～第2条。

11.《最高人民法院关于审理涉及计算机网络著作权纠纷案件适用法律若干问题的解释》(2000年11月22，2003年12月23日修改)，第1条～第9条。

12.《最高人民法院关于适用〈全国人民代表大会常务委员会关于惩治侵犯著作权的犯罪的规定〉若干问题的解释》(1995年1月16日)

13.《保护文学艺术作品伯尔尼公约》，第1条～第21条。

14. 世界贸易组织《与贸易有关的知识产权协议》(即TRIPS协议)，

第二部分　关于知识产权的效力、范围及使用的标准第1节版权与相关权利；

第四部分　知识产权的取得和保持及相关程序即第62条。

15.《最高人民法院关于审理著作权民事纠纷案件运用法律若干问题的解释》(2002年10月12日)

第三十三章　邻接权

【阅读提示】 本章的重点是邻接权的定义、邻接权内容及其与著作权的联系与区别，还有邻接权的合法行使方式等。通过本章学习，学习者应当知道，在我国，邻接权对于著作权而言，是占了大部分的权利比例。邻接权作为代表公众利益的权利，与著作权代表个人的权利，是既矛盾又统一的两个权利。本章的难点是邻接权与著作权的关系问题。

第一节　邻接权的意义

一、邻接权的定义

邻接权，指作品传播者就其合法传播作品过程中所创造的智力劳动成果，依法享有的专有权利。邻接权的英文表示为“neighboring right”，其原意是相邻接的权利。

这里的“邻接”是指与著作权有关，但又不同于著作权的权利。邻接权与著作权相邻接，相联系，是随着作品的传播、复制等行为而产生的非原创性权利。

狭义的邻接权，仅指表演者、录音制作者和广播组织，在一定期向内因其分法进行作品传播活动而依法享有的专有权利。

1961 年，在罗马签订的《保护表演者、唱片制作者和广播组织的国际公约》（简称《罗马公约》）中，采纳的就是狭义邻接权概念。绝大多数国家的邻接权制度中，均采纳狭义邻接权概念。

广义的邻接权，除包括上述狭义邻接权内容外，还包括出版者权。我国邻接权制度中采纳了广义邻接权概念。除我国外，采纳广义邻接权概念的国家，还包括德国和意大利等。

二、邻接权与著作权

虽然早期的著作权制度，萌芽于出版商的专有出版权，并进而演变成作者权，着重保护作者的合法权益。但完整的邻接权法律制度，则是随着著作权法律制度的发展及科学技术的进步而逐步确立的。

就法律概念而言，邻接权与著作权属于同位法律概念。因而，大多数国家通过专门的法律调整邻接权关系，少数国家出于立法的方便，在著作权法中通过专门的章节，规定邻接权关系。我国采取了后一种立法模式。

（一）邻接权的保护，以保护著作权为前提

各国法律凡规定对邻接权予以保护时，一般同时规定，对邻接权的保护不能影响到对作品著作权的保护。

1961 年《罗马公约》第 1 条中明确规定“本公约给予之保护，将不更动也不影响文学和艺术作品版权保护。因此，本公约的条款，不得作妨碍此种保护的解释。”我国

《著作权法条例》第 27 条也规定，出版者、表演者、录音录像制作者、广播电台、电视台行使权利，不得损害被使用作品和原作品著作权人的权利。

（二）合法传播作品是邻接权保护对象产生的基础

著作权与邻接权都与作品有关，著作权与作品存在直接联系，邻接权则与作品存在间接联系，脱离了作品，二者都不能存在。

但是，在作品完成之日即可产生著作权，受著作权保护的作品只有在合法传播过程中，才能产生邻接权，若作者不许可传播者进行作品传播，作品传播者的邻接权就无从产生。反之，任何既未经许可又无法律根据的作品传播行为，都是应受到法律制裁与追究的侵害著作权行为，作为非法侵权行为的结果，不能产生受到法律保护的合法权益。

因此，获得邻接权的前提条件，应是具有经作者授权的或由作者自行进行的作品传播行为。

（三）邻接权与著作权的主要区别

（1）受保护的前提不同。著作权是不依赖于邻接权独立存在的权利，作品一经创作完成，著作权自动产生，这种保护不附加前提条件。但邻接权的保护，则依赖于著作权人的授权使用，以对作品进行合法传播利用为产生前提。

（2）主体不同。著作权的主体是著作权人，一般情况下为作者；邻接权的主体则为邻接权人，是特定的作品传播者。受邻接权保护的作品传播者因在作品传播过程中，因自己的创造性劳动，改变了作品的表现形式，因而对其智力劳动成果也有必要给以法律保护。

（3）客体不同。著作权的客体是作品，邻接权的客体是作品传播者在传播过程中所形成的智力劳动成果。

（4）权利内容不同。作品著作权人均享有著作人身权及著作财产权。而邻接权人，有的并非著作权而是邻接权，且邻接权内容则各有不同。表演者享有的邻接权包括表演者人身权与表演者财产权，其他邻接权人则享有内容各自不同的财产权。

（5）二者所调整的法律关系，在性质上也是不同的。

第二节　表演者权

一、表演者权的定义

表演者权，指表演者公开表演自己或者他人作品，并用各种手段公开播送所表演作品的权利。表演者权的权利主体为从事表演的表演者。

《罗马公约》第 3 条中将表演者规定为："演员、歌唱家、音乐家、舞蹈家和表演、歌唱、演说、朗诵、演奏或以别的方式，表演文学艺术作品的其他人员。"但《罗马公约》第 9 条又允许缔约国"根据国内法律和规章，将本公约提供的保护扩大到不是表演文学或艺术作品的艺人。"

TPIPS 协议中规定的表演者范围，与《罗马公约》一致。不同的国家，则根据本国理解，对表演者的范围有不同的规定。法国规定的表演者中，还包括一切杂技、马戏、木偶戏等的表演者。

我国《著作权法》第 36 条中的"表演者"，是指演员、演出单位或者其他表演文学、艺术作品的人。因此，我国《著作权法》意义上的表演者，不包括表演非文学、非艺术作品的人，如马戏表演者、体育运动表演者、气功表演者等。我国《著作权法》第36条中的“表演”，既指直接表演又指需借助技术设备再现的机械表演。无论表演有无营利目的，只要是公开表演都属于邻接权法所指的表演。

表演的形式有两种：第一，直接演唱歌曲、演奏乐曲、上演剧本或朗诵诗词等形式的现场公开表演；第二，借助技术设备公开播送、放映录音或录像、电影等形式的公开表演，也称机械表演。

把文学、艺术作品通过表演者的表演活动再现出来，不但需要表演者具备相关的表演技巧，而且，要求表演者对其表演的任务、形象与情感，赋予一定的艺术感染力。表演既应符合作者所欲表达的思想、感情原意，又应体现表演者个人对作品内容，对作者思想、感情的理解与塑造，体现出表演者的个人风格。因此，基于同一文学艺术作品，通过不同的表演者的表演演绎，对作品内容理解的表达会呈现出千差万别，风格迥异的变化。

无疑，表演者的表演与其说是传播作品，不如说是在演绎创作作品，对其进行的表演给予邻接权保护，是理所当然的。

二、表演者权的内容

表演者权是表演者对其表演，所依法享有的人身权利及财产权利的总和。表演者是表演者权的主体，表演者的表演是表演者权的客体，也称表演者权的对象。作者认为，无论是表演者的真人现场表演，还是记录或重现了表演者表演内容的机械表演，均应是我国邻接权制度中所保护的表演者权的对象。

（一）表演者人身权

1. 表明表演者身份权

无论是现场表演，还是通过制作录音、录像或拍摄电影、电视进行表演，表演者均享有向公众表明其表演者身份的权利，表演者有权自行决定是否公布其真名、或艺名，或化名，或笔名，也有权自行决定不公布其名字，还有权禁止他人假冒其身份，或将未参加表演却要求以表演者名义署名的行为。

2. 保护表演形象不受歪曲权

表演形象是表演者所表演的文学、艺术作品的形象。因表演者自己对作品人物形象的理解，在一定出程度上表达了表演者对是非、美丑、善恶等的判断理解，一定程度上反映了表演者的人格魅力。

当表演形象被机械固定后，利用删改、剪切、重新剪辑等手段，有可能发生对表演形象的歪曲使用。有时，即使不对表演作品进行剪辑，但将表演形象置于另一种完全不同的环境背景下使用，也会歪曲表演形象所要表达的原意，直接损害表演者的人格尊严、名誉和社会评价。所以，保护表演形象不受歪曲权的实质，是保护表演者的人格权和名誉权。

需要注意的是，表演形象不同于表演者形象。前者属于邻接权内容，在我国由著作权法保护，后者属于肖像权内容，由我国的民法加以保护。表演者人身权，没有保护期限的限制，应当受到社会的普遍尊重及法律的永久保护。

（二）表演者财产权

1. 许可他人从现场直播和公开传送其现场表演，并获得报酬权

“现场直播”，指表演者在进行现场表演时，通过广播电台、电视台将其表演实况直播出去。现场直播必然会影响到表演现场观看表演的上座率，直接减少表演者的票房收入。因而邻接权制度授予表演者现场直播权，以保护表演者的经济利益。

各国邻接权制度都把这种权利作为表演者受到首要保护的财产权利。根据该项权利，表演者享有许可或禁止他人利用广播、电视、卫星等通讯手段，把其现场表演传送至当地或异地观众的权利。将表演者的表演现场，通过微波、卫星技术或其他技术进行直播无线电信号的转播、传送也属于现场直播活动。

广播电台、电视台等广播组织，如果需要直播表演，必须取得表演者的同意，并向其支付报酬。广播电视组织经许可获得的直播表演的权利，为一次性行使权利，再次需要直播其表演时，须再次取得表演者同意并支付报酬。对于表演者众多的大型文艺晚会、戏剧等进行直播，可由晚会组织者代表众多表演者行使许可直播权，但获得的直播报酬应在众表演者中进行合理分配。

2. 许可他人对其表演录音、录像，并获得报酬权

该权利的设置目的为实现表演者对载有其机械表演的音像载体的控制权。音像载体上所记录的表演，属于表演者的机械表演，同样是表演者权所保护的对象。

音像载体的观众，能够在所选定的时间、地点任意欣赏表演。这一方面促进了表演者所表演作品的传播，另一方面会直接减少现场观看表演的上座率，从而影响表演者的经济利益。如果音像载体录制者粗制滥造，水平低劣，还会直接影响表演者的声誉。所以，各国邻接权制度都规定，此项权利为表演者应享有的财产权。他人须对表演者的表演进行录音、录像的，须经表演者同意，并支付报酬。如何未取得表演者同意，即对其表演进行录音、录像的行为，都是邻接权侵权行为。

3. 复制、发行录有其表演的录音制品、录像制品，并获得报酬权

通过复制、发行录有表演者表演的音像制品，可以实现表演者更大的经济利益。表演者可以自己行使此项权利，也有权许可他人行使此项权利，从而获得报酬。任何未经表演者许可擅自复制、发行录有表演者表演的音像制品的行为都是侵权行为。

应当注意的是，表演者享有的许可现场直播权、许可权、许可复制、发行录音录像权，是各自独立的权利，应由表演者分别授予。凡表演者没有明确授予的权利，他人不能行使。

4. 许可他人通过信息网络，向公众传播其表演，并获得报酬权

计算机信息网络传输技术，不仅方便、低廉、快速地实现了对作品及表演活动的复制、再现，还进一步使任意的观众可以在其任意选定的时间、地点，反复观看或再次通过计算机网络传播表演者的表演，极大地威胁了表演者的经济利益。

鉴于表演者对滥用网络传输技术传播其机械表演的行为缺乏有力的制止手段。为应对新技术对邻接权保护提出的挑战，我国修订后的《著作权法》在第 37 条为表演者增设了此项权利。根据此项权利，将载有他人表演的电磁信号上载入计算机网络传输系统，或从计算机网络传输系统中下载，或进行传输，都应经表演者许可并向其支付报酬，否则构成侵权。

外国无国籍表演者在中国境内的表演，根据国际条约规定，同样受到我国邻接权的保护。

国外邻接权制度中，还为表演者设立了机械表演权和出租权。机械表演权，指表演者享有从记录有其机械表演的音像制品中获得报酬的权利。若他人在诸如歌厅、舞厅、餐馆、酒廊、酒吧、机场、车站等生产经营场所，利用其机械表演，就应该经表演者同意并向其支付报酬。出租权，指表演者享有从记录了其表演的音像制品的出租活动中获取报酬的权利。

这两种权利也往往涉及表演者巨大的经济利益，但我国邻接权制度中没有为表演者明确设立这两项权利。

三、表演者权的保护期限

表演者人身权没有保护期的限制，受到国家法律的永久保护。我国修订前的《著作权法》中没有规定表演者财产权的保护期限，修订后，在第 38 条第 2 款规定，表演者财产权的保护期限为 50 年，截止于该表演发生后的第 50 年的 12 月 31 日。

四、表演者与著作权人的关系

表演者依法享有独立的表演者权，但表演者权须依法产生的特点，决定了其法律地位低于著作权人，著作权人为表演者的上层权利人，表演者行使表演者权时必须注意尊重、保护和实现著作权人的著作权。

表演者在使用他人作品进行表演时，应承担如下义务：(1) 表演者使用他人作品演出的，应当取得著作权人的许可，并支付报酬。由演出组织者组织演出的，应当由该演出组织者取得著作权人的同意，并支付报酬。(2) 表演者使用演绎作品进行演出的，应当取得演绎作品的著作权人和原作品的著作权人许可，并分别支付报酬。(3) 表演者使用他人作品时，不得侵犯著作权人的署名权、修改权、保护作品完整权和获得报酬权。

第三节　录音录像制品制作者权

一、录音、录像制品制作者的定义

国际社会为了制止音像制品猖獗的盗版侵权行为，自签订保护邻接权的《罗马公约》始，先后于 1971 年签订了《保护录音制品制作者、防止录音制品被擅自复制公约》(简称〈《复制公约》〉，1989 年签订了《视听作品的国际登记条约》（简称《视听条约》)。1996 年世界知识产权组织通过了《世界知识产权组织表演和录音制品公约》(简称《录音制品公约》)，加强了对录音制品制作者权保护的国际合作。

录音制品，指任何对表演的声音或其他声音，进行固定的载体形式。主要载体形式有唱片、录音磁带、录音光盘等。录音制作者，即指首次将表演的声音或其他声音录制下来的人，也称录音原始制作人。而将声音、图像的结合，在载体上进行固定的形式则称为录像。

录像制品与录像作品不同，将声音、图像进行忠实录制所形成的载体形式是录像制品，其中，将电影作品和以类似摄制电影的方法创作的作品进行录制所形成的录制品。录像制品可以作为邻接权的保护对象。

应当注意将录像作品与录像制品、录像制品与影视类作品的音像复制品加以区别：

（1）若在录制过程中，并非将声音、图像进行原样忠实录制，而是经过编排、剪辑、画面构图、声音、灯光等创作性处理，体现出作者观察问题的独特视角与审美情趣所形成的智力成果，属于录像作品。录像作品不属于邻接权的保护对象，而属于著作权的保护对象。

（2）将影视类作品进行录像，则既非录像制品也非录像作品，属于影视类作品的复制行为。这种录制品是影视类作品的复制品。

日本、德国规定的邻接权中，只规定了录音制品制作者权，而未规定录像制品制作者权。我国《著作权法》修订前，也仅规定了录音制品制作者权。法国及我国修订后的《著作权法》中则规定录音制作者、录像制作者都享有制作者权，统称为音像制作者权。音像制作者权的主体，为音像制作者，划分为录音制作者和录像制作者。音像制作者权的客体，为音像制品。

二、音像制品制作者权的内容

我国《著作权法》第 39 条规定的音像制品制作者权内容均为财产权，其中不含人身权。包括：

（1）音像制品制作者对其制作的音像制品，享有许可他人复制、发行、出租、通过信息网络向公众传播，并获得报酬权。

音像制品制作者享有的上述权利，既可以自行行使也可以授权他人行使，同时有权禁止任何未经许可的行使。所谓的“复制”，指对已制成的音像制品进行翻录；所谓的“发行”，指以出售、赠与等方式向公众提供音像制品；所谓的“出租”，指音像制品制作者从其制作的音像制品的出租活动中获取报酬；所谓的“通过信息网络向公众传播”，指将音像制品上载入计算机或在互联网中传播，或将互联网中传播的音像制品进行计算机下载使用。

制作音像制品不仅需要购买、配备昂贵的制作设备，而且需要聘请具有专业知识的技术人员、工作人员，具有一定艺术水平的演员，还需要购买版权等等。大量的人力、财力、时间、精力投入，只有通过控制音像制品的传播方式，才能使制作者收回成本并产生效益。

（2）音乐作品的法定许可使用权。

音像制品制作者，使用他人已合法录制为录音制品的音乐作品制作录音制品时，可以不经著作权人许可，但应当按照规定支付报酬，著作权人声明不得使用的除外。

著作权人依法声明不得利用其作品制作录音制品的，应当在该音乐作品合法录制为录音制品时即加以声明。

三、录音录像制作者与其他权利人的关系

录音录像制作者制作录音录像制品时，如果需要使用他人的作品，应当取得著作权人许可，并支付报酬。如果使用的作品是演绎作品，则应当分别取得演绎作品的著作权人和原作品著作权人许可，并向他们分别支付报酬。

录音录像制作者制作的录音录像制品中，录有表演者的表演时，应当同表演者订立合同，并向表演者支付报酬。

被许可人经录音录像制作者许可，复制、发行、通过信息网络向公众传播录音录像制品时，还应当取得著作权人、表演者的许可，并分别向他们支付报酬。

制作者对其制作的录音录像制品是否具有合法授权应承担举证责任。发行者、出租者应当对其发行或者出租的音像制品的复制品是否有合法来源承担举证责任。举证不能的，则应承担侵权法律责任。

四、权利保护期限

音像制品制作者权的权利保护期限，各国规定不一。日本规定唱片的保护期限，从首次固定起经过20年届满。德国则规定，音像载体的保护期限从首次出版经过25年消灭，如未出版则从音像载体制作时起经过25年消灭。《罗马公约》规定，录音制品的保护期限，从被录制的当年年底开始计算，不少于20年。我国《著作权法》第41条规定，录音录像制作者权的保护期限为50年，截止于首次制作完成后第50年的12月31日。

第四节　广播组织者权

一、广播组织者权的含义

广播组织，在某些国家的定义里，是指向公众传送节目的广播或电视企业；另一些国家则将通过电缆传送节目的企业也包括在广播组织之中。

《罗马公约》中没有为广播组织下具体定义。我国《著作权法》第42条规定中，广播组织者权的主体，指被依法核准，具有法人地位和相应的广播资格，专门从事广播节目的制作，并通过无线电波、电缆传送节目信号的广播电台、电视台。企业、事业单位内部设立的，或区、村、镇设立的广播站及电视台，因不具有法人地位，不能成为我国《著作权法》规定的广播组织者权的主体。

“广播”在《罗马公约》中，指供公众接收的通过无线电波对声音或对音像进行的传播。在大多数国家，受到广播组织者权保护的客体，是“播放”。但在法国广播组织者权的保护对象，是视听传播企业的节目。“节目”指经由无线电波或电缆传送的可由公众收听、收看的声音、图像序列或音像序列。我国《著作权法》第10条规定的广播组织者权的客体，是指广播组织所制作的广播节目、电视节目。

二、广播组织者权的内容

广播组织者权，指广播组织对其制作的广播节目享有的专有权。日本规定，广播组织享有复制权、再广播权、有线广播权和电视节目的传播权等。德国规定，广播组织者还享有重播权、复制权、有偿使用广播节目权等。

《罗马公约》中规定的广播组织者权，包括：（1）有权授权或禁止转播自己的广播节目；（2）有权授权或禁止录制自己的广播节目；（3）有权授权或禁止复制未经其同意而制作的自己的广播节目的录音或录像；（4）有权授权或禁止向公众传播其制作的电视节目。TRIPS协议中则规定，“广播组织应有权禁止未经同意而进行的下列行为：录制、对录制品的复制、通过无线广播手段重新播放，以及通过电视播放将这样的内容送达给公众。”

我国《著作权法》第42条规定的广播组织享有的邻接权内容均为财产权，其中不含人身权。主要是：

1. 许可他人播放其广播节目、电视节目权

广播组织，既可以用自己创作的作品、音像制品制作节目，也可以用他人的作品、音像制品制作节目。前种情况下，广播组组织既是所制作节目的邻接权人，又是其著作权人。而后种情况下，广播组织只能对其制作的节目享有邻接权。

广播电台、电视台为制作用于播放的节目，需要购置昂贵的设备，耗费大量的财力、人力。为确保广播组织对其制作的节目的排他控制权，广播组织播放其他广播组织制作的节目时，须经制作节目的广播组织的许可，并向其支付报酬。制作节目的广播组织，有权禁止任何未经许可的播放行为。

2. 许可他人转播其播放的广播节目、电视节目权

为进一步保护广播组织的权利，1974 年在布鲁塞尔签订了《关于播送由人造卫星传播有节目的信号的公约》（简称《卫星公约》），参加国有德国、意大利、墨西哥、肯尼亚等少数国家。《卫星公约》第 2 条第 1 款、第 4 条和第 23 条规定，要求各缔约国保证采取适当的措施，防止任何播送在该国领土上，或从该国领土上播送任何发射的或通过人造卫星发射的，但并非为了提供给他们的载有节目的信号。但转播时事新闻、简短摘录的转播、发展中国家为了教育及科研目的的转播，均不受该公约的限制。卫星直接向收音机或电视接收机播送信号的不适用该公约。目前，我国尚未参加《卫星公约》。

转播其他广播组织播放的节目时，须经播放该节目的广播组织许可，并向其支付报酬。播放被转播节目的广播组织，有权禁止任何未经许可的转播行为。

3. 许可他人录制、复制其播放的节目权

将广播组织播放的节目在音像载体上录制后的音像载体，可以被其他广播组织或社会公众通过录音机、录像机等设备或广播，或在任意的时间、地点被随时再现、播放。这将极大地威胁广播组织的播放权、转播权的实现，因此，有必要设立此项邻接权内容，对他人录制广播节目的行为加以规范，对广播组织的权利予以保护。

任何个人、单位、广播组织录制其他广播组织制作的广播节目，均需经制作节目的广播组织许可并向其支付报酬。制作节目的广播组织有权禁止任何未经许可即擅自录制其制作的广播节目的行为。

广播节目被录制后的音像载体为录音制品或录像制品，该音像载体的复制品，亦可用于广播节目的再现、播放，因此，制作节目的广播组织，对这种音像载体的复制品，同样享有专有使用权以及禁止权、获得报酬权。

4. 使用已出版的录音制品的法定许可权

广播电台、电视台播放已经出版的录音制品，可以不经著作权人的许可，但应当支付报酬，当事人另有约定的除外。我国《著作权法》第 43 条规定，使用已出版的录音制品支付报酬的办法，由国务院另行规定。但迄今为止，国务院还没有做出相应规定。

三、广播组织者与其他权利人的关系

广播组织者制作广播节目时，需使用作品、音像制品，聘请表演者进行表演。它在享有广播组织权的同时，必须尊重、保护和实现其他著作权人、邻接权人的合法权益。因此，广播组织者与其他权利人的关系，是：(1) 广播是作品发表的一种方式，所以广播组织播放他人未发表作品，应当征得著作权人的许可，并支付报酬。(2) 广播组织以法定许可方式播放他人已发表作品时，应当自使用该作品之日起 2 个月内向著作权人支

付报酬，并需指明使用的作品名称、作者姓名，并不得侵犯著作权人的其他权利。(3) 广播组织以法定许可方式播放已经出版的录音制品时，应当自使用该作品之日起2个月内，向著作权人支付报酬，当事人另有约定的除外。而且，播放时需指明使用的作品名称、作者姓名，并不得侵犯著作权人的其他权利。(4) 电视台播放他人的电影作品和以类似摄制电影的方法创作的作品、录像制品，应当取得制片者或者录像制作者许可，并支付报酬；播放他人的录像制品，还应当取得著作权人许可，并支付报酬。(5) 广播组织聘请表演者制作广播节目，应当同表演者签订表演合同，并向表演者支付报酬。当表演属于戏剧、杂技、大型文艺晚会等有众多表演者时，广播组织可与表演活动的组织者签订表演合同并向其支付报酬。

四、广播组织者权的保护期限

各国关于广播组织者权的保护期限规定不尽一致。日本规定为20年，法国规定为25年，《罗马公约》中规定至少应当20年，TRIPS协议的规定与《罗马公约》相同。我国《著作权法》第44条规定，广播组织者权的保护期为50年，截止于该节目首次播放后的第50年的12月31日。

第五节　出版者权

一、出版者权概述

邻接权保护的对象包括图书、报刊出版者的权利，是我国邻接权制度的中国特色之一。大多数国家未把其列入邻接权对象，《罗马公约》规定的邻接权对象，也不包括出版者权。我国修订前的《著作权法》第30条，还曾经创造性地赋予图书出版商以专有出版权。

著作权人很难自行出版作品，一般将其作品交由出版商出版。出版商往往通过精美的装帧设计、新颖独特的版式设计、精良的包装，来促进作品的发行量。

与表演者、音像制品制作者、广播组织者不同，出版者在编辑、复制、发行他人作品的过程中，对作品的内容、表达形式等不能进行任何修改、改编等演绎创作活动，所以各国均不将其列入邻接权保护对象，而是通过出版法、合同法等保护出版者的权利义务，出版者享有的任何权利均不属于知识产权范畴。

我国《著作权法》修订后，取消了图书出版者的图书法定专有出版权，但仍然将出版者权作为处于第一位的邻接权，体现了立法者对出版者权予以保护的高度重视。

事实上，出版者的权利是否应当通过著作权法给予保护，迄今为止仍是知识产权法领域应当探讨并且正在争议的热点问题之一。

二、出版者权的含义

出版者权，是指图书、期刊、杂志、电子出版物等的出版者，对其出版的作品、制品所享有的一系列权利的统称。

出版，指将作品或音像制品的原件或其复制件复制成多份，以提供社会公众使用的行为。出版的对象，一般是以文字、图案、线条、代码、数字等表示的作品，或音像制品。出版者权的主体，为具有法人地位及相应出版资格的出版社、期刊社、报社、杂志社等出版单位，个人一般不能成为我国的出版者权主体。

出版者权的客体，为出版者对其出版的图书、期刊、杂志、音像制品、电子出版物所享有的出版权、版式权、装帧设计权等。不同的出版者能够享有的出版者权内容各不相同。

出版者权的取得根据是出版合同。出版合同又被称为出版许可证，即著作权人、音像制品制作者、广播组织等主体，将其作品、音像制品、广播节目的复制权、出版权授予出版者行使的合同。任何没有经权利人的授权又没有法定理由而擅自出版受著作权、邻接权保护的对象的行为，都是应予禁止的侵犯著作权或邻接权行为。

三、出版者权的内容

1．出版权

（1）图书出版者的出版权。

图书出版者权的主体是被授予图书出版资格的出版社，如法律出版社、四川大学出版社等。客体是对其经授权合法出版的图书的出版行为。在我国众多出版者中，只有图书出版社有权出版各种图书，其余的出版者均不能出版图书。著作权人将其作品的出版权，通过出版合同授予图书出版社，图书出版社其即取得了该作品的合法出版权。

图书出版者对著作权人交付出版的作品，是否享有专有出版权则由图书出版合同具体约定。出版合同中有授予图书出版者专有出版权的明确约定，图书出版者享有所出版图书的专有出版权并受法律保护，他人不得出版该作品，被许可人有权排除包括著作权人在内的任何人以同样的方式出版该作品；除非合同另有约定，被许可人许可第三人行使同一权利，必须取得著作权人的许可。凡出版合同中，没有关于授予出版者专有出版权的约定的，或虽有约定但约定不明的，图书出版者都不得享有所出版图书的专有出版权。

我国《著作权法》第 35 条规定，在一份出版合同中，著作权人授予图书出版者的专有出版权期限不得超过 10 年。若 10 年专有出版权期限届满，著作权人认为有必要继续授予该图书出版者专有出版权的，需另行签订出版合同。

（2）报社、期刊社等出版者的出版权。

报社、期刊等出版者，不能享有作品的图书出版权，享有的是作品稿件刊登权，即以报纸、期刊、杂志形式出版作品。其所刊登的作品稿件，来源于作者自行投稿或出版者向作者的约稿。

有时作者向报社、期刊社投稿后，长期得不到是否采用其稿件的任何消息，致使某些时效性、新闻性较强的作品，因时过境迁丧失了发表价值。为保证作品的及时出版，有些作者将其作品同时投向多家期刊社、报社、杂志社，而报社、期刊社为提高其出版物的权威性、严肃性、新闻性，出版作品的选题或创作手法的新颖性、时效性，保护其出版物的市场荣誉或地位，往往严格禁止“一稿多投”现象，甚至集体“封杀”进行“一稿多投”的作者的其他作品。

对于此类纠纷，我国《著作权法》第 32 条规定，著作权人向报社、期刊社投稿的，自稿件发出之日起 15 日内，未收到报社通知决定刊登的，或者自稿件发出之日起 30 日内未收到期刊社通知决定刊登的，可以将同一作品向其他报社、期刊社投稿，不被视为“一稿多投”。但是，双方另有约定的除外。

2. 版式、装帧设计的专有使用权

版式，是指出版者对其出版的图书、报纸、期刊，在刊登作品时使用的开本、字体、字型、篇章结构安排等。装帧设计是指图书出版者对其出版的图书封面、封底、护封所做的美术装潢设计，以及报社、期刊社、对其出版的报纸、期刊、杂志所使用的刊头、版面、封面、封底、插页等美术装潢设计。

由于各个出版者设计、使用的版式、装帧设计各具特色，使得公众能够将出版同一作品或同类作品的出版者加以区别，不致混淆，进而得以自行选择所消费的出版物。

各出版者对其设计、使用的版式、装帧设计享有专有使用权，出版者有权许可或者禁止他人使用其出版的图书、期刊的版式设计。其他出版者若使用受专有使用权保护的出版者的版式、装帧设计，则必须经专有权人许可，并向其支付报酬。

在全球范围内层出不穷的“盗版”行为中，往往在侵犯著作权人著作权的同时，还构成对图书出版权或专有出版权或版式、装帧设计专有使用权的侵犯。

版式、装帧设计的专有使用权的保护期为 10 年，截止于使用该版式设计的图书、期刊首次出版后第 10 年的 12 月 31 日。

3. 修改权

(1) 图书出版者的修改权。

图书出版者经作者许可，可以对出版的作品进行修改、删节。这种规定与著作权人的修改权、保护作品完整权并不矛盾。仅就一部作品能否达到出版的要求而论，出版者往往比作者更有发言权。

出版者为履行向社会负责的义务，在图书出版周期较短情况下，在经作者授权同意且不歪曲、改变作者原意，不破坏作品完整性的前提下，有必要对不符合出版要求的作品在结构、文字以及各种符号方面，进行必要的修改、加工与删节，但不能涉及到实质性内容的修改。如果图书出版周期较长，这种修改、删节工作，最好由作者自行进行。

(2) 报社、期刊社的修改权。

报社、期刊社因出版版面有限，且出版的作品往往具有较强的时效性和较短的出版期，未经著作权人许可，可对出版的作品进行不属于实质性的、纯编辑意义上的文字性修改，诸如错别字的校正、段落、提行的处理等。任何可能涉及到作品实质性内容的修改，都须经作者同意并授权方可进行。

4. 法定许可使用作品权

作品刊登后，除著作权人声明不得转载、摘编的外，其他报刊可以转载或者作为文摘、资料刊登，但是，应当按照规定自使用该作品之日起 2 个月内，向著作权人支付报酬。

转载时，需注明作品名称、作者姓名及作品出处，并不得侵害著作权人的其他著作权。应当注意，作者事先发表过未经许可不许使用的声明的除外。著作权人依法声明不得转载、摘编其作品的，应当在报纸、期刊刊登该作品时附带声明。

四、出版者与相关权利人的关系

出版者出版作品，应当与著作权人签订书面《出版合同》，但报社、期刊社刊登作品的除外。著作权人应当按照合同约定期限交付作品。

出版改编、翻译、注释、整理、汇编已有作品而产生的作品，应当取得改编、翻译、注释、整理、汇编作品的著作权人和原作品的著作权人许可，并支付报酬。

图书出版者应当按照合同约定的出版质量、期限出版图书。图书出版者不按照合同约定期限出版，应当依照我国《民法通则》、《合同法》、《著作权法》等法律法规的规定，承担民事责任。图书出版者重印、再版作品的，应当通知著作权人，并支付报酬。著作权人寄给图书出版者的两份订单在6个月内未能得到履行，视为图书脱销。图书脱销后，图书出版者拒绝重印、再版的，著作权人有权终止合同。

出版者将著作权人交付出版的作品丢失、毁损，致使出版合同不能履行的，依据我国《民法通则》、《合同法》、《著作权法》等法律法规的规定，追究出版者的违约责任。

出版者对其出版行为的授权、稿件来源和署名、所编辑出版物的内容等，未尽到合理注意义务的，应当承担侵害著作权的赔偿责任。

出版物侵犯他人著作权的，出版者应当根据其过错、侵权程度，以及损害后果等承担民事赔偿责任。出版者对其出版具有合法授权应当承担举证责任，举证不能的，则承担相应的侵害著作权的法律责任。出版者尽了合理注意义务，著作权人也无证据证明出版者应当知道其出版涉及侵权的，出版者承担停止侵权、返还其侵权所得利润的民事责任。出版者所尽合理注意义务情况，由出版者承担举证责任。

计算机软件用户，未经许可或者超过许可范围，商业化使用计算机软件的，依据我国《著作权法》、《软件条例》等法律法规的规定，承担侵害著作权的民事责任。

思考题

1. 简述邻接权与著作权的区别与联系。
2. 为何要保护表演者的邻接人身权和邻接财产权？请说明理由。
3. 录像制作者都享有录像作品与录像制品的邻接权吗，为什么？
4. 广播电视组织者，享有哪些邻接权？说明具体内容。
5. 简述出版者的权利内容以及出版合同的特点。
6. 叙述《罗马公约》、《卫星公约》和《录制条约》的具体内容。

学习资料指引

1. 吴汉东：《知识产权法》，中国政法大学出版社，2001年版。
2. 刘春田：《知识产权法》，高等教育出版社、北京大学出版社，2000年版。
3. 郑成思：《知识产权法》，法律出版社，2001年版。
4. 张楚等：《电子商务法案例分析》，中国人民大学出版社，2002年版。
5. 孙新强等译：《美国版权法》，中国人民大学出版社，2002年版。
6. 郑成思：《TRIPS协议逐条讲解》，法律出版社，2001年版。

参考法规提示

1.《中华人民共和国著作权法》，第3章～第5章。
2. 国务院《计算软件保护条例》(2001年12月20日)，第2章～第3章。
3.《中华人民共和国著作权法实施条例》(2002年8月2日)，第23条～第35条。
4.《最高人民法院关于审理著作权民事纠纷案件运用法律若干问题的解释》(2002

年10月12日)。

5. 国务院《实施国际著作权条约的规定》(1992年9月25日),第13条~第18条。

6. 国家版权局《关于制作数字化制品的著作权规定》(2000年3月1日),第1条~第9条。

7. 国家发展改革委办公厅《关于音乐著作权使用费问题的复函》(2003年11月24日),第1条~第2条。

8. 世界贸易组织《与贸易有关的知识产权协议》(即TRIPS协议),

第二部分 关于知识产权的效力、范围及使用的标准第1节版权与相关权利;

第四部分 知识产权的取得和保持及相关程序即第62条。

第三十四章　专利权

【阅读提示】　本章的重点是发明、实用新型、外观设计的定义与特征，授予专利的条件，以及专利权的内容等。学习者通过掌握外观设计与发明、实用新型专利的本质区别，了解我国专利制度的实质。本章的难点是，“专利权三性”条件的判断及专利保护范围的确定；当专利权的期限到来后，专利的性质发生了什么样的改变。

第一节　发明、实用新型及外观设计

发明创造，一般指人类在利用自然法则、自然规律改造自然界活动中所形成的技术解决方案，是专利法的保护对象。我国专利法保护的发明创造，包括发明、实用新型、外观设计。所有国家都毫无例外地将发明列为专利权的保护对象，有些国家还包括实用新型。但世界上的绝大多数国家，都不认为外观设计属于专利法的保护对象，一般通过专门的外观设计法对外观设计专有权给予法律保护。

一、发明

（一）发明的概念及其特征

发明是世界各国专利法均予以保护的发明创造。日本《专利法》规定：“发明是指利用自然规律的，具有高度创造性的技术构思。”美国《专利法》规定：“发明为任何新颖而适用的制法、机器、制造品、物质的组成，或者任何新颖而适用的改进方案”。世界知识产权组织（WIPO组织）1979年公布的《发展中国家发明专利示范文本》中规定：“发明是发明人的一种思想，是利用自然规律解决实践中各种问题的技术方案”。

我国《专利法》第2条规定：“本法所称的发明创造是指发明、实用新型和外观设计。”《中华人民共和国专利法实施细则》（简称《专利法细则》）第2条规定，“专利法所称发明，是指对产品、方法和或者其改进所提出的新的技术方案。”根据这些定义，发明的特征是：

1. 发明是一种技术方案

技术方案，指在利用自然法则和自然现象基础上，发展而来的各种涉及生产技能、生产工艺的操作方法，以及涉及利用这些技能、方法所生产的各种产品的设计方案，包括工具、设备、物质、生产方法等等。

如果发明创造所具有的新的特征没有解决技术问题或产生技术目的，这种新的特征就不是技术特征，这种特征的集合就不属于技术方案。

2. 发明是利用、符合自然法则的技术方案

技术方案的设计目的，是为了完成特定的技术任务，解决特定的技术问题，因此必须是符合自然规律，利用自然法则去改造自然界的结果，否则，不属于专利法意义上的发明。诸如永动机一类的技术方案，因其根本违背了自然法则、自然规律必然不能实现

预定的技术目的，因而不能构成发明。

3．发明指已经完成的技术方案

专利法意义上的发明，必须是一种具体的、已经完成的，并能够在生产实践中具体实现的技术方案。这里“具体”的含义，是指发明不仅能够在生产实践中加以应用，而且，可以进行重复再现的工业化生产实施。

技术方案如果尚未最后完成，发明人预定的技术目标、发明目的就不能得到完全实现。各种尚未完成的技术方案，因无法在工业化生产中得到具体实现，也是专利法所保护的发明。

4．发明是一种新的技术解决方案

作为受专利法保护的发明，还要求其技术方案，与专利申请日之前的该技术领域内的各种已有技术方案相比较而言，有所区别，有所不同，有所差异，有所创新。正是由于这种区别、差异或创新，才能使发明产生新的技术效果，或完成新的技术功能，或提高了产品的经济效益。对新方法、新产品或者其改进的实施，不仅可以丰富、满足人们日益增长的物质生活需求，而且直接促进、推动了社会文明发展与科学技术进步。

（二）发明的种类

依照不同的分类标准，可以对发明进行不同分类。

1．按照发明的技术方案是否已完成，可以将发明划分为已完成发明或未完成发明

专利法所保护的发明，只能是已经完成的发明。已完成的发明，指发明已初步实现了预定的技术目的，完成了初步的完整的技术构思，但并不要求发明的技术方案属于完美无缺的最佳方案，也不要求发明所达到的技术指标、技术性能是最好的或是尽善尽美的。

2．按照参加发明的人数多寡，可将发明划分为独立发明或合作发明

若发明的技术方案，由一个发明人独立完成称之为独立发明。若两个以上的发明人都对发明的技术方案做出了创造性技术贡献，则该发明称之为合作发明。独立发明或合作发明都是我国《专利法》的保护对象。

3．按照发明对促进科技进步的意义，可将发明划分为开拓性发明或改进性发明

开拓性发明，指该发明的实施将开拓出一个全新的科学技术领域，或催生出一个全新的产业部门。我国历史上的“四大发明”在当时的历史条件下，均属于开拓性发明。各国专利局经研讨达成的共识是，至上一世纪可供开拓的发明领域已基本开发穷尽，二十世纪唯一的开拓性发明为磁悬浮技术，其他发明均属于对现有技术方案进行改进、选择、组合而形成的改进性、选择性、组合性发明。

4．按照发明选择的具体方式，可划分为改进性发明、选择性发明和组合性发明

选择性发明，是指通过对现有技术中存在的若干发明要素，进行不同的选择而构成。如通过对各生产步骤、具体工艺参数的具体选择所组成的新的生产方法。

组合性发明，是指将现有技术中存在的若干技术特征进行重新组合而形成的发明。如汽车使用的各种零部件都是已有技术，将其组合在一起后构成了汽车。改进性发明，指对现有技术中的某些技术特征进行了改进所形成的发明。

改进性发明必然会产生诸如克服现有技术中的缺陷或不足，或具有了新的技术功能或技术效果，或提高了产品经济效益等等技术效果。

事实上，选择性发明、组合性发明的本质仍属于改进性发明。

5．按照发明之间存在的相互关系，可将发明划分为基础发明及改进发明

改进发明，是对基础发明的某些技术特征进行改进而形成的，使基础性发明的某些技术指标得到改善、技术性能得以改进，或使其使用效果、经济效益得以提高的发明。改进性发明在技术上，必然比基础性发明先进，但在实施时必须依赖于基础性发明的实施。

改进性发明的实施对基础性发明具有依赖关系，改进性即使被授予了专利权，专利权人在实施其专利时，也必须获得基础性发明专利权人的许可，其专利实施行为才合法。

6．按照发明实现的主要技术功能，可将发明划分为方法发明、产品发明、用途发明

方法发明，指涉及改变物质状态的手段、步骤的技术方案。如某种产品的制备方法、彩色显像粉的配制方法等。方法发明的对象，既可是一种全新的步骤、手段，也可是对现有方法中的某一部分步骤、手段，进行了改进或重新组合或重新编排选择而构成。

产品发明，是涉及各种有形的制品、物质之构造的技术解决方案。构造可以是宏观的机械构造，如关于各种设备、机器、仪器、仪表、物品的产品发明，也可以是微观的原子构造、分子构造，如属于原子构造的各种化学合成物产品、各种液态产品、各种气态产品，属于分子构造的各种化学混合物产品、各种粉末状产品等。

用途发明，指利用已有产品开辟了一个全新的用途。如将用于诊断生物体疾病的诊断工具听诊器用于观察树木内部的虫蛀状况的发明，将用于治疗心血管疾病的药品weilgon（俗称“伟哥”）用于治疗男性不育症的发明等，都属于用途发明。我国《专利法》可保护独立的产品发明或方法发明，用途发明不属于独立专利保护对象，但能依存于产品发明或方法发明中，附带受到保护。

7．按照发明对象的创造性高度不同，可将发明划分为大发明和小发明

创造性高度较高的发明为大发明，创造性高度较低的发明为小发明。受各国专利法保护的发明一般要求具备比较高的创造性。我国为充分鼓励人民群众的发明创造积极性，保护他们的发明热情，针对我国技术革新、技术改造的任务将长期存在的具体国情，专门设立了实用新型专利，以保护某些创造性高度比较低的适于实用的产品类小发明。

8．按照发明是否受托完成，可将发明划分为委托发明和自由发明。

委托发明，是由委托人提供发明资金等物质技术条件，由受托人按照委托人提出的具体任务、目的、技术指标等要求完成的发明。在委托发明中，委托人对发明并不付出创造性智力劳动，而由受托人从事具体技术方案的设计等创造性智力劳动。

自由发明，指发明人依靠自己的物质技术条件，自行设定发明任务、目的、技术指标而完成的发明。

9．按照发明与本职工作的联系，可将发明划分为职务发明与非职务发明。

职务发明，是执行本单位工作任务，或主要利用本单位的物质技术条件所完成的发明。

“执行本单位的工作任务”，指：（1）在履行本职工作中所完成的发明；（2）履行本单位交付的本职工作之外的任务中所完成的发明；（3）退职、退休或者调动工作后一年内，做出的与其在原单位担任的本职工作，或者原单位分配的任务有关的发明。

“主要利用了本单位的物质技术条件”，指主要利用了本单位的资金、设备、零部件、原材料，或者不对外公开的技术资料。一般认为，本单位的物质技术条件对发明而言是必不可少的、关键的或不可替代的，方构成“主要利用”。

以上发明分类法，也同样适用于实用新型及外观设计。

二、实用新型

（一）实用新型的概念及特征

我国《专利法》第 2 条所称的实用新型，是指对产品的形状、构造或者其结合所提出的适于实用的新的技术方案。

对实用新型给予法律保护，最早见于 1891 年德国的《实用新型保护法》。因德国早期的《实用新型保护法》保护的对象是“模型”，仅仅保护具有固定立体形状的某种产品，因而迄今为止，凡将实用新型列为法律保护对象的国家，均不对平面产品或无立体固定形状的产品给予实用新型保护，诸如粉末态产品、液态产品、气态产品等，在各国都不属于实用新型的保护对象。

目前，对实用新型给予法律保护的国家包括德国、日本、西班牙、澳大利亚、韩国、法国、秘鲁等 30 余个，我国台湾地区也保护实用新型。其中，德国、日本、韩国等通过专门立法对实用新型给予法律保护，多数国家将实用新型与外观设计合并在同一部法律中给予保护，少数国家将其作为专利法的保护对象之一加以保护。我国即采取最后一种立法模式。

我国《专利法》第 2 条保护的实用新型，应具备如下特征：

（1）实用新型是一种技术方案。与发明一样，实用新型是人们为解决具体技术问题所采取的，利用了自然法则、自然规律的技术特征的集合。如果产品的单纯形状改变解决了技术问题，可以产生技术性能、技术功能方面的变化，这种形状改变就属于技术方案。

（2）实用新型是具有形状、构造或者其结合的产品的技术方案。实用新型保护的技术方案，只涉及产品的形状、构造或者其结合。所以，涉及方法、用途的技术方案，单纯替换了产品制造材料的技术方案，用不同工艺方法制造的具有相同形状、系统构造的技术方案等，都不是实用新型的保护对象。实用新型的产品构造，可以是构成产品的零部件的相对位置关系的机械构造，也可以是构成产品的元器件之间确定的连接关系的线路构造，也可以是产品的氧化层、渗碳层等复合层构造等。

（3）实用新型涉及的产品，必须是通过人眼能直接观察到其形状或构造的立体产品。所以，实用新型不包括无确定形状的液状产品、气状产品、粉末状产品、颗粒状产品，以及各种以平面设计为特征的产品如棋、牌等。

（4）实用新型涉及的产品，必须是适于实用的产品。各种不便于日常生活使用的，不可移动的大型土木工程、建筑物等产品，都不属于实用新型的保护对象。

（5）实用新型是一种新的技术方案。实用新型涉及的产品与申请日前的现有技术相比，必须具有区别特征，是通过人眼能直接观察到其形状或构造，或者其结合具有不同于已有产品的新产品，且这些新的技术特征可以产生技术上的效果。

（二）实用新型与发明的比较

实用新型与发明比较，二者之间的主要区别在于：

1. 保护对象不同。发明即可保护方法，也可保护产品及其特定用途；但实用新型，仅适用于发明所保护的一部分产品，不能适用于发明所保护的一切产品类型。

2. 创造性要求不同。发明要求的创造性高度比较高，而实用新型要求的创造性高度则比较低。

3. 审查程序不同。发明在授予专利权之前，其申请必须经国家专利主管机关进行严格的全面审查，包括形式审查和实质审查。尤其是着重对新颖性、创造性、实用性等专利性条件进行仔细的、全面的严格审查，经审查合格后，方能被授予专利权。而实用新型只需对其申请进行初步审查，即可授予专利权。在初步审查中，不包括新颖性、创造性、实用性等专利性条件的审查。实用新型所要求的“三性”条件，留待专利权授予后，公众提出无效宣告请求时，才在无效宣告请求的范围内审查“三性”条件。

4. 保护期限不同。发明专利的保护期限比较长，各国规定不同，一般在7年～20年不等，我国《专利法》第42条规定的保护期为20年，自申请日起开始计算。而实用新型的保护期则相对较短，一般在3年～10年，我国保护10年，自申请日起开始计算。

三、外观设计

外观设计保护制度，始于1711年法国里昂市为保护该市的丝绸织品图案而制定的规定，至1806年法国已建了比较完善的外观设计保护法律制度。

1843年英国颁布了《外观设计版权法》（*Design Copyright Acts*）。《巴黎公约》中规定，成员国有义务对外观设计提供法律保护，但对采取什么样的保护方式则未做出具体规定。有的国家，如日本将外观设计通过专门的立法加以保护，有的国家将其作为著作权法的保护对象，有的国家通过反不正当竞争法提供保护，而有的国家则将其列为专利法的保护对象，如中国、美国等。

（一）外观设计的概念及其特征

我国《专利法》第2条中的外观设计，指对产品的形状、图案或者其结合，或者产品的形状、图案、色彩或者其结合所做出的富有美感的新设计。作为专利保护对象的外观设计，具有的特点是：

1. 外观设计必须以产品为依托

所谓外观设计以产品为依托，是指我国《专利法》第2条所保护的外观设计，必须是针对具体的产品外观而进行的设计，不存在脱离了具体产品的外观设计。

如果一项外观设计离开了具体的工业产品，它只能作为美术作品受到著作权法的保护。例如，具有同样国画图案的手绘图案丝绸围巾，即使由同一个画师手绘而成的构思完全相同的两幅图案，第二幅也不可能完全不失真地再现第一幅，只能看起来大致相同。这种手绘图案的围巾不具有工业生产中的重复再现性，只能作为一种具有实用价值的美术作品，受到著作权法的保护。但若将画师手绘的图案进行制版后再印刷在丝巾上，丝巾就成为通过工业生产重复再现的产品，印刷有手绘图案的丝巾，就成为属于专利法所保护的含有外观设计的产品，可以被授予专利权。

2. 外观设计以产品的形状、图案、色彩为构成元素

外观设计的独立设计要素，为形状、图案、色彩、造型等，产品的形状不同，或图案不同，或形状与图案的结合不同，都可以构成独立的外观设计。外观设计既可以是二维平面的，也可以是三维立体的。

例如六角形铅笔与圆形铅笔相比，六角形笔杆外缘的设计，具有增加铅笔与桌子的接触面及摩擦力，减少铅笔在桌面上的滚动机会，直接增加铅笔的使用寿命，间接提高铅笔使用者的经济效益等技术效果，因此，铅笔杆外缘的六角型造型，可以是构成铅笔技术方案的技术特征之一受到实用新型的保护，也可以是作为铅笔的外观受到外观设计保护。

3. 外观设计以满足视觉的美学欣赏为目的

外观设计对“美感”的要求，并不苛求，只要有一部分公众认为该外观设计是具有美感的，且其不违反社会公德与社会秩序的，该外观设计就足以满足“富有美感”的法律要求。

3. 外观设计必须能够在工业上应用

在有些国家，外观设计被明确称为工业品外观设计或工业设计（Industrial design）。这里的“工业”涵义应做广义的理解，不仅包括传统的各种工业部门，也包括交通业、运输业、农业、渔业等其他产业部门。这里的“在工业上应用”，是指外观设计能够通过工业化生产被重复制造、重复再现，即外观设计能够通过工业生产被大量复制制造。因此，凡采用世界上独一无二的材料制作、以手工劳动制作、以天然材料制作的产品外观设计，都具有不可重复再现的特点，不能受到外观设计的保护。

四、外观设计与实用新型的比较

外观设计与实用新型比较，它们之间的差别非常明显。主要是：

1. 受到保护的先决条件有别

实用新型的保护对象，由产品的全部必要技术特征构成，该技术方案能否受到实用新型保护，主要取决于其技术特征能否产生新的技术功能、技术效果。而外观设计获得保护的先决条件，是产品具有美感，但与该外观设计中的设计要素，是否会使产品产生新的技术功能、技术效果无关。

2. 部分专利性条件不同

(1) 新颖性要求的不同：

专利申请日之前的已有技术可通过申请日前的国内外公开出版物、国内公知公用技术、抵触专利申请等方式，破坏实用新型的新颖性；而在申请日前已在国内以其他方式为公众所知和抵触申请的存在，则不会破坏外观设计的新颖性。

(2) 创造性要求的不同：实用新型要求与申请日前的已有技术相比，具有特点和进步，该外观设计则要求与申请日前已有的外观设计不相近似，且没有侵犯他人的在先合法权益。

(3) 美感要求的不同：外观设计要求必须具有美感，实用新型则根本无此要求。

3. 受到法律保护的实施行为不同

实用新型受到法律保护的实施行为。比较宽泛，包括制造、使用、销售、许诺销售、进口等方式。而外观设计受到法律保护的实施行为，则比较狭窄，仅包括制造、销

售、进口等方式。已落入实用新型的全部必要技术特征的各种不同的具体实施方案，实用新型专利权人都有权禁止未经许可的实施；但外观设计专利权人，仅有权禁止在相同的产品上使用相同或相近似的外观设计擅自实施。

第二节　专利权人

专利权的主体，又称为“专利权人”，指有权获得或享有专利权的人。

从界定其特征和产生原因等角度，可以根据不同的分类标准，将专利权人进行如下分类：

（一）按照专利权的取得方式，可划分为原始专利权人与继受专利权人

原始专利权人是指基于申请专利而获得专利权的人。在我国包括发明、实用新型技术方案的发明人及外观设计的设计人。根据法律的规定或者合同的约定，取得专利申请权、专利权的人，既可以是自然人，也可以是发明人或设计人所在的单位。

1．发明人、设计人

发明人指对具体所完成发明创造的技术方案，做出了实质性智力贡献的人。设计人，则指对产品的外观设计，做出了实质性智力贡献的人。发明人是针对发明、实用新型而言，设计人是针对外观设计而言。出于讨论问题的方便，课程中将完成发明创造的人统称为发明人，不再具体区分发明人、设计人。

专利法中所称的发明人，应当具备如下基本特征：

（1）发明人必须是自然人。

一般而言，只有自然人才能够进行智力劳动，并因此产生智力劳动成果。《专利法》中的发明人，只能是一个或若干个具体的自然人，不允许诸如“××课题组”、“××攻关组”、“××研究所”、“××大学”等单位、组织为发明人，也不能被视为发明人。

（2）发明人必须是对发明创造的实质性特点，做出了创造性贡献的人。

按照我国《专利法》第6条的规定，只有对发明创造的实质性特点，做出了创造性贡献的人才是发明人。

非职务发明创造的专利申请权属于发明人。由发明人享有专利申请权的，当其提出的专利申请被批准授予专利权后，申请人成为专利权人。在职务发明创造情况下，当发明人与其所在单位就发明创造的专利申请权或专利权归属，有过明确约定时从其约定，发明人也可享有专利申请权或专利权。在委托发明创造情况下，当委托合同中没有明确约定专利申请权或专利权归属时，专利申请权或专利权归属于发明人。

2．单位

单位在特定情况下，可以享有专利申请权、专利权。在职务发明创造情况下，当发明人与其所在单位没有就发明创造的专利申请权、专利权归属做出过约定，或虽有约定但约定不明时，专利申请权、专利权归属于发明人所在单位。在委托发明情况下，当委托合同中明确约定专利申请权、专利权归属于委托单位时，委托单位享有专利申请权、专利权。专利申请权归属于单位的，当其提出的专利申请被批准授予专利权后，由该单位享有专利权，成为专利权人。单位即使享有原始专利申请权、专利权，仍无权决定是否为发明人或设计人署名、如何署名、是否属他名等问题。在专利申请文件中，须如实

记载发明人、设计人的真实姓名。

3．非发明人、设计人的自然人

根据委托合同的特殊约定，不是发明人、设计人的其他自然人，也可获得发明创造的专利申请权、专利权。但是，由约定的非发明人、非设计人的自然人申请专利时，同样应当在专利申请文件中如实记载发明人、设计人的真实姓名。

继受专利权人指通过继承、转让、接受赠与、接受遗赠等方式获得专利申请权、专利权的人，为继受专利权人。专利权的继受属于专利权的转移方式之一，法律要求其必须具备相关的有效的书面法律文书，并要求报国家知识产权局中国专利局批准，自该专利权转移事实在《中国专利公报》上登记公告之日起，专利权的继受事实方能产生对抗第三人的法律效力。

继受获得专利权时，只能继受获得其中的财产权，不能继受获得其中的发明人、设计人身份权。

（二）职务发明专利权人与非职务发明专利权人

职务发明创造，指执行本单位工作任务或主要利用本单位的物质技术条件，所完成的发明创造。职务发明创造申请专利的权利，原则上属于本单位，专利权被批准后该单位成为专利权人。这里的“本单位”既包括与发明人、设计人有固定的或长期的劳动关系、人事关系的单位，也包括与发明人、设计人有临时雇用或临时聘用关系的各种工作单位。

“主要利用本单位的物质技术条件所完成的发明创造”，包括：①在履行本职工作中所完成的发明创造；②履行本单位交付的本职工作之外的任务中所完成的发明创造；这些工作任务经常表现为与发明创造有关的一些短期性、临时性工作任务。③退职、退休或者调动工作后一年内做出的与其在原单位担任的本职工作或者原单位分配的任务有关的发明创造。职务发明创造的专利申请权、专利权归属问题，可以由发明人与其本单位进行自由约定，没有约定或约定不明时，其专利申请权、专利权，归属于本单位。

非职务发明创造的专利申请权，归于发明人、设计人，其专利申请被批准后，由发明人、设计人为专利权人。

（三）按照专利权是否与他人共有，可划分为独立权利人和共有权利人

独立享有专利申请权、专利权的人为独立专利权人，两个以上的人共同享有专利申请权或专利权的为共有专利权人。

专利权利共有情况一般发生于：（1）合作发明创造。（2）委托发明创造。按照我国《专利法》第8条的规定，在合作发明创造、委托发明创造中，可以通过合同明确约定申请专利的权利、专利权由合作方共同享有，或明确约定由委托人、受托人共同享有，专利权被批准后，他们成为共同专利权人。（3）职务发明创造。

在专利申请权共有情况下，任何一方共有人不同意申请专利，其他共有人都不能擅自单独提出专利申请；任何一方共有人未经其他共有人同意，都不能单独行使专利权；经其他共有人同意后，由一方共有人单独行使专利权所获得的财产收益，也应当在各共有人之间进行适当的分配。

当合同约定由一方当事人享有专利申请权或专利权时，未获得专利权的一方当事人对该专利技术享有无偿实施权，但未经专利权人同意仍然不得擅自许可他人使用该项专

利技术。

（四）按照申请人、专利权人的国籍，可划分为中国专利权人和外国专利权人。

专利权由中国单位或者个人享有的为中国专利权人。三资企业因其具有中国法人地位，他们也被认为是中国法人，获得专利权后也是中国专利权人。

专利权由外国单位或个人享有的为外国专利权人。为保护外国专利申请人和专利权人的合法权益，避免其因对我国法律缺乏了解而导致的申请文件缺陷，或中国专利局无法与其及时进行沟通、联系而导致期限延误等事件发生，我国《专利法》第19条规定，在中国没有经常居所和营业所的外国人、外国企业或者其他外国组织在我国申请专利的，依照其所属国与我国政府签订的协议，或者共同参加的国际条约，或者依照互惠原则在我国申请专利。但必须通过国家知识产权局指定的涉外专利代理机构办理。

（五）按照专利申请内容与国家安全的关系，可划分为国防专利权人与普通专利权人

普通专利权人的专利申请内容，一般不涉及国家安全或国家重大利益。在批准授予专利权之前，法律要求申请人将专利保护对象的全部内容，通过《中国专利公报》向公众进行详细、充分的披露。

对于涉及国家安全及重大利益，需要对其技术内容予以保密的发明创造，则由我国国防科学工业委员会内设的国防（保密）专利审查委员会负责受理，并依照国防专利的审查程序审查、批准专利。国防专利的申请内容，并不通过《中国专利公报》向全社会公开，仅在国防科工委指定的特定公众范围内公开，以满足其保密性要求，因此被称为保密专利。目前世界上大多数国家为了国家安全，均设置有国防专利制度。

第三节　获得专利权的实质条件

发明创造能否要获得专利权，必须符合我国《专利法》规定的各项条件。这些条件，可被分为实质性条件或程序性条件两大类，不符合其中任何一类条件，都不能被授予专利权。

狭义的实质性条件，一般被称为“专利性”条件，也称“专利三性”条件，指申请专利的对象是否满足新颖性、创造性、实用性的要求，也称积极条件。广义的实质性条件，除“专利性”条件外，还包括申请专利的对象是否属于专利法意义上的发明创造，是否属于授予专利权的排除领域等要求。

一、不授予专利权的对象

（一）违背法律、社会公德和公共利益的发明创造，不授予专利权

各国《专利法》中均有相似规定，但不同法律制度的国家对这些概念的理解上有所区别。在我国，只要专利申请的全部内容或部分内容，属于下述三种情况之一的，就不能被授予专利权。(1) 发明目的违背国家法律的发明创造。例如“一种自动点火、自动加热的鸦片烟吸食工具”、“一种制造伪钞的机器”等发明创造，就不能被授予专利权。(2) 发明目的违背社会公德的发明创造。例如在西方国家普遍盛行的带有暴力凶杀或者淫秽的图片、照片的外观设计等，均与我国传统的伦理道德风俗观念相背离，在我国不能被授予专利权。(3) 妨害社会公共利益的发明创造。例如，会使盗窃者双目失明或使用者因使用不慎，会导致使用者失明的“一种汽车防盗装置”，就不能被授予专利权。

但因发明创造被利用或滥用可能造成危害的则不属此列。例如对人体有严重副作用的药品、高残留量的农药、放射性诊断与治疗设备等，都不能因其存在副作用就以“妨害社会公共利益”的理由，拒绝授予专利权。

(二) 不属于发明创造范畴的不能被授予专利权

1. 科学发现

科学发现的对象是人们对于自然界中客观存在的未知物质、现象、变化过程、规律、特性等的揭示、认识。科学理论，是对自然界理性认识的高度总结，属于广义的科学发现。科学发现的对象，是自然界的客观存在，不是人们利用自然规律、自然法则去改造自然界形成的结果，所以不属于专利法保护的发明创造，不能被授予专利权。

《巴黎公约》中，明确规定各成员国应将“科学发现”作为工业产权的保护对象。但将科学发现的对象授予专有权后，必将妨碍人类充分改造自然、应用自然，会妨碍社会的整体进步，迄今为止没有任何一个国家，对公认的科学发现的对象，授予过任何形式的专有权。

2. 智力活动的规则与方法

智力活动，指源于人们的思维活动，是人们进行推理、分析、判断、记忆、识别而产生的纯智力的、抽象的活动。它必须借助于媒介载体才能间接作用于自然。这种纯智力的思维活动，不需要采用或借助于技术手段，不具备技术特征，因而不属于由技术特征构成的发明创造，各国均不授予专利权。例如：中国超级足球联赛的比赛规则、人口普查与人口统计的方法、日历的编排规则和方法等，均属此列。

计算机程序，是一种为了得到某种计算结果，而由计算机执行的代码化指令序列，也是一种数学算法的表达形式，其本质是一种智力活动的规则与方法。因而，目前世界各国均不授予专利权。但是，将计算机程序输入计算机使其与计算机硬件结合后，二者的整体就成为能用于解决具体技术任务的一个完整的技术方案，会产生技术性能和技术效果，成为可以被授予专利权的发明创造。

3. 疾病的诊断和治疗方法

疾病的诊断方法是指以人体个体、动物个体为实施对象的识别、确定病因、病灶的过程。疾病的治疗方法是指为使有生命的人体个体、动物个体恢复健康或者获得健康而进行的阻断、缓解或消除病因、病灶的过程。

目前，世界各国均不对疾病的诊断和治疗方法，授予专利权，主要理由在于：(1) 出于人道主义的考虑和社会伦理的原因，医生在选择诊断和治疗方法过程中，应当有选择各种方法的自由。对其授予专利权后，会妨碍医生有效履行救死扶伤的义务；(2) 这种诊断和治疗方法，直接以有生命的人体个体或动物个体为实施对象。由于遗传基因的变异与复杂性，人体个体之间、动物体个体之间都不具有重复再现性，因此不能在产业上进行具体利用，不具备专利法所要求的实用性。这一特点，在我国传统医学的“辩证施治”理论中表现得最为充分；(3) 一旦对疾病的诊断和治疗方法授予专利权，因其专利垄断性，必然提高了该方法的使用成本，加重了社会基本负担。

但是，用于诊断和治疗疾病而使用的各种仪器、设备、试剂、试纸等，都属于发明创造范畴，可以获得专利权。例如，各种避孕工具、培养移植胚胎的培养皿、血液体外循环机、乙肝病毒抗体检测试剂、进行 X 光断层扫描检查的 CT 机等，都可以获得专利权。

(三) 虽属于发明创造范畴，但目前我国不授予专利权

1. 动物或植物品种

专利法中的“动物”，指不能自己合成只能靠摄取自然界的碳水化合物及蛋白质来维系其生命的生物。“植物”，指可以借助光合作用，以水、二氧化碳和无机盐等无机物合成碳水化合物、蛋白质来维系生存并且不会自动移动的生物。

动物或植物品种，无论其是自然界天然存在的品种，还是经人工培育、改造后形成的人工品种，均不受我国专利法保护。在匈牙利的专利法中，对经人工培育、改造后形成的动物新品种授予专利权；在美国、巴西等国的专利法中，对经人工栽培、改造后形成的植物新品种授予专利权；但迄今为止没有任何国家对自然界天然存在的动物、植物新品种授予专利权。

TRIPS 协议规定，其成员应将经人工改造后形成的植物新品种，纳入知识产权的保护对象。1997 年 10 月 1 日，我国实施了《中华人民共和国植物新品种保护条例》(简称《植物品种条例》)，对经人工培育的或新发现的野生植物加以开发的植物新品种，以类似于专利权的保护方式，对具备新颖性、一致性、特异性、稳定性，并有适当命名的，经申请、审查后，批准权利人在 15～20 年期限内享有其植物新品种繁殖材料的商业性生产、销售、重复繁殖的专有权与禁止权。目前，《植物品种条例》的主管部门为农业部、林业部。

2. 用原子核变换方法获得的物质

原子核变换方法，包括核裂变方法及核聚变方法。用原子核变换方法所获得的物质，主要指利用加速器、核反应堆以及其他核反应装置生产、制造的各种人工核反应放射性同位素。目前世界各国均不对其授予专利权。

世界各国对用原子核变换方法所获得的物质的利用，目前军事用途多于民事用途，即使一些国家现在仅对其进行民用，但最终目的还是为军用服务。加之，用原子核变换方法获得的物质带有强烈的放射性，一旦控制不当或失去控制，超出了人类可控制的范围，其对世界环境的影响、对全人类的影响将是灾难性的。

我国核工业技术尚不发达，但发展核工业对我国的国防建设至关重要。一旦我国为其授予专利权，其他发达国家，特别是目前掌握了核心核技术的国家的有关发明创造必然大量涌入我国并垄断该技术，这不利于我国核技术和国防工业的发展。

二、新颖性

新颖性是发明创造能够被授予专利权的最基础的专利性条件，或称必要条件。凡不具备新颖性的发明创造，都不能够获得专利权，各国概莫如此。

(一) 新颖性的概念

新颖性，指在申请日以前没有同样的发明，或者实用新型，在国内外出版物上公开发表过，在国内公开使用过或者以其他方式为公众所知，也没有同样的发明或者实用新型，由他人向中国专利局提出过申请，并且记载在申请日以后公布的专利申请文件中。

授予专利权的外观设计，应当同申请日以前在国内外出版物上公开发表过，或者国内公开使用过的外观设计，不相同和不相近似，并不得与他人在先取得的合法权利相冲突。

（二）判断新颖性的标准

我国《专利法》第22条为新颖性的判断，划定了参照系及判断标准，即以专利申请日或其优先权日为新颖性判断的时间标准，以现有技术为判断的参照系。

1．现有技术界限

现有技术，指在申请日前社会公众能够得知其实质性技术内容的技术。处于保密状态的技术，由于公众不能得知其实质性内容，不属于现有技术范围。所谓的“保密状态”，既包括根据保密规则、保密协议使该技术的公开受到约束等明示保密情况，也包括在商业习惯或社会观念上，被认为应当属于由特定人承担了保密义务的默契保密情况。衡量是否属于现有技术，还与其公开的时间、地域和方式有关。

2．时间标准界限

划分是否属于现有技术的时间界限是专利申请的“申请日”，在专利申请人享有优先权情况下，则为“优先权日”。凡在专利申请日或专利优先权日前已经公开的技术都属于现有技术范围。

3．公开的方式

现有技术的公开方式，包括出版物公开、使用公开和以其他方式公开。

第一，出版物公开。出版物，指记载有现有技术实质性技术内容的各种独立的、有形的、可复制的载体表现形式，但要求有明确的、具体的发表者、出版者及公开发表或出版的时间。出版物上载明的印刷日为其公开日，只载明出版月份或出版年份的，以所载月份的最后一日或所载年份的12月31日为公开日。发明创造可通过出版物公开破坏所申请专利的新颖性。

第二，使用公开。如果通过使用产品、方法，导致了一项或多项技术方案实质性内容的公开，或者使该技术方案，事实上处于任何一个非特定人想要得知就可以得知的状态，即认为该技术方案已被通过使用公开。使用公开时以公众能够得知该产品或方法之日为其公开日。通过发明创造的使用公开，也会破坏所申请专利的新颖性。

第三，其他方式公开。为公众所知的其他方式，主要指通过口头交谈、报告、讨论、广播或电视、展览、展示、演示等其他形式，使公众能够得知发明创造实质性内容的公开方式。通过口头方式公开技术方案的以发表口头演说之日为其公开日，通过广播、电视、电影等方式公开的以其播放日或放映日为公开日，通过展示、展览、演示公开的以展品、样品展出、演示之日为其公开日。以其他方式公开只会破坏发明、实用新型专利申请的新颖性，但不会破坏外观设计专利申请的新颖性。

4．地域标准

各国专利法都对现有技术的判断，规定了地域界限。有的国家要求申请专利的发明创造应在国际范围内不属于现有技术，即要求具备“国际新颖性”；有的国家只要求在国内范围不属于现有技术，即要求具备“国内新颖性”。我国《专利法》第22条视发明创造实质性内容公开的具体方式不同，分别规定了不同的地域标准。我国专利法对出版物的公开要求具有国际新颖性，对公开使用及以其他方式为公众所知的公开（一般将这两种公开形式统称为“公知公用的公开”），则要求具有国内新颖性。

5. 抵触申请对新颖性的破坏

为保证实现专利权人的排他实施权，我国《专利法》第 31 条规定，对一项发明创造只能授予一次专利权，称为“一发明一专利原则”。为保证这一原则的实现，同时又规定，两个以上的申请人，就同样的发明创造都要求获得专利权时，专利权授予最先提出专利申请的人，称为“先申请原则”。

抵触申请是指，在“同样的发明或者实用新型，由他人向国务院专利行政部门提出过申请，并且记载在申请日以后公布的专利申请文件中”的情况发生时，因存在申请日在先的同样的专利申请，使申请日在后的专利申请不能获得专利，即申请日在先的专利申请权抵触了申请日在后的专利申请权。若在先申请的专利申请文件，一直没有在后一专利申请日之后的《中国专利公报》上进行公布，则在先申请不能构成在后申请的抵触申请，而破坏在后申请的新颖性。抵触申请只能破坏发明实用新型的新颖性，但不能破坏外观设计的新颖性。

（三）视为不丧失新颖性的公开

技术方案一旦在专利申请日前被公开，就会因丧失新颖性而不能获得专利权。为了尽快销售新产品，工商界经常举办展览会、展销会、博览会，把最新发明的产品进行展览、展示或演示。新产品在展出前，如果没有得到有效的法律保护，展出会破坏其新产品申请专利的新颖性，第三人对新产品的竞相效仿行为，就不能受到法律制裁，因而许多最新产品不愿参展。许多发明创造往往在没有申请专利前，如果通过技术会议、学术会议、技术刊物等公开了技术方案，也会使其专利申请因丧失新颖性而不能获得专利权。

为解决这一问题，《巴黎公约》规定，新发明创造在巴黎博览会上首次展出的，自展出之日起 6 个月内，在《巴黎公约》的任何一个成员国内申请专利权或商标权的，可以视为不丧失新颖性。此后，这种视为不丧失新颖性的情况，成为专利制度中的一个国际惯例。我国《专利法》第 24 条规定在下述特殊情况下，申请人在发明创造被公开后，自公开之日起 6 个月内及时申请专利的，可视为该专利申请不丧失新颖性：

（1）在中国政府主办、或者承认的国际展览会上首次展出的。中国政府主办的国际展览会，包括由国务院、国务院各部委主办或者国务院批准由其他机关或地方政府举办的国际展览会。中国政府承认的国际展览会，包括国务院、国务院各部委承认的在外国举办的国际展览会。所谓“国际展览会”，展出的展品除了举办国的产品外，还应当有来自外国的产品。

（2）在规定的学术会议和技术会议上首次发表的。规定的学术会议和技术会议，指国务院有关主管部门或者全国性学术团体组织，召开的学术会议或技术会议。但其中不包括省以下或者受国务院各部委，或全国性学术团体组织委托，或者以其他名义召开的学术会议或者技术会议。

（3）他人未经申请人同意的公开。他人未经申请人同意的公开，包括他人未遵守明示的或默示的保密义务，而将发明创造的内容非法公开，也包括他人用威胁、欺诈或者间谍活动等手段，从发明人或者申请人那里得知发明创造内容后造成的非法公开。这些情况都是违反申请人意愿的非申请人自行公开。

三、创造性

创造性，也是授予专利权的必要条件之一。一项发明创造一旦丧失了新颖性，就已经不能获得专利权。但仅仅具备新颖性还不够，还应继续具备创造性，若不具备创造性，同样不能获得专利权。

（一）创造性的概念

创造性，在不同的国家有不同的表述方法。美国专利法规定，一项发明虽然满足新颖性要求，但专利申请的内容与已有技术之间的差异甚为微小，以至于该发明在完成时对本专业普通技术人员而言，技术方案的选择是显而易见的，就不能取得专利。英国专利法规定，如果一项发明对熟知本专业技术的人而言，技术方案的选择并非显而易见的，那么，该发明应被认为包括了一个创造性步骤。法国专利法规定，发明应该是创造性劳动的结果。

《欧洲专利公约》的成员国、日本等大陆法系国家，多数使用“创造性”或“进步性”等表述方法。我国《专利法》第21条也采用了“创造性”这一表述方法。如果说新颖性的意义，在于强调申请专利的发明创造的“新”字的话，创造性的意义，则在于强调申请专利的发明创造的“难”字。

（二）创造性判断基准

创造性的衡量，一般认为属于弹性范围，存在比较大的“灰色”区域，带有强烈的主观色彩。为了保证在一个统一的法律尺度下得到相对一致的答案，努力避免专利审查员主观因素对判断结果的影响，统一审查基准，我国《专利法》第21条，为创造性也设定了法定的参照可基准。

1. 时间基准

衡量创造性的时间基准点，与新颖性相同，都是以专利申请日为准，在专利申请存在优先权的情况下以优先权日为准。判断发明创造是否具有创造性，只能与专利申请日或优先权日之前的已有技术进行比较。

2. 已有技术基准

判断创造性的已有技术，包括在专利申请日或优先权日之前，已在国内外出版物上公开发表的、在国内公开使用的，或以其他方式为公众所知的技术。但抵触申请不列入判断创造性的已有技术范围。

3. 所属领域的普通技术人员水平基准

专利法要求在判断创造性时，以所属领域的普通技术人员的知识和能力进行评价，而非专家的技术水平或非技术人员的技术水平。这种技术人员也被简称为“本领域的技术人员”。专利法假定这种技术人员知晓专利申请日或优先权日之前发明创造所属技术领域内的所有的普通技术知识，能够获知该领域内所有的现有技术，并且具有应用申请日之前常规试验的手段和能力，但他不具有任何创造能力。但在现实生活中，不可能存在这种既有广博的知识背景又没有任何创造能力的技术人员，他属于法律上虚拟的一种标准人员。

（三）创造性参考判断基准

在下列情况发生时，通常不需经过复杂的判断过程，各国专利审查员均认为这种发明具有创造性，因此，可以作为一种实用的创造性辅助判断标准。

(1) 开拓性发明创造。开拓性发明创造，也称首创性发明创造，是一种全新的在技术发展史上，没有过先例的技术解决方案，可以为人类科学技术的发展开创新纪元。我国古代的“四大发明”，均属于当时历史背景条件下的开拓性发明创造。但在现今科技高度发达的背景下，可供开拓的技术领域已基本开拓完毕，所以开拓性发明可谓凤毛麟角。

(2) 解决了人们长期渴望解决但一直解决不了的难题的发明创造。如果经发明人的努力，解决了人们长期渴望解决的这一技术难题，其创造性是显而易见的。

(3) 克服了长期存在的技术偏见的发明创造。技术偏见是在某段时间、某个技术领域内，技术人员对某个技术问题普遍存在的成见。这种成见，引导技术人员不会考虑其他技术可能性，因此阻碍了技术进步。这种技术偏见一旦被扭转，必然大大促进技术的发展速度。克服技术偏见的技术方案，不是普通技术人员可以轻易得到的，当然具备创造性。

(4) 取得了意想不到的技术效果的发明创造。指发明同现有技术相比，已产生了“质”的飞跃或变化，具有了新的性能或者“量”的变化，这些变化，都超出了技术人员的预期估计或想象，或者事先根本无法预测或推断出来，因此具备创造性。

(四) 我国专利法对创造性的要求

我国《专利法》第22条第3款规定：“创造性，是指同申请日之前的已有技术相比，该发明具有突出的实质性特点和显著的进步，该实用新型具有实质性特点和进步”。

显然，我国对发明要求的创造性高度比较高，要求其与申请日前的已有技术相比“具有突出的实质性特点和显著的进步”才具备创造性。而对于实用新型所要求的创造性高度就比较低，只要求其与申请日前的已有技术相比“具有实质性特点和进步”，即认为具备了创造性。

所谓发明“有突出的实质性特点”，是指发明相对于现有技术而言，对所属技术领域的普通技术人员而言，不是在现有技术基础上，通过简单的逻辑分析、推理或有限的挑选试验就可以得到的，该技术方案的选择，对本领域的普通技术人员来说，不是显而易见的，或轻易能够得到的。而所谓“发明有显著的进步”，是指发明与其最相接近的现有技术相比有长足的进步，克服了现有技术中存在的缺点和不足，或者表现在发明代表了某种新的技术发展趋势。通常有显著进步的发明，会在该发明的技术效果中得到表现。

四、实用性

“专利三性”条件的审查，存在顺序排列、依序审查的关系。其中，新颖性是其最基础的实质性条件，因此，应最先审查，实用性一般是最后审查的实质性条件。

(一) 实用性的概念

实用性，又称工业实用性或产业实用性，是发明创造取得专利权的实质性条件之一。任何一国专利法，均有实用性要求的明文规定。法国专利法规定，只有发明对象能在任何工业领域，包括农业领域制造和使用时，该发明才被认为具有工业实用性。英国专利法关于实用性的规定与法国专利法基本相同。日本及美国专利法都强调，授予专利的发明必须是“实用的”或者“可在工业上利用的”。这里所述的“工业”应与“工业产权”中广义的工业概念相一致，还包括农业、林业、畜牧业、养殖业、交通运输业等产业部门。

我国《专利法》第22条第4款规定："实用性，是指该发明或者实用新型能够制造或者使用，并且能够产生积极效果。"按照我国《专利法》的要求，发明创造只要具备了在工业化生产中进行实施的可能性，就足以达到"能够制造或者使用"的要求，并不强求发明创造在工业生产中"已经"制造或使用，或者"正在"工业生产中制造和使用，也不要求这种制造和使用，必须达到了发明创造的最佳实施效果。

（二）发明、实用新型实用性判断基准

对于技术方案的实用性含义，各国基本一致没有争论，都从可实施性、可再现性和有益性方面进行判断。

（1）可实施性。指申请专利的发明创造是能够在工业生产中实施或应用的。即申请专利的技术方案，必须是已经完成的、完整的技术方案。同时，技术方案不能违背自然法则，自然规律。任何违背自然法则、自然规律的技术方案，都属于不能实现的技术方案，因而不可实施。例如各种关于永动机的发明创造，因其原理根本违背了能量守恒的自然法则，当然不具备在工业实践中加以实现的基础而不具有实用性。

（2）可再现性。指所述领域的普通技术人员，根据专利说明书的内容能够再现该专利技术方案并进行重复实施。任何不具有可再现性的技术方案，都被认为没有实用性。例如，利用自然界中独一无二的材料制作的产品，以人体个体或动物个体为实施对象的疾病的诊断和治疗方法等，都因没有可再现性，不能成为专利权的保护对象。

（3）有益性。指发明创造能够产生积极的效果，包括积极的技术效果、经济效果和社会效果。如有利于提高产品产量，改进产品性能，改良生产工艺，节约资源、能源和劳动力，降低产品成本，提高劳动生产率等等。

（三）外观设计实用性

我国《专利法》第23条规定："授予专利权的外观设计，应当同申请日以前在国内外出版物上公开发表过，或者国内公开使用过的外观设计不相同和不相近似，并不得与他人在先取得的合法权利相冲突。"因此，外观设计的实质性条件要求，不仅在新颖性上与发明、实用新型有区别，在实用性条件上也有区别。

对外观设计实用性的基本要求，除了可实施性、可再现性和有益性外，还应包括富于美感性、不与他人在先获得的合法权利相冲突性。

所谓"不得与他人在先取得的合法权利相冲突"涉及：第一，"他人在先取得的合法权利"，指他人在专利申请日前已合法取得的商标权、著作权、企业名称权、肖像权、知名商品特有包装或者装潢使用权等，在先合法权利的产生之日，为该权利取得之日。第二，"相冲突"涉及到多个权利人。多个权利人能够对包含相同内容的权利客体主张其权利，不同权利的保护彼此交叉、重叠。当多个权利同时行使时，首先应确定到底哪一个合法权利取得在先，因而应优先受到法律保护。若申请人将他人在申请日前，已受到合法权利保护的对象的全部或其主要部分，或其具有显著区别特征的部分作为申请的专利产品的外观设计，则该外观设计专利权被批准后，专利权人合法实施其外观设计的行为，会使他人的在先合法权利受到侵害。当两种权利的同时行使结果必然产生法律上的冲突时，法律优先保护在先合法权利人的合法权利，在后专利权人的专利实施行为，仍属于侵犯在先合法权利人合法权利的侵权行为。

第四节　获得专利权的程序性条件

即使发明创造符合授予专利权的全部实质性条件，也需要由申请人依法向专利主管机关提出专利申请，再由该机关依照法定审查程序进行审查，对经审查合格的专利申请，才授予专利权。所以，获得专利权的程序性条件与实质性条件，同等重要。

一、专利申请原则

专利申请原则，指专利申请人及国家专利主管机关在专利申请阶段，应该共同遵守的行为准则。依据我国《专利法》的规定，我国专利申请的原则如下：

（一）书面原则

书面原则，指专利申请人在申请专利的各个阶段中的各种专利申请文件、法律手续，都应以书面形式办理的原则。

书面原则是各国专利局普遍适用的原则。其基本要求是：(1) 各种申请文件必须以书面形式提出；(2) 必须以国家专利局规定的语言、文字书写；(3) 书写的格式、字迹必须清晰；(4) 文件的规格、字体、文字必须规范；(5) 申请文件撰写的顺序、格式必须符合专利法的特殊要求；(6) 采用的技术术语必须规范，不能采用自拟、自造的非规范技术术语；(7) 不得以口头、电报、实物等代替书面申请。

中国专利局正为受理用电子文件方式提交的专利申请文件做准备。今后，书面申请将不再是唯一的指定专利申请方式。当涉及微生物菌种的发明专利申请时，申请人除了必须书面提交专利申请文件外，还需将其活着的微生物菌种样本，送交中国专利局承认的国际微生物菌种保藏中心进行保藏，同时应向该国际微生物菌种保藏中心提交书面的保藏办法及对失活微生物菌种的抢救、激活办法。

（二）单一性原则

单一性原则，也被称为一发明一专利原则。广义的单一性原则，指一项发明创造只能被授予一次专利权，它贯穿于专利的申请、审批、复审、无效宣告、诉讼等所有与专利权有关的行政程序与执法、司法程序中。

狭义的单一性原则，仅存在于专利申请与审批阶段，指一件专利申请案只能涉及一个发明创造主题。如果在一个专利申请案中，包括多个发明创造主题，将会为专利申请案的分类、检索、审查等工作带来困难。所以，世界各国专利局一般都要求申请案应符合单一性原则。

我国《专利法》第 31 条规定，“一件发明或者实用新型专利申请应当限于一项发明或实用新型”，“一件外观设计专利申请应当限于一种产品所使用的一项外观设计。”考虑到发明创造之间的关联性，在一个总的技术构思下，有可能产生两个以上相互关联的发明创造，因此，允许将属于一个总的发明构思的两项以上的发明或者实用新型，作为一件申请提出，或用于同一类别并且成套出售或者使用的产品的两项以上的外观设计，可以作为一件申请提出。这种将两项以上的发明创造合并在一件专利申请中提出的情况，在专利法中称为“合案申请”。反之，则为“分案申请”。

（三）先申请原则

当两个以上的申请人，就同样的发明创造都提出了专利申请时，大多数国家的专利法规定，其专利申请权或专利权应归属于首先提出该专利申请的人。这一原则被称为“先申请原则”。与“先申请原则”相对应的，是美国采用的“先发明原则”，即当两个以上的申请人就同样的发明创造都提出专利申请时，美国确认其专利申请权或专利权属于首先完成该发明创造的人。“先发明原则”无疑对发明人更为有利更为公平，但使美国专利局在专利审查程序中，首先需要承担专利申请权归属的确认职能，需要审查及确认申请人就其发明创造的先发明时间举出的大量证据，工作量巨大，耗资不菲。目前世界上大多数国家的专利制度，采取了“先申请原则”。

我国《专利法》第 9 条规定，两个以上的申请人就同样的发明创造，都提出了专利申请的，专利权授予首先提出专利申请的人。同日申请的，则由申请人协商解决申请权归属问题。

（四）优先权原则

优先权原则是世界上所有实行专利制度的国家，都予以遵循的另一个重要原则，它是《巴黎公约》中规定的一项基本原则。按照其规定，《巴黎公约》某一缔约国的国民，或在《巴黎公约》的某一缔约国具有永久性居住场所或经常性营业场所的非《巴黎公约》成员国国民、无国籍人，在向《巴黎公约》的某一缔约国首次提出专利申请之后，若在优先权期限（发明、实用新型为 12 个月，外观设计为 6 个月）内，又向其他缔约国再次就相同主题提出了同样的专利申请的，申请人可以要求其他缔约国专利局，以其首次专利申请日为其专利申请的优先权日。

在存在优先权日的情况下，其他缔约国专利局在审查该发明创造的“专利三性”条件时，就不再以其实际申请日而是以其“优先权日”作为划分已有技术的时间界限。无疑，优先权的存在，有助于申请人在多个国家申请专利时顺利获得专利权。这种来源于《巴黎公约》的优先权，被称为“国际优先权”。

若申请人自发明或者实用新型在中国第一次提出专利申请之日起 12 个月内，又向中国专利局就相同主题再次提出专利申请的，也可以要求享有优先权。这种优先权被称为“国内优先权”。

（五）国民待遇原则

这是各国一体适用的《巴黎公约》规定的基本原则，也称非歧视原则。其含义是《巴黎公约》某一缔约国的国民，或在《巴黎公约》的某一缔约国具有永久性居住场所或经常性营业场所的非《巴黎公约》成员国国民、无国籍人，在向《巴黎公约》的某一缔约国提出专利申请时，应当受到与该国国民同等的待遇，不得加以歧视。

我国也遵从这一原则。

二、专利申请文件及基本格式

专利申请文件是指中国专利局受理专利申请时，要求必须具备的最基本的书面申请文件。只有基本申请文件齐全，且撰写形式符合我国《专利法》的要求，该专利申请才能够被中国专利局受理，并得到相应的专利申请日、优先权日和专利申请号。若申请文件不齐全或不合格，该专利申请将不能被中国专利局受理，也不能享有相应申请日的优先权。

(一)申请发明、实用新型应提交的文件

1. 请求书

请求书是专利申请人向国家专利行政主管机关做出的，希望就某项发明创造获得专利权的书面意思表示文件。在我国，专利申请人应根据其要求获得专利权的发明创造类别，分别适用发明专利请求书、实用新型专利请求书或外观设计专利请求书中提出请求。

请求书的具体形式，是中国专利局拟定的表格式文件，在填写表格时须注意满足对相关主要内容的基本要求。即(1)发明创造名称，必须使用规范的技术术语，简明扼要地准确表明请求保护的主题名称，一般不超过15个字。(2)发明人(或设计人)必须是自然人，是其真实的法定名称，不能是单位或团体、组织。发明人的排序问题由发明人自行决定。发明人身份，不属于中国专利局的审查内容。(3)申请人的名称，应与其法定名称或核准名称的全名相一致，使用公章的，应与公章使用的名称相一致。(4)专利代理机构或专利代理人，必须是中国专利局指定或认可的专利代理机构或专利代理人。

2. 说明书及其附图

说明书既是专利申请文件中的基础法律性文件，又是详细的技术性文件。说明书及其附图，是技术人员通过查阅《中国专利公报》赖以得到技术启迪与教导的主要技术情报来源。撰写说明书时，必须按照我国《专利法》规定的内容及次序，依发明创造名称、技术领域、技术背景、发明内容、附图说明、具体实施方式的顺序进行详细说明。在必要的时候，应当有附图。但附图仅能作为说明书的补充，以达到更清楚地公开发明创造内容，不能作为单独得的专利申请文件提出。

3. 权利要求书

权利要求书，在外国专利法中被称为“权项”，我国称其为权利要求书，是确定专利申请人要求获得专利权保护的技术方案的书面法律文件。在专利权被批准后，权利要求书即成为具体说明专利权保护范围的书面法律文件。所以，权利要求书在全部专利申请文件中处于核心法律地位。权利要求书要求以法律规定的格式进行撰写，被划分为主权利要求(也被称为独立权利要求)和从属权利要求两大类。

4. 摘要

摘要是供进行技术信息和法律信息检索时，使用的单纯的检索性文件。与其他申请文件不一样的是，其内容没有任何法律意义和法律效力。摘要分为说明书摘要及附图摘要两部分。说明书摘要，应当以简明扼要的技术语言描述受专利权保护的发明、实用新型技术方案的主要技术构思，但不允许出现广告性语言或宣传性语言，一般要求在300字左右。申请人还需提交在说明书附图中出现的，用于表现发明、实用新型技术方案的主要构思的附图为附图摘要。

(二)申请外观设计专利应提交的申请文件

1. 外观设计专利请求书

外观设计专利请求书，应当按照国际外观设计专利分类法中使用的产品名称，注明使用该外观设计的产品名称。并在请求书中，按照国际外观设计专利分类法，指明其所属类别。

2. 外观设计图片或者照片

依使用该外观设计的产品的不同特点，应当提交从不同视角观察到的若干图片或照片，以清楚地显示请求外观设计保护的对象。对于不具有对称结构的立体产品，则须提交正六面视图的图片或者照片。同时申请色彩保护的，应当提交彩色图片或者彩色照片。外观设计的图片或照片，兼具了发明专利、实用新型专利的说明书、权利要求书的作用。

3. 简要说明

在必要的时候，应当通过简要说明来说明使用该外观设计的产品的设计要点、所省略的视图、是否请求保护色彩等情况。但不能用来说明产品的性能，也不能使用商业性宣传语。中国专利局在审查中认为必要时，可以要求申请人提供使用外观设计的产品样品或者模型。

（三）对专利申请文件的修改要求

申请人可以对其专利申请文件进行修改。但无论是申请人的主动修改，还是应审查员的要求进行的被动修改，对发明、实用新型专利申请文件的修改，不能超出原始说明书和权利要求书记载的范围，对外观设计专利申请文件的修改，不得超出原图片或照片表示的范围。

三、专利申请的审批

（一）专利申请前的准备

在申请专利前，申请人应首先考虑如下几个问题：(1) 该发明创造，是否适合专利权保护。(2) 该发明创造是否属于专利法的排除范围。(3) 该发明创造适合采用哪种发明创造保护模式。(4) 是否需要对已有技术情况在申请专利前进行新颖性、创造性检索，以提高申请的成功率或增加法律保护的稳定性。(5) 是否需要聘请有经验的专利代理人进行代理。(6) 决定申请专利时，是否已按专利法的要求，准备好完备、齐全、合格的专利申请文件及足额的专利申请费用等。

准备好相应的专利申请文件后，申请人应当尽早向中国专利局提交专利申请。

（二）专利申请的审批流程

世界各国存在的专利申请审批制度，可基本被划分为审查制和不审查制两大类。其中的不审查制，可被细分为登记制和文献报告制，审查制可被细分为完全审查制和早期公开延期审查制。

我国《专利法》第 34 条采用的实用新型、外观设计审查流程，具有中国特色，称为初步审查制，在授予专利权之前不对“专利性”条件进行审查。在专利权授予后，如果公众发现被批准授予专利权的实用新型、外观设计不符合专利法的实质性条件，可请求专利复审委员会宣告该专利权无效。即对实用型、外观设计的其“专利性”条件，是在公众的监督范围内进行有限的审查。

对于一件理想的、不存在任何瑕疵的申请案，我国实用新型、外观设计的基本审查流程为：[申请] → 受理申请 → 初步审查 → 通知授予专利权 → [办理授权手续] → 登记、公告、公开、授权。

其中，带有方框的部分为申请人的作为。若申请人不作为，则不能使后面的审查程序发生。

对经初步审查合格，没有发现驳回理由的专利申请，中国专利局向申请人发出同意授予专利权的通知，通知申请人在规定的期限内，向中国专利局办理授予专利权的手续，并缴纳各种费用。这些费用包括专利证书费、印花税、登记公告费及当年的专利保护年费。

（二）发明的基本审批流程

申请发明专利的，我国实行早期公开延期审查的实质审查制。对于一件理想的、不存在任何瑕疵的发明专利申请案，基本审查流程为：申请 → 受理申请 → 形式审查 →（自申请日起 18 个月内）早期公开 →（自申请日起 3 年内）请求实审 → 实质审查 → 通知授予专利权 → 办理授权手续 → 登记、公告、授权公开、授权。

发明的审查流程与实用新型、外观设计相比，多出了与早期公开延期审查制有关的实质审查程序，即早期公开、请求实审、实质审查等审查阶段，对其余审查阶段的要求与实用新型、外观设计的审查程序要求基本一致。发明专利的授权公开申请文件，是确定专利保护范围的法律依据。

申请人可以自申请日起的 3 年内，提出实质审查请求，并缴纳实质审查费用。中国专利局对已提出实质审查请求，并进行了早期公开的发明专利申请，才进行专利审查。

四、复审

国家知识产权局设立的专利复审委员会，属于中国专利局的上级行政复议机关，可以对复审请求和无效宣告请求进行审查，做出决定。

复审案，是指对中国专利局所作出的驳回专利申请的决定不服，请求专利复审委员会进行复审的案件。复审的对象，包括初步审查阶段驳回专利申请的决定和实质审查阶段驳回专利申请的决定。对复审委员会做出的决定不服的，当事人可以在自收到该决定之日起 3 个月内，向专利复审委员会所在地的管辖法院，即北京市第一中级人民法院提起行政诉讼。

五、专利权无效宣告

在专利权授予后，任何社会公众认为该专利权的授予不符合法律规定的，可以向专利复审委员会提出无效宣告请求，请求宣告该专利权无效。经无效宣告审理，专利复审委员会作出的审查决定有三种形式：（1）无效宣告请求人提出的请求理由成立，宣告其专利权无效；（2）无效宣告请求人提出的请求理由不成立，驳回其专利权无效宣告请求；（3）无效宣告请求人的请求理由部分成立，原主权利要求被宣告无效，在经专利人重新拟定的缩小了保护范围的新的权利要求基础上，继续维持专利权有效。

被宣告无效的专利权，视为自始即不产生法律效力，即自申请日起就不受到法律保护。对专利复审委员会的专利权无效宣告请求决定不服的，当事人及利害关系人可在自收到该决定之日起 3 个月内，向北京市第一中级人民法院提起行政诉讼。

第五节　专利权的内容

一、专利权内容的界定

专利权的内容，包括专利权人的权利和专利权人的义务。

专利权人的权利，由人身权部分与财产权部分共同构成，但绝大部分为财产权。受到法律保护的人身权，是指与发明人或设计人的人身密不可分的，没有直接财产权内容的权利，具有不可转让、不可替代、不可继承、不可放弃性。具体表现在专利申请文件、专利证书中记载的发明人、设计人身份中。即使职务发明创造由发明人、设计人所在单位享有专利权时，其发明人、设计人的身份也必须被如实记载，不能随意剥夺。其余权利内容则均属财产权，可以成为继承、转让、许可使用的对象，专利权人通过行使这些财产权内容，可以产生财产收益。

专利权人的主要义务实是及时、足额缴纳当年专利权保护年费。专利权人的另一个义务，是不滥用其专利权。若专利权人在其专利权被批准后适当长的期间内自己不实施，还无理拒绝第三人以合理的条件实施其专利，就属于滥用专利权的行为。对滥用专利权拒绝合理实施的行为，中国专利局可以颁发该专利权的强制实施许可证。

二、专利权人的权利

专利权人的权利，属于财产权内容的包括实施权、转让权、许可权、标记权，其性质都属于专有权，除非专利权人授权，他人不得擅自行使。

（一）专有实施权

实施权是专利权的核心内容，其他权利内容都是为了保证专利权人专有实施权的实现而设立。我国《专利法》，保护专利权人对其已公开的技术方案的专有实施权。通过专利权人对其已公开技术方案的专有实施权的保护，使专利权人为完成发明创造付出的成本能够得到回收并产生利润。专有实施权依其实施时的具体方式，可被细分为制造权、使用权、许诺销售权、销售权、进口权等。

1．制造权

制造权，指专利权人享有的独占制造专利产品的权利，专利权人有权禁止他人未经许可，为生产经营目的而制造与其专利产品相同或等同的产品。专利权人有权自己制造专利产品，也有权许可他人制造专利产品并从行使制造权中获得财产收益。

2．使用权

使用权，指专利权人享有的专有使用专利产品或使用专利方法制造产品的权利，专利权人有权禁止他人未经许可，为生产经营目的而使用专利产品或使用专利方法制造产品。1992 年 9 月 4 日，我国《专利法》在修订时，将对方法专利的保护延及到用该方法所生产的直接产品上，可以通过对专利方法生产的直接产品的制造、使用、许诺销售、销售、进口行为，来监督方法专利是否受到侵害。

3．许诺销售权

在各国的传统《专利法》中，都没有授予专利权人许诺销售权。1997 年签订的 TRIPS 协议中，要求其成员在本国的专利权保护内容中包括许诺销售权。2000 年 8 月 25 日我国修订《专利法》时，在专利权内容中增加了该项权利。

许诺销售（Offering for sale）是指，在销售行为成立之前所做出的，愿意销售专利产品、利用专利方法制造的产品的明确意思表示，以促使销售行为成立。许诺销售权，是指专利权人享有对其专利产品、利用其专利方法制造的产品，以许诺销售进行促销的权利，也有权禁止他人的未经许可，以生产经营为目的的针对其专利产品、使用其专利方法制造的产品所做出的各种许诺销售行为。

4．销售权

销售权，指在专利权人享有的专有销售其专利产品、销售使用其专利方法制造的产品的权利。专利权人还有权禁止他人未经许可，为生产经营目的针对其专利产品、使用其专利方法制造的产品的销售行为。

销售权中的“销售”行为，主要指首次销售行为，销售权具有“权利一次性用尽”的属性。专利权人自己生产或经专利权人合法授权生产、销售的产品，在首次销售后，以后的销售、使用无需取得专利权人的授权，也属于合法销售、使用。

5．进口权

进口权，是除法律另有规定外，专利权人享有自己进口、授权他人进口或禁止他人未经许可为制造、许诺销售、销售、使用等生产经营目的进口其专利产品，或进口依照其专利方法直接获得的产品的权利。我国 1992 年 9 月 4 日修改《专利法》时，为专利权人增设了进口权，但没有为专利权人设置出口权。

（二）视为不侵犯专利权的实施行为

1．专利保护期后的实施

专利权具有明确的法律保护期间，我国《专利法》第 42 条规定，发明专利保护 20 年，自申请日开始计算；实用新型、外观设计专利保护 10 年，自申请日开始计算。一旦保护期限届满，原来受到保护的发明创造就不再受到法律保护而进入社会公有技术领域。在保护期限届满前，其权利人一旦放弃专利权，自弃放弃权利之日起，原来受到保护的发明创造也不再受到保护而进入了社会公有领域。对处于公有领域的发明创造，任何人都可以无偿实施，不会构成专利侵权。

2．在先实施

在先实施行为，指在专利申请日前他人已开始制造与专利产品相同的产品，或者使用与专利方法相同的方法，或者已经作好制造、使用的必要准备，并且仅在原有范围内继续制造、使用的行为。从事了在先实施行为的人称为“先用权人”。在先实施人在其原有生产规模内的实施行为不属于专利侵权行为。

3．权利穷竭后的实施

权利穷竭，指专利权人制造、进口或者经专利权人许可而制造、进口的专利产品，或者依照专利方法直接获得的产品在首次售出后，他人再次使用、销售、许诺销售该产品的，不属于专利侵权行为。权利穷竭后的实施，也称为“权利穷竭原则”或“销售权一次用尽原则”。但对专利侵权产品不适用该原则

4．外国临时过境的交通工具使用

《巴黎公约》规定，在暂时或偶然进入巴黎公约成员国的运输工具（包括船舶、航空器或车辆）上为交通工具自身安全而使用发明专利装置的，不视为侵犯专利权。这实际上是《国际航空公约》中有关规定的体现。这一规定已成为国际惯例，因此我国《专利法》也规定，临时通过中国领水、领陆、领空的外国运输工具，为运输工具自身的安全，而在其装备或设施上使用了有关专利的，不视为侵犯专利权。

5．科学研究和试验的使用

我国《专利法》第 63 条规定，专为科学研究和实验而使用有关专利的，不视为侵犯专利权。这种视为不侵权的使用方式，也被称为“科学研究、实验的合理使用”。

6. 强制许可实施

强制许可实施，指国家专利主管机关在法定条件发生时，不经专利权人许可，授权他人实施发明专利或实用新型专利的法律制度。

《巴黎公约》第5条规定："本同盟各国都有权采取立法措施授予强制许可，以防止由于行使专利法所赋予的专利权可能产生的滥用，例如不实施。"《TRIPS》协议第31条也作了类似的规定，但对适用条件作了更为严格的限制。目前各国专利法中均规定有强制许可制度，我国也不例外。

(二) 转让权

转让权，指专利权人享有的将自己所有的专利权依法让渡与他人所有的权利。

根据我国《专利法》第10条的规定，转让的对象包括专利申请权和专利权。专利申请权并非实体性权利，仅是获得专利权的过程中存在的一种程序上的权利。因专利申请人提出的专利申请被批准后，申请人成为专利权人，所以专利申请权是专利权原始取得的前提，也能为权利人带来财产上的收益，成为可让渡的财产对象。

专利权一经转让，原专利权人即丧失了专利权人资格，由受让人继受获得专利权人资格，成为新的专利权人。专利申请权一经转让，原专利申请人不再享有专利申请权，而由受让人享有，专利权被批准后，由专利申请权的受让人享有专利权，成为原始专利权人。专利申请权、专利权的转让事实必须向中国专利局提出专利权主体变更申请，并经专利分报登记、公告后，转让才能发生对抗第三人的法律效力。

无论是专利权转让还是专利申请转让，继受权利人都不能继受获得其中的发明人、设计人身份。

(四) 许可使用权

许可使用权又称许可权，是指权利人享有的在约定的条件下，许可他人实施其专利的权利。许可他人使用的权利内容，包括制造、使用、许诺销售、销售和进口等权利及标记权。专利权人只能在其专利权有效保护期间和地域范围内，在其享有的专有实施权的内容范围内许可他人使用。

专利权人的许可使用行为，也属于要式法律行为，专利权人必须与被许可人签订书面的专利许可使用合同，并在许可使用合同中明确双方当事人的姓名、地址；被许可使用的专利技术类型、名称、专利申请日、专利申请号、公开日、授权日；许可使用的具体实施方式，时间范围、地域范围；被许可人在规定的地域时间范围内，就被许可的实施方式是否享有排他权；许可使用费的计算方式和交付方式等。

专利许可使用合同也被称为专利许可证，划分为普通许可、排他许可、分许可等基本类型：

(1) 普通许可证，指除被许可人在规定的时间、地域范围内，有权就约定专利的实施方式进行实施外，合同中没有排除专利权人就同样的条件许可其他第三人实施的权利。即就约定专利的约定实施方式，在约定的时间、地域范围内，专利权人有权再向其他第三人再次发放许可证。普通许可情况下，被许可人因不能独占市场，支付的专利使用费往往较低。在发现专利侵权人，普通许可证的被许可人必须依附于专利权人进行维权活动。

(2) 排他许可证，指就约定专利的约定实施方式，在约定的时间、地域范围内，专利权人无权再许可他人实施的许可证。如果排除的仅仅是许可其他第三人实施，但专利权人仍可自行实施，这种许可证称为专利独占许可证；如果在许可证中不仅仅排除了其他第三人实施，同时还约定专利权人在约定的时间、地域范围内，就约定的实施方式也不得自行实施，称为专利独家许可证，是排他性最强的许可证。排他许可证因排除了他人的实施，往往专利使用费较高。在排他实施情况下，一旦发现专利侵权，被许可人可以自己的名义，以专利权及排他许可证为依据，独立提起侵权诉讼，维权不必依附于专利权人。

3．分许可证。若在专利许可证中，专利权人还明确授权被许可人有权将其取得的合法实施权再次许可他人使用，这样的许可证称为分许可证，被许可人所取得的这种权利称为分许可权。被许可人从行使分许可权获得的财产收益，应当按照合同的约定另行向专利权人支付专利许可使用费。凡合同种没有明确授予被许可人分许可权的，被许可人不得将其获得的实施权再次许可他人使用。

（五）标记权

标记权，指专利权人享有的自行决定是否在其制造的专利产品上，或使用其专利方法制造的产品上，产品的包装上，标明专利标记或者专利号的权利。

标记权在有些国家的专利法中，属于专利权人的义务，专利权人有在其专利产品上、使用其专利方法制造的产品上、产品的包装上，标明专利标记或其专利号的义务，以提醒他人不要侵权。专利权人若不认真履行其标记义务，在发生侵权时法律不予保护。但在我国《专利法》中，标记权仅视为专利权人的权利而非义务，是否使用专利标记，由专利权人根据客观情况自行决定。即使专利权人未在其专利产品上、使用专利方法制造的产品上标明专利标记，在发生专利侵权时，我国法律仍然给予专利权人有力的法律救济。

（六）放弃权

放弃权是指专利申请人有权放弃其专利申请权，专利权人有权放弃其专利权。

专利权的主要内容属于财产权，权利人依法享有占有、使用、收益、处分的全部权能。转让权、放弃权都属于行使处分权的具体方式。

专利申请人或专利权人行使放弃权，既可通过积极的作为方式行使，如主动发表书面声明宣布放弃、通过签订转让合同放弃其权利人的法律地位；也可通过消极的不作为方式行使，如不缴纳当年的专利保护年费、在专利局规定的期限内不履行规定的义务等，都会导致专利申请权或专利权的。

（七）继承权

专利权、专利申请权中的全部财产权内容，都可以成为继承的对象。

继承发生后，继承人须持经过公证的、作为生效判决的有关继承事实的法律文书，向中国专利局提出专利申请人变更或专利权人变更申请，办理变更登记手续，由中国专利局批准该变更事项后，在《中国专利公报》上进行登记、公告，专利申请或专利权的继承，才能产生法律效力。

同理，专利申请权、专利权也可以成为遗赠、清产核资、破产清算财产、资产重组的对象，但均需向中国专利局提出专利申请人、专利权人的变更登记申请，经批准并在《中国专利公报》公告后生效。

思考题

1. 发明、外观设计和实用新型的概念、特征应当如何理解？

2. 实用新型与发明、外观设计有何区别？请具体评述。

3. 如何判定职务发明创造，其专利申请权与专利权的归属原则是什么？

4. 合作发明创造、委托发明创造的专利申请权与专利权的归属应当如何判断？

5. 哪些因素破坏了发明、实用新型的新颖性？外观设计要求新颖性、创造性和实用性吗？

6. 何谓广义的实质性条件、狭义的实质性条件？包括哪些内容？

7. 单一性原则与先申请原则、优先权原则有何联系？

8. 专利权利要求书与说明书之间有何内在联系，各有什么作用？

9. 不同类型的专利权，其受到保护的实施行为的区别吗？

10. 简述产品专利、方法专利和外观设计专利的效力。

11. 我国法律对专利权，有哪些限制性制度？请予归纳。

12. 评价专利权转让与专利许可使用的区别点以及优缺点。

学习资料指引

1. 吴汉东：《知识产权法》，中国政法大学出版社，2001年版。

2. 刘春田：《知识产权法》，高等教育出版社、北京大学出版社，2000年版。

3. 郑成思：《知识产权法》，法律出版社，2001年版。

4. 世界知识产权组织：《知识产权纵横谈》，世界知识出版社，1992年版。

5. 张今：《知识产权新视野》，中国政法大学出版社，2000年版。

6. 郑成思：《TRIPS协议逐条讲解》，法律出版社，2001年版。

7. 汤宗舜：《专利法教程》，法律出版社，1989年版。

参考法规提示

1.《中华人民共和国专利法》，第1章总则，第52条。

2. 全国人大常委会《关于修改〈中华人民共和国专利法〉的决定》(2000年8月25日)，第1条～第34条。

3. 国务院《中华人民共和国专利法实施细则》(2002年12月28日)，第1章～第10章。

4. 最高人民法院《关于审理专利纠纷案件适用法律问题的若干规定》(2001年6月19日)。

5. 最高人民法院《关于诉前停止侵犯专利权行为适用法律的若干规定》(2001年6月5日)。

6. 中国专利局《关于向申请人出具优先权证明的办法》(1988年3月1日)，第2条～第4条。

7. 中国专利局、财政部、中国人民银行、国家税务局《关于职务发明创造专利的发明人、设计人奖酬提取办法的规定》(1989年12月10日)，第1条～第7条。

8. 国务院、中央军委《国防专利条例》(1990年7月30日)，第1章～第4章。

9. 国家专利局《专利权质押合同登记管理暂行办法》(1996 年 9 月 19 日), 第 1 条~第 22 条。

10. 国家知识产权局《专利实施许可合同备案管理办法》(2001 年 12 月 17 日), 第 1 条~第 29 条。

11. 国家工商行政管理总局《关于擅自将他人知名商品特有的包装、装潢作相同或者近似使用并取得外观设计专利的行为定性处理问题的答复》, 2003 年 3 月 27 日。

12. 国家知识产权局《专利标记和专利号标注方式的规定》(2003 年 5 月 30 日), 第 1 条~第 7 条。

13. 国家知识产权局《专利实施强制许可办法》(2003 年 6 月 13 日), 第 1 条~第 37 条。

14. 世界贸易组织《与贸易有关的知识产权协议》(即 TRIPS 协议),

第二部分　关于知识产权的效力、范围及使用的标准(第 9 条~第 40 条), 第 5 节专利;

第三部分　知识产权的实施(第 41 条~第 61 条)[第 1 节一般义务; 第 2 节民事和行政程序及补救; 第 3 节临时措施; 第 4 节与边境措施相关的特殊要求; 第 5 节刑事程序];

第四部分　知识产权的取得和保持及相关程序(第 62 条)。

第三十五章　商 标 权

【阅读提示】　商标权与专利权合称工业产权。商标权作为一种传统的工业产权，历来是知识产权保护的重点。本章的重点是对商标权的基本原理，即商标的概念、特征、功能和种类，商标权的内容，商标权的取得和行使等的理解和把握。学习者应明确商标权相关概念的法律规定，并掌握商标权的基本法律制度，为商标维权和商标事务的处理打好基础。

第一节　商　　标

一、商标的定义

(一) 商标的定义

关于商标的定义，有多种表述方式。从广义讲，商标可定义为商品的标记，但是这一定义，并未明确表达出商标的本质和功能。通说认为，商标是商品的生产者或经营者，用来标明自己区别他人同类商品的标志。TRIPS 协定第 15 条将商标表述为：商标是任何能够将一个企业的商品或服务，区别于另一个企业的商品或服务的符号或者符号组合。

我国《商标法》第 8 条规定："任何能够将自然人、法人或者其他组织的商品与他人的商品区别开的可视性标志，包括文字、图形、字母、数字、三维标志和颜色组合，以及上述要素的组合，均可以作为商标申请注册。" 这一定义，从商标的功能、本质、构成要素三个方面，对商标作了界定。

我国《商标法》修订前，在第 7 条将商标构成要素限定于文字、图形或者其组合。而 TRIPS 协定第 15 条规定，任何能够将一个企业的商品或者服务与其他企业的商品或者服务区分开的标记或者标记组合，尤其是文字、图形、字母、数字、颜色的组合，以及上述要素的任何组合，均可作为商标获得注册。为此，我国《商标法》作出了相关修改，首次将具有"区别性"的一切"可视性标志"作为商标的定义，拓宽了商标构成要素的范围。

(二) 与商标相关的概念

正确把握商标的概念，需要明确几个相关的概念。

1. 商标与商号

商号，也叫商业字号，是经营者在营业上表示自己的名称。商标与商号有着紧密联系，有的商家的商标与商号采用了同一形式。但是，二者也有显著不同：商标的使用范围，通常是以商品为核心的，主要作用是区分同类或者类似商品的来源渠道；商号则是以企业为核心或者依托进行使用的，作用在于用于企业名称中，用以区分此企业或彼企业。

2．商标与商品装潢

商品装潢，是指用来装饰和宣传商品的图案、色彩、文字、造型、新型材料或者整体。二者区别在于：商标的功能在于使消费者能够从众多相同或者类似商品中，区分出其来源，使商品与特定商标或生产商产生联系；而商品装潢，则是为了通过对商品及其包装的外在形象进行加工，衬托商品的内在品质从而刺激消费者的购买欲。从法律上看，商标要求不得直接描述商品本身，而商品装潢则可以渲染商品的质量和功能，还可以使用艺术夸张的手法。

3．商标与通用标记

通用标记是指广泛用于具有相同特征的商品上，表示商品特性、品质、用途的行业标记。二者区别在于：商标本身具有区别来源的作用，而通用标记作用在于告知使用者该商品所具有的需要特别提醒注意的特征，不能为一家专用。通用标记，往往不仅为本行业的从业人员所熟知，而且一般消费者也可通过这种标记了解标记使用者的意图。

4．商标与原产地名称

原产地名称是指表示某一产品来源的地理名称。原产地不同，商品的内在品质往往会因不同的地理等自然因素或工艺不同而不同。以地名做商标，本身缺乏显著的区别性，并可能对具有同一地理因素的商家造成不正当竞争。

二、商标的特征与功能

（一）特征

商标作为知识产权法的保护对象，自然具备知识产权对象的一般特征。如人格权与财产权的融合性、排他性、期限性等等。而作为一种独立的知识产权，它又有自己的特点。

（1）商标与其商品具有不可分的关联性。在商标和特定商品结合之前，严格意义上，是不能称之为商标的，仍然是语言文字中的元素或者美术图案。

（2）商标的价值是在商标的使用中形成的。随着面世的商品在一定时间里使用某一具体商标，从而使消费者在心目中建立起了该商标与特定商品间的联系。尤其是当该商标的商品品质卓越时，必将会在消费群体中产生相应影响。所以，没有投入实际使用的商标本身是没有价值的。当然，这并不否认商标图案所具有的作为智力成果的价值。

（3）商标权的保护期限具有不确定性。知识产权体系中，相当一部分权利的保护具有期限性。保护期限届满，权利就自动终止，原权利人也不能申请续展。而商标权则不同，在法定保护期届满后，原权利人可以向主管机关申请续展。如果商标权人不愿意续展，也可放弃续展的权利。其理由仍在于商标与产品或服务相连，不允许续展会给商标权利人和消费者带来不便。

传统理论曾将商标的显著性作为商标的特征之一。虽然，各国对商标的构成要素规定不同，但是，都将商标的构成要素具有显著性作为注册商标的积极要件。商标的作用，就是区别不同的产品和服务，引起消费者的认识和关注，因此具有显著性是商标应有之义。但是，实践中出现的驰名商标、地名商标等新型商标，由于各种实际原因往往失去了显著性，因此，现代商标理论已不再将显著性作为商标的特征之一了。

（二）功能

商标的特征决定了自己所具备的独有经济功能。当然，其首要功能就在于表示商品之来源或出处。此外，商标还有其他方面的意义。正如台湾学者曾陈明汝所言："商标尚具有以下之功能：(1) 表彰自己之商品以与他人商品相区别；(2) 表示所有贴附同一商标之商品具有相同水准之品质；(3) 表示所有贴附同一商标之商品具有相同水准之品质；(4) 作为广告及促销商品之主要工具。换言之，商标具有表彰营业信誉、追踪商品来源、品质保证以及广告功能。"

三、商标的种类

(一) 根据商标构成分类：

(1) 文字商标。文字商标是指用文字构成的商标。这里的文字包括汉字、拼音、数字、外文、少数民族文字等。

(2) 图形商标。图形商标是指用图形构成的商标。我国单纯的图形商标比较少，常常在图形外配上文字或商标名称，这样可以避免只有图案不便称叫的缺点。

(3) 记号商标。记号商标是由某种记号或符号构成的。广义来讲，图形商标也包括了记号商标。

(4) 组合商标。组合商标是指由文字、图形、记号三种中的任意二种或三种结合而成的商标。在我国，文字和图形结合构成的商标较为普遍。

(5) 立体商标。立体商标是指以产品的外形或产品的立体包装作为商标。如美国的可口可乐即以饮料瓶的形状作为商标注册。

(二) 根据商标使用者的情况分类：

(1) 制造商标。制造商标是商品制造者的商标，也叫生产商标。其作用在于使使用者区别同类产品的不同生产者。

(2) 销售商标。销售商标是商品经营者为了表明是自己销售的商品而使用的商标，也叫商业商标。这种商标一般是由实力雄厚、享有盛誉的销售商，将没有商标但商品质量不错的商品贴上销售商的商标进行销售。

(3) 服务商标。服务商标是指服务行业为把自己的服务业务同别的服务业务相区别而使用的商标。

(三) 根据商标的功能分类：

(1) 等级商标。等级商标是指同一经营者在自己生产经营的不同等级的同类商品上使用的系列商标。目的在于区别商品的质量、原料、工艺、品种、等级、档次，以便于消费者根据自己的情况进行选择。如我国青岛同泰橡胶厂生产的轮胎，因规格不同，分别使用"骆驼"、"金鹿"、"工农"等商标。

(2) 产品商标。产品商标是产品的生产者为了区分其生产的各类不同产品，而在各种产品上分别使用的商标。如 SONY 公司的"Walkman"商标，仅仅使用于微型收录机上，其他所有产品均不能使用该商标。这种商标在使用中还需小心，因为产品商标有可能淡化为产品的通用名称。典型的例子如阿司匹林从药品的产品商标淡化为这一药品的通用名称。

(3) 联合商标。联合商标是指商标所有人在同一种商品或类似商品上注册的与主商标相近似的一系列商标。目的在于保护正商标，防止他人使用或注册近似商标，影响自己商标的显著性。

(4) 防御商标。防御商标是指为了防止他人在不同类商品上使用与自己的商标相同的图案，而将自己的商标图案注册在各类非类似商品上形成的商标。通常，只有驰名商标才可以申请防御注册，而且对商标的显著性要求非常高。

(5) 证明商标。证明商标是指一些社会团体协会或其他集体组织提供给他人使用的用于证明商品或服务的原产地、原料、工艺或其他特点的商标。如国际羊毛局在130多个国家和地区注册的纯羊毛标志就属证明商标。证明商标的作用在于，证明商品或服务达到了某种特定标准。注册人自己不能使用这种商标，并且为了保证证明商标使用者的商品或服务符合标准，注册人负有对使用者所提供的产品，或服务质量进行检测监督的责任。

(6) 集体商标。集体商标是指一些企业、事业单位或其他集体组织自身使用的商品商标或服务商标，用于表明商品经营者或服务者、提供者属于同一组织。集体商标的所有权属于整个集体组织，由成员共同使用，不得许可集体组织成员以外的其他人使用。

商标到底有多少种类以及标准的统一问题一直都有争论。我国《商标法》第3条、第8条明确规定的商标种类，有商品商标、服务商标、集体商标、证明商标、文字商标、图形商标、组合商标等。

四、注册商标的行政管理

就商标权利人对商标权的行使而言，离不开商标行政管理机关。各国政府通常都设有相应的商标行政主管机构。德国设专利局管理全部的知识产权事务，即包括专利、商标、著作权事务。美国的商标事务由美国专利与商标局管理。我国的商标方面的行政管理工作是由工商行政管理机关负责。

我国《商标法》第2条规定："国务院工商行政管理部门商标局主管全国商标注册和管理的工作。国务院工商行政管理部门设立商标评审委员会，负责处理商标争议事宜"。有关商标的注册、续展、变更、转让、使用许可，商标确权及商标争议的解决等，都属于商标行政管理机关管理。我国的商标行政管理机关，主要可分为三层次：

(一) 商标局

商标局即国家工商行政管理局商标局，负责主管全国商标注册和管理工作。其主要职能为：受理国内外商标注册申请和依照《商标国际注册马德里协定》的国际注册申请；审查有关商标注册申请，对核准注册的商标发给商标注册证；办理商标续展、变更、注销、撤销、转让等注册事务；受理商标使用许可合同的备案登记；负责全国有关商标管理工作，如指导查处假冒商标或商标侵权案件、商标局组织评审驰名商标等。

(二) 商标评审委员会

商标评审委员会也是国家工商行政管理局的下设机构，审级高于商标局，负责处理商标争议事务，对商标局的工作可起到一定的制约作用。其主要职能为：对不服商标局有关驳回商标注册申请决定的案件进行复审；对商标局关于商标异议裁定不服的案件进行复审；对注册不当商标申请撤销的案件作出裁定；对注册不到一年的商标争议案件作出裁定。我国《商标法》第49条第2款规定："当事人对商标评审委员会的决定不服的，可以自收到通知之后起30日内向人民法院起诉。"

(三) 地方工商行政管理机关

地方工商行政管理机关的职权有：查处商标侵权案件；处理违反《商标法》中有关商标管理规定的行为，如擅自改变注册商标图案、未注册商标冒充注册商标、商标图案违反商标法中的禁止性规范、烟草制品或人用药品上市不使用注册商标等行为；指导和监督商标的使用工作，如企业商标管理工作、商标标牌的印刷管理等。我国《商标法》第50条规定，对工商行政管理机关就有关纠纷决定不服的，可以依法向人民法院提起行政诉讼。

第二节　商标权与注册商标专用权

一、商标权

就字面意义而言，商标权是指商标所有人，依法对其使用的商标所享有的权利。

我国《商标法》对商标的注册，并未采用强制注册原则，即允许未注册商标的使用。但是，未注册的商标，只有使用权，而无专有使用权。所以，无权禁止他人使用相同的商标，并且，如果他人将其使用的商标注册，原使用者继续使用此商标，则构成侵权。

所以，学者通常认为，商标权专指注册商标所有人，对于其注册商标所享有的一种排他性权利。我国《商标法》第3条规定："经商标局核准注册的商标为注册商标，商标注册人享有商标专用权，受法律保护。"从这一规定可知，狭义商标权，是注册商标专用权。商标权的主体为商标注册人，客体为注册商标。

商标权类同于所有权，包括对注册商标的占有、使用、收益、处分等权利。其具体内容可以分为四个方面：

（一）注册商标专用权

这是商标权最重要的内容。商标作为区别同类商品或服务的来源标志，只有商标所有人享有使用权和禁止他人使用的专有使用权，才能达到表明自己区别他人的目的，才能达到表明自己和他人相区别的目的，从而才能更好地体现商标权的价值。

（二）禁用权

商标所有人在享有专有权使用其注册商标的同时，还享有禁止他人使用其注册商标的权利。在排他性和独占性上，商标权与所有权的性质是一致的。但是，作为商标权对象的注册商标，权利人无法像所有权人那样实际占有它。因此，其排他性完全是法定的。

禁用权表现在：商标一旦核准注册，他人就不能在注册商标核定使用的商品及类似的商品上，使用与注册商标相同或近似的商标。由此可见，商标权的禁用权的效力范围，要大于自己专用权的效力范围。也正是这一点，更有效地保护了商标权人的权利，避免其受到侵犯。

（三）商标转让权

转让商标，是商标所有权人对自己财产的处分。尽管，一般权利人是为了专用商标，才去对商标注册的，但是，商标权作为一种私权利，其自由转让是不应该被法律所禁止的。加上，自然人也可以申请注册商标，而好的注册商标，是一种非常重要的商业资源，所以，允许注册商标的转让，符合市场经济规律。注册商标转让的方式，包括无偿和有偿两种。

（四）许可使用权

许可他人使用商标，并获得收益，正是商标权具有与所有权一样的处分和收益权能的表现。许可使用不同于转让，它既不是转让所有权，也不是完全转移使用权，而是在许可他人使用时，不会排斥商标所有人自己的使用。但是，商标所有人负有监督被许可人保证商品质量的责任。

二、注册商标专用权

商标权的内容，通常包括注册商标的使用权、禁用权、转让权、许可使用权等权利。在这众多权利内容之中，商标的排他使用权，即通常所说的注册商标专用权，具有特别重要的地位。可以说，注册商标专用权是最基本的一项权利，而其他权利均从商标使用权中衍生而来。通常商标注册申请人注册商标的主要目的，也在于取得专用其商标的权利。如果没有注册商标专用权，商标权也就失去了存在的意义。

注册商标专用权，实质上是一种排他使用权，即商标所有人有权将核准注册的商标使用在核定使用的商品上或服务上。这是商标权人对其注册商标的专用权利，反映了商标权不受他人干涉的财产权属性。

由于注册商标专用权的排他性，所以，必须对其权利行使的范围做出界定，才能避免其权利的不适当行使。各国普遍从商标、商品两方面进行规定。如我国《商标法》第51条规定："注册商标的专用权，以核准注册的商标和核准使用的商品为限"。超出上述范围，其注册商标的专用权将失去效力。

三、商标权与注册商标专用权的区分

在理解商标权概念时，一是要明确商标权的主体为商标注册人，客体为注册商标；二是要区分商标权与注册商标专用权，把握其差异。

一般而言，商标权与商标专用权的含义大致相当，但实则有很人的区别。商标权是一个上位的概念，涵盖了包括未注册商标使用权、注册商标专用权在内的所有权利。在一般意义上使用商标权这个概念时，商标权是注册商标所有人对其注册商标享有的排他性支配权。在权利内容上，商标注册人不仅有权排除他人对其商标使用的干涉，而且，有权禁止他人未经许可在同一种或类似商品上，使用与其注册商标相同或近似的商标，还有权许可他人使用其注册商标或依法转让注商标。所以说，商标权的内容涵盖了注册商标的专用权。

但是，在我国市民社会的普通市民心目中，商标权与注册商标专用权，却常常容易混淆。之所以容易混淆，是因为没有注册的商标，确实可以使用。而且，我国《商标法》也确实不是推行所有商标强制注册原则的，所以，未注册商标能使用。那么，未注册商标有无权利？应不应该受保护？比如，两个未注册商标使用人打起了官司，人民法院是否应当受理？

还有，在一定程度上，因为我国现行《商标法》只有商标专用权的提法，而没有商标权这一概念，所以，在通常理解上，难免出现文义上的偏差。因此，有学者建议将来修改我国《商标法》时，应对此进行修订，这一建议无疑是极有意义的。

作者认为，商标权与注册商标专用权的区分，主要是：第一，商标权是一个上位概念，其内容涵盖了注册商标的专用权。后者不能取代前者；第二，未注册商标有使用权，但是没有注册商标那样的专有使用权；第三，未注册商标与注册商标，在法定条件下，都受保护。但是，后者优先受到法律保护；第四，未注册商标受到的保护非常有限，而且，不能享有专有使用权、禁用权、转让权、许可使用权等权利；第五，未注册商标的使用权，基于使用取得范畴，而注册商标的专有使用权，是基于登记注册取得。所以，它们之间的差别，是权利取得方式上的差别；第六，国家鼓励商标注册，是为了创造名牌产品，而未注册商标因为容易引起纠纷，其自身受保护的有限性，不值得提倡。

第三节　商标权取得、期限与续展

一、商标权的取得

商标权的取得，也就是商标权的产生方式。TRIPS 协定中明确将知识产权界定为私权。所以，商标权作为一种知识产权，它的取得和其他知识产权没有大的区别。从广义上讲，商标权作为一种无形财产权，它的取得途径与有形财产权一样，可分为原始取得和传来取得。从狭义上讲，商标权的取得则仅指原始取得。

（一）商标权的原始取得

原始取得，又叫直接取得，是指不以原商标权，或不以原商标权人的意志为依据而取得的商标权。这种取得方式，是最初的，由创立而来的，并非基于他人既存的权利，所以也叫做绝对取得。当前，世界范围内法律对商标权的取得原则主要采用使用取得、注册取得、使用与注册混合取得三种途径。

1．使用原则

所谓使用原则，即指商标权必须通过使用取得。商标的首先使用者享有该商标的专用权。商标的注册不作为获得商标专用权的手段，一旦最先使用人提出，注册人的权利即化为乌有。这种专用权的取得，是一种最原始的保护制度。从理论上讲，使用原则比较公平，合乎情理。但是，随着商品经济的发展，商标使用越来越多，且年深日久，如不经注册，要判断谁先使用则非常困难。因此，采用这种原则往往造成权利状况不够稳定，权利内容透明度不高的后果。

2．注册原则

所谓注册原则，即商标权必须通过注册取得。不管商标是否经过使用，只有获准商标注册，才是取得商标专用权的法律依据。凡未经注册的商标不受法律保护。根据这一原则，先使用同一商标的人若不及时申请注册，被别人抢先申请注册后，就无法对该商标取得专用权，并不能再使用该商标了，否则即是侵权。

现在大多数国家都采用这一原则，其优点在于权利状况相对稳定，权利内容透明，政府便于加强管理。因其申请注册的时间有据可查，当发生注册商标侵权时，便于认定和依法排除。但也存在可能引起抢注的弊端。

值得注意的是，采用注册原则的国家，虽然规定专用权的取得要经过注册，但对商标是否经过使用通常有不同的规定。第一种立法例，规定商标必须在注册前已经使用才具备注册条件，即使用是注册的先决条件，如秘鲁；第二种立法例，规定商标若申请注册应附有商标所有人保证使用商标的声明，如英国；第三种立法例，允许商标可以不经过使用或者不提出即将使用的声明，都可取得商标权，但获得后必须在一定期限内使用该商标，如法国等。

3. 混合原则

所谓混合原则，即未注册商标的使用与注册商标的使用并行，两种途径均可获得商标权。采用这一原则，往往还是以使用原则为主，注册原则为补充的一种折中。具体制度为商标在被核准注册后规定的期限内，如果没有人对注册商标提出指控，期限届满，商标注册人即取得专用权。但如在规定期间内，有人指控要求宣告与其使用在先的商标相同或近似的注册商标无效，一旦指控经审查成立，注册商标就会被撤销。也就是说，只有经过一定期限后，无在先使用者主张权利，核准注册的商标才获得稳定的商标权。

通常实行混合原则的商标保护制度，注册商标所有人和未注册商标所有人在商标权的权能上有所不同。注册商标所有人享有完整的商标权；而未注册商标所有人的权利受到限制。如无权单独转让其商标或许可他人使用其商标，只能自己使用。

比较上述目前各国所采用的原则，混合原则在一定程度上克服了另两种原则的缺陷，也是目前世界范围内较为普遍的做法。

(二) 商标权的传来取得

传来取得，又叫继受取得，是指商标所有人商标权的取得不是最初产生的，而是以原商标所有人的商标权及其意志为依据，在原商标权的基础上取得商标权。

传来取得，一是由于商标权人的转让，即根据商标权转让合同取得。商标注册人(所有权人) 根据自己的意愿，将自己所有的商标有偿或无偿的转让给另一个企业或者个人所有。注册商标的专用权从而发生了权利归属的改变。二是根据继承关系取得。商标权的传来取得也必须依照转让注册商标的程序办理，方能取得商标权。

(三) 我国商标权的取得

在这里主要介绍我国现行的商标注册制度。大体上可归纳为以下几方面：

(1) 我国并未规定所有商品都要有商标。商标是商品的标记，但是一般而言，除人用药品和烟草制品，法律都不会规定哪些商品使用商标，哪些商品不使用商标。

(2) 在商标的使用和注册关系上，实行注册使用与不注册使用相结合，但通常只有注册商标享有专用权。我国《商标法》第 3 条规定："经商标局核准注册的商标为注册商标，包括商品商标、服务商标和集体商标、证明商标；商标注册人享有商标专用权，受法律保护"。

就是说，我国并未规定禁止使用未注册商标，但只有注册商标可以受法律保护，可以对抗他人侵权。商标权作为一种私权，国家对于当事人是否将自己的商标申请注册以寻求法律保护不做强制性规定。只有某些特殊情况下，法律才做出硬性规定。我国《商标法》第 6 条规定："国家规定必须使用注册商标的商品，必须申请商标注册，未经核准注册的，不得在市场销售。"如人用药品和烟草制品等，这些商品一般都是关系国计民生的重要商品。

(3) 在核准商标注册申请方面，实行先申请原则与先使用原则相结合，但以先申请原则为主。依照我国《商标法》第 29 条规定，当出现两个或两个以上的申请人，就相同或者相似的图案申请注册在同类或者类似商品上，作为商标使用时，商标局将核准先申请人的申请。同一天申请的，初步审定并公告使用在先的商标，驳回其他人的申请，不予公告。

也就是说，我国《商标法》判断申请先后，是采用申请日作为基本时间单位。如各申请人在同一天提出申请的，其申请将视为同时申请。在这种情况下，商标局将通知各申请人要求其分别提交其商标首次使用日的证明。最先使用者的申请，将被核准注册。

(4) 我国在涉外商标权注册方面，确立了优先权原则。

《巴黎公约》所确立的优先权原则，是工业国际保护的重要原则之一，它主要体现在工业产权保护的申请程序上。其内容是，任何一个《巴黎公约》成员国国民向任何一个公约成员国就商标保护第一次提出正式申请后的六个月内，再向其他成员国提出申请时，该成员国应当将该申请人的第一次申请日，视为在该国提出申请的日期，即优先日。我国《商标法》第 17 条明确规定，外国人和外国企业在华申请商标注册时，享有优先权的原则。

二、商标权的期限与续展

(一) 商标权的期限

商标权的期限，即注册商标的期限。注册商标的期限，是指注册商标具有法律效力的期限，也就是注册商标的有效期。目前在世界上，各国对商标权的保护期限规定有所不同。日本、法国、瑞典等国规定为 10 年；美国、西班牙等则规定为 20 年；还有的规定为几个不同等级，由注册人自由选择，如多米尼加的规定。

对于商标权的期限的起算，有的自申请日起算，有的自核准注册之日起计算。我国《商标法》第 37 条规定："注册商标的有效期为十年，自核准注册之日起计算。"应该说这一规定是符合我国国情的。

(二) 商标权的续展

商标权的续展，也有学者将其称为商标续展权，将其作为商标权的具体内容之一。其含义是，在商标权的保护期限届满时，商标权人所享有的通过法定程序，延展其原注册商标的有效期限的权利。商标权的保护期有限，而商标的使用往往具有延续性，在保护期届满后，如果原商标权人还希望使用原商标，就应该通过续展来实现。

各国关于续展的规定各有不同。有的国家规定，商标权期满后，只要继续缴纳费用，不必办理续展手续就可续展，如法国。美国则规定除提交续展申请及缴费外，还须经过主管部门的审查并公告后才可续展。我国《商标法》第 38 条规定："注册商标有效期满，需要继续使用的，应当在期满前 6 个月内申请续展注册；在此期间未能提出申请的，可以给予 6 个月的宽限期。宽限期满仍未提出申请的，注销其注册商标。每次续展注册的有效期为 10 年。续展注册经核准后，予以公告。"

第四节　商标权的行使

一、注册商标的转让

(一) 定义

注册商标的转让，是指商标权人依法将其所有的注册商标转让给他人所有。通过转让，转让人失去商标权，受让人获得商标权，成为新的商标权人。注册商标的转让，是一种双方法律行为。双方当事人意思表示一致并签订书面转让合同、办理转让注册商标的手续，才能发生法律效力。

在转让时，转让人要将其在同一种或类似商品上注册的相同或近似的商标一同转让，不能形成商标权的分割；当受让人也必须保证使用该注册商标的商品的质量。

(二) 程序

转让注册商标时，转让人和受让人应当共同向商标局提出《转让注册商标申请书》，并交送原《商标注册证》，交纳申请费和注册费。申请手续由受让人办理。

商标局经审查认为，符合《商标法》规定的予以注册，将原《商标注册证》加注后发给受让人，并予以公告。如认为不符合《商标法》规定的则驳回申请，并发给申请人《商标转让驳回通知书》。申请人不服的，可在收到通知书之日起15日内，向商标评审委员会申请复审。

二、注册商标的使用许可

(一) 定义

注册商标的使用许可，是指商标注册人通过签订使用许可合同，许可他人使用其注册商标。许可他人使用注册商标，是商标权的一项重要内容。通过签订使用许可合同，被许可人得到注册商标的使用权，许可人取得使用许可费。许可他人使用注册商标，被许可人获得的仅仅是使用注册商标的权利，而不是注册商标的所有权。注册商标的所有权，仍属于商标注册人。

(二) 种类

使用许可形式，可分为独占使用许可和一般使用许可两种。

1. 独占使用许可

独占使用许可，也叫专有使用许可，是指许可人只许可一个被许可人在规定的地区和指定的商品上，使用其注册商标，不得再许可第三人使用。值得注意的是，独占使用权仅仅限于在合同规定的地区，并且，不能排除许可人的使用权。也就是说，这是不完全的使用权。

2. 一般使用许可

一般使用许可，也叫非专有权许可，是指许可人可以在同一地区许可不同的人，同时使用其注册商标。享有一般使用许可权的被许可人，不能排除许可人的使用，也不能排斥其他人享有该使用许可权。对于未经许可使用注册商标的侵权行为，被许可人也不享有禁用权。

商标注册人许可他人使用其注册商标，应当由许可人与被许可人订立合同。我国《商标法》第40条规定："商标注册人可以通过签定商标使用许可合同，许可他人使用其注册商标。许可人应当监督被许可人使用其注册商标的商品质量。被许可人应当保证使用该注册商标的商品质量。经许可使用他人注册商标的，必须在使用该注册商标的商品上标明被许可人的名称和商品产地。商标使用许可合同应当报商标局备案。"

思考题

1. 对商标应当如何定义？商标与商号、通用标记、原产地名称等的区别是什么？
2. 简述商标权的内容。商标权与注册商标专用权的关系应如何界定？
3. 在世界范围内，有关商标权的取得，主要有哪几种立法例？
4. 评述我国商标权的注册制度的具体内容。

5. 注册商标的转让应经过什么样的程序?

6. 在我国，注册商标的使用许可应当如何处理?

7. 评析对于注册商标专用权的可续展性。

学习资料指引

1. 刘春田:《知识产权法》，高等教育出版社，2000年版，第四编。

2. 吴汉东等:《无形财产权制度研究》，法律出版社，2001年版，第16章。

3. 陈明汝:《商标法原理》，中国人民大学出版社，2003年版，第1章～第3章。

4. 费安玲等:《知识产权法学原理》，中国政法大学出版社，1999年版，第五编。

5. 郑成思:《WTO知识产权协议逐条讲解》，中国方正出版社，2001年版，第三部分。

参考法规提示

1.《中华人民共和国商标法》第3条，第6条，第9条～第11条，第17条，第29条，第37条～第40条，第49条～第51条。

2. 全国人大常委会《关于修改〈中华人民共和国商标法〉的决定》(2001年10月27日)，第1条～第37条。

3.《中华人民共和国商标法实施条例》(2002年8月3日)，第2条，第4条，第6条，第20条～第23条，第25条～第29条，第39条，第43条，第50条～第52条。

4. 国家工商行政管理总局《关于执行〈中华人民共和国商标法〉有关问题的通知》(2001年12月21日)，第1条～第3条。

5. 国家工商行政管理总局《关于执行〈中华人民共和国商标法〉若干意见》(2002年3月20日)，第2条～第5条。

6.《最高人民法院关于人民法院对注册商标权进行财产保全的解释》(2000年11月22日)，第1条～第3条。

7. 国家工商行政管理总局《关于申请商标注册要求优先权的暂行规定》(1985年3月15日)，第1条～第4条。

8. 中国烟草总公司《关于卷烟、雪茄烟商标管理的若干规定》(1988年4月8日)，第一章“商标标识的要求”，第二章“商标申请和审查”，第三章“商标管理”。

9. 国家工商行政管理总局《商标代理管理办法》(1999年12月2日)，第2条～第3条。

10. 国家工商行政管理总局《关于申请认定驰名商标若干问题的通知》(2000年4月28日)，第1条～第7条。

11. 国家工商行政管理总局《商标评审规则》(1995年11月2日)，第2条～第17条。

12. 国家工商行政管理总局《驰名商标认定和保护规定》(2003年4月17日)，第1条～第17条。

13. 国家工商行政管理总局《集体商标、证明商标注册和管理办法》(2003年4月17日)，第1条～第23条。

14.《商标国际注册马德里协定》(1979 年斯德哥尔摩文本)，第 1 条～第 14 条。

15. 国家工商行政管理总局《马德里商标国际注册实施办法》(2003 年 4 月 17 日)，第 1 条～第 21 条。

16. 世界贸易组织《与贸易有关的知识产权协议》(即 TRIPS 协议)，

第二部分　关于知识产权的效力、范围及使用的标准（第 9 条～第 40 条）[第 2 节商标]。

第三部分　知识产权的实施（第 41 条～第 61 条）[第 1 节一般义务；第 2 节民事和行政程序及补救；第 3 节临时措施；第 4 节与边境措施相关的特殊要求；第 5 节刑事程序]。

第四部分　知识产权的取得和保持及相关程序（第 62 条)。

第三十六章 驰名商标

【阅读提示】 本章重点是对驰名商标的原理进行讨论分析，即对驰名商标的概念、特征、认定标准与认定机关，以及驰名商标的淡化与反淡化、反向假冒等问题进行分析。学习本章，要明确我国《商标法》的完善，为何以驰名商标作为其最重要的标志，以及驰名商标与知识产品成果的尊重、保护之间，存在的逻辑关系。本章的难点是网络域名问题，即网络域名为何要放到驰名商标部分中研究。

第一节 驰名商标

一、驰名商标的定义

驰名商标，英文中表述为“well-known mark”或“well-known trademark”。这类表述最早出现在19世纪中叶一些欧洲国家的判例法中。

《巴黎公约》1925年修订的海牙文本中，首先在国际公约中做出了保护驰名商标的规定。TRIPS协议中，也规定了对驰名商标的保护。

驰名商标这一概念，虽然被国际公约及各国法律广泛采用，但却没有一个明确的定义。最早保护驰名商标的《巴黎公约》，没有为驰名商标下确定的定义。TRIPS协议在保护驰名商标的问题上，比《巴黎公约》更进一步，指出要看该商标在有关公众中的被知晓的程度。但对于如何定义驰名商标，基本上没有回答。世界知识产权组织专家会议起草驰名商标保护条约时，对驰名商标的定义未能达成一致，终究未能成功。

世界各国对驰名商标的表述，也不尽相同，除驰名商标外，还有周知商标、著名商标、高信商标、世所共知商标等。① 各国称谓虽不同，但其含义基本相同。对驰名商标大致可以表述为：驰名商标是指在市场上享有较高声誉，并为相关公众熟知的，且具有较强市场竞争力的商标。

1996年8月，国家工商行政管理局发布《驰名商标认定和管理暂行规定》（简称《暂行规定》，1998年修订）。2003年4月17日，国家工商行政管理总局根据2001年10月27日新修订的我国《商标法》及其实施条例，发布了《驰名商标认定和保护规定》（简称《驰名商标规定》），修改了《暂行规定》中的相关内容。

《驰名商标规定》第2条规定：“驰名商标，是指在中国为相关公众广为知晓，并享有较高声誉的商标。”其中，“相关公众”包括“与使用商标所标示的某类商品或者服务有关的消费者，生产前述商品或者提供服务的其他经营者，以及经销渠道中所涉及的销售者和相关人员等。”这一定义，与驰名商标国际立法的趋势保持了一致。

---

① 刘春田：《知识产权法》，高等教育出版社、北京大学出版社，2000年版，第255页。

二、驰名商标保护的国际条约

1.《巴黎公约》

《巴黎公约》是最早规定驰名商标保护的国际条约，该公约第 6 条之二专门作了规定。主要有两点：凡系成员国认定为驰名商标的标识，一是禁止其他人抢先注册；二是禁止其他人使用与之相同或近似的标识。

第一点体现了《巴黎公约》对驰名商标保护的重要特点，即：如果在驰名商标未来得及注册之前，有人在先注册了，则 5 年之内，驰名商标所有人有权提出撤销该在先注册人的商标；如果在先注册人是恶意的，则不受 5 年的限制。对于第二点，《巴黎公约》没有具体化。《巴黎公约》虽然作为到目前为止，多数国家及国家之间多边或双边条约中，保护驰名商标的基础与内容，但尚未将规定延及到服务商标。

2. TRIPS 协议

TRIPS 协议对驰名商标的保护规定，表现在三个方面：一是将《巴黎公约》所规定的对驰名商标的保护，延及到了服务商标；二是把保护范围，扩大到禁止在不相类似的商品或服务上，使用与驰名商标相同或近似的标识；三是对于如何认定驰名商标，也作了原则性的简单规定。

TRIPS 协议虽然未对驰名商标的定义作出明确的回答，但却比《巴黎公约》对驰名商标的保护更进了一步。

《巴黎公约》与 TRIPS 协议，是两个主要规定对驰名商标保护的国际条约。在世界范围内，还存在几个影响较大的地区性的国际条约，包括 1993 年 12 月形成的《北美自由贸易区协定》、1993 年 10 月修订的《卡塔赫那协定》以及 1993 年 12 月形成的《欧共体（统一）商标条例》等，它们均不同程度的规定了对驰名商标的保护。

三、驰名商标的认定

（一）驰名商标的认定标准

要对驰名商标进行保护，首先必须明确保护的范围。

驰名商标的认定标准决定着一国保护的范围。各国法律对驰名商标的认定标准的规定不尽相同。1998 年 7 月，世界知识产权组织召开专家会议，提出了确定某商标是驰名商标时，应该考虑的几个因素。包括：①

（1）商标以任何方式使用的时间长短、使用程度及范围；

（2）对商标所作宣传的时间长短、宣传程度及宣传所及范围；

（3）商标的注册时间长短、注册地域范围；

（4）对商标强制保护的成功案例，特别是在多大范围内，商标曾经被法院或其他权威机构认定为驰名商标；

（5）商标所含的经济价值，等等。

虽然以上几点并不是世界知识产权组织正式的驰名商标保护条例，但是，它对各国立法具有指导意义，也反映出当今世界对驰名商标认定标准的趋势。

我国《商标法》修改后，在第 14 条也规定了认定驰名商标时，应当考虑的因素。包括：（1）相关公众对该商标的知晓程度；（2）该商标使用的持续时间；（3）该商标的

---

① 刘春田：《知识产权法》，高等教育出版社、北京大学出版社，2000 年版，第 256 页。

任何宣传工作的持续时间、程度和地理范围；（4）该商标作为驰名商标受保护的记录；（5）该商标驰名的其他因素。因此，我国立法在对驰名商标认定标准的确立上，做出了比较完善的规定。

2003 年 4 月 17 日，国家工商总局颁布《驰名商标规定》中，取消了《暂行规定》的一些规定条款，使具体规则更趋科学、合理，具有可操作性。《驰名商标规定》第 3 条，明确规定了可以作为证明商标驰名的证据材料，包括：

（1）证明相关公众对该商标知晓程度的有关材料。

（2）证明该商标使用持续时间的有关材料，包括该商标使用、注册的历史和范围的有关材料。

（3）证明该商标的任何宣传工作的持续时间、程度和地理范围的有关材料，包括广告宣传和促销活动的方式、地域范围、宣传媒体的种类以及广告投放量等有关材料。

（4）证明该商标作为驰名商标受保护记录的有关材料，包括该商标曾在中国或者其他国家和地区作为驰名商标受保护的有关材料。

（5）证明该商标驰名的其他证据材料，包括使用该商标的主要商品近三年的产量、销售量、销售收入、利税、销售区域等有关材料。

《驰名商标规定》相比《暂行规定》而言，有了巨大的进步。主要表现在以下几个方面：

一是驰名商标的保护范围，限制在中国范围内。这一规定是符合我国国情的，因为商标权有较强的地域性。这样规定，不仅不违背《巴黎公约》和 TRIPS 协议的精神，同时，又能有效地保护我国商标权人的利益。

二是《驰名商标规定》第 2 条第 2 款规定："相关公众包括与使用商标所标示的某类商品或者服务有关的消费者，生产前述商品或者提供服务的其他经营者以及经销渠道中所涉及的销售者和相关人员等。"这一规定，对"相关公众"的界定非常准确。

《驰名商标规定》第 3 条，根据我国《商标法》第 14 条，对相关内容做了更具体的规定，有利于实践中的操作。我国的《驰名商标规定》，与 1996 年 9 月 18 日国际商标协会通过的"驰名商标保护议案"中，所确定的某一商标是否驰名的相关标准，在基本内容上是相同的。

三是从《驰名商标规定》第 3 条的相关内容可以看出，我国现在对于驰名商标的认定，主要是侧重于"相关公众对该商标知晓程度"。对于"享有较高声誉"，却没有对其提出具体的要求，而只是把它作为有关机关在认定驰名商标时的一个因素。

四是没有要求驰名商标，必须是注册商标。从商标理论来看，获得商标权的方式，有使用主义和注册主义两种模式。单独采纳某一种制度会带来弊病；采纳注册获得的方式，又会使长期使用而未注册的商标的企业，缺乏有效保护。因此，合理的做法是以注册获得制为主，又不否定使用获得制。因此，应明确驰名商标包括注册商标和非注册商标。

（二）驰名商标的确认机关

《暂行规定》中，曾规定："国家工商行政管理局商标局负责驰名商标的认定和管理工作"，而没有给予法院对驰名商标的认定权。由于人民法院无权认定驰名商标，当人民法院审理商标侵权案件时，如果被侵权人向国家工商局商标局提出驰名商标认定的申请，人民法院就必须中止诉讼。待国家工商局做出是否认定的结论后，法院才能继续审理。

这种规定，一方面影响了人民法院对驰名商标的及时保护；另一方面，在一定程度上削弱了人民法院司法独立的地位。并且，排除人民法院对驰名商标的确认权，与TRIPS协议要求成员国对知识产权的侵权行为，实行全面的司法审查制度不相一致。

在国际社会，驰名商标的认定机构，按照《巴黎公约》第6条之二的规定，为商标注册国或使用国主管机关。具体到我国，根据《商标法》第5章及《驰名商标规定》第4条，可以看出：我国驰名商标的认定机构包括工商行政管理局（具体为商标局、商标评审委员会）及人民法院。但是，这两个机关在认定方式、认定程序和认定效力上，都是有区别的。其中，商标局采用行政程序，以主动（事前）认定和被动（事后）认定两种方式确认驰名商标；人民法院以司法程序，即以被动认定的方式来确认驰名商标。但是，商标局的确认是非终局性的；人民法院的确认则具有终局效力。

（三）驰名商标认定方式

驰名商标的认定方式分为两种：一是主动认定；二是被动认定。

主动认定方式是指在并不存在实际权利纠纷的情况下，有关部门出于预防将来可能发生权利纠纷的目的，根据商标权人的申请，对是否是驰名商标进行认定。而被动认定方式，是指已经发生实际的权利纠纷的情况下，根据商标所有权人的申请，有关部门对其是否是驰名商标，能否给予扩大范围的保护进行认定。①

主动认定的方式，不适用于司法机关。这种方式有利于防止纠纷的产生，是行政机关认定驰名商标的方式。采取此种方式的国家有韩国、泰国等国家，这些国家的行政机关拥有一份自己主动认定的驰名商标名单（对外是不公开的），以为日后审查时参考。

但是，主动认定不符合国际惯例。采用批量认定的方式时，如果标准不明确，则会导致企业、地区之间为争夺驰名商标的恶性竞争的产生。

被动认定的方式，主要适用于司法机关确认驰名商标，行政机关也可以采用。目前，被动认定方式已为大多数西方国家所采用，被视为国际惯例。被动认定驰名商标，虽然是一种消极的方式，便是它具有很强的针对性，对于发生纠纷的权利人的救济，是充分而实在的。既能避免主动认定的弊端，也解决了实际发生的权利纠纷。

《驰名商标规定》第4条规定："当事人认为他人经初步审定并公告的商标违反商标法第13条规定的，可以依据商标法及其实施条例的规定向商标局提出异议，并提交证明其商标驰名的有关材料。当事人认为他人已经注册的商标违反商标法第13条规定的，可以依据商标法及其实施条例的规定向商标评审委员会请求裁定撤销该注册商标，并提交证明其商标驰名的有关材料。"从本条规定可以看出，国家商标局对驰名商标的认定，采取"个案处理，被动认定"方式。即只有在商标注册人认为其驰名商标受到损害，并请求保护其合法权益时，才可以向国家工商行政管理局提出驰名商标的认定申请。

应当说，《驰名商标规定》的这一规定，改变了《暂行规定》所确定的"以主动认定为主、被动认定为辅"的模式。对于请求认定驰名商标的商标注册人而言，如果没有确切的法律诉讼理由，该商标一般不会被认定为驰名商标。这与国际惯例是一致的。

① 刘春田：《知识产权法》，高等教育出版社、北京大学出版社，2000年版，第257页。

《巴黎公约》缔约国对驰名商标的认定，一般多采用这种模式。

《驰名商标规定》采取的这种方式，可以严格评判驰名商标，但存在的缺点，是给不法经营者提供了利用别人的驰名商标牟取暴利的机会。商标遭到侵权，被侵权者主张保护时，还要经过一个驰名商标认定程序，往往花费很多时间。因此，有学者指出应该考虑建立以“被动认定为主、主动认定为辅”的复合认定模式。这样，一方面能够达到驰名商标“个案保护、被动保护”的目的；另一方面，可以充分调动行政机关的主动性与积极性，有利于驰名商标的保护。建立这种认定模式，能较好地克服现存弊端，把符合中国国情与不悖国际惯例有机结合起来。当然，为了保证市场的公平竞争，以及符合WTO的有关要求，在采取主动认定时，必须制定公正、合理的标准，以防止行政权力的滥用。

四、驰名商标的保护

对驰名商标的保护，引起了越来越多国家的重视。自1925年《巴黎公约》修订时增加了保护驰名商标的内容后，TRIPS协议也进一步加大了对驰名商标的保护。我国的《驰名商标规定》，则是顺应国际保护驰名商标的立法趋势，与《巴黎公约》及TRIPS协议在驰名商标保护的范围问题上，做到了基本一致。

综合各国对驰名商标的保护，其内容大体体现在以下几个方面：

（一）未注册的驰名商标的保护

商标的保护，采用的是注册原则、先申请原则。对于没有注册的商标，往往不能获得法律的保护，不能享有商标专用权。但是，对于驰名商标的保护，却不能完全依照注册原则进行，这样，将不利于真正权利人的利益。因此，对驰名商标采用了使用在先的原则。

《巴黎公约》中，规定各成员国对于以欺诈手段取得商标注册或使用，驰名商标的所有人请求撤销其注册或禁止该商标使用的，不应规定时间限制。我国《暂行规定》曾将驰名商标限定为注册商标，对于未注册的驰名商标不予保护，即无论该驰名商标有多高的声誉或是有多少人熟悉，都不会受到保护。就此而言，我国对于驰名商标保护与大多数国家是不同的，不符合驰名商标保护的国际惯例。后来，我国修改了《暂行规定》，通过《驰名商标规定》，将未注册商标的驰名商标保护列入了保护范围，顺应了世界潮流的发展。

（二）扩大了驰名商标的保护范围

《巴黎公约》对驰名商标的保护，仅限于商品商标，没有延及服务商标。TRIPS协议则进一步扩大到了服务商标，禁止在不类似的商品或服务上使用与驰名商标相同或近似的标识。在TRIPS协议基础上，各国进一步加强对驰名商标的保护，不仅要求驰名商标符合一般商标的保护范围，而且，要求对驰名商标的保护范围，要大于一般商标的保护范围。

也就是说，不仅在相同或类似的商品上，禁止他人使用与驰名商标相同或近似的商标，而且，在不同类别、不同性质的商品上，也不允许使用与驰名商标相同或近似的商标。甚至，一些国家规定，驰名商标所有人有权请求制止他人将与自己商标相同或近似的文字，作为企业名称或企业名称的一部分使用。

我国《驰名商标规定》第6条规定，与驰名商标相同或近似的商标在非类似商品申请注册或直接使用，以及将与驰名商标相同或近似的文字，作为企业名称一部分使用，可能损害驰名商标注册人权益或能引起公众误认的，或由商标局驳回注册，或赋予驰名商标所有人请求予以制止使用，或予以撤销已登记的企业名称的权利。

（三）驰名商标所有人的排他权

《巴黎公约》中规定，驰名商标未来得及注册以前而抢先注册的，在5年内驰名商标的所有人，有权将在先注册人“请出去”。[①] 如果在先注册是恶意的，则不受5年的限制。该条规定已成为了各国对驰名商标所有人保护的重要规则。

（四）注册商标显著性条件的弱化

商标注册条件之一，是商标必须具有显著性特点。不具有显著性特征的商标不可识别，因此，各国立法都规定了此款注册条件。但是，驰名商标有所不同。

由于驰名商标往往与商品或服务紧密联系，可能是公众知晓程度已经很高，然而商标的设计却不具有显著性。如果基于此而不准许其注册，必然会带来负面的后果。此类商标由于经常反复的，较长时间的使用，其所代表的商品在其行销的地区，已具有很高的声誉。商标通过使用已完全具备表明商品出处的功能，足以弥补其设计上显著性的不足，可以说具有识别性，从而具备了注册的条件。

我国对外国的驰名商标在华申请商标注册时，实际上也同样放宽了显著性的条件。

第二节　驰名商标淡化与反淡化

一、商标淡化

商标淡化，就其法律含义而言，是指商标显著性及其商标的内在价值，因他人的使用而弱化，影响了该商标在公众中的形象，削减了商标权人商品的销售力的情形。

目前，许多国家都把对驰名商标的淡化视为侵权行为，且对商标淡化行为加以限制，还通过立法和判例，确立与完善了商标淡化理论和法律制度。

美国在商标淡化理论研究和立法方面，先走了一步。1947年，美国马萨诸州首先确立商标淡化法，随后商业最发达的纽约州等相继颁布了同样的法规。到1995年已有25个州订立了这种法律。在此基础上，1995年，美国制定了《联邦反淡化法》，并于1996年实施。该法已确认了下列商标淡化侵权行为：

1. 模糊

模糊，即指由于他人在非类似的商品上未经授权的使用，使某一商标的商品销售力和商标价值减少或削弱的情形。

美国先例确定了这一原则，把商标的保护扩大到了非类似的商品上，超出了原普通商标保护的范围。这是一种对驰名商标的特别保护。

2. 失色

失色，即指由于侵权者相关的质量，或不利的或丑化的行为描述某一商标，可能对他人商品引起负效应影响的情形。

此原则把对驰名商标的保护进一步深化。侵权者虽未使驰名商标的价值或商品销售

① 刘春田：《知识产权法》，高等教育出版社、北京大学出版社，2000年版，第258页。

力下降，但只要其商品品质欠佳，或对他人商标作了无益，甚至丑化的行为，产生了负效应，使他人驰名商标显著性的光泽“失色”，同样构成侵权。

3．贬低

贬低，即指以不当改变，或贬损的方法来描述某商标的情形。[①]

此原则包括了其他的商标淡化行为，更深层次地对驰名商标加以特别保护，即更重视对商标本质内容的保护。

这些规定，应该说是目前为止，对防止商标淡化侵权行为最完整的法律规定。

对驰名商标保护的商标淡化理论，并不排除对驰名商标的合理使用。通常，以下情形不属于商标淡化的侵权行为：如为推销驰名商标权人指定的竞争商品或服务时，合理使用驰名商标；非商业化使用该商标的；所有的新闻报道和新闻评论中使用该商标的。

二、商标淡化的历史发展

从各国立法来看，最早关注商标淡化理论的是美国。

美国首先引入商标淡化概念，是在 1927 年由弗兰克颁布的哈佛法律中。美国联邦第二巡回区上诉法院 1994 年与 1996 年的判例，已确认了商标淡化侵权行为。到目前为止，已有加拿大、日本、西班牙、英国、希腊和美国等国法律对此加以确认。我国一些地方立法，也已承认了商标淡化是商标侵权行为。

但是，上述国家对商标淡化的立法方式，在形式上并非一致。他们主要采用了两种模式：一是通过不正当竞争法的内容加以确认，视商标淡化为不正当竞争行为，并加以禁止，如希腊；二是更多的国家将其单独立法或归于商标法中加以确认。如美国《1995年联邦商标淡化法案》，就是商标淡化的专门性法律。再如我国上海市的地方法规《上海市著名商标认定与保护暂行办法》中，就有对商标淡化的规定。

从国际公约来看，采用商标淡化规定来保护驰名商标，是可行的。《巴黎公约》第 6 条之二中规定，驰名商标都应受到各成员国的特别保护，包括可以阻止他人注册，申请撤销他人以恶意取得的商标注册或禁止使用之。TRIPS 协议第 16 条第 3 款也作了相应规定：“如果某商标在商品或服务行业使用，那么就表明商品或服务行业与注册商标权人形成了一种关系，假如注册商标权人的利益因该使用而受到损害的话，哪怕该商标已注册，且在不类似的商品或服务行业使用，仍应适用《巴黎公约》第 6 条之二的规定。”

近年来，我国法律界逐渐对商标淡化问题给予关注。虽然，有关商标淡化的地方立法已有了先例，但是，就全国性的立法却并没有形成。因此，还有许多的问题急需解决。

三、商标淡化法保护商标的条件

一般来说，不是所有的商标，都可以适用商标淡化来进行保护。商标淡化理论，主要针对的是驰名商标，并且还需具备一定的条件。主要包括：

1．该商标必须是驰名商标

只有驰名商标才能适用商标淡化理论，这是前提条件。商标淡化的立法本义，是对现有的驰名商标法律保护范围的扩大，是对驰名商标更特殊的保护。而一般商标，已有

---

① 须建楚：《商标淡化的法律问题初探》，载《法学》1997 年第 7 期。

原来的商标法进行保护，不能适用商标淡化法。根据美国《1995 年美国联邦商标淡化法》第 3 条（C）（1）之规定，驰名商标权人，才被赋予根据该法对侵犯其商标的商标淡化行为，采取补救措施的权利。

2．该商标必须是已注册商标

各国商标法对商标的注册申请，都有严格的制度，因而，已经注册的商标被认为是完全受到保护的合格品。一些国家还将已注册商标，作为认定驰名商标的先决条件。在《美国联邦商标淡化法案》中，这方面规定得更直接明确。

四、驰名商标的反淡化

商标淡化立法目的，在于对驰名商标所有权人权利受到侵害时的救济。而驰名商标反淡化理论，则是具体的规定此种情形下，驰名商标所有权人拥有的权利及救济措施。

在此方面，美国对驰名商标的保护，正是通过"反淡化法"来实现的。《美国联邦商标淡化法案》第 2 条（C）（1）规定："驰名商标权人被赋予权利，假如他人的使用是在该商标驰名以后，并引起该驰名商标的显著性的淡化，基于公平原则，在法院认可的合理期限内，可以请求法院以禁令责令他人禁止某一商标或厂商名称在商品上的使用，并据此规定得到法律补救。"根据此条法律，权利人在合法权利受到侵害时，首先可以请求法院下达禁令，禁止他人淡化行为的继续。此外，被淡化的驰名商标权人还可以采取法律救济措施。在美国的联邦商标法和商标淡化法中，规定有以下几种救济措施：

第一，赔偿损失。驰名商标权利人可以通过法院要求侵权者给予金钱上的救济，以弥补其损失。法院可以根据具体情况做出为损失 3 倍以内的金钱赔偿判决。显然，这种赔偿带有对实际损失的补偿性和对侵权行为者的处罚性的双重性质。

第二，销毁与侵权有关的物品。法院可以根据原告的请求，下令销毁引起驰名商标淡化的产品、标记、标志、印刷品、和广告物等，以防止侵权人再使用这些物品，造成侵权的继续。

第三节　反向假冒

一、反向假冒行为定义

假冒行为，在市场上可谓是源远流长。也正因为此，成为消费者最厌恶的行为之一。假冒商标行为是知识产权领域中一种常见的假冒行为。它是指未经注册商标所有权人许可，在与其核定使用商标相同的商品上，使用其注册商标的行为。

与假冒商标行为相比，反向假冒是直译的外来词汇。学者对于反向假冒商标行为的理解也不尽一致。到目前为止，主要有以下几种观点：

（1）反向假冒指在他人的商品上擅自使用自己商标的行为（即未经他人许可，在自己所有的他人生产的商品上使用自己商标的行为）。

（2）反向假冒指将他人使用的某商品的商标去除后，在该商品上使用自己的商标，把他人的商品冒充为自己的商品进行销售，以牟取非法利益。

（3）反向假冒指行为人未经商标权利人的许可，将其使用在商品上的商标去除后换上自己的商标，将他人的商品冒充自己的商品出售。①

上面几个定义，虽然都表明了反向假冒的具体内容，但各自又存在着不足之处。首先，第一个定义简明扼要，但不足之处在于把反向假冒行为中，“去除的商标”限于制造商标而排除销售商标。而事实上，存在着许多销售商将其他销售商的商标，从其经营销售的商品上去除而换上自己的商标的情形；其次，第二个定义没有第一个定义所存在的缺陷，且该定义对反向假冒的一系列行为表现概括得较为清晰。但不足之处，是在定义后多了“以牟取非法利益”这一句话。事实上，反向假冒是不需要考虑假冒者的主观目的的。因为这样会加大被假冒者的举证难度，从而增加假冒者逃避法律惩罚的机会；最后，第三个定义最大的不足就在于，把反向假冒行为中“去除的商标”限于注册商标，这从其使用“商标权利人”这一提法便可略知一二。而反向假冒者去除的商标，应包括注册商标和未注册商标。

通过上述分析比较，结合国外的一些立法情况，作者认为，反向假冒是假冒的反向行为。既然假冒商标行为是指在自己的商品上擅自使用他人注册商标的行为，那么，反向假冒商标行为，则是指在他人的商品上擅自使用自己商标的行为。即未经他人许可，在自己所有的他人生产的商品上，使用自己商标的行为。

二、反向假冒行为的特征

反向假冒与假冒商标行为，具有不同的行为模式，因此，二者的特点殊异：

1．行为主体方面

假冒商标行为主体包括两类：一是与商标权人生产、制造同类商品的生产商；二是销售该类商品的销售商。反向假冒商标行为主体，却只有一类，即与商标权人生产、制造同类商品的生产者，不包括该类商品的销售者。销售者购买他人生产的商品，用自己的销售商标替换他人生产的商品，或用自己的销售商标替换他人商标再将商品投入流通的行为，不属于这里所说的反向假冒商标行为。如果该销售商用第三者的注册商标取代他人商标，则属于假冒商标行为。

2．行为人主观方面

假冒商标行为人的动机，主要在于借他人商标声誉销售自己的产品以从中牟利。也有少数人是为了借此贬低他人的商标声誉，搞垮竞争对手。反向假冒商标行为人的主观动机，主要是盗用他人产品声誉，为自己创造品牌及牟取不当利润。行为人主观方面并不是主要的认定条件。

3．行为对象方面

假冒商标行为直接指向他人的注册商标，其实质在于盗用或损害他人的商标声誉。而反向假冒商标行为，则直接指向他人生产的产品，其实质在于借用他人产品优质质量，以提高自身商标的声誉。

4．行为内容方面

假冒商标行为内容主要有两点：一是在自己生产的商品上擅自贴附他人的注册商标；二是将该商品在他人商标权受法律保护的地域内投放市场。反向假冒商标行为内容则包括：一是在市场上购进他人生产商品；二是以自己的商标标识替换他人的商标标

① 柯湘：《反向假冒商标行为及其法律规制》，载《中华商标》2000年第5期。

识；三是将商品继续投入流通。

5. 行为后果方面

假冒商标行为和反向假冒商标行为，均有损于行为人的竞争对手以及消费者的合法利益，扰乱了市场的竞争秩序。其不同之处在于：假冒商标行为可能损害他人商标声誉；而反向假冒商标行为，则可能损害他人产品声誉。[①]

三、反向假冒行为的性质

学术界普遍认为，反向假冒商标行为是一种侵害消费者权益和不正当竞争行为。然而，对于反向假冒商标行为，是否属于一种商标侵权行为，则有不同的看法。主要包括两种：肯定说和否定说。

在我国，多数学者持否定说。其原因在于，反向假冒商标行为撤换的商标中，包括未注册商标。而未注册商标不享有商标专用权，对它的去除，当然就说不上是对商标权的侵犯。同时，我国《商标法》及《商标法细则》等，对侵犯商标的行为已作了全部列举，反向假冒商标行为，是不属于其中任何一种的。所以，很难认定反向假冒商标行为，是一种商标侵权行为。

（1）对于擅自以自己的未注册商标，撤换他人合法使用在商品上的商标的，只构成不正当竞争行为。由于未注册商标所有人不享有商标专用权，因此，就不可能产生商标专用权滥用的问题。

但是，以自己的未注册商标，撤换他人合法使用在商品上的商标的行为，却属于我国《反不正当竞争法》第5条第4款所规定的虚假表示行为。根据该条规定，经营者在商品上伪造或冒用认证标志、名优标志等质量标志，伪造产地，对商品质量作引人误解的虚假表示的，构成不正当竞争行为。

商标代表着商标所有人的商品的质量优劣。如果消费者第一次购买了某种牌子的商品，对其质量感到满意的话，第二次、第三次就会购买同样商标的商品。而以自己的商标撤换他人的商标，就会对商标所标识的商品的生产者或销售者构成不正当竞争行为。

（2）对于擅自以自己的注册商标，撤换他人合法使用在商品上的商标的，不但属于不正当竞争行为，而且，构成商标权的滥用。根据我国《商标法》第4条规定，企业事业单位和个体工商业者，对其生产、制造、加工或经销的商品，需要取得商标专用权的，应当向商标局申请商品商标注册。由此可知，注册商标专用权人把自己的商标，擅自贴附于他人的商品上，属于滥用商标的行为。

四、反向假冒行为的法律调整

从国外立法来看，对反向假冒商标行为，主要是通过《反不正当竞争法》或《商标法》来规范的。其中，有的国家把未经注册商标权利人许可而去除或撤换商标的行为，规定为侵犯商标权的行为。如《法国知识产权法典》规定，除注册商标人允许外，禁止去除或改变合法使用的商标，违反这一规定构成侵犯商标权，侵权人必须承担刑事责任；又如澳大利亚1995年《商标法》第145条第1款规定，在明知注册商标的情况下，故意或毫无顾忌的非法修改或去除已进入或将进入商业领域的任何商品和服务的注册商标，构成刑事犯罪。

---

① 黄勤南、段广平：《反向假冒商标行为法律研究》，载《政法论坛》1999年第1期。

但大多数国家，则把反向假冒商标行为规定为不正当竞争行为。如美国的《兰汉姆法》第1125条第128款规定，反向假冒者应负的侵权责任，应与假冒他人商品相同；我国1988年修订的《商标法》，对反向假冒行为是从禁止不正当竞争的角度来处理的。

我国现行法律，没有对反向假冒商标行为作出明确规定。但是，这并不是说我国没有法律对此进行调整。实际上，我国至少有四部法律能够对此问题进行调整和规范：

1.《民法通则》

我国《民法通则》第4条规定："民事活动应当遵循自愿、公平、等价有偿、诚实信用的原则。"反向假冒商标行为通过撤换他人的商标，把别人的商品当作自己的商品来出售，正是对诚实信用原则的违背。

2.《反不正当竞争法》

如上文所说，我国《反不正当竞争法》第5条第4款规定的虚假表示行为，可以包括反向假冒商标行为。而本法第20条、第21条等，也相应地规定了该行为的法律责任。

3.《消费者权益保护法》

《消费者权益保护法》第8条规定，消费者享有知悉其购买、使用的商品或服务的真实情况的权利；第19条规定，经营者负有向消费者提供有关商品或者服务的真实信息，不得作引人误解的虚假宣传的义务。第49条与第50条也作了相关规定。

4.《商标法》

我国《商标法》第44条、第45条明确规定了商标使用人不滥用商标的义务，以及相应的法律责任。反向假冒商标行为人违背法律规定，不履行法定义务，应依法承担滥用商标的法律责任。因此，商标管理机关有权依法查处这类商标滥用行为。

第四节　网络域名

网络域名案件，成为近年来涉及网络发生的最为突出、类型最新、适用法律最为模糊的一新类型案件。这些案件的产生是伴随国际互联网、万维网等信息技术的产生和高速发展而产生的。目前，我国尚没有明确的法律适用网络域名案件，但是，这类新型纠纷的产生，已经涉及到网络技术新产生的权利与传统意义上民法权利之间的冲突与摩擦。所以，应当把网络域名作为法律调整的对象。

一、网络域名的定义

因特网上每位用户都有一个由数字和英文字母组成的账号，或者叫身份号，即因特网域名。其基本功能就是标识特定的计算机地址，即使用者的身份。

事实上，域名是用于标识某个计算机的一长串字母的缩写。如果一家公司要在因特网上从事商业活动，第一个挑战就是如何确定自己的位置。在现实世界里，任何一个商家都会有一个确定的地点，可以挂上自己公司的招牌。而商家在网上的定位就靠域名。即使在现实社会已取得和使用某一名称，甚至将这一名称注册为商标，都不能自动地、当然地生成一个域名。

域名是用户在因特网上的地址，通过这个地址才能找到某公司充满商机的主页和网站。因此，它被广泛地用来做一种商业标识符号，成为发展电子商业的基本手段。商家尽量以商标商号作为域名，在其广告中又广泛地使用域名，所以，因特网域名已成为商家在网络虚拟世界中，占有一席之地或者行业地位的标志。

由此可知，网络域名具有：(1) 用户身份性；(2) 主体象征性；(3) 商业价值性；(4) 个体私密性；(5) 获得程序性等特殊特征。

二、网络域名案件

所谓网络域名案件是指涉及计算机网络域名注册、使用等的民事纠纷案件。它既有网络域名与商标权等其他知识产权发生冲突的纠纷案件，也有网络域名与姓名权、名称权等其他在先权发生冲突的纠纷案件，还有网络域名与网络域名发生争议冲突的民事纠纷案件等等。这些案件，有学者认为，主要包括以下几种：①

(1) 域名贩卖案件。这类案件，是指专门利用域名注册管理制度的某些薄弱环节，以注册他人公司名称、商标等为域名作为商业行为，又以高价出售这些域名的单位和个人的案件。这些单位和个人，通常对域名运用前景较他人更有透彻的理解和认识，他们对这个商机不能放过，并受利益驱动。从而，也就产生了域名登记注册中恶意进行域名登记，然后高价贩卖，以网络域名从事不正当竞争一类的案件。

(2) 抱怨网站案件。即专门设立以收集某一公司的负面评价为主，专供网友发泄对该公司商品、服务不满的抱怨网站（complaint sites），从而引起不正当竞争的案件。有些大公司为了避免这些网站的攻击，则自行登记了很多可能的抱怨网站，但还不足以杜绝攻击性的抱怨网站的出现。这类网站，常常会成为商标淡化等不正当竞争纠纷发生的站点。

(3) 恶意抢注域名案件。由于人们对网络域名的重要性并没有充分认识，以致许多企业或个人忽略了对自己公司的名称、商标，或者个人姓名等的网络域名功用，故未进行及时的域名注册。也有一些学者、技术领域人士对域名在电子商务中的功能、作用和发展前景，缺乏认识，延误了人们对网络域名的及时注册。因此，一些人利用此空隙，抢先注册了与这些企业或个人相关的名称相同或者相似的网络域名，由此产生出具有人身权性质的域名权属纠纷案件。

(4) 顶级域名扩展案件。指外国公司，特别是一些跨国公司的驰名商标的所有者等，为开拓在中国包括电子商务在内的市场，针对我国域名持有者就扩展其.cn一级域名，而发生争议的不正当竞争等纠纷。最近几年，我国域名持有者常遇到国外公司或外国在华投资企业等，对我国域名持有者就域名争议提起的诉讼。如美国电子商务公司向江苏从事软件开发的金图公司，就域名争议向世界知识产权组织投诉。

三、网络商标侵权纠纷

涉及网络的商标侵权纠纷，一般分为三类：一类是涉及域名与商标权冲突的纠纷；另一类是网络上其他商标侵权等纠纷；第三类是网络域名注册服务商，与域名使用者等涉及商标、商号、不服冻结或撤销域名决定等纠纷。

网络商标侵权纠纷，涉及的纠纷主体包括：

(1) 商标权人。商标权人一般是域名与商标权冲突及网络商标侵权等纠纷的主体，在解决争议的诉讼中，往往处于原告的地位。

---

① 曹建明：《知识产权审判指导》，人民法院出版社，2003年第1辑，第55页。

(2) 域名所有人，即网络域名的登记、使用者。域名所有人，一般作为域名与商标冲突纠纷、域名使用与网络域名注册机构等纠纷的主体，在域名与商标冲突、网络商标侵权纠纷中一般作为被告。域名所有人，在与域名注册机构的纠纷中，又可能作为原告。

(3) 网络域名注册机构。因特网的域名需要由专门机构进行管理，这些机构的职能之一就是受理域名注册申请。于是，就产生了一类新的涉及网络使用者权利的主体。从各国的情况看，在网络域名注册机构与网络使用者之间的权利义务是以合同规范的。

(4) 其他侵权人。所谓其他侵权人，是指除上述三类主体外，通过网络实施侵害商标权行为的主体，包括一切通过网络侵害商标权的法人和自然人等。他们实施的行为不涉及网络域名与商标本身的冲突。

四、网络商标侵权案件类型

通过网络侵害商标权或者实施商标侵权，是网络时代和电子商务时代的一大特色。这些案件昭示世人：国际互联网、万维网的确是给市民社会带来了交易的快捷、效率和无限商机，但是，网络也成为一种新型的商标侵权方式。

涉及网络域名的网上商标权争议，以及网络商标侵权纠纷案件，作者认为，有如下几类：

(1) 因网络域名中包含他人文字注册商标的单词、字母等，而引起的网络商标侵权纠纷。许多商家，在进行网络域名注册时，选择了与他们商号、商标或经营范围相适应的网络域名，这些域名，有时会受到商标法原则的保护。但是，如果在所使用的域名中，使用了他人的驰名商标，或其他注册商标包含的单词、字母等，就会引起商标权与网络域名的权利冲突。

(2) 恶意抢注域名而引起的纠纷。这是指行为人故意将他人的知名商标、商号涵盖的文字等，注册为自己的网络域名，再以高价将这些网络域名卖给该知识产权所有人的情形。其网络域名的抢注行为，已经足以构成对商标的淡化侵害。

(3) 行为人选取、使用他人注册商标的图形、图像等，并入自己的网页，或将他人商标的图形设计变成自己网页的图标等，而引起纠纷。

(4) 域名与商标权、商号的冲突纠纷。在排除恶意抢注的情况外，域名使用者与商标权人仍会发生种种纠纷。此类纠纷中，包括某一网络使用者的域名，与他人的注册商标构成近似或者相似等。

(5) 网络使用人所享有的三级域名，与他人的著名域名相同或者相似而引发的纠纷。

(6) 新类型的网上商标侵权纠纷。因特网上，到处闪烁着变化无穷的商标，当然也隐藏着形形色色的商标侵权行为。

有学者经过研究，提出了商标侵权行为的两类新形态。一类是在自己的网页上使用他人的商标作为链接到该商标权人网页的“锚”。此种行为是否构成商标侵权，在于“锚”是否被链接设置者当作商标使用，以及该使用行为是否足以使消费者产生混淆。二类被称为隐形商标侵权纠纷，是将他人的商标埋置在自己网页的原代码中，当消费者使用网上引擎查找该他人商标时，行为人的网页就会位居搜索结果的前列等。

思考题

1. 简述驰名商标的定义、特征和受特殊保护的理由。
2. 比较驰名商标认定的模式进行，说明各自的优劣。
3. 我国驰名商标认定的标准是否与国际认定标准相同，为什么？
4. 简述驰名商标国际保护与国内保护有哪些新变化？
5. 商标淡化所保护的商标应当具备什么条件？为何要反淡化？
6. 比较商标反向假冒行为与假冒商标行为的差别。
7. 举例说明：网络商标侵权纠纷的发生原理以及防范措施。

学习资料指引

1. 刘春田：《知识产权法》，高等教育出版社、北京大学出版社，2000 年 8 月版。
2. 张序九：《商标法教程》，法律出版社，1997 年 2 月第 3 版。
3. 吴汉东：《知识产权法》，中国政法大学出版社，2002 年 7 月修订版。
4. 黄勤南：《新编知识产权法教程》，法律出版社，2003 年 2 月版。
5. 黄晖：《驰名商标和著名商标的法律保护》，法律出版社，2001 年 5 月第 1 版。
6. 郑成思：《知识产权》（第二卷），中国方正出版社，1996 年北京第 1 版。
7. 郑成思：《知识产权》（第四卷），中国方正出版社，1997 年北京第 1 版。
8. 郑成思：《知识产权论》，法律出版社，2001 年 6 月第 2 版。
9. 李强：《知识产权的法律保护》，中国政法出版社，1995 年 5 月第 1 版。
10. 曹建明：《知识产权审判指导》，人民法院出版社，2003 年第 1 辑。

参考法规提示

1.《中华人民共和国商标法》，第 13 条～第 14 条。

2.《中华人民共和国商标法实施细则》（2002 年 8 月 3 日），第 3 条～第 5 条。第 5 章“商标评审”。

3. 国家工商行政管理总局《驰名商标认定和保护规定》（2003 年 4 月 17 日），第 1 条～第 17 条。

4.《保护工业产权巴黎公约》，第 6 条

5.《最高人民法院关于审理涉及计算机网络域名民事纠纷案件适用法律若干问题的解释》（2001 年 7 月 17 日），第 1 条～第 8 条。

6. 国家工商行政管理局商标局《关于申请认定驰名商标若干问题的通知》（2000 年 4 月 28 日），第 1 条～第 7 条。

7. 世界贸易组织《与贸易有关的知识产权协议》（即 TRIPS 协议），

第二部分　关于知识产权的效力、范围及使用的标准（第 9 条～第 40 条），第 2 节商标。

第三部分　知识产权的实施（第 41 条～第 61 条）[第 1 节一般义务；第 2 节民事和行政程序及补救；第 3 节临时措施；第 4 节与边境措施相关的特殊要求；第 5 节刑事程序]。

第四部分　知识产权的取得和保持及相关程序（第 62 条）。

第三十七章　特殊标记权

【阅读提示】　本章的重点是原产地名称、厂商名称以及其他特殊标记权的定义、特征，知名商品的特有名称、包装、装潢，与公序良俗相关的特殊标记的定义、范围等。学习者阅读时，应当把握几种主要的特殊标记权的产生原理，同时，了解特殊标记权的主要类别和保护基本规则，以及国内外保护特殊标记的立法动机和司法现状。

第一节　原产地名称

一、原产地名称界定

1. 原产地名称的概念

原产地名称，是针对国家“名、优、特”产品，所采取的一项特殊的产品质量监控制度和知识产权保护制度。原产地，主要是指在一国境内某种特殊产品的特定（生产）地域。该特定地域的水土、气候、生产历史等地理人文特征，直接决定或影响该产品的质量、特色或者声誉；并且以该特定地域的名称对该产品进行命名，例如贵州茅台酒、西湖龙井茶等。

原产地名称以地理及人文特征为基准，其目的在于，通过特殊的原产地命名和监控手段，来保证和提高“名、优、特”产品的质量和附加值，以及其在国内外市场的竞争力，从而发挥保护民族精品、规范市场、发展经济的作用。

原产地名称，往往与产品的质量紧密相连，代表着该产品的质量和信誉，是消费者识别和选购商品的重要依据。显然，它是一种非常有价值的无形资产。

TRIPS协议第22条第1款规定：“地理标志系指下列标志，其标示出某商品来源于某成员地域内，或来源于该地域中的某地区或某地方，该商品的特定质量、信誉或其他特征，主要与该地理来源相关联”。可见，地理标志既包括原产地名称，还包括货源标记等。

2. 货源标记

所谓货源标记，受国际贸易货物原产地规则规范，是国际贸易中一项重要的海关关税邻接制度。通俗地讲，它是确定外贸商品产自哪一个国家（或者地区），即确定外贸商品国籍的规则。换言之，国际贸易货物原产地规则中的原产地，主要是原产国的意思。例如，“中国制造”、“瑞士制造”等，均属于货源标记。

国际贸易货物原产地规则，通常以“完全原产”和“实质性加工”等，作为判定原产地的基本标准。通过认定货物（尤其是进口货物）的原产地，可以较有效地保证本国贸易政策，尤其是关税政策能够针对准确的对象国家实施。

货源标记与原产地名称，作为识别商品来源的地理标记，其功能和含义近似。

3．原产地与货源标记的区别

《巴黎公约》在列举其保护对象上，采用货源标记或原产地名称的表达方式。但是，两者存在着一些明显的差异：(1) 货源标记仅表示某一商品的产出地，其所涉及的区域范围较大，可以泛指一个国家或地方行政区域；原产地名称所指的区域是特殊传统工艺适用的地域。(2) 货源标记可用以标示任何性质的产品，如制造、加工的工业产品和农产品；原产地名称一般只用于天然产品、农产品和地方名优土特产品。(3) 货源标记的目的在于，明确说明该类商品的同一性，使用范围较宽；原产地名称除表示商品的来源外，还有保护商品的特定品质、表示商品所利用的自然条件和社会条件的作用。[①] 因此，原产地名称的使用更为严格，其地域范围有着严格的限制。

二、原产地名称的特征

原产地名称的特征，涵盖以下几个方面的内容[②]：(1) 标有原产地名称的产品，来源于某地区、特定地点或国家。该产品的质量或特性，完全或基本取决于该地特殊的人文地理环境。(2) 原产地名称一般是由地理名称和产品通用名称构成，如景德镇瓷器、孝感麻糖等等。当地理标志的知名度，达到一定程度的时候，往往仅通过地理名称便可实现整个地理标志的功能，如“茅台酒”被人们习惯地称作“茅台”。(3) 原产地名称，具有表征产品来源和表征产品独特质量的功能。(4) 原产地名称属于一种无形财产。原产地名称作为一种被社会公众所普遍承认的质量标记，代表着产品质量和生产者的信誉，其价值往往比有形财产更为巨大。(5) 原产地名称是一种实体权，即无须履行任何程序而自生的一种自然权利。

原产地名称的属性，可以通过以下几点把握：第一，原产地名称是基于产地的自然条件和产品的生产者集体共有，故不具个体排他性；第二，原产地名称并不因长期使用，而丧失效力上的无期性；第三，由于原产地名称的共有性，而且，一特定产品的产品品质与产地密切相连，因此，原产地名称具有非转让性。

三、原产地名称保护

国际上，原产地名称代表着商品的优良信誉和独特品质，故其对消费者的选择，往往起着决定性作用。它和商品的其他标志一样，为消费者所重视。有时，甚至成为消费公众购物时的唯一选择。因此，原产地标志同时也是巨大财富的代称。

正是如此，无权使用人搭便车及假冒侵权等行为，层出不穷，屡禁不止。这样一来，如何保护原产地标记不被滥用，如何有效地禁止假冒行为，也就提上了各国立法机关的议事日程。应当对原产地标记给予充分的保护，这一思想已为许多国家的立法者所接受。如英、美、法等国均有关于原产地标记的保护性规定。其他国家虽无专门性规定，但相关法规中，也有对之予以间接保护的内容。

实践中，各国的保护手段不尽相同。主要可分为四种类型：

第一类是商标法的保护方式。其中又分为三种情况：一是注册集体商标的方式保护原产地标记，如《德国商标法》；二是通过注册证明商标的方式保护原产地标记，如《英国商标法》、我国《商标法》；三是规定当事人可通过选择注册集体商标或证明商标

---

① 吴汉东、胡开忠：《无形财产权制度研究》，法律出版社 2001 年版，第 474 页。

② 范长军、郑友德：《论我国原产地名称法之制定》，《华中理工大学学报》(社科版)，2000 年第 2 期。

的方式，来保护之，如《美国联邦商标法（即兰哈姆法）》、《瑞士联邦商标保护法》，以及我国台湾地区《商标法》（1993年修订）等。

第二类是反不正当竞争法的保护方式，以瑞典等国为代表。该方式把侵犯原产地标记的行为，规定为不正当竞争行为之一种予以禁止。

第三类是专门立法保护方式。如1991年5月6日，法国通过了《原产地标记保护法》，对本国的原产地标记进行全面的保护。

第四类以西班牙为代表，采取混合立法保护方式。在商标局之外，另设地位独立的原产地名称局，相关当事人可以通过选择注册集体商标或证明商标，或者选择申请注册原产地名称的途径，来获得对其原产地标记的保护。如果当事人选择两种保护方式的，则可获得双重保护。

四、国际原产地标记保护立法

在一系列国际条约中，也均涉及到或突出强调了对原产地标记的保护。在国际公约保护方面，主要体现在以下几个公约之中。

1. TRIPS协议的规定

TRIPS协议作为涉及原产地标记保护最新的国际公约，它对原产地标记进行了更为明确的界定。它针对原产地标记作出了补充性保护规定，并要求各个成员国，在一定期限内建立起原产地标记的注册体系，以对原产地标记予以全面充分的保护。

TRIPS协议规定，禁止使用与商品的真正来源地不同的原产地标记，来标示该商品，禁止使用其他任何足以使公众对该商品来源误认的表达方式。对此类行为，成员国应依法予以制裁。即使某地理标志真实指明了商品的来源地，但仍会误导公众认为该商品来源于另一地域，也应予以禁止等。当然，目前TRIPS协议中，对原产地标志的保护，仅限于白酒和葡萄酒。

按照TRIPS协议第22条、第23条的规定，世贸组织各成员国无任何义务，保护在来源国未受保护或终止保护或不再使用的原产地标记。换句话说，就是如果一种产品在本国未获得原产地标记保护的话，其他成员国也没有对之进行保护的义务。举例言之，如果浙江绍兴酒在我国未获得原产地标记的保护，其他国家也没有对之保护的义务。如果浙江绍兴酒又没有在其他国家进行商标注册，其他国家的生产经营者，就可以使用绍兴酒来命名自己的产品，而这无疑会给浙江绍兴酒的信誉和经济利益造成严重的损害。

反过来说，如果一种产品在本国通过了原产地标记注册认证，其原产地标记就自动获得保护，别的国家的生产经营者就不能使用这个名称。否则，就构成侵权。

2.《巴黎公约》的规定

《巴黎公约》第1条、第2条和第10条规定，原产地名称（1925年修订本开始）为工业产权的保护对象，国民待遇原则也适用于原产地名称保护。对于原产地名称的保护，《巴黎公约》规定，其成员国对直接或间接地使用有关生产、制造者，或商人的商品来源或身份的虚假名称的，可以采取禁止进口或扣押商品等相应的制裁措施。

3.《制止产品虚假或欺骗性标记马德里协定》的规定

1891年《制止产品虚假或欺骗性标记马德里协定》（简称《马德里协定》），规定所有缔约国，均应依其各自法律对商品带有虚假或欺骗性产地名称，包括该名称直接或间接地指明一个缔约国，或其中的一个地方是有关商品的原产国或原产地的行为，进行制裁。

4.《保护原产地名称及其国际注册里斯本协定》的规定

1958年《保护原产地名称及其国际注册里斯本协定》（简称《里斯本协定》）第2条第1款，首次界定了原产地标记的内涵。即原产地标记是用于标示一个国家、地区或地方的地理名称，该商品来源于这些地方，其质量特征取决于该地区的地理环境。《里斯本协定》还规定要建立一个原产地名称的国际注册制度，并规定只保护在原属国作为原产地名称得到承认与保护的原产地名称。

5.《发展中国家原产地名称和产地标记示范法》的规定

20世纪60年代通过的《发展中国家原产地名称和产地标记示范法》（简称《标记示范法》），为广大发展中国家保护原产地标记，提供了一个立法的范本，为保护原产地名称提供了更为完善的保护措施。它详细规定了可作为原产地标记，予以保护的条件及违法使用的责任等。

长期以来，我国对原产地概念，以及原产地标记的理解肤浅，认识不足，重视不够，一直没有制定有关原产地标记管理方面的法规，也未开展这方面的工作。结果，我国很多由于地理环境、自然条件、人文背景、传统配方、精湛工艺等因素形成的产品，其原产地标记没有得到注册认证，因而未获得原产地标记保护。这种现象，不仅造成我国经济资源的巨大浪费，而且使我国出口产品在国外留下低价倾销、侵犯知识产权等不良印象，导致我国与其他国家之间的贸易摩擦。

五、我国对原产地名称的保护

改革开放后，我国逐步意识到货源标记或原产地名称，在对外贸易中的重要作用，尤其是在我国这样一个土特产品十分丰富、出口产品较多的国家，保护货源标记或原产地名称，对于树立中国产品的国际形象，促进经济的发展，维护消费者的利益，具有十分重要的意义。

1986年国家工商行政管理局即下文，对原产地名称的含义予以解释，并表明它可在我国受到法律保护。不久，国家工商行政管理局又根据《巴黎公约》的要求，率先对外国的原产地名称给予了保护，发文要求国内企业停止使用“丹麦牛油曲奇”、“香槟”等原产地名称，从而，表明了我国政府坚决保护地理标志的决心。

2002年9月15日施行的《商标法条例》第6条规定：“以地理标志作为证明商标的，其商标符合使用该地理标志条件的自然人、法人或者其他组织，可以要求使用该证明商标，控制该证明商标的组织应当允许。以地理标志作为集体商标注册的，其商标符合使用该地理标志条件的自然人、法人或者其他组织，可以要求参加以该地理标志作为集体商标注册的团体、协会或者其他组织，该团体、协会或者其他组织应当依据其章程接纳为会员；不要求参加以该地理标志作为集体商标注册的团体、协会或者其他组织的，也可正当使用该地理标志，该团体、协会或者其他组织无权禁止。”

迄今为止，我国还在《产品质量法》、《消费者权益保护法》及《反不正当竞争法》中，规定了对原产地名称的保护制度。例如，我国《反不正当竞争法》第5条、第9条规定，禁止经营者伪造产地，禁止经营者利用广告或其他方法，对产地作引人误解的虚假宣传，违者应承担相应的法律责任。

我国《产品质量法》、《消费者权益法》也从维护消费者合法权益，维护社会经济秩序等角度出发，禁止伪造、冒用产品的产地，并对违法者规定了相应的制裁措施。所谓伪造、冒用产地，是指经营者违反诚实信用的原则，在其生产或经营的商品或其包装、说明书，或者其他附着物上，使用虚假货源标记或原产地名称，或者采用暗示产地的方法来欺骗消费者。

从本质上讲，伪造或冒用产地，是一种盗用他人商业信誉和竞争优势的行为。即使其所生产的商品的质量，达到或超过该产地的正宗产品，也掩盖不了其行为的不正当的竞争性质，因而，对该类行为同样应予以制止。[①] 对于这些行为，《巴黎公约》第10条、TRIPS协议第22条、第23条等，都已要求缔约方，对以明示或暗示方法，来虚伪标明原产地的行为予以制止。

第二节　厂商名称

厂商名称，是商品生产经营者，为了表明不同于其他商事主体的特征而使用的专属营业标示。它既是商事主体用于对外交往的重要标志，也是区别不同商事主体的重要标志。

正是通过厂商名称的识别作用，使不同商事主体及其行为得以区别，商事交往才能够正常有序地进行。厂商名称作为生产经营者的标志性符号，其意义不仅在于区别竞争中的不同厂商，更在于通过显著的外观特征和个性来吸引顾客，进而获得社会经济资源。

一、厂商名称的涵义

（一）厂商名称与厂商名称权

厂商名称，即一个商事主体区别于其他商事主体的称呼，又称为企业名称或商号。厂商名称，通常包括企业所在地、字号、行业、企业组织形式等要素。厂商名称中的字号，是将同一注册地内、同行业的不同厂商区别开来的重要因素，是区别不同企业的主要标志。[②]

厂商名称权，即商事主体对其名称所依法享有的排他性专属权利。字号是在企业名称中的主要标志，故厂商名称权又称字号权、商号权。

（二）厂商名称权的取得

各国对厂商名称权的取得，主要采用：(1) 使用取得主义。如《巴黎公约》第8条要求成员国对厂商名称予以保护，而不论其是否申请或注册。法国规定使用者一经使用，即取得厂商名称权。(2) 登记对抗主义和登记生效主义。登记对抗主义指厂商名称权的取得不需登记，但经登记的厂商名称权，取得对抗第三人的效力。登记生效主义则对厂商名称权的取得规定得较为严格，即厂商名称权必须通过登记取得。我国现行法律法规采取的也是登记生效主义。

---

① 吴汉东、胡开忠：《无形财产权制度研究》，法律出版社，2001年版，第482页～第483页。

② 国家工商行政管理局《关于解决商标与企业名称中若干问题的意见》(1999年4月5日)，第3条。

（三）厂商名称权性质

企业名称权的性质，在国内法学界，主要有如下几种观点：

（1）姓名权说。该观点认为法人、个体工商户、个人合伙的厂商名称就是姓名权，法人、个体工商户和个人合伙的姓名权称为名称权①。

（2）身份权说。该观点认为名称权与姓名权不属同一性质的权利，姓名权是人格权，而名称权可以被转让和继承，因而它不是人格权而是身份权。

（3）人格权说。该观点认为：首先，名称权的客体是法人等人格利益，名称是主体相互区别的必要条件；其次，名称权具有人格权的全部特征，是固有权、专属权和必备权；再次，名称权虽具有某些无形财产权的属性，但这是其附属性质而非本质属性。②

（4）财产权说。该观点认为企业名称权具备财产权的一般特征，是一项可以获得收益的财产。这种名称权不是营业主体的人格，不属于人格权的范畴而属于财产权的范畴，是财产权的一种。③

（5）双重性质说。认为企业名称权兼有人格权和财产权的属性。一方面，对于法人等具有独立人格的主体来说，拥有自己的名称，是其取得民事主体资格的必备条件。即使对于那些不具备主体资格的社会组织来说，他们要以团体的名义，从事民事活动也必享有名称权。另一方面，名称权也具备财产权的属性，它可以作为财产标的使用、收益、转让和处分。由于名称无固定形态，故属于无体财产权。④

二、厂商名称权的特征

（一）识别性标示

识别性标示，是指厂商通过显著的外观特征和个性，来表现自己独立的实体，借此与其他企业及其活动和产品或服务区分开来。⑤ 经济竞争，是有限社会资源在相同或相似产品或服务的提供者间的分配过程。企业名称识别的本质意义，在于竞争者以区别于其他竞争者的标示赢利。

企业利益的获取是以争取顾客、占领市场为主要内容的。顾客是商业活动的根本要素，在存在竞争的领域中，所有的经济活动原则，都是围绕着发展和保持顾客来进行的。⑥ 顾客具有检验竞争优劣的恒定价值。竞争者赢得竞争意味着赢得顾客，反之，失去竞争优势也就是失去了顾客。因而，企业竞争战略的主要目的，就是为了能更有效地满足顾客的需要，形成对顾客的吸引力，“公司为获得顾客而竞争”。⑦ 正因为如此，有学者指出，反不正当竞争法保护的，“在更深的意义上是各个企业对购买者的吸引力。”⑧ 顾客所支付给厂商的对价，是厂商营利目的之所在。厂商由此获得社会经济资源。

（二）知识产权属性

《世界知识产权组织公约》规定，知识产权包括与商品商标、服务商标、厂商名称

① 孟玉：《人身权的民法保护》，北京大学出版社，1998年版，第8页。
② 杨立新：《人身权法论》，中国检察出版社，1996年版，第448页。
③ 龙显铭：《私法上人格权之保护》，中华书局1948年版，第89页。
④ 王利明：《人格权法》，法律出版社，1997年版，第98页。
⑤ 谢晓尧：《论识别性标示的竞争法保护》，载《法学评论》2000年第3期。
⑥ （法）罗歇·布特：《法国竞争法概要》，载《法学家》1999年第3期。
⑦ （英）D·福克纳、C·鲍曼著：《竞争战略》，中信出版社，1997年版，第9页。
⑧ 张平：《知识产权法详论》，北京大学出版社，1994年版，第280页。

及其他商业标记有关的权利。"国际保护工业产权协会"按知识产权的特性，将之划分为"创造性成果"和"识别性标记权"①。为保护字号所有人对其字号中蕴含的财产利益的享有，《巴黎公约》及一些国家的国内法，将字号纳入知识产权之列②。

由于厂商名称并无固定形态，且可占有、使用、收益和处分，故具有无形财产权的特征，属知识产权范畴。

（三）兼具人身权与财产权性质

厂商名称权具备人身权性质。一方面，对于法人等具有独立人格的主体来说，拥有自己的名称是其取得民事主体资格的必备条件。即使对于那些不具备主体资格的社会组织来说，他们要以团体的名义，从事商事活动也必享有名称权。另一方面，厂商名称权也具备财产权的属性，它可以作为财产标的使用、收益、转让和处分。

（四）具有地域性和行业性

为避免相同或相近的行业中，厂商名称因相同或相近而混淆，在一定地域和行业范围内，厂商名称具有排他性。一方面厂商在该地域、行业内，拥有厂商名称专用权；另一方面，该专用权又要受到地域和行业的限制。

如我国《企业名称登记管理规定》（简称《企业名称规定》）第6条规定："企业只准允许用一个名称，在登记主管机关辖区内不得与已登记注册的同行业企业名称相同或相近。"此处主要是规定厂商名称中的字号，不得与已登记注册的同行业企业名称相同或相近。可见，《企业名称规定》中的"地域"，一般与登记机关的辖区相同。商事主体在一定的地域范围内，享有厂商名称的专用权。

（五）字号（商号）权

厂商名称是表明厂商的注册地或经营地、字号、行业、财产责任形式、组织形式等特点的全称。在这里，真正能够反映和展示一个商品生产经营者本质特征的标志，是他的字号。

没有字号的厂商名称，是无法与同一注册地内、同行业的不同厂商区别开来的。厂商享有名称专用权，是通过在其注册地域内，享有字号专用权来实现的。厂商有权排斥同行业其他企业，使用与己相同或近似的字号。

对企业的所在地域及组织形式等，虽也具有区别于其他市场主体的作用，但不具有区别于其他市场主体的独创性特征。例如"北京蜜雪儿服饰有限公司"这一企业名称中，"北京"是该企业的注册地；"蜜雪儿"属于商号；"服饰"属于行业特征；"有限公司"则表明投资人对该企业债务承担的财产责任方式，以及企业选择的组织形式。该企业只对"蜜雪儿"这一字号享有专用权。而于字号（商号）以外的名称，因属公有领域的名称，任何企业都不能独占使用。所以，企业对此不享有专用权。③

字号（商号）是企业名称的核心组成部分。事实上，企业名称权与其他权利的冲突，也主要表现在字号的权利冲突上。保护企业名称权中的字号（商号）权，是避免厂商名称权冲突较为行之有效的办法之一。

---

① 郑成思：《知识产权法教程》，法律出版社，1993年版，第2页。

② 张礼洪：《论商号的知识产权保护》，载《知识产权》1999年第5期。

③ 张丽霞：《试论我国商号立法中的问题》，载《国际经贸研究》1997年第1期。

三、厂商名称权的内容

同其他民事权利一样，厂商名称权的内容，也主要包括权利的取得、行使和消灭。

（一）厂商名称权的取得

如本书前面所述，厂商名称权的取得方式，主要有使用取得和依登记取得。使用取得，又可称为自动取得，即厂商名称权因厂商名称的使用而自动取得。如《巴黎公约》第8条，要求成员国对厂商名称予以保护，而不论其是否申请或注册。在厂商名称权登记生效的国家，并不因使用厂商名称而当然取得厂商名称权。厂商名称权的取得，须经企业名称行政机关的登记程序，方可取得。

（二）厂商名称权的内容

厂商名称的使用、许可使用和转让，是厂商名称权的主要内容。厂商名称的主要作用是区别不同的商事主体，而区别不同商事主体的作用，正是通过厂商名称的排他使用来实现的。商事主体通过在商事行为中，在商品上使用其厂商名称，并禁止其他商事主体使用相同或相近的厂商名称，来区分不同商事主体。

厂商名称能区分不同的商事主体，故在商事交往中，成为商事主体商誉的载体。因而，同其他无形财产权一样，权利人可以通过转让和许可他人使用厂商名称而获得收益。

四、我国厂商名称保护制度

我国的厂商名称保护制度，是由《民法通则》、《公司法》、《反不正当竞争法》、《企业名称规定》等法律法规所组成的。

根据我国《民法通则》第99条的规定，法人、个体工商户和个人合伙享有的“名称权”，属于民事权利中的人身权，而且，是可以转让的特殊的人身权，兼具财产权和人身权双重特性。我国《民法通则》在第26条、第33条，也分别规定个体工商户、个人合伙“可以起字号”。虽然，我国法律明确规定厂商名称权属民事权利，但与《巴黎公约》将厂商名称归入工业产权的规定，有所不同。

我国现行法律法规中，对此规定得比较具体，操作性较强的，是《企业名称规定》。《企业名称规定》第7条规定：“企业名称应当由以下部分依次组成：字号（或者商号）、行业或者经营特点、组织形式。”国家工商行政管理局《关于解决商标与企业名称中若干问题的意见》（1999年4月5日）中，对厂商名称权与商标权的冲突解决办法，作出了规定。

我国现行法律法规对厂商名称权的规定，并不完善。我国《民法通则》第99条第2款规定：“法人、个体工商户、个人合伙有权使用、依法转让自己的名称”。从名称可依法转让的属性看，该名称显然应该是指商号，但却被归于人身权范畴。这种作法，不仅有违我国民事权利体系的分类标准，也极易引起商号与一般民事名称的混同。也正因有此混同，在《企业名称规定》中，才出现了“企业名称专用权”这一概念。

我国《民法通则》将商品生产经营者所享有的名称权，定位于人身权。据此，商号的取得，当然就没有登记的必要。而《企业名称规定》却有企业名称经核准登记后，方可使用的强制性规定。显然，作为企业名称要素之一的字号，也在登记注册之列。

这种法律规定上的矛盾，势必直接影响字号制度的协调统一和实施效果。[①] 纵观我国《民法通则》及有关司法解释，涉及到字号的规定极少，并且对字号的法律性质、地位、保护等问题的规定，也是模糊的。字号是否具有独立的民事权利地位，相关规定不确定，这对企业名称权的制度建构、权利的行使和救济，都有一定的影响。

五、厂商名称与商标权冲突

商标是区别不同商品或者服务的标志，由文字、图形、颜色或其组合等组成。企业名称，是区别于不同商事主体的标志，由行政区划、字号、行业、组织形式构成。

厂商名称权与商标专用权，分别是依我国《公司法》、《商标法》等取得的法定民事权利。我国现行企业名称登记制度，在企业名称登记前不与商标联检，也未设置企业名称的公示、异议程序。我国《商标法》未对商标权与企业名称权的冲突，做出具体的直接的规定。结果往往造成非知名商标，被合法作为企业名称中的字号登记使用，或将他人企业名称中的字号登记为商标使用的情况。由此，造成字号权与商标权合法并存的情形。

1991 年的《企业名称办法》，并没有规定企业名称与在先商标权相同或近似的，应如何处理。1999 年国家工商行政管理局《商标问题意见》（工商标字［1999］第 81 号文）中，对此作了原则性的规定。《商标问题意见》第 2 条规定："商标专用权和企业名称权的取得，应遵循《民法通则》和《反不正当竞争法》中的诚实信用原则，不得利用他人商标或者企业名称的信誉进行不正当竞争。"所以，企业名称中使用他人商标中的文字，或者企业名称中的字号与他人商标相同或者近似，使社会对市场主体容易发生误认的，属于不当的侵权行为。

第三节　其他特殊标记

一、知名商品特有的名称、包装、装潢

（一）概念

根据《关于禁止仿冒知名商品特有的名称、包装、装潢的不正当竞争行为的若干规定》（简称《禁止仿冒规定》）第 3 条第 1 款的规定，知名商品是指在市场上具有一定知名度，为相关公众所知悉的商品。

判断商品是否是知名商品，不应以任何人对该商品是否知道为必要条件，而应以该商品在相关的市场领域中，是否有较高的知名度，是否为相关公众知悉为要件。知名商品是具有一定知名度的商品，其知名度主要根据商品的产销量、销售区域、销售时间、市场占有率、广告发布情况、消费者知悉程度等要素来判断。

商品的名称，是对商品的一种称谓，有通用名称与特有名称之分。通用名称是泛指所有同类商品的名称，只能表示商品的类别，不能将此商品与彼商品区分开来。即只具有类别上的区分作用，不具有个体上的区分作用。特有名称，则是个体商品独有的称谓，这种称谓将这个商品与那个商品区别开来。《禁止仿冒规定》第 3 条第 3 款规定："本规定所称知名商品特有的名称，是指知名商品独有的与通用名称有显著区别的商品

---

① 张丽霞：《试论我国商号立法中的问题》，载《国际经贸研究》1997 年第 1 期。

名称。但该名称已经作为商标注册的除外。”

包装，只有作为商品标示的包装、消费者识别商品的包装才具有竞争意义，不作为商品标示的包装不具有竞争意义。诸如不作为商品标示的内包装（购买者并不据此包装识别商品），根据耐压程度、制造材料等对包装的分类，通常都没有竞争上的法律意义。《禁止仿冒规定》第3条第4款规定：“本规定所称包装，是指为识别商品以及方便携带、储运而使用在商品上的辅助物和容器。”

装潢，指为识别与美化商品而在商品或者其包装上附加的文字、图案、色彩及其排列组合，并且仅指商品的装潢。《禁止仿冒规定》第3条第5款规定：“本规定所称装潢，是指为识别与美化商品而在商品，或者其包装上附加的文字、图案、色彩及其排列组合。”装潢附加于商品之上时，即成为商品本身的组成部分；附加于商品的包装上时，即成为包装的组成部分而作为商品的附着物。此时，包装与装潢融为一体，对装潢的仿冒也是对包装的仿冒。

我国《反不正当竞争法》第5条第2项规定：“经营者不得擅自使用知名商品特有的名称、包装、装潢，或者使用与知名商品近似的名称、包装、装潢，造成和他人的知名商品混淆，使购买者误认为是该知名商品。”国家工商行政管理局《禁止仿冒规定》第2条，对此规定：“仿冒知名商品特有的名称、包装、装潢的不正当竞争行为，是指违反《反不正当竞争法》第5条第2项规定，擅自将他人知名商品特有的名称、包装、装潢作相同或者近似使用，造成与他人的知名商品相混淆，使购买者误认为是该知名商品的行为。”①

这类行为的法律特征，主要是：（1）仿冒的对象，是知名商品特有的名称、包装、装潢；（2）仿冒行为，表现为对知名商品特有的名称、包装、装潢，擅自作相同使用或者近似使用；（3）从仿冒行为的后果看，造成和他人的知名商品相混淆，使购买者误认是该知名商品。

我国《反不正当竞争法》只保护知名商品特有的名称、包装和装潢。这即是说，商品的知名性和商品名称、包装、装潢的特有性，是其受法律保护的必要条件。因为商品如不知名，他人即利用不了它的竞争优势，即使被仿冒了，也不影响竞争秩序；商品名称、包装、装潢如不是特有的，他人即使作了相同或者近似的使用，也不会导致市场混淆和误认，从而不具有法律保护的意义。

（二）特征

无论是知名商品的名称、包装，还是装潢，要受法律保护，都必须具有特有性。根据《禁止仿冒规定》第3条第2款规定：“本规定所称特有，是指商品名称、包装、装潢非为相关商品所通用，并具有显著的区别性特征。”也就是说，认定特有性，主要是把握好是否为相关商品所通用，以及是否具有显著的区别性特征。而且，两者是互相关联的，即通用的商品名称、包装、装潢，通常都不具有显著的区别性特征，而具有显著的区别性特征的商品一般都不是通用的。

1．属于知名商品

知名商品，是指在市场具有一定知名度，为相关公众所知悉的商品。正确理解这一

① 吴汉东：《知识产权法》，中国政法大学出版社，1999年版，第401页。

概念的法律含义，必须把握以下几点：(1) 知名商品是具有一定知名度的商品，其知名度表现在为相关公众所知悉，即在一定的市场范围内为众多的消费者知晓。相关公众的范围，应根据商品自身的特点加以判断，主要是指与该商品有可能发生购买、使用、销售等联系的人，即该商品的现实消费者或潜在消费者。(2) 知名商品是一个相对的概念，是相对于特定的市场情况和特定的竞争行为而言的，因此，只能在特定的市场范围和特定的市场情况下具体分析。一般是在投诉方和被投诉方共同竞争的市场范围内看，该商品是否知名。(3) 知名商品是执法时使用的法律概念，它不是荣誉称号。执法机关认定知名商品，仅仅是为了认定不正当竞争行为，从而对该商品在市场上的情况作出的一种判断。①

2. 非为相关商品所通用

特有的商品名称、包装和装潢，是与通用的商品名称、包装和装潢对称的。通用的商品名称、包装和装潢，又可称为普通商品名称、包装和装潢，是指在某一领域内已被特定行业普遍使用，为交易者共同承认的商品名称、包装和装潢。直接表示本商品的质量、主要原料、功能、用途、数量等的文字、图形通常都是通用的。如“葡萄酒”、“草莓糖”等，都是本行业通用的商品名称，故用普通的葡萄图形作为葡萄酒的装潢，用普通的草莓图形作为草莓糖的装潢，都是通用的装潢。通用的商品名称、包装和装潢，起不到区分经营者的作用，无法也没有必要对特定的使用人进行保护。

我国《反不正当竞争法》所保护的，都是非通用的商品名称、包装和装潢。是否通用是具有一定范围的，即根据相关商品进行判断。相关商品没有《商标法》上的相同的或者类似商品的严格界定，只要根据一般社会观念能够联系到一起的商品，都可能发生市场混淆，都可以作为相关商品。人们在观念上根本不会联系到一起的、具有很大的市场跨度的商品，即使使用相同或者近似的商品名称、包装和装潢，人们也不会将其混淆，此种商品就不是相关商品。

3. 显著的区别性

商品的名称、包装和装潢，都属于商品标示，具有区别商品出处，表示商品质量和广告的作用。而这些作用，显然都是从它们的可识别性产生的。如果没有识别性，这些标示也就没有什么意义了。

正是由于存在可识别性，才有仿冒问题，《反不正当竞争法》才有加以保护的必要。这些标示的可识别性，就是其显著的区别性特征。显著区别性特征，也是很难确定其具体认定标准的。② 一般而言，区别性特征是否显著是相对而言的，是指与相关商品通用的名称、包装和装潢相比，其主体部分或者总体印象有着明显的特点。虽不必要求与通用的名称、包装或者装潢有着截然不同的区别，但在一般人看来，必须具有明显的区别。

（三）我国对特有名称、包装、装潢的保护

商品的特有名称、包装、装潢，像商标一样是常用的、重要的商业标志，应当给予

---

① 国家工商局公平交易局：《依法认定和保护知名商品及其特有的名称、包装、装潢的有关法律问题》，《工商管理研究》，2001年第1期。

② 吴汉东：《知识产权法》，中国政法大学出版社，1999版，第403页。

法律保护。我国《反不正当竞争法》第 21 条将擅自使用他人知名商品的特有名称、包装、装潢，或者使用与知名商品近似的名称、包装、装潢的行为，定性为不正当竞争行为：依法应承担停止侵害、赔偿损失的民事责任，以及给予没收违法所得、罚款、吊销售业执照等行政处罚。

此外，经营者还可以用下列方法，保护自己的合法权益：将商品的特有名称、包装、装潢作为商标注册，是保护这类标志的有效方法。

《禁止仿冒规定》第 3 条第 3 款规定："本规定所称知名商品特有的名称，是指知名商品独有的与通用名称有显著区别的商品名称。但该名称已经作为商标注册的除外。"据此，商品的名称已经注册为商标的，就注册商标进行保护，即适用我国《反不正当竞争法》第 5 条第 2 项、第 21 条，以及我国《商标法》第 52 条的规定。

二、与公序良俗相关的特殊标记

与公序良俗相关的特殊标记，主要指的是我国《商标法》第 10 条所保护的标记，或者称之为禁止作为商标标志的标记。主要是：

（1）同中华人民共和国的国家名称、国旗、国徽、军旗、勋章相同或近似的标记，以及同中央国家机关所在地特定的名称或者标志性建筑物的名称、图形相同的。

（2）同外国的国家名称、国旗、国徽、军旗相同或近似的标记，但该国政府同意的除外。

（3）同政府间的国际组织的名称、旗帜、徽记相同或者近似的，但经该组织同意或者不容易误导公众的除外。

（4）与表明实施控制、予以保证的官方标志、检验印记相同或者近似的，但经授权的除外。

（5）同"红十字"、"红新月"的名称、标志相同或者近似的。

（6）夸大宣传并带有欺骗性的标记。

（7）带有民族歧视性的标记，以及有害于社会主义道德风尚或者有其他不良影响的标记。

这些标记，代表的是关系到公序良俗或者特定主体的尊严，所以，不能随意使用。以奥林匹克标记为例，它是有一定专属机构和组织的，其他机构和组织不得任意滥用。因此，需要特别清晰地界定商业使用的排除，而非商业使用。比如，为了宣扬奥林匹克精神的非营利组织和个人，在特定条件下，使用奥林匹克标志是可以允许的，以及出自个人喜好而使用这些标志，也不是不允许的。根据国际奥委会的有关规定、中国奥委会与国际奥委会达成的有关协议及相关的法律法规，与奥林匹克有关的商标、特殊标记、作品和其他创作成果都受知识产权的保护，其中包括五环标志、奥运会会旗、会歌、格言以及奥运会、"奥运"等文字。

另外，由于北京申办 2008 年奥运会获得成功，那么，中国奥委会的徽记、名称，奥申委、奥组委开发的徽记、吉祥物、名称、标识（含"北京 2008"、"中国心"等），也受法律保护。如需使用，必须经奥林匹克知识产权人正式批准。

这些被法律命令禁止作为商标使用的特殊标记，或须特别授权情况下，才能使用的特殊标记，对公序良俗的维护具有重要意义。

一般而言，公序良俗由公共秩序和善良风俗两部分构成。公共秩序，是指维系国家或社会生活所必须维护的一般利益；善良风俗，则指现代国民的一般道德观念。因此，这两者的概念大体一致，是相辅相成的关系。公序良俗，本质上是法律对私权行使的一种限制，体现了法律追求“矫正正义”和“分配正义”的价值目标。在市场经济时代，应严控特殊标记的使用，维护公序良俗，防止“搭便车”行为的出现，平衡当事人之间以及当事人与社会之间的利益，以形成良性的经济竞争状态。

思考题

1. 原产地名称与货源标记的差异表现在哪些方面？

2. 为什么会出现原产地名称和货源标记的法律保护？它们与一般商标相比较，有哪些不同的特质？

3. 简述厂商名称、厂商名称权的定义、特征和内容。

4. 当厂商名称权与商标权发生冲突时，如何救济？

5. 知名商品的名称、包装、装潢保护的构成要素有哪些？请对我国的保护进行评价。

6. 奥林匹克标志与国家标志相比较，有何重大的差别？说明理由。

学习资料指引

1. 吴汉东、胡开忠：《无形财产权制度研究》，法律出版社2001年版。

2. 郑成思：《世界贸易组织与贸易有关的知识产权》，中国人民大学出版社，1996年版。

3. 刘春茂：《民法学·知识产权》，中国人民公安大学出版社，1996年版。

4. 国家工商行政管理局商标局：《法国原产地名称保护法》，载《中华人民共和国商标法律法规汇编》，中国法制出版社，1995年版。

5. 吴汉东：《知识产权法》，中国政法大学出版社，1999年版。

6. 曹建明：《知识产权审判指导》，人民法院出版社，2003年第1辑。

参考法规提示

1.《中华人民共和国商标法》，第10条，第16条，第52条。

2.《中华人民共和国商标法实施条例》(2002年8月3日)，第6条。

3.《中华人民共和国民法通则》，第26条，第33条，第99条。

4.《中华人民共和国反不正当竞争法》，第5条，第9条第1款和第21条。

5.《中华人民共和国消费者权益保护法》，第8条第2款。

6.《中华人民共和国产品质量法》，第5条。

7.《中华人民共和国公司法》，第9条，第188条。

8.《中华人民共和国公司登记管理条例》第9条，第11条，第14条～第16条。

9.《中华人民共和国合伙企业法》，第5条。

10.《中华人民共和国个人独资企业法》，第11条。

11. 国家工商行政管理局《企业名称登记管理规定》(1991年7月22日)，第1条～第34条。

12. 国家工商行政管理局《关于禁止仿冒知名商品特有的名称、包装、装潢的不正当竞争行为的若干规定》(1995 年 7 月 6 日)，第 3 条，第 5 条。

13. 国家工商行政管理局、北京奥申委、国家体委、国家专利局《关于保护北京 2000 年奥林匹克运动会申办委员会会徽的规定》(1992 年 4 月 4 日)，第 1 条～第 8 条。

14. 北京市人民政府《北京市奥林匹克知识产权保护规定》(2001 年 10 月 11 日)，第 1 条～第 16 条。

15. 国务院《奥林匹克标志保护条例》(2002 年 2 月 4 日)，第 1 条～第 15 条。

16. 国家工商行政管理局《奥林匹克标志备案及管理办法》(2002 年 4 月 22 日)，第 1 条～第 11 条。

17. 中华人民共和国海关总署《奥林匹克标志专有权备案目录》(2002 年 5 月 20 日)，第 1 条～第 3 条。

18. 世界贸易组织《与贸易有关的知识产权协议》(即 TRIPS 协议)，

第二部分　关于知识产权的效力、范围及使用的标准（第 9 条～第 40 条)，第 3 节地理标志；第 22 条第 1 款。

第三部分　知识产权的实施（第 41 条～第 61 条）[第 1 节一般义务；第 2 节民事和行政程序及补救；第 3 节临时措施；第 4 节与边境措施相关的特殊要求；第 5 节刑事程序]。

第四部分　知识产权的取得和保持及相关程序（第 62 条)。

第五编

人身权

第三十八章　人身关系

【阅读提示】　本章的重点是掌握人身权的产生机制以及人身、人身权和人权的关系，人格升位与人身权立法，自然人的人格权、法人的人身权和人身侵权等问题。本章的难点是人身权是人格升位后的必然现象。对本章进行研习，必须随时注意了解我国市民社会发生的重大事件，以及民事立法进程和司法实践中的特殊问题等。

第一节　人身、人身权与人权

一、人身、人身权与人权

人身是人身权存在的基础。离开了人身，就不可能具有人身权。人身权又是人身必须享有的权利，否则，人身将只具有物质上的实体意义。比如古罗马的奴隶，因为不是自由人或者法律没有给予其人的资格，所以，就不享有人身权。

与人身保护密切相关的是人权。人权是指人作为人（包括自然属性和社会属性）享有或者应该享有的权利。人权是资产阶级在反抗封建等级制度、封建压迫过程中所提出来的政治口号。英国国会于 1628 年在《权利请愿书》中明确提出了“保障人权”。1776 年，作为人类历史上第一个人权宣言的《美国独立宣言》郑重宣告：“人人生而平等，造物主赋予人若干不可割让的权利，包括生命权、自由权和追求幸福权。”1789 年的《法国人权与公民权宣言》更进一步宣称：“人生来是而且始终是自由平等的；一切政治组合的目的在于保护人的天赋和不可侵犯的权利；国民是一切主权之源。”

根据有关世界性人权约法[①] 的规定，人权包括：（1）基本人身权和人身自由，包括生命权、人身安全和人格尊严权；（2）政治权利；（3）经济的、社会的、文化的权利，包括财产权、劳动权、自由择业权、受教育权等。

可见，人身权与人权是不完全相同的。人身权只是与人权的第一个部分基本相当，它所要揭示的权利实质，与人权的本质是不一致的。但是，毕竟人身权是人权的一个部分，人权的保障，对人身权的保障是具有重要意义的。

作者认为，民法学中讲人身，是取人身三个层面上的涵义：一是物质实体含义；二是精神实体含义；三是人身关系或者身份利益关系层面上的涵义。其中，“物质实体”一词，强调的是人身这种客观物质的存在。而“精神实体”一词，则是人身上的抽象的精神利益和人格尊严等等的客观存在。至于人身关系，则是一个人尤其是一个市民，因为婚姻、血缘和亲属等，与其他人之间的身份上或者人身利益上的联系。

人身关系本身，说明任何一个人尤其是一个市民，因为其所生或者所从生的亲属联

① 这些人权约法主要是：《世界人权宣言》（1948 年）、《公民权利和政治权利国际公约》（1966 年）和《经济、社会、文化权利国际公约》（1966 年）等。

络，而使其与其他人之间，必然发生各种各样的身份联络关系或利益联络关系。进一步讲，在社会上，一个人尤其是一个市民，因为其生存和生活的需求，又与其他人之间必然发生与人身有关的各种各样的利益联络关系。因此，人身关系的实质，是人与人之间基于人身的三个层面，所形成的一套利益联系网络。

二、人身权界定与特征

人身权是指法律赋予民事主体所享有的、与其人身不可分离，而无直接财产内容的民事权利。人身权是民事主体享有的最基本的民事权利，它与财产权一道共同构成民法规定的两大基本民事权利。

人身权作为区别于财产权且与之相对应的民事权利，以身上权、身内权和与人身不可分离等法律特征为世人所重视。主要是：

（一）人身权与人身不可分离，其以民事主体的人身为存在的基础

人身权的物质基础是人身，附着在人身之上，并且与人身不可分离。因此，人身权是保障人——市民的精神利益得以实现的法律形式。在这里，精神利益又是以自然人的人身、法人的组织体作为依附的，不存在脱离特定权利主体的民事权利。因此，人身权通常要依附于特定的民事主体，不能转让、赠与、继承。但是，非自然人的经营性民事主体的名称权，则是可以依法转让的。

（二）人身权是非财产权利，其内容不具有直接的财产属性

理论上，人身权没有直接的财产价值，不直接体现民事主体的财产利益，不能用金钱予以衡量，不以满足权利主体的物质利益为目的。但是，人身权又与财产权利有着密切的联系，是取得财产权利、发生某些财产关系的前提和基础。同时，对人身权的侵害，往往也会影响、损害权利人的经济利益。因此，人身侵权往往伴随着财产损失和财产赔偿关系。

（三）人身权是绝对权和支配权

人身权普遍是一种绝对权，其权利主体是特定的人，义务主体是权利主体之外的任何人。因此，特定民事主体之外的任何人，都负有不得侵害、干涉、妨碍人身权人享有、行使权利的义务。

同时，人身权又是民事主体对自己的人身、人格利益的直接支配，其人身权的实现无须请求他人协助。这种支配意义上的权利，体现了人身权具有对权利人的人身、人格利益的直接支配的特殊性。

（四）人身权是民事主体不可缺少的权利

人身权离不开民事主体而存在，同样，民事主体也离不开人身权而存在。生命权、身体权、健康权等人格权与民事主体不可分离，是民事主体存在的物质性前提。当然，人身权中的荣誉权、名誉权，以及一些身份权，却不是权利主体生来就一定具有的。

三、人身权的分类

人身权是与财产权相对应的一个概念，它可以分为人格权和身份权两部分。前者是以权利人自身的人身、人格利益所引申出来的民事权利，包括生命健康权、身体权、姓名权、肖像权、名称权、名誉权、隐私权等；后者是基于一定身份关系，所建立起来的权利，包括荣誉权、亲权、配偶权以及监护权等。

从人身权享有者的角度，对人身权进行种类的划分，可以将人身权分为：自然人的

人身权和法人的人身权。前者的权利，包括了自然人的人格权和身份权等，有时还包括了自然人的抽象的精神利益方面的权利。例如，关于人格尊严的权利等。后者的权利，主要包括了法人的人格权，而其身份权除了荣誉权，就很少有其他权利了。

人格权与身份权的区别，主要表现在：(1) 权利主体不同。自然人与法人均可以享有人格权；身份权一般仅为自然人享有。(2) 客体不同。人格权以人格利益为客体；身份权是基于一定身份关系形成的利益。(3) 权利的取得方式不同。人格权的取得不需要权利人实施一定的行为，其因自然人的出身或法人的依法成立而产生；身份权的取得，可能要基于权利人实施的一定行为。如夫妻间彼此享有的配偶权，就需要通过结婚来予以形成。(4) 权利的存继期间不同。人格权存在于权利人生存的全部期间；身份权只存续于权利人身份存在期间。

第二节　人格升位

一、人格升位的界定

所谓人格升位是指作为人身权的人格利益，被市民社会所给予的更为广泛的重视，以及更加受到民事主体的尊重和司法的超强度保护与救济的情形。

作为一种市场经济发展的必然产物，人格升位现象，强调的主要是市民社会中以人为本的人文精神，得到了全社会的广泛认同。整个社会运行机制中，我们应把市民的人格尊严等无形的精神价值，当成社会主义精神文明的重要组成部分来看待。

“人格升位”一词，是作者的归纳。提出这一概念，试图表达作者这样一种对于社会主义市场经济发展过程中，市民——人的精神利益或者人格的精神价值的理性回归。事实上，在我国整个的社会主义发展历史中，一直都是围绕人的定位——人的个体、群体和整体的划分这一问题展开的。

由于社会主义理念和社会制度的架构与设定是以人的整体利益、群体利益为最核心的利益，而人的个体利益应当服从人的整体利益、群体利益。所以，以社会本位来决定每一个社会成员的民事利益关系，成为社会主义革命和建设的重要目标。

但是，不幸的是，我国人民在重视人的利益集体化、整体化的过程中，恰恰忽视了个体利益这一基本基础。人的私人利益需求，被当作资本主义的“苗”来割除。于是，计划经济体制下的市民个体，成了没有个体利益需求的社会成员。因而，当市民的利益构成趋向于一律的时候，简单的计划，低层次的需要，个体成为群体、整体的符号，就成为我们这个社会发生“文化大革命”那样的悲剧的根源。因此，那时不需要民法典，不需要市场，更不需要市场经济体制。

事实上，前苏联社会主义的过分公有化，使得个人成为国家机器的符号，成了没有利益需求，没有需要分层次的主体。基于此，人身伤害或者侵权，不能要求精神损害赔偿。否则，就是人身或者精神利益的商品化，是资本主义的复辟等等。

令人欣喜的是，社会主义市场经济体制的建立，真正打开了市民需求的闸门——市场经济实质上就是市民需求经济。通过满足市民的需求，拉动内需，启动市场，发展经济，促进社会生产力进步。从而，使我国的社会主义政治理念，更符合社会主义市场经济的运行体制的要求。

二、人格升位的原因

在我国，之所以会发生人格升位，是因为整个社会对于“人”的认识，发生了重大的变化。即人从非本位化到人的本位化，将过分的人的集体化、全民化压缩到最低限度。

具体来说，造成人格升位的原因，可以从以下三个方面理解。

第一，政治层面的原因。我国从上个世纪的中期，在大陆实行社会主义制度之后，将全社会利益、集体利益放在第一位，在相当长的一段时间内，并没有太大的问题。但是，贫穷并不是社会主义。因此，政治观念上的障碍一旦突破，就使得我国社会受土地大包干的启发，最终在中国共产党的领导下，选择了社会主义市场经济的发展道路，为人民带来了经济上的富裕。这就成为政治层面上一个伟大的观念突破。

从此，个人利益、民众利益以及贫困人口的生存、低保人员的收入，还有下岗人员的再就业等等，就成为党和政府考虑的头等大事。为此，从我国《宪法》第一次修订时的土地使用权可以流转开始，到社会主义市场经济，再到社会主义法治，以及到中共十六大决议中的以人为本，到第四次《宪法》修正案中的“公民的合法的私有财产不受侵犯”；“国家依照法律规定保护公民的私有财产权和继承权”；“国家为了公共利益的需要，可以依照法律规定对公民的私有财产实行征收或者征用，并给予补偿”；“国家建立健全同经济发展水平相适应的社会保障制度”；“国家尊重和保障人权”等，国家对于民生的高度关注，使得我国人民或者市民，获得了空前的人格提升的政治制度的支持。

第二，经济层面的原因。无疑，社会主义市场经济，让我国人民在物质生活的资料来源方面，获得了空前的便利。于是，人们的各种各样的需要或者利益需求，得到了空前的满足和发掘。所以，市场这只无形的手，在充分满足人们的需求时，成了人们“衣食足，知荣辱”的有力的经济杠杆。在目前的中国，人们住别墅，开“宝马”、“奔驰”，手持几部手机等景象，已经不再是什么新鲜事了。

随着人们的经济状况的改善，与财富具有正相关关系的人格尊严，也来到人们的身边。于是，在社会主义计划经济背景下，非常稀罕的服务业的微笑，成了市场经济背景下，经营者们的市场营销或者基本的市场促销手法。然后，各种提升人们的自尊、尊严的服务内容，接踵而至。这些，无疑一而再、再而三地证明：当经济的发展带来经济利益向人格尊严转化，或者与人格尊严的提升呈正相关关系的时候，人格升位是必然的，具有时代选择本质的。人们往往无法阻挡这样的特色。

第三，文化层面的原因。文化是一种生活方式的表现，法律作为一种制度文化和规则文化的集中表现，代表了一种先进的民主法治理念。因此，当法治理念渐渐为人们所接受的时候，司法制度的迅速跟进，让从来都是深受“无讼”、“屈死不告官”等观念影响的国人，逐步意识到了诉讼的文明价值，以及文化与个性张扬的快感。

特别是，当人们的利益尤其是精神利益受到损害时，受害人通过诉讼得到了有效救济后，他所得到的就不仅仅只是一点经济上的补偿，更多的是得到了做人的尊严和自尊。

在传统中国，“人活一张脸，树活一张皮”成了代表人的尊严的谚语。但是，人的尊严除了通过良好的社会环境而获得之外，还要通过受损害状态下的救济获得。于是，司法救济就成为取得人格尊严的一种非常重要的文化类型的方式。

所以说，当社会主义市场经济体制的闸门一旦开启，人格尊严的迅速养成或者培育，就成了人格升位的必然之选。

三、人格升位的表现形态

人格升位在目前的中国市民社会里，主要表现是：

第一，提起人身侵权之诉的案件，越来越多。这是一个不言而喻的事实，只要我们翻检报刊或者电视频道，乃至网络等传媒形式，我们就可以看到大量的人身侵权后精神损害赔偿之诉。例如“亲吻权诉讼”、“贞操权救济”、“串子案官司”，以及网络侵害隐私、手机黄段子、性骚扰案件等等。这或许有人身与人格尊严的易损性原因，但是，受害人提起人身侵权之诉的案件年年攀升，确实是一个不争的客观事实。

第二，受害人提出与得到的赔偿额，在趋势上是越来越高、越来越多。比如，通化串子案的一审索赔金额，曾经高达360万元。因此，我们认为，这种赔偿数额上的增长本身，就是人格升位的主要表现。虽然，这当中难免会有高额或者超高额索赔的嫌疑，但是，高额或者巨额索赔的背后，的的确确是受害人的人格尊严受到了侵害。用高额或者巨额经济赔偿，来填补受损害的人格与经济利益，在民事救济方法上，确实是一种比较有效的反向制约人格侵权的最可行的方式。

第三，司法救济的措施和规则，也是越来越严密。针对人身侵权，尽管我国《民法通则》第五章第四节没有作出明确具体的规定，但是，随着经济的发展，精神损害赔偿案件的增多，最高人民法院的司法解释却是“与时俱进”地和越来越多的案件，呈同比例增长关系。比如，自2004年5月1日起施行的最高人民法院《关于审理人身损害赔偿案件适用法律若干问题的解释》，其第1条、第18条规定，因生命、健康、身体遭受侵害，赔偿权利人起诉请求赔偿义务人赔偿财产损失和精神损害的，人民法院应予受理。

受害人或者死者近亲属遭受精神损害，赔偿权利人向人民法院请求赔偿精神损害抚慰金的，适用最高人民法院《关于确定民事侵权精神损害赔偿责任若干问题的解释》。精神损害抚慰金的请求权，不得让与或者继承。但是，赔偿义务人已经以书面方式承诺给予金钱赔偿，或者赔偿权利人已经向人民法院起诉的除外。

可见，司法措施与规则的严密化，给人格升位提供了司法上的可行性。这种可行性，又成为促进人格升位的重要原因之一。

第三节　人身权立法

一、近现代人身权立法

人身权作为人最基本、最重要的权利，很早就引起了立法者的注意。在古罗马法中，其中的人法部分，就已经覆盖了现在所说的人身权的很大部分内容。但是，人身权的产生与发展，较之财产权的发展要缓慢得多。作为一项独立的民事法律制度，人身权立法乃是近代才逐步形成、发展起来的。

在古代社会，个人受到宗法的、家族的、身份的关系的种种束缚，很难享有并实现独立的人身权。古罗马时期，奴隶在法律上不属于“人”的范畴，而是会说话的工具，根本无人身权可言。这个时期，家长对家子拥有人身权，即家长对家子拥有生杀权、出卖权、剥夺自由权等。在我国古代社会，父为子纲、夫为妻纲等家长父权也十分盛行。

近代意义上的人身权，是伴随着资产阶级革命而发生的。法国资产阶级革命时发表的《人权与公民宣言》力图以法律的形式确立人所应有的一切权利，包括公民的人身权、财产权和政治权利。

1804 年的《法国民法典》不仅确立了作为人的意识自治、契约自由等原则，而且将“人”作为该法典卷首的卷名。1896 年《德国民法典》在总则中，规定了对公民姓名权的保护，并在债法中对侵害生命、身体健康、自由、信用等的行为规定了侵权责任。1907 年的《瑞士民法典》在总则中，就公民的姓名权作了规定，并对人格权保护作了一般性的规定。

二、我国的人身权立法

我国《民法通则》从我国社会主义社会的国情出发，借鉴各国民法的立法经验，对人身权在第五章作了专节规定，并赋予相当重要的地位。

但是，我国历史上封建社会持续时间达 2000 多年，封建制度严重地压抑了商品经济的发展，封建专制思想根深蒂固，人身权很难得到应有的尊重与保护。

我国在总结新中国建国以来，正反两方面的历史经验的基础上，对运用法律切实保障公民的人身权利方面，给予了足够的高度重视。从具体规定来看，我国《民法通则》第 98 条至第 105 条，明确规定自然人的生命健康权、姓名权、肖像权、名誉权、荣誉权、人格尊严权、婚姻自由权和法人的名称权、名誉权及荣誉权均受法律保护。

我国《民法通则》还在第六章“民事责任”中，相应规定了侵害各种人身权所应承担的民事责任。2001 年 3 月 10 日施行的最高人民法院《关于确定民事侵权精神损害赔偿责任若干问题的解释》中，对正确确定、处理精神损害赔偿问题，作了较细致的规定，这是我国人身权保护上的一个重要的里程碑。2004 年 5 月 1 日起施行的最高人民法院《关于审理人身损害赔偿案件适用法律若干问题的解释》，更是将人身权立法的实践，推向了新的阶段。

三、我国人身权立法的走向

在我国人身权的立法走向上，目前，争议的最大问题就是是否将人格权单独成编。人格权是人身权中最重要的部分，直接关系到人身权保护是否充分实现的问题。

反对人格权独立成编的学者，主要理由有三点：(1) 我国是大陆法系国家，而在大陆法系尤其是在《德国民法典》中，人格权制度并不具有独立的地位；(2) 人格权制度与人格制度不可分离，应当包括在民事主体制度当中；(3) 人格权只有在受到侵害时才有意义，因此可以在侵权行为法中加以规定。

赞成人格权独立成编的学者，其主要理由有：(1) 人格权制度独立成编，是丰富与完善民法典体系的需要；(2) 人格权制度不能为主体制度所涵盖，独立成编也不会破坏民法典体系的和谐；(3) 人格权单独成编，是我国民事立法宝贵经验的总结，有利于加大我国目前保护公民人格权的力度等。

我国民法典（草案）中就将人格权单独成编，反映了立法者有加大保护公民人格权的目的。但是，无论人格权最终是否在民法典中单独成编，作者认为，立法者在立法上必须处理好人格升位、如何更好的保护人身权利，以及在制度上如何保证这些权利的实现等问题，才是最根本的问题。

第四节　一般人格权

一、一般人格权界定与特征

一般人格权是相对于具体人格权而言的，是以民事主体全部人格利益为标的的总括性权利。也指民事主体依法享有，并概括和决定其具体人格权的一般人格利益。[①] 一般人格权主要包括人格尊严（权）、自由权和平等权等。

一般人格权是以一般人格利益为客体的权利，与具体人格权相比较，具有以下法律特征：

（一）普遍性

普遍性首先是人格权的总体特征。人格权是人真正作为社会的一员存在所必须的权利，它体现了个人的本质属性和文明社会对个人作为人的承认，具有历史的连续性和继承性。这些可以概括为人格权的普遍性特征。但是，人格权的普遍性又受着法律本身所带有的社会性、阶级性的制约，其归根到底决定于社会的经济基础。一般人格权是所有的民事主体都享有的权利。

（二）专属性

一般人格权与个人的自然属性终身相伴，其客体是人的人格利益。它存在于权利主体的人身，是权利主体人身不可缺少的内容。

（三）法定性

一般人格权是民事主体依法享有的人格利益。作为具有法律性质、特征和效能的权利和义务，乃是由法律明文规定或法律规范的精神中推定出来的。

二、人格尊严与人格尊严权

尊严是可尊敬的身份或地位，民法上是指人被尊重的人格或民事地位。

所以，人格尊严是人的精神人格所得到的肯定、尊重的地位、对待或公正评价的总和。人格尊严是一种主观状态与客观状态相结合的产物。就主观状态而言，人格尊严是公民对自身价值的认识；从客观状态来看，人格尊严又是社会、他人对特定主体的最起码的做人的资格的评价。因而，人格尊严是具有伦理性品格的权利，是主体自尊和对他人尊重的统一，是对个人价值的主观评价的结合。

人格尊严权就是指公民对自身价值的认识和他人、社会对其做人资格的评价依法所享有的不可侵犯的权利。[②]

我国《民法通则》第 101 条规定：“公民、法人享有名誉权，公民的人格尊严受法律保护，禁止用侮辱、诽谤等方式损害公民、法人的名誉。”这实际是把人格尊严包括在名誉权之中，且限于自然人得以享有。作者认为，这种规定是存在问题的。

名誉权与人格尊严不是相包容的关系：（1）它们的客体是不同的。名誉权是以名誉为客体，名誉是社会的客观评价而不是主体的自我评价。人格尊严的客体既包括社会、他人的评价，又包括主体的自我评价；（2）两者的内容不同。侵害公民名誉权的行为都

---

① 王利明、杨立新、姚辉等：《人格权法》，法律出版社，1997 年版，第 26 页。

② 彭万林：《民法学》，中国政法大学出版社，1999 修订版，第 171 页。

会在不同程度上损害公民的人格尊严，但侵害人格尊严，并不一定会导致公民名誉权的降低；(3) 二者的主体不同。名誉权的主体可以包括法人、自然人，甚至还可以包括其他经济组织，但人格尊严只是自然人才享有的。所以，对人格尊严权与名誉权，应该作为两种不同的权利予以确认和保护。

三、自由权

自由权是民事主体依法按照其意愿支配其自身，决定相关人身事务的民事权利。这种权利与自由人身权是一致的。民法理论上的自由权是以意思自治为核心的民事权利，并认可民事主体依照自己的愿望设计其自身的生活，管理自己的事务。

但是，民事主体在行使自由权利的同时，应当注意权利不可滥用原则，防止侵害他人的合法权利，也不能有违社会道德风尚和社会公共利益。

自由权大体上可以区分为以下几类：

（一）人身自由权

人身自由权是指公民依法享有的其人身和行动完全由自己支配而不受任何组织和个人非法限制和侵害的权利。它是公民最起码、最基本的权利，也是民事主体参加民事活动、享有民事权利的先决条件。

（二）居住权

居住，包括定居、住宅安全与保障和依法使用住宅等涵义。因而所谓居住权，就是指民事主体依法在境内自由居住、自主使用住宅并维护其住宅安全的民事权利。这种权利由于与人的生活及其民事自由密切相关，所以，归于自由权的范畴，是一种极为重要的民事权利。

（三）婚姻自由权

其又称婚姻自主权，指公民依法享有的按照自己的意志、自主自愿地结婚或离婚，不受他人非法干涉的权利。民事主体的婚姻自由权依法受到保护，禁止买卖、包办婚姻和其他干涉婚姻自由的行为。

（四）其他自由权

这些自由权包括通信自由，言论、出版、集会、结社、游行、示威自由权等。

四、平等权

平等权是指民事主体在民事活动中地位平等的权利。我国《民法通则》第3条明确规定："当事人在民事活动中的地位平等"。

在传统民法中，平等从来就是与商品交换的现实活动联系在一起的。平等要求以及平等的主体资格，不仅是商品经济的必然产物，而且是商品经济的必要前提。因为商品经济是天生的平等派。如果当事人之间没有平等的法律地位，当事人的自由意志将得不到保护，交易也就没有公平和安全可言。平等权是民事主体最基本的权利之一，也是民法最基本的特点之一。

必须指出的是，民事主体在人格上的平等，不等于在实际的民事关系中，每个当事人所享有的具体民事权利和民事义务都是一样的。在具体的民事法律关系中，各个当事人依据法律和自身的意志，享有不同的权利，承担不同的义务。在法人这种民事主体中，还要受到其本身性质、法律、目的、范围等的限制。

同时，民事主体在民事法律关系中法律地位的平等，也不能当然认为民事主体在民事活动中，必然的事实上的平等。

由于每个民事主体的经济实力、社会地位、信息资源、个人能力等具体条件的不平等，很难做到民事主体在每一个民生活动中，都处于事实上的平等地位。特别是在如今垄断盛行的时代里，更导致了民事主体之间事实上的不对等。有鉴于此，法律、社会越来越注重对弱势群体的保护，加大对强势群体的必要限制。如我国《消费者权益保护法》等一大批倾向于保护弱势群体的法律的出现，是社会进步、弥补当事人事实上地位不平等的必然产物，是民法上当事人地位平等的客观要求。

思考题

1. 简述人身、人身权与人权的联系与区别。
2. 哪些是人身权、人格权？
3. 什么叫人权？它与人身权有什么关系？
4. 何谓人格升位？为什么会发生人格升位？
5. 一般人格权与具体人格权有哪些区别？
6. 如何理解人格尊严权？
7. 目前在我国，哪些人身权受到损害时，可以请求精神损害赔偿？
8. 应当怎样理解民事主体在民事活动中的地位平等？

学习资料指引

1. 魏振瀛：《民法》，北京大学出版社、高等教育出版社，2000年9月版，第33章。
2. 彭万林：《民法学》，中国政法大学出版社，1999年8月修订版，第10章。
3. 张俊浩：《民法学原理》，中国政法大学出版社，1991年10月版，第6章。
4. 王建平：《民法学（下）》，四川大学出版社，1994年8月版，第23章。

参考法规提示

1. 《中华人民共和国民法通则》，第五章第四节“人身权”。
2. 《最高人民法院关于贯彻执行〈中华人民共和国民法通则〉若干问题的意见（试行）》，第139条～第11条，第149条～第151条。
3. 《最高人民法院关于确定民事侵权精神损害赔偿责任若干问题的解释》，第1条～第12条。
4. 《最高人民法院关于人民法院是否受理刑事案件被害人提起精神损害赔偿民事诉讼问题的批复》（2002年7月15日）。

第三十九章　自然人的生命健康权

【阅读提示】 本章学习的重点是自然人的生命权、健康权与身体权的界定，它们之间的关系，以及各个具体权利的内涵和外延的差别。本章的难点是自然人的生命健康权的基础，以及生命健康权的享有和保护。学习过程中，学习者可以将生命健康权与自然人的其他人身权相区别，并寻找一种理论规律。

在我国，学术界将为基于公民个体人身物质构成，以及人体机能反应能力而设置的生命权、健康权、身体权等，统称为物质性人格权；而将基于公民精神利益和社会需求产生的姓名权、肖像权、名誉权、隐私权等具体人格权，统称为精神性人格权。[①] 作者赞同使用这种分类方法。所以，本书把自然人的具体人格权分为自然人的生命健康权、自然人的精神性人格权进行分析。

我国《民法通则》第98条规定，公民享有生命健康权。依此规定，生命健康权，是指公民对自身所享有的保护生命安全、身体健康、生理机能完整的人身权。我国民法学界公认，在法律上，生命健康权是生命权、身体权、健康权，也就是物质性人格权三种具体民事权利的统称。[②] 我国《民法通则》第98条的规定，尽管没有直接明确规定身体权，但是，暗含了身体权的内容。因为我国《民法通则》第119条，以及其他相关法律，都明确使用了身体权的概念。

我国《民法（草案）》第四编“人格权法”第二章“生命健康权”，前两条明确使用了“身体权”的概念。尽管该《民法（草案）》尚无法律效力，但是，它反映了我国学术界的一种观点，以及立法的趋向。

生命、身体和健康是每个公民最高的人格利益，也是人之所以为人并进而享有其他人格权的基础。因此，生命权、健康权、身体权是公民最主要、最基本的人格权。甚至可以说，它是公民一切活动和权利的基础。所以，保护公民的生命健康权是我国各种法律的首要任务之一。

第一节　生命权

一、生命权的界定与特征

生命权是自然人以其生命维持和生命安全利益为客体内容的人格权。法律上的生命，则是指能够独立呼吸，并能进行新陈代谢的人身机体及其活动能力。

人是生物的一种。根据生物学的基本原理，人的生命活动的能力，在于人体蛋白质

---

① 王利明等：《人格权法》，法律出版社，1997年版，第74～76页。

② 王利明等：《人格权法》，法律出版社，1997年版，第74～76页。

的新陈代谢能力。这种生命活动能力，保证人体不断与周围环境进行物质交换，使人体形成、生长、发育、运动和繁殖。这种生命活动能力一旦停止，即意味着生命的终止，人体就变成了尸体。所以，生命权实质上是以保持人体生命活动能力安全地延续不断为根本内容的权利。

人的生命的存在是人的身体区别于尸体的根本标志。因而，人的生命权与身体权是相互依赖的两种权利。生命权依赖于身体权，但又不同于身体权。身体器官的部分，脱离人体并不会必然导致生命的丧失。只有身体机能完全丧失，才会导致生命终止。

生命权也不同于健康权，更不同于劳动能力权。健康和劳动能力的丧失，对生命的质量有损害，但不会必然导致生命的丧失。

生命权与生存权有一定的联系，但也不完全相同。目前，一些学者认为，生命权已经增加了尊严权，所以，生命权可以理解为“体面地生存的权利”①。作者认为，生命权是生存权的一种，生存权的范畴比生命权的范畴更广。比如，债务的清偿，必须为债务人留下基本生活资料，就是生存权的具体体现，但它不属于生命权的范畴。我国学者目前正在探讨生存权由宪法权利进入民事权利的途径。②

二、生命权的行使及保护

生命权作为一种对世的绝对权，其内容通常表现为一种生命延续安全和价值的保持权、排除妨碍请求权，以及正当防卫权等。特殊情况下，也表现为对自己生命利益的支配权，比如舍己救人等。

这些权利的内容，在权利本质上是同时存在的。但是，生命利益支配权中的处分权的行使，应受到合理限制。所以，目前国内正在进行安乐死的讨论中，否定的观点或者意见占了上风。

生命健康权与其他人格权一样，原则上不能转让、放弃，而且得依照社会公德行使。自杀和自残的行为是为我国法律、社会公德所不取的。因而，帮助他人自杀、自残的行为，同样也是为我国法律、社会公德所不能鼓励的。

根据我国有关法律，如《中华人民共和国人民警察法》第21条的规定，负有特殊职责的人，不得以行使自己的生命健康权为由，逃避其法定职责。在不影响自身生命健康的前提下，公民可以捐赠身体分离物，给他人或社会。

目前，国外对生命权的保护，以及在不同公民之间的生命权保护发生冲突时，立法应该如何处置，讨论比较激烈。比如，《德国宪法》规定，德国政府有义务去保护每个公民的生命权，而《德国民法典》则规定每个公民享有生命权。结果，德国前些年发生了很多绑架案件，这些绑架分子就提出将监狱同伙放掉或者给多少钱，然后再送到安全地方。开始，德国政府片面理解了法律规定，认为如果不满足绑架分子的要求，他就要撕票。那么，就违反了《德国宪法》规定的保障公民生命权的义务。所以，在德国有一段时间，绑架分子提出任何要求，政府一律给予满足。而这却鼓励或者助长了绑架行为，导致绑架事件越来越多。

慢慢地，政府开始反思这个问题了，这样做，到底是保护了公民的生命权，还是侵

① 徐显明：《公民权利义务通论》，群众出版社，1991年版，第242页。

② 杨遂全：《生存权：从宪法权利到民事权利》，文载2003年2月《中国－日本长崎市法学研讨会论文集》。

犯了公民的生命权呢？后来，在有一批人绑架了德国一家航空公司的工作人员，并向政府提出了系列回赎要求后，德国政府就不再答应此类要求了。

最后，被绑架人的子女，对政府的这个决定不服，认为这侵害了他们父亲的生命权，应当承担国家赔偿，于是到普通法院去起诉。法院认为，德国政府的这个决定，并没有违反《德国宪法》要求德国政府保障公民生命权的规定，而是从更深层次更广范围来保障公民生命权，牺牲他一人保障更多人。所以，从比例原则出发作出这个决定，并没有违反宪法和民法的规定，因此驳回了原告的起诉。①

不过，许多学者认为，国家对受害人的赔偿义务没有免除。或者说，尽管多数人的生命权大于单个人的生命权，而其他生命权受益者的民事公平补偿责任，则不能免除。

我国《民法（草案）》第四编“人格权法”的第二章“生命健康权”第 12 条则规定：“自然人因自然灾害、事故等原因，致使生命健康处于危险状态，急需抢救而不能立即支付医疗费用，有关医疗机构应当救助。”这就从更高的层次上规定了有关医疗机构的救助义务。这一点，与德国法院的裁决，有异曲同工之妙。

三、生命权的几种观点与矫正

目前，在理论界和司法界，不少人对生命权的内涵还存在着理解上的偏差。

这些理解的核心是把生命权的内涵与生命权的保护，割裂开来。对生命权的几种权利内涵，基本上没有大的争议。但是，具体到处理侵害生命权，如何给予赔偿时，绝大部分人都主张必须有受害人死亡的结果发生，才算侵害了生命权。这种错误理论与实践，导致了致人死亡没有致人伤残赔偿多的怪现象。甚至，因此导致了一些加害人，在过失致人伤残时，为了少赔偿而故意将受害人杀死的恶性事件。

在实际认定侵权时，毫无疑问，侵害生命权的行为，是一种在主观上具有非法剥夺他人生命的故意；在客观上，须以受害人的生命，不可逆转的丧失为标准。然而，在一些法院的司法实践中，不是将“生命不可逆转的丧失”理解为一种必然的状态，而是理解为一种已经死亡的结果。对显然是致人死亡的侵权行为，但是，由于加害人意志以外的原因，并没有立即致人死亡的后果发生，却按照故意侵害健康权处理。

还有的法官认为，民法要求有损害事实的发生才能赔偿，不像刑法只要有损害行为发生，即可以侵害生命权的杀人罪处罚。因而，一些法官在民事判决中，直接含糊地使用侵害生命健康权来裁决。

在理论上，当自然人的生命，因归责于他人的原因而丧失时，死者已无权利能力。因而，无从取得向加害人主张赔偿的权利，权利继承也无从谈起。所以，死者近亲属请求赔偿的权源问题，则是确定相应的赔偿项目，以及赔偿数额的前提。②

（一）赔偿请求权学说

目前，对死者近亲属请求赔偿的权利，学术界提出了多种不同观点。归纳起来有如下六种：

一是民事权利能力转化说，认为自然人的死亡，其民事权利能力由存在到不存在有一个转化的过程。在此过程中，产生了损害赔偿请求权。

---

① 胡锦光：《三个博士上书全国人大案》，2003 年 8 月 19 日《中国民商法律网》。

② 曹诗权、李政辉：《侵害生命权在民法上的责任》，《法学评论》1998 年第 5 期。

二是加害人赔偿义务说，认为加害人因其行为所生的赔偿义务，不因被害人死亡而消灭，故被害人的求偿权由其继承人继承。

三是同一人格代位说，认为继承人与被继承人二者的人格，在纵的方面相连结，而为同一人格。故被害人因生命权遭侵害而生的赔偿请求权，可由其继承人取得。

四是间隙取得请求权说，认为被害人从受伤到死亡有间隙，在此间隙中，被害人取得损害赔偿请求权。

五是双重直接受害人说，认为生命丧失的直接受害人是死者，而财产损失的直接受害人则是死者的近亲属，故其近亲属有损害赔偿请求权。[①]

六是公法权利说。这些学者认为，以上诸种“民法学说都不能合理解释，死者近亲属享有求偿权的事实，私法在对生命本体的救济上是无能为力的”。故而，对生命权的保护，与其在民法的悖论中绕圈子，不如正本清源，将此任务归还公法，即“死亡公民的人格利益，应由公法来保护[②]。”

作者认为，生命权的存在是一种持续状态，并非已经导致死亡时或死亡后才享有。如果在公民生命尚存的情况下，加害人的加害行为已经或者必然致人死亡的，即应当按照侵害生命权处理。而不是等到发生公民死亡的后果的时候，才算是侵害了生命权。

侵害生命权的行为，不但侵害了公民的生命权，同时，还侵害了直接受害人的亲属的权利，应当进行双重赔偿。这种赔偿，应当重于一般的侵害健康权、致人伤残的赔偿。

所以，作者赞同侵害生命权的“死者生前瞬间请求权继承说”和“双重侵害说”。如果一味地坚持“生命权则非有死亡发生，不能认为受侵害”的理论，[③] 就会导致公民杀死加害人的正当防卫权等被剥夺的结果，以及赔偿范围，只能限于死者近亲属本身的权利的结果。

（二）精神损害赔偿的根源

司法实践中，侵害公民生命权的精神损害赔偿的请求人，通常是死者的近亲属。这是因为当侵害他人生命权时，直接受害人或者成为植物人或者死亡，不会感受到精神痛苦；或因其生命已经终止，也不会再有可以获得的精神利益，因而，不存在明显的精神损害。即使受害人受到侵害后，没有立即死亡，自受伤到死亡之间尚有若干时间，会感受到精神、肉体上的折磨和痛苦。但是，精神损害赔偿的主要目的，在于抚慰受害人，而不在于赔偿损失。受害人最后的死亡，使精神损害赔偿的抚慰功能失去意义。因而，对受非法侵害致死的自然人，一般情况下，不适用精神损害赔偿。

不过，也不排除特殊情况下，由于加害人意志以外的原因，并没有立即致人死亡的后果发生，直接受害人会感受到精神痛苦（比如行为人致人患目前无法治愈的癌症、艾滋病等），这时，直接受害人，可以提起侵害生命权的精神损害赔偿。不过，由于侵害生命权的行为，是必然致人死亡的行为，通常从加害行为到受害人死亡间隔的时间较

---

① 王利明、杨立新、姚辉：《人格权法》，法律出版社，1997 年版，第 51～54 页。

② 薛虹：《非财产损害刍议》，载《现代法学》1994 年第 5 期。曹诗权、李政辉著《侵害生命权在民法上的责任》，《法学评论》1998 年第 5 期。

③ 龙显铭：《私法上人格权之保护》，转引自杨立新：《人身权法论》，中国检察出版社，1996 年版，第 400 页。

短，因此获得的精神损害赔偿较少。

受害人因不法侵害致死，必然会给死者的近亲属带来巨大的精神痛苦。这不但是因为丧失亲人给主体带来的巨大的精神打击，而且，死者生前亲属关系存在之事实，能给主体带来如情爱、陪伴、慰藉等情感体验，是主体获得精神满足的一个重要途径。而侵权人侵害了公民的生命权，使其近亲属丧失了这些情感的满足的机会，从而产生精神损害。死者的近亲属有权对该损害主张精神损害赔偿或代位请求权。

一般而言，亲属间相互获得感情利益受亲等的影响。亲等越近，获得的感情利益越大；亲等越远，获得的感情利益越小。而共同生活的人，又要比未共同生活的亲属之间，获得的感情利益要大些。所以，间接受害人的范围，通常限定于死者的配偶、父母、子女和与死者生前共同生活的其他近亲属。①

第二节 身体权

一、身体权的界定与特征

身体权，即自然人保持其躯体，包括躯干、四肢、五官等人体器官完整存在的权利。这种权利，与健康权有关系，但是，应当区分为两种权利看待。司法界和学术界越来越倾向于把健康、身体区分为两种权利进行保护。

我国《宪法》第37条第2款规定："禁止非法搜查公民身体"。最高人民法院2001年《关于确定民事侵权精神损害赔偿责任若干问题的解释》（简称《精神赔偿解释》）第1条，明确使用了"身体权"的概念。由此可见，身体权与生命权的区别是比较明显的。其特征主要是：

第一，身体权是生命权和健康权的物质载体和客观基础。司法实践中，通常把身体权包含在健康权之中。但是，两者有质的差异。比如私自剪去他人头发；医生切除阑尾时，伤及了部分生殖系统（未影响其功能）；医生私自摘除某公民的一个肾脏等情况，虽不影响其健康，但侵害了其身体的完整性。

第二，身体权是一种支配权，同时，也表现为一种身体构造完整的安全利益的保持权。我国《民法通则》第119条规定："侵害公民身体造成伤害的，应当赔偿医疗费、因误工减少的收入、残废者生活补助费等费用。"侵害人之所以要给予赔偿，是因为他侵害了权利人的身体支配利益。

第三，身体权的客体是人体的整体构造和保持这种构造各部分完整的利益。这种完整，可以理解为体相完整、身体构造完整和机能完整等基础上，自然人的身体利益的完整性。

二、身体权的范围

一些人体器官的存在与否，如果不影响其健康，就只能属于身体权的范围，如外耳廓。如果身体的某一组成部分的取舍，不但影响着身体的机能健康，也影响了身体的完整性，这时，该器官同时属于身体权、健康权的保护对象，如心脏等。

至于人体中植入的人造器官，依照医学的理解，可以为普通人自由装卸的，如非植

① 杨遂全：《现行婚姻法的不足与民法典立法对策研究》，《法学研究》2003年第2期。

入型假牙、假发等，则不属于人体自身的器官，不受身体权的保护，只能受物权法保护。而人体中植入的人造器官，如果已经构成人体不可分离、且普通人不能自由装卸的器官，如人工心脏、义眼、植入型假牙等，则应视为人的身体的组成部分，属于身体权保护的对象。

根据我国的地方立法分析，器官的功能与构成，是划分不同权利范围的标志。

如果身体某类构成部分，是由多个同类器官组成，每个器官只是部分影响着身体的机能健康，对该类器官的机能无根本影响的，主要是作为身体权，一般不作为健康权的保护对象。比如，两个肾脏齐全健康的情况下，捐赠单侧肾脏就是如此。但是，同类器官的整体，或仅有的单个赖以维持某种健康的器官，则属于身体权、健康权共同的保护对象。

三、身体权的行使及其保护

自然人行使身体权，应当遵守法律、社会公德的要求。按照有关国际条约，以及我国相关法律规定，公民可以将自己的血液、皮肤、部分人体组织器官，在不严重影响自身健康的情况下，捐赠给他人。但是，禁止任何买卖和有偿出让自己身体器官的行为。

2003年8月22日《深圳经济特区人体器官捐献移植条例》（简称《器官捐献条例》）颁行。该《器官捐献条例》是我国第一部与国际先进国家立法同步的地方法规。根据《器官捐献条例》，年满18周岁并且具有完全民事行为能力者，具有活体人体器官捐献资格。生前捐献人体器官，必须在有书面同意，并在不危害生命安全的情况下进行，以移植于其直系亲属和三代以内旁系亲属为限，但捐献人体组织的除外。捐献的人体器官移植于配偶的，接受人体器官移植的配偶，应当与捐献者生育有子女或者结婚两年以上。婚后患病确需接受人体器官移植的除外。患者接受移植的顺序，按照申请登记的先后顺序确定，以保障公民的身体权的平等。前顺序患者不适合时，才能由后顺序者接受。有近亲属捐献过其他人体器官的，可以优先。非法更改接受顺序的，应给予严厉的行政和民事处罚。买卖人体器官或倒卖人体组织的，有关责任人应受严厉的行政和民事处罚。深圳市的地方法规，今后有可能成为全国性法律法规的参照。

目前，我国《民法（草案）》在第四编“人格权法”第二章“生命健康权”第8条、第9条规定：“禁止侵害自然人的身体健康”，“自然人可以将身体的血液、骨髓、器官等捐助。”这些条款就是这方面的趋向性规定。

医生等依法可以根据医疗或保护自然人生命权的合理需要，经自然人本人或其亲属同意，摘除自然人部分不影响其人体健康的身体器官。执行公务的人员，以及在正当防卫的情况下，根据我国《民法通则》第128条的规定，可以在必要的范围内，破坏某自然人或者加害人的身体器官。但是，非法侵害自然人的身体权的，应当承担相应的民事法律责任或者其他责任。

第三节 健康权

一、健康权的界定与特征

一般意义上，健康是指人体各器官发育良好，功能正常，体质健壮，精力充沛，并且有良好的劳动效能。[①] 在法律上，健康权是指自然人保持其人体各种生理机能的正常运转和功能的完善发挥，没有任何身心障碍的权利。

法律上的健康权是一个整体概念。一些自然人天生的某种器官有缺陷，不影响其其他健康器官健康权的享有。

从健康权的界定本身来看，其具有如下特征：

（1）它不是以人体整体构造为客体的权利，而是人体各种生理机能的正常运转和功能的完善发挥，没有任何身心障碍，由此区别于身体权。

（2）它不是以人的生命安全和生命价值为客体，由此区别于生命权。

（3）它不是以保障身体功能发挥不受外在影响或约束的权利，由此区别于自由权。

我国《民法通则》第98条规定："公民享有生命健康权"。我国《民法（草案）》第四编"人格权法"第二章"生命健康权"第8条、第11条规定："禁止侵害自然人的身体健康"、"有关医疗机构开发新药或者新的治疗方法，需要在人体进行试验的，经卫生等主管部门批准后，还应当向接受试验的本人告知可能产生的损害，并经其同意。"这些规定，就是对于健康权的规定。

学术界认为，从目前的法规看，健康权包括的内容有：健康维护权、劳动能力保持权和健康利益支配权三大部分。[②] 目前，我国《人口与计划生育法》第17条、第34条，还明确规定了公民享有生殖健康权。所以，法律明确规定予以保护的健康权的范围正在不断扩大。

二、生理健康权与心理健康权

有学者认为，健康权的内容仅包括生理健康，不包括心理健康。理由是：心理健康是由精神权利或精神抚慰金来保障的。如果健康权包括心理健康权，就会造成健康权赔偿，损害名誉权、隐私权的精神痛苦抚慰金的法律概念相互混淆，容易引起适用法律的困难。[③]

另一部分学者则主张，健康权保护的对象，应当包括精神和心理健康。他们认为，因人身或者身体伤害，导致精神失常或神经衰弱等疾病发生的，应属于侵害了健康权。[④] 这种观点，目前已经逐步得到了司法界的公认。

精神痛苦，并不等于精神健康受到了损害；正常情况下，感受不到痛苦，才是心理不健康的表现。所以，健康权应当包括心理健康权。

根据世界卫生组织的有关规定，自然人的健康权，当然应当包括心理健康权。

所谓心理健康是指人的大脑和神经系统，能够正确地反映客观现实的机能完善。比如，人的感觉、知觉、思维、情绪等，能够正确地反映客观事物。当然，心理健康还有一层含义，是指人的思想、感情等内心活动，符合社会正常人的道德要求。

法律保护的心理健康，主要是指前一种。即法律意义上的心理健康，主要是指人体的物理反应机能的正常，而不是指心理、精神内容的正确与否。所以，它是可以和精神

---

① 《辞海》，上海辞书社，1979年版缩印本，第254页。

② 王利明等：《人格权法》，法律出版社，1997年版，第62～65页。

③ 王利明等：《人格权法》，法律出版社，1997年版，第61页；杨立新：《人身权法论》，中国检察出版社，1996年版，第366页；何孝元：《损害赔偿之研究》，中国台湾商务印书馆，1982年版，第135页。

④ 史尚宽：《债法总论》，中国台湾荣泰印书馆，1978年版，第143页。

权利的内容正确区分开来的。也就是保护自然人的身心健康，不存在司法上的困难。

如果身体健康不包括心理健康，就不可能把恐吓致病、迷幻药物致人精神失常的行为，纳入请求损害赔偿的范围。因为这种情况下，不可能将法律保护的对象归之为名誉权、隐私权或其他精神权利之中。

侵害名誉权、隐私权等精神权利，可能引起精神痛苦，也可能引起对心理健康的危害。如果，引起了对心理健康严重的危害，达到了损害健康的程度，就应当同时处理其侵害精神权利和健康权利的双重损害问题。

三、健康权与劳动能力保持权

劳动能力是指自然人创造物质财富和精神财富的能力，它是劳动者脑力和体力的总和。劳动能力，在事实上包括潜在的和现有的两种。

对于自然人而言，各种劳动所需要的劳动能力是不相同的。目前，学术界公认：劳动能力是公民健康的一个重要标志。所以，健康权包括了劳动能力保持权。不过，仍有一些学者认为，劳动能力是一种独立于健康权的人格权或人格利益。[①]

在我国，许多法律法规都明确使用“完全丧失劳动能力”、“部分丧失劳动能力”等概念，来设定特有的赔偿标准。而且，这些法律法规都对因健康受到伤害，而丧失劳动能力的不同程度，进行了分别规定。事实上，这些法律法规的前述做法，仍是对侵害健康权的一种分类方法。与此相应，我国法律上还有“丧失生活自理能力”等名词，客观上也是对自然人健康受到侵害的严重程度，进行的一种分类标准。

依照我国法律，侵害潜在的或现有的劳动能力，其赔偿标准是不同的。例如，婴儿尽管没有现实的劳动能力，但是，他们有潜在的劳动能力。损伤他们的身体的功能不同，赔偿标准也应当不同。

司法实践中，因被侵害健康权而丧失（或部分丧失）劳动能力的受害人，可以提起损害赔偿；其近亲属作为间接受害人，特别是在直接受害人丧失劳动能力的情况下，也可以提起损害赔偿。因为，当直接受害人受到严重的生理损伤或精神疾病而丧失（或部分丧失）劳动能力时，不但会给其近亲属造成很大的经济负担，增添生活压力，而且，会给其近亲属造成因长期照料病人，带来生活上的困扰，以及生活乐趣的丧失。有时，这种精神上的损害，并不亚于直接受害人死亡。因此，侵权人对心理健康权和脑力劳动能力的精神损害，也应负赔偿责任。

第四节　侵害物质性人格权的救济

一、侵害生命健康权的一般救济原则

保护自然人的生命权、健康权、身体权，对侵害自然人生命健康权的行为进行制裁，是我国各法律部门的主要任务。

对于故意侵害自然人生命健康权，情节严重、构成犯罪的，依照我国《刑法》的规定，予以处罚的同时，受害人可以提起附带民事诉讼。而不构成犯罪的，受害人可以根

① 史尚宽：《债法总论》，中国台湾荣泰印书馆，1978 年版，第 143 页；张俊浩：《民法学原理》，中国政法大学出版社，1991 年版，第 145 页。

据我国《民法通则》第110条的规定，单独提起民事诉讼。即根据侵权行为法的各项法律制度，以及具体的救济规定，让加害人承担相应的民事责任。

因侵害自然人的生命权、健康权、身体权等物质性人身权，而引起的损害赔偿，可以分为两类，即物质性赔偿和精神性赔偿。由于物质性人格权本身，既存在物质利益，也存在人身非物质利益，当其受到侵害时，就必然既产生财产利益损害，又产生精神利益损害。特别是对死、伤者的近亲属的间接损害，则主要是一种精神利益的伤害。所以，要进行救济，受害人就不但有权请求财产损害赔偿，也可对精神损害，依法主张精神损害赔偿。

司法实践中，对侵害自然人生命权、健康权的暴力、环境污染等行为的救济，已经有了比较规范的具体救济规则，而且，常常涉及到相关民事权利或民事权利救济规则。因而，本书将其置于侵权行为法中进行分析。在此，主要分析日常侵权行为法之外，几种常见的侵害自然人生命权、健康权行为的救济。

二、医疗事故侵害生命健康权的救济

（一）医疗事故的界定与种类

每个自然人随时都有患病的可能性，有了疾病，就必须求诊。所以，医疗事故纠纷发案率，近年来，在我国快速攀升。这说明医疗事故，事实上已经成为侵害自然人生命权、健康权的突出现象。

鉴于此，国务院于2002年4月4日废除旧的《医疗事故处理办法》，颁布新的《医疗事故处理条例》。该条例已经于2002年9月1日起施行。

《医疗事故处理条例》第2条规定："医疗事故，是指医疗机构及其医务人员在医疗活动中，违反医疗卫生管理法律、行政法规、部门规章和诊疗护理规范、常规，过失造成患者人身损害的事故。"这一概念的限定，比旧的《医疗事故处理办法》扩大了调整范围和保护对象。

同时，《医疗事故处理条例》第4条，根据对患者人身造成的损害程度，将医疗事故分为四级。一级医疗事故：造成患者死亡、重度残疾的；二级医疗事故：造成患者中度残疾、器官组织损伤导致严重功能障碍的；三级医疗事故：造成患者轻度残疾、器官组织损伤导致一般功能障碍的；四级医疗事故：造成患者明显人身损害的其他后果的。四级医疗事故的具体分级标准，2002年已由卫生部颁行。

医疗事故侵害的客体是自然人的生命权、健康权。所以，只能将医学会对医疗事故的认定结论，作为医疗机构存在侵害自然人物质性人格权行为的证据。继而，凭借着这些证据，对生命权、健康权的损害，进行有效救济。

（二）医疗事故处理过程中，医患双方程序性权利义务

为了切实保障自然人的人身权，《医疗事故处理条例》第11条要求：医疗机构及其医务人员在医疗活动中，应当将患者的病情、医疗措施、医疗风险等，如实告知患者，并及时解答患者及其亲属的咨询。但是，告知病情以及咨询解答，都应当避免对患者产生不利后果。特别是，在有可能导致患者知情后，病情加重或者有其他不利后果时，医生可以将患者的病情实况只告诉其亲属。

根据《医疗事故处理条例》第10条的规定，任何医疗行为都应当纪录在病历上。因抢救急危患者，未能及时书写病历的，有关医务人员应当在抢救结束后6小时内据实

补记，并加以注明。

同时，患者有权复印或者复制其门诊等其他病历资料。医疗机构应当提供复印或者复制服务，并在复印或者复制的病历资料上，加盖证明印记。复印或者复制病历资料时，应当有患者在场。发生医疗事故争议时，死亡病例讨论记录、疑难病例讨论记录、上级医师查房记录、会诊意见、病程记录等，应当在医患双方在场的情况下封存和启封。封存的病历资料可以是复印件，由医疗机构保管。疑似输液、输血、注射、药物等引起不良后果的，医患双方应当共同对现场实物进行封存和启封；需要检验的，应当由双方共同指定的、依法具有检验资格的检验机构进行检验；双方无法共同指定时，由卫生行政部门指定。这些措施，是为了保障医疗事故的正确认定。

《医疗事故处理条例》第 18 条、第 19 条规定："患者死亡，医患双方当事人不能确定死因或者对死因有异议的，应当在患者死亡后 48 小时内进行尸检；具备尸体冻存条件的，可以延长至 7 日。尸检应当经死者近亲属同意并签字。医疗事故争议双方当事人可以请法医病理学人员参加尸检，也可以委派代表观察尸检过程。拒绝或者拖延尸检，超过规定时间，影响对死因判定的，由拒绝或者拖延的一方承担责任"。"患者在医疗机构内死亡的，尸体应当立即移放太平间。死者尸体存放时间一般不得超过 2 周。逾期不处理的尸体，经医疗机构所在地卫生行政部门批准，并报经同级公安部门备案后，由医疗机构按照规定进行处理"。这是以患者死亡的事实为前提，对于患者亲属的救济，给予了必要的限制。

卫生行政部门接到医疗机构关于重大医疗过失行为的报告，或者医疗事故争议当事人要求处理医疗事故争议的申请后，对需要进行医疗事故技术鉴定的，应当交由负责医疗事故技术鉴定工作的医学会组织鉴定。医患双方协商解决医疗事故争议，需要进行医疗事故技术鉴定的，由双方当事人共同委托负责医疗事故技术鉴定工作的医学会组织鉴定。

当事人对首次医疗事故技术鉴定结论不服的，可以自收到首次鉴定结论之日起 15 日内向医疗机构所在地卫生行政部门，提出再次鉴定的申请。鉴定由医患双方在医学会主持下，从具备高级技术任职资格的医生或法医组成的专家库中，挑选鉴定人进行。专家鉴定组进行医疗事故技术鉴定，实行合议制。专家鉴定组人数为单数，涉及的主要学科的专家，一般不得少于鉴定组成员的二分之一；涉及死因、伤残等级鉴定的，应当从专家库中，随机抽取法医参加专家鉴定组。

专家鉴定组成员，有下列情形之一的，应当回避，当事人也可以以口头或者书面的方式申请其回避：(1) 是医疗事故争议当事人或者当事人的近亲属的；(2) 与医疗事故争议有利害关系的；(3) 与医疗事故争议当事人有其他关系，可能影响公正鉴定的。

鉴定过程中，专家鉴定组必须调取与医疗事故技术鉴定有关的法定材料。而医患双方应当依照《医疗事故处理条例》第 28 条的规定，提交相关材料。医疗机构无正当理由，未依照《医疗事故处理条例》第 28 条的规定，如实提供相关材料，导致医疗事故技术鉴定不能进行的，应当承担责任。

医学会应当自接到当事人提交的有关医疗事故技术鉴定的材料、书面陈述，以及答辩之日起 45 日内，组织鉴定并出具医疗事故技术鉴定书。专家鉴定组应当认真审查双方当事人提交的材料，听取双方当事人的陈述以及答辩，并进行核实。当事人任何一方不予配合，影响医疗事故技术鉴定的，由不予配合的一方承担责任。

根据《医疗事故处理条例》第 33 条的规定，有下列情形之一的，不属于医疗事故，医疗机构不承担侵权责任：(1) 在紧急情况下，为抢救垂危患者生命而采取紧急医学措施，造成不良后果的；(2) 在医疗活动中，由于患者病情异常或者患者体质特殊而发生医疗意外的；(3) 在现有医学科学技术条件下，发生无法预料或者不能防范的不良后果的；(4) 无过错输血感染造成不良后果的；(5) 因患方原因延误诊疗导致不良后果的；(6) 因不可抗力造成不良后果的。

发生医疗事故争议，当事人申请卫生行政部门处理的，应当提出书面申请。申请书应当载明申请人的基本情况、有关事实、具体请求及理由等。当事人自知道或者应当知道其身体健康受到损害之日起 1 年内，可以向卫生行政部门提出医疗事故争议处理申请。当事人申请卫生行政部门处理的，由医疗机构所在地的县级人民政府卫生行政部门受理。有下列情形之一的，县级人民政府卫生行政部门，应当自接到医疗机构的报告，或者当事人提出医疗事故争议处理申请之日起 7 日内，移送上一级人民政府卫生行政部门处理：(1) 患者死亡；(2) 可能为二级以上的医疗事故；(3) 国务院卫生行政部门和省、自治区、直辖市人民政府卫生行政部门规定的其他情形。

卫生行政部门应当自收到医疗事故争议处理申请之日起 10 日内进行审查，作出是否受理的决定。对符合《医疗事故处理条例》规定，予以受理，需要进行医疗事故技术鉴定的，应当自作出受理决定之日起 5 日内，将有关材料交由负责医疗事故技术鉴定工作的医学会，组织鉴定并书面通知申请人。对不符合《医疗事故处理条例》规定，不予受理的，应当书面通知申请人并说明理由。

另外，《医疗事故处理条例》第 44 条规定，医疗事故争议经人民法院调解或者判决解决的，医疗机构应当自收到生效的人民法院的调解书或者判决书之日起 7 日内，向所在地卫生行政部门作出书面报告，并附具调解书或者判决书。可见，在医疗事故的认定层面上进行救济，主要是行政主管部门，在患者提出请求时，要做好鉴定的组织、准备工作。

（三）医疗事故赔偿

《医疗事故处理条例》第 46 条规定："发生医疗事故的赔偿等民事责任争议，医患双方可以协商解决；不愿意协商或者协商不成的，当事人可以向卫生行政部门提出调解申请，也可以直接向人民法院提起民事诉讼。"已确定为医疗事故的，卫生行政部门应医疗事故争议双方当事人请求，可以进行医疗事故的赔偿调解。

至于医疗事故该如何赔偿，《医疗事故处理条例》第 49 条、第 50 条有明确规定。即医疗事故的赔偿，应当考虑下列因素，确定具体赔偿数额：(1) 医疗事故等级；(2) 医疗过失行为在医疗事故损害后果中的责任程度；(3) 医疗事故损害后果与患者原有疾病状况之间的关系。医疗事故赔偿，按照下列项目和标准计算：

(1) 医疗费：按照医疗事故对患者造成的人身损害进行治疗，所发生的医疗费用计算，凭据支付，但不包括原发病医疗费用。结案后确实需要继续治疗的，按照基本医疗费用支付。

(2) 误工费：患者有固定收入的，按照本人因误工减少的固定收入计算；对收入高于医疗事故发生地上一年度职工年平均工资 3 倍以上的，按照 3 倍计算。无固定收入的，按照医疗事故发生地上一年度职工年平均工资计算。

(3) 住院伙食补助费：按照医疗事故发生地国家机关一般工作人员的出差伙食补助标准计算。

(4) 陪护费：患者住院期间需要专人陪护的，按照医疗事故发生地上一年度职工年平均工资计算。

(5) 残疾生活补助费：根据伤残等级，按照医疗事故发生地居民年平均生活费计算，自定残之月起最长赔偿 30 年。但是，60 周岁以上的，不超过 15 年；70 周岁以上的，不超过 5 年。

(6) 残疾用具费：因残疾需要配置补偿功能器具的，凭医疗机构证明，按照普及型器具的费用计算。

(7) 丧葬费：按照医疗事故发生地规定的丧葬费补助标准计算。

(8) 被扶养人生活费：以死者生前或者残疾者丧失劳动能力前，实际扶养且没有劳动能力的人为限，按照其户籍所在地或者居所地居民最低生活保障标准计算。对不满 16 周岁的，扶养到 16 周岁；对年满 16 周岁但无劳动能力的，扶养 20 年。但是，60 周岁以上的，不超过 15 年；70 周岁以上的，不超过 5 年。

(9) 交通费：按照患者实际必需的交通费用计算，凭据支付。

(10) 住宿费：按照医疗事故发生地国家机关一般工作人员的出差住宿补助标准计算，凭据支付。

(11) 精神损害抚慰金：按照医疗事故发生地居民年平均生活费计算。造成患者死亡的，赔偿年限最长不超过 6 年；造成患者残疾的，赔偿年限最长不超过 3 年。参加医疗事故处理的患者近亲属所需交通费、误工费、住宿费，参照第 50 条的有关规定计算，计算费用的人数不超过 2 人。医疗事故造成患者死亡的，参加丧葬活动的患者的配偶和直系亲属所需交通费、误工费、住宿费，参照《医疗事故处理条例》第 50 条的有关规定计算，计算费用的人数不超过 2 人。

《医疗事故处理条例》第 50 条规定的医疗事故赔偿，比其他侵害生命健康权的赔偿较轻，这也是根据我国医疗行业的特殊性来确定的。

医疗事故赔偿费用，实行一次性结算，由承担医疗事故责任的医疗机构支付。医疗机构发生医疗事故的，由卫生行政部门根据医疗事故等级和情节，给予警告；情节严重的，责令限期停业整顿，直至由原发证部门吊销执业许可证。

另外，计划生育技术服务事故的追究，依照《医疗事故处理条例》第 60 条、第 61 条的规定进行救济。非法行医，并造成患者人身损害的，不属于医疗事故，属于侵权行为。触犯刑律的，依法追究刑事责任。有关赔偿请求，由受害人直接向人民法院提起诉讼。

三、交通事故损害生命健康权的救济

所谓道路交通事故（简称“交通事故”），主要是指车辆驾驶人员、行人、乘车人，以及其他在公路、道路上进行与交通有关活动的人员，因违反道路交通管理法规、规章的行为（简称“违章行为”），过失造成人身伤亡或者财产损失的事故。发生交通事故，应当向公安机关求助。

公安机关为了有效处理交通事故，其职责是：处理交通事故现场、认定交通事故责

任、处罚交通事故责任者、对损害赔偿进行调解等。

根据我国《道路交通安全法》(简称《交通法》)第70条的规定，发生交通事故的车辆必须立即停车，当事人必须保护现场，抢救伤者和财产(必须移动时应当标明位置)，并迅速报告公安机关或者执勤的交通警察，听候处理。过往车辆驾驶人员和行人应当予以协助。当事人应当如实向公安机关陈述交通事故发生的经过，不得隐瞒交通事故真实情况。其他知情者有义务向公安机关提供有关情况。

公安机关对交通事故的车辆、物品、尸体、当事人的生理和精神状态，以及有关的道路状态等，应当根据需要及时指派专业人员，或者聘请有专门知识的人进行检验或者鉴定，做出书面结论。

我国《道路交通事故处理办法》(简称《交通事故办法》)第13条规定："交通事故造成人身伤害需要抢救治疗的，交通事故的当事人及其所在单位或者机动车的所有人应当预付医疗费，也可以由公安机关指定的一方预付，结案后按照交通事故责任承担。交通事故责任者拒绝预付或者暂时无法预付的，公安机关可以暂时扣留交通事故车辆。"在实行机动车第三者责任法定保险的行政区域，发生机动车交通事故逃逸案件的，由当地中国人民保险公司预付伤者抢救期间的医疗费、死者的丧葬费。中国人民保险公司有权向抓获的逃逸者及其所在单位或者机动车的所有人，追偿其预付的所有款项。

医疗单位应当及时抢救治疗交通事故的伤者，并如实向公安机关提供医疗单据和诊断证明。殡葬服务单位和有停尸条件的医疗单位，对公安机关决定存放的交通事故的尸体，应当接受代存。公安机关应当协助上述单位收回抢救治疗费用和尸体存放费用。公安机关对交通事故的尸体进行检验或者鉴定后，应当通知死者家属在十日内办理丧葬事宜。逾期不办理的，经县以上公安机关负责人批准，尸体由公安机关处理，逾期存放尸体的费用由死者家属承担。

交通事故责任者对交通事故造成的损失，应当承担赔偿责任。公安机关根据具体情况确定的交通事故责任，是处理双方民事责任的参考依据，但不能等同于民事责任。

为了充分保护公民的生命权、健康权，有关救济与处理措施，应采取公平责任或者其他办法适当加重驾驶人员的民事责任。根据《交通事故办法》第22条的规定，当事人对交通事故责任认定不服的，可以在接到交通事故责任认定书后15日内，向上一级公安机关申请重新认定；上一级公安机关在接到重新认定申请书后30日内，应当做出维持、变更或者撤销的决定。

《交通事故办法》第31条规定，承担赔偿责任的机动车驾驶员暂时无力赔偿的，由驾驶员所在单位或者机动车的所有人负责垫付。但是，机动车驾驶员在执行职务中发生交通事故，负有交通事故责任的，由驾驶员所在单位或者机动车的所有人承担赔偿责任。驾驶员所在单位或者机动车的所有人在赔偿损失后，可以向驾驶员追偿部分或者全部费用。

公安机关对损害赔偿的调解期限为30日，公安机关认为必要时可以延长15日。对交通事故致伤的，调解从治疗终结或者定残之日起开始；对交通事故致死的，调解从规定的办理丧葬事宜时间结束之日起开始；对交通事故仅造成财产损失的，调解从确定损失之日起开始。

调解未达成协议或者调解书生效后，任何一方不履行的，公安机关不再调解，当事人可以向人民法院提起民事诉讼。公民因他人犯交通肇事罪遭受物质损失的，可以依法提起附带民事诉讼。

损害赔偿的项目包括：医疗费、误工费、住院伙食补助费、护理费、残疾者生活补助费、残疾用具费、丧葬费、死亡补偿费、被扶养人生活费、交通费、住宿费和财产直接损失。其标准大体上与《医疗事故条例》的有关规定相似。

参加处理交通事故的当事人亲属所需交通费、误工费、住宿费，参照以上规定计算，按照当事人的交通事故责任分担，但计算费用的人数不得超过三人。交通事故的伤者和残者需要住院、转院、护理的，应当有医院证明，并经公安机关同意。擅自住院、转院、使用护理人员、自购药品或者超过医院通知的出院日期拒不出院的，其费用由伤者和残者承担。

又根据《交通事故办法》第33条的规定，职工因交通事故死亡或者残疾丧失劳动能力的，按照上述规定处理后，职工所在单位还应当按照有关部门的规定，给予抚恤、劳动保险待遇。机动车与非机动车、行人发生交通事故，造成对方人员死亡或者重伤，机动车一方无过错的，应当分担对方10%的经济损失。但按照10%计算，赔偿额超过交通事故发生地十个月平均生活费的，按十个月的平均生活费支付。非机动车、行人一方故意造成自身伤害，或者进入高速公路造成损害的除外。道路交通中发生的人身伤亡，经公安机关调查不能确认是任何一方当事人的违章行为造成的，其损害赔偿纠纷当事人可以直接向人民法院提起民事诉讼。

对于赔偿金额和抚慰金的计算，以有固定收入的和当地平均收入两种情况来计算。固定收入包括非农业人口中，有固定收入的和农业人口中有固定收入的两部分。非农业人口中有固定收入的，是指在国家机关、企业事业组织、社会团体等单位按期得到收入的，其收入包括工资、奖金及国家规定的补贴、津贴。奖金以交通事故发生时，上一年度本单位人均奖金计算，超出奖金税计征起点的，以计征起点为限。农业人口中有固定收入的，是指直接从事农、林、牧、渔业的在业人员，其收入按照交通事故发生地劳动力人均年纯收入计算。所谓平均生活费，则是指交通事故发生地人民政府统计部门公布的，该地上一年度城镇居民家庭人均生活费支出额，或者农民家庭人均生活费支出额。

四、因公伤亡救济办法

因公死亡或伤残，依照我国《劳动法》的有关规定进行补偿。但是，各地对死亡补助金的补偿，则范围各不相同。如四川省1998年制订的《职工因公死亡补助金处理意见》（川劳险［1998］55号）中规定："工亡补助金的发放，按照下列原则掌握：（1）有父母（或抚养人）无配偶的，发给父母（或抚养人）；（2）有配偶无父母（或抚养人）的，发给配偶；（3）既有父母（或抚养人）又有配偶的，各发半数；（4）无父母（或抚养人）、配偶的，发给子女；（5）无父母（或抚养人）、配偶、子女的，发给未满18周岁的弟妹；（6）此外的亲属不发。"

四川省的这一规定，与其他地区的规定明显缺少孙子女、祖父母、外祖父母这些主体。事实上，这些人仍极有可能需要死者赡养。目前，非公有制单位雇用员工，出现死亡或伤残赔偿事故的，也参照当地或国家有关因工伤亡补助金的规定执行。

对什么叫因公伤亡，因公伤亡赔偿的具体范围等，新的强制性补偿规则的详细内容，还要参照我国《劳动法》、《工伤保险条例》等特别规定。所以，在此不一一列举。

五、学校学生伤亡事故的处理

为了积极预防、妥善处理在校学生伤害事故，保护学生、学校的合法权益，在学校实施的教育教学活动，或者学校组织的校外活动中，以及在学校负有管理责任的校舍、场地、其他教育教学设施、生活设施内发生的，造成在校学生人身损害后果的事故的处理，特别适用教育部颁发的《学生伤害事故处理办法》（简称《学生事故办法》）。该办法于 2002 年 9 月 1 日起实施。

根据《学生事故办法》第 7 条的规定，学校对未成年学生不承担监护职责，但是，法律有规定的或者学校依法接受委托，承担相应监护职责的情形除外。因学校、学生或者其他相关当事人的过错，造成的学生伤害事故，相关当事人应当根据其行为过错程度的比例，及其与损害后果之间的因果关系承担相应的责任。当事人的行为是损害后果发生的主要原因，应当承担主要责任；当事人的行为是损害后果发生的非主要原因，承担相应的责任。

《学生事故办法》第 9 条规定，因下列情形之一造成的学生伤害事故，学校应当依法承担相应的责任：

（1）学校的校舍、场地、其他公共设施，以及学校提供给学生使用的学具、教育教学和生活设施、设备不符合国家规定的标准，或者有明显不安全因素的。

（2）学校的安全保卫、消防、设施设备管理等安全管理制度有明显疏漏，或者管理混乱，存在重大安全隐患，而未及时采取措施的。

（3）学校向学生提供的药品、食品、饮用水等，不符合国家或者行业的有关标准、要求的。

（4）学校组织学生参加教育教学活动或者校外活动，未对学生进行相应的安全教育，并未在可预见的范围内采取必要的安全措施的。

（5）学校知道教师或者其他工作人员，患有不适宜担任教育教学工作的疾病，但未采取必要措施的。

（6）学校违反有关规定，组织或者安排未成年学生从事不宜未成年人参加的劳动、体育运动或者其他活动的。

（7）学生有特异体质或者特定疾病，不宜参加某种教育教学活动，学校知道或者应当知道，但未予以必要的注意的。

（8）学生在校期间突发疾病或者受到伤害，学校发现，但未根据实际情况及时采取相应措施，导致不良后果加重的。

（9）学校教师或者其他工作人员体罚或者变相体罚学生，或者在履行职责过程中违反工作要求、操作规程、职业道德或者其他有关规定的。

（10）学校教师或者其他工作人员，在负有组织、管理未成年学生的职责期间，发现学生行为具有危险性，但未进行必要的管理、告诫或者制止的。

（11）对未成年学生擅自离校等，与学生人身安全直接相关的信息，学校发现或者知道，但未及时告知未成年学生的监护人，导致未成年学生因脱离监护人的保护而发生伤害的。

（12）学校有未依法履行职责的其他情形的。

学生或者未成年学生监护人由于过错，有下列情形之一，造成学生伤亡事故，应当依法承担相应的责任：(1) 学生违反法律法规的规定，违反社会公共行为准则、学校的规章制度或者纪律，实施按其年龄和认知能力，应当知道具有危险或者可能危及他人的行为的；(2) 学生行为具有危险性，学校、教师已经告诫、纠正，但学生不听劝阻、拒不改正的；(3) 学生或者其监护人知道学生有特异体质，或者患有特定疾病，但未告知学校的；(4) 未成年学生的身体状况、行为、情绪等有异常情况，监护人知道或者已被学校告知，但未履行相应监护职责的；(5) 学生或者未成年学生监护人有其他过错的。

学校安排学生参加活动，因提供场地、设备、交通工具、食品及其他消费与服务的经营者，或者学校以外的活动组织者的过错，造成的学生伤害事故，有过错的当事人应当依法承担相应的责任。因下列情形之一造成的学生伤亡事故，学校已履行了相应职责，行为并无不当的，无法律责任：(1) 地震、雷击、台风、洪水等不可抗的自然因素造成的；(2) 来自学校外部的突发性、偶发性侵害造成的；(3) 学生有特异体质、特定疾病或者异常心理状态，学校不知道或者难于知道的；(4) 学生自杀、自伤的；(5) 在对抗性或者具有风险性的体育竞赛活动中，发生意外伤害的；(6) 其他意外因素造成的。

学校行为并无不当的，发生下列情形，造成学生人身损害后果的事故，学校不承担事故责任；事故责任应当按有关法律法规或者其他有关规定认定：(1) 在学生自行上学、放学、返校、离校途中发生的；(2) 在学生自行外出或者擅自离校期间发生的；(3) 在放学后、节假日或者假期等学校工作时间以外，学生自行滞留学校或者自行到校发生的；(4) 其他在学校管理职责范围外发生的。

发生学生伤害事故，学校应当及时救助受伤害学生，并应当及时告知未成年学生的监护人；有条件的，应当采取紧急救援等方式救助。发生学生伤害事故，学校与受伤害学生或者学生家长可以通过协商方式解决；双方自愿，可以书面请求主管教育行政部门进行调解。成年学生或者未成年学生的监护人，也可以依法直接提起诉讼。

根据双方达成的协议，经调解形成的协议或者人民法院的生效判决，应当由学校负担的赔偿金，学校应当负责筹措；学校无力完全筹措的，由学校的主管部门或者举办者协助筹措。根据《学生事故办法》第 38 条的规定，幼儿园发生的幼儿伤害事故，应当根据幼儿为完全无行为能力人的特点，参照《学生事故办法》处理。

思考题

1. 应当如何理解？自然人的生命权、健康权？

2. 简述生命权的学术观点。

3. 请说明：自然人的身体器官，能否随意捐赠，为什么？请评价 2003 年 8 月 22 日颁行的《深圳经济特区人体器官捐献移植条例》。

3. 自然人的健康权能否包括精神健康，并说明理由。

4. 应当如何理解自然人的健康权受到损害以后进行的救济？

5. 发生医疗事故、道路交通事故和学生伤害事故后，应当如何救济？

7. 学生是否为被监护人，为什么？

8. 如何理解公民的生命权、健康权和身体权。

学习资料指引

1. 魏振瀛：《民法》，北京大学出版社、高等教育出版社，2000 年 9 月版，第 34 章。

2. 彭万林：《民法学》，中国政法大学出版社，1999 年 8 月修订版，第 11 章、第 12 章。

3. 王利明：《人格权法新论》，吉林人民出版社，1994 年 6 月版，第 7 章。

4. 张俊浩：《民法学原理》，中国政法大学出版社，1991 年 10 月版，第 6 章。

5. 王建平：《民法学（下）》，四川大学出版社，1994 年 8 月版，第 24 章、第 25 章。

参考法规提示

1.《中华人民共和国民法通则》，第 98 条，第 119 条。

2.《最高人民法院关于贯彻执行〈中华人民共和国民法通则〉若干问题的意见（试行）》，第 146 条～第 147 条，第 153 条。

3.《最高人民法院关于确定民事侵权精神损害赔偿责任若干问题的解释》，第 1 条，第 3 条和第 7 条。

4.《最高人民法院关于审理人身损害赔偿案件适用法律若干问题的解释》，第 1 条～第 35 条。

5.《最高人民法院关于人民法院是否受理刑事案件被害人提起精神损害赔偿民事诉讼问题的批复》（2002 年 7 月 15 日）。

6.《中华人民共和国道路交通安全法》，第五章“交通事故处理”。

7. 国务院《道路交通事故处理办法》（1991 年 9 月 22 日），第二章“现场处理”，第三章“责任认定”。

8. 国务院《医疗事故处理条例》（2002 年 2 月 20 日），第 8 条～第 11 条，第三章“医疗事故鉴定”。

9. 国务院《工伤保险条例》（2003 年 4 月 16 日），第五章“工伤保险待遇”。

10. 教育部《学生伤害事故处理办法》（2002 年 8 月 22 日），第 7 条，第二章“事故与责任”。

11.《深圳经济特区人体器官捐献移植条例》（2003 年 8 月 22 日），第 2 条，第二章“人体器官摘取与植入”。

第四十章　自然人精神性人格权

【阅读提示】　本章的重点是自然人的精神性人格权的形成、内容和特征以及对于自然人精神性人格权侵权以后，如何进行救济。在我国，由于民法典颁行的迟滞，使得自然人精神性人格权的保护遇到了非常多且非常广的麻烦。但是，司法实践对于立法的滞后，通过丰富的司法解释，给予了强有力的补救。因而，学习自然人的精神性人格权理论，要注意司法现实情况和司法解释的最新动态。

第一节　姓名权

一、姓名权的概念

姓名权，我国法律已有明确规定。我国《民法通则》第99条规定："公民享有姓名权，有权决定、使用和依照规定改变自己的姓名，禁止他人干涉、盗用、假冒。"

在词意上，姓名是姓和名的合称，是确定和代表公民个体，并与其他人相区别的文字符号和标记。其中，"姓"是表示家庭或家庭系统的符号，是血缘团体的象征，体现每个社会成员所属亲属团体；"名"则是代表每个个人的语言符号，是区分每个个体的标志性符号。二者组合表示该个人与群体之间的内在联系，亦是社会成员相互区别的特定符号。

因此，姓名具有重要的社会功能，以及丰富的社会内涵。姓名权是公民依照法律规定决定、使用和依照规定改变自己的姓名，并禁止他人干涉、盗用、假冒其姓名的权利。

二、姓名权的法律意义

姓氏在古今中外，均具有其特殊的法律意义与社会、文化意义。因此，对姓名权问题进行立法规范，有其复杂的政治、经济和社会等方面的原因。

1. 姓名权是一种人格标志人身权。有无独立姓名权，往往是有无独立人格的一种标志。姓氏与公民的社会、亲属身份直接相联系。一方面，姓是血缘的代表符号，为尊重自身血统，一定的人总采用一定的姓氏；另一方面，姓氏是家族的代号，为表明本人所代表的家族，每个人都习惯采用家族姓氏，以示为该族后人。

认识姓氏是血缘的代表符号时，为尊重血统，往往容易采用结婚不改变姓氏原则；当强调姓氏是家族的代号时，为注重婚姻共同体的同一性，夫妻更愿意采用同一姓以对外表示婚姻共同体的存在的事实，立法常常顺从当事者的意愿而规定。而当强调姓氏不过是个人的代号的认识时，为尊重当事人的意思与意志，法律允许夫妻自由决定姓氏问题，或共姓或各称本姓而不加改变。

2. 姓名是公民个人特定化的社会标志，是自然人维持个性所必不可少的条件。公民的名誉、隐私、肖像等精神利益，都和姓名权有直接的联系。侵害这些精神权利，常常与侵害姓名权相关。

3．姓氏与财产利益紧密相连。一定的财产，总是属于具有一定姓氏的人。各国均规定，财产权的登记、转移合同等，必须使用正式姓名。一定的姓氏在特定情形下，可能给当事人带来经济利益。财产的流转，不论是在所有人生前或死后，基本上都是按照其意愿进行的，特别是遗产的继承，通常总是限定在与原所有人有姓氏和血亲联系的人之间。

4．姓名权在一定的条件下，还表明社会地位，特别是在家庭范围内。男女两性在婚姻家庭中，是平等关系还是尊卑主从关系，归根结底取决于一定的社会制度，取决于男女两性的社会地位。在原始社会，公有制经济决定了男女两性间是一种朴素的平等关系。进入阶级社会后的古代社会，男性掌握着社会管理大权，支配着家庭中的权力，公开实行男尊女卑、夫权统治。妇女在社会生活中无权、无地位，在家庭中也无任何平等地位与权利，成了丈夫的附属，当然也无姓氏权。

资产阶级革命胜利后，将男女平等作为一项法律原则，写入宪法和基本民事法律中。妇女逐渐争得了越来越高的社会地位、人身权利和财产权利。在姓氏问题上，一些资本主义国家的《亲属法》不断删除歧视妇女的条文，赋予已婚妇女独立的姓氏权。

受社会特别是家庭领域的习惯势力及传统观念影响，在古代社会，实行男娶女嫁和夫妻一体主义，女子婚后即加入夫家的宗族。妻从夫姓是中外各国的通例。已婚妇女应在本姓之前冠以夫姓，这标志着已婚妇女归属于夫的亲族，置于夫权之下。由此以下，子女姓氏毫无疑问地随从父姓，是单纯为父亲家族传宗接代。而男子，除赘婿外，不论结婚与否，从来是使用自己的姓名，所谓“行不更名，坐不改姓”。赘婿的法律地位，则同于已婚妇女，没有独立人格，处于妻家的父权之下，社会地位极为低下。

在资本主义国家，姓名权随着人格权的独立和平等，逐步趋于平等。德国在 20 世纪 70 年代，制定男女平权法和修改《德国民法典》婚姻家庭部分时，明确规定了婚生子女可以使用父或母的姓氏，允许夫妻双方协议选定一个婚姻姓氏，并在婚姻登记官员处发表声明，进行登记即可。

1947 年，日本在修订其《民法典》的后记中规定，婚生子女使用父或母的姓氏。夫妻可以根据结婚时所定，使用夫或妻的姓氏。夫妻一方死亡后，生存配偶可以恢复婚前姓氏。

可见，姓名权作为一个公民在社会、家庭以及婚姻中的社会地位的表现，具有非常重要的法学、社会学和文化学意义。

三、姓名权的内容

（一）姓名决定权

我国《民法通则》第 99 条规定，公民有权决定自己的姓名。

根据姓名法定化即登记管理相关法规，姓名决定权的行使有三种方式。在子女成年前，由法定代理人父母决定。所以，乳名、绰号在特定环境下，可以构成姓名权的一部分。成年之后，公民自己可以更改姓名，也可以使用笔名、艺名等。在结婚时，公民还可以协商使用配偶家族的姓氏。

1．个人正式姓名的决定权

根据我国《户口登记条例》第 6 条规定，登记在户籍册上“姓名”一栏的姓名，为正式姓名。正式姓名由婴儿的父母、户主或监护人决定。我国《婚姻法》第22条规定："子女可以随父姓，也可以随母姓"。这一规定，贯彻了男女平等原则，也有利于破除父系家长制和宗法家族观念。

在理解和适用这些规定，行使姓名决定权时，应注意以下三点：

第一，子女出生后，使用什么姓氏，应由父母协商确定；也可经父母协商而变更。惟子女有一定辨别能力的，应征得其本人同意。

第二，法律规定父母确定子女姓氏时，可在父姓或母姓中选择其一，但并不妨碍父母协商确定为孩子采用第三姓。例如，近年来，不少父母协商确定以父姓和母姓合成复姓，为孩子定姓取名，就不算违法。

第三，子女成年后，有权依法决定保留原有姓氏或变更原有姓名，包括父母在内的其他人不得非法干涉。①

在适用我国《婚姻法》第22条规定时，还要注意一个问题，即父母双方都坚决要求孩子随其本人姓，虽经多方调解仍无法达成一致时，一旦形成诉讼，人民法院应如何判决？对此问题，现行法律并没有明确规定，从而，给审判此类案件造成了适用法律上的困难。

但是，如果立法明确规定，也存在着两难处境。即：如果准许以父姓为准，则有违男女平等；反之，如果规定以母姓为准，则有女尊男卑之嫌；如果规定由人民法院视具体情况而定，则等同于由法官自由裁量，易带来适用法律的不统一。因此，作者认为，法律对当事人协商不一致时应如何裁定，应有相应规定。至于具体依据是什么，还是视具体情形酌定为宜。

2．婚姻姓氏的决定权

夫妻双方使用各自父母的姓氏。夫妻各自的姓氏，通常直接源自本人的父姓或母姓，表示着血缘的来源和亲族的归属。因此，夫妻一方愿意选择他方姓氏为姓氏时，不仅与配偶他方意愿有关，而且，与他方的家族不能说没有关联。特别是在某一姓氏具有较高的社会知名度或声誉时，在本姓前冠以该姓，能使其立即获得相应社会认知度。此时，是否从配偶他方姓氏，不仅应该夫妻协商一致，而且，还应该征求对方家庭或家族的意见。

夫妻一方死亡或双方离婚后的姓氏问题，即夫妻一方死亡或双方离婚后，生存配偶或已离异的前夫或前妻要求恢复本姓，在法律上应当允许。然而，夫妻离婚后，一方要求继续保留原有对方姓氏，则应由双方协商解决。我国法律既然允许夫妻协商确定彼此的姓氏，则完全有可能存在婚后冠姓后，双方为姓氏问题再生纠纷的情形。因此，应设立相应的救济途径为好。②

3．别名、笔名和艺名的决定权

公民个人可以自由决定自己的别名、笔名和艺名。可以将其登记在户口登记簿中，也可以不登记。在日常生活中，实际使用为相应范围的，其他人公认逐步使事实形成。因此，故意更改、非法干涉他人使用或冒用别名、笔名和艺名，同样是对姓名决定权的

---

① 蒋月：《夫妻的权利与义务》，法律出版社，2001年版，第30页。
② 蒋月：《夫妻的权利与义务》，法律出版社，2001年版，第30页。

一种侵犯。我国《民法（草案）》第四编“人格权法”第三章“姓名权、名称权”第13条为此规定：“自然人的笔名、艺名等，与姓名受同等保护。”

（二）姓名更改权

根据我国《户口登记条例》第18条规定，18岁以前更改姓名，需得父母、户主或监护人的同意和申请；18岁以后更改姓名，无需征得父母、户主或监护人的同意。只要当事人自己向户籍部门申请即可，但要遵守国家相应的限制性规定。

需要强调的是，公民不得基于不正当目的，更改自己的姓名。因为姓名的更改，不单单是公民个人的私事，它还涉及社会上其他人、相关者的利益。

别名、笔名和艺名的更改方式，应当与原使用方式相同。

（三）姓名使用权

姓名权人可以在自己拥有所有权的物品上，书写自己的姓名；可以向他人介绍自己的姓名；也可以在自己的作品上署上自己的姓名等。在从事重大的法律行为时，依照《中华人民共和国居民身份证法》第3条的规定，公民必须签署自己的正式姓名。同时，公民在行使自己的各种亲属权利时，需要同时使用自己的姓名和亲属的姓名，以表明相互的亲属关系。

姓名使用的原则是：正式、庄重、合规；不能随意使用不规范的字；或者书写时，随意增减笔画；或者书写错别字等。有时，公民个人的姓名，也不能随意用于某些不适宜的场合。如不能把某地的厕所，以某个个人的名字来称叫，以及在周围有人叫某种姓名时，自己家里所养的宠物就不适宜取该人的姓名。

姓名使用权，有时可以以签字权、签名权等形式表现出来。但是，除了正式、庄重、合规的一般原则外，禁止他人干涉、盗用、假冒自己的姓名，也是一个基本规则。

四、侵害姓名权与救济

最高人民法院《民通意见》第141条规定：“盗用、假冒他人姓名、名称造成损害的，应当认定为侵害姓名权、名称权的行为。”这是侵害姓名权的基本救济规则。

盗用姓名权是指未经他人同意或授权，擅自使用他人姓名，实施有害于他人和社会的行为。如果同时构成侵害名誉权，则应当分别予以处罚。这类侵权，通常有以他人姓名领取非法收入、签署罚款事项证明等情形。

假冒姓名权是指冒名顶替或直接冒充他人姓名，进行有利于假冒者而有害于姓名权人活动的行为。比如，擅自在自己的作品上署上他人的姓名，冒名出席某种社会活动等。

一般而言，盗用姓名往往带有侵害被盗用人利益的成分，而假冒姓名的目的，通常并不直接损害被假冒者的利益，只是为了谋取个人的非法利益。

根据我国《民法通则》第99条的规定，干涉公民姓名权的行使，也是侵害公民姓名权的行为。对于干涉公民姓名权的行为，只以违背权利人的意思为构成要件，不论其干涉行为的目的是否正当。目前，干涉姓名权的行为主要发生在亲属之间。

侵害姓名权的行为，还有基于不正当目的，故意与他人名字重合，或带有侮辱性地将他人的姓名用于动物等其他侵害姓名权的行为。非故意利用重名机会取得他人财物或利益，主动退回所得的，不属于侵害姓名权的行为。我国《民法（草案）》第四编“人格权法”第三章“姓名权、名称权”第14条规定：“使用重名的自然人的姓名时，应当采取适当方式，避免造成混淆、误导。”如果未采取适当方式的，视为侵权，应当以侵权来进行救济。

最高人民法院《关于确定民事侵权精神损害赔偿责任若干问题的解释》第1条、第8条规定：“公民姓名权受到侵害，向人民法院起诉请求赔偿精神损害的，人民法院应当依法予以受理。”“因侵权致人精神损害，但未造成严重后果，受害人请求赔偿精神损害的，一般不予支持，人民法院可以根据情形判令侵权人停止侵害、恢复名誉、消除影响、赔礼道歉。”

因侵权致人精神损害，造成严重后果的，人民法院除判令侵权人承担停止侵害、恢复名誉、消除影响、赔礼道歉等民事责任外，可以根据受害人一方的请求，判令其赔偿相应的精神损害抚慰金。

第二节　肖 像 权

一、肖像权的界定与特征

肖像是指公民的个人形象通过摄影、造型艺术或其他形式，在客观上再现所形成的形象载体。肖像权是自然人对自己的肖像，以及肖像品享有的各种合法利益，并排斥他人伤害的权利。

肖像权直接涉及到自然人的人格尊严和形象的评价。肖像权的享有，不受公民年龄和社会地位的影响。肖像权不仅生者享有，死者也可以享有。

由于这种权利与公民的形象或者外在个人形象有直接的关系，所以，其法律特征主要是：

（1）肖像权是一种具体人格权。除法律限定必须使用个人肖像的情形外，公民个人对自己肖像的使用，包括肖像的再现，是完全自由的。

（2）肖像权的主体，只能是特定的自然人。它像姓名权一样，是一种个人标志权。只不过，姓名权是一种文字和声音标志，肖像是一种形象标志。一般认为，法人没有肖像权。

（3）与其他精神性人格权相比，肖像权因为与个人的形象以及形象的再现联系在一起，所以，有关肖像的再现，以及肖像品的使用，具有更多的财产价值和物质利益层面的意义。现实经济生活中，或者市民社会里，肖像尤其是名人、明星等的肖像，可以是一笔巨大的物质财富或者精神财富的丰富宝藏。这是现代社会所特有的“追星文化”现象的表现。

二、肖像权的内容

1. 肖像再现权或制作权

肖像再现权或制作权，是指借助一定的物质载体，再现个人形象的权利。它包括自己制作，也包括允许他人制作的权利。对于普通公民而言，肖像的再现或制作，并不是一个难题。但是，对于名人、明星等而言，未经权利人同意，他人不得制作权利人的肖像，似乎还不是那么容易。比如新闻、娱乐等公众需要，就可能迫使名人、明星等，接受采访、拍照或者再现其肖像。

现实生活中，遇有司法、行政管理等需要时，公民的肖像再现权或制作权，受到一定的限制。同时，特殊情况下，法律强制许可的情形，也属于除外情形。例如，政治家们的政治活动场合，其肖像就不具有再现的排他性。学理上，把这种情形，往往称之为“肖像权豁免”。

2. 肖像专有使用权

肖像专有使用权，具有决定权的性质，包括自己使用权和合法转让使用权。自己使用权主要包括对肖像和载体的收藏、公开、发表权等。而合法转让肖像使用权，要通过合同方式。该合同可以是有偿的，也可以是无偿的。但是，合同主要条款应当包括肖像使用的时间、区域、场合、方式等。

《民法（草案)》第四编“人格权法”第四章“肖像权”第18条规定：“自然人有权许可他人使用自己的肖像。未经许可，他人不得公开使用自然人的肖像，法律另有规定的除外”。这是一种具有前瞻性的规定。

3. 肖像利益维护权和排除妨碍权

肖像人有权禁止他人丑化、变型、毁损、侮辱自己的肖像，有权对肖像所体现的各种利益全面维护，并排除妨碍自己或他人合法使用其肖像的行为。对出于不正当目的盗用权利人肖像的行为，可以采取私力救济或公力救济措施。

我国《民法（草案)》第四编“人格权法”第四章“肖像权”第17条规定：“自然人享有肖像权，有权保护自己的肖像不受歪曲、侮辱”。最高人民法院《民通意见》第139条规定：“以营利为目的，未经公民同意利用其肖像做广告、商标、装饰橱窗等，应当认定为侵犯公民肖像权的行为。”

三、侵害肖像权与救济

我国《民法通则》第100条规定：“公民享有肖像权，未经本人同意，不得以营利为目的使用公民的肖像。”应当说，这里规定的“不得以营利为目的使用”，是有问题的。

目前司法界和理论界普遍认为，最高人民法院《民通意见》第139条关于认定侵犯肖像权的规定，只是一种有限保护制度，不是全面保护制度。客观上，以营利为目的侵害他人肖像，只是侵害肖像权的一种，并非侵害肖像权行为的全部。非以营利为目的侵害肖像权的行为还有很多种。

我国《民法（草案)》第18条规定：“自然人有权使用或者许可他人使用自己的肖像。未经许可，他人不得公开使用自然人的肖像，法律另有规定的除外。”这就是比较合理、科学的规则性规定。

基于上述考虑，在司法实践中，只要是出于非法目的或非正当理由使用他人肖像，就认定为构成了侵权。什么是正当理由？目前，没有直接的法律限定，主要还是依据国家政策和社会公德来判断。目前，普遍公认的正当理由有：(1) 对公众人物肖像的合理使用权，比如对执行公众事务的高级国家公务员的画像，可以不经权利人许可而使用；(2) 公务需要强制使用一般公民的肖像；(3) 具有新闻价值的自然人的肖像；(4) 为科学研究需要使用；(5) 为自然人或社会利益使用，比如寻人启事使用。这些使用行为，都不属于侵权。

需要注意的是，目前对肖像作品的著作权，与肖像权的冲突问题，争议较大。比如雇用模特，模特的肖像权是否同时许可包括发表、展览权？各界人士的理解不完全统一。这方面已经有不少诉讼。

此外，对带有故意侵害名誉权性质的，侵害肖像权行为等侵害精神权利的行为，一般按照精神损害赔偿处理。在司法实践中，一般采用责任竞合原则来承担精神损害的赔偿责任。

第三节　名誉权

一、名誉与名誉权

名誉是指社会或他人对特定公民的品德、行为、节操等进行的人格方面的社会评价。每个人的名誉，有好有坏。由于名誉关系到主体在社会上的地位、尊严，所以，名誉权是指公民所享有的社会对自己名誉的正面、正当评价的权利。

我国《民法通则》第 101 条规定："公民、法人享有名誉权，公民的人格尊严受法律保护，禁止用侮辱、诽谤等方式损害公民、法人的名誉"。可见，名誉权早就获得法律的严格保护，而这种权利的享有者，包括了公民和法人等民事主体。

名誉权和荣誉权有某种联系，但又有重大区别。荣誉是对才干、信誉、功绩、资历和身份的社会褒奖性评价。荣誉权属于身份权，是基于国家或者社会组织授予某个公民或法人某种荣誉称号而产生的，并非民事主体必然享有的。

名誉权并非做出特殊贡献才能享有，而是任何人都必然享有的。而荣誉权，必须是做出特殊有益于社会的贡献或者事情，并且有特殊的表彰行为才能产生的。

二、名誉侵权与救济

我国《民法通则》第 120 条规定："公民的姓名权、肖像权、名誉权、荣誉权受到侵害的，有权要求停止侵害，恢复名誉，消除影响，赔礼道歉，并可要求赔偿损失。法人的名称权、名誉权、荣誉权受到侵害的，适用前款规定。"这一规定，被人们认为是在我国民事立法及其人身权保护方面，取得的重大的历史性突破。

学者们普遍认为，该条规定了对侵害公民姓名权、肖像权、名誉权、荣誉权的精神损害赔偿。但该条并未明确此处的"损失"，是指财产损失还是精神损失，抑或二者兼而有之，立法术语甚为模糊。为此，最高人民法院《关于审理名誉权案件若干问题的解答》第 10 条明确规定："公民、法人因名誉权受到侵害要求赔偿的，侵权人应当赔偿侵权行为造成的经济损失；公民同时提出精神损害赔偿要求的，人民法院可根据侵权人的过错程度、侵权行为的具体情节，给受害人造成精神损害的后果等情况确定。"

我国《民法（草案）》第 19 条、第 20 条规定："自然人、法人享有名誉权。禁止用侮辱、诽谤等方式损害自然人、法人的名誉。""自然人、法人享有荣誉权。禁止非法剥夺自然人、法人的荣誉称号，诋毁自然人、法人的荣誉。"最高人民法院《民通意见》第 140 条解释中规定，以书面、口头等形式宣扬他人的隐私，或者捏造事实公然丑化他人人格，以及用侮辱、诽谤等方式损害他人名誉，造成一定影响的，应当认定为侵害公民名誉权的行为。以书面、口头等形式诋毁、诽谤法人名誉，给法人造成损害的，应当认定为侵害法人名誉权的行为。

最高人民法院《关于确定民事侵权精神损害赔偿责任若干问题的解释》第 1 条规定了自然人因名誉权、荣誉权等人格权利遭受非法侵害，可以向人民法院起诉请求赔偿精神损害，人民法院应当依法予以受理。所以，当名誉权、荣誉权受到侵害时，精神损害的赔偿已经是一种必不可少的救济手段。

第四节 隐私权

一、隐私权的界定

目前，我国学术界对隐私权下的定义是："自然人就个人私事、个人信息等个人生活领域内的事情不为他人知悉，禁止他人干涉的权利①"。对于隐私权的本质，现在还在探讨之中。

通常认为，隐私权具有如下特征：(1) 主体只能是自然人；(2) 内容具有真实性和隐秘性；(3) 隐私权的保护范围，受公共利益的限制。比如犯人有无隐私权，公众人物必须公开的个人隐私内容等。

对隐私权的保护，在一些国家已上升到基本人权的地位进行保护。为此，作者认为，隐私权获得的保护，以及保护的程度，是一个社会是否是市民社会，以及其市民社会程度高低的重要标志。

在我国，隐私权是比较新的一种民事权利。我国《民法通则》没有明确规定隐私权。最近，最高人民法院已经在《关于确定民事侵权精神损害赔偿责任若干问题的解释》中，明确肯定了隐私权是一种民事保护的对象。

以前，我国是把隐私权作为名誉权的内容来保护的。我国《民法（草案）》第四编"人格权法"专列一章即第七章"隐私权"。来对隐私权进行保护。该章第 25 条明确规定："自然人享有隐私权"。

前些年，一些法院以侵害隐私权的名义，判决了一些侵害所谓贞操权即性权利的案件。对贞操权等非婚姻的性权利，目前，我国尚无明确的民事法律规定予以保护。所以，仍有学者把它归之为隐私权。但是，从强奸罪等性犯罪的处罚来看，可以推论出公民的贞操权是指有某种性的权利。至于称之为性自由权、性尊严权，还是叫贞操权，还需进一步讨论。学术界比较一致的意见是，贞操权比隐私权更为重要，两者在立法上不能混同。

二、隐私权的内容

学术界普遍认为，隐私权的内容包括：

1. 个人生活安宁权。比如，非法闯入公民住宅、跟踪公民个人的行踪等，就侵害了公民的生活安宁、行动安宁等等。

2. 个人生活情况保密权。比如衣服遮掩的隐私身体、身高、体重、三围、生理缺陷、婚恋状况、个人嗜好、日记等。这种隐私权，有时可以称之为"生理隐私"。

3. 个人通讯秘密权。自然人、法人的通信秘密受法律保护。禁止以开拆他人信件等方式侵害自然人或者法人的通信秘密。任何非法的窃听、窃取公民信件、电话或者电子邮件，甚至于短消息等，都属于侵权行为。通信秘密，事实上涉及到私人信息和私人生活两方面的问题。因而，私自开拆他人信件本身，不管他人信件中有没有秘密，一律

---

① 王利明等：《人格权法》，法律出版社，1997 年版，第 147 页。

构成侵害通信秘密权，情节严重的构成犯罪。

4．个人隐私利用权。我国《民法（草案）》第四编“人格权法”第七章“隐私权”第25条至第28条，将隐私权的范围限定为私人信息、私人活动和私人空间这三大类。并特别对其中类似私人住宅安宁权等特殊的几个亚类型，进行了界定。即禁止以窥视、窃听、刺探、披露等方式侵害他人的隐私。自然人的住宅不受侵扰。自然人的生活安宁受法律保护。自然人、法人的通讯秘密受法律保护。禁止以开拆他人信件等方式侵害自然人或法人的通讯秘密。收集、储存、公布涉及自然人隐私的资料，应当征得本人同意，但法律另有规定的除外。

三、对隐私权的保护

最高人民法院《民通意见》第140条规定：“以书面、口头形式宣扬他人的隐私，或者捏造事实公然丑化他人人格，以及用侮辱、诋毁、诽谤等方式损害他人（包括法人）名誉造成一定影响的，应认定为侵害名誉权。”事实上，侵害隐私权和侵害名誉权，还是有严格区分的。侵害名誉权的特征，在于对主体社会评价的降低；而侵害隐私权的行为，是只要公布了自然人不愿公布的隐私，不管是否造成主体社会评价的降低，均构成侵害隐私权。

司法实践中，由于司法解释和一些人不注意侵害隐私权和侵害名誉权的严格区分，影响了有关案件的司法公正，所以，我国立法对此应分别做出规定。我国《民法（草案）》第四编“人格权法”第七章“隐私权”第26条规定：“禁止以窥视、窃听、刺探、披露等方式侵害他人的隐私。”只要使用这些手段来获取或公开他人隐私，无论是否造成名誉侵害，一律予以禁止，并在民事上应当给予制裁。

最高人民法院《关于确定民事侵权精神损害赔偿责任若干问题的解释》第1条、第3条规定，违反社会公共利益、社会公德侵害他人隐私或者其他人格利益，或者非法披露、利用死者隐私，或者以违反社会公共利益、社会公德的其他方式侵害死者隐私，受害人或者其亲属、继承人以侵权为由向人民法院起诉请求赔偿精神损害的，人民法院应当依法予以受理。这种规定，为我们观察、理解隐私权，以及隐私侵权的救济提供了一条规范的道路。

思考题

1．自然人具有人格权是必然的，为什么？

2．姓名权是自然人自己的权利，那么姓名由谁决定？

3．请说明：自然人的肖像权能否等同于形象权？其理由是什么？

4．自然人的人格尊严能否形成一种权利？说明理由何在。

5．应当如何理解自然人的名誉与荣誉、人格、信用的关系？

6．自然人的存在，在其隐私意义上应当如何理解和把握？

7．侵害自然人的姓名权、肖像权和隐私权等权利后，如何依据精神损害的理论要求赔偿？

8．你是否对最高人民法院对精神损害赔偿司法解释有充分的理解，说明理由。

学习资料指引

1. 魏振瀛：《民法》，北京大学出版社、高等教育出版社，2000 年 9 月版，第 34 章。

2. 彭万林：《民法学》，中国政法大学出版社，1999 年 8 月修订版，第 11 章、第 12 章。

3. 王利明：《人格权法新论》，吉林人民出版社，1994 年 6 月版，第 8 章～第 11 章，第 13 章。

4. 张俊浩：《民法学原理》，中国政法大学出版社，1991 年 10 月版，第 6 章。

5. 王建平：《民法学（下)》，四川大学出版社，1994 年 8 月版，第 24 章、第 25 章。

参考法规提示

1.《中华人民共和国民法通则》，第 98 条～第 105 条，第 119 条、第 120 条。

2.《最高人民法院关于贯彻执行〈中华人民共和国民法通则〉若干问题的意见（试行)》，第 139 条～第 141 条，第 146 条～第 151 条。

3.《最高人民法院关于确定民事侵权精神损害赔偿责任若干问题的解释》，第 1 条～第 12 条。

4.《最高人民法院关于审理人身损害赔偿案件适用法律若干问题的解释》，第 1 条～第 35 条。

5.《最高人民法院关于人民法院是否受理刑事案件被害人提起精神损害赔偿民事诉讼问题的批复》(2002 年 7 月 15 日)。

第四十一章　法人的人格权

【阅读提示】　法人的人格权，在学术界是一个争议了很久的问题。在市民社会，法人具有人格权，是其人格的一种表现。本章的重点是法人人格权的理论依据，以及法人人格权与自然人人格权的区别，法人商誉权、信用权的特殊性等。本章的难点是法人是否是一个应该享有人格权的主体。学习本章，应该结合本书中关于法人的主体学说理论，尤其是法人或者公司的“面纱理论”。

第一节　名称权

法人是具有民事权利能力和民事行为能力的社会组织。法人作为一种团体，随着社会的发展，逐渐成为拥有独立人格的社会组织。在市场经济背景下，法人日渐成为民事活动中重要的主体。

法人有无人格权？学术界历来有争议。学界大都认为，人格是人之所以成为人的一种资格，是享有民事权利，承当民事义务的资格。对于人格，有三种理解：(1)具有独立法律地位的权利主体；(2)主体的权利能力；(3)受法律保护的某些利益。[①] 这种归纳在民法学界被认为是一种全面的归纳。自然人、法人都拥有独立人格。人格应当是民事主体应有之意，没有人格也就不能成为民事活动的民事主体。因此，法人应当而且必须享用人格权。

对于法人而言，其人格权主要包括：名称权、名誉权、荣誉权和信用权等等。随着市民社会的不断发展，法人人格权的内容将不断扩大。

一、名称权的定义和属性

名称是某个特定的团体区别于其他团体的文字符号。名称权是指特定的团体依法享有的决定、使用、变更，以及依照法律规定转让自己的名称，并排除他人非法干涉或不正当使用的权利。

17 世纪末 18 世纪初，德国、法国的商法典开始建立了法人名称权的法律制度。

我国《民法通则》第 99 条第 2 款规定：“法人、个体工商户、个人合伙享有名称权。企业法人、个体工商户、个人合伙有权使用、依法转让自己的名称。”有关法人名称、商号等确定问题，1991 年 7 月 22 日，国家工商行政管理局颁布了《企业名称登记管理规定》等专门条例。依照这些规定，名称是法定的法人代表符号。

与自然人的姓名权相比，大部分法人名称权具有可转让性、承续性、严格特定性等特征，因而，名称权具有非常明显的财产性。但是，自然人的姓名权是不可转让的。而法人除了法律规定（机关法人）的某些法人名称权，是不可转让的以外，企业法人等经

① 梁慧星：《民法总论》，法律出版社，1996 年版，第 105 页。

济实体法人的名称权，一般都是可以有偿转让、承续继承的。

同一地区的法人名称，一般不能同名、重名。字号、商号、法人名称在一般情况下，可以直接作为商标使用。所以，带有直接的经济利益和财产价值在其中。某种意义上说，它也是财产集合的代表标志。

因此，法人名称权不同于一般的人格权，它具有双重属性，而不仅仅具有人格权的性质。不过，有的学者把它混同于一般的财产权或身份权，也是不准确的。通过下述内容的分析，可以更明显地将其区分开来。

二、名称权的内容与行使

法人的名称权，在主体上与姓名权相似，但包含有比姓名权更丰富的内容。其权利内涵有：

（一）法人名称设定权

为了保障名称权的功能充分发挥，我国采取的是名称真实（即实名制）主义，而对名称自由主义作了限制。

根据《企业名称登记管理规定》第7条、第11条的规定，企业名称应当冠以企业所在地行政区划名称，并应按照国家行业标准，在企业名称中反映出其主要业务的经营特点。企业法人名称应由四部分组成，即行政区划、字号或商号、行业或经营特点、组织形式等。

同时，不得违背有关的禁止性规定。也就是说，企业法人的名称不完全由企业自己自由设定。而机关法人的名称，则由国家设立机关，依照行政管理规定设定。

（二）法人名称使用权与变更权

法人名称使用权，主要包括专有专用权和排除他人在任何可能造成误解的场合，使用重名、相同、相近或相似名称的权利。不仅名称使用如此，在商标或产地以及日常经营活动中，他人都不得从事影响或妨碍名称权人的名称使用或者使用利益的行为。名称权人在正式法律场合，必须使用正式名称的全称。

法人经过登记可以变更自己的名称。变更后，则不能继续使用原名称。

（三）名称权的转让和继承

名称使用权可以部分转让（即允许其他法人在一定范围内使用自己的名称），也可以完全让与他人（又称绝对转让），还可以由其合法继承人继承。

当然，继承的主要是依附于人格的财产权，而不是人格权本身。

三、侵害名称权的处理

侵害名称权的行为，在法律法规规定的范围内的情形，主要有：非法干涉名称权的行使、非法使用他人名称、转让名称后继续使用原名称、应该使用他人名称，而不使用他人名称等，非法侵害企业法人名称及其名称利益的行为。

司法实践中，侵害企业法人名称权的行为，主要是：（1）在自己的商品上，冒用其他企业法人的名称；（2）假冒他人名称进行经营性服务或进行诈骗；（3）企业法人内部员工，无权使用企业名称者，私自使用单位名称，从事盈利活动等等。

对侵害企业法人名称权的行为，从工商行政管理角度，往往要给予行政处罚。同时，侵害企业法人名称权的行为，也常常出现在与侵害知识产权、商誉权等侵权行为责任竞合的情况下。所以，对侵害企业法人名称权的行为进行救济时，应注意区别加重处罚和双重赔偿的问题。对于某些单独出现的转让名称权的纠纷，应该和转让商号、商标使用权的纠纷联系起来处理。

当然，受侵害的企业法人，也可以以侵权之诉或者竞合性侵权行为之诉，来进行其企业法人名称权的救济，要求侵害人给予经济赔偿，或者承担相关的民事法律责任。

第二节　商誉权

一、商誉权的界定与特征

商誉包括商业名誉和商品声誉等。商业名誉指社会对生产经营者自身商业形象的良好的评价。商品声誉，则是指商品的良好质量、性能、效用等得到的社会良好的评价。

商誉权是指企业法人对自己的商业名誉和商品声誉等享有、保持和利用以及避免他人伤害的权利。明确确认商誉权是近现代民商法的一项重要法律制度。最初，商誉权是伴随着商号、商标制度，以及反不正当竞争制度产生的。随着传媒业的发展，商业广告的作用日益突显，其权利价值和意义日益明显。

在市民社会，人们逐渐认识到：对于企业法人而言，商誉权具有重大的财产价值和社会意义。

在客观上，商誉权主要表现为一种社会评价状态，以及保持社会良好评价状态安全的利益。同时，还应该包含有一种市场公平竞争机会在内的主体地位平等的人格利益，它意味着任何人不得以诋毁他人名誉的办法，获得优越的竞争机会。所以，表面上看，商誉权更多的是一种财产权利，但是，它本质上主要是一种法人人格权。

我国《民法通则》第101条规定："公民、法人享有名誉权，公民的人格尊严受法律保护，禁止用侮辱、诽谤等方式损害公民、法人的名誉"。这便是对这种权利的人格权性质的初步定位。

司法实践中，由于法人的名誉主要是一种商誉，所以，往往将两者视为等同概念。并且，随着商誉权救济与司法操作的需要，不少学者认为，将法人名誉权称之为商誉权，以区分公民名誉权和法人商誉权，似乎更为准确。我国《刑法》第221条、第231条所处罚的犯罪，即为侵害商誉权的犯罪行为，其中并没有使用法人名誉权的概念。作者在此，采用新的权利名称，借以统一相关认识。

同时，我们还应该特别注意，法人的名誉和荣誉也是有区别的。

二、商誉权的种类和内容

既然商誉包括商业名誉和商品声誉两种，那么，商誉权的种类，通常也就分为这样两大类。

在权利内容上，各类商誉权，又包含有类似于公民名誉权的人格权利内容，以及广告不得贬低他人等诸多相关的详细规则要求。

对商誉权的内涵，民商法学界多数学者认为，商业名誉是体现在法人整体的印象之上的一种评价；而商品声誉主要是体现在企业商品上的法人名声和信誉。两者同时都属于法人的商誉权。不能把体现在商品商誉的法人商誉权，混同于一般的商品质量毁誉案来处理。

三、侵害商誉权与救济

我国《民法通则》没有直接使用商誉权的概念，而是使用了法人名誉权的概念。

最高人民法院《民通意见》第 140 条规定："以书面、口头等形式诋毁、诽谤法人名誉，给法人造成损害的，应当认定为侵害法人名誉权的行为。"而我国《民法通则》第 120 条规定的法人名誉权侵权救济方式是："法人的名称权、名誉权、荣誉权受到侵害的"，"有权要求停止侵害，恢复名誉，消除影响，赔礼道歉，并可要求赔偿损失。"

根据这一规定，以捏造并散布虚假事实或以诽谤等手段，严重损害他人的商业名誉和商品声誉，给他人造成重大财产损失，或具有侵害他人商誉恶劣情节的，除了根据我国《刑法》第 221 条和第 231 条的规定，应受到刑事处罚外，侵权人还必须承担相应的民事责任。

目前，对假冒伪劣产品是否侵害了法人的商誉权；情节严重的，能否与假冒伪劣罪数罪并罚，也在争论之中。

第三节　信 用 权

一、信用权的界定和意义

信用是指能够履行与别人约定的事情而取得信任，或者指不需要提供物资保证，可以按时偿付的[①] 诚信行为。信用不是由一个人或单位的财产多少可以决定的，而是由一个人或单位长期的行为，即对于他人利益的尊重和认知，以及对于自己利益的自尊和重视所决定的。

因而，在市民社会里，是否守信用，是一个人的人格或者素质、品质的体现。在民法学领域，自然人、法人和其他民事主体，为了生存和生产、经营的需要，都享有信用权。所以，信用权是指自然人、法人和其他民事主体享有保持和利用自己的信用利益，并排除他人妨碍的权利。

在市场经济条件下，并在当代人口流动性增强，就业模式已经完全改变的情形中，建立市民社会的个人信用体系、法人信用制度，是一个社会经济正常运转，提高民商交易效率，节省交易成本的必要前提。同时，建立和健全市民社会的信用体系，也是民事执法的重要保证，以及解决民事裁判执行难的措施之一。

目前，我国许多地区或行业已经开始用地方法规或部门规章，建立专门的法人信用制度和信用体系。我国《民法（草案）》第四编"人格权法"第六章第 21 条至第 24 条，规定了信用权的定义、内容和资信管理的有关规则：（1）自然人、法人享有信用权。禁止用诋毁等方式侵害自然人、法人的信用。（2）征信机构应当客观、公正地收集、记录、制作、保护自然人、法人的信用资料。征信机构应当合理使用并依法公开信用资料。（3）人民法院根据当事人履行判决、裁定等法律文书的情况，可以建立执行法律文书档案。金融机构根据当事人借贷、还贷等情况，可以建立还贷记录等档案。工商行政管理部门根据当事人资信情况，可以建立资信档案。质量监督部门可以将检查、抽查的结果公布，并建立相应的质量档案。（4）自然人、法人有权查阅、抄录或者复制征信机

---

① 《现代汉语词典》（2002 年修订版），商务印书馆 2002 年版，第 1405 页。

构涉及自身的信用资料，有权要求修改与事实不符的信用资料等。这些规定，一旦成为正式法条，就具有了重要的民事规范价值。

鉴于我国目前尚未有任何法律文件，直接具体地规定个人信用制度，所以，我们将个人信用权问题，放在法人人格权一章一并分析了。

二、信用权的内容

信用，涉及个人、法人等民事主体的社会评价和社会地位。其评价，应当有一个客观标准和相应的可考察的制度体系。特别是对于民事主体的社会评价和社会地位，由何人主持信用型考察，直接关系到被考察者的其他权利，以及考察的可信度等。我国《民法（草案)》第四编“人格权法”第六章“信用权”的第 22 条至第 24 条，用三个条款构建了我国信用制度的框架，以及相关的权利义务关系。如第 22 条规定：“征信机构应当客观、公正地收集、记录、制作、保存自然人、法人的信用资料。征信机构应当合理使用并依法公开信用资料”，这让我们看到了市民社会良好信用的光明前景。

目前，各地各级工商行政部门，正在逐步建立这种征信机构，这与西方发达国家的做法相同。西方发达资本主义国家的征信制度，也是以此类征信机构为主体的。当然，也有一些民间机构，在履行了法定手续，如登记注册手续后，也能够成为有效的征信机构。

我国《民法（草案)》第四编“人格权法”第 23 条，对于信用记录以及信用档案问题，专门做出了规定。即：（1）人民法院根据当事人履行判决、裁定等法律文书的情况，可以建立执行法律文书等档案。(2）金融机构根据当事人借贷、还贷等情况，可以建立还贷纪录等档案。（3）工商行政管理部门根据当事人资信情况，可以建立资信档案。(4）质量监督部门可以将检查、抽查的结果公布，并建立相应的质量档案。这些规定，反映了将法人或自然人信用记录情况的档案，且非涉及个人隐私的社会评价必要材料公之于众，是建立和强化法人或自然人信用制度的基础。

当然，民事活动中，如何利用对于民事主体的信用记录以及信用档案，还需要进一步地与系列法律制度相配套。所以，我国《民法（草案)》第四编“人格权法”第 24 条关于“自然人、法人有权查阅、抄录或者复制征信机构涉及自身的信用资料，有权要求修改与事实不符的信用资料”的规定，就具有重要的参考意义。

三、侵害信用权的救济

自然人、法人和其他民事主体享有保持、利用自己的信用利益，并排除他人妨碍或侵害的权利。因此，在自然人、法人和其他民事主体享有信用权时，禁止任何组织和个人，用诋毁等方式侵害自然人、法人和其他民事主体的信用。

法人或自然人等民事主体，发现了任何组织或个人持有明显伤害自己信用权的“信用资料”后，受害人除可以要求更正以外，还可以对所造成的其他损失提起损害赔偿。

对于侵害信用权的行为，我国《民法（草案)》第四编“人格权法”第一章第 5 条规定：“侵害自然人、法人人格权的，应当承担停止侵害、恢复名誉、消除影响、赔礼道歉、赔偿损失、支付精神赔偿金等民事责任。”所以，对用诋毁等方式侵害自然人、法人等民事主体信用权的行为，应当同时使用这些处理方式，以全面保障信用制度的根基，使自然人、法人的真实信用情况得到有效的维护。

但是，最高人民法院《关于确定民事侵权精神损害赔偿责任若干问题的解释》第 5

条规定："法人或者其他组织以人格权利遭受侵害为由，向人民法院起诉请求赔偿精神损害的，人民法院不予受理。"所以，上述各种法人人格权受到侵害的，法人不能提起精神损害赔偿，只能提起财产损害赔偿。对此，法学界还在争论之中。

赞同应当或者可以赔偿的学者认为，法人的人格权客观上可能遭受非财产的损害，所以，应当赔偿。而反对者认为，法人不能提起精神损害赔偿，是因为法人不可能有实质意义上的精神存在。从我国《民法（草案）》第四编"人格权法"第一章第5条的规定来看，未来就不能排除法人可以提起精神损害赔偿的可能性。

思考题

1. 法人是否具有人格权，为什么？
2. 法人的名称权形成有哪些限制和保护规则？
3. 法人的商誉权能否等同于名誉权？请说明理由。
4. 法人的信用能否形成一种权利？说明理由何在。
5. 应当如何理解法人的商誉与名称、信用的关系？
6. 一个法人的存在，在其人格意义上应当如何判断？
7. 侵害法人的人格权，能否依据精神损害的理论要求赔偿？

学习资料指引

1. 魏振瀛：《民法》，北京大学出版社、高等教育出版社，2000年9月版，第34章。
2. 彭万林：《民法学》，中国政法大学出版社，1999年8月修订版，第11章、第12章。
3. 王利明：《人格权法新论》，吉林人民出版社，1994年6月版，第8章。
4. 王建平：《民法学（下）》，四川大学出版社，1994年8月版，第24章、第25章。

参考法规提示

1. 《中华人民共和国民法通则》，第101条～第102条，第120条。
2. 《最高人民法院关于贯彻执行〈中华人民共和国民法通则〉若干问题的意见（试行）》，第140条、第141条、第150条、第151条。
3. 《最高人民法院关于确定民事侵权精神损害赔偿责任若干问题的解释》，第5条。
4. 《最高人民法院关于审理人身损害赔偿案件适用法律若干问题的解释》，第8条。
5. 国家工商行政管理局《企业名称登记管理规定》，第6条～第13条。
6. 国家工商行政管理局《企业名称登记管理实施办法》，第二章"企业名称"，第四章"企业名称使用"。

第四十二章　身份权

【阅读提示】　本章的重点是理解身份权产生的基础以及身份权与人身权的关系。在所有的身份权中，配偶权、亲属权和荣誉权等最具有特点，是我们理解身份权的核心。同时，我们应当仔细区分单独存在的绝对身份权不包含相对权、相对身份权同时包含着绝对身份权等，身份特定相对人死亡后绝对权效力的续存等等问题。本章的难点是绝对身份权与相对身份权的关系。

第一节　身份权

一、身份权的内涵与特征

传统民法学者认为："身份权亦称亲属权，为由身份关系上所生之权利，广义的包括亲属法上及继承法上之权利，最基本的身份为父母、为丈夫、为亲属，可称为根本的身份权，然通常此等地位仅称为身份。身份权系指由此根本的身份权分出之具体的权限，或此等权限的集合。"① 我国当代民法学者则认为："所谓身份权，是存在于一定身份上的权利。"不仅包括亲属权，还包括荣誉权和著作人等知识产权人的身份权，以及其他身份权，但不包括继承权。②

不过，也有一些学者认为，身份权"主要存在于亲属的身份关系之上，故亦称亲属权③"。甚至一些学者认为："身份权是指为法律所保护的，基于民事主体某种行为、关系所产生的与其身份有关的人身权利。"他们把婚姻自主权这种人格权也归在身份权之中。④

这些观点各有千秋。但是，把身份权归之为亲属权的，范围太窄；混淆人格权和身份权界限的，范围又太宽。比如，婚姻自主权是一种人格权中的自由权，它还包括终身不结婚的自由权。由于这种情况下不可能产生夫妻身份，所以，将其归之为身份权确实太牵强。

作者认为，身份权是以某种称谓为标志，确定和标明当事人在广泛的社会关系中，所具有的某种比较固定的特殊身份资格和法律地位的权利。不具有这种本质内涵的权利，就不是身份权。现代意义上的身份权，是一种平等当事人之间的关系，已不再是支配服从关系。

为了准确把握身份权的权能，有必要对身份权的权能特性分析一二。

如前所述，所有的人身权，包括身份权，毫无疑问都属于对世人的绝对权。然而，

---

① 史尚宽：《亲属法论》，中国政法大学出版社，1998年版，第30页。
② 梁慧星：《中国民法经济法诸问题》，法律出版社，1991年版，第50页。
③ 王利明：《人格权法新论》，吉林人民出版社，1994年版，第197页。
④ 马原：《中国民法教程》，人民法院出版社，1989年版，第486页。

绝大部分身份权中的绝对权，与其他人身权特别是人格权的绝对权相比，存在诸多不同。

首先，身份权的绝对权中，往往还包含有相对权的权能。身份权产生、存在的根本目的，是为了确定两个各自具有独立人格的民事主体之间，在人身上所具有的某种特定的关系。身份的确定，以有第三人存在为必要。如甲授予乙劳模称号，如无与其他人的不同社会地位对比或公认，是难以确切地表明劳模的光荣，也无法产生荣誉权的全部效力或实际利益的。再比如，国内的“新长征突击手”或“三八红旗手”荣誉称号，如果在境外，就不可能给被表彰者带来什么实际利益。

因而，一般的身份权，必然含有双方当事人之间内部的关系，和他们与社会其他不特定人之间的外部关系，且同时存在。所以，与人格权只有以不特定人为义务主体的对世权不同，一般的身份权，通常既具有在特定当事人之间相对权的权能，同时，又具有对不特定人的绝对权的权能。

其次，身份权中的绝对权与其自身包含的相对权相比，在特殊情况下，这种绝对权能够在不包含相对权的状态下单独存在；身份权中的相对权则不能离开绝对权独立存在。在相对身份权中直接相对特定相对人的相对权效力，如夫妻之间的各种身份权利，则不可能摆脱其作为身份权的绝对权权能。否则，就不再属于身份权或人身权。

再者，当身份权的特定相对人一方死亡，或授予荣誉称号的单位终止时，特定当事人相互间的相对身份权归于消灭。而客观上，生存一方与死者的身份，在社会上对其他人的绝对权效力并不必然消灭，除非生存方在死者亡后改变了原来的身份。比如，孤儿被别人收养、生存一方再婚或被取消荣誉称号等。

这种继续保留的基于身份而存在的特殊身份权，与人格权仅基于个人的其他人身利益相比，也有较大的区别。这是必须注意的。

尊重客观的权利现状的法律，只有全面承认一般身份权的双重属性和特殊单独存在的绝对身份权，并注意这种绝对身份权与人格权的区别，才能科学地揭示和反映身份权和各种亲属身份权的权能。

二、单独存在的绝对身份权，不包含相对权

在此所说的完全对世人、单独存在的绝对身份权，是指在身份相对人或亲属一方死亡以后，生存的权利人（通常为亲属），基于该身份仍可继续拥有的各种身份权。作者认为，这种绝对的身份权本身，并不直接是某种身份或亲属关系的内容，且没有特定的权利相对人，但带有人格权的某种特性。

一些学者常常将这种亲属身份权与人格权相混淆。我国以前的司法解释，也将它归结在人格权法之中。然而，由于这种绝对亲属身份权，是在亲属一方死亡以后，生存的亲属基于该身份仍可继续拥有的亲属权，所以，这种绝对亲属身份权，是原来已有的亲属身份效力，在其中的相对权消灭后的继续保留。

把它归之为一般人格权或亲属人格权，就无法从根本上找到它的权利根源，抹杀了它基于身份而产生的特性。此外，必须强调，这种独立存在的绝对身份权本身，不包含相对权权能。这也是这种身份权不同于一般身份权的特性。

三、相对身份权，同时包含着绝对身份权

相对身份权是一种直接具有相对人的身份权。这种身份权，如果缺少特定的相对人就不会存在。所以，一些学者认为，亲属权等身份权只是一种相对权。但是，他们忽略了作为身份权必须具有的绝对权权能，客观上为否定身份权对第三人的法律效力，留下了理论漏洞。

相对身份权的各种法律特征，具体到亲属身份权来讲，其作为一种特殊的民事权利兼具相对权与绝对权的双重属性，表现得尤为明显。如一对男女要在社会中确定为夫妻身份，仅有这对男女之间自己相互认同为夫妻，或双方内心以夫妻共同生活，是不能真正产生夫妻身份权的。如果没有社会或其他人的认可，这对男女之间的关系，充其量只能是一种私奔或私通，随时可能遭到他人合法介入或被否认。显然，其对世人的特有的身份权利效力，必须得到其他人的认同（哪怕是事实婚姻）才能实际产生。

由于亲属身份权是人身权的一种，所以，任何亲属身份权，包括相对亲属身份权，必然首先属于绝对权的一种，包含绝对亲属身份权的权能。所以，学者认为，亲属权只是一种相对权的观点不能成立，立法不能否认各种亲属权的绝对权权能。否则，就违背了亲属身份关系的本质，以及立法确认亲属身份的根本目的。

四、身份特定相对人死亡后，绝对权效力的续存

最高人民法院1989年4月12日发布《关于死亡人名誉权应受法律保护的函》。该函在对陈秀琴为其已故女儿名誉受害起诉案件的批复中，态度明确地保护死者的权利，而不是其母亲的亲属名誉权。

后来，最高人民法院1993年8月7日颁布的《关于审理名誉权案件若干问题的解答》中，对此问题的态度加以纠正。但是，仍然保护死者的名誉，而不是亲属的名誉。言下之意，死者还是可以像活人一样，享受别人对他的评价。作者认为，这种观念混淆了亲属权与个人人格权的效力的根本区别。

事实上，亲属身份权在身份权人一方死亡后，在法律上，当然会发生一种权利重心由相对权向绝对权自然转化，绝对权效力继续存在的现象。一个人的父亲死亡了，所消灭的仅仅是他们父子之间的相对权利义务关系，但是，仍然改变不了这个人与他的亡父之间的身份。很明显的一个标志就是称谓不会改变。如果不经过法定程序，是不能在他有生之年消灭他与他的亡父之间的身份的，除非他被别人合法收养。

我国一些学者认为："因一方死亡而终止的自然血亲，属于相对终止，即自然实体不存在而导致双方权利义务终止，但其身份关系（其实应该是身份本身）并未消除[①]"。很显然，这些学者把身份权的效力仅限在当事人之间，是无法解释清楚身份权是如何仍然存在的。

这些学者忽略了身份权的绝对权效力，即对不特定人的效力并不因相对人死亡而消失的客观事实。血亲之间的身份，是"自然人在私的关系中与生俱来，或者虽得诸后天却永续性处于其中的关系中的资格或地位[②]。"这种资格或地位，只有在权利主体消失时，才可能消亡。

① 巫昌祯：《婚姻与继承法学》，中国政法大学出版社，2001年1月版，第97页。
② 张俊浩：《民法学原理》，中国政法大学出版社，1997年1月版，第149页。

第二节　配偶权

配偶权是基于婚姻关系，在夫妻之间相互享有的同居权、忠实请求权，以及财产权等方面的权利的总和。可见，配偶权在其内涵上，不仅仅是一种身份权，它还具有夫妻财产关系方面的意义。

一、同居权

同居权是一种基于合法夫妻关系，共同生活，包括共同的物质生活、精神生活，以及夫妻之间独有的性生活等方面的权利。同居，是夫妻共同生活的一种外在表现形式。同居权本身，揭示了夫妻关系的本质，即夫妻关系就是一种共同生活中的合作、协助关系。

我国《婚姻法》对于同居权没有直接的具体规定，这也许是因为同居权本身是一种关系形态的权利的原因。现实生活中，人们可能因为各种原因，而导致夫妻不能共同生活。如军人因为驻守边防哨卡，要与配偶天各一方；科技人员甚至于普通的公司员工等，也会因为工作关系，离开配偶去工作场所履行职责。可见，分居并不必然是对于夫妻同居权的人为损害或者侵害。

所以，我国《婚姻法》第 3 条、第 32 条，从夫妻婚姻关系的基本原则、离婚原因等角度，强调了夫妻同居权的重要性。这些条款规定：禁止重婚，禁止有配偶者与他人同居。男女一方要求离婚，有下列情形之一，调解无效的，应准予离婚：（1）重婚或有配偶者与他人同居的；（2）实施家庭暴力或虐待、遗弃家庭成员的；（3）有赌博、吸毒等恶习屡教不改的；（4）因感情不和分居满二年的；（5）其他导致夫妻感情破裂的情形。且一方被宣告失踪，另一方提出离婚诉讼的，应准予离婚。可见，人为地、有意识地夫妻分居，往往是一种损害同居权的手段。

在这里，离婚的理由中，有三个方面是涉及到夫妻同居权受损的。第一，有配偶与他人同居；第二，因感情不和分居满二年；第三，一方被宣告失踪的。在这些情况下，同居权被有形或者无形地损害，所以，对方有权提出离婚。

《最高人民法院关于适用〈中华人民共和国婚姻法〉若干问题的解释（二）》（简称《婚姻法解释（二）》）第 2 条规定，我国《婚姻法》第 3 条、第 32 条、第 46 条规定的“有配偶者与他人同居”的情形，是指有配偶者与婚外异性，不以夫妻名义，持续、稳定地共同居住。因此，受害配偶在其同居权益受到侵害时，有权请求解除婚姻关系。

二、忠实请求权

所谓忠实请求权是指夫妻之间，对于对方有要求其保持性贞操或性生活忠贞，不在夫妻情感上背叛对方，或者财产关系上私自处理夫妻共有财产，或者在家庭生活中必须与对方进行协调的权利。

这种权利是一种新型的权利。它源于我国《婚姻法》第 4 条的规定，即夫妻应当互相忠实，互相尊重；家庭成员间应当敬老爱幼，互相帮助，维护平等、和睦、文明的婚姻家庭关系。

忠实请求权是针对市民社会中，婚姻家庭关系出现的开放化趋势，以及经常出现的包养情妇、情夫的现象，所做出的一种导向性的规定。它的问题是，忠实请求权是市民社会中，婚姻家庭关系出现的开放化趋势的产物，是夫妻人身关系、财产关系，以及家庭关系发生了新的转型后，一个带有消极意义即主要在离婚过错追究时，才具有意义的权利。我国《婚姻法》第46条规定，因为重婚、有配偶者与他人同居而导致离婚的，无过错方可以通过请求有过错的配偶，进行损害赔偿，来保护自己的忠实请求权受到的伤害。但是，因为一方的不忠实，受害配偶仅以我国《婚姻法》第4条为依据，提起忠实请求诉讼的，根据最高人民法院《婚姻法解释（二）》第3条的规定，人民法院不予受理；已经受理的，裁定驳回起诉。

不过，对于不讲诚实信用的市民社会而言，忠实请求权充其量不过是配偶不忠实时，进行损害救济的一种手段而已。

三、财产平等处分权

夫妻财产权，是夫妻基于身份关系，而发生的财产取得、使用与处分方面的权利。在婚姻财产制度层面上，夫妻财产是一种涉及到个人利益和夫妻共同利益，以及子女利益和其他家庭成员利益等的物质性民事权利。

在我国，根据《婚姻法》第2条“男女平等”原则的制度设计，我国《婚姻法》第17条至第19条，专门规定了具体的夫妻财产制度。

第一，夫妻共有财产制。夫妻在婚姻关系存续期间所得的下列财产，归夫妻共同所有：(1) 工资、奖金；(2) 生产、经营的收益；(3) 知识产权的收益；(4) 继承或赠与所得的财产，但我国《婚姻法》第18条第三项规定的除外；(5) 其他应当归共同所有的财产。夫妻对共同所有的财产，有平等的处理权。

所谓平等的处理权，根据《最高人民法院关于适用〈中华人民共和国婚姻法〉若干问题的解释（一）》（简称《婚姻法解释（一）》）第17条的规定，应当理解为：(1) 夫或妻在处理夫妻共同财产上的权利是平等的。因日常生活需要而处理夫妻共同财产的，任何一方均有权决定；(2) 夫或妻非因日常生活需要对夫妻共同财产做重要处理决定，夫妻双方应当平等协商，取得一致意见。他人有理由相信其为夫妻双方共同意思表示的，另一方不得以不同意或不知道为由对抗善意第三人。

第二，夫妻一方财产制。有下列情形的财产，属于夫妻一方的财产：(1) 一方的婚前财产；(2) 一方因身体受到伤害获得的医疗费、残疾人生活补助费等费用；(3) 遗嘱或赠与合同中确定只归夫或妻一方的财产；(4) 一方专用的生活用品；(5) 其他应当归一方的财产。这些财产，属于夫妻中的哪一方所有，哪一方就有独立的处分权。

第三，夫妻约定财产制。夫妻可以约定婚姻关系存续期间所得的财产，以及婚前财产，归各自所有、共同所有或部分各自所有、部分共同所有。这种夫妻约定财产制，代表了一种先进的财产关系的理念和思想，值得提倡。

当然，夫妻约定财产归属时，应当采用书面形式。没有约定或约定不明确的，适用我国《婚姻法》第17条、第18条的规定。同时，夫妻对婚姻关系存续期间所得的财产，以及婚前财产的约定，对双方具有约束力。但是，夫妻对婚姻关系存续期间所得的财产约定归各自所有的，夫或妻一方对外所负的债务，第三人知道该约定的，以夫或妻一方所有的财产清偿。

四、配偶权的侵害与救济

侵害配偶权的行为，主要表现为对夫妻同居权、忠实请求权和财产权、扶助权等的侵害。

婚姻关系存续期间，第三者明知他人为有夫（妇）之妇（夫），而与该妇（夫）通奸，则应视为是对他方忠实请求权的侵害。若发生该夫（妇）的精神损害，则该夫（妇）有权请求第三者给予精神损害赔偿。因为第三者插足他人婚姻关系，不仅使无过错的夫（妻）失去了对美满婚姻的期望，同时，还会因自己的妻（夫）的不忠实行为，而遭受旁人非议，承受精神痛苦等。

当夫妻关系解除或者离婚时，因一方的过错如婚外恋、刑事犯罪等，而使婚姻关系破裂的，有过错的夫（妻），应向对方支付精神损害赔偿金。

在财产权方面，我国《婚姻法》第 20 条、第 39 条至第 42 条规定，夫妻有互相扶养的义务。一方不履行扶养义务时，需要扶养的一方，有要求对方付给扶养费的权利。离婚时，夫妻的共同财产由双方协议处理；协议不成时，由人民法院根据财产的具体情况，照顾子女和女方权益的原则判决。夫或妻在家庭土地承包经营中享有的权益等，应当依法予以保护。

夫妻书面约定婚姻关系存续期间，所得的财产归各自所有，一方因抚育子女、照料老人、协助另一方工作等付出较多义务的，离婚时有权向另一方请求补偿，另一方应当予以补偿。离婚时，原为夫妻共同生活所负的债务，应当共同偿还。共同财产不足清偿的，或财产归各自所有的，由双方协议清偿；协议不成时，由人民法院判决。还有，离婚时，如一方生活困难，另一方应从其住房等个人财产中给予适当帮助。具体办法由双方协议；协议不成时，由人民法院判决。

如果离婚时，一方隐藏、转移、变卖、毁损夫妻共同财产，或伪造债务企图侵占另一方财产的，分割夫妻共同财产时，对隐藏、转移、变卖、毁损夫妻共同财产或伪造债务的一方，可以少分或不分。离婚后，另一方发现有上述行为的，可以向人民法院提起诉讼，请求再次分割夫妻共同财产。

第三节　亲属权

一、亲属权的定义

亲属权，泛指各种亲属普遍所享有的身份权利。

以其主体范围的大小来分，广义的亲属权包括所有亲属之间的一般身份权利。比如，父母基于其身份，对未成年子女人身和财产方面的管理、教育和保护的权利和义务，即属亲属权的范畴。

狭义的亲属权是指除了配偶、父母与子女以外的其他亲属，如祖父母、外祖父母与孙子女、外孙子女之间，以及兄弟姐妹之间享有的赡养、抚养、扶养以及相互继承的权利和义务。

亲属权作为身份权，是基于亲属身份而存在的。所以，亲属权本质上是一种包含了精神内容、财产内容和关系利益等色彩的民事权利。

二、亲属权的内容

从其包括的权利内容来划分，亲属权除了扶养、继承之外，还有其他一系列的精神关系产生的权利。比如亲情保持权、亲属名誉权、亲属遗体瞻仰权、遗体遗骨保护权等。这些权利，都已经在社会生活中出现。那么，我们的《民法典》要不要规定这些权利，则是一个值得思考的问题。

在这里，我们有必要留意亲属权与亲权是两个不同的概念。亲属权主要是指除了配偶、父母与子女以外的其他亲属，如祖父母、外祖父母与孙子女、外孙子女之间，以及兄弟姐妹之间享有的赡养、抚养、扶养以及相互继承的权利和义务。而亲权，则是父母对于未成年子女的监督、管教和惩戒方面的权利。

侵害亲属权的行为，一般表现为虐待、遗弃家庭成员等家庭暴力型侵害扶养、抚养，以及赡养请求权的行为。通常情况下，侵害亲属权仅产生财产损害，但是，严重侵害亲属权的行为，也会对受害人发生精神损害。此时，受害人可以要求精神损害赔偿。

比如，父母严重虐待、遗弃未成年子女，也会给未成年子女带来巨大的精神伤害，并影响其身心发育，使未成年子女对生活充满恐惧和绝望。所以，加害人必须给予赔偿。而若加害人仅仅承担支付未成年子女必要生活费的责任，则不利于未成年子女受到损害的心灵得到有效的恢复。因而，在这种情况下，未成年子女有权请求精神损害赔偿。

第四节　荣 誉 权

一、荣誉权的界定与意义

荣誉是指特定的公民、法人或者其他民事主体，从特定的组织依法获得的积极评价。这种荣誉褒奖，是对荣誉权人的才干、信誉、功绩、资历和身份的正面社会评价和奖赏。

荣誉权，属于一种特定的身份权，是基于国家或者社会组织授予某个公民、法人或者其他民事主体的某种荣誉称号而产生的，并非民事主体必然享有的。

目前，与此种权利相关的身份权，还有资格权，比如教师资格、公务员资格等。这些资格权与荣誉权的区分，有一定界限，但是，也有一些比较模糊。比如博士资格或残废军人资格，就可能同时带有荣誉权和资格权的性质。

司法实践中，如何界定荣誉权的范畴，仍是一个亟待解决的法律问题。

公民荣誉权的产生，与其姓名权、肖像权、名誉权、隐私权、贞操权等民事权利一样，存在于民事主体与社会发生各种各样的民商交往关系的基础之上。

也就是说，自然人作为市民社会中的人，他不可避免地要与其他人进行民商交往，并与市民社会发生各种各样的多层面的联系。自然人在与他人进行民商交往，以及同市民社会发生联系的过程中，就会产生多种多样的需求，包括对于良好社会评价的需求。民商法律对这些需求的满足的可能性，通过立法制度设计，进行制度型、规则型确认。由此，便体现为民事主体所享有的姓名权、肖像权，特别是荣誉权等等。

于是，荣誉称号的产生，就成为市民社会满足自然人需求的重要手段。所以，荣誉称号成为市民社会和政治国家奖掖素质良好的自然人和法人，以及其他民事主体的一种社会资源，成为满足市民社会人格升位需要的重要途径。这样一来，荣誉就成为促进市民社会文明进步的助益剂。

二、荣誉权的内容

荣誉权是民事主体做出特殊有益于市民社会的贡献，或者值得倡导或者肯定的事情，并且有特殊的表彰行为而产生的权利。这种权利一旦随着荣誉称号的颁发而产生，即不得随意剥夺。

我国《民法通则》第102条规定："公民、法人享有荣誉权，禁止非法剥夺公民、法人的荣誉称号。"即使是某种荣誉称号的授予或者颁发机构或者单位，也不得随意剥夺某人的荣誉权，除非所授予的荣誉是可以褫夺的。

可见，荣誉权的内容主要是：(1) 荣誉获得权与荣誉保有权；(2) 荣誉称号的使用权；(3) 排除侵害权；(4) 侵害荣誉时的救济权等。这些权利的核心，即是荣誉称号的获得者，依法对于由其荣誉称号带来的物质、精神以及关系利益的享有、行使和处分权利，不受到任何的非法侵害或者妨碍。

对于侵害荣誉权的行为，我国《民法通则》第120条规定："公民的姓名权、肖像权、名誉权、荣誉权受到侵害的，有权要求停止侵害，恢复名誉，消除影响，赔礼道歉，并可要求赔偿损失。法人的名称权、名誉权、荣誉权受到侵害的，适用前款规定。"因而，侵害荣誉权等身份权，同样要承担民事责任。侵权行为情节严重的，还可能构成犯罪。而构成犯罪时，当然就要依法追究侵害人的刑事责任。

思考题

6. 身份权的定义与性质应当如何理解？
7. 配偶权由哪些权利构成？请说明具体内容。
8. 忠实请求权应当如何行使？请说明你的看法。
9. 夫妻的同居与分居是否都是一种权利，为什么？
10. 简述亲属权、亲权与配偶权的联系与区别。
11. 简要回答荣誉权产生的原因以及荣誉权的内容分析。

学习资料指引

1. 魏振瀛：《民法》，北京大学出版社、高等教育出版社，2000年9月版，第35章。

2. 彭万林：《民法学》，中国政法大学出版社，1999年8月修订版，第11章、第12章。

3. 张俊浩：《民法学原理》，中国政法大学出版社，1991年10月版，第6章。

4. 王建平：《民法学（下）》，四川大学出版社，1994年8月版，第25章。

参考法规提示

1. 《中华人民共和国民法通则》，第102条～第105条、第120条。

2. 《最高人民法院关于贯彻执行〈中华人民共和国民法通则〉若干问题的意见（试行）》，第150条、第151条。

3. 《中华人民共和国婚姻法》，第2条～第4条、第17条～第20条、第32条、第39条～第42条、第46条、第47条。

4.《最高人民法院关于适用〈中华人民共和国婚姻法〉若干问题的解释（一）》(2001 年 12 月 24 日)，第 2 条、第 3 条、第 17 条～第 19 条、第 27 条～第 29 条。

5.《最高人民法院关于适用〈中华人民共和国婚姻法〉若干问题的解释（二）》，第 8 条～第 28 条。

第四十三章　人身权救济的特殊问题

【阅读提示】　本章的重点是人身权的特殊问题，主要是精神损害赔偿问题。这个问题在我国，曾经是一个被认为是代表了社会主义与资本主义人身利益观的大是大非问题。当市民社会随着社会主义市场经济体制，在“以人为本”的宗旨下，来到我们身边的时候，我们发现了精神损害赔偿的积极效用，即对于侵权者的利益制约作用。本章的难点是生育权、遗体遗骨保护权和悼念权等等，是否属于民事权利的问题。

第一节　直接受害人与间接受害人

一、受害人的界定

目前，学界普遍认为，侵害自然人的各种人身权，承受侵害或损害的受害人包括两种：直接受害人和间接受害人。

直接受害人的说法，应当比较容易理解。也就是，直接受害人，是因为侵权行为给受害人造成了当然的、直接的损害，导致受害人的利益直接受到了损害。

间接受害人，仅指因侵权而丧失或部分丧失劳动能力的受害人的近亲属。因为，当直接受害人受到严重的生理损伤，或精神疾病而丧失或部分丧失劳动能力时，不但会给其近亲属造成很大的经济负担，增添生活压力。而且，会给其近亲属造成因长期照料病人而带来的生活上的困扰，以及生活乐趣的丧失。有时，这种因为人身侵权造成的精神上的损害，并不亚于直接受害人死亡，而给其近亲属造成的严重精神痛苦或者精神损伤。因此，侵权人对此种精神损害，应负赔偿责任。

二、救济时的权利主张者

一般而言，直接受害人应当得到侵权人的赔偿或者各种损失的补救，这是天经地义的。但是，对于直接受害人应当赔偿或者补救哪些方面的损失，则是长期以来存在争议的。现在，人们普遍认为：直接受害人的各种损失应当全部赔偿，这是连人身损害的补偿原则，都历来强调的。但是，对于间接受害人应否给予赔偿，则不容易达成共识。

对于直接受害人的损失，应当由直接受害人自己主张救济，并通过维权，实现人身权利状态的回复。那么，在直接受害人自己不能主张权利时，则要通过其代理人或者继承人等来主张权利的救济。

至于间接受害人的损失，我们认为，既可以通过直接受害人来主张救济权，也可以通过间接受害人自己或者他的代理人等等主张权利。要强调的是，一般情况下，间接受害人的各种因为人身侵权导致的损失，并不是必然的要得到赔偿的。也就是说，是否给予赔偿，给予什么程度的赔偿，完全取决于法律的规定。

第二节 精神损害赔偿

一、精神损害赔偿的产生与发展

自然人对荣誉权、姓名权、肖像权、名誉权、隐私权、贞操权等权利需求的满足与否，将会直接影响到主体的个体心理需求的满足。当自然人的姓名权、肖像权、名誉权、荣誉权被他人非法侵害时，会不同程度地导致社会公众对其评价的降低，进而影响到民事主体自身的心理平衡，或者造成其情绪失调。

作为一种精神性损害的表现，受害人情感的失落、思维的紊乱、意志的消沉等，都是人身侵权的后果形式。后果严重的，还可能导致受害人的精神失常。

因此，侵害人应对此损害后果负赔偿责任。侵害人侵害他人的人身权利，通常情况下，导致了前述后果，引起的是精神损害赔偿。特殊情况下，也会引起财产损害赔偿。

从原则上看，国外的《民法典》很早就有一些诸如在总则或债编中，原则性规定保护自然人的姓名、生命、健康、尊严、肖像、私信、私宅的条款。并且，也比较具体地规定了精神损害赔偿操作规范。但是，精神损害赔偿的概括性规定多，而可操作性规定极少。英美法系国家，则有一些关于侵害隐私权和生活自由权的精神损害赔偿的判例。

1900 年的《德国民法典》和后来的《日本民法典》，都在债编中规定了加害人致人身体、自由、名誉和生命健康的精神损害赔偿。《德国民法典》第 847 条有“非财产上的损害”或“财产外损害”的规定。1807 年英国的一个判例中，判决法官指出：“原告的正当尊严和自尊的感情，受到恶意和违法损害时，可以判给精神损害赔偿金。”[①]

《瑞士民法典》还对人格权作了一般性规定。该法第 28 条规定：“人格关系受到不法侵害时，可请求排除侵害，诉请损害赔偿或给付一定数额的抚慰金，只有在法律明确规定时始得允许。”英国和美国曾专门颁行了人权保护法，但是，其中公权保护居多，私权保护极少。不过，当代美国法官立法过程中，创造了不少人身私权。这些权利，通常只有通过精神损害赔偿才能得到救济。

前苏联和东欧国家的《民法典》中，有一些通过精神损害赔偿对人身权进行保护的规定，多在总则编中。如 1977 年《匈牙利民法典》将公民的身体、健康、姓名、名誉、尊严、肖像、私人录音、文件、住宅、人身自由、信仰自由、通信秘密等，列为民事客体加以保护。同时，抛弃了社会主义国家传统的人格侵权，不能用金钱赔偿的法律观念，首先在社会主义国家肯定了精神损害赔偿制度。[②]

美国近年的精神损害赔偿制度，发展最快。美国在 1875 年最先就一名女教师在列车上遭列车员下流行为所致精神损害，判决被告赔 1000 美元。然而，人们对此争议很大。[③] 进入上世纪 80 年代，这类精神损害赔偿案出奇地多起来。一名妇女因一报道中登载其半裸照，起诉被告却被联邦上诉法院第 6 法庭驳回。理由是被告并无恶意，而且照片上的裸露，并不比穿比基尼泳装裸露多。还有，一名男子因在大街上同原情人握

---

① 《外国法学研究》，1988 年第 1 期第 52 页。

② 杨遂全、杨玲：《比较民商法学》，四川大学出版社，1997 年版，第 116 页。

③ 《外国法学研究》，1988 年第 1 期，第 53 页。

手，被记者在录像中无意披露，而请求精神损害赔偿也被该州法院驳回。理由是“握手并没有超出道德范围。”甚至，一中年妇女在经其允许下拍摄的照片，发表时显“略胖”了点，也以精神损害赔偿起诉。法院驳回的理由是：“法律绝不可能对感情受到的伤害的每种情况，都进行干预。”

然而，美国威斯康星州法院却在一起离婚案中，就提起的第三者破坏夫妻感情判决赔偿。① 90 年代后，美国几家法院就出版物侵权、录音侵害隐私权，演讲中使用了侮辱、捏造诽谤他人的语言，以及性骚扰侵权等，判决原告胜诉。② 这样，人们就不得不思考精神损害赔偿，即人身侵权不同于其他侵权行为的构成要件了。

目前，美国法院认为，精神损害赔偿不如身体伤害直观，便于认定。要认定精神损害赔偿必须具备 4 个不同于一般侵权的构成要件：

(1) 被控行为必须是过分和恶劣的，即“要是超出了礼仪的一切可能的范围，达到了文明社会完全不能容忍的地步”；

(2) 行为必须是故意的或莽撞的，即有一定的事实上的恶意、不良企图的；

(3) 行为必须造成了精神损害的后果，客观上无损害，即使行为人恶劣，也不算损害；

(4) 损害结果必须是严重的。比如，在佛罗里达州有一桩案子，法院因有证据证明原告在看到有关她卖淫的报道时，引起食欲不振、恶心、战栗等，就认定“构成了确凿和实在的身体伤害。”如无这些特征，则算伤害不严重。

类似可认定的伤害，还有受害人自杀、血压升高、导致高血压、胸痛、轻微心房纤颤、心律不齐，以及强迫性啮齿等。这时法院就可判决赔偿。不过，这样仍有客观归罪之嫌。如果一个神经过敏的人，或有遗传性高血压、年老体衰，同样程度的伤害后果可能会不同。③ 不过，其构成要件的判例，还是有一定道理的。

我国《民法通则》在借鉴别国经验的基础上，立法时将这些人身权利又加上了婚姻自主权、配偶权、婚姻家庭权，形成了法律单独的一节。然而，与其他各节相比，这些规定还缺乏可操作性。还有，隐私权、精神健康权、私生活自由权等等，都尚未上升到立法的高度。

但是，2001 年 2 月 26 日最高人民法院的《关于确定民事侵权精神损害赔偿责任若干问题的解释》，以及 2003 年 12 月 4 日最高人民法院《关于审理人身损害赔偿案件适用法律若干问题的解释》等司法解释，已经证明我国有了初步的精神损害赔偿制度。

二、精神损害赔偿的概念及构成

(一) 精神损害赔偿的概念

精神损害赔偿是指当公民的某些人身权受到他人的不法侵害，使之陷入极度的精神痛苦中，并造成较大社会影响时，受害人可以要求加害人用财产赔偿的办法补偿其精神损失的情形。④

---

① ［美］威廉杰欧唐奈著，顾培东、杨遂全译：《美国婚姻与婚姻法》，重庆出版社，1986 年版，第 243 页。

② 《外国法学研究》，1988 年第 1 期，第 53～55 页。

③ 参见②引注。

④ 彭万林：《民法学》中国政法大学出版社，1996 年版，第 177 页；李开国：《中国民法学》，法律出版社，1997 年版，第 734 页。

综观各国立法例，对精神损害的定义主要有以下几种：

第一，“心理损害说”。如《南斯拉夫债法》第155条认为，精神损害是“对于他人造成生理的、心理的，或引起恐惧的损害。”

第二，“非财产损害说”。如《日本民法》第710条规定，对侵害身体、自由、名誉及财产权致使非财产上损失，受害人可请求损害赔偿。

第三，“人身权说”。如1964年《苏俄民法典》认为，不法侵害权利人的名誉、尊严、荣誉、生命、身体、健康等人身权益，对受害人造成的人身非财产损失不予赔偿，但对遭受的物质损失可请求赔偿。

第四，“精神痛苦说”，英美法国家认为，伤害身体并直接引起精神痛苦者就构成赔偿的理由。受害人除就人体伤害部分有权请求赔偿外，还可以就精神痛苦请求予以赔偿。但是，若是因他人或者财产遭受损害，足以引起精神痛苦者不得要求赔偿。

在界定“精神损害”这一定义时须明确以下几点：

(1) 精神损害的主体仅限于自然人，法人不存在精神损害问题。我国最高人民法院的有关司法解释，已经肯定了这一结论。这主要是因为：首先，自然人区别于法人的一个重要特征，在于自然人是一个实实在在、有理性、有思维的有机体，具有生理、心理活动以及由生理、心理活动所引发的精神利益的需求。而法人作为一种社会组织，不具有自然人的思维活动和心理状态，不像自然人那样有精神活动，因而不会出现像自然人那样因生理、心理活动受损，而造成精神上的痛苦、忧郁悲观、不安等心理状态；其次，作为自然人精神利益重要内容的人格利益，与法人的人格利益有重大区别。

(2) 对精神损害判定的标准，采取主客观标准相结合的方法。民法学界关于是否受到精神损害，有两种判定标准：一种是客观标准，认为凡是精神利益受到侵害的情形，均构成精神损害，并不以受害人实际受到精神痛苦为限；另一种是主观标准，以受害人实际受到了精神痛苦为损害发生的依据。

作者认为，单纯地采取客观标准或主观标准，都不符合精神损害立法的本意。精神损害赔偿立法的旨意，在于以物质赔偿手段抚慰受害人，使受害人恢复生理、心理上的创伤，实现心理平衡与协调发展，从而达到维护公民合法权益的目的。

若当加害人侵害他人的姓名权、肖像权等精神权利时，受害人可能会觉得“知名度”扩大，而感到荣耀，而不一定会感到精神痛苦。此时，若采取其他责任形式，如停止侵害、消除影响、赔礼道歉等，便可使受害人的权益得到维护。而若依客观说笼统适用精神损害赔偿，则可能出现受害人滥用权利，而真正导致人格商品化的危机。

单纯地采取主观标准，可能使一些受害人的合法权益难以得到有效维护。如侵害他人健康权致使受害人丧失知觉能力（通常说的植物人），或引起精神障碍疾病（通常所说的精神病人）时，受害人便不会感到精神上的痛苦。但是，受害人却丧失了今后继续享受生活，获得精神享受的乐趣，这实际上是可得精神利益的丧失。此时若依主观标准，则受害人对该可得精神利益的丧失无法获得物质赔偿。

(3) 精神损害表现为非财产上的损害。精神损害区别于财产损害的一个重要特征，便在于其损害的无形性。损害一般表现为：财产损害、非财产损害、身体损害等三种形式。而身体损害，通常由医药费、误工费、丧葬费、残疾人与被扶养人的生活补助费等财产损害，因物质性人格权受到侵害，而引起的非财产损害等构成。

因此，财产损害与非财产损害是损害的两种基本形式。区分二者的一个重要特征，便是损害能否以金钱衡量。有的学者在论述精神损害的赔偿金额时，把医疗费用、误工损失等也列为精神损害的赔偿金额中是不正确的。

（二）精神损害赔偿的一般构成

精神损害赔偿，主要属于侵权的民事责任。因此，适用之应首先满足侵权民事责任的一般构成要件。

（1）侵害行为。即民事主体实施了非法侵害他人合法民事权利的行为。认定精神损害的侵害行为时，不能仅仅看侵权人的主观目的，是否指向的是受害人的精神利益，应结合侵权结果具体分析。如侵害生命健康权的行为，其主观目的并不是要造成他人的精神损害但侵权结果却可能带来精神损害。

（2）行为人的过错。此处的过错，既包括故意也包括过失。而且，在特定情况下，无过错也要承担责任。如产品责任、高度危险作业致人损害责任、环境污染致人损害责任等，就不以侵权人主观上有过错为构成要件。

（3）损害结果的存在。即受害人产生精神上或肉体上的痛苦，以及将来可得精神利益的丧失。由于受害人的精神痛苦是一种无形的损害，因此，可以通过以下方法直接或间接地验证：①依据受害者的生理、心理反应或表现来验证；②依据社会反应来验证，如受害者遭到周围公众的非议、嘲笑、轻视等。

（4）损害事实与侵权行为之间有因果关系。由于精神损害后果大都是通过无形的、间接的形式表现出来，因此，认定这一因果关系时，不能采取直接因果联系的方法。作者认为，在一般情况下，只要侵权人有不法侵害他人合法民事权利的行为存在，受害人有发生精神损害的事实存在，就应认定此种损害事实与侵权行为间有因果关系。需要注意的是，对损害事实与侵权行为之间的因果关系中的某些行为，有时可能是条件，而不是直接原因。

（三）精神损害赔偿的特殊构成

精神损害赔偿具有抚慰受害人，惩罚侵权人的双重功能。其抚慰功能在于：帮助受害人尽快从精神痛苦中解脱出来，而不在于赔偿损失。惩罚功能在于：制裁侵权人和侵权行为，既要维护受害人合法权益，又要防止其滥用权利，以体现民法的公平、公正原则。因而，并非所有的精神损害都要适用物质赔偿。

因此，对人身权受侵害后采取的救济方式，首先应考虑适用的是停止侵害、消除影响、恢复名誉、赔礼道歉等非财产责任形式。只有在前几种责任形式，不能有效保护受害人的合法权益时，才适用赔偿损失的财产责任形式。

应当强调的是，在救济时，采用赔偿损失的财产责任形式确有必要。这里所说的“确有必要”，是指受害人所受的精神损害必须是严重的、持久的精神损害，通过其他责任形式并须借助各种物质与精神的条件，方能逐渐恢复。若受害人所受的精神损害程度较轻，且在较短时间内就已恢复，则不宜适用精神损害赔偿。[①]

三、精神损害赔偿的数额确定

根据最高人民法院的有关司法解释，以及其他法规的要求，对精神损害赔偿的数额

---

① 2003年8月20日《新法规速递》网站。

确定，应当考虑如下因素①：

(1) 受害人的因素：要考虑受害人的精神损害程度。比如考虑受害人的年龄、性别、职业、身份、社会地位等因素。如对于侵害生命权的精神损害，主要应考虑死者的年龄及死者的家庭因素。若死者生前为家庭的经济支柱，则其家属所受的痛苦相对较大；对于侵害健康权的精神损害，则应考虑受害人被伤害的部位及丧失劳动能力程度，以及年龄、性别等因素；对于侵害名誉权、肖像权、隐私权等的精神损害，主要应考虑受害人的职业、身份、社会地位，以及受害人的心理承受能力。

此外，对于精神损害造成的后果，如精神失常、精神分裂等精神疾病，也是考虑精神损害程度轻重的一个因素。另外，还要考虑受害人的经济状况。一般而言，经济状况较好的受害人，其精神损害的恢复所需的物质条件较经济状况差的要高。

(2) 侵权人的因素：侵权人的过错大小、侵害的手段方式、是否营利，以及事后悔过态度等。根据侵权人的经济状况，应使赔偿额在其经济承受能力范围内，可考虑制定侵权人分期支付赔偿金，而不必限于一次性支付的方法。

(3) 其他因素，主要是：①侵害行为的社会影响，即社会对受害人精神受损害后的种种反响，以及对侵权人的侵权行为产生的后果，在人们心目中的评价。一般而言，社会后果和影响大则赔偿数额较高。②当地实际生活水平。一般而言，经济发达地区相对于经济落后地区赔偿数额高。③社会情况变化。如经济发展导致物价、人们生活水平的变化，对赔偿数额的影响。特别是长期性的损害，必须考虑这种因素。④依据损害程度的不同，以及表现形式，确定各类损害的起点额和最高限额，法官则在规定的上下限幅度内，针对具体案件确定精神损害赔偿的数额。这样，既避免了受害人漫天要价，又防止了出现对同一案件，由不同法官裁决的结果相差悬殊的情况，这有利于裁判的公平、公正。

在确定赔偿的上下限额时，还应考虑到因经济发展不平衡的地区差异性，以及各个案件的具体情况不同等其他因素。

四、司法实践中的争议

目前，关于精神损害赔偿方面，还有许多争议。主要是，司法实践中对于人们动辄提出巨额或者超高额的经济赔偿，究竟是追究侵权责任，还是以此谋取不当利益，是存在不同理解的。比如，通化串子案的原告人要求被告赔偿 360 万元，法院只认定了 50 万元。而有人拿着几万元，想在超市收银台骂人以谋取心理平衡式的权利救济，没有被准许。这说明精神损害赔偿具有双重性，而并不是一个单一的或者简单的名义上保护受害人的问题。

对于这一问题，作者认为，有争议也是正常的。那么，下面的问题，在讨论和争论层面上，尤其具有积极意义。

1. 对亲属身份权，特别是婚姻关系方面的精神损害赔偿，只是在处理第三者介入时，可以以照顾无过错方，在财产分割方面予以补偿；但不能直接向第三者请求赔偿。对此，作者认为，最高人民法院的相关司法解释，事实上是违背民事共同侵权处罚基本

---

① 彭万林：《民法学》，中国政法大学出版社，1996 年版，第 177 页；李开国：《中国民法学》，法律出版社，1997 年版，第 734 页。

原则的。

而对婚外同居的配偶，无过错方可以提起损害赔偿请求。但是，这种损害赔偿请求，是叫侵害贞操权的赔偿请求好，还是叫侵害婚内同居权赔偿请求好？还有待认真研究。

2. 现实生活中，与各种人身权相应的，是可以采取各种保护措施来进行精神损害的救济。既可适用我国《民法通则》中的民事责任、民事制裁予以保护，也可根据有关法律的规定，民刑并罚。而刑事处罚，更多的是一种人身精神强制。

对此，司法实践中有争议的是：我国《刑法》规定没有财产损失的，不能在犯罪人被判刑的同时，提起精神损害赔偿。作者认为，应注意对公民人身权的民事保护的重要意义。例如，20世纪80年代，最高人民检察院在《人民检察院直接受理的侵犯公民人身权立案标准的规定》第10条第3款规定："非法开拆他人信件，更改信中内容或者张扬他人隐私，侮辱他人人格，破坏他人名誉的应予立案。"根据该规定，侵害隐私的应处刑罚，不能说受害人因此就丧失了犯罪行为的民事损害赔偿请求权。

当然，对于犯罪行为的精神损害赔偿问题，我国现行《刑事诉讼法》并未规定。我国《刑法》第36条第1款规定："由于犯罪行为而使被害人遭受经济损失的，对犯罪分子除依法给予刑事处罚外，并应根据情况判处赔偿经济损失"。而我国《刑事诉讼法》第77条第1款规定："被害人由于被告人的犯罪行为而遭受物质损失的，在刑事诉讼过程中，有权提起附带民事诉讼"。

根据上述规定，对于因犯罪行为所致的精神损害，不在刑事附带民事诉讼的赔偿请求范围内。这样，就形成了一个犯罪行为所造成的民事损害问题，不得不进行两次诉讼的问题。作者认为，随着我国市民社会的形成，全面小康社会的建成，以及"以人为本"观念的发展，我国《刑事诉讼法》中，关于附带民事诉讼的赔偿范围仅限于物质损失的规定，已显得过于狭窄。应当将精神损害，也列入附带民事诉讼的赔偿范围。

从理论上言之，刑事附带民事诉讼，完全符合民事诉讼的全部构成要素。若把应作为刑事附带精神损害赔偿的民事诉讼，从刑事诉讼中分裂开来，则单独构成两个不同的诉，这样，不利于在程序上节省时间和人力，达到减少诉累的效果。

3. 对赔偿数额的确定，如何考虑损害程度、过错程度、当事人经济状况和社会影响，也是有争议的。

广东等一些经济发达地区，对于精神损害赔偿的下限，规定不得低于5万元。而一些经济相对不发达地区，却规定精神损害赔偿的上限，即最高不得超过5万元。今后，这方面的立法，肯定应当加强，要改变"重财产保护，轻人身保护"的状况。也就是，精神损害赔偿数额，应当进一步提高。而各地的赔偿标准，也应当逐步靠近，而不是差距越来越大。

还有精神损害赔偿巨额化或者高额化问题。精神损害赔偿数额，在有些地方的法院的一些判决中，定得特别高。这种做法，常常造成判决后，生效裁判难以有效执行，从而使判决书犹如一纸空文的结果。这就从侧面降低了生效法律文书的权威性。

有学者建议，应当引入商业保险机制。即对于那种常常可能由于无过失责任，或者意外事故引起民事赔偿的企业、医院等单位，可以通过参加商业保险，或者可引入分期付款机制来进行补救。针对那些加害人一时难以拿出巨额赔偿金，而加害人又有固定收人的情形，如过分降低金额，又确实难以对受害人起到补偿作用的两难境地，就可以采用这一办法。

甚至，有人建议引入贷款机制。赔偿贷款机制的启动，主要是针对受害人急需财物补偿支付医疗费等紧急情况而设置的。当加害人无法一次付清赔偿金，分期付款又将影响受害人的切身利益时，引入该机制可算一种解决途径。至于还款办法，则可参照分期付款来处理。

五、精神损害赔偿解释的评论

为了全面保护公民的人身权和人身利益，最高人民法院于 2001 年 2 月 26 日颁布了《关于确定民事侵权精神损害赔偿责任若干问题的解释》（法释［2001］7 号，简称《精神赔偿解释》）。《精神赔偿解释》由最高人民法院审判委员会第 1161 次会议通过，自 2001 年 3 月 10 日起施行。《精神赔偿解释》共有 12 条。对改善涉及精神损害赔偿案件的混乱状况，起到很大作用。

《精神赔偿解释》第 1 条规定："自然人因下列人格权利遭受非法侵害，向人民法院起诉请求赔偿精神损害的，人民法院应当依法予以受理：（1）生命权、健康权、身体权；（2）姓名权、肖像权、名誉权、荣誉权；（3）人格尊严权、人身自由权。违反社会公共利益、社会公德侵害他人隐私或者其他人格利益，受害人以侵权为由向人民法院起诉请求赔偿精神损害的，人民法院应依法予以受理。"该条规定，最后提供了一个概括性规定，对司法实践中，保护公民的人身权利起到了较好的作用。

但是，有人认为，该条规定容易造成法官任意裁判，公民权利泛化的结果。还有人认为，目前，我国侵权行为法"被过度扩张了"，形成了"权利大跃进"。[①] 在这种情况下，精神损害赔偿的范围，应当确定或者固定，不能太宽泛。

根据《精神赔偿解释》第 2 条的规定："非法使被监护人脱离监护，导致亲子关系或者近亲属间的亲属关系遭受严重损害，监护人向人民法院起诉请求赔偿精神损害的，人民法院应当依法予以受理。"司法界有人认为，该条规定限定为监护人才能提起赔偿，没有近亲属的范围准确。因为有些名义上的监护人，比如离婚后非直接扶养子女的父母一方，没有其直接照料被监护人的近亲属比如祖父母，感情密切，所以，谁来行使救济权好些，应当有一个标准和范围。

《精神赔偿解释》第 4 条规定："具有人格象征意义的特定纪念物品，因侵权行为而永久性灭失或者毁损，物品所有人以侵权为由，向人民法院起诉请求赔偿精神损害的，人民法院应当依法予以受理。"什么叫人格象征意义？一些法官人员认为，双方的婚约定情物，即属于此类物品。还有一些法官认为，其仅指通常所说的衣冠墓内的藏物等等。目前对此的说法与看法差别很大，需要统一。

按照《精神赔偿解释》第 7 条的规定："自然人因侵权行为致死，或者自然人死亡后其人格或者遗体遭受侵害，死者的配偶、父母和子女向人民法院起诉请求赔偿精神损害的，列其配偶、父母和子女为原告；没有配偶、父母和子女的，可以由其他近亲属提起诉讼，列其他近亲属为原告。"对此条规定，一些司法人员和学者认为，近亲属的范围应当再明确。但另有人认为，灵活一点更具适应性，将来近亲属的概念，应当扩大到

① 姚辉：《侵权行为漫谈》，中国民商法律网，2003 年 8 月 20 日。

孙子女以外的其他直系血亲。因为今后人的寿命越来越长，需要扶养的几代同堂的机会更多[①]。

《精神赔偿解释》第 8 条、第 9 条规定："因侵权致人精神损害，但未造成严重后果，受害人请求赔偿精神损害的，一般不予支持，人民法院可以根据情形判令侵权人停止侵害、恢复名誉、消除影响、赔礼道歉。因侵权致人精神损害，造成严重后果的，人民法院除判令侵权人承担停止侵害、恢复名誉、消除影响、赔礼道歉等民事责任外，可以根据受害人一方的请求判令其赔偿相应的精神损害抚慰金"。"精神损害抚慰金包括以下方式：（1）致人残疾的，为残疾赔偿金；（2）致人死亡的，为死亡赔偿金；（3）其他损害情形的精神抚慰金。"

学术界有人认为，一定要造成严重后果，才给予赔偿的要求，不符合民法的公平原则。虽然，精神损害无法精确衡量，但是，仍应当是有损害即应当赔偿，而不论是否严重。至于后果较轻，难于认定，只是一个司法的问题，立法上不应作为赔偿的条件。

对于精神损害的赔偿数额，《精神赔偿解释》第 10 条限定，根据以下因素确定：

（1）侵权人的过错程度，法律另有规定的除外；

（2）侵害的手段、场合、行为方式等具体情节；

（3）侵权行为所造成的后果；

（4）侵权人的获利情况；

（5）侵权人承担责任的经济能力；

（6）受诉法院所在地平均生活水平。法律、行政法规对残疾赔偿金、死亡赔偿金等有明确规定的，适用法律、行政法规的规定。

学术界不少人认为，根据侵权人的获利情况和承担责任的经济能力，来确定赔偿数额，不公平，不能惩恶扬善。确定赔偿数额，主要考虑一个主客观统一的原则就行了。不能以加害人的赔偿能力，限制赔偿的合理数额。

第三节　生育权问题

一、生育权问题的起因

生育权问题，在我国是一个法律问题。2001 年 12 月 29 日《中华人民共和国人口与计划生育法》（简称《计划生育法》，2002 年 9 月 1 日实施）第 17 条明确规定："公民有生育的权利"。而 1992 年 4 月 3 日通过的《中华人民共和国妇女权益保障法》第 47 条规定："妇女有按照国家有关规定生育子女的权利，也有不生育的自由。"

目前，人们对生育权的理解，争议很大。它到底是公法上的权利，还是私法上的民事权利？抑或是一般人身权，还是亲属身份权？对此，还没有一个公认的标准。在执行前述法律规定时，已发生了一些棘手的民事纠纷。

比如，某省规定：再婚夫妻中无子女的一方，再生育要受对方已有子女多少的限制。一男子隐瞒已有两个子女的事实，导致再婚妻子因此丧失了生育一胎的权利，而提

---

① 杨遂全等：《婚姻家庭法新论》，法律出版社，2003 年版，第 86 页。

起诉讼。[①] 2001年8月，浙江青年妇女郑雪梨以有“与死刑犯丈夫合法生育子女的权利”，向舟山市法院提出申请，请求人工授精生育，为死囚犯的父母留下养老的后代，遭到法院拒绝。[②] 2001年6月，四川省大邑县法院审结了一桩离婚后，原夫起诉原妻和第三者，要求赔偿其因两被告通奸生子，延误本夫生育期导致丧失生育能力的损失，一审判决原告胜诉。[③] 而广州市、武汉市都发生过因对方私自堕掉第一胎，或坚持终身不生育，而坚决要求离婚被获准的案例[④]。但是，四川的一位丈夫请求私自堕胎的妻子损害赔偿，却被法院驳回[⑤] 等等。

由此可见，很有必要在理论上，立法上和司法实践上，对相关问题加以认真澄清。

二、生育权侵害的救济规则

作者认为，生育作为人类延续和亲属关系产生的基础，无论法律是否明文规定，生育后代在人们的心目中，向来被视为作为人的最基本的权利。

我国相关生育权的立法，主要是从公法的角度，对公民生育权的保护、行使进行调整。但是，应该说，公法保护公民生育这样的民事权利，必须而且应该在私法上能找到根据，才是符合法律逻辑的。

从法理上说，群体利益虽然有时大于个体利益，但是，一般情况下，群体利益应是公民个体最大利益的体现。在生育方面也应该是如此。就我国现行法律的规定而言，从民事权利的角度，对侵害公民生育权的行为，进行调整的法律规范还不多。特别是对夫妻之间或夫妻一方与第三人通奸，侵害夫妻共同生育权的处置，几乎还是空白。

在我国，规定夫妻权利义务的法律，主要是《婚姻法》。而《婚姻法》也仅仅只有“夫妻双方都有实行计划生育的义务”这样的原则性的规定，而没有关于生育权的具体的操作性规范。

三、胎儿的权利问题

医疗事故，或者故意伤害他人生育权的纠纷，很多是与胎儿的保护、母体的保护等紧密联系在一起的。在一些国家，直接将胎儿作为民事主体加以保护。我国则以胎儿活体出生作为民事主体，胎儿的胎体保护，还没有独立出来。

在我国，侵害胎儿健康的，以侵害母体处理。如果在胎儿出生后，发现是在母体中发生的伤害，则可以侵害胎儿健康论处。如北京一位在母体内，受X光伤害致盲的青年人，对医院的起诉就获得了胜诉。在美国，还发生了一起残疾人，因为在胎儿期受伤害，而将自己的父母起诉的。

还有，我国司法实践中，对胎盘的损害或利用，也产生了不少纠纷。作者认为，胎盘应以人体分离物，而不属于人身来对待，较为妥当。

---

① 根据代理律师的说法，原准备起诉确认地方法规违反我国《计划生育法》，剥夺无子女一方的生育权。

② 《成都商报》，2001年11月27日。

③ 《成都商报》，2001年6月30日第10版。

④ 《武汉晨报》，2001年8月2日，《北京日报》2001年8月29日。

⑤ 《华西都市报》，2002年7月29日的有关报道。

第四节 死者人格利益保护问题

一、死者人格利益保护缘起

根据世界各国法律的规定，侵害死亡公民的人身权，若影响到其在世亲属的感情，而引起精神损害的，其在世亲属有权请求精神损害赔偿。因为公民虽然死亡，但其影响并非在社会上马上能够消失的。如死亡公民的姓名、肖像、名誉、荣誉等，仍然在亲属中间和社会上延续。

死者的这些利益，与其在世亲属的感情密切相关。侵害死亡公民的人身权，常常会导致社会对其在世亲属评价的降低，损害其感情和精神利益。侵权人应对之负赔偿责任。

如前所述，最高人民法院关于《精神赔偿解释》，对侵害死者生前这些权利的行为如何处罚，进行了详细规定。目前，学术界有人认为，死亡公民的姓名、肖像、名誉、荣誉等，之于其在世亲属而言，是一种亲属权利，也是死者权利的死后延伸。作者认为，这种理论是荒谬的。

当我们用身份利益的观点，以及身份权相对消灭的理论，去解释对死者姓名、名誉、隐私的保护时，更显其合理性。

二、法律保护死者和生者

当某个亲属死亡时，他和生存的亲属间的身份关系，在理论上，只是相对地消灭。他们之间的权利义务消灭了，但身份利益仍未消灭。死者生前双方之间，就存在着的各种利益仍然没有消灭，就如死了的父亲，在身份上仍然是自己的父亲一样。也就是说，身份权的客体即身份利益仍然存在。这种身份利益，是以情感为核心的精神利益，以排除他人对这种身份利益的损害为特征。

在以名誉为中心的社会评价体系里，近亲属间关系密切，是一个名誉的共同体。这种现象，是一个现实存在，而不是一种狭隘的亲属观念。它是源于血缘、婚姻关系所产生的亲属之间，不可抹杀的亲情联系或者关联。亲属之间相互的关切，使得当死者的身体、名誉、姓名等受到恶意损害时，会使生者产生愤怒、悲痛，未能尽到保护责任的愧疚的情感。这些情感所带来的精神上的痛苦，是对身份利益的损害，因此，可以据此请求赔偿。这一点，在我国最高人民法院的《精神赔偿解释》里，已经给予以了充分肯定。

进一步地说，当死者的身体、姓名、名誉等受到损害时，法律予以保护的，不应当是人身权的延伸，而应当是对其近亲属身份权的保护，以及对社会公序良俗的维护。这其中，以死者近亲属身份权的保护为核心。

三、法律借助死者保护生者

作者认为，任何学说都是在尝试着给现实生活中的问题一个合理的解释，或者对相关矛盾或者纠纷的解决，给予一个合理的规则或者制度选择。自然人去世后，他的权利义务便消灭。此时，法律仍对他的姓名、名誉、隐私等利益进行保护，其目的，显然不是针对死者。因为死者死后，人世间的物质利益、精神利益，在无神论的前提下，对其已经毫无意义。此时死者的姓名、名誉、隐私，对其也不再是一种利益，也就不能成为其权利的客体。

而此时，真正受到影响的是他的近亲属，是近亲属的身份利益。而且，与死者关系越密切的近亲属，与此利益的关系就越紧密。因此，在权利主张中，他的顺序就应当优先。所以，主张权利的亲属的顺序，应当由亲属的亲疏远近来决定。具体而言，就是由在我国《继承法》中列出的近亲属顺序来决定。

第五节　悼念权与遗体遗骨保护

一、遗体瞻仰权

（一）亲属遗体瞻仰权的定义

亲属遗体瞻仰权，又称悼念权，是由亲属权派生出的一种特殊的对死者遗体埋葬或火化处理前，进行遗容瞻仰的身份权。

身份权如同债权，除了对特定身份的相对人可以行使请求权和支配权外，还具有排除他人非法干涉的权利。当相对人死亡时，权利人与相对人间的权利义务关系消灭，这是否意味着身份权的消灭？当然不是，因死亡而发生的身份权，尤其是亲属权的终止是一种相对终止，而非绝对终止。也就是说，终止的是权利人和特定的相对人之间的法律关系，而没有终止权利人排除不特定他人非法干涉或者侵害的权利。

如父母亲死亡后，他们仍然是其子女的父母。不因为死亡而使父母子女关系立刻消灭的很明显的一个标志，就是称谓不会改变。“因一方死亡而终止的自然血亲，属于相对终止，即自然实体不存在而导致双方权利义务终止，但其身份关系（其实应该是身份）并未消除。”[①] 血亲之间的身份，是“自然人在私的关系中，与生俱来或者虽得诸后天却永续性处于其中的关系中的资格或地位”[②]，这种资格或地位具有永续性。

因此，悼念权是一种特殊的身份权。之所以能有悼念权，是因为权利人和死者有着特殊的身份联系，即一定程度的近亲属身份。这种身份指向的客体是身份利益。这种身份利益是精神利益，表现为亲属间的关心、爱、怀念、哀悼等情感。

当死亡的事实发生时，权利人和死者的权利义务关系就已经消灭。但是，他们之间的亲属身份依然存在。这种身份所产生的排除他人非法干涉的权利依然存在，权利人对死者的身份利益没有消灭。因而，基于这种身份利益，依然存在的身份，派生出了悼念权。

（二）悼念权的构成要素

1．主体。悼念权人是与死者具有特定亲属关系的自然人。作者主张，目前其范围应当和我国现行法律确定的近亲属范围一致，即配偶、子女、父母、兄弟姐妹、祖父母、外祖父母、孙子女、外孙子女等。就悼念权而言，还应该包括其他直系血亲，并且应该按继承顺序享有。例如，兄弟姐妹是同一顺序，享有同等的悼念权。

悼念权的义务主体，是与死者生活在一起的亲属以及不特定的其他人。他负有及时通知悼念权利人的义务，以及不干涉、不妨碍权利人行使权利的义务等。

---

① 巫昌祯：《婚姻与继承法学》，中国政法大学出版社，2001年1月版，第97页。

② 张俊浩：《民法学原理》，中国政法大学出版社，1997年1月版，第149页。

2. 客体。悼念权的客体，是由特殊亲属身份而具有的身份利益。这种利益既可以是物质利益，又可以是精神利益。在这里，更重要的是精神利益。这当中，其直接客体是死者的遗体。无此遗体的，不存在此种权利。

3. 内容。悼念权的内容是悼念权人享有对死者进行追悼、瞻仰遗容等的权利，而义务人负有及时通知的义务，以及不干涉、不妨碍权利人行使权利的义务等。

(三) 悼念权的行使

悼念权由死者的亲属直接行使，也可由知道死者已经去世的亲属，通过通知其他亲属的方式来行使。但是，悼念权不得以某人未尽赡养义务，而加以剥夺。

北京市宣武区法院审理的弟弟史广清，诉哥哥史广文一案中，法院作出的判决中，其涉及悼念权的主要内容如下："按照我国传统的道德伦理和习惯，原告有权对去世的父亲进行悼念和哀思，但由于法律对此没有规定，故被告在对父亲尽了主要赡养义务且与原告多年不联系的情况下，原告以丧失悼念权为由，起诉被告没有法律依据……原告悼念权的丧失，与其长期不关心，且不与父亲联系有因果关系，故驳回原告石广清要求被告石广文赔礼道歉，并赔偿其精神抚慰金的诉讼请求。①"法院的判决，驳回悼念权之诉的原因之一，是原告长期不关心其父，因而丧失了悼念权。

作者认为，这样的理由是不充分的，也是不妥当的。悼念权是身份权，是由特殊的身份派生出来的权利。只要身份没有消失，权利就不应当被剥夺。这样的权利可以放弃，但是，当权利人没有放弃，而要行使时，他人则不得非法干涉。

如果，死者生前留有遗言，禁止通知其奔丧或者参加悼念，这也不能作为剥夺悼念权的理由。因为，对死者悼念的方式有多种，除了瞻仰遗体外，还可以通过设置灵堂，甚至不需要特定的方式也能完成。但是，遗嘱可以作为免除通知者义务的依据。

以身份权的相对消灭理论，对死者的利益保护进行解释，是对该问题的分析带给我们的一个理论上的突破。

二、亲属遗体遗骨的保护

亲属遗体保护权是一种保护死亡亲属遗体遗骨完好，不被非法利用的权利。这种权利，基于亲属之间希望死亡亲属遗体美好无缺的情感，是一种特殊亲属利益的组成部分。

对于侵害死者尸体的行为，也常会造成死者在世亲属的精神损害。如非法解剖死者尸体，盗取尸体组织器官等行为，会伤害死者在世亲属的感情，侵害人应对该损害承担精神损害赔偿责任。

亲属遗体遗骨保护权的客体和亲属悼念权的客体，基本上是同一的。但是，两者略有差别。

按照我国有关法规的规定，尸体包括死胎，均可进行有限制、符合社会公德与民俗的合法利用。由于尸体与死亡公民生前的人格利益和其近亲属的人格利益，以及社会道德因素密切相关，因此，对尸体的利用，必须严格依照法律规定进行。

一般认为，下述利用尸体的行为，为合法利用遗体的行为。

1. 公民生前立有遗嘱，捐献其身体或身体之一部分，用于科学研究和医学事业的。

---

① 《法制日报》，2001年12月26日第四版。央视《今日说法》：《追讨悼念权》，2002年1月16日节目。

这种利用，是依据死者生前的意愿进行的，是身体权中支配权的体现，故为合法利用行为。

2. 依照法律规定对尸体进行利用的。如为查清死因，侦破案件等需要，而对尸体进行解剖。这种利用是一种广义上的利用。在侦查手段中的开棺验尸，即为这种合法利用。

3. 经死者近亲属同意，在不违法、不违背公共秩序和善良风俗的情况下的合法利用。例如《解剖尸体规则》规定："对有科学研究价值的尸体进行解剖，应先取得家属的同意。经家属同意的尸体利用行为合法利用。合法利用尸体，可以是有偿的，也可以是无偿的。为查清死因，侦查破案而利用尸体为无偿利用。为研究或医学目的而利用尸体，死者留有遗嘱的，依其遗嘱；死者无遗嘱的，依死者近亲属与利用人约定；利用后就是否有偿发生争议又事先无约定的，应给予补偿。"①

但是，对于某些地方，将死者的遗体拿来成冥婚，或者盗墓、暴尸或者其他对于死者遗体遗骨，有其他损害的恶习，则不能为社会风俗和公共秩序，以及法律所容忍，属于侵权行为范畴。

三、侵害遗体遗骨的赔偿

现实生活中，非法损害尸体的行为，是多种多样的。有的是为了泄愤报复，有的是为了满足某些病态需求。比如，有的是搞迷信活动，结"冥婚"；而有的是为了满足变态的性欲，如奸尸；甚至有的非法利用他人尸体做陪葬等等。

侵害死者遗体遗骨的行为，有一个共同的特征，即严重伤害死者近亲属的情感。有些学者片面地把这种情感归结为死者近亲属的悼念权是不妥当的。作者认为，一般的损害死者的遗体，并不会直接伤害亲属的悼念权的实现。比如某加害人的行为，只是非法利用了死者的尸体，将该尸体做成了教学用具。这时，对于死者的亲属而言，完全有可能将尸体运回，妥善处理，并进行悼念活动。

所以，作者主张，对侮辱尸体和损害尸体的行为进行处罚的法律依据，应当归之为死者亲属对死者遗体的保护权。只有完全毁灭了尸体、遗骨或骨灰的，才是侵害了死者亲属的悼念权。

在目前，根据最高人民法院《精神赔偿解释》第 3 条、第 8 条的规定，非法利用、损害遗体、遗骨，或者以违反社会公共利益、社会公德的其他方式侵害遗体、遗骨的，侵害人因侵权致人精神损害，但未造成严重后果，受害人请求赔偿精神损害的，一般不予支持，人民法院可以根据情形判令侵权人停止侵害、恢复名誉、消除影响、赔礼道歉。侵害人因侵权致人精神损害，造成严重后果的，人民法院除判令侵权人承担停止侵害、恢复名誉、消除影响、赔礼道歉等民事责任外，可以根据受害人一方的请求判令其赔偿相应的精神损害抚慰金。

思考题

1. 人身侵权后的救济应当如何进行?

2. 什么是直接受害人、间接受害人？请说明具体含义。

① 见王利明等著《人格权法》，法律出版社，1997 年版，第 83 页。

3. 简述精神损害赔偿的定义、构成条件、判断标准。
4. 简论对精神损害赔偿司法解释。
5. 生育权是谁的权利？生育权侵权的特点与救济方式是什么？
6. 简述悼念权产生的原因以及悼念权应当如何行使。
7. 简述遗体遗骨的保护以及受到侵害后应当如何救济。

学习资料指引

1. 魏振瀛：《民法》，北京大学出版社、高等教育出版社，2000 年 9 月版，第 33 章。

2. 彭万林：《民法学》，中国政法大学出版社，1999 年 8 月修订版，第 12 章。

3. 王利明：《人格权法新论》，吉林人民出版社，1994 年 6 月版，第 3 章，第 10 章，第 17 章。

4. 王建平：《民法学（下）》，四川大学出版社，1994 年 8 月版，第 23 章。

参考法规提示

1.《中华人民共和国民法通则》，第五章第四节，第 119 条、第 120 条。

2.《最高人民法院关于贯彻执行〈中华人民共和国民法通则〉若干问题的意见（试行）》，第 143 条～第 151 条。

3.《中华人民共和国婚姻法》，第 16 条、第 20 条。

4.《中华人民共和国人口与计划生育法》（2001 年 12 月 29 日），第三章“生育调节”，第 17 条、第 23 条。

5.《中华人民共和国妇女权益保障法》（1992 年 4 月 3 日），第 41 条～第 42 条，第 46 条～第 47 条。

第六编
亲属与继承权

第四十四章　亲属与继承制度

【阅读提示】　本章是关于亲属、继承制度基本原理的阐述。阅读时主要应了解亲属、继承制度的基本概念和内涵，并懂得其在法律上的意义。同时，掌握婚姻法和继承法的基本原则，明确其在立法上的高度概括性和司法实践中的指导作用。

第一节　亲属与亲属关系

一、亲属的概念和种类

（一）亲属的概念

亲属是指因婚姻、血缘或法律拟制所产生的社会关系。亲属具有以下法律特征：

1. 亲属具有固定的身份和称谓。称谓是身份的标志，身份表明人在社会关系中特定的资格和地位。因血缘而自然形成的亲属身份和称谓具有永久性；因结婚、收养等法律行为而产生的亲属和称谓，只能因离婚或解除收养关系而终止关系。

2. 亲属关系只能基于血缘、婚姻或法律拟制而产生。亲属关系的产生主要通过三种途径：婚姻缔结产生配偶关系；子女出生形成自然血亲关系；收养、再婚抚养等导致拟制血亲关系的产生。

3. 纳入法律调整范围的亲属之间具有法定的权利和义务关系。

（二）亲属的种类

1. 配偶。配偶即夫妻，是因男女结婚而形成的亲属关系。配偶在亲属关系中居于核心地位，是血亲和姻亲关系的源泉。

2. 血亲。血亲是指有血缘联系的亲属，分自然血亲和拟制血亲两类。自然血亲在血缘上具有同源关系，不分婚生或非婚生，也不分全血缘和半血缘。拟制血亲是指本无该血亲关系，但由法律确认的具有与该血亲同等权利义务关系的亲属，故也称“准血亲”。我国《婚姻法》所确认的拟制血亲有两类：因收养产生的养血亲和因抚养教育而形成的继血亲。

3. 姻亲。姻亲是指以婚姻为中介而形成的亲属，可分为四类：（1）血亲的配偶。即己身与自己血亲的配偶之间的关系，如儿媳等；（2）配偶的血亲。即己身与自己配偶的血亲之间的关系，如公婆等；（3）配偶的血亲的配偶。指己身与自己配偶的血亲的配偶之间的关系，如妯娌等；（4）血亲的配偶的血亲。指己身与自己血亲的配偶的血亲之间的关系，如亲家等。

二、亲系和亲等

（一）亲系

亲系是指亲属间的血缘网络系统。依血缘关系亲疏远近的不同，可分为直系亲与旁系亲；依亲属间辈分的不同，可分为长辈亲、平辈亲与晚辈亲。

1．直系亲与旁系亲。(1) 直系亲。直系亲分直系血亲和直系姻亲两类。直系血亲是指有直接血缘联系的亲属，即生育自己和自己所生育的亲属，如父母、祖父母、外祖父母、儿女、孙子女等。直系姻亲即配偶一方与另一方的直系血亲的关系，如公婆、儿媳等。(2) 旁系亲。旁系亲也分旁系血亲和旁系姻亲两类。旁系血亲是指具有间接血缘联系的亲属，即除直系血亲以外的源于同一祖先的亲属，如兄弟姐妹、叔伯、舅姨等。旁系姻亲则是配偶一方与另一方的旁系血亲的关系，如嫂与姑子等。

2．长辈亲、平辈亲和晚辈亲。(1) 长辈亲，指辈分高于自己的亲属，如父母、祖父母等。(2) 平辈亲，指相同的辈分亲属，如兄弟姐妹、表兄弟姐妹等。(3) 晚辈亲，指辈分低于自己的亲属，如子女、外甥等。

(二) 亲等

亲等是计算亲属关系亲疏远近的单位，亲等数越多则亲属关系越远。外国法对亲等的计算有两种方法：罗马法的亲等计算法和寺院法的亲等计算法。两者都是以血缘为基准，按照世代的多少来计算的。

1．罗马法的亲等计算法。该计算法因来源于罗马法而得名，为当前世界上绝大多数国家所采用。

(1) 直系血亲亲等的计算。从己身往上或往下数（己身为零），以一世代为一亲等，世代数之和，为亲等数。如往上数，自己与父母为一亲等，与祖父母为二亲等；往下数，自己与子女为一亲等，与孙子女为二亲等，依此类推。

(2) 旁系血亲亲等的计算。从己身上数到同源的直系长辈亲属，再从该同源人下数到要计算的旁系血亲亲属，两者相加则为己身与该亲属的亲等数。如己身与兄弟姐妹的同源人为父母，那么己身与兄弟姐妹的亲等数为二。

(3) 姻亲亲等的计算。姻亲的亲等采用“从血亲”的原则，即姻亲的亲等数是依其配偶的亲等数为依据来计算的。如丈夫与其父母为一亲等的直系血亲，妻子与公婆则为一亲等的直系姻亲。

2．寺院法的亲等计算法。该计算法因来源于欧洲中世纪的教会法而得名，至今只有少数国家仍采用此法。

(1) 直系血亲亲等的计算。与罗马法的直系血亲亲等的计算完全相同。

(2) 旁系血亲亲等的计算。从己身和要计算的旁系血亲亲属分别上数至同源人，如代数相同，则以该相同数为两者的亲等数；如代数不同，则以多的一边数为亲等数。如己身与兄弟姐妹的亲等数为一，与侄儿的亲等数为二。

(3) 姻亲亲等的计算。原则与罗马法一致，也是根据“姻亲从血亲”来计算。

由上可知，罗马法的计算法与寺院法的计算法主要区别在旁系血亲的亲等计算法上。由于罗马法的计算更为精确，所以为绝大多数国家所采用。

3．我国目前的亲等计算法。我国《婚姻法》是以“代”为单位来计算亲等的。代指世辈，一代为一世辈。

(1) 直系血亲亲等的计算。计算方法与罗马法和寺院法基本相同，所不同的是己身为一。即从己身开始数代，己身为一代，与父母是二代直系血亲，与祖父母是三代直系血亲。

(2) 旁系血亲亲等的计算。计算方法与寺院法基本相同，所不同的也是己身为一。

即从己身开始数代，数到同源人；再从要计算的亲属开始数，其亲属本身也为一，也数到同源人。两边相同，则取其一；两边不同，以多数为代数。此方法如与寺院法相换算，则在寺院法的亲等数上加一，则为我国的代数。可见，我国的亲等计算方法与寺院法一样具有不够精确的弊端，若采用罗马法的计算方法则更为恰当。

三、亲属的发生与终止

亲属因一定原因而产生，也因一定原因而终止。由于亲属的种类不同，其发生和终止的原因也不同。

（一）配偶关系的发生和终止

配偶关系因结婚而产生。按照我国《婚姻法》的规定，领取结婚证的时间为配偶关系发生的时间。

配偶关系因婚姻终止而终止。引起婚姻终止的原因有两类：一是一方死亡（包括自然死亡或被宣告死亡）；二是离婚。其终止的时间为：一方自然死亡的时间、人民法院宣告死亡判决书生效的时间、登记离婚取得离婚证的时间、人民法院准予离婚的调解书或判决书生效的时间。

（二）血亲关系的发生和终止

1．自然血亲关系的发生和终止

自然血亲以出生为发生根据，出生的时间即为自然血亲关系发生的时间。自然血亲以死亡为终止原因包括自然死亡与宣告死亡。其终止的时间为：自然死亡的时间、人民法院宣告死亡的判决书生效的时间。

自然血亲除只能因一方死亡而终止外，不能人为终止。子女被人收养，与生父母及其他近亲属的权利义务关系消除，但自然血亲关系仍然存在。

2．拟制血亲关系的发生和终止

拟制血亲是由法律创设的血亲关系，它不是自然形成的，只能依法成立或确认。由于其种类不同，其发生和终止的原因也不同。

（1）养血亲的发生和终止。养父母及亲属和养子女的养血亲关系因收养的成立而发生。我国《收养法》规定："收养关系从登记之日成立"，因此，收养登记之日即为养血亲关系发生之日。养血亲关系的终止有两种原因：一是因一方死亡而终止；二是因收养关系解除而终止。

（2）继血亲的发生和终止。继血亲即形成抚养教育关系的继父（母）及亲属与继子女的拟制血亲关系。其发生基于以下两个原因同时作用而成：一是继子女的生母或生父与继父或继母结婚；二是继父或继母对继子女承担了抚养教育义务。

继血亲关系的终止，除可因继父（母）或继子女一方死亡而终止外，还可因依法解除继血亲关系而终止。继父（母）与生母（父）离婚，继子女未成年的，继血亲关系终止；如果继子女已被继父或继母抚养成年，则与继父或继母的拟制血亲关系仍然存在，且不因父或母与继母、继父的离婚而终止。如果继父母与成年继子女关系恶化，可协商解除或诉讼解除继血亲关系。

（三）姻亲关系的发生和终止

姻亲是以婚姻作为中介而产生的，因此姻亲以婚姻的成立为发生原因。婚姻成立的时间即为姻亲关系发生的时间。姻亲的终止一般以婚姻的解除为终止原因。但也有国家

(如德国) 规定，姻亲关系不因婚姻的解除而终止。

姻亲是否以配偶一方死亡而终止？各国立法各异。我国《婚姻法》未作统一规定，可以由当事人自主决定。配偶一方死亡，生存方愿意继续保持姻亲关系的，法律并不禁止。如果丧偶儿媳对公婆、丧偶女婿对岳父母尽了主要赡养义务的，还可作为公婆、岳父母的第一顺序法定继承人。

四、亲属的法律效力

把亲属关系纳入法律调整，便会产生法律上的权利义务和相应效果。在不同的法律部门中，亲属的效力也有所不同。

(一) 亲属在婚姻家庭继承法上的效力

1. 扶养义务。夫妻之间、父母子女之间互负无条件的扶养义务；祖孙之间、兄姐对未成年弟妹在一定条件下也有扶养义务。

2. 财产共同权及约定权。夫妻在婚姻关系存续期间所得的财产归夫妻共同所有，但双方也可以约定婚前及婚后财产归各自所有、共同所有或部分共同所有、部分各自所有。

3. 禁婚限制。《婚姻法》规定，直系血亲和三代以内旁系血亲禁止结婚。

4. 婚姻无效的宣告请求权。无效婚姻当事人的近亲属可以依法向人民法院申请宣告婚姻无效。

5. 财产继承权。在法定继承中，配偶、父母、子女为第一顺序继承人；兄弟姐妹、祖父母、外祖父母为第二顺序继承人。被继承人的子女先于被继承人死亡的，其晚辈直系血亲可以代位继承。

(二) 亲属在民法上的效力

1. 监护、代理权。《民法通则》规定，无民事行为能力人或限制民事行为能力人，由其父母、配偶、成年子女、祖父母、外祖父母、成年的兄弟姐妹以及关系密切的其他近亲属，担任监护人。监护人是其法定代理人。

2. 宣告申请权。近亲属可以向人民法院申请宣告精神病人为无民事行为能力人或限制民事行为能力人。近亲属对下落不明人可以向人民法院申请宣告失踪、宣告死亡。

3. 财产代管权。失踪人的财产由近亲属代管。

4. 代为承担民事责任。无民事行为能力人或限制民事行为能力人的监护人，对被监护人造成他人损害的，承担民事责任。

(三) 亲属在刑法上的效力

1. 某些犯罪的主体只能是以具有亲属关系为前提，如虐待罪、遗弃罪。

2. 告诉权。我国《刑法》对于以暴力干涉他人婚姻自由罪、虐待罪，规定了"告诉才处理"的原则。只要没有发生严重后果，须受害亲属亲自起诉，法院才能处理。此外，对以暴力干涉他人婚姻自由罪、虐待罪、侮辱罪、诽谤罪等，被害人因受强制、威吓而无法告诉的，被害人的近亲属可以行使告诉权。

(四) 亲属在诉讼法上的效力

1. 回避原因。在民事诉讼、刑事诉讼、行政诉讼中近亲属关系均是司法人员回避的原因。

2. 辩护权和代理权。刑事案件的被告人的监护人可以担任其辩护人，可以代其上诉或申诉。民事案件中，没有诉讼能力的当事人的监护人可以作为其法定代理人代为诉讼和申请执行。死亡人的名誉权、著作权受到侵害，近亲属可以提起诉讼。有权提起行政诉讼的公民死亡，其近亲属可以提起诉讼。

3. 协助义务。亲属有义务协助司法机关处理民事、刑事案件中的送达、传寄、搜查、尸体解剖等；也有义务协助执行人民法院的判决和裁定。

第二节　婚姻法的基本原则

婚姻法的基本原则是指我国《婚姻法》总则所规定的，对我国婚姻家庭制度所作的概括性、原则性的规定。

一、婚姻自由原则

（一）婚姻自由的概念和内涵

1. 婚姻自由的概念。婚姻自由是指公民享有在法律范围内，自主决定婚姻的权利，不受任何人的强制和干涉。它既是国家的一项基本制度，也是公民个人的一项基本权利。

2. 婚姻自由的内容。婚姻自由包括结婚自由和离婚自由两个方面。结婚自由是指公民有缔结婚姻关系的自主权。离婚自由是指公民有权依法解除婚姻关系。结婚自由是婚姻自由的主要方面，离婚自由是婚姻自由的必要补充，二者相辅相成，构成婚姻自由的完整内容。

3. 婚姻自由的行使。婚姻自由和其他自由权一样，不是绝对的自由权，而是相对的自由权。行使婚姻自由权，必须在法律规定的范围内进行，必须符合法律的规定和要求。

（二）保障婚姻自由原则实施的禁止性规定

我国《婚姻法》在规定实行婚姻自由的同时，为保障其贯彻落实，针对我国的实际情况，作了相应的禁止性规定。主要有以下两个方面：

1. 禁止包办、买卖婚姻和其他干涉婚姻自由的行为

包办婚姻是指婚姻当事人以外的第三者违背当事人的意愿，强迫包办他人婚姻的行为。买卖婚姻是指婚姻当事人以外的第三者以索取大量财物为目的，强迫包办他人婚姻的行为。包办和买卖婚姻都是严重的违法行为，两者的共同特征是强迫包办，不同之处在于是否以索取大量财物为目的。

其他干涉婚姻自由的行为是指除包办、买卖婚姻以外的干涉婚姻自由的行为。当前主要有父母强行阻挠子女婚姻、子女干涉父母再婚、干涉男到女家落户、反对丧偶妇女带子女改嫁等。

包办、买卖和其他干涉婚姻自由的行为，如果情节严重，构成犯罪的，还应追究刑事责任。我国《刑法》第257条规定："以暴力干涉他人婚姻自由的，处二年以下有期徒刑或者拘役。"买卖婚姻中所涉财物，原则上应予以收缴。

2. 禁止借婚姻索取财物

借婚姻索取财物是指婚姻当事人一方或其父母向对方索取财物以作为结婚的前提条件的行为。在借婚姻索取财物的行为当中，当事人对婚姻本身是自愿的，不存在强迫包

办的情形，这是与买卖婚姻的根本区别点。但由于借婚姻索取财物行为也通过结婚获取了一定的财产，这又和买卖婚姻具有一定的相似性。

在现实中还要注意区分借婚姻索取财物与自愿赠与的界限。赠与是男女双方在交往的过程中发自内心的表达感情的方式，是基于自愿而给予的，并且不附条件；而借婚姻索取财物，是一方主动索要，而且要以此作为结婚的先决条件。两者在性质上是不同的：前者是合法的民事行为，后者是违反国家法律禁止性规定的违法行为。

对于赠与的财物，如果是以结婚为条件，后未能结婚的，赠与方可要求返还。对于借婚姻索取的财物，如果以后离婚，索取的财物一般不予返还；但如果结婚时间不长，或一方由于被索取的财物较多而引起生活困难，则应考虑返还。

二、一夫一妻制原则

（一）一夫一妻制的基本内涵和法律要求

一夫一妻制是指一男一女结为夫妻的婚姻制度，是适用于我国一切公民的基本法律制度，具有强制性。它的具体要求是：任何公民均不能同时拥有两个或两个以上的配偶；公民在配偶死亡或离婚发生效力之前均不得再行结婚，否则构成重婚，将受到法律的制裁。

（二）夫妻应当互相忠实、互相尊重

为保障一夫一妻制原则的实施，旗帜鲜明地反对婚外性行为，我国 2001 年 4 月 28 日修改后的《婚姻法》在第 4 条中，增设了“夫妻应当互相忠实，互相尊重”的规定，这是我国《婚姻法》首次明文规定夫妻的忠实义务。

夫妻之间信守忠实和相互尊重，是婚姻幸福的基础和家庭和睦的前提，它既是道德标准又是法律要求。在法律中增设这个条款，有利于指导公民尊重夫妻感情、珍惜婚姻、爱护家庭，有利于抵制西方资产阶级腐朽思想，推动社会主义精神文明的发展。

（三）禁止重婚

1. 重婚的概念和形式

重婚是指有配偶者再行结婚所形成的婚姻。在构成重婚的婚姻中，必然有一方或双方同时存在两个或两个以上的婚姻关系。重婚违背了我国《婚姻法》一夫一妻制原则，是一种严重的违法行为，甚至构成犯罪。

根据我国法律和司法解释的有关规定，重婚有以下两种形式：

（1）登记重婚。即有配偶者（已登记结婚或已与他人形成事实婚姻者）又与他人登记结婚的，构成登记重婚。

（2）事实重婚。即有配偶者（已登记结婚或已与他人形成事实婚姻者）又与他人公开以夫妻名义同居生活。虽未正式进行登记，但仍构成重婚。事实重婚与登记重婚虽然表现形式有所不同，但与登记重婚一样产生相同的法律责任。

2. 重婚的法律后果

（1）重婚是无效婚姻。我国《婚姻法》第 10 条明确规定，重婚为婚姻无效的情形之一，并且自始无效。对重婚，婚姻当事人或近亲属及基层组织都有权向人民法院申请宣告该婚姻无效。

（2）重婚造成夫妻间感情破裂的，还构成离婚的法定理由和赔偿条件。我国《婚姻法》第 32 条规定，有重婚情形的，调解无效，应准予离婚。而我国《婚姻法》第 46 条则规定，因重婚造成夫妻离婚的，无过错方有权请求损害赔偿。

（3）重婚不仅在民事法律上承担无效的后果，构成犯罪的，还要受到刑事制裁。我国《刑法》第258条规定：“有配偶而重婚的，或者明知他人有配偶而与之结婚的，处二年以下有期徒刑或者拘役。”

（四）禁止有配偶者与他人同居

1．有配偶者与他人同居的概念

根据最高人民法院《关于适用婚姻法若干问题的解释（一）》第2条的规定，“有配偶者与他人同居”是指“有配偶者与婚外异性，不以夫妻名义，持续、稳定地共同居住”。可见其构成要件有三：一是在主体上必须是有配偶者与婚外异性之间的同居，这是与未婚同居的区别点；二是名分上不以夫妻名义，这是与事实重婚的主要界限；三是持续、稳定地共同居住，这是与通奸、“一夜情”等行为的重要区分。

2．有配偶者与他人同居的法律后果

（1）构成离婚的法定理由。我国《婚姻法》第32条第3款规定：有配偶者与他人同居的，调解无效，应准予离婚。

（2）离婚时，无过错方有权请求损害赔偿。我国《婚姻法》第46条规定，有配偶者与他人同居，导致离婚的，无过错方有权请求损害赔偿。

（3）为保护军人的婚姻，我国《刑法》第259条还规定：“明知是现役军人的配偶而与之同居或者结婚的，处三年以下有期徒刑或者拘役”。

三、男女平等原则

（一）男女平等原则的概念和意义

我国《婚姻法》中的男女平等原则，是指男女两性在婚姻关系和家庭关系中处于平等地位，依法享有平等的权利，负担平等的义务。

在婚姻家庭领域确立男女平等的原则，有利于维护平等、和睦、文明的婚姻家庭关系。男女平等在社会主义婚姻家庭制度中处于核心地位，是保障婚姻自由、一夫一妻、保护妇女、儿童和老人合法权益及实行计划生育等原则的重要前提和基础。

（二）男女平等在婚姻法中的具体表现

我国《婚姻法》规定的男女平等原则，贯穿在婚姻家庭的各个方面：

1．在婚姻方面，男女有同等的缔结婚姻和解除婚姻的权利和自由。结婚后，男方可以成为女方的家庭成员，女方也可以成为男方的家庭成员；子女可以随父姓也可以随母姓。离婚时，男女双方都有权依照法律规定合理地分割夫妻共同财产；任何一方生活困难都可以要求对方给予经济帮助；任何一方因对方过错造成离婚的，都可以依法请求离婚损害赔偿等。

2．在家庭关系方面，男女各自享有独立人格，夫妻都有独立的姓名权、人身自由权、财产权等。不同性别的家庭成员之间在法律地位上也是完全平等的。家庭成员不分男女，依法平等地享有权利、平等地履行义务。例如，在受抚养教育的问题上，子和女享受同等的权利；在赡养扶助父母的问题上，子和女尽相同的义务；在继承父母遗产问题上，子和女的权利也是平等的。

四、保护妇女、儿童和老人合法权益的原则

(一) 保护妇女的合法权益

1. 在婚姻问题上，国家保护妇女的婚姻自主权，禁止干涉妇女的结婚、离婚自由。女方在怀孕期间、分娩后一年内或中止妊娠后六个月内，男方不得提出离婚。

2. 在家庭财产上，妇女依法对夫妻共同财产享有与其配偶平等的占有、使用、收益和处分的权利，不受双方收入状况的影响。离婚时，夫妻的共同财产协议不成时，由人民法院根据财产的具体情况，按照照顾子女和女方权益的原则判决。

3. 在住房问题上，国家保护离婚妇女的房屋所有权。夫妻共有的房屋，离婚时协议不成的，由人民法院根据双方的具体情况，按照照顾女方和子女权益的原则判决。夫妻共同租用的房屋，离婚时，女方的住房应当按照照顾女方和子女权益的原则协议解决。

4. 在子女问题上，妇女有按照国家有关规定生育子女的权利，也有不生育的自由。父母双方对未成年子女享有平等的监护权。母亲的监护权任何人不得干涉。

(二) 保护儿童的合法权益

1. 父母对子女有抚养教育的义务。父母或者其他监护人应当依法履行对成人未年的监护职责和抚养义务，不得虐待、遗弃未成年人；不得歧视女性未成年人或者有残疾的未成年人；禁止溺婴、弃婴。

2. 父母或者其他监护人应当尊重未成年人接受教育的权利，必须使适龄未成年人按照规定接受义务教育，不得使在校接受义务教育的未成年人辍学。

3. 父母或者其他监护人应当以健康的思想、品行和适当的方法教育未成年人，引导未成年人进行有益身心健康的活动，预防和制止未成年人吸烟、酗酒、流浪以及聚赌、吸毒、卖淫等。

(三) 保护老人的合法权益

1. 在婚姻上，老年人的婚姻自由受法律保护。子女或者其他亲属不得干涉老年人离婚、再婚及婚后的生活。赡养人的赡养义务不因老年人的婚姻关系变化而消除。

2. 在家庭生活上，家庭成员应当关心和照料老年人。赡养人应当履行对老年人经济上供养、生活上照料和精神上慰藉的义务，照顾老年人的特殊需要。赡养人对患病的老年人应当提供医疗费用和护理等。

3. 在赡养上，赡养人不得以放弃继承权或者其他理由为由，拒绝履行赡养义务。赡养人不得要求老年人承担力不能及的劳动。

五、计划生育的原则

(一) 计划生育的概念和意义

计划生育是指公民按照国家的计划生育政策，有计划地安排生育。这是我国的一项基本国策。从人类的发展史来看，人口过多或过少都会成为阻碍社会发展的不利因素。现代社会，随着科技的飞跃发展和生产力水平的极大提高，人口的成倍增长，已成为地球上生态平衡失调的重要原因之一。人口控制是为全人类利益着想的根本性措施，是一场人类的“生存战略”。

我国是人口众多的国家，自清代中期以来，就形成了庞大的人口基数。新中国成立后，人民生活条件改善，人口的发展更是呈直线上升的趋势。我国政府在人口形势险峻

的情况下，从20世纪70年代起，大力推行计划生育国策。30多年来，人口控制取得了令人瞩目的成就。但毕竟积重难返，人口严重超载仍然是制约中国发展的瓶颈。在这种情况下，必须坚持不懈地控制人口的增长，降低生育率，使之与社会发展相适应。

从家庭利益来看，实行计划生育可以减轻家庭的经济负担，提高家庭的生活质量，保护妇女和儿童的身体健康。

（二）计划生育的要求

《中华人民共和国人口与计划生育法》（简称《计划生育法》）于2002年9月1日起施行。本法从国家及各级政府的人口规划、生育调节、奖励与社会保障、计划生育技术服务、法律责任等各个方面详细规范了我国的计划生育，使之更加法制化。该法首次在国家基本法律中明确了公民的生育权，同时也规定了公民依法实行计划生育的义务。对于公民生育的具体要求，《计划生育法》第18条规定："国家稳定现行生育政策，鼓励公民晚婚晚育，提倡一对夫妻生育一个子女；符合法律、法规条件的，可以要求安排生育第二个子女。"《计划生育法》第23条规定："国家对实行计划生育的夫妻，按照规定给予奖励。"

六、家庭成员互相扶助的原则

2001年修改的我国《婚姻法》第4条规定："家庭成员间应当敬老爱幼、互相帮助，维护平等、和睦、文明的婚姻家庭关系。"这就是在总则中确立了家庭成员相互扶助的原则。

（一）家庭成员互相扶助的意义和内容

家庭是社会的基本生活单位，家庭的和睦、稳定是社会稳定的前提和基础。在我国，社会弱势群体的基本生活保障很大部分是由家庭来承担的，养老育幼仍然是家庭的重要功能。新修改的我国《婚姻法》及时在总则中增加家庭成员间应敬老爱幼、互相帮助的规定，有利于提升公民的道德水平，弘扬文明进步的伦理风气，更好地建设社会主义的精神文明。

家庭成员互相扶助的主要内容就是敬老爱幼、互相帮助，维护平等、和睦、文明的婚姻家庭关系。敬老爱幼是指晚辈家庭成员对长辈家庭成员应当尊敬、关心，尊重老人对婚姻、财产等的安排，对老人的生活、起居、健康要予以照顾和帮助，在老人出现危急情况时要积极救助；长辈家庭成员对晚辈家庭成员要关心、爱护，对晚辈的新观念要宽容以待，并在力所能及的范围内帮助晚辈克服工作、生活上的困难。维护平等、和睦、文明的婚姻家庭关系就是指所有家庭成员之间都应该平等以待，和睦相处，在思想、生活和经济上互相关心和互相帮助，出现危难或紧迫需要时都要尽力救助，从而提高家庭生活质量和安全系数，提升家庭的物质文明和精神文明程度。

（二）禁止家庭暴力和禁止家庭成员间的虐待和遗弃

1. 禁止家庭暴力

禁止家庭暴力，是2001年我国修订《婚姻法》时新增加的内容，也是建立平等、和睦、文明的婚姻家庭关系的必然要求。什么是家庭暴力？根据2001年12月25日最高人民法院《关于适用〈婚姻法〉若干问题的解释》第1条的规定，家庭暴力"是指行为人以殴打、捆绑、残害、强行限制人身自由或者其他手段，给家庭成员的身体、精神等方面造成一定伤害后果的行为。"家庭暴力的受害者，主要是家庭的妇女、儿童和老人等弱势人群。我国由于深受几千年封建家长专制的影响，家庭成员间的以强凌弱、欺负妇幼的现象仍十分普遍。我国虽然在立法上历来比较注重保护妇女、儿童和老人的合法权益，但实际可操作性的保护措施较少。近年来，反家庭暴力已成为世界性的课题。我国《婚姻法》顺应国际立法潮流，增加了反家庭暴力的内容，并规定了较为可行的救助措施，是值得肯定的。

2．禁止家庭成员间的虐待与遗弃

虐待是指对家庭成员的歧视、折磨、摧残，使其在精神、身体上遭受损害的违法行为。在表现形式上，有作为的行为如打骂、恐吓等；也有不作为的行为如不予衣食、令其冻饿，有病不予治疗等。它和家庭暴力既有相同又有区别。相同之处在于都是家庭成员间的施暴行为，表现形式也有重合的地方，如残害、捆绑等。不同之处主要在于，家庭暴力既可能是偶发性的也可能是经常性的，只要实施了打骂、残害等行为就可构成家庭暴力。但虐待往往是较长时间的，需要一定的连续性行为。经常性、持续性的家庭暴力即构成虐待。

遗弃是指家庭成员中负有抚养、扶养、赡养义务的一方，对需要抚养、扶养、赡养的一方，不履行义务的违法行为。如父母不履行对子女的抚养义务，夫妻之间不履行扶养义务，子女对年老的父母不尽赡养义务等。其表现形式是应为而不作为。

3．救助措施与法律责任

我国《婚姻法》除了在总则中规定了禁止家庭暴力和家庭成员间的虐待与遗弃外，还在“救助措施与法律责任”一章中，专门对反家庭暴力和虐待、遗弃作了具体规定：实施家庭暴力或虐待、遗弃家庭成员，受害人有权提出请求，居民委员会、村民委员会以及所在单位应当予以劝阻、调解。对正在实施的家庭暴力，受害人有权提出请求，居民委员会、村民委员会应当予以劝阻；公安机关应当予以制止。对遗弃家庭成员，受害人提出请求的，人民法院应当依法作出支付扶养费、抚养费、赡养费的判决。对实施家庭暴力或虐待、遗弃家庭成员构成犯罪的，依法追究刑事责任。如导致离婚的，无过错方有权请求损害赔偿。

我国《刑法》第260条规定：“虐待家庭成员，情节恶劣的，处2年以下有期徒刑、拘役或者管制。犯前款罪，致使被害人重伤、死亡的，处2年以上7年以下有期徒刑。”我国《刑法》第261条又规定：“对于年老、年幼、患病或者其他没有独立生活能力的人，负有扶养义务而拒绝扶养，情节恶劣的，处5年以下有期徒刑、拘役、或者管制。”

第三节　财产继承

一、财产继承的概念和特征

（一）财产继承的概念

财产继承是指自然人死亡之后，其遗留的个人财产依照法律的规定或遗嘱转移给近亲属所有的一种法律制度。在财产继承中，遗留财产的人称被继承人；其遗留的个人财产称遗产；依法承受他人遗产的人称继承人。

（二）财产继承的特征

1．继承是亲属间的财产转移行为。继承是关于自然人近亲属之间死者遗产的合法转移。因而，继承人和被继承人都只能是自然人，且相互之间必须有近亲属身份关系。

国家、集体所有制组织及非死者近亲属的自然人，虽然在一定情况下也可以取得死者的遗产，但其行为不能叫继承。

2．继承具有无偿性。继承是继承人依照法律的规定或被继承人的遗嘱，无偿取得其死亡近亲属遗留的个人合法财产。继承人取得被继承人遗产时，不需要支付任何对价。其原因在于遗产继承是基于近亲属关系和维护家庭职能等原因而发生的，不是按等价有偿原则进行的商品交换，故遗产继承具有无偿性。

3．继承的根据是遗嘱或法律规定。继承最基本的分类是法定继承和遗嘱继承。自然人生前可以立遗嘱将自己的合法财产进行处分，也可以不立遗嘱而任其死后按照法定的继承方式处理其财产。自然人死亡时，有遗嘱的，按遗嘱继承办理；无遗嘱或遗嘱无效的，按法定继承办理。

二、继承法的概念和性质

（一）继承法的概念

继承法是关于调整因自然人的死亡而产生的遗产转移关系的法律规范的总称，是我国民法的重要组成部分。

继承法有形式意义上的继承法和实质意义上的继承法之分。形式意义上的继承法指专门编制的单行继承法，如《中华人民共和国继承法》（简称《继承法》)。实质意义上的继承法，是指一切有关死者遗产继承的规范性法律文件，如我国《民法通则》、最高人民法院《关于贯彻执行〈中华人民共和国继承法〉若干问题的意见》等，以及与继承遗产有关的法律、法规、决定、司法解释等。

（二）继承法的性质

1．继承法是财产法。继承法是调整平等主体间财产继承关系的法律，属民法的一部分。

2．继承法是普通法。财产继承是一种普遍存在的社会关系，故继承法不是只适用于一部分公民，而是适用于一切公民的法律。

3．继承法主要为强行性规范。财产继承关涉所有公民的财产利益，对社会影响很大，所以继承法中有关继承的方式、继承人的范围和顺序、遗产的范围和处理办法以及继承权纠纷的诉讼时效等规定，皆为强行性规范，当事人必须严格遵守。同时，我国《继承法》中也有一些任意性规范，如遗产分割的时间、办法和份额等，可由当事人协商确定。但从总体上看，还是以强行性规范为主。

三、继承法的基本原则

继承法的基本原则是指处理财产继承必须遵循的普遍适用的根本规则。它既是继承立法的指导思想，又是执行继承法的根本依据。

（一）保护公民私有财产继承权原则

保护公民私有财产继承权是我国《继承法》的首要原则。我国《继承法》第1条规定：“根据中华人民共和国宪法的规定，为保护公民的私有财产的继承权，制订本法。”其保护主要体现在以下三个方面：

1．规定公民享有财产继承权。凡是公民死亡时遗留的个人合法财产，继承人都可以依法继承。只要有合法的承受人，遗产均不收归国家或者集体所有。

2．确认公民的财产继承权不受非法侵害。继承权是一种绝对财产权，不得非法剥夺。只有在法定事由发生时，继承人才丧失继承权。只要继承人不明确表示放弃继承权，即视为接受继承。

3．制定了权利受到侵害的救济措施。继承权具有请求一般人不为一定行为的权利，权利人之外的一切人均负有尊重他人继承权的义务。当公民继承权受到不法侵害时，继承权人有权在法定期间内请求人民法院依法予以保护。

（二）继承权男女平等原则

男女平等不仅是我国《婚姻法》的基本原则，也是我国《继承法》的一项基本原则。《继承法》第 9 条规定："继承权男女平等。"这一原则主要体现在：

1．公民无论是男性还是女性，都享有平等的继承权；

2．男女在法定继承人的范围和顺序上一律平等；

3．同一顺序的继承人，不分男女，其继承遗产的份额，原则上均等。

（三）权利义务相一致原则

继承虽然是一种法定权利，但继承法从法律的调控功能出发，也体现了权利义务相一致的原则。具体表现在：

1．法定继承人以外的对被继承人扶养较多的人，可以分给适当的遗产；

2．遗产在分配时，尽义务多的，可以多分遗产；尽义务少的，可以少分遗产；有能力尽扶养义务而不尽义务的，可以不分给遗产；

3．遗嘱继承附有义务的，继承人应当履行义务；没有正当理由不履行义务的，经有关单位或者个人请求，人民法院可以取消他接受遗产的权利；

4．丧偶儿媳对公婆、丧偶女婿对岳父母尽了主要赡养义务的，可作为第一顺序法定继承人。

（四）养老育幼、照顾病残原则

养老育幼是我国家庭的重要功能，保护弱势群体的合法权益是我国法律的重要原则，这在继承法中表现得尤为突出。主要有：

1．子女、父母与配偶同为第一顺序继承人；

2．分配遗产时对缺乏劳动能力又没有生活来源的老幼病残者应当予以照顾；对继承人以外的依靠被继承人扶养的缺乏劳动能力又没有生活来源的人，可以分给适当的遗产等；

3．被继承人的子女先于被继承人死亡的，该死亡子女的晚辈直系血亲可以代位继承；遗产分割时应当保留胎儿的继承份额；

4．继承人故意杀害、遗弃被继承人，或者虐待被继承人情节严重的，丧失继承权。

（五）互谅互让、团结和睦原则

社会主义精神文明要求人们正确处理义利关系。在遗产继承上，法律引导家庭成员间团结和睦、互谅互让，协商处理继承问题，这是我国《继承法》的一大特色。这个原则体现在：

1．继承人协商同意的，遗产的分配可以不均等；对多尽义务的多分，少尽义务的少分等；

2．法律不限定遗产分割的期限，规定对有困难的继承人给予照顾，要求在有利于生产和生活需要，不损害遗产效用的前提下合理分割遗产；

3. 继承人有故意杀害被继承人、为争夺遗产而杀害其他继承人、伪造或篡改、销毁被继承人遗嘱情节严重的，丧失继承权。

思考题

1. 简述亲属的概念、特征和种类。
2. 什么是亲系和亲等？如何计算亲等？
3. 各类亲属关系发生和终止的原因是什么？
4. 婚姻自由的概念和内容是什么？如何保障其实施？
5. 为保障一夫一妻制的实施，有哪些禁止性规定？
6. 在婚姻家庭继承领域如何贯彻男女平等原则？
7. 阐述计划生育原则的含义及要求。
8. 家庭成员间的互助关系具有何意义？如何防止家庭暴力？
9. 简述财产继承的概念和特征。
10. 继承法的基本原则有哪些？

学习资料指引

1. 杨大文：《亲属法》，法律出版社，2000 年版，第 1 章～第 2 章。

2. 巫昌祯：《婚姻与继承法学》（修订本），中国政法大学出版社，第 1 章～第 4 章。

3. 王利明、孙礼海：《〈中华人民共和国婚姻法〉修改立法资料选》，法律出版社，2001 年版。

4. 史尚宽：《亲属法论》，中国政法大学出版社，2000 年版，第 1 章～第 2 章。

5. 杨遂全：《新婚姻家庭法总论》，法律出版社，2001 年版。

6. 史尚宽：《继承法论》，中国政法大学出版社，2000 年版。

参考法规提示

1.《中华人民共和国宪法》，第 48 条～第 49 条。

2.《中华人民共和国民法通则》，第 103 条～第 105 条。

3.《中华人民共和国婚姻法》，第 1 章。

4. 最高人民法院《关于适用婚姻法若干问题的解释（一）》，第 1 条～第 3 条。

5.《中华人民共和国继承法》第 7 条，第 9 条～第 10 条，第 12 条～第 15 条，第 19 条，第 28 条。

6. 最高人民法院《关于贯彻执行〈中华人民共和国继承法〉若干问题的意见》第 10 条～第 14 条，第 19 条，第 29 条～第 34 条，第 45 条～第 46 条，第 61 条。

7.《中华人民共和国妇女权益保障法》，第七章。

8.《中华人民共和国未成年人保护法》，第二章。

9.《中华人民共和国老年人权益保障法》，第二章。

10. 《中华人民共和国人口与计划生育法》，第 2 条，第 17 条～第 18 条，第 22 条～第 23 条，第 25 条～第 27 条。

11. 《中华人民共和国刑法》，第 234 条，第 257－261 条。

12. 《中华人民共和国治安管理处罚条例》，第 22 条。

第四十五章　婚姻成立

【阅读提示】　本章是关于结婚制度的阐述，学习中应重点了解婚姻成立的条件和程序、事实婚姻的构成要件及法律承认的标准、婚姻无效与撤销的原因及宣告程序；正确认识婚约及懂得如何解决婚约纠纷。

第一节　婚　约

一、婚约的概念和性质

婚约是指男女双方以将来成立婚姻为目的所作的事先约定。订立婚约的行为称为“订婚”；订婚后男女以未婚夫妻相称。婚约虽然在我国历史上早已有之，在民间也颇为流行，但是，目前我国《婚姻法》毕竟未将其列入法律调整的范畴。因而，婚约在性质上只是当事人之间达成的某种意向，不具有法律行为意义。

二、我国法律对婚约的态度

在我国古代，订婚是结婚的必经程序，受法律保护。近代南京国民政府的《民法（亲属编）》就对婚约有专门的规定，以详细调整与婚约有关的民事行为。中华人民共和国成立后的两部《婚姻法》，均未规定婚约。根据有关司法解释的规定，对待婚约的处理应掌握以下原则：

1. 订婚不是结婚的必要程序。法律对婚约不作要求，不提倡。婚约订立与否，不影响婚姻的成立。

2. 婚约不具有法律上的约束力。当事人自愿订立婚约的，法律虽不禁止，但也不保护。双方是否履行或解除均听其自便，任何一方不能强制对方。

3. 父母代为订立的婚约无效。父母代订的婚约不能约束当事人，当事人自愿结婚的，法律不干预。但父母不得为未成年子女订立婚约。

三、有关婚约纠纷的处理

（一）婚约期间赠与物的处理

订婚的男女往往要互赠定情物，或给予聘金、聘礼等。对于此类财物纠纷，不能一概以普通赠与来对待，应根据不同情况作不同处理。对于一般价值较小、没有特别象征意义的互赠礼品，只作为一般赠与；解除婚约时双方均不必返还。对于以结婚为目的所赠与的价值较高的钱物，或有一定象征意义的物品则应作为附条件的赠与；婚约解除时应予以返还。

（二）因婚约引起的损害赔偿和财产纠纷的处理

由于我国《婚姻法》对婚约不保护，因此，因一方解除婚约而引起的各类损害赔偿纠纷，如所谓的“青春损失费”等是不能得到法律支持的。但是，如果因订婚所产生的花费、同居的财产等引起的纠纷，则可以通过诉讼得到解决。

第二节 结　婚

一、结婚的概念和特征

（一）结婚的概念

结婚，即婚姻的成立，也称婚姻的缔结。它是男女双方依法确立夫妻关系的民事法律行为。

（二）结婚的特征

1. 结婚的主体是异性男女。结婚的行为，只能发生在男女两性之间；同性不能结婚。这是由婚姻的自然属性所决定的。

2. 结婚的目的是建立配偶关系。男女双方是为确立夫妻关系而结婚的。结婚之后，相互之间就产生法定的权利义务关系。未经法定手续，不得任意解除。

3. 结婚必须依法进行，必须符合法律规定的条件和程序。只有依法实施的结婚行为，才能产生结婚的法律效力，才受法律保护。

二、结婚的要件

结婚作为民事法律行为，必须具备法定的要件。在婚姻法学理论上，一般有以下分类。

（一）实质要件与形式要件

1. 实质要件，指婚姻当事人自身必须符合的条件。实质要件又可以分为积极要件与消极要件。积极要件是指结婚当事人必须具备的条件；消极要件是指结婚当事人必须排除的条件，或称为禁止条件、结婚障碍等。

我国将结婚的实质要件称为结婚条件。现行《婚姻法》所规定的结婚条件有必备条件和禁止条件两类。

2. 形式要件，指法律规定的结婚程序。男女结婚除自身的条件须符合法律规定的实质要件之外，还必须符合法律规定的结婚程序，才能得到法律的承认和保护。各国的结婚程序主要有法律婚、仪式婚等。

我国将结婚的形式要件称为结婚的程序。现行《婚姻法》所规定的结婚形式要件为登记制。

（二）公益要件与私益要件

1. 公益要件，指涉及社会公共利益的要件，如法定婚龄的规定、近亲属的禁婚规定等。

2. 私益要件，指涉及结婚当事人个人利益的要件，如男女双方的合意、结婚能力等。

外国法之所以要划分公益要件与私益要件，是基于对婚姻无效和撤销要件的考虑。欠缺公益要件的婚姻一般为无效婚姻，欠缺私益要件的婚姻一般为可撤销婚姻。

三、结婚的条件

我国《婚姻法》所规定的结婚条件分为必备条件和禁止条件两类。

（一）结婚的必备条件

结婚的必备条件是指当事人结婚时必须具备的法定条件，所以又称为结婚的积极条件。根据我国《婚姻法》的规定，必备条件有两项：

1．男女双方完全自愿

此条件是关于结婚合意的规定，即当事人双方建立夫妻关系的意思表示必须真实一致，这是结婚的首要条件。我国《婚姻法》第5条规定："结婚必须男女双方完全自愿，不许任何一方对他方加以强迫或任何第三者加以干涉。"

男女双方完全自愿应包括以下含义：(1) 结婚是当事人自己的自由意志，不存在对方或第三者的强迫和干涉；(2) 对于结婚的意思表示完全出于自愿，没有勉强的成分；(3) 结婚是双方一致的意思表示，而不是一厢情愿；(4) 结婚的意思表达方式须以法定方式作出。在婚姻登记机关以外的其他场合所表达的结婚意愿，不产生法律效力。

鉴于该必备条件，因而要求结婚当事人须具备结婚的行为能力；无行为能力人和限制行为能力人所作的意思表示无效。

2．必须达到法定婚龄

法定婚龄是指法律规定的结婚的最低年龄。婚姻的自然属性和社会属性要求男女结婚必须达到一定的年龄，古今中外的法律概莫能外。法定婚龄的制定取决于各个国家的自然、经济、文化等因素。我国从计划生育的国策出发，确定了符合我国国情的法定婚龄。

我国《婚姻法》第6条规定："结婚年龄，男不得早于22周岁，女不得早于20周岁。晚婚晚育应予鼓励。"对于此条的理解，应注意以下二点：(1) 法定婚龄具有强制性，结婚当事人必须遵守，否则不能申请结婚。如果未到法定婚龄而结婚的，人民法院可宣告其无效；(2) 晚婚晚育是倡导、鼓励性规定，不具有强制性。凡达到法定婚龄要求结婚者，任何单位和他人不能干涉。原《婚姻登记管理条例》第13条也明确规定："申请结婚登记的当事人受单位或者他人干涉，不能获得所需证明时，经婚姻登记管理机关查明确实符合结婚条件的，应当予以登记"。2003年8月新颁布的，并于2003年10月1日开始实施的《婚姻登记条例》正式取消了结婚登记时当事人需提交单位证明的规定，进一步保障了公民的婚姻自主权，体现了法律的人文关怀精神。

（二）结婚的禁止条件

结婚的禁止条件，即结婚当事人不允许具有的情况，又称结婚的消极条件、排除条件、结婚障碍等。根据我国《婚姻法》的规定，结婚的禁止条件有三个方面的内容：

1．禁止有配偶者再行结婚

我国《婚姻法》第2条规定，实行一夫一妻制；且第3条规定，禁止重婚。《婚姻登记条例》第6条规定："办理结婚登记的当事人有下列情形之一的，婚姻登记机关不予登记：……（三）一方或者双方已有配偶的"。因此，有配偶者构成婚姻的障碍，属于结婚的排除条件。基于此点，申请结婚的当事人双方均必须是单身，包括未婚、丧偶、离婚者。

2．禁止有近血亲关系的亲属间结婚

基于遗传学、优生学上的原因，禁止一定范围的血亲结婚是人类自身提高素质的需要；同时，人类长期形成的伦理道德观念，也反对血缘太近的人具有婚姻关系。因此，禁止近亲结婚是世界各国立法的通例。

我国《婚姻法》第7条第1款规定，直系血亲和三代以内旁系血亲禁止结婚。可见，我国法律规定的禁止结婚的血亲关系有两种：(1) 直系血亲。即所有的直系血亲均不得结婚，没有世代的限制；(2) 三代以内的旁系血亲。即同源于祖父母、外祖父母的亲属，包括兄弟姐妹、伯、叔、姑、侄、舅、姨、甥、堂兄弟姐妹、表兄弟姐妹等。

对于法律拟制的近血亲关系能否结婚，我国《婚姻法》没有明确规定。但从立法精神和伦理要求看，拟制直系血亲还是应该属于禁婚亲的范围。因为根据我国《婚姻法》的规定，养父母和养子女、继父或继母与受其抚养教育的继子女间的权利和义务，适用父母子女关系的规定。此外，民间习俗也反对拟制直系血亲间通婚。至于拟制旁系血亲关系能否结婚，在法律和伦理上都不具有障碍。只要不存在三代以内的旁系自然血亲关系，是可以结婚的，如养兄弟姐妹、继兄弟姐妹等。

关于姻亲间的结婚问题，我国《婚姻法》也没有明确规定。从传统伦理上看，直系姻亲间通婚，是人们所不能接受的。而对于旁系姻亲之间，相互之间只要没有法律禁止的自然血亲关系，是可以结婚的。

3. 禁止患有一定疾病的人结婚

法律禁止患有一定疾病的人结婚，是为了保护结婚当事人的利益和社会的利益，其目的是为了防止将某些疾病传染或遗传给对方及其子女，防止丧失行为能力者结婚。我国《婚姻法》对禁止结婚的疾病，采用的是概括性规定，即第7条第2款的规定，患有医学上认为不应当结婚的疾病的，禁止结婚。

根据《中华人民共和国母婴保健法》的有关婚前医学检查的规定，目前我国禁止结婚的疾病主要包括以下几类：(1) 正处于发病期的精神分裂症、躁狂抑郁症患者以及痴呆症患者。这些患者属于限制行为能力人或无行为能力人，不具有婚姻能力，还有可能将病遗传给下一代，有违优生的要求；(2) 性病患者未经治愈的。性病包括梅毒、淋病等。这些性病传染性极强，而且又主要是通过性行为传染，因此未治愈前不能结婚；(3) 正处于发病期的法定传染病。如艾滋病、甲型肝炎、开放性肺结核、SARS、霍乱等。

我国1950年的《婚姻法》曾有“禁止有生理缺陷不能发生性行为者结婚”的规定，1980年我国在《婚姻法》中取消了此规定。因此，有生理缺陷不能发生性行为的，不在禁婚之列。当事人明知而愿意结婚的，法律不限制。如果婚后以此为理由要求离婚的，则应予以准许。

四、结婚程序

(一) 结婚程序的概念及类型

结婚程序即结婚的形式要件，指法律规定的婚姻成立的法定方式。从各国法律来看，结婚程序主要有以下两种类型：

1. 仪式制

仪式制是指结婚当事人只要公开举行一定的仪式，婚姻即为成立的结婚程序。可分为宗教仪式与世俗仪式两种。宗教仪式是按照各宗教的要求，由神职人员主持的结婚仪式；世俗仪式是按照民间习俗举行的结婚仪式。

2. 登记制

登记制是指结婚必须到法律指定的机关进行登记，婚姻才为成立的结婚程序。这种方式将结婚纳入法定机关的监管之下，有利于减少违法婚姻的发生，有利于维护婚姻当事人的合法权益，因而成为目前世界上绝大多数国家所采用的程序。

（二）我国的结婚登记制度

我国《婚姻法》对结婚的程序采用登记制。《婚姻法》第8条规定："要求结婚的男女双方必须亲自到婚姻登记机关进行结婚登记。符合本法规定的，予以登记，发给结婚证。取得结婚证，即确立夫妻关系。"

1．结婚登记机关

《婚姻登记条例》第2条规定："内地居民办理婚姻登记的机关是县级人民政府民政部门或者乡（镇）人民政府，省、自治区、直辖市人民政府可以按照便民原则确定农村居民办理婚姻登记的具体机关。"婚姻登记机关的管辖范围，原则上以当事人的户籍为依据。要结婚的男女，可以到任何一方的户口所在地的婚姻登记机关办理结婚登记。

中国公民同外国人，内地居民同我国香港居民、我国澳门居民、我国台湾居民、华侨办理婚姻登记的机关是省、自治区、直辖市人民政府民政部门或者省、自治区、直辖市人民政府民政部门确定的机关。

2．结婚登记的程序

结婚登记的程序分为申请、审查和登记三个环节。

（1）申请。要求结婚的男女，应当向有管辖权的婚姻登记管理机关提出结婚申请。申请时，内地居民应当出具下列证件和证明材料：（1）本人的户口簿、身份证；（2）本人无配偶以及与对方当事人没有直系血亲和三代以内旁系血亲关系的签字声明。

办理结婚登记的香港居民、澳门居民、台湾居民应当出具的证件和证明材料有：（1）本人的有效通行证、身份证；（2）经居住地公证机构公证的本人无配偶以及与对方当事人没有直系血亲和三代以内旁系血亲关系的声明。

办理结婚登记的华侨应当出具的证件和证明材料有：（1）本人的有效护照；（2）居住国公证机构或者有权机关出具的、经中华人民共和国驻该国使（领）馆认证的本人无配偶以及与对方当事人没有直系血亲和三代以内旁系血亲关系的证明，或者中华人民共和国驻该国使（领）馆出具的本人无配偶以及与对方当事人没有直系血亲和三代以内旁系血亲关系的证明。

办理结婚登记的外国人应当出具的证件和证明材料有：（1）本人的有效护照或者其他有效的国际旅行证件；（2）所有国公证机构或者有权机关出具的、经中华人民共和国驻该国使（领）馆认证的本人无配偶的证明，或者所在国驻华使（领）馆出具的本人无配偶的证明。

（2）审查。《婚姻登记条例》第7条规定："婚姻登记机关应当对当事人出具的证件、证明材料进行审查并询问相关情况。"审查时，应查验当事人提交的证件和证明材料是否齐全、是否符合法律规定；并审核当事人证明材料上所证明的基本情况是否符合婚姻法所规定的结婚条件。同时婚姻登记员应当向结婚当事人询问相关情况，特别是双方是否完全自愿。

经审查，办理结婚登记的当事人有下列情形之一的，婚姻登记机关不予登记：（1）未到法定婚龄的；（2）非双方自愿的；（3）一方或者双方已有配偶的；（4）属于直系血亲或者三代以内旁系血亲的；（5）患有医学上认为不应当结婚的疾病的。对当事人不符合结婚条件不予登记的，应当向当事人说明理由。

(3) 登记。婚姻登记机关对当事人办理结婚登记的证件和证明材料进行审查，并询问相关情况后，符合结婚条件的，应当当场予以登记，发给结婚证。当事人自取得结婚证时起，确立夫妻关系。

结婚证是证明当事人婚姻关系的法律文书。结婚证遗失或损毁的，当事人可以持户口簿、身份证等有效证件，向原办理婚姻登记的机关或者一方当事人常住户口所在地的婚姻登记机关申请补领。

第三节　事实婚姻

一、事实婚姻的概念和要件

(一) 事实婚姻的概念

关于事实婚姻的概念有广义和狭义之分。广义的事实婚姻是指：男女双方未履行法定结婚手续，公开以夫妻名义共同生活的，即为事实婚姻。狭义的事实婚姻是指符合结婚条件的男女，未进行结婚登记，以夫妻名义同居生活，群众也认为是夫妻关系的，即为事实婚姻。两说的主要区别在于：广义的事实婚姻以婚姻的现实存在为认定标准，不涉及婚姻的实质要件；狭义的事实婚姻则除了婚姻的现实存在以外，还必须具备结婚的实质要件，才能称为事实婚姻。两说的共同点是都不具备婚姻的法定形式要件。我国司法实践采狭义说[①]，但学界主张采广义说的亦不少。

(二) 事实婚姻的构成要件

根据最高人民法院司法解释对事实婚姻的定义，事实婚姻的构成要件主要有以下四个方面：

1. 主体。事实婚姻的主体须为没有配偶的男女双方。有配偶者与他人以夫妻名义同居生活的为事实重婚，而不是事实婚姻。

2. 内容。事实婚姻的内容具有婚姻内容，即事实婚姻的当事人具有婚姻的目的和同居生活的形式，男女双方以配偶相待。这是事实婚姻与其他非婚两性关系的主要区别。

3. 公示性。事实婚姻的男女公开以夫妻名义生活，同时为群众所公认。这种公开性与公认性是事实婚姻的重要外部特征。

4. 形式瑕疵。事实婚姻的当事人未履行结婚登记手续，不具备我国《婚姻法》所要求的婚姻形式要件。这是事实婚姻与法律婚姻相区别的重要标志。

二、事实婚姻的外国立法例

事实婚姻作为一种婚姻制度，广泛存在于古今国外立法中。如罗马法的时效婚、英美普通法婚姻、寺院法的同居婚、日本历史上的内缘婚、前苏联的事实婚和德国的同居婚等。

各国对事实婚姻的态度，大体可分为三种：一是承认主义；二是不承认主义；三是限制承认主义。

---

① 最高人民法院1979年2月2日《关于贯彻执行民事政策法律的意见》中对事实婚姻所下定义为："事实婚姻是指没有配偶的男女，未进行结婚登记，以夫妻关系同居生活，群众也认为是夫妻关系的。"

所谓承认主义，即在法律上赋予事实婚姻的效力。如美国《统一结婚离婚法》第209条规定，任何人如果被认为与他人已经结婚并同居，并未履行合法的结婚手续，为推定配偶。推定配偶享有合法配偶的权利。

所谓不承认主义，即法律不承认事实婚姻的效力。例如，《日本民法典》第739条规定："婚姻，因按户籍法规定所进行的申报，而发生效力"。不进行婚姻申报的，婚姻为无效（第742条）。

所谓限制承认主义，即有条件地承认事实婚姻。法律为事实婚姻设定某些有效条件，一旦这些条件具备，事实婚姻便转化为合法婚。有关条件主要有三种：一是同居达到一定期限。如5年、3年或2年；二是经法院确认。如《古巴家庭法》第18条规定，非正式婚姻当事人具备"单身和稳定的条件"，在得到有关法院的承认之后，即产生正式婚姻的效力；三是补办法定手续。如寺院法的事实婚，即可通过履行法定程序而使之有效。①

三、我国法律对事实婚姻的态度

对于事实婚姻，建国后的两部婚姻法均没有进行正面规定，但由于受传统婚姻习俗的影响，结婚不登记的现象仍较为普遍。最高人民法院在司法解释中，对事实婚姻的认定和处理进行了规定，其态度经历了承认、限制承认、不承认、有条件转化四个阶段：

（一）承认阶段（1950年至1989年11月21日）

最高人民法院多次司法解释均承认事实婚姻的法律效力，并规定事实婚姻纠纷按照离婚案件处理。②

（二）限制承认阶段（1989年11月21日至1994年2月1日）

最高人民法院1989年11月21日《关于人民法院审理未办理结婚登记而以夫妻名义同居生活案件的若干意见》明确规定了"在一定时期内有条件的承认事实婚姻关系"的原则，并划分了承认的时间界限：

1. 1986年3月15日《婚姻登记办法》施行之前，未办结婚登记手续即以夫妻名义同居生活，群众也认为是夫妻关系的，一方向人民法院起诉"离婚"，如起诉时双方均符合结婚的法定条件，可认定为事实婚姻关系；如起诉时一方或双方不符合结婚的法定条件，应认定为非法同居关系。

2. 1986年3月15日《婚姻登记办法》施行之后，未办结婚登记即以夫妻名义同居生活，群众也认为是夫妻关系的，一方向人民法院起诉"离婚"，如同居时双方均符合结婚的法定条件，可认定为事实婚姻关系；如同居时一方或双方不符合结婚的法定条件，应认定为非法同居关系。

3. 自民政部新的《婚姻登记管理条例》施行之日起，未办理结婚登记即以夫妻名义同居生活的，按非法同居对待。

（三）不承认阶段（1994年2月1日至2001年4月28日）

1994年2月1日民政部《婚姻登记管理条例》颁布，该条例第24条规定："未到

① 夏吟兰、蒋月、薛宁兰：《婚姻家庭关系新规则——新婚姻法解说与研究》，第238～239页。

② 最高人民法院：《关于男女双方已达婚龄未进行登记而结婚的一方提出离婚时应如何处理问题的批复》；《关于事实上的婚姻关系应如何予以保护和一方提出离婚应如何处理等问题的复函》。

结婚年龄的公民以夫妻名义同居的，或符合结婚条件的当事人未经登记以夫妻名义同居的，其婚姻关系无效，不受法律保护。”最高人民法院在关于适用该条例的《通知》中，明确规定：“自 1994 年 2 月 1 日起，没有配偶的男女，未经结婚登记即以夫妻名义同居生活的，其婚姻关系无效，不受法律保护。对于起诉到人民法院的，应按非法同居关系处理”。

（四）有条件转化阶段（2001 年 4 月 28 日以后）

由于学界及社会各界对是否一律不承认事实婚姻的效力，有不同意见，所以 2001 年我国修改后的《婚姻法》采取了折中的办法，在《婚姻法》第 8 条关于结婚登记条款中增加了“未办理结婚登记的，应当补办登记”的规定。这就改变了对事实婚姻一律按非法同居关系处理的态度，而是采取了补办登记即转化为合法婚姻的原则。最高人民法院 2001 年 12 月 24 日《关于适用婚姻法若干问题的解释（一）》（以下简称《解释（一）》）进一步对事实婚姻的效力作出了规定：

1.《解释（一）》第 4 条规定：“男女双方根据婚姻法第 8 条规定补办结婚登记的，婚姻关系的效力从双方均符合婚姻法所规定的实质要件时起算。”即补办登记具有溯及力，对自符合实质要件到补办登记这段时间的事实婚姻赋予法律效力。

2.《解释（一）》第 5 条规定：“未按婚姻法第 8 条办理结婚登记而以夫妻名义共同生活的男女，起诉到人民法院要求离婚的，应当区别对待：（一）1994 年 2 月 1 日民政部《婚姻登记管理条例》公布实施以前，男女双方已经符合结婚实质要件的，按事实婚姻处理；（二）1994 年 2 月 1 日民政部《婚姻登记管理条例》公布实施以后，男女双方符合结婚实质要件的，人民法院应当告知其在案件受理前补办结婚登记；未补办结婚的，按解除同居关系处理。”

按此解释，男女双方同居时间是在 1994 年 2 月 1 日以前的，而且双方都在此时间以前就符合结婚条件的，可不补办结婚登记，而直接确认为事实婚姻，承认其婚姻效力。在 1994 年 2 月 1 日以前同居但未符合结婚条件和 1994 年 2 月 1 日以后同居的，均要补办结婚登记后才承认其婚姻效力。当事人还未补办结婚登记就意欲离婚的，可以进行选择：或是补办后双方按离婚诉讼处理；或是不补办，自行解除同居关系。

第四节　婚姻无效与撤销

一、婚姻无效与撤销概述

（一）婚姻无效和撤销的概念

婚姻无效，也称无效婚姻，是指违反法律规定的结婚条件而不发生法律效力的两性结合。婚姻并不是当事人的任意行为，必须要符合法律的规定。不具备法定条件所成立的婚姻就不为法律所承认，因而产生无效的法律后果。

婚姻撤销，也称可撤销婚姻，是指缺乏结婚的合意，受胁迫而成立的婚姻，受胁迫方可通过法定程序予以撤销的制度。被撤销的婚姻自始无效。婚姻必须男女双方完全自愿。一方胁迫另一方所成立的婚姻，违背了法律的规定，因此法律赋予受胁迫方可通过撤销婚姻予以救济。

婚姻无效与撤销，在不同的国家和地区，有不同的内涵，两者相互交叉。有些国家的无效婚姻在另一些国家却是可撤销婚姻。有些外国学者从结婚要件涉及不同的主体利益的角度出发，将结婚的要件分为公益要件和私益要件。公益要件是指与社会公共利益有关的结婚要件；私益要件是指仅与当事人及其近亲属的利益有关的结婚要件。一般来说，违反公益要件者，为无效婚姻；违反私益要件者，为可撤销婚姻。但这也不绝对，在《日本民法典》中，可撤销婚姻也包括公益撤销与私益撤销两种。

（二）婚姻无效与撤销的立法沿革

无效婚姻制度起源很早，古罗马法中就有违反结婚条件的婚姻原则上不发生婚姻的效力，对重婚的还要处以刑罚的规定。中世纪的欧洲，教会法设立婚姻无效与撤销制度，是基督教婚姻不可解除之产物。1804 年《法国民法典》继受罗马法的精神，仅设无效婚姻制度。1900 年德国民法典设无效婚姻和撤销婚姻制度。此后，瑞士、日本、英国等国及美国的一些州相继设立了无效婚姻和撤销婚姻制度。在无效婚姻和撤销婚姻并存的国家，有的将无效婚姻称为绝对无效，将可撤销的婚姻称为相对无效。但很难有统一的划分标准和模式。

在我国，1950 年《婚姻法》和 1980 年《婚姻法》均未设立婚姻无效和撤销制度。司法实践中凡发生纠纷的一律按离婚处理。1986 年 3 月 15 日施行的《婚姻登记办法》开始涉及婚姻无效的规定，其中有："婚姻登记机关发现婚姻当事人有违反婚姻法的行为，或在登记时弄虚作假、骗取结婚证的，应宣布该项婚姻无效，收回已骗取的结婚证，并对责任者给予批评教育"。同时，赋予婚姻登记机关可以对结婚欺诈行为宣布婚姻无效的权力，偏重于行政惩罚性。1994 年 2 月 1 日起施行的《婚姻登记管理条例》虽较之《婚姻登记办法》，对婚姻无效作了更为具体的规定，但仅涉及了未达法定婚龄、未进行登记、登记时弄虚作假三种情况的婚姻无效，仍未全面建立婚姻无效的制度。

2001 年修改后的《婚姻法》，在结婚制度一章增设了婚姻无效和撤销制度，弥补了我国《婚姻法》上的空白，是我国婚姻立法的重大发展。

二、我国的婚姻无效和撤销制度

（一）婚姻无效制度

1．婚姻无效的法定原因。根据我国《婚姻法》第 10 条的规定，构成婚姻无效的情形有以下四种：（1）重婚的；（2）有禁止结婚的亲属关系的；（3）婚前患有医学上认为不应当结婚的疾病，婚后尚未治愈的；（4）未到法定婚龄的。

以上四种情况因违反了我国《婚姻法》所规定的结婚条件，因而婚姻无效。但如无效原因已消失，比如已达法定婚龄，则婚姻自然转化为有效。有关当事人在婚姻无效情形已消失时，才申请宣告婚姻无效的，将不能获得人民法院的支持。

2．婚姻无效的请求权主体。根据最高人民法院《解释（一）》第 7 条的规定，有权依据我国《婚姻法》第 10 条向人民法院就已办理结婚登记的婚姻申请宣告婚姻无效的主体有两类人：一是婚姻当事人本人；二是利害关系人。根据不同的婚姻无效的原因，利害关系人有所不同：（1）以重婚为由申请宣告婚姻无效的，为当事人的近亲属及基层组织；（2）以未到法定婚龄为由申请宣告婚姻无效的，为未达法定婚龄者的近亲属；（3）以有禁止结婚的亲属关系为由申请宣告婚姻无效的，为当事人的近亲属；（4）以婚前患有医学上认为不应当结婚的疾病，婚后尚未治愈为由宣告婚姻无效的，为与患病者共同生活的近亲属。

3．宣告婚姻无效的机关和程序。根据最高人民法院的司法解释和新的《婚姻登记条例》，我国受理婚姻无效申请的机关只能是人民法院。1994 年的《婚姻登记管理条例》规定婚姻登记管理机关可以对违法婚姻宣布婚姻无效，但 2003 年 8 月新颁布的《婚姻登记条例》取消了这项规定。因此，申请宣告婚姻无效只能向人民法院提出。

人民法院审理宣告婚姻无效案件时，不适用调解，采用一审终审制。有关婚姻效力的判决一经作出，即发生法律效力。涉及财产分割和子女抚养的，可以调解。调解达成协议的，另行制作调解书。对财产分割和子女抚养问题的判决不服的，当事人可以上诉。

人民法院审理重婚导致的无效婚姻案件时，涉及财产处理的，应当准许合法婚姻当事人作为有独立请求权的第三人参加诉讼，以维护合法配偶的财产权益。

人民法院宣告婚姻无效的，应当收缴双方的结婚证书并将生效的判决书寄送至当地婚姻登记机关。

（二）婚姻撤销制度

1．婚姻撤销的法定原因。我国《婚姻法》第 11 条规定："因胁迫结婚的，受胁迫一方可以向婚姻登记机关或人民法院请求撤销该婚姻"。可见，我国婚姻撤销的法定原因只有"胁迫"一种情形。这种法律规定过于狭窄，使得欺诈、包办等婚姻还只能按离婚处理。

何为"胁迫"？最高人民法院《解释（一）》第 10 条指出："是指行为人以给另一方当事人或者其近亲属的生命、身体健康、名誉、财产等方面造成损害为要挟，迫使另一方当事人违背真实意愿结婚的情况"。

2．婚姻撤销的请求权主体。对于请求权主体，最高人民法院《解释（一）》第 10 条第 2 款明确规定："因受胁迫而请求撤销婚姻的，只能是受胁迫一方的婚姻当事人本人。"除受胁迫的婚姻当事人本人以外，任何其他人均无权申请撤销该婚姻，以保证其撤销请求确系本人的真实意思。

3．婚姻撤销的诉讼时效。我国《婚姻法》第 11 条指出："受胁迫的一方撤销婚姻的请求，应当自结婚登记之日起一年内提出。被非法限制人身自由的当事人请求撤销婚姻的，应当自恢复人身自由之日起一年内提出。"这里规定的"一年"，为除斥期间，不适用诉讼时效中止、中断或者延长的规定。

4．婚姻撤销的程序。最高人民法院《解释（一）》第 11 条规定："人民法院审理婚姻当事人因受胁迫而请求撤销婚姻的案件，应当适用简易程序或者普通程序。"即可以调解；当事人不服一审判决的，可以上诉。人民法院依法撤销婚姻的，应当收缴双方的结婚证书并将生效的判决寄送至当地的婚姻登记机关。

（三）婚姻无效和撤销的法律后果

1．婚姻自始无效。我国《婚姻法》第 12 条规定："无效或撤销的婚姻，自始无效。"应特别注意的是，我国的婚姻无效和撤销，未采用当然无效制度，而采纳的是宣告无效制。最高人民法院《解释（一）》特别强调，我国《婚姻法》第 12 条规定的自始无效，是指无效或者可撤销婚姻在依法被宣告无效或被撤销时，才确定该婚姻自始不受法律保护。

2．财产的处理。由于婚姻自始无效，当事人不具有夫妻的权利和义务，故同居期间所得财产按共同共有处理（有证据证明为当事人一方所有的除外）。首先由当事人协议；协议不成时，由人民法院根据照顾无过错方的原则判决。对重婚导致的婚姻无效的财产处理，不得侵害合法婚姻当事人的财产权益。

3. 子女的抚养。婚姻被宣告无效或被撤销后，当事人所生的子女，应为非婚生子女，但享有与婚生子女同等的权利，任何人不得加以危害和歧视。不直接抚养非婚生子女的生父或生母，应当负担子女的生活费和教育费，直至子女能独立生活为止。

婚姻无效和撤销的法律后果中，法律上还应增加生活困难的经济补偿、无过错方有权请求损害赔偿等。

思考题

1. 何为婚约？我国目前法律对婚约采取何种态度？
2. 婚约期间所涉及的财产纠纷应如何处理？
3. 我国《婚姻法》所规定的结婚条件有哪些？
4. 我国禁止结婚的亲属有哪些？禁止结婚的理由何在？
5. 如何理解“医学上认为不应当结婚的疾病”？
6. 什么叫事实婚姻？其构成要件有哪些？
7. 按照当前法律的规定，对事实婚姻应如何处理？
8. 婚姻无效和撤销的法定原因有哪些？
9. 哪些人可以成为请求人民法院宣告婚姻无效的主体？
10. 试述婚姻撤销的请求权人和行使期间？
11. 婚姻被宣告无效和撤销后具有哪些法律后果？

学习资料指引

1. 史尚宽著《亲属法论》，中国政法大学出版社，2000 年，第 3 章。

2. 王胜明、孙礼海主编《婚姻法修改立法资料选》，法律出版社，2001 年 6 月。

3. 巫昌祯主编《婚姻与继承法学》（修订本），中国政法大学出版社，2001 年 8 月修订第 2 版，第 5 章。

4. 杨遂全、陈红莹、赵小平、张晓远等著《婚姻家庭法新论》，法律出版社，2003 年 8 月第 1 版，第 4 章。

5. 刘素萍主编《婚姻法学参考资料》，中国人民大学出版社，1989 年 1 月第 1 版，“结婚部分”。

6. 马原主编《新婚姻法案例评析》，人民法院出版社，2002 年 2 月第 1 版，第 2 章。

参考法规提示

1.《中华人民共和国婚姻法》第二章。
2.《婚姻登记条例》第 1、2 条、第 4～7 条。
3.《中华人民共和国母婴保健法》第 8～10 条、第 38 条。
4. 中央人民政府法制委员会《有关婚姻法施行的若干问题与解答》（1950 年 6 月

26 日)。

5. 中央人民政府法制委员会《有关婚姻问题的解答》(1953 年 3 月 19 日)。

6. 最高人民法院《关于人民法院审理未办理结婚登记而以夫妻名义同居生活案件的若干意见》(1989 年 11 月 21 日)。

7. 最高人民法院《关于适用婚姻法若干问题的解释 (一)》(2001 年 12 月 24 日) 第 4～16 条。

第四十六章　家庭关系

【阅读提示】 我国法律规定的家庭关系，主要涉及夫妻关系、父母子女关系、祖孙关系和兄弟姐妹关系等。学习本章时，应重点了解夫妻的人身关系和财产关系，仔细区分夫妻共同财产制、夫妻个人特有财产制和夫妻约定财产制的不同，弄清父母子女关系和其他家庭成员关系的内涵。

第一节　夫妻人身关系

夫妻人身关系是指夫妻间的，没有直接财产内容的，与人身不可分的夫妻人格、身份方面的权利和义务关系，它是婚姻成立在夫妻身份上的效力。

一、独立姓名权

有无独立的姓名权，是有无独立人格的一种标志。因此，姓名权是一项重要的人身权利，也是夫妻人身法律关系的重要内容之一。它的法律规定表明了夫妻之间在人格上是否平等和独立。在古代夫权主义时代，妻从夫姓成为人身依附关系的重要象征。近现代以来，随着男女平等和妇女解放运动的发展，妻从夫姓的旧传统也被逐渐打破。已婚妇女享有独立的姓名权成为社会进步的表现。我国建国后两部婚姻法都明确规定："夫妻双方都有各用自己姓名的权利。"即夫妻任何一方不因结婚而改变姓氏，婚后夫妻各自使用自己的姓名。在具体的权利使用上，夫妻任何一方均可按照我国《民法通则》第99条，以"公民享有姓名权，有权决定、使用和按照法律规定改变自己的姓名，禁止他人干涉、盗用、假冒"的规定来行使。此外，夫妻平等姓名权还反映在子女姓氏的确定上。我国《婚姻法》第22条规定："子女可以随父姓，也可以随母姓。"

二、同居权利义务

同居是指夫妻共同居住、共同生活。同居权即是夫妻一方要求与另一方共同生活的权利。同居义务是指夫妻任何一方都有与对方共同生活的义务。同居是夫妻间的本质性的权利义务，是婚姻的外在表现形式。

新中国成立后，1950年颁布实施的第一部《婚姻法》就曾规定："夫妻为共同生活的伴侣，在家庭中地位平等"。1980年我国《婚姻法》没有正面规定这方面的内容，但在司法实践中，将感情不和分居已满三年，确无和好的可能或者经人民法院判决不准离婚后，又分居满一年互不履行夫妻义务的，可认定夫妻感情确已破裂，婚姻关系准予解除。我国2001年修改的《婚姻法》，仍然没有在法律中正面规定夫妻的同居权利和义务，但《婚姻法》第3条、第32条和第46条的规定中，有"禁止有配偶者与他人同居"，因感情不和分居满二年的，可准予离婚，以及一方与他人同居导致离婚的，"无过错方有权请求损害赔偿"等规定。这说明我国也从反面肯定了夫妻间同居的权利和义务。

同居虽然是夫妻的基本权利和义务，但一方有不能同居生活的正当理由时，可以不履行同居义务。各国法律对此的规定，主要有两种情况：(1) 因正常理由而暂时中止同居。如因公务私事的需要而合理离家或因生理方面的原因对同居义务部分或全部的不能履行等；(2) 因法定事由而停止同居。如《瑞士民法典》就规定："配偶一方在其健康、名誉或经济状况因夫妻共同生活而受到严重威胁时，在威胁存续期间可停止共同生活"，"提起离婚或分居的诉讼后，配偶双方在诉讼期间均有停止共同生活的权利。"在外国法中，无故不履行同居义务的将承担法律责任。如《法国民法典》规定："如夫妻一方不履行其义务时，他方得依民事诉讼法规定的方式迫其履行"，此外还将承担损害赔偿责任。①

三、互相忠实

忠实义务有广义和狭义两种理解。广义的理解指对夫妻全部利益的忠实，即不得损害夫妻一方的利益或抛弃对方。狭义的理解则专指性生活的忠实，即不为婚外性行为。我们这里使用的"忠实"，应做狭义的理解，即贞操义务。这种义务是由一夫一妻婚姻制度所要求的。夫妻任何一方都对另一方负有贞操义务，即不得与第三者发生性的关系(包括同性恋)。当代各国法律都普遍将贞操作为夫妻双方的共同义务规定下来，并规定了违反这一义务的法律责任。如《法国民法典》规定，夫妻应相互忠实。一方违反忠实义务时，他方可请求离婚或别居外，还可根据侵权行为请求损害赔偿，也可对第三者提起赔偿请求。日本也有类似规定。②

我国《婚姻法》在 2001 年修改后，在第 4 条中增设了夫妻应当互相忠实的法律规定，肯定了夫妻间的忠实义务。但对违反忠实义务的制裁，还限于比较严重的重婚、与配偶以外的人同居等严重行为，造成离婚的，无过错方有权请求损害赔偿。除此以外，不能就一般的违反忠实的行为，提起诉讼。对此，最高人民法院《关于适用〈婚姻法〉若干问题的解释（一）》第 3 条，也明确规定："当事人仅以婚姻法第四条为依据提起诉讼的，人民法院不予受理"。

四、住所协定

这里的住所专指夫妻共同居住的场所，即婚姻住所。我国《婚姻法》第 9 条规定："登记结婚后，根据男女双方约定，女方可以成为男方家庭的成员，男方可以成为女方家庭的成员。"这表明在我国，男女双方都有平等决定夫妻住所的权利，实质是协商决定的原则。但在中国传统习俗根深蒂固的今天，男到女家仍会受到强大的社会阻力，包括有些农村基层干部千方百计阻碍女家引婿上门；有些以村规村约的形式公然挑战国家法律，剥夺出嫁女的应有权利，甚至法院的判决也难以执行。对此，国家应加大执法力度，以切实保障公民的婚姻住所权以及所伴随的其他权利。

五、人身自由权

夫妻的人身自由权是指男女结婚后，仍享有按本人意愿参加社会活动、从事社会职业的自由。我国《婚姻法》第 15 条规定："夫妻双方都有参加生产、工作、学习和社会活动的自由。一方不得对他方加以限制或干涉。"这就赋予了男女双方婚后都有充分的

---

① 李志敏：《比较家庭法》，北京大学出版社，1988 年版，第 103 页

② 李志敏：《比较家庭法》，北京大学出版社，1988 年版，第 105 页

人身自由和社会交往权。当前我国妇女从事社会职业已经十分普遍，因而干涉已婚妇女自由权的违法行为主要表现在限制妻子参加社会活动、继续学习深造、从事公益事务等。

六、家事代理权

夫妻的家事代理权是基于配偶身份当然享有的权利，在行使时不必以被代理人名义行使，但其范围仅限于日常家事。我国现行《婚姻法》未明确规定夫妻的家事代理权。但最高人民法院《解释（一）》第17条规定，夫或妻“因日常生活需要而处理夫妻共同财产的，任何一方均有权决定。”实际上肯定了夫妻双方对在日常生活所需的范围内有代理权，但仅限于共同财产。即任何一方对日常生活所需范围内对夫妻共同财产所作的处分行为，都产生对内对外效力。

七、计划生育权利义务

计划生育不仅是夫妻的义务，也是一项重要权利。因为生育是每个人的基本自然权利，法律加以规定是将人的自然权利加以法律确认。同时，这也是一项人身自由权，任何人都有生育和不生育的权利和自由。在夫妻人身关系上，计划生育权利应包括以下三方面：其一，夫妻婚后有依照法律规定生育子女的权利。其二，夫妻有不生育的自由。夫妻在是否生育子女的问题上应协商一致，任何一方无权强行要求生育。其三，夫妻有响应国家号召，行使计划生育的权利。

八、互相尊重、互相协助

夫妻之间法律地位平等，体现在相互关系和家庭生活上，就应该相互尊重。夫妻一方不应做任何有损对方尊严、名誉、情感、隐私等的行为。我国《婚姻法》第4条明确指出：“夫妻应当互相忠实，互相尊重”，正式将尊重作为夫妻关系的人身内容规定进了法律中。

互相协助指夫妻在共同生活中彼此协作、互相支持、实施救助的权利和义务。这种权利和义务是基于身份关系而产生的，也是夫妻婚姻生活的本质性义务。我国《婚姻法》第4条规定：“家庭成员间应当敬老爱幼，互相帮助”。夫妻属于家庭成员范畴，所以互相帮助的规定也适用夫妻之间。它表明夫妻之间有互相协作、互相救援的义务。任何一方患病或遇难时，另一方都应积极援助，而冷漠以对，见死不救是违背法律规定的。

第二节　夫妻财产关系

夫妻财产关系是婚姻成立在财产方面的效力。我国《婚姻法》对夫妻财产法律关系规定了三方面的内容，即夫妻财产制、夫妻扶养义务、夫妻继承权等。

一、夫妻财产制

夫妻财产制又称婚姻财产制，是关于夫妻婚前婚后财产的归属、管理、使用、收益、处分的法律制度。

（一）*法定夫妻财产制*

法定夫妻财产制是指国家法律明确规定的在婚姻当事人没有订立财产契约或约定无效的情况下，当然适用的处理夫妻财产关系的具体制度。我国的法定夫妻财产制是由夫妻共同财产制和个人特有财产制共同组成。

1．夫妻共同财产制

根据我国《婚姻法》第 17 条、第 18 条的规定，可知我国夫妻共同财产制实行的是除特有财产外的婚后所得共同制。

(1) 夫妻共同财产的概念和范围

夫妻共同财产是指夫妻在婚姻关系存续期间一方或双方所得的财产。除特有财产以外，婚后所得均属夫妻共同所有。主要包括以下几类：

第一，工资、奖金。本类主要是指夫妻一方或双方的劳动报酬所得。工资、奖金是我国普遍实行的劳动报酬形式，因此，立法上将其提示出来以代表所有的劳动报酬均应属夫妻共同所有。按照立法精神，属于劳动报酬性质的实物、津贴等也应包括在内。

第二，生产、经营的收益。生产、经营的具体形式很多，除办厂、设立公司、企业以外，还有承包、租赁、投资、个体经济等多种经营形式。凡在婚后从事生产和商业活动的收入都应作为生产、经营的收益归夫妻共同所有。

第三，知识产权的收益。知识产权是指人们对其智力成果依法所享有的专有权利，主要包括著作权、专利权、商标权、发明权、发现权、商业秘密权等。在婚姻关系存续期间，夫妻一方或双方通过以上权利所取得的经济利益都归夫妻共同所有。

第四，继承或赠与所得的财产，但遗嘱或赠与合同明确指明归一方所有的除外。继承和赠与都是无偿取得他人财产。凡夫妻在婚姻存续期间通过继承或赠与获得了他人财产，只要被继承人和赠与人没有特别指明死后的财产和赠与的财产只归夫妻一方所有，那么所继承和受赠与的全部财产都归夫妻双方共同所有。

第五，其他应当归共同所有的财产。主要是指其他所有应属于夫妻共同财产范围的财产，比如利息、债权、福利待遇投资收入等。

(2) 夫妻对共同财产的处理

我国《婚姻法》第 17 条第二款规定："夫妻对共同所有的财产有平等的处理权"。所谓平等的处理权，根据最高人民法院的《解释（一）》，是指：（一）夫或妻在处理夫妻共同财产上的权利是平等的。因日常生活需要而处理夫妻共同财产的，任何一方均有权决定；（二）夫或妻非因日常生活需要对夫妻共同财产做重要处理决定，夫妻双方应当平等协商，取得一致意见。他人有理由相信其为夫妻双方共同意见表示的，另一方不得以不同意或不知道为由对抗善意第三人。

2．夫妻个人特有财产制

夫妻个人特有财产是在夫妻共同财产制下，依法属于夫妻个人所有的财产。根据我国《婚姻法》第 18 条的规定，夫妻个人特有财产主要包括以下几类：

第一，一方的婚前财产。凡在婚姻关系发生效力以前，夫妻一方个人所有的全部财产，无论是动产、不动产，在婚后均归原所有人个人所有，不得纳入夫妻共同财产范围。

第二，一方因身体受到伤害获得的医疗费、残疾人生活补助费等费用。医疗费、残疾人生活补助费等费用是夫妻一方因身体受到伤害所得的由侵权人支付的赔偿性质的财产，它是受害一方将来生活的基本保障，应专属受害人个人所有。

第三，遗嘱或赠与合同中确定只归夫或妻一方所有的财产。我国法律以前一直规定只要男女结婚后，一方或双方继承或赠与所得均为夫妻共同财产。这种立法不符合民法意思自治的基本精神。新修改后的我国《婚姻法》，特别对此做了新的规定：在一般情况下，继承或赠与所得为夫妻共同财产；但如果被继承人和赠与人特别指明了只归夫妻一方所有时，夫妻一方或双方继承或赠与所得的财产就属于夫妻一方的个人特有财产。

第四，一方专用的生活用品。生活用品是指日常生活起居所需的物品。一方专用的生活用品是指夫妻一方满足个人日常生活起居需要的物品；也包括因身体所需的由个人使用的价值不大的物品，如洗漱用品、化妆品、装饰物、衣物、提包等。对于价值较大的一方专用的生活用品，如金银首饰、贵重手表等饰品，应根据家庭收入的状况来具体确定，不应一概认定为夫妻共同财产或一方个人财产。

第五，其他应当归一方所有的财产。这需根据所有各个家庭各种财产的性质、来源、用途等综合确定。比如可包括：双方约定归一方的财产；因贡献所获的与人身联系紧密的奖品、一方职业所需的价值不大的书籍、文具、材料、工具等。

（二）约定夫妻财产制

约定夫妻财产制是指法律允许婚姻当事人以契约形式确定夫妻财产制形式的法律制度。我国的约定夫妻财产制的主要内容如下：

1. 约定的条件：第一，约定的主体必须是具有夫妻身份关系的男女双方。不具有夫妻身份者，如非婚同居等不适合本条。同时，约定时夫妻双方均应具有完全民事行为能力。如果一方或双方系限制或无行为能力人，不能订立约定。即使订立了，约定也是无效的，适用法定的夫妻财产制。但如果订立约定时夫妻双方均具有完全民事行为能力，约定后一方丧失民事行为能力则不影响约定的效力。第二，约定须建立在双方完全自愿的基础上。一方以欺诈、胁迫的手段，或乘人之危，使另一方在违背真实意思的情况下所订立的约定无效，另一方可向人民法院请求变更或撤销。第三，约定的内容须合法。比如夫妻对财产的约定不能损害国家、集体和他人的利益，不能把家庭其他成员的财产约定为夫妻共同所有或一方所有，不能借夫妻财产约定逃避债务，不能约定免除法定抚养、扶养和赡养义务等。

2. 约定的内容：其一，约定的范围可以只涉及婚后所得财产，也可以既包括婚后财产也包括婚前财产。其二，约定的类型。即在一般共同、部分共同、分别所有三种方式中，选择一种类型作为双方约定的夫妻财产制。一般共同制是指双方的全部财产，包括婚前财产和婚后财产均归夫妻双方共同所有。部分共同制是只将部分财产设为夫妻共同所有的制度。由双方约定哪些财产属共同所有、哪些财产属一方个人所有，全称为部分共同所有、部分个人所有。分别所有制是不设夫妻共同财产的制度，即夫妻各人无论是婚前财产还是婚后所得财产均归各人各自所有，可以简称为AA制。

3. 约定的时间和方式：我国《婚姻法》没有规定约定应在何时订立，也就是说婚姻当事人可以选择在婚前订立，也可以在婚后订立。订立后经双方协商一致也可以变更和解除。订立的方式应当采用书面形式。

4. 约定的效力：其一，约定财产制在效力上优于法定财产制适用。夫妻之间有财产约定的，依约定处理；无约定或约定不明的，适用法定财产制。其二，约定对夫妻双方具有约束力，即产生对内效力。财产约定一旦生效，双方就应按约定的内容执行，一方未经对方同意不得擅自变更或解除约定。离婚时按约定处理夫妻财产。其三，在对外效力上，不当然及于第三人。夫妻约定采取分别所有制时，夫或妻一方对外所负的债务，债权人（第三人）知道该约定的，以夫或妻一方的财产清偿。债权人不知道该约定的，任何一方所负的债务，均由夫妻共同偿还。对于“第三人知道该约定”的举证问题，最高人民法院《解释（一）》第 18 条明确规定：“夫妻一方对此负有举证责任”。

二、夫妻扶养义务

（一）扶养的概念和必要性

扶养是指一定亲属之间相互供养和扶助的义务。享有扶养请求的，是扶养权利人；承担扶养责任的，是扶养义务人。扶养有广义和狭义之分。广义的扶养是泛指亲属间的所有经济供养关系；狭义的扶养特指平辈之间的经济供养关系。我国《婚姻法》针对经济供养人之间的关系，将长辈对晚辈的供养称为抚养，如父母对子女、祖辈对孙辈；将平辈之间的供养称为扶养，如夫妻之间；将晚辈对长辈的供养称为赡养，如子女对父母、孙辈对祖辈。

夫妻负有互相扶养的权利与义务，是基于婚姻的效力而产生的。婚姻的目的是要建立夫妻共同生活体。既然要共同生活，夫妻之间的相互扶养就必不可少。因此各国法律都将夫妻之间的扶养作为法定义务予以规定。如《法国民法典》第 212 条规定，夫妻有相互帮助、救援的义务。《瑞士民法典》规定：“两配偶须相互协力，保持共同生活之幸福……并为扶助之义务。”①

（二）我国婚姻法关于夫妻扶养的规定

我国《婚姻法》第 20 条规定：“夫妻有互相扶养的义务。一方不履行扶养义务时，需要扶养的一方，有要求对方付给扶养费的权利。”对此条规定应作如下理解：

第一，夫妻间的扶养是国家法律规定的强制性条款，它既是义务又是权利。夫妻都有扶养对方的法定义务，也有要求对方对自己进行扶养的权利，这种权利义务是对等的。丈夫有扶养妻子的义务，妻子也有扶养丈夫的义务；妻子有请求丈夫扶养的权利，丈夫也有要求妻子给付扶养费的权利。任何一方都不能只片面强调权利而拒绝履行义务，或多享受权利少履行义务。

第二，扶养的条件是义务人有扶养能力和权利人有接受扶养的需要。夫妻任何一方出现生活困难都可产生接受扶养的需要，但另一方必须要有扶养的能力，才能承担给付的义务。如果双方都困难或者双方都有独立生活能力，自然不能要求一方对另一方进行扶养。

第三，一方不履行扶养义务时的法律救济。考虑到一旦夫妻出现纠纷，一方不尽扶养义务，会造成另一方生活困难，所以我国《婚姻法》明确规定了法律救济手段，即“一方不履行扶养义务时，需要扶养的一方，有要求对方付给扶养费的权利。”也就是说，一方不履行扶养义务时，生活困难的一方享有诉讼请求权，即可向人民法院起诉要求对方给付。人民法院依法受理诉讼后，查明情况属实的，会主持调解，说服教育有能力的一方付给困难方扶养费；调解不成时，则会判令义务方履行给付义务。法院判决下达后，义务方仍不履行的，生活困难方可向法院申请强制执行。如果义务方仍拒绝履行，情节恶劣构成遗弃罪的，权利方可要求追究对方的刑事责任。我国《刑法》第 261

---

① 蒋月：《夫妻的权利与义务》，法律出版社，2001 年 7 月版，第 123 页

条规定："对于年老、年幼、患病或者其他没有独立生活能力的人，负有扶养义务而拒绝扶养，情节恶劣的，处五年以下有期徒刑、拘役、或者管制。"

从我国的规定来看，夫妻扶养义务主要是体现在基本生活的保持上，是针对夫妻一方如出现无独立生活能力或生活困难时，可要求对方给付扶养费所规定的强制性义务。如果夫妻双方各有独立生活能力，即使经济条件悬殊，一方也不得要求对方履行扶养义务。当然，自愿给付的法律并不干预。

三、夫妻有相互继承遗产的权利

（一）夫妻互享继承权的依据

遗产继承是指自然人死亡之后，其遗留的个人财产依照法律的规定或遗嘱转移给近亲属所有的一种法律制度。继承分法定继承（本书称之为"非遗嘱继承"，下同）和遗嘱继承两类。自然人生前可以立遗嘱对自己死后留下的财产进行处分，也可以不立遗嘱而按照法定的继承方式，在其死后处理其合法财产。自然人死亡时，有遗嘱的，按遗嘱继承办理；无遗嘱或遗嘱无效的，按法定继承办理。

夫妻互享继承权的依据是婚姻效力。亲属身份是确定继承权的主要依据。男女一旦结为夫妻，相互之间就形成近亲属关系，因此法律都将夫妻作为法定继承人之一。从权利义务对等的角度来看，夫妻之间长期相互扶养，相互照顾，直接或间接对对方的财产做出贡献，所以规定互相的继承权符合权利义务一致的原则。此外，夫妻之间具有最亲密的关系。死者未立遗嘱时，推定其最有可能的意愿是将财产留给亲近的亲属，因此规定夫妻作为法定继承人符合被继承人的意志。

（二）《婚姻法》关于夫妻继承权的规定

我国《婚姻法》第24条规定："夫妻有互相继承遗产的权利。"对此条规定应作如下理解：

第一，适用范围为法定继承。夫妻一方死亡时，则留有合法有效的遗嘱，若应按遗嘱的内容处理遗产。死者在遗嘱中指明由配偶继承遗产的，他方才能继承；如果遗嘱中没有将遗产留给配偶，生存方则不能依据本条强行要求继承。死者没有留下遗嘱时，则按法定继承办理，生存方就享有继承权，并与死者的父母和子女同为第一顺序继承人。

第二，合法的夫妻身份是享有法定继承权的前提。凡按照我国《婚姻法》第8条的规定履行了结婚登记手续的男女，就具有合法的夫妻身份。以夫妻名义同居生活但未办结婚登记手续的，根据最高人民法院《解释（一）》第5、6条的规定，凡1994年2月1日民政部《婚姻登记管理条例》公布实施以前，男女双方已经符合结婚实质要件的，按事实婚姻处理，互相享有继承权；1994年2月1日以后男女双方符合结婚实质要件的，必须在补办结婚登记手续后，夫妻之间才享有继承权。

第三，夫妻之间的继承权，因结婚而发生，因离婚而消灭。即只要在婚姻关系存续期间一方死亡的，他方就享有继承权。夫妻登记结婚后尚未共同生活一方就死亡的，他方仍享有继承权。但在遗产份额的划分上，应根据尽义务的多少，酌情处理。一方在分居期间或离婚诉讼中死亡的，另一方仍有继承权。

第四，夫妻互相继承遗产的权利不因共同财产的分割而消灭。夫妻一方死亡时，应先对夫妻共同财产进行分割。属于死者一方的财产即共同财产的一半再加上死者个人特有财产才能作为遗产进行继承。要防止将夫妻共同财产作为遗产继承，侵犯生存一方的合法权益。对夫妻共同财产进行分割，生存配偶拥有属于自己的一半财产后，对死亡一方的那半仍享有继承权。

第五，具体继承时应依我国《继承法》的规定进行。

第三节 父母子女关系

一、父母子女关系的概念和种类

父母子女关系又称亲子关系，是血亲关系中最近的直系血亲关系。这里所述的关系是指父母和子女在法律上的权利义务关系。

根据产生的原因，父母子女关系可以做以下分类：

（一）自然血亲的父母子女关系

这是基于子女出生这一法律事实而产生的父母子女关系。根据父母之间是否具有婚姻关系，自然血亲的父母子女关系也就分为婚生的父母子女关系和非婚生的父母子女关系。自然血亲的父母子女之间具有天然的血缘纽带联系，其关系不能人为解除；在法律上的权利义务关系亦只能因依法收养或一方死亡而终止。

（二）拟制血亲的父母子女关系

这是指原本不存在父母子女关系，但基于收养或再婚的法律行为和事实抚养关系，由法律所创设的父母子女关系。目前在我国，主要是指养父母子女关系和形成抚养教育关系的继父母子女关系两类。拟制血亲的父母子女关系和自然血亲的父母子女关系在法律上具有相同的权利和义务。其与自然血亲的父母子女关系不同的是，它可以人为设定，也可以人为解除。

二、父母子女间的权利和义务

我国《婚姻法》第21～27条，对父母子女间的权利义务规定了以下内容：

（一）父母对子女有抚养教育的义务

1. 抚养义务是指父母具有在物质上对子女供养和生活上对子女照料，从而使子女能健康成长的法定义务。父母对未成年子女的抚养义务是无条件的，不因父母的情况改变而免除或减轻。父母对成年子女的抚养是有条件的，对尚在校接受高中及以下学历教育，或者因丧失或未完全丧失劳动能力等非主观原因，而无法维持正常生活的成年子女，父母有能力的，仍须负担必要的抚育费。父母不尽抚养义务的，应受抚养的子女有权向父母追索；抚养费包括生活费、教育费、医疗费等。无故拒不履行抚养义务，情节恶劣的，构成遗弃罪，应承担刑事责任。

2. 教育义务是指父母具有对子女进行学业培养、让子女接受义务教育、以健康方式引导未成年子女成长的法定义务。父母应按时送子女到学校接受教育，并为其提供所需的费用。父母要以健康的思想、品行和适当的方法教育未成年子女，要预防和制止未成年人吸烟、酗酒、流浪以及聚赌、吸毒、卖淫等。

（二）父母对未成年子女有保护和教育的权利义务

1. 保护的权利和义务。保护是指父母应认真履行监护职责，防范和排除来自自然界或社会对未成年子女人身或财产权益的非法侵害。首先，父母不得危害子女的权益，不得溺婴和残害子女，不得对子女实施家庭暴力。其次，当未成年子女的人身和财产权益受到他人侵害时，父母作为法定代理人，应积极维护子女利益。可以提起诉讼，请求排除侵害、赔偿损失。当未成年子女被人拐骗、脱离家庭时，父母有权要求归还子女，并要求司法机关追究拐骗者的刑事责任。

2. 教育的权利和义务。这里的“教育”主要指的是管理和教育。就是要求父母按照法律和道德的规范，对子女给以必要的管理、约束。对子女的不良行为，父母应对其进行批评和教育，并设法制止和纠正。在管教子女的时候，父母要注意使用正确的方式、方法，切忌简单粗暴，要尊重子女的人格尊严，并加强心理辅导。

3. 父母的损害赔偿责任。按照我国《民法通则》的规定，在未成年子女对国家、集体或他人造成损害时，父母作为监护人有赔偿经济损失的义务。如果尽了监护责任的，可以适当减轻其赔偿责任。夫妻离婚后，未成年子女侵害他人权益的，同该子女共同生活的一方应当承担民事责任；如果一方独立承担民事责任确有困难的，应由父母双方共同承担赔偿责任。

（三）子女对父母有赡养扶助的义务

父母抚养教育子女是法定的义务，同样，子女对父母的赡养扶助，也是法定的义务。根据我国《婚姻法》和《中华人民共和国老年人权益保障法》的规定，子女对父母的赡养扶助义务，主要有以下内容：

1. 赡养义务。赡养，指子女在物质上、经济上为父母提供必要的生活费用和条件；对患病的父母应提供必要的医疗和护理费用；应妥善安排父母的住房，提供必要的维修费用；有义务耕种父母承包的土地，照顾父母的林木和牲畜等。子女对父母的赡养义务是无条件和无期限的。只要父母需要赡养，子女就不能免除其义务。父母再婚的，子女的赡养义务也不能终止。如果子女有能力而不履行赡养义务时，无劳动能力的或生活困难的父母，有要求子女付给赡养费的权利。子女有能力赡养而拒绝赡养，情节严重的，构成遗弃罪，应依法承担刑事责任。

2. 扶助义务。扶助，指子女在生活上、精神上给予父母照料和慰藉的义务。子女应善待老人，使老年父母愉快地度过晚年；应尊重父母的婚姻权利，不得干涉父母再婚以及婚后的生活；应积极支持老年父母参加社区活动，开展娱乐健身运动等；对患病父母要尽心照顾，给予必要的护理和守护等。

（四）父母子女有相互继承遗产的权利

父母子女基于最近的直系血亲关系，有相互继承遗产的权利。按照我国《继承法》的规定，子女和父母互为第一顺序继承人。父母死亡时，子女有继承他们遗产的权利；子女死亡时，父母有继承他们遗产的权利。父母包括生父母、养父母和形成抚养教育关系的继父母。子女包括婚后子女、非婚生子女、养子女和形成抚养教育关系的继子女。如果子女先于父母死亡，其继承父母遗产的权利可由其晚辈直系血亲代位继承。养子女只能继承养父母的遗产，无权继承生父母的遗产。形成抚养教育关系的继子女既可以继承生父母的遗产，也可以继承有抚养关系的继父或继母的遗产。

三、婚生子女和非婚生子女

（一）婚生子女

1. 婚生子女的概念。我国《婚姻法》对婚生子女的概念未作规定，外国法中的表述也颇不一致。严格说来，婚生子女应是指由婚姻关系受胎所生的子女，父母之间应有婚姻关系；而且受胎是在婚姻期间，父母和子女有直接的血缘联系。但从保护子女的利益出发，有些国家也做了比较宽松的规定，将凡是在婚姻关系存续期间所生的子女均作为婚生子女对待。

2．婚生子女的推定。外国亲属法中有婚生子女的推定制度。就是将凡是妻在合法婚姻关系存续期间受胎或出生的子女，均推定为夫的婚生子女的法律制度。其推定方法有受胎说、出生说和混合说三种。现代各国立法倾向于混合说的比较多。即既考虑受胎期又考虑出生期进行婚生推定，以更有利于保护未成年子女权益。

3．婚生子女的否认。这是当事人对婚生子女依诉讼程序否认其为亲生子女的法律制度。丈夫或妻子如果有充分证据证明在该子女的受胎期内未有同居行为，或夫无生育能力或经亲子鉴定证明无血亲关系，经法院判决确定该否认成立时，该子女即丧失婚生子女资格，为非婚生子女。我国司法实践中，已出现婚生子女的否认案例。如被法院确认子女非亲生，离婚时丈夫对该子女不承担抚养费用。①

4．人工授精子女。随着现代科技的发展，人类社会已经可以采取人工授精的方法进行生育，为患有不育症的夫妇带来子女。一些国家已对人工授精实行立法，但我国《婚姻法》还未对此作出反应。针对现实中所出现的此类纠纷，最高人民法院在司法解释中已有明确规定："在夫妻关系存续期间，双方一致同意进行人工授精，所生子女应视为夫妻双方的婚生子女，父母子女之间的权利义务关系适用婚姻法的有关规定。"②

（二）非婚生子女

1．非婚生子女的定义和法律地位。非婚生子女是指没有婚姻关系的男女所生的子女。包括未婚男女所生的子女、夫或妻与第三人发生性行为所生子女、无效或撤销婚姻男女所生子女、妇女被强奸后所生子女等。

关于非婚生子女的法律地位，我国《婚姻法》第25条专门规定："非婚生子女享有与婚生子女同等的权利，任何人不得加以危害和歧视。"这说明我国法律对婚生子女和非婚生子女是一视同仁的，反映了法律对非婚生子女的必要保护。

2．非婚生子女的准正和认领。在外国亲属法中，为非婚生子女设立了准正和认领的法律制度，以保护其合法权益。

（1）准正，指已出生的非婚生子女因生父母结婚或司法宣告而取得婚生子女资格的制度。生父母结婚，非婚生子女取得婚生子女资格。如生父母订立婚约后，一方死亡或有婚姻障碍存在，使婚姻准正不能实现时，可依婚约一方或子女的请求，由法官宣告子女为婚生子女。我国《婚姻法》未规定非婚生子女的准正制度，但在司法实践和民间习惯中，生父母在子女出生后办理结婚登记的，该子女为婚生子女。

（2）认领，指通过法定程序使非婚生子女婚生化的法律行为。它是非婚生子女无法准正的情况下所采取的补救措施，以使子女获得"准婚生"的身份。认领分任意认领与强制认领两种形式。任意认领是认领人承认自己为该非婚生子女的生父，并自愿承担抚育义务。强制认领是生父不自动认领时，有关当事人诉请法院强制认领的制度。我国现

① 最高人民法院《关于夫妻存续期间男方受欺骗抚养非亲生子女离婚后可否向女方追索抚育费的复函》（1992年4月2日）。

② 最高人民法院《关于夫妻关系存续期间以人工授精所生子女的法律地位的复函》（1991年7月8日）。

行《婚姻法》虽未明确规定认领制度，但司法实践中生父承认该子女为自己亲生并自愿尽抚养义务的，法律予以认可。对没有生父承认的，亦允许生母向法院提起确认子女生父之诉。法院通过生母提供的证据和必要时委托有关部门进行的亲子鉴定，确定孩子的生父。一旦生父被确认，法院将判决其负担子女必要的生活费和教育费，直至子女能独立生活为止。

四、继子女

（一）继父母子女的概念及类型

继父母子女关系是由再婚所引起的。再婚夫妻中任何一方已有子女，就会产生继父母子女关系。继子女是指夫妻一方对另一方与前配偶所生的子女的称谓；继父继母是指子女对父或母的再婚配偶的称谓。

继父母子女关系通常有以下三种类型：

1．一般姻亲关系。再婚时，夫妻一方或双方与前配偶所生子女已成人或跟随对方生活，继母或继父没有对其进行抚养教育，继子女也未对继父或继母尽赡养义务。双方之间为一般的直系姻亲关系，不产生法律上的权利和义务。

2．拟制直系血亲关系。再婚时，夫妻一方或双方与前配偶所生子女还未成年，继父或继母对继子女尽了抚养教育义务。这里又分两种情况：一是继子女随生父或生母与继母或继父共同生活，继父或继母对其进行了抚养、教育及生活上的照料；二是继子女虽然未和继父或继母共同生活，但继父或继母对其承担了部分或全部抚育费。无论哪种情况，继父母子女之间都形成拟制的直系血亲关系，产生父母子女间的权利和义务。

3．收养关系。继父或继母经继子女的生父母的同意，正式收养继子女为养子女。继子女和共同生活的生父或生母保持直系血亲关系，与不共同生活的生母或生父消灭权利义务关系。继了女和对其收养的继父或继母之间的关系适用收养的有关规定。

（二）继父母子女的法律地位

我国《婚姻法》第27条规定：“继父母与继子女间，不得虐待或歧视。继父或继母和受其抚养教育的继子女间的权利和义务，适用本法对父母子女关系的有关规定。”也就是说，无论哪种类型的继父母子女之间，都不得虐待和歧视；形成抚养教育关系的继父母子女之间，产生与亲生父母子女间相同的权利和义务。继子女和亲生父母之间、形成抚养教育关系的继父母之间产生双重的权利义务关系。

（三）继父母子女关系的终止

关于已形成抚养教育关系的继父母子女之间的权利义务的解除问题，我国《婚姻法》未作明确规定。最高人民法院的相关司法解释所规定的原则是：当再婚婚姻关系存续期间，对于尚未成年的继子女与继父母的关系，原则上不能解除；生父与继母或生母与继父离婚时，对受其抚养教育的继子女，继父或继母不同意继续抚养的，仍应由生父母抚养；受继父或继母抚养成人并独立生活的继子女，双方关系不能自然终止。如关系恶化，可由双方协商或由人民法院判决解除其权利义务关系。但成年继子女仍须承担丧失劳动能力、生活困难的继父母的晚年生活费用。

第四节 其他家庭成员关系

其他家庭成员关系主要是指祖孙之间和兄弟姐妹之间的关系，它是为解决非常态情况下的亲属间的扶养关系所规定的权利和义务。在一般情况下，子女由父母抚养，父母由子女赡养。但当发生客观原因，导致父母子女之间无法直接履行抚养、赡养义务时，祖孙之间和兄弟姐妹之间，便产生了附条件的抚养、赡养权利义务。

一、祖孙关系

祖孙是隔代直系血亲亲属，包括自然血亲和拟制血亲的祖父母与孙子女、外祖父母与外孙子女。根据我国《婚姻法》第28条的规定，祖孙之间的抚养、赡养条件如下：

(一) 祖辈对孙辈尽抚养义务的条件

1. 祖父母、外祖父母有抚养能力。
2. 孙子女、外孙子女的父母死亡或无力抚养。
3. 孙子女、外孙子女尚未成年。

以上三个条件须同时具备，才产生祖辈对孙辈的抚养义务。

(二) 孙辈对祖辈尽赡养义务的条件

1. 孙子女、外孙子女有赡养能力。
2. 祖父母、外祖父母的子女死亡或无力赡养。
3. 祖父母、外祖父母需要被赡养。

以上三个条件须同时具备，才产生孙辈对祖辈的赡养义务。

二、兄弟姐妹关系

兄弟姐妹是血缘最密切的同辈旁系血亲，包括自然血亲和拟制血亲的兄弟姐妹。根据我国《婚姻法》第29条的规定，兄弟姐妹间的扶养条件如下：

(一) 兄、姐对弟、妹的扶养条件

1. 父母死亡或无力抚养。
2. 兄、姐已成年并且有负担能力。
3. 弟、妹尚未成年。

以上三个条件须同时具备，才产生兄、姐对弟、妹的扶养义务。

(二) 弟、妹对兄、姐的扶养条件

1. 弟、妹是由兄、姐扶养成人的。
2. 弟、妹有负担能力。
3. 兄、姐缺乏劳动能力又缺乏生活来源。

以上三个条件须同时具备，才产生弟、妹对兄、姐的扶养义务。

第五节 家庭暴力

一、家庭暴力的概念和特征

(一) 家庭暴力的概念

家庭暴力，根据最高人民法院《解释（一）》的规定，是指行为人以殴打、捆绑、残害、强行限制人身自由或者其他手段，给家庭成员的身体、精神等方面造成一定伤害后果的行为。应该说，我国法律对家庭暴力的定义，在使用上是较为狭窄的。第四十八届联合国大会通过的《消除对妇女的暴力行为宣言》第2条，将对妇女的暴力行为的理解定义为："对妇女造成或可能造成身体、心理及性方面伤害或痛苦的任何基于社会性别的暴力行为"。这说明暴力行为包括身体、心理和性等三个方面。

(二) 家庭暴力的特征

和其他暴力行为相比，家庭暴力的特征主要有：

1. 它发生在家庭成员之间。施暴者和受害人之间具有亲属身份关系，如夫妻、父母子女、祖孙、兄弟姐妹等；

2. 施暴行为多发生在家庭共同生活的住所里，具有一定的隐蔽性。受害者本人不披露，不易被社会知晓；

3. 施暴者具有主观故意性。过失性的伤害不构成家庭暴力；

4. 行为上表现为积极的作为，如殴打、捆绑、残害身体、性暴虐、强行限制人身自由等。

二、家庭暴力的危害和救济

家庭暴力的危害是很严重的，首先是给受害人的身体、心理造成直接伤害，是一种严重的侵权行为。此外，它使家庭充满恐惧和不安，轻者影响家庭成员的正常生活，重者造成婚姻解体、家庭破碎，特别是给未成年子女的成长带来不利影响。所以，家庭暴力虽然发生在亲属之间，但给整个社会带来极大创伤。因此，反家庭暴力是人类的共同课题。西方国家不仅在社会上采取设立妇女庇护所、外逃儿童收容所、救助热线等措施积极帮助受害人，而且也较早制订了专门法律来制裁和遏制家庭暴力的发生。如英国《1976年家庭暴力和婚姻诉讼法》、《1978年家庭暴力与治安法院法》、《1996年家庭法案》和《1997年保护免受骚扰法》等。其中有许多措施都值得我国借鉴。[①]

2001年我国修改后的《婚姻法》，首次规定了针对家庭暴力的救助措施。其主要内容为：

1. 对实施家庭暴力或虐待家庭成员的，受害人有权提出请求，居民委员会、村民委员会以及所在单位应当予以劝阻、调解。

2. 对正在实施的家庭暴力，受害人有权提出请求，居民委员会、村民委员会应当予以劝阻，公安机关应当予以制止。

3. 对实施家庭暴力或虐待家庭成员，受害人提出请求的，公安机关应当依照治安管理处罚的法律规定予以行政处罚。

4. 对实施家庭暴力或虐待家庭成员构成犯罪的，依法追究刑事责任。受害人可以依照刑事诉讼法的有关规定，向人民法院起诉；公安机关应当依法侦查，人民检察院应当依法提起公诉。

5. 因实施家庭暴力或虐待导致离婚的，无过错方有权请求损害赔偿。包括物质损害赔偿和精神损害赔偿。

---

① 王胜明、孙礼海主编：《婚姻法修改立法资料选》，法律出版社，2001年6月版，第405～406页。

思考题

1. 如何理解婚姻在夫妻身份上的效力?
2. 夫妻的人身关系应包括哪些内容?
3. 我国婚姻法所规定的夫妻财产关系包括哪几个方面?
4. 概述我国的夫妻财产制。
5. 如何划分夫妻共同财产和夫妻个人特有财产的范围?
6. 试论夫妻约定财产制的效力?
7. 父母子女之间具有哪些权利和义务?
8. 你认为我国应如何规定非婚生子女的准正和认领?
9. 形成抚养教育关系的继父母子女之间应如何适用法律?
10. 祖孙之间和兄弟姐妹之间在哪些情况下具有扶养义务?
11. 对反家庭暴力,我国婚姻法规定了哪些救助措施?

学习资料指引

1. 史尚宽著:《亲属法论》,中国政法大学出版社,2000 年,第三、四章。

2. 王胜明、孙礼海主编:《婚姻法修改立法资料选》,法律出版社,2001 年 6 月。

3. 巫昌祯主编:《婚姻与继承法学》(修订本),中国政法大学出版社,2001 年 8 月修订第 2 版,第八、九、十一章。

4. 杨遂全、陈红莹、赵小平、张晓远等著:《婚姻家庭法新论》,法律出版社,2003 年 8 月第 1 版,第五、七章。

5. 李志敏:《比较家庭法》,北京大学出版社,1988 年版,第二章第六节、第四章。

6. 蒋月:《夫妻的权利与义务》,法律出版社,2001 年 6 月,法律出版社,2001 年。

7. 林秀雄:《夫妻财产制之研究》,中国政治大学出版社,2001 年 11 月。

8. 马原主编:《新婚姻法案例评析》,人民法院出版社,2002 年 2 月第 1 版,第三章。

参考法规提示

1.《中华人民共和国婚姻法》第三、五章。

2. 最高人民法院 2001 年 12 月 24 日《关于适用婚姻法若干问题的解释(一)》第 1 条、第 17~21 条、第 28~30 条。

3.《中华人民共和国刑法》第四章。

4. 最高人民法院《关于人民法院审理离婚案件处理财产分割问题的若干具体意见》(1993 年 11 月 3 日)。

5. 最高人民法院《关于继父母与继子女形成的权利义务关系能否解除的批复》(1988 年 1 月 22 日)。

6. 最高人民法院《关于继母与生父离婚后仍有权要求已与其形成抚养关系的继子女履行赡养义务的批复》(1986 年 3 月 21 日)。

第四十七章　婚姻终止

【阅读提示】　婚姻终止是亲属法中极其重要的法律问题。它不仅涉及婚姻当事人的人身关系的解除、夫妻财产的分割和清算、离婚损害赔偿等，还关系子女的抚养、探望等。在学习中，要熟读有关法律法规及司法解释条文，注意正确理解法律精神和立法意图，提高自己解决实际问题的能力。

第一节　登记离婚

一、婚姻终止的概念与种类

婚姻终止是指合法有效的婚姻关系因发生一定的法律事实而消灭。终止的形式有两种：当事人一方死亡和当事人离婚。

（一）当事人一方死亡引起的婚姻终止

1. 自然死亡引起的婚姻终止。公民的民事权利能力从出生时始到死亡时止。一方死亡，就丧失了民事主体资格，与另一方的婚姻关系则自然终止。

2. 宣告死亡引起的婚姻终止。宣告死亡是法律上推定失踪达一定期限的人已经死亡的制度。根据我国《民法通则》的规定，公民下落不明满 4 年的，或因意外事故下落不明，从事故发生之日起满 2 年的，利害关系人可以向人民法院申请宣告其死亡。被宣告死亡的人与配偶的婚姻关系，自死亡宣告之日起消灭。以后如被宣告死亡人重新出现，死亡宣告被撤销，涉及的婚姻问题作如下处理：一是原配偶未再婚，其婚姻关系自行恢复，无须再经登记手续；二是原配偶已再婚，其婚姻关系不能自行恢复。如再婚后又离婚或再婚配偶已死亡，与原配偶要恢复夫妻关系，需重新履行婚姻登记手续。

（二）离婚所引起的婚姻终止

1. 离婚的概念和特征

离婚是夫妻双方依照法律规定的条件和程序解除婚姻关系的民事法律行为。其特征有：(1) 离婚是解除夫妻身份关系的法律行为，其主体必须是具有合法婚姻关系的男女双方。不婚同居者即使共同生活多年也不适用离婚；(2) 离婚必须由本人亲自进行，不允许第三人代为。即使是离婚诉讼中的委托代理，也只适用一般代理，不能特别授权；(3) 离婚属人为解除婚姻关系的形式，必须经过法定程序，获得法律的准许才发生效力。

2. 离婚制度的种类

离婚制度主要有登记离婚和诉讼离婚两大类。登记离婚是通过行政机关办理离婚，适用于双方自愿且无争议的离婚。诉讼离婚是一方提出的离婚或虽然双方自愿离婚，但在子女和财产等问题上达不成一致意见，须通过诉讼途径予以解决的离婚方式。

二、登记离婚的条件

根据我国《婚姻法》及《婚姻登记条例》的有关规定，登记离婚应具备以下条件：

1. 夫妻双方均具有完全民事行为能力。登记离婚是双方协议的离婚，必须当事人亲自到场表达意愿，而不能代理。因此，无行为能力人或限制行为能力人不能适用登记离婚程序，只能采取诉讼程序处理离婚问题。

2. 有合法、有效的婚姻关系。申请登记离婚的当事人必须是依法办理了结婚登记的合法夫妻。事实婚姻当事人不能申请登记离婚，只能通过诉讼办理。

3. 结婚登记是在中国内地办理的。《婚姻登记条例》第12条第（三）项明确规定：如果某人的“结婚登记不是在中国内地办理的”，其登记离婚婚姻登记机关不予受理。

4. 双方对离婚及后果已达成协议。离婚必须是夫妻双方的共同意思表示，不存在有任何强制、胁迫或乘人之危等违背当事人意愿的情形。双方对离婚所涉的问题均具备合意性。尚有争议的，不能进行登记离婚。

三、登记离婚的机关和程序

根据《婚姻登记条例》的规定，办理离婚登记应按以下要求进行：

1. 登记机关。内地公民自愿离婚的，男女双方应当共同到一方当事人常住户口所在地的婚姻登记机关办理离婚登记。中国公民同外国人在中国内地自愿离婚的，内地居民同香港居民、澳门居民、台湾居民、华侨在中国内地自愿离婚的，男女双方应当共同到内地居民常住户口所在地的婚姻登记机关办理离婚登记。

2. 提交材料。在办理离婚登记时，内地居民应当出具的证件和证明材料有：本人的户口簿、身份证；本人的结婚证；双方当事人共同签署的离婚协议书。香港居民、澳门居民、台湾居民、华侨、外国人应出具的证件和证明材料有：本人的有效通行证、身份证（华侨、外国人还应当出具本人的有效护照或者其他有效国际旅行证件）；本人的结婚证；双方当事人共同签署的离婚协议书。离婚协议书应载明双方当事人自愿离婚的意思表示以及对子女抚养、财产及债务处理等事项协商一致的意见。

2. 审查和登记。婚姻登记机关应当对离婚登记当事人出具的证件、证明材料进行审查并询问有关情况。对当事人确属自愿离婚，并已对子女抚养、财产、债务等问题达成一致处理意见的，应当当场予以登记，发给离婚证。领取离婚证，婚姻关系即告终止。

离婚证遗失或者毁损，当事人可以持户口簿、身份证向原办理离婚登记的婚姻登记机关或一方当事人常住户口所在地的婚姻登记机关申请补领。

四、有关登记离婚的若干具体问题

1. 登记离婚是否必须感情破裂

“感情破裂”是我国婚姻法所规定的判决离婚的法定标准，是针对一方要求离婚的情况。对于双方自愿的离婚，不需要适用此标准。

2. 假离婚纠纷应如何处理

假离婚是婚姻当事人为了某种目的，约定假装离婚，待目的达到后再行复婚的行为。假离婚后，一方弄假成真不愿与对方复婚常引起纠纷。原《婚姻登记管理条例》规定了对假离婚的撤销，新的《婚姻登记条例》取消了撤销规定。因此，凡假离婚后又要求撤销登记离婚的，一律不予支持，其后果只能由自己承担。

3．不履行离婚协议的处理

男女双方对子女和财产问题达成了协议，才因此办理了离婚登记。如果登记离婚后，一方不按协议履行义务，另一方可以向人民法院提起民事诉讼。

4．对子女的抚养问题要求变更的处理

双方离婚后，在按原协议履行一段时间后，一方对子女的抚养提出新的要求，如改变抚养方、要求增加或减少抚养费等，对方不同意的，要求变更的一方可以向人民法院起诉，要求变更对子女的抚养方或代理子女提起增加抚养费诉讼。

第二节　诉讼离婚

一、诉讼外调解和诉讼内调解

（一）诉讼外调解

我国《婚姻法》第32条第1款规定："男女一方要求离婚的，可由有关部门进行调解或直接向人民法院提出离婚诉讼。"本条规定中的"有关部门调解"即为诉讼外调解。对此应明确以下几点：

1．诉讼外调解的含义。诉讼外调解是指经婚姻当事人的请求，在双方自愿的基础上，由当事人住所地居民委员会、村民委员会、基层人民调解委员会或所在单位、社会团体主持，对双方的离婚进行协商解决的方式。

2．诉讼外调解的意义。法律之所以规定诉讼外调解方式，是因为我国长期以来就有调解处理婚姻纠纷的传统。以这种方式处理离婚可以减少对抗性，使双方少伤或不伤和气，在平和的气氛中解决问题。而且采用这种方式，对当事人而言，较之诉讼更为经济、方便，成本低廉。对国家而言，也可以降低诉讼案件数量，减轻人民法院的负担。

3．诉讼外调解的适用。在适用诉讼外调解时要注意：（1）诉讼外调解不是解决离婚纠纷的必经程序。当事人可以选择该方式，也可以不经此程序，而直接向人民法院起诉；（2）诉讼外调解必须建立在双方自愿的基础上。在调解中能否达成协议，也必须完全由当事人自己做主，有关部门不得强制。

4．诉讼外调解的效力。经诉讼外调解，双方和好自然不言离婚。如果达成离婚协议，则需到婚姻登记机关办理离婚登记手续。如调解无效，要求离婚的一方应向人民法院提起离婚诉讼。可见，诉讼外调解不具备法律强制力。

（二）诉讼内调解

1．诉讼内调解的概念。诉讼内调解是在人民法院的主持下，由当事人自愿协商，达成协议，解决离婚纠纷的方式。它是人民法院在审理离婚案件中依职权行使的程序，是与审判相结合的。它与诉讼外调解和其他民事案件在审理中的调解均不同的地方在于，它并不以当事人自愿为前提。即使当事人不愿意调解，人民法院也应当依职权进行调解。

2．诉讼内调解的效力。人民法院主持调解后可能出现三种结果：（1）双方和好，当事人撤诉；（2）双方达成离婚的协议，由法院制作民事调解书。调解书经双方当事人签收后，即产生婚姻终止的法律效力；（3）调解无效，由人民法院依法判决。

人民法院制作的调解书与生效判决书一样具有同等法律效力，当事人必须按调解书的内容执行。签收调解书后有异议的不能上诉，符合再审条件的可以申请再审。

二、诉讼离婚的特别规定

（一）对现役军人的配偶要求离婚的特别规定

我国《婚姻法》第33条规定："现役军人的配偶要求离婚，须得军人同意，但军人一方有重大过错的除外。"这是在离婚问题上，通过限制非军人一方离婚胜诉权的方式，对军人婚姻作的一条特别保护规定。从法律规定上来看，这是一条强制性规定，即在军人无重大过错的情况下，军人的配偶提出的离婚，必须征得军人同意后方能判决准予。在适用此条时应注意以下问题：

1．适用对象。本条仅适用于军人的配偶是非军人的情况，即人民法院在审理非军人一方向军人一方提出离婚诉讼的案件时，方需遵循本条规定进行判决。如果军人的配偶也是军人，或是军人一方提出的离婚，则不适用这条规定，而按一般离婚纠纷处理。

2．现役军人的范围。所谓现役军人，是指正在人民解放军和人民武装警察部队服现役，具有军籍的干部和战士，既包括武职人员，也包括文职人员。但退伍军人、复员军人、转业军人、离休军人和军事单位内没有取得军籍的职工，不属于现役军人的范围。

3．"重大过错"的确定。根据最高人民法院《关于贯彻执行婚姻法若干问题的解释(一)》第23条的规定："军人一方有重大过错，可以依据《婚姻法》第32条第3款前3项规定及军人有其他重大过错导致夫妻感情破裂的情形予以判断。"即：(1)重婚或与他人同居的；(2)实施家庭暴力或虐待、遗弃家庭成员的；(3)有赌博、吸毒等恶习屡教不改的；(4)有其他重大过错行为的。

4．对夫妻感情确已破裂，但军人仍不同意离婚，且无重大过错的处理。最高人民法院1984年《关于贯彻执行民事政策法律若干问题的意见》第8条规定："现役军人的配偶提出离婚，应按《婚姻法》第二十六条规定进行审理。军人不同意离婚时，应教育原告珍惜与军人的夫妻关系，尽量调解和好或判决不准离婚。对夫妻感情已经破裂，经过做和好工作无效，确实不能继续维持夫妻关系的，应通过军人所在部队团以上的政治机关，做好军人的思想工作，准予离婚。"

（二）对男方离婚诉权的特别规定

我国《婚姻法》第34条规定："女方在怀孕期间、分娩后一年内或中止妊娠后六个月内，男方不得提出离婚。女方提出离婚的，或人民法院认为确有必要受理男方离婚请求的，不在此限。"这是从保护妇女和儿童的合法权益的需要出发，而对男方提出离婚的请求权做出的时间限制。在适用这一条规定时，要注意以下三点：

第一，本条限制的是男方的离婚请求权。即在女方怀孕期间、分娩后1年内或中止妊娠后6个月内，男方不得提出离婚。这只是时间限制，而非剥夺请求权。上述法定期间一过，男方仍可请求离婚。

第二，女方在此期间提出离婚，不受此限。也就是说，女方在此期间要提出离婚，人民法院应当受理。这是因为，女方在此期间提出离婚，往往都是出于某些紧迫的原因，如不及时受理，可能更加不利保护妇女、胎儿和婴儿的利益，所以不应受限制。

第三，人民法院认为确有必要受理男方离婚请求的，也不受此限制。也就是说，对男方来说，也并不是绝对不能起诉，只不过起诉后受理的决定权掌握在法院手里。即法院认为确有必要受理男方离婚诉讼的，也可以受理。

（三）对再次起诉离婚的特别规定

我国《民事诉讼法》第 111 条第 7 款规定："判决不准离婚和调解和好的离婚案件，没有新情况、新理由，原告在六个月内又起诉的，不予受理。"这是对上一次提出离婚的一方，如果要再次提起离婚诉讼所做的时间限制。即没有新情况、新理由，在半年内不能再次向法院起诉，否则法院将不予受理。当然，如果有了新情况、新理由，如矛盾激化、出现了重大危急情况等，还是可以在半年内再次起诉的。这条规定也适用提出离婚诉讼后，原告撤诉的案件。要注意的是，上面所说的情况只是针对原告，即上一次提出离婚诉讼的一方而言；如果是被告，则不受这条规定的限制。

（四）对离婚判决请求再审的特别规定

我国《民事诉讼法》第 181 条规定："当事人对已经发生法律效力的解除婚姻关系的判决，不得申请再审。"即对准予离婚的判决不服的，不得申请再审。这是对离婚这种涉及身份关系的判决所规定的不得再审的特别限制。因为离婚判决生效后，夫妻之间不再具有配偶关系，任何一方均获得再婚自由权。如果一方反复申诉，启动再审程序，很可能另一方已建立新的婚姻关系，势必为法院审判带来难题，同时也不利于家庭和社会的稳定。因此，法律特别规定了对已经发生效力的解除婚姻关系的判决，不得申请再审，以避免这种情况的发生。

但是，如果不是对解除婚姻关系不服，而是对离婚判决中有关财产的分割不服，根据最高人民法院《关于适用〈中华人民共和国民事诉讼法〉若干问题的意见》第 209 条规定："当事人就离婚案件中的财产分割问题申请再审的，如涉及判决中已分割的财产，人民法院应依照民事诉讼法第一百七十九条进行审查，符合再审条件的，应立案审理；如涉及判决中未作处理的夫妻共同财产，应告知当事人另行起诉"。

三、判决离婚的法定条件

离婚的法定条件，即准予判决离婚的法律标准。各国法律对离婚条件的立法例有三种形式：列举主义、概括主义、例示主义。列举主义是将离婚的法定情形逐一列出，只有符合法律列出的情形之一的，才能被判决离婚。其优点在于离婚的标准清晰、统一，缺点是不能涵盖所有可离婚的情形。概括主义是法律不列出可以判决离婚的具体情形，而只规定原则性的标准。其优点是适用性广，缺点则是过于抽象，具有模糊性，掌握标准不易统一，自由裁量的空间太大。例示主义是将两者相结合，既有概括规定又有列举情形，可以在一定程度上采两者之长，弥两者之短。我国《婚姻法》在 1980 年采概括主义。鉴于司法实践中的难于掌握，1989 年 11 月 21 日最高人民法院通过司法解释，将列举主义和概括主义相结合，把判决离婚的法定界限具体化为 14 种情形，来作为判决的具体依据。2001 年我国修改《婚姻法》时，吸取了司法实践的成功经验，也采取概括主义与列举主义相结合的例示主义立法模式。

（一）离婚条件的概括规定

我国《婚姻法》第 32 条第 2 款规定："人民法院审理离婚案件，应当进行调解；如感情确已破裂，调解无效，应准予离婚"。这是我国法律对离婚条件的概括规定。在此规定中，调解无效是程序要件，感情破裂是实质要件。因此，感情破裂是我国法律规定的准予离婚的法定条件。

根据最高人民法院1989年11月21日《关于人民法院审理离婚案件中如何认定夫妻感情确已破裂的若干具体意见》中的规定，在审理离婚案件时，判断夫妻感情是否确已破裂，应当从婚姻基础、婚后感情、离婚原因、夫妻关系的现状和有无和好的可能等方面综合分析。在现实中，人们往往希望人民法院将准予或不准予离婚作为对过错一方的惩罚。对此，2001年12月24日最高人民法院《关于适用婚姻法若干问题的解释》第22条专门强调规定："人民法院审理离婚案件，符合第32条第2款规定'应准予离婚'情形的，不应当因当事人有过错而判决不准离婚。"

(二) 离婚条件的列举规定

1. 重婚或有配偶者与他人同居的

(1) 重婚的。在处理重婚所引起的离婚案件的程序上，要按照最高人民法院的有关规定，首先由刑庭处理重婚问题。对离婚问题，要根据婚姻基础、重婚的原因和子女利益等情况酌情处理。受害配偶在对重婚犯罪予以刑事制裁后，仍坚决要求离婚的，经调解无效，可判决准予离婚。重婚一方提出离婚，原配偶坚持不离的，应努力调解；如夫妻感情确已破裂，无和好可能，调解无效的，应在做好原配偶的思想工作基础上，判决准予离婚。凡因重婚引起的离婚，无过错方都有权按照我国《婚姻法》第46条的规定，提起损害赔偿。

(2) 有配偶者与他人同居即姘居的。处理因姘居引发的离婚案件，应与处理重婚引起的离婚案件原则一致，即既在审理中分清是非，明确责任，同时又严格按照离婚的法定标准来判决是否准予离婚。对于无过错方提出的离婚，人民法院对有过错方要进行批评教育；如无过错方仍不谅解，双方无和好可能，调解无效，应准予离婚。对于过错方提出的离婚，另一方不同意的，人民法院在对有过错方进行批评教育的同时，尽量调解和好。如感情确已破裂，调解无效的，应做好无过错方的思想工作，判决准予离婚。处理此类案件，受害配偶一方可以提起离婚损害赔偿。

2. 实施家庭暴力或虐待、遗弃家庭成员的

实施家庭暴力、虐待和遗弃都是严重的违法行为，而且给家庭成员造成身体和精神创伤，也给夫妻感情带来难以弥补的裂痕。处理此类案件，人民法院应对有违法行为的一方给予严厉批评和教育。对于是否判决离婚，根据最高人民法院1989年11月21日《关于人民法院审理离婚案件如何认定夫妻感情确已破裂的若干具体意见》第13条的规定，人民法院处理的原则是：(1) 受害一方提出的离婚，而另一方在法庭的教育下愿意悔改，法院可尽量调解双方和好；(2) 如果违法方经教育仍不悔改或受害方不愿谅解对方，仍坚持离婚，法院调解无效，则可判决准予离婚。

3. 有赌博、吸毒等恶习屡教不改的

夫妻一方染上赌博、吸毒等恶习，不务正业、好逸恶劳，使家庭生活难以正常维持，夫妻感情必受影响，应该准予离婚。最高人民法院《关于人民法院审理离婚案件如何认定夫妻感情确已破裂的若干具体意见》第10条就规定："一方好逸恶劳，有赌博等恶习，不履行家庭义务，屡教不改，夫妻难以共同生活的"，"视为夫妻感情确已破裂，一方坚决要求离婚，经调解无效，可依法判决准予离婚。"2001年我国修改的《婚姻法》第32条在总结司法实践经验的基础上，将有赌博、吸毒等恶习屡教不改等，作为可判决准予离婚的列举情形之一。

4．因感情不和分居满二年的

夫妻共同生活是婚姻的基本内容。如非客观必需原因，夫妻长期分居，则是夫妻感情破裂的重要外在表现。对于构成离婚法定情形的分居，必须是夫妻感情不和而人为分开居住的。如果是一方长期在外工作或经商，或出差、学习、就医等，不能作为分居的情形。此外，还应消除一个误解，即认为夫妻必须分居达二年，法院才判决离婚。事实上，只要夫妻感情确已破裂，即使没有分居，也可以判决离婚。法律之所以要做出此条规定，是针对双方分居已满二年的，法院不再需要任何其他证据来证明夫妻感情确已破裂，就可判决离婚。

（三）其他导致夫妻感情破裂的情形

我国《婚姻法》在第32条第3款列举了4项可判决离婚的法定情形后，又在第5项规定：有“其他导致夫妻感情破裂的情形”，调解无效，可判决离婚。这是一条概括性规定，目的是对前几项难以包括的其他导致夫妻感情破裂的情形，均可适用本条，判决离婚。根据最高人民法院《关于人民法院审理离婚案件如何认定夫妻感情确已破裂的若干具体意见》的规定，其他导致夫妻感情破裂的主要有以下情形：

1．夫妻一方有生理缺陷或因其他原因不能发生性行为，且难以治愈的，可以认定为夫妻感情确已破裂，经调解无效，可判决离婚。

2．婚前缺乏了解，草率结婚，婚后未建立起夫妻感情，难以共同生活的；或双方办理结婚登记后，未同居生活，无和好可能的，可视为夫妻感情确已破裂，经调解无效，可判决准予离婚。

3．夫妻一方患精神病久治不愈，另一方请求离婚的，可认定为夫妻感情确已破裂，判决准予离婚，但必须安排好患者的生活、医疗、监护等问题。

4．包办、买卖婚姻，婚后一方随即提出离婚；或者虽共同生活多年，但确未建立起夫妻感情的；或一方欺骗对方结婚的，经调解无效，可判决准予离婚。

5．一方被依法判处长期徒刑，或其违法、犯罪行为严重伤害夫妻感情的，可认定夫妻感情确已破裂，经调解无效，判决准予离婚。

（四）判决离婚的客观条件

我国《婚姻法》第32条第4款规定：“一方被宣告失踪，另一方提出离婚诉讼的，应准予离婚。”此款规定的判决准予离婚的依据，不是夫妻感情确已破裂，而是因婚姻目的不能实现而规定的客观标准。即一方下落不明满二年，对方起诉离婚，经公告查找确无下落的，可判决准予离婚。此外，最高人民法院《关于贯彻执行民事诉讼法若干问题的意见》第151条规定：“夫妻一方下落不明，另一方诉至人民法院，只要求离婚，不申请宣告下落不明人失踪或死亡的案件，人民法院应当受理，对下落不明人用公告送达诉讼文书。”即一方下落不明满二年，另一方提出离婚的，可以不经过宣告失踪程序，而直接提起离婚诉讼。人民法院可以根据最高人民法院的司法解释，判决准予离婚。

第三节　离婚对当事人的后果

离婚的法律后果又称离婚的效力，是指离婚在法律上所发生的作用和产生的相应后果。根据我国《婚姻法》的规定，离婚发生以下的后果：第一，夫妻身份关系消灭；第二，夫妻财产的清算和债务的清偿；第三，家务补偿、经济帮助和损害赔偿；第四，对未成年子女的抚养及探视。

一、离婚对当事人的人身后果

离婚的后果发生于婚姻关系正式解除之时。对于登记离婚来讲，发生于当事人在婚姻登记机关领取《离婚证》之时。对于诉讼离婚来讲，如果是调解离婚则发生于当事人签收离婚调解书之日；如果是判决离婚，则发生于判决生效之日。离婚对当事人人身的直接法律后果是夫妻身份关系的消灭，即解除了夫妻因身份产生的一切权利和义务。主要表现在以下几点：

（1）配偶身份消灭，彼此不得以夫妻相称；

（2）双方同居义务解除；

（3）相互抚养义务解除；

（4）法定继承人资格丧失。

二、离婚对当事人的财产后果

（一）夫妻财产的清算

夫妻财产的清算是指夫妻关系终止时确定财产的归属。在清算时首先是划清几个界限：

1. 划分夫妻财产和家庭共同财产的界限

在区分所有权时要注意：土改已确权的房屋，以确定的产权为准，由参加土改时的家庭成员所共有；土改时不在家的成员和土改后出生或收养的子女不得享有，但在父母死时可对父母或养父母应分得部分进行继承。家庭共有房屋因出租、买卖所得的收入，应由产权共有人共同享有。家庭成员共同投资经营所得利润，为家庭共有财产，未投资、未参与经营者不得享有利润。对于经营所欠债务，也由投资经营的家庭成员共同承担。对共有财产，部分共有人主张按份共有，部分共有人主张共同共有，如果不能证明财产是按份共有的，应当认定为共同共有。共有财产是特定物，如果不能分割或者分割有损其价值的，可折价处理。

2. 划分夫妻财产和家庭个人财产的界限

夫妻离婚分割财产时，必须防止将家庭其他成员的财产作为夫妻共同财产予以分割，防止侵害父母和子女的财产权益的情况发生。比如祖产系父母继承所得财产，为父母所有。父母购置的财物也为父母所有，夫妻离婚时不得将其归为夫妻财产分割。未成年子女通过继承、受赠、奖励、赔偿、劳动等获得的财产属子女个人财产。父母对这些财产只有管理权，无所有权，不能作为夫妻共同财产予以分割，只能由直接抚养子女一方代为管理。由兄、姐扶养的未成年的弟、妹因受赠、继承、劳动所得的财产，为弟、妹所有。兄姐有管理权，但无所有权。

3. 划分夫妻共同财产和夫妻个人财产的界限

我国《婚姻法》已正式确立夫妻个人特有财产制，因此在无特别约定的情况下，夫妻个人都有专属个人所有的财产。夫妻财产的清算，就必须划分夫妻共同财产和夫妻个人特有财产的界限。其划分的依据，应按照我国《婚姻法》及相关司法解释予以确定，对个人财产还是夫妻共同财产难以确定的，主张权利的一方有责任举证。当事人举不出有力证据，人民法院又无法查实的，按夫妻共同财产处理。夫妻双方对财产有约定的，离婚时按约定处理，但规避法律的约定无效。

（二）夫妻共同财产的分割

我国《婚姻法》第39条规定："离婚时，夫妻的共同财产由双方协议处理；协议不成时，由人民法院根据财产的具体情况，照顾子女和女方权益的原则判决。"此外，根据最高人民法院1993年11月3日《关于人民法院审理离婚案件处理财产分割问题的若干具体意见》的规定，人民法院判决分割时需遵循以下原则和方法：

1．判决分割的原则

（1）男女平等原则。男女平等作为婚姻法的基本原则，体现在财产权益上就是夫妻对共同财产享有平等所有权。因此，离婚时，夫妻对共同财产也享有平等的分割权。

（2）照顾子女和女方权益的原则。为保障子女的健康成长，夫妻共同财产的分割应从子女的利益出发，对直接抚养子女一方给予优先考虑和适当照顾。对于女方，首先要充分保障其权益；其次，对经济状态较差或有疾病的，应予以特别保护。

（3）照顾无过错方原则。因一方有过错而引起的离婚案件，对无过错的一方，在分割共同财产时，应适当多分或优先考虑其要求，以体现法律的公平和正义。如果过错方有我国《婚姻法》第46条明示的几种情形，无过错方除了获得损害赔偿外，在财产分割上也应得到照顾。此外，夫妻一方有其他的明显对他方的侵害行为，或故意不尽夫妻义务，或违背社会公德对婚姻造成损害的行为，也可作为过错，承担财产分割上的不利后果。

（4）有利生产、方便生活的原则。即在分割共同财产时，应充分考虑财产的效用和经济价值，并兼顾各方利益。比如对生产资料，应分给有能力和条件的一方；对资料、工具等尽量考虑有职业需要的一方；对生活资料，应首先满足有特殊需要的一方，同时兼顾各方的生活需要。

2．判决分割的方法

（1）原则上均等分割。根据生产、生活的需要和财产的来源等情况均等分割。具体处理时也可以有所差别。

（2）夫妻分居两地分别管理、使用的婚后所得财产，应认定为夫妻共同财产。在分割财产时，各自分别管理、使用的财产归各自所有。双方所分财产相差悬殊的，差额部分由多得财产的一方以与差额相当的财产抵偿另一方。

（3）已登记结婚，但尚未共同生活的，一方或双方受赠的礼金、礼物应认定为夫妻共同财产，具体处理时应考虑财产来源、数量等情况合理分割。各自出资购置、各自使用的财物，原则上归各自所有。

（4）一方以夫妻共同财产与他人合伙经营的，入伙的财产可分给一方所有；分得入伙财产的一方对另一方应给予相当于入伙财产一半价值的补偿。

（5）属于夫妻共同财产的生产资料，可分给有经营条件和能力的一方。分得该生产资料的一方对另一方应给予相当于该财产一半价值的补偿。

（6）对夫妻共同经营的当年无收益的养殖、种植业等，离婚时应从有利于发展生产、有利于经营管理的方面考虑，予以合理分割或折价处理。

（7）离婚时一方尚未取得经济利益的知识产权，归一方所有。在分割夫妻共同财产时，可根据具体情况，对另一方予以适当照顾。

(8) 婚前个人财产在婚后共同生活中自然毁损、消耗、灭失，离婚时一方要求以夫妻共同财产抵偿的，不予支持。

3. 离婚时夫妻房屋的处理。

关于私房：(1) 婚后双方对婚前一方所有的房屋进行过修缮、装修、原拆原建，离婚时未变更产权的，房屋仍归产权人所有；增值部分中属于另一方应得的份额，由房屋所有权人折价补偿另一方。进行过扩建的，扩建部分的房屋应按夫妻共同财产处理。

(2) 对不宜分割使用的夫妻共有的房屋，应根据双方住房情况和照顾抚养子女或无过错方等原则分给一方所有。分得房屋的一方对另一方应给予相当于该房屋一半价值的补偿。在双方条件等同的情况下，应照顾女方。

(3) 婚姻存续期间居住的房屋属于一方所有，另一方以离婚后无房屋居住为由，要求暂住的，经查实可据情予以支持，但一般不超过两年。无房一方租房居住在经济上确有困难的，享有房屋产权的一方可给予一次性经济帮助。

关于公房的使用和承租问题，最高人民法院 1996 年 4 号文件《关于审理离婚案件中公房使用、承租若干问题的解答》对离婚案件中公房的使用和承租的处理，作出了以下规定：(1) 承租条件。夫妻共同居住的公房，具有下列情形之一的，离婚后，双方均可承租：第一，婚前由一方承租的公房，且婚姻关系存续五年以上的；第二，婚前由一方承租的本单位的房屋，离婚时，双方均为本单位职工的；第三，一方婚前借款投资建房取得的公房承租权，婚后夫妻共同偿还借款的；第四，婚后一方或双方申请取得公房承租权的；第五，婚前一方承租的公房，婚后因该承租房屋拆迁而取得房屋承租权的；第六，夫妻双方单位投资联建或联合购置的共有房屋的；第七，一方将其承租的本单位的房屋，交回本单位或交给另一方单位后，另一方单位另给调换房屋的；第八，婚前双方均租有公房，婚后合并调换房屋的；第九，其他应当认定为夫妻双方均可承租的情形。

(2) 处理原则。对夫妻双方均可承租的公房，应按照下列原则予以处理：第一，照顾抚养子女的一方；第二，男女双方在同等条件下，照顾女方；第三，照顾残疾或生活困难的一方；第四，照顾无过错一方。

(3) 处理办法：第一，双方均可承租的公房而由一方承租的，承租方对另一方可给予适当的经济补偿；第二，双方均可承租的公房，如面积较大能够隔开分室居住使用的，可由双方分别租住；第三，一方对另一方婚前承租的公房无权承租而解决住房确有困难的，可以暂住，但期限一般不超过两年。暂住期间，暂住方应交纳相应的费用。第四，一方对另一方婚前承租的公房无权承租，另行租房经济上确有困难的，如承租公房一方有负担能力，应给予一次性经济帮助；第五，对夫妻双方共同出资而取得产权的房屋，分得产权的一方应按当地政府有关部门公布的同类住房标准价，给予对方一半价值的补偿；第六，双方均争房屋产权的，如双方同意或者双方经济、住房条件基本相同，可采取竞价方式解决。

（三）夫妻债务的清偿

我国《婚姻法》第 41 条规定：“离婚时，原为夫妻共同生活所负的债务，应共同偿还。共同财产不足清偿的，或财产归各自所有的，由双方协议清偿；协议不成时，由人民法院判决。”结合最高人民法院《关于人民法院审理离婚案件处理财产分割问题的若干具体意见》中关于夫妻债务清偿的规定①，夫妻债务的清偿应分为两种情况：一是夫妻共同债务；二是夫妻个人债务。

1．夫妻共同债务的清偿

（1）共同债务的概念和范围。夫妻共同债务，是指夫妻为共同生活或为履行抚养、赡养义务等所负的债务。其应包括：夫妻一方或双方为日常生活所负债务；夫妻为共同生产、经营、投资等所负债务；夫妻一方为生产、经营、投资等并经另一方同意或虽未经对方同意但收益用于夫妻共同生活所负债务；夫妻一方或双方为子女的抚养和教育所负债务；夫妻一方或双方为赡养双方父母或祖父母所负债务。

（2）共同债务的清偿责任。共同债务对夫妻双方来讲，是一种连带清偿责任，任何一方都对共同债务负全部给付义务；一方给付后有依确定的份额向另一方追偿的权利。

2．夫妻个人债务的清偿

（1）夫妻个人债务的概念和范围。夫妻个人债务，是指夫妻一方在婚前所负债务、婚后所负与共同生活无关的债务或分别财产制下一方所负债务。婚后所负与共同生活无关的债务主要应包括以下几种：第一，夫妻双方约定由个人负担的债务，但以逃避债务为目的的除外；第二，一方未经对方同意，擅自资助与其没有抚养义务的亲朋所负的债务；第三，一方未经对方同意，独自筹资从事经营活动，其收入确未用于共同生活所负的债务；第四，其他应由个人承担的债务。

（2）夫妻个人债务的清偿责任。夫妻个人债务应由负债方以个人财产承担清偿责任。关于个人债务承担的对外效力问题，对于婚前个人债务，债权人不能要求夫妻共同偿还。对于婚后所负债务，债权人不知道双方约定或不知是否用于与共同生活无关的，夫妻个人的承担只具内部效力，不能对抗善意第三人。夫妻实行分别财产制时，根据我国《婚姻法》第19条第3款的规定："对婚姻关系存续期间所得的财产约定归各自所有的，夫或妻一方对外所负的债务，第三人知道该约定的，以夫或妻一方所有的财产清偿。"并且根据最高人民法院《关于适用婚姻法若干问题的解释（一）》第18条的规定，对"第三人知道该约定"的举证责任在夫妻一方。如果夫妻一方不能举出第三人知道夫妻约定的证据，该债务对外仍应由夫妻双方承担连带清偿责任。

（四）对离婚时一方擅自处置财产或伪造债务的处理

在现实生活中，有些人在离婚过程中，为达到独占或多占财产的目的，不择手段地采取隐匿、转移、变卖、伪造债务等种种非法手段，侵害对方的财产权益，同时干扰司法活动。我国修改后的《婚姻法》在第47条中，对此明确规定了相应的救助措施和法律责任：

1．对违法方少分或不分财产。离婚时，凡出现一方有隐藏、转移、变卖、毁损夫妻共同财产或伪造债务行为时，分割夫妻共同财产时，对该违法方可以少分或者不分，并且不以侵害后果为前提。即只要一方有以上行为，则不管是否达到目的，是否造成对方权益的损害，都应少分或不分。

2．离婚后一方才发现对方有隐匿、转移、变卖财产行为的，可以提起诉讼，请求再次分割共同财产，但要注意诉讼时效的规定。根据最高人民法院《关于适用婚姻法若

① 该规定中第18条与修改后的我国《婚姻法》及新的司法解释有抵触，不再适用。

干问题的解释（一）》第31条的规定："当事人依据婚姻法第47条的规定向人民法院提起诉讼，请求再次分割夫妻共同财产的诉讼时效为两年，从当事人发现之次日起计算。"在再次分割时，仍可适用第一种处理措施，即违法方对共同财产可以少分或不分。

3．对构成妨害民事诉讼的行为，依照我国《民事诉讼法》的规定予以制裁。人民法院可以根据情节轻重予以罚款、拘留。构成犯罪的，可依照我国《刑法》的规定追究刑事责任。

三、离婚对当事人的其他经济后果

（一）离婚时夫妻土地承包经营权的保护

土地承包经营权是我国改革开放后，农村实行联产承包责任制所创设的一项重要的民事权利，受到国家法律的保护。夫妻作为土地承包经营权的主体或组成人员，其权利不因离婚而丧失。我国《婚姻法》因而专门在第39条第2款规定："夫或妻在家庭土地承包经营中享有的权益等，应当依法予以保护。"

（二）离婚时分别财产制的家务补偿

我国《婚姻法》第40条规定："夫妻书面约定婚姻关系存续期间所得的财产归各自所有，一方因抚育子女、照料老人、协助另一方工作等付出较多义务的，离婚时有权向另一方请求补偿，另一方应当予以补偿。"这是2001年修改后的《婚姻法》首次对家务劳动和夫妻的协助在财产处理上作出价值补偿规定，具有极其重要的意义。

1．家务补偿的概念及意义

离婚时的家务补偿是指约定实行婚后财产分别所有的夫妻，在离婚时对家庭尽义务较多的一方，有权请求另一方给予一定的补偿的制度。补偿制度的建立意味着法律对家务劳动及协助对方工作作出了价值肯定的评判。在现实生活中，日常杂务、抚育子女、照料老人等家务劳动是维持家庭共同生活所必不可少的。家务劳动虽然不能直接增加家庭经济收入，但一方通过承担较多的家庭义务或协助对方工作，使另一方能全力以赴投入生产、经营或工作劳动之中，因而在另一方创造的财富中包含了从事家务一方的贡献；另一方面，一方较多地承担了家务劳动，也减少了家庭的开支，从而间接增加了家庭的财富。在夫妻实行分别财产制时，由于一方创造的财富在离婚时，另一方不能分享，因而对从事家务较多的一方就明显不公。这时候法律如果不进行必要的调整和平衡，就等于容忍一方无偿地占有另一方的劳动，显然不能体现法律的公平，且不利于对妇女权益（大多数承担家庭较多义务的一方是女性）的保障，不利于社会的发展和稳定。所以补偿制度的建立是达到社会公平正义和实现男女实质平等的必要法律手段。2001年修改后的我国《婚姻法》增设了补偿制度，也是我国法律进步的表现。

2．家务补偿的适用条件

（1）适用主体。家务补偿并不适用于所有要求离婚的夫妻，只能适用于约定婚姻存续期间所得财产归各自所有的离婚夫妻。采用法定财产制、一般共同财产制、部分共同制的夫妻在离婚时不能适用家务补偿。

（2）适用前提。并不是所有采用分别财产制的夫妻都要适用家务补偿，而是一方因抚育子女、照料老人，协助另一方工作等付出了较多义务的才适用。如果双方都分担了家务，双方都协助了对方，则不符合补偿的法定条件。

（3）本人请求。即付出较多义务的一方提出了补偿请求。离婚时是否实行家务补偿，取决于离婚当事人自己的请求。法律虽然制定了家务补偿制度，但并不强制适用，而是由当事人自主决定。享有补偿请求权的一方，可以行使法律赋予的此项权利，也可以放弃。值得注意的是，当事人要行使权利，则必须在离婚时提出。离婚时未提出补偿请求的，离婚后不能再主张。

（三）离婚时对困难方的经济帮助

我国《婚姻法》第42条规定："离婚时，如一方生活困难，另一方应从其住房等个人财产中给予适当帮助。具体办法由双方协议；协议不成时，由人民法院判决。"

1. 经济帮助的性质和意义

经济帮助是指夫妻离婚时，一方生活确有困难，经双方协议或由人民法院判决，由经济条件较好的另一方给其必要的经济资助的制度。它不是夫妻间的扶养义务，而是为保障婚姻关系解除后困难方的生活需要所规定的法律保障措施。

2. 经济帮助的适用条件

(1) 一方生活困难。所谓生活困难，一是指依靠个人财产和离婚时分得的财产无法维持当地基本生活水平；二是指一方离婚后没有住处。

(2) 生活困难发生在离婚当时。即在离婚时，其个人的财产和离婚分得的财产就无法维持当地基本生活水平或没有住处。

(3) 另一方有帮助能力。离婚时一方生活困难，另一方应给予经济帮助，但前提是另一方生活不困难，即有帮助能力。如果另一方也存在生活困难，或者住房狭小，无法提供帮助，也不能强行要求其帮助。

第四节　离婚损害赔偿

我国《婚姻法》第46条规定："有下列情形之一，导致离婚的，无过错方有权请求损害赔偿：（一）重婚的；（二）有配偶者与他人同居的；（三）实施家庭暴力的；（四）虐待、遗弃家庭成员的。"这是我国2001年修改后的《婚姻法》所新设的一项法律救济制度。

一、离婚损害赔偿的概念和意义

离婚损害赔偿是指夫妻一方因法定的过错行为导致离婚的，没有过错的一方有权对其损害要求赔偿的法律救济制度。我国《婚姻法》确立离婚损害赔偿制度具有重要意义：

1. 是建立平等、和睦、文明的婚姻家庭关系的需要。法律设立过错方承担损害赔偿的民事责任，有利于通过法律明示的制裁和惩戒作用，抑制、减少婚姻家庭关系中重大过错行为的发生。

2. 是维护无过错方合法权益的需要。增设损害赔偿制度，既可以填补受害配偶所受到的损害，也可以起到精神抚慰的作用，可以充分保护受害配偶的合法权益。

3. 是司法实践妥善解决离婚纠纷的需要。损害赔偿制度对过错方给予制裁，使受害方得到赔偿，可以大大减少离婚案件的负面后果。人们可以通过正常的法律救济手段得到心理慰藉和经济赔偿，有利于司法机关对离婚纠纷的处理。

二、离婚损害赔偿的条件

1．一方具有法定过错行为。我国《婚姻法》将导致离婚损害赔偿的过错行为严格限定在四种情形之内，即重婚、与他人同居、实施家庭暴力和虐待、遗弃家庭成员。

2．另一方无法定过错行为。就是说，另一方没有实施重婚、与他人同居、实施家庭暴力或虐待、遗弃家庭成员等行为。

3．过错行为导致离婚。即过错行为是导致感情破裂的原因。

三、损害赔偿请求权的行使

根据最高人民法院《关于适用婚姻法若干问题的解释（一）》的规定，离婚损害赔偿请求权的行使应遵循以下要求：

1．只能在离婚时行使。如果在婚姻关系存续期间，当事人不起诉离婚而单独依第46条提起损害赔偿的诉讼请求，法院不予支持。同时，对于人民法院判决不准离婚的案件，如果当事人提起损害赔偿请求的，人民法院不予支持。

2．人民法院受理离婚时应将离婚损害赔偿权利义务书面告知离婚当事人。此规定的目的是让离婚当事人明确法律的规定，以及时做出是否行使请求权的选择。

3．具体程序规定：（1）符合婚姻法第46条规定的无过错方作为原告基于该条规定向人民法院提起损害赔偿请求的，必须在提起诉讼的同时提出。也就是在诉讼请求中要明确提出。（2）符合《婚姻法》第46条规定的无过错方作为被告的离婚诉讼案件，如果被告不同意离婚也不基于该条规定提起损害赔偿请求的，可以在离婚后一年内就此单独提起诉讼。（3）无过错方作为被告的离婚诉讼案件，一审时未基于《婚姻法》第46条规定提出损害赔偿请求，二审提出的，人民法院应当进行调解。调解不成的，告知当事人在离婚后一年内另行起诉。

四、赔偿责任主体和赔偿范围

1．赔偿责任主体。只能由有过错配偶一方来承担损害赔偿责任，而不能将第三者列为赔偿责任人。

2．损害赔偿的范围。损害赔偿包括物质损害赔偿和精神损害赔偿两部分。涉及精神损害赔偿的适用最高人民法院《关于确定民事侵权精神损害赔偿责任若干问题的解释》的有关规定。至于物质损害赔偿，应当按照赔偿实际损失的原则，损失多少赔偿多少。

第五节　离婚后对子女的抚养与探视

一、离婚后的父母子女关系

父母子女关系，不因父母离婚而消除，但会使父母抚养子女的方式有所不同。子女只能随一方生活，子女的抚养费、教育等需在离婚时予以解决。因此，认真解决夫妻离婚后对未成年子女的抚养教育问题，是离婚后果的重要部分。

二、离婚后子女直接抚养权的确定

（一）哺乳期内子女的直接抚养

哺乳期内，子女原则上由哺乳的母亲抚养。哺乳期主要掌握在两年，即两周岁以下的子女，一般随母方生活。母方有下列情形之一的，可随父方生活：第一，患有久治不愈的传染性疾病或其他严重疾病，子女不宜与其共同生活的；第二，有抚养条件不尽抚养义务，而父方要求子女随其生活的；第三，因其他原因，子女确无法随母方生活的；第四，父母双方协议随父方生活，并对子女健康成长无不利影响的。

（二）哺乳期后子女的直接抚养

对于两周岁以上未成年子女的抚养问题，从有利于子女的健康成长出发，一般应由双方协商确定，达成抚养协议。由于我国独生子女居多，在有利于保护子女利益的前提下，父母双方协议轮流抚养子女的，可予准许。对子女随哪方生活，协议不成的，由人民法院根据双方的情况和子女的利益予以判决。如果父方和母方均要求子女随自己生活，一方有下列情形之一的，可享有优先权：第一，已做绝育手术或因其他原因丧失生育能力的；第二，子女随其生活时间较长，改变生活环境对子女健康成长明显不利的；第三，无其他子女，而另一方有其他子女的；第四，子女随其生活，对子女成长有利，而另一方患有久治不愈的传染性疾病或其他严重疾病，或者有其他不利于子女身心健康的情形，不宜与子女共同生活的；第五，父方与母方抚养子女的条件基本相同，但子女单独随祖父母或外祖父母共同生活多年，且祖父母或外祖父母要求并且有能力帮助子女照顾孙子女或外孙子女的，可作为父或母的优先条件予以考虑。

如果子女已满 10 周岁，父母双方对其直接抚养权发生争执的，应考虑该子女的意见。在离婚诉讼期间，双方均拒绝抚养子女的，人民法院可先裁定暂由一方抚养。

（三）直接抚养权的变更

离婚时对子女抚养权的确定，是根据当时的情况来处理的。如果以后父母任何一方及子女的情况有所改变，可以要求予以变更。双方能达成协议的，可自行变更。只要不损害未成年子女的利益和不影响到其健康成长，法律不会干预。如果双方协商不成，一方起诉要求变更的，根据最高人民法院上述司法解释规定，一方要求变更子女抚养关系有下列情形之一的，应予支持：第一，与子女共同生活的一方因患严重疾病或因伤残无力继续抚养子女的；第二，与子女共同生活的一方不尽抚养义务或有虐待子女行为，或其与子女共同生活对子女身心健康确有不利影响的；第三，十周岁以上未成年子女，愿随另一方生活，该方又有抚养能力的；第四，有其他正当理由需要变更的。

三、子女抚养费的负担

（一）抚养费数额的确定。

1. 确定的原则。根据最高人民法院在 1993 年发布的司法解释，子女抚养费确定的原则是：根据子女的实际需要、父母双方的负担能力和当地的实际生活水平确定。

2. 大致比例。有固定收入的，抚养费一般可按月总收入的百分之二十至三十的比例给付。负担两个以上子女抚养费的，比例可适当提高。但一般不得超过月总收入的百分之五十。无固定收入的，抚养费的数额可依据当年总收入或同行业平均收入，参照上述比例确定。有特殊情况的，可适当提高或降低上述比例。

3. 给付的方式。抚养费应定期给付，有条件的可一次性给付。对一方无经济收入或者下落不明的，可用其财物折抵子女抚养费。父母双方可以协议子女随一方生活并由抚养方负担子女全部抚养费。但经查实，抚养方的抚养能力明显不能保障子女所需费用，影响子女健康成长的，不予准许。

4. 给付的期限。抚养费的给付期限，一般至子女 18 周岁为止。16 周岁以上不满

18周岁，以其劳动收入为主要生活来源，并能维持当地一般生活水平的，父母可停止给付抚养费。对尚在校接受高中及其以下学历教育，或者丧失或未完全丧失劳动能力等非因主观原因而无法维持正常生活的成年子女，父母又有给付能力的，仍应负担必要的抚育费。

5．子女姓氏改变不影响抚养费的给付。针对现实生活中所出现的，直接抚养子女一方将子女姓氏改变，另一方便拒付抚养费的情况，最高人民法院在1993年的司法解释专门规定："父母不得因子女变更姓氏而拒付子女抚育费。父或母一方擅自将子女姓氏改为继母或继父姓氏而引起纠纷的，应责令恢复原姓氏。"

6．抚养费的变更。我国《婚姻法》第37条第2款规定："关于子女生活费和教育费的协议或判决，不妨碍子女在必要时向父母任何一方提出超过协议或判决原定数额的合理要求。"因而，离婚后，子女要求增加抚养费的，可以向父或母提出。如果得不到同意，可直接起诉要求增加。根据最高人民法院1993年的司法解释规定，子女要求增加抚养费有下列情形之一，父或母有给付能力的，应予支持：第一，原定抚养费数额不足以维持当地实际生活水平的；第二，因子女患病、上学，实际需要已超过原定数额的；第三，有其他正当理由应当增加的。

四、离婚后对子女的探望权

我国《婚姻法》第38条第1款规定："离婚后，不直接抚养子女的父或母，有探望子女的权利，另一方有协助的义务。"这是我国2001年修改后的《婚姻法》新增设的规定，填补了我国子女抚养问题上的一大空白。

（一）探望权的概念及立法原因

探望权，也称探视权，是指父母离婚后，不直接抚养子女的一方依法享有的对子女进行探望、交往的权利。其权利源于父母基于自然血缘关系对子女所享有的亲权。其享有权利的为不直接抚养子女的父或母一方；负有协助义务的为直接抚养子女的一方。但父母行使对子女探望权时不得对子女的身心健康造成损害，否则法律可中止其行使。

在外国法中，探望权普遍规定在法律中。如《俄罗斯联邦家庭法典》规定：与子女分居的父母一方，有权与子女来往，参与子女的培养和决定子女受教育的问题。与子女生活的父母一方，不应阻碍子女与父母另一方来往，如果该来往不损害孩子的生理和心理健康及其道德发展。美国的大多数州，子女抚养义务和探望权利是分开的，相互之间没有关系，没有支付抚养费并不能否定其探望权。但有些州将两者联系在一起，有监护权的一方阻止他方探望的，他方可以向法院申请终止支付抚养费。①

（二）探望权的行使和执行

1．探望权的行使。我国《婚姻法》第38条第2款规定："行使探望权的方式、时间由当事人协议；协议不成时，由人民法院判决。"

探望权的内容主要是会面和交往，也包括通信、通话等。以何种方式进行探望，须根据子女和父及母的具体情况而定，可以是定时看望，也可以是周末共住或假日共住。无论采取何种方式，都要以不影响子女的学习、生活为前提。在行使探望权的方式上，当事人应积极达成协议，这样有利于双方配合实施。如达不成协议，则由人民法院判

① 滕蔓等：《离婚纠纷及其后果的处置》，第29、30页。

决。

对于以往的离婚中没有涉及子女探望权的，最高人民法院2001年的司法解释第24条规定："人民法院作出的离婚判决中未涉及探望权，当事人就探望权问题单独提起诉讼的，人民法院应予以受理。"所以，不管是登记离婚还是诉讼离婚，只要没有对探望权作出处理，当事人都可以提起诉讼，通过法律手段解决探望权问题。

2．探望权的强制执行。对于人民法院的判决，义务方不履行义务，不配合另一方探望子女的，我国《婚姻法》第48条将其纳入强行执行的范围之中，规定对拒不执行有关探望子女的判决或裁定的，人民法院依法强制执行。由于探望权涉及子女人身问题，为避免强制执行中的偏差，最高人民法院2001年的司法解释第32条又进一步规定："婚姻法第48条关于对拒不执行有关探望子女等判决和裁定的，由人民法院依法强制执行的规定是指对拒不履行协助另一方行使探望权的有关个人和单位采取拘留、罚款等强制措施，不能对子女的人身、探望行为进行强制执行。"也就是说，当子女不愿意对方探望，或不愿意到对方住所居住时，人民法院不能强制将子女带走。

（三）探望权的中止和恢复

我国《婚姻法》第38条第3款规定："父或母探望子女，不利于子女身心健康的，由人民法院依法中止探望的权利；中止的事由消失后，应当恢复探望的权利。"

1．中止的情形。探望权的行使不能有损子女的利益，因此，当探望的一方有不利于子女身心健康的情形，如患传染病、精神病、染上吸毒等严重恶习或对子女有暴力倾向，或教唆子女实施犯罪行为等时，应中止其行使探望权。

2．中止请求权人。哪些人可以向人民法院提出中止探望权的请求？根据最高人民法院2001年的司法解释第26条的规定："未成年子女、直接抚养子女的父或母及其他对未成年子女负担抚养、教育义务的法定监护人，有权向人民法院提出中止探望权的请求。"

3．中止的程序。人民法院处理探望权中止的诉讼的程序，根据最高人民法院2001年的司法解释第25条的规定："当事人在履行生效判决、裁定或者调解书的过程中，请求中止行使探望权的，人民法院在征询双方当事人意见后，认为需要中止行使探望权的，依法作出裁定。"即人民法院通过裁定的方式，依法中止探望权。裁定发生法律效力后，当事人应执行中止的决定。

3．探望权的恢复。中止探望只是探望权的暂时停止，而不是探望权的消灭。因此，当中止探望的情形消失后，还应该恢复其权利的行使。最高人民法院2001年的司法解释第25条规定："中止探望的情形消失后，人民法院应当根据当事人的申请通知其恢复探望权的行使。"

思考题

1．简述婚姻终止的概念和种类。
2．登记离婚应具备哪些条件？
3．诉讼外调解与诉讼内调解有哪些不同？
4．什么是我国法定的离婚条件？
5．如何进行离婚时的夫妻财产清算？

6. 离婚时分割夫妻共同财产应遵循哪些原则?

7. 离婚时夫妻债务应如何清偿?

8. 离婚时一方要求家务劳动补偿应具备哪些条件?

9. 如何正确理解和适用离婚时的经济帮助?

10. 何为离婚损害赔偿?适用条件有哪些?如何行使其请求权?

11. 离婚时应如何确定未成年子女的直接抚养权问题?

12. 离婚时子女抚养费应如何分担?此后可否变更?

13. 何为探望权?简述其行使、中止及恢复。

学习资料指引

1. 史尚宽:《亲属法论》,中国政法大学出版社,2000 年版,第 3 章。

2. 王胜明、孙礼海:《婚姻法修改立法资料选》,法律出版社,2001 年 6 月版。

3. 巫昌祯:《婚姻与继承法学》(修订本),中国政法大学出版社,2001 年 8 月修订第 2 版,第 6 章~第 7 章。

4. 杨遂全、陈红莹、赵小平、张晓远等:《婚姻家庭法新论》,法律出版社,2003 年 8 月版,第 11 章~第 12 章。

5. 李志敏:《比较家庭法》,北京大学出版社,1988 年版,第 3 章。

6. 最高人民法院民事审判庭第一庭:《婚姻法司法解释的理解与适用》,中国法制出版社,2002 年 4 月版。

7. 林秀雄:《婚姻家庭法之研究》,中国政治大学出版社,2001 年 11 月版。

8. 马原:《新婚姻法案例评析》,人民法院出版社,2002 年 2 月版,第 4 章。

参考法规提示

1.《中华人民共和国婚姻法》第四章。

2.《婚姻登记条例》第三章。

3. 最高人民法院 2001 年 12 月 24 日《关于适用婚姻法若干问题的解释(一)》第 20~32 条。

4. 最高人民法院《关于人民法院审理离婚案件如何认定夫妻感情确已破裂的若干具体意见》(1989 年 12 月 13 日)。

5. 最高人民法院《关于人民法院审理离婚案件处理财产分割问题的若干具体意见》(1993 年 11 月 3 日)。

6. 最高人民法院《关于人民法院审理离婚案件处理子女抚养问题的若干具体意见》(1993 年 11 月 3 日)。

7. 最高人民法院《关于审理离婚案件中公房使用、承租若干问题的解答》(1996 年 2 月 5 日)。

第四十八章　收　　养

【阅读提示】　收养是一种创设拟制亲子关系的法律制度，在婚姻家庭法中具有相对独立的地位，并由国家制定专门的收养法进行调整。本章的学习重点是掌握收养的条件，养子女与养父母及近亲属之间的权利义务关系，收养解除的后果等。

第一节　收养法的基本原则

一、收养的概念和特征

收养是公民按照法律的规定，领养他人子女为自己子女的民事法律行为。收养形成的亲属关系，为依法创设的拟制血亲关系。收养行为的当事人为三方：收养人、被收养人和送养人。

收养具有以下法律特征：

1. 收养是创设和变更亲属身份关系的民事法律行为

收养是确立民事法律关系的行为，它使没有血亲关系的收养人和被收养人之间产生与亲生父母子女及近亲属相同的权利义务关系。因此，它是依照法律的规定并基于当事人的法律行为而创设的。同时，收养的成立使被收养人与其生父母及近亲属间的权利义务消灭，实质上是一种身份关系的变更和移转。

2. 收养是发生在特定主体之间的要式法律行为

收养由于是创设亲子关系的身份行为，不能由公民任意为之，因此法律规定了严格的限制条件。收养人、被收养人和送养人都必须符合法律规定的资格和条件，否则不能发生收养。在三方当事人中，收养人和被收养人只能是自然人，法人不能充当。收养只能发生在非直系血亲之间。收养主体不仅要符合法律规定，其收养成立也必须采取法定形式，如收养契约、收养登记、收养公证、法院宣告等。我国收养法规定的收养要式形式是登记制。

3. 收养的法律效果是产生拟制血亲关系

收养创设的亲子关系被称为“法亲”，即法律拟制血亲，它使被收养人与收养人及其近亲属间产生与自然血亲相同的权利义务关系。但它与自然血亲不同的是：既是人为创设，也可人为消灭；可依法产生，也可依法解除。

在实际生活中，应注意分清收养与寄养、立嗣、义养、事实扶养的区别。

二、收养法的基本原则

我国《收养法》规定了五项基本原则，这是我国收养制度的根本指导思想和行为准则，具有普遍适用的法律效力。

（一）有利于被收养人成长原则

收养的根本目的是养老育幼，因此确保被收养人的最大利益为首要考虑已成为全球的共同目标。[①] 我国《收养法》第 2 条规定，“收养应当有利于被收养的未成年人的抚养、成长”，明确将有利于被收养人成长的原则作为收养的首要基本原则。为贯彻这一基本原则，收养法还在收养人的条件、收养的解除、对借收养为名拐卖儿童的制裁等方面，制定了具体的保护性条款和制裁措施。

（二）保障被收养人和收养人的合法权益的原则

被收养人和收养人是收养关系中双方的当事人，他们的合法权益都应当得到法律的保护。我国《收养法》除在第 2 条明确规定了保障被收养人和收养人的合法权益原则外，还在第 22 条专门规定：“收养人、送养人要求保守收养秘密的，其他人应当尊重其意愿，不得泄露。”此外，对收养解除的限制、对收养解除的后果的规定等都体现了对双方合法权益的共同保护和利益平衡。

（三）平等自愿的原则

收养是民事法律行为，因此应以我国《民法通则》所规定的民事活动的基本原则为纲领。我国《收养法》不仅在第 2 条明确规定了平等自愿的原则，也在第 11 条规定：“收养人收养与送养人送养，须双方自愿。收养年满 10 周岁以上未成年人的，应当征得被收养人的同意。”平等自愿反映在收养行为中，即收养人、被收养人和送养人三方法律地位平等，不允许任何一方享有法律特权。同时收养当事人在收养活动中应当平等协商，不允许任何一方将自己的意志强加于人。收养当事人在建立或解除收养关系的活动中，有权按法律规定依自己的意志行之，不允许欺诈、胁迫或乘人之危的情形发生。

（四）遵守法律、不违背社会公德的原则

社会公德是社会公共生活的基本道德规范和行为准则，也称公序良俗。由于收养涉及身份关系的变动，具有很强的伦理性；同时收养是一种古老的制度，受社会习俗的影响较深。因此，我国《收养法》第 2 条明确规定了收养“不得违背社会公德”。同时收养当事人在收养活动中还要严格遵守法律规范，不得借收养名义实施犯罪行为。我国《收养法》第 20 条、第 31 条规定：“严禁买卖儿童或者借收养名义买卖儿童”，“借收养名义拐卖儿童的，依法追究刑事责任”。这些规定将有利于保障收养制度的健康发展。

（五）不违背计划生育法律法规的原则

计划生育是我国的一项基本国策，也是我国《婚姻法》的一项基本原则。收养作为生育制度的补充，与计划生育有直接的关系。因此，我国《收养法》第 3 条、第 19 条专门规定：“收养不得违背计划生育的法律、法规”，“送养人不得以送养子女理由违反计划生育的规定再生育子女。”收养子女须贯彻计划生育原则，不得利用收养名义，破坏计划生育的实施。

第二节 收养的成立

收养的成立，须符合我国《收养法》所规定的实质要件和形式要件。实质要件即收养的条件，形式要件即收养的程序。

---

① 联合国大会通过的《儿童权利公约》第 21 条规定：“凡承认和（或）许可收养制度的国家应确保以儿童的最大利益为首要考虑。”我国于 1991 年 12 月 29 日经第七届全国人大常委会第 23 次会议批准加入该公约。

一、一般收养成立的实质要件

一般收养条件是指我国《收养法》针对一般情况所规定的收养成立的实质要件，具体涉及收养人、被收养人和送养人三方。

（一）收养人的条件

根据我国《收养法》第 6 条、第 9 条、第 10 条的规定，收养子女应具备以下条件：

1. 无子女。这是贯彻计划生育的要求。有子女者（包括生子女和养子女）不得再行收养；同时在无法律特别规定的情况下，收养人也只能收养一名子女。

2. 有抚养教育被收养人的能力。即收养人须为完全民事行为能力人，具备抚养被收养人的经济能力，能够提供对被收养人进行教育的条件，能够履行父母的职责。

3. 未患有在医学上认为不应当收养子女的疾病。这是概括规定，具体适用中主要是看其疾病是否对被收养人的健康成长明显不利。如患有精神病、传染性疾病、严重心脏病等就应考虑不宜收养。

4. 年满 30 周岁。这是法律对收养人的最低年龄要求。如果收养人是有配偶者，需夫妻双方均年满 30 周岁。

5. 有配偶者收养子女的，须夫妻双方同意方能收养。无配偶者收养子女的，如果是男性收养女性，收养人与被收养人之间的年龄应相差 40 周岁以上。

（二）被收养人的条件

我国《收养法》第 4 条、第 11 条还规定了以下情况的未成年人可以被收养：

1. 未满 14 周岁。超过此年龄的人不得为被收养人。

2. 属于以下三种情况之一：（1）生父母双亡的孤儿；（2）查找不到生父母的弃婴和弃儿；（3）生父母有特殊困难无力抚养的子女。

3. 被收养人年满 10 周岁的，须本人同意被收养。

（三）送养人的条件

我国《收养法》第 5 条规定，孤儿的监护人、社会福利机构和有特殊困难无力抚养子女的生父母，可以作为送养人。这三类人分别应具备的条件为：

1. 有特殊困难无力抚养子女的生父母作为送养人的条件：

（1）生父母双方均有特殊困难，双方均无力抚养子女。

（2）生父母双方均同意送养。不仅包括有婚姻关系的生父母，也包括离婚和非婚生子女的生父母。生父母一方不同意送养的，另一方不得单独送养。但生父母一方不明或者查找不到或一方已死亡，另一方可以单方送养。

（3）配偶一方死亡，另一方欲送养子女的，必须征得死亡一方的父母的同意。死亡一方父母有抚养教育未成年人能力的，有优先抚养的权利。

2. 监护人作为送养人的条件

（1）征得抚养义务人的同意。有抚养义务的祖父母、外祖父母或成年兄姊不同意送养，监护人又不愿意继续履行监护职责时，可要求变更监护人。

（2）未成年人的父母均不具备完全行为能力时，该未成年人的监护人不得将其送养。但父母对该未成年人有严重危害的除外。

3. 社会福利机构作为送养人的条件

作为送养人的社会福利机构必须是由民政部门设立或批准设立的专门收容、抚养暂时无法查明生父母或监护人的弃儿或孤儿的社会监护机关。公民自愿收养社会福利机构养育的弃婴、儿童和孤儿的，应由社会福利机构为送养人。

二、特殊收养成立的实质要件

我国《收养法》针对某些特殊关系的收养，适当放宽了收养条件，以适应现实生活中不同情况的收养需求。

（一）近亲属间的收养

我国民间历来有在亲属间过继子女的习俗。这种近亲属间的收养有利于收养人和被收养人之间产生亲近的感情，符合双方利益，故《收养法》在条件上给予放宽。但在近亲属的范围上给予了限定，即必须是收养三代以内同辈旁系血亲的子女，才可以适用以下放宽条件：

1. 不受被收养人不满 14 周岁的限制，即超过 14 周岁甚至成年人也可以被收养；
2. 不受被收养人必须是生父母有特殊困难无力抚养的子女的限制，即被收养人的生父母有抚养能力，也可以被收养；
3. 不受送养人必须是有特殊困难无力抚养的生父母的限制，即送养人有抚养能力，也可以把子女送养给三代以内同辈旁系血亲；
4. 不受无配偶的男性收养女性的年龄相差 40 周岁的限制；
5. 华侨收养三代以内同辈旁系血亲的子女，还可以不受收养人须无子女的限制。

（二）继父母子女间的收养

此类收养主要发生在具有共同生活关系的继父母子女间。由于继父母须对继子女尽抚养教育义务，因而通过收养可以使双方关系更加稳定和明确，从而避免继子女的双重权利义务。这种收养有利于建立和睦的家庭关系，因而我国法律给予提倡。对于此类收养，我国《收养法》规定必须征得继子女的生父母的同意，同时在收养条件上给予了以下放宽：

1. 不受被收养人不满 14 周岁的限制；
2. 不受被收养人必须是生父母有特殊困难无力抚养的子女的限制；
3. 不受送养人必须是有特殊困难无力抚养的生父母的限制；
4. 不受收养人的条件限制，如抚养能力、健康状况、年龄限制等；
5. 不受收养一名养子女的限制。

（三）对孤儿、弃儿或残疾儿的收养

公民收养孤儿、弃儿或残疾儿是基于爱心和人道主义精神而进行的特别收养。此类收养，一方面可以减轻社会负担，另一方面有利于这些儿童的健康成长，使他们和其他儿童一样有一个温暖的家。为鼓励此类收养，我国《收养法》特别规定了以下两种情况的放宽：

1. 不受收养人须无子女的限制；
2. 不受收养人只能收养一名子女的限制。

三、收养成立的形式要件

收养成立的形式要件即收养成立的程序。1999 年 5 月 25 日民政部发布的《中国公民收养子女登记办法》对收养的程序作了以下规定：

（一）收养登记机关

我国《收养法》规定的收养登记机关是县级以上人民政府民政部门。在管辖上，《中国公民收养子女登记办法》作了以下具体划分：

1. 收养社会福利机构抚养的查找不到生父母的弃婴、儿童和孤儿的，在社会福利机构所在地的收养登记机关办理登记。

2. 收养非社会福利机构抚养的查找不到生父母的弃婴和儿童的，在弃婴和儿童发现地的收养登记机关办理登记。

3. 收养生父母有特殊困难无力抚养的子女或由监护人监护的孤儿的，在被收养人生父母或者监护人常住户口所在地（组织作监护人的，在该组织所在地）的收养登记机关办理登记。

4. 收养三代以内同辈旁系血亲的子女，以及继父或继母收养继子女的，在被收养人生父或生母常住户口所在地的收养登记机关办理登记。

（二）收养登记程序

1. 申请。收养当事人应当亲自到收养登记机关办理收养登记手续。申请时应提交以下证件和证明材料：

（1）收养人应提交的证件和证明材料有：居民身份证、户口簿；所在单位或居民委员会、村民委员会出具的本人婚姻状况，有无子女和抚养教育被收养人的能力等情况的证明；县级以上医疗机构出具的未患有在医学上认为不应当收养子女的疾病的身体健康检查证明。

收养查找不到生父母的弃婴、儿童的，还应当提交收养人经常居住地计划生育部门出具的收养人生育情况证明。其中收养非社会福利机构抚养的查找不到生父母的弃婴、儿童的，收养人还应当提交收养人经常居住地计划生育部门出具的收养人无子女的证明和公安机关出具的捡拾弃婴、儿童报案的证明。

收养继子女的，可以只提交居民户口簿、居民身份证和收养人与被收养人生父或生母结婚的证明。

（2）送养人应提交的证件和证明材料有：居民身份证、户口簿（组织作监护人的，提交其负责人的身份证件）；我国《收养法》规定送养时应当征得其他有抚养义务的人同意的，还应提交其他有抚养义务的人同意送养的书面意见。

社会福利机构为送养人的，还应当提交弃婴、儿童进入社会福利机构的原始记录，公安机关出具的捡拾弃婴、儿童报案的证明，或者孤儿的生父母死亡或者宣告死亡的证明。

监护人为送养人的，还应当提交实际承担监护责任的证明，孤儿的父母死亡或者宣告死亡的证明，或者被收养人生父母无完全民事行为能力并对被收养人有严重危害的证明。

生父母为送养人的，还应当提交与当地计划生育部门签订的不违反计划生育规定的协议。有特殊困难无力抚养子女的，还应当提交其所在单位或居民委员会、村民委员会出具的送养人有特殊困难的证明。其中，因丧偶或者一方下落不明由单方送养的，还应当提交配偶死亡或者下落不明的证明。子女由三代以内同辈旁系血亲收养的，还应当提交公安机关出具的或者经过公证的与收养人有亲属关系的证明。

被收养人是残疾儿童的，还应当提交县级以上医疗机构出具的该儿童的残疾证明。

2. 审查。收养登记机关收到收养登记申请书及有关材料后，应当自次日起 30 日内进行审查。对符合《收养法》规定条件的，为当事人办理收养登记，发给收养登记证，收养关系自登记之日起成立；对不符合《收养法》规定条件的，不予登记，并对当事人说明理由。

收养查找不到生父母的弃婴、儿童的，收养登记机关应当在登记前公告查找其生父母。自公告之日起满 60 日，弃婴、儿童的生父母或者其他监护人未认领的，该弃婴、儿童则被视为查找不到生父母的弃婴、儿童。公告期间不计算在登记办理期限内。

3. 登记。收养登记机关对收养人的申请和提交的证件、证明材料进行审查后，对证件和证明材料均齐全有效、符合收养条件的，准予办理收养登记，发给收养登记证，收养关系自登记之日起成立。收养关系成立后，需要为被收养人办理户口登记或者迁移手续的，由收养人持收养登记证到户口登记机关按照国家有关规定办理。

（三）收养协议与收养公证

1. 收养协议。我国《收养法》第 15 条第 3 款规定："收养关系当事人愿意订立收养协议的，可以订立收养协议。"由此可见，收养协议不是收养成立的必经程序，但当事人自愿订立的，法律予以允许。

2. 收养公证。我国《收养法》第 15 条第 4 款规定："收养关系当事人各方或者一方要求办理收养公证的，应当办理收养公证。"这说明公证也不是收养的必经程序，是否公证由当事人自己选择。但若当事人要求办理的，则应当办理。

第三节 收养的效力

一、收养成立的法律效力

收养的效力是指收养关系成立后所产生的法律后果。根据我国《收养法》第 23、24 条的规定，收养关系一旦成立，将产生以下法律效力：

（一）收养人与被收养人之间产生法律拟制的父母子女关系

我国《收养法》第 23 条第 1 款规定："自收养关系成立之日起，养父母与养子女间的权利义务关系，适用法律关于父母子女关系的规定。"由此，养父母与养子女之间具有以下权利和义务：

(1) 养父母有抚养教育养子女的权利和义务。

(2) 养父母有管教和保护未成年养子女的权利和义务。

(3) 已独立生活的养子女有赡养扶助养父母的义务。

(4) 养子女与养父母有相互继承遗产的权利，且互为第一顺序法定继承人。

(5) 按照我国《收养法》第 24 条的规定，养子女可以随养父或者养母的姓；经当事人协商一致，也可以保留原姓。

（二）养子女与养父母的近亲属之间产生法律拟制的血亲关系

我国《收养法》第 23 条第 1 款规定："养子女与养父母的近亲属间的权利义务关系，适用法律关于子女与父母的近亲属关系的规定。"由此，养子女与养父母的以下亲属间产生近亲属间的权利义务关系：

1. 养子女和养父及养母的父母之间产生法律拟制的养祖孙、养外祖孙的直系血亲关系，相互之间在一定条件下有抚养和赡养义务。养孙和养外孙可以代位继承养祖父母和养外祖父母的遗产，养祖父母和养外祖父母为养孙或养外孙的第二顺序继承人。

2. 养子女与养父母的其他子女之间产生法律拟制的养兄弟姐妹旁系血亲关系，在一定条件下有扶养义务，并互为第二顺序法定继承人。

（三）养子女与生父母及其他近亲属间的权利义务关系消除

我国《收养法》采取完全收养制，即收养关系一旦成立，法律上就不再承认被收养人和送养人之间的权利义务关系。因此，我国《收养法》第 23 条第 2 款明确规定："养子女与生父母及其他近亲属间的权利义务，因收养关系成立而消除。"养子女和生父母及其他近亲属之间不再具有抚养和赡养的权利义务，也无遗产继承权。

但是，养子女和生父母及其他近亲属间的自然血缘关系，并不因法律上的权利义务关系消除而消灭。在结婚时，养子女仍然不得与有自然血缘关系的直系血亲和三代以内旁系血亲结婚。

二、收养的无效

（一）收养无效的原因

收养是重要的民事法律行为，因此，我国民法中关于民事法律行为无效的法律规定也适用于收养行为。我国《收养法》第 25 条规定："违反《中华人民共和国民法通则》第五十五条和本法规定的收养行为无法律效力。"可见，收养行为的无效原因主要有以下两类：

1. 违反我国《民法通则》第 55 条规定的收养行为无效。根据该条规定，应包括以下三种情况：

（1）收养人或者送养人在不具有完全民事行为能力时实施的收养行为。如收养时正处于发病期的精神病等。

（2）收养人、送养人或年满 10 周岁的被收养人的意思表示不真实。主要是指一方以欺诈、胁迫的手段或乘人之危，使他方当事人在违背真实意愿的情况下，所作出的为收养、送养或同意被收养行为的表示。

（3）违反法律或者社会公共利益的收养行为无效。

2. 违反我国《收养法》规定的收养行为无效。

我国《收养法》及《中国公民收养子女登记办法》详尽规定了收养的实质要件和形式要件，违反了这些法律规定的，收养行为无法律效力。在收养登记时弄虚作假、骗取收养登记的，收养关系无效。

（二）确认收养无效的程序

1. 诉讼程序。根据我国《收养法》第 25 条的规定，人民法院可以依法确认收养行为无效。一方面，当事人或利害关系人可以通过诉讼，请求人民法院确认收养行为的无效。另一方面，人民法院在审理与收养有关的民事案件中，发现无效收养行为的，可以在判决中直接确认收养无效。

2. 行政程序。根据《中国公民收养子女登记办法》第 12 条的规定，收养登记机关对于收养关系当事人弄虚作假，骗取收养登记的，可以依法撤销登记，收缴收养登记证。

（三）收养无效的法律后果

我国《收养法》第25条第2款规定："收养行为被人民法院确认无效的，从行为开始时起就没有法律效力。"遵照本立法精神，依行政程序确认的无效收养关系，也是自始无效。

第四节　收养关系的解除

收养关系是法律拟制的血亲关系，可依法产生，也可依法解除。根据我国《收养法》的规定，收养关系的解除有协议解除和诉讼解除两种方式。收养当事人协商一致解除收养关系的，法律允许。如果协商不成，当事人一方要求解除收养关系，另一方不同意的，则必须符合法律规定的情形才能解除。

一、收养解除的条件

根据我国《收养法》的规定，有下列情形之一的，收养关系可以解除：

（一）收养人与送养人及年满10周岁以上的被收养人均同意解除，且达成解除协议的

我国《收养法》第26条规定："收养人在被收养人成年以前，不得解除收养关系，但收养人、送养人双方协议解除的除外，养子女年满10周岁以上的，应当征得本人同意。"如果被收养人已经成年，只要收养人和被收养人达成解除协议即可。在协议解除收养关系时，收养人与送养人或成年养子女必须具有完全民事行为能力，否则解除无效。

（二）收养人不履行抚养义务，有虐待、遗弃等侵害未成年养子女合法权益行为的

我国《收养法》第26条第2款规定："收养人不履行抚养义务，有虐待、遗弃等严重侵害未成年养子女合法权益行为的，送养人有权要求解除养父母与养子女间的收养关系。送养人、收养人不能达成解除收养关系协议的，可以向人民法院起诉。"人民法院通过审理，认为符合解除条件的，可以依法判决解除。

（三）养父母与成年养子女关系恶化，无法共同生活的

我国《收养法》第27条规定："养父母与成年养子女关系恶化，无法共同生活的，可以协议解除收养关系。不能达成协议的，可以向人民法院起诉。"养父母子女关系毕竟不是自然血缘关系，在因各种原因导致成年养子女与养父母关系恶化，无法共同生活时，如不允许解除，反而不利于保护双方的合法权益，所以法律允许解除。

二、收养解除的程序

根据我国《收养法》的规定，收养关系的解除有登记程序和诉讼程序两种方式。

（一）登记解除程序

凡当事人一致同意解除收养关系，且达成书面协议的，可按照我国《收养法》第28条的规定，到民政部门办理解除收养关系的登记。当事人在办理时，应当持居民户口簿、居民身份证、收养登记证和解除收养关系的书面协议，共同到被收养人常住户口所在地的收养登记机关办理。收养登记机关收到解除收养关系登记申请书及有关材料后，应当自次日起30日内进行审查。对符合《收养法》规定的，为当事人办理解除收养关系的登记，收回收养登记证，发给解除收养关系证明。

（二）诉讼解除程序

凡当事人一方要求解除收养关系的，或虽双方同意解除收养关系但对财产及补偿等问题达不成协议的，均可通过诉讼程序解除收养关系。人民法院审理此类案件时，可以先进行调解，促成当事人达成解除收养的协议；如调解不成，则本着维护各方当事人合法权益和有利于未成年人健康成长的原则进行判决。

三、收养解除的后果

无论是登记解除还是诉讼解除收养关系，都会在当事人的人身和财产上产生相应的后果。

（一）人身后果

按照我国《收养法》第 29 条的规定，收养关系解除后将在人身上产生如下后果：

1．养子女与养父母及其他近亲属间的权利义务关系即行消除。养子女与养父母及其他近亲属不再具有拟制血亲关系，相互之间不再有抚养、赡养义务和继承遗产的权利。

2．养子女和生父母及其他近亲属间的权利义务关系自行恢复，但成年养子女与生父母及其他近亲属间的权利义务关系是否恢复，可以协商确定。也就是说，未成年养子女与生父母及其他近亲属间的权利义务关系为法定恢复，不由当事人选择。但成年养子女与生父母及其他近亲属间的权利义务是否恢复，可以由当事人自行选择，法律未作强制规定。

（二）财产后果

根据我国《收养法》第 30 条的规定，收养关系解除后将产生以下财产上的后果：

1．经养父母抚养成人的成年养子女，对缺乏劳动能力又缺乏生活来源的养父母，应当给付生活费。

2．因养子女成年后虐待、遗弃养父母而解除收养关系的，养父母可以要求养子女补偿收养期间支出的生活费和教育费。

3．生父母要求解除收养关系的，养父母可以要求生父母补偿收养期间支出的生活费和教育费，但因养父母虐待、遗弃养子女而解除收养关系的除外。

以上生活费、抚养费和教育费的具体数额可由双方协商；如果协商不成，人民法院将根据当时当地一般生活水平及当事人的实际负担能力予以判决。

思考题

1．简述收养的概念和特征。

2．一般收养关系的成立应具备哪些条件？

3．亲属间的收养可以不受哪些条件的限制？

4．继父母收养继子女可以不受哪些条件的限制？

5．收养的成立应遵循何种程序？

6．收养关系成立会产生什么样的法律效力？

7．收养在哪些情况下可以解除？解除的程序和后果如何？

学习资料指引

1. 史尚宽：《亲属法论》，中国政法大学出版社，2000 年版，第四章第四节。

2. 巫昌祯：《婚姻与继承法学》（修订本），中国政法大学出版社，2001 年 8 月修订第 2 版，第十章。

3. 杨遂全、陈红莹、赵小平、张晓远等：《婚姻家庭法新论》，法律出版社，2003 年 8 月第 1 版，第八章。

4. 李志敏：《比较家庭法》，北京大学出版社，1988 年版，第五章。

5. 王利明：《中国民法案例与学理研究·亲属继承篇》，第 429～450 页。

参考法规提示

1.《中华人民共和国民法通则》第 55 条。

2.《中华人民共和国婚姻法》第 26 条。

3.《中华人民共和国收养法》。

4.《中国公民收养子女登记办法》。

5.《外国人在中华人民共和国收养子女登记办法》。

第四十九章　继承权

【阅读提示】　本章是关于继承权的静态（即继承权概念、性质、主体、客体和内容等）以及继承权的动态（即继承权取得、行使、消灭等）的阐述。学习重点是对遗产的范围以及遗产的取得和消灭的掌握。学习的难点是对继承权性质的理解，即对期待权和既得权的理解。

第一节　遗产与继承

一、遗产的概念和法律地位

（一）遗产的概念与特征

遗产是公民死亡时遗留的、可以依法转移给他人的个人合法财产。

作为一种特殊的财产，遗产只存在于由继承开始后到遗产处理结束前这段时间之内。公民生存时所拥有的财产不是遗产，只有在其死亡之后，丧失了民事主体资格，遗留下来的财产才能成为遗产。遗产处理之后，便转归继承人所有，且不再具有遗产的性质。

作为遗产的财产是一个整体，即一定的财产权利和财产义务的统一体。它不仅包括"积极财产"，即所有权、债权、知识产权中的财产权等财产权利；也包括"消极财产"，即如债务那样的财产义务。尽管每一个具体的继承关系都有着各自的遗产内容，实践中也不乏只有财产权利而无财产义务的情况，但从宏观上认识和解释遗产，必须明确权利和义务的不可分割性，尤其是不能排除遗产中的财产义务。

根据我国《继承法》第3条规定，遗产具有以下特征：

第一，遗产是死亡自然人的个人财产，具有范围限定性。他人的财产不能作为遗产。非归被继承人生前所有而仅仅是由其占有的财产（如租借的财产），共有财产中属于他人的份额，被继承人非法占有的国家的、集体的或者其他公民的财产，以及依照法律规定不能由个人所有的财产，都不能作为遗产。

第二，遗产是自然人死亡时尚存的财产，具有时间特定性。

第三，遗产是死亡自然人遗留的合法财产，具有合法性。这些合法取得的财产，既包括被继承人单独所有的财产，也包括被继承人与他人共有的财产中属于被继承人的份额。

第四，遗产必须是死亡自然人遗留下来的，能够依法转移给他人的财产，具有可转移性。不能转移给他人承受的财产不能作为遗产。人身权利如姓名权、名誉权、荣誉权、监护权等不能作为遗产，且基于人身关系发生的财产权利义务，如接受抚养和扶养他人的权利义务，也不能作为遗产。另外，与个人身份密切结合、一旦分离便不复存在的财产权利义务，同样不能作为遗产。如有偿的委托合同、演出合同等，一方当事人在尚未履行或者履行中途死亡，未履行的部分则自然终止。它所包含的权利义务不能转移，也就不能作为遗产由他人承受。

（二）遗产的法律地位

继承自被继承人死亡后开始，被继承人死亡后不能再作为遗产的权利主体。在继承开始后、遗产分割前，遗产的权利主体为谁的问题，在本质上就是遗产的法律地位问题。我国《继承法》对这一问题并未作出明确的规定，但依我国《继承法》第 25 条第一款的规定，继承开始后，继承人放弃继承的，应当在遗产处理前，作出放弃的意思表示。我们认为自继承开始之时，遗产归继承人所有；继承人为数人时，共同继承人对遗产享有共有权。

明确遗产的法律地位，在实践中具有十分重要的意义：

1．关于共有财产的相关规定，原则上可以适用于遗产的管理和分割。

2．继承开始后遗产分割前，遗产已经归继承人所有。此时若继承人死亡，则其应继承的遗产份额，应由他的继承人继承。

3．自继承开始之日起超过 20 年的，当事人仍然可以提出分割财产的请求。继承开始后，若继承人没有放弃继承，则遗产成为继承人所有的财产。共有人在任何时候都有权要求分割遗产。

二、遗产的范围

我国《继承法》第 3 条在“遗产是公民死亡时遗留的个人合法财产”的概括性规定下，列举了遗产的七项具体内容：

（一）公民的收入

公民的收入，在我国主要是指公民在全民所有制单位和集体所有制单位，从事生产劳动所得到的工资、奖金等收入，以及公民从事个体劳动或者其他劳动所得到的劳动收入。当然，公民的收入也包括除劳动收入之外的其他合法收入。

（二）公民的房屋、储蓄和生活用品

公民个人所有的房屋一般称为私房。私房可为遗产。但是，我国的土地不为私人所有，因此私房的宅基地不是遗产。公民的储蓄是公民在各类银行或者其他金融机构的存款。存款本息均归公民个人所有，并受国家法律的保护。公民的生活用品，是指公民所有的为满足其日常物质和精神生活需要的生活资料，其价值不论大小，都可作为遗产。

（三）公民的林木、牲畜和家禽

公民的林木是指依法归公民个人所有的树木、竹林、果园。公民个人在其使用的宅基地、自留地、自留山上种植的林木归其个人所有；在其依法承包经营开发的荒山、荒地、荒滩上种植的林木，也归其个人所有。但公民承包经营的果园、林园等，不属于公民的林木。公民的牲畜、家禽，是指公民所有的自己饲养的牲畜、家禽。其既包括公民为满足自己生产、生活需要所饲养的牲畜、家禽，也包括作为商品生产而饲养的牲畜、家禽。

（四）公民的文物、图书资料

公民自有的文物和图书资料，是公民用于满足精神文化生活需要的精神食量，也是公民从事脑力劳动的必要工具。只要是被继承人生前所有的文物、图书资料，不论其是否属于机密资料，都可作为遗产。当然，公民继承后，对珍贵文物、图书资料的使用、处分，不得违反文物保护法规和保密法规的规定。

（五）法律允许公民所有的生产资料

在我国，公民对任何生活资料都可享有所有权，但不是对任何生产资料都可享有所有权。尽管改革开放以来，法律允许公民所有的生产资料的范围在不断扩大，但是，只有法律允许公民个人所有的生产资料，才能作为遗产；法律不允许公民个人所有的生产资料，不论被继承人生前是否占有，都不可以作为遗产。

（六）公民的著作权、专利权中的财产权利

这里规定的虽然只是著作权、专利权中的财产权利，但从立法精神看，实际上应当包括各种知识产权中的财产权利。因此，除了著作权中的财产权利（如著作使用费）、专利权中的财产权利（专利申请权、专利申请权的转让费、专利的使用权等财产权利）可以作为遗产外，商标专用权以及公民的发现权、发明权、科技进步权等知识产权中的财产权利，也可以作为遗产。

（七）公民的其他合法财产

除了前述六类财产外，公民的其他合法财产也可作为遗产。这些财产主要包括：

1. 有价证券。有价证券额种类繁多，公民所有的有价证券主要包括股票（股份）、票据、提货单等。公民个人所有的有价证券在其身亡后也为遗产。

2. 债权、债务。凡不具有人身性质的债权、债务，均为遗产。但对于债务，债权人仅于所得遗产的实际数额内负清偿责任。

3. 抵押权、质押权、留置权。抵押权、质押权、留置权属于担保物权，它们作为财产权不具有专属性，同时与被担保债权具有不可分离性。因此，公民生前享有的担保物权，在公民死亡时得与其所担保的债权一并作为遗产。

4. 典权。典权可以转让，因而也可以作为遗产。在出典人回赎典物以前承典人死亡的，承典人的继承人可以继承典权。[①]

三、不能作为遗产的物及权利义务

1. 遗体。

2. 承包经营权。承包经营权本身不能作为继承的客体，但承包所得收益可以在承包人死亡后作为遗产。若继承人希望继续承包的，则应按照合同或法律的相关规定办理变更合同手续。我国《继承法》第4条规定："个人承包应得的个人收益，依照本法规定继承。个人承包，依照法律允许由继承人继续承包的，按照承包合同办理。"

3. 与被继承人人身密不可分的人身权利。公民的人身权和公民的人身不可分离，因而不得转让，只能为特定的公民所享有。因此，公民的人身权，不论是人格权还是身份权都不得作为遗产。公民的知识产权中的财产权利虽可为遗产，但知识产权中的人身权利不得作为遗产。

4. 与人身有关的和专属性的财产权。与人身有关的和专属性的债权债务，具有不可转让性，因此也不能作为遗产。诸如因劳动合同产生的债权、债务，租赁合同的承租权，加工承揽合同中承揽人的债务，指定了受益人的人身保险合同中的受益权等等，都不能作为遗产。被继承人死亡后，其亲属应得的抚恤金也不属于遗产。

---

① 郭明瑞、房绍坤编著《继承法》，法律出版社，1996年10月版，第94页。

5. 国有资源的使用权以及宅基地、自留山、自留地的使用权。按照我国法律规定，公民可以依法取得和享有国有资源的使用权，如采矿权、狩猎权、渔业权、养殖权等。但这些资源使用权是由特定人享有的，不得随意转让，因而也不得作为遗产。公民死亡后，继承人要从事被继承人原来从事的事业，须取得国有资源使用权的，应重新自行申请并经主管部门核准。虽然在被继承人死亡后，其生前所分得的自留山、自留地，一般并不由集体收回，而仍由被继承人的家庭成员经营收益，但自留山、自留地的使用权不为遗产。如前所述，公民的宅基地使用权也不得作为遗产继承。

四、继承的概念和特征

继承是指将死者生前所有，并于死亡时遗留的财产依法转移给他人所有的法律现象或法律制度。在继承中，其生前所享有的财产因其死亡而转移给他人的死者，称为被继承人；被继承人死亡时遗留的财产为遗产；依法承接被继承人遗产的人为继承人。

从前述的概念可以看出，继承具有以下含义：

1. 继承是因公民死亡而发生的法律现象。公民不死亡，不发生继承。在现代法上，继承只能是从公民死亡（包括生理死亡和宣告死亡）开始，也只有因公民死亡而发生的财产所有权的转移才属于继承的范畴。不是因公民死亡而发生的财产转移不属于继承。

2. 继承是处理死者财产的法律制度。公民死亡而又留有遗产是继承发生的必要条件。也正因为如此，继承是以私有财产的存在为前提的。在没有任何私有财产存在的社会，不会、也不可能有继承的存在。

3. 继承是继承人承接被继承人财产的法律制度。公民死亡，其财产权的主体必定要发生变更，因为已经死亡的公民不能再作为民事权利义务的主体。但是，因公民死亡而发生的财产的转移并不都属于继承。

第二节　继承权的概念和性质

一、继承权的概念

继承权是指公民依照法律的直接规定，或者被继承人所立的合法有效的遗嘱，所享有的继承被继承人遗产的权利。

继承权的主体为继承人。而规定在继承法中的遗赠关系（包括遗赠扶养协议所产生的遗赠关系）不是继承关系，受遗赠人也不是继承权的主体。受赠人与被继承人之间不得具有法律规定的特定身份关系，否则不能成就遗赠；而特定的身份关系却是继承权产生的根基。继承人与受遗赠人之间的关系是一种因遗赠发生的具有债权债务性质的法律关系。遗赠是被继承人生前实施的于死后发生效力的负担法律行为，它的效力发生在遗嘱执行人与受遗赠人之间。在遗嘱中未指定遗赠执行人时，继承人为遗嘱执行人，此时遗赠就在继承人和受遗赠人之间发生效力。在这一关系中，受遗赠人有请求继承人将遗嘱赠与的财产移交其所有的权利，继承人有义务按被继承人的遗嘱将遗嘱人遗赠的财产交付受遗赠人所有。

之所以将遗赠和遗赠扶养协议关系放在继承法里规定，并不是因为它们的性质等同于继承关系，而是因为它们的实现和继承相关。如上所述，放在同一部法律里，有利于适用法律的方便。

作为继承权主体的继承人，是指依法享有继承权，并能够取得被继承人遗产的人，包括法定继承人和遗嘱继承人。法定继承人是依照法律规定，直接承受被继承人遗产的继承人。他们按照一定的顺序享受继承权利，其法律地位在一定条件下可以被替代。我国《继承法》坚持权利义务相一致的原则，在继承人的规定上有如下三个特点：第一，法定继承人是被继承人的近亲属，其范围与我国婚姻法中有权利义务关系的家庭成员相对应；第二，对公婆或岳父岳母尽了主要赡养义务的丧偶儿媳或丧偶女婿可以作为法定继承人；第三，只设定了两个继承顺序，而不像有的国家那样设定较多的继承顺序。

遗嘱继承人是指根据被继承人合法有效的遗嘱承受其遗产的继承人。

在我国，继承人和遗产继受人不同。遗产继受人范围较广，既包括继承人，也包括受遗赠人和其他可以分得遗产的人，即酌情分得遗产人。酌情分得遗产人在我国法律里有两种情形：一种是依靠被继承人扶养的缺乏劳动能力又没有生活来源的人；另一种是对被继承人扶养较多的人。他们不受与被继承人有无亲属关系的限制，所享有的也不是继承权而是分得遗产权。

继承权的客体是遗产。遗产的范围在上一节里已经作了详细的分析。

继承权的内容，从继承权人的角度看，是继承人继承被继承人遗产的权利；从继承权的义务主体来看，则是不特定的第三人负担的，不得侵害继承人的继承权，不得妨害、干涉继承人继承权的行使的权利。

二、继承权的性质：期待权与既得权

继承权可以分为客观意义上的继承权和主观意义上的继承权。客观意义的继承权发生于继承开始之前，是继承人依照法律规定或者遗嘱指定而具有的，继承被继承人遗产的资格，是继承人所具有的继承遗产的权利能力。客观意义上的继承权的主体即继承人对于被继承人的财产并不享有任何权利，仅仅意味着继承人将来参与继承关系的可能性。因此，客观意义上的继承权在理论上又被称为期待权，它是主观意义上的继承权的继承和前提。

继承期待权是基于继承人与被继承人的身份关系而客观存在的资格，所以具有专属性，不得转让或抛弃。这就如同我们可以转让、放弃具体的权利而不能转让、放弃我们的权利能力一样。因为权利能力这种资格更多体现的是，作为立法者的国家对人的资格和地位的认可，是一个国家民主程度的标志。这种非现实的权利还具有可变性，比如它可能因为遗嘱的设立或变更，或者前位继承人的出现而全部或部分消灭。

主观意义上的继承权，是指继承人在继承法律关系中，实际享有的继承被继承人遗产的具体权利。因此，继承人只有参加继承法律关系才能享有主观意义的继承权。由于它是一种实际的财产权利，因此又被称为既得权。这种现实的权利既可以依法行使，也可以自由放弃。

由客观意义的继承权转化为主观意义的继承权，必须符合一定的条件，即继承发生的条件。这些条件包括被继承人死亡并留有遗产，继承人没有丧失继承权等。

法律通常是在既得权的层面上来规定继承权的，它具有两个重要的法律特征：

（一）继承权是绝对权，具有排他性

继承权的权利主体是继承人，而义务主体是不特定的第三人，他们对继承权的行使负有不得干涉和妨害的义务。

(二) 继承权是特殊的财产权

首先继承权是以财产利益为内容的，因而是财产权而不是身份权。虽然它的取得与特殊的亲属身份密不可分，但是财产权与人身权并不仅以是否与人身关系相关作为区分的标准，关键是看权利的客体是人身利益还是财产利益。并且身份权是绝对权和相对权的统一，有特殊身份的当事人间有相对的权利义务关系，而对不特定的第三人有排除其干涉和妨害的绝对权利。在双方当事人生存时，相对权是身份权的主要内容；而当具有特定身份的当事人死亡时，相对的身份权就消灭。但绝对身份权仍然存续，它包括一种称谓的存续和排斥他人非法妨害生者享有的身份利益。例如对死者名誉和隐私的侵害，实际侵害了与其有特殊身份关系的生者的身份利益。

而在被继承人生存时，继承人并不对其享有实在的权利，不得对被继承人的财产主张权利，也不得对被继承人财产处分的行为予以限制。此时，继承人享有的权利只是一种期待的权利，是在被继承人死后才可能发生的权利。因此，继承权是财产权而不是身份权。

其次，继承权是不同于物权和债权的独立的财产权。与物权相比较：物权是支配权，是以对物的支配为内容的绝对权；而继承权是基于特定身份而享有的遗产取得权，它不具有对遗产的支配性，具有的是在遗产未分割前的排他性。只有在遗产分割后，继承权转化为新的所有权时，才会基于新的所有权而产生支配的权利。并且物权的客体是物，而继承权的客体更广泛，包括物和财产性权利。与债权相比较：债权是请求他人为或不为一定行为的权利，其义务人是特定的，是相对权；而继承权则是排除不特定的第三人妨害的绝对权，其义务主体是不特定的第三人。

第三节　继承权的取得、行使和消灭

一、继承权的取得

继承权的取得是指公民根据法律的规定，或者死者生前在遗嘱中所做的指定而取得继承权。有关取得的根据，有多种学说，如意思说、公益说、先占说、保种说、共有说等等。

依据我国法律的规定，公民取得遗产继承权的根据应当从两个方面进行分析。一是客观意义的继承权，即继承期待权的取得，是通过特定的身份关系，即血亲关系，婚姻关系，以及在特定情形下的扶养关系，如对公婆或岳父母尽了主要赡养义务，丧偶儿媳、女婿所取得的继承权。

二是主观意义的继承权，即继承既得权的取得除了身份关系外，还必须具备事实根据，即被继承人死亡和遗产的存在，以及继承人的继承权未被剥夺或排斥。排斥是指被继承人通过遗嘱指定法定继承人中的部分进行继承，从而对其他法定继承人的继承权作出排斥。

在下文中，我们所指的继承权限定为继承既得权。

二、继承权的行使

继承权的行使，是指继承人实现自己的继承权。权利的行使包括积极的行使，即实现权利，得到权利后的利益；以及消极行使，即放弃权利。权利的行使可以导致权利的消灭。积极行使是通过行使权利得到了利益，从而完成了权利的使命，使该权利对自己的存在已无必要而消灭。例如，行使继承权的结果如为得到了应有的遗产份额，那么此时继承权消灭，取而代之的是新的财产所有权。如继承权的行使不能得到应有的份额或是滥用，此时继承权就转化为对义务人的侵权责任。而继承权的放弃同样也导致了继承权的消灭。

从上述的论证可见，权利的行使是一个过渡的状态，是手段而非目的。而权利的消灭也是一个中性的状态，它可能是权利实现的后果，也可能是权利救济的开端。为了与继承权丧失进行对比，我们将继承权的放弃放在继承权的消灭里进行讲述。

三、继承权的消灭

继承权的消灭，分为继承权的放弃和继承权的丧失两种情形。继承权的放弃是继承权人的主动行为，由继承人意思自治；而继承权的丧失具有强制性，不以继承人的意志为转移。

（一）继承权的放弃

继承权的放弃，是指继承人作出的放弃其继承被继承人遗产的权利的意思表示，是一种单方法律行为。

1. 放弃继承权的时间，应当在继承开始后，遗产分割前。在这阶段没有作出放弃表示的，视为接受继承。在继承开始以前，继承权只是作为一种权利能力和资格，继承人是不能放弃的；而在财产分割后，放弃的就不再是继承权而是财产的所有权了。

2. 放弃继承的方式，应当以明示的方式向其他继承人作出。根据最高人民法院《关于贯彻执行〈中华人民共和国继承法〉若干问题的意见》中的规定，继承人放弃继承应当以书面形式向其他继承人表示。用口头方式表示放弃继承，本人承认，或有其他充分证据证明的，也应当认定其有效。但是向继承人外的第三人作出的放弃继承的意思表示不具有法律效力，作出表示的继承人仍享有继承权。在诉讼中，继承人向人民法院以口头方式表示放弃继承的，要制作笔录，由放弃继承的人签名。遗产处理前或在诉讼进行中，继承人对放弃继承反悔的，由人民法院根据其提出的具体理由，决定是否承认。遗产处理后，继承人对放弃继承反悔的，不予承认。

3. 放弃继承权的主体，应当是继承权人本人。法定代理人一般不能代理被代理人放弃继承权。因为法定代理人的行为是应当为被代理人谋利益，而继承权的放弃通常说来都是对利益的放弃，是对继承人的不利。当然，如果遗产的债务大于权利的价值，此时为了被代理人的利益，法定代理人也可以代为放弃继承权。

4. 继承权放弃的效力追溯到继承开始的时间，即被继承人死亡时。继承人因放弃继承权，致其不能履行法定义务的，放弃继承权的行为无效。

（二）继承权的丧失

继承权的丧失，又称继承权的剥夺，是指依照法律规定在发生法定事由时，取消继承人继承被继承人遗产的权利。

根据我国《继承法》第7条的规定，继承人有下列行为之一的，丧失继承权：

1. 故意杀害被继承人的，不论是既遂还是未遂，均应确认其丧失继承权。但如果因正当防卫而杀害被继承人的，不丧失继承权。

2. 为争夺遗产而杀害其他继承人的。在这种情形的认定上，应注意两个问题：一是加害行为人主观上为故意；二是为争夺遗产为目的。如果是为其它的事由而造成其他继承人死亡的，不在此之列。

第1、2所列情形是继承权绝对消灭的事由，即便是被继承人对继承人的行为加以谅解也不能恢复继承人的继承权。因为上述两种情形已经严重的损害了社会秩序，构成了刑事犯罪。因此，对其继承权的剥夺不仅仅是对私权的保护，更重要的是对社会秩序、社会公共利益的维护和对人们行为的引导。所以，即便是被继承人以遗嘱形式将遗产指定给该继承人继承，法院也可认定遗嘱无效。

3．遗弃被继承人的，或者虐待被继承人情节严重的。继承人虐待被继承人情节是否严重，可以从实施虐待行为的时间、手段、后果和社会影响等方面认定。虐待被继承人情节严重的，不论是否追究刑事责任，均可确认其丧失继承权。继承人虐待被继承人情节严重的，或者遗弃被继承人的，但如以后确有悔改表现，而且被虐待人、被遗弃人生前又表示宽恕的，可不确认其丧失继承权。因此，该情形所导致的是继承权的相对消灭。如果被继承人生前表示宽恕的，可以恢复其继承权。

4．伪造、篡改或者销毁遗嘱，情节严重的。继承人伪造、篡改或者销毁遗嘱，侵害了缺乏劳动能力又无生活来源的继承人的利益，并造成其生活困难的，应认定其行为情节严重。伪造遗嘱，是指继承人故意以被继承人的名义制造假遗嘱；篡改遗嘱，是指继承人故意改变被继承人所立遗嘱的内容；销毁遗嘱，是指继承人故意将被继承人所立遗嘱毁灭。上述三种行为，不仅是对被继承人的意思自治的侵害，也是对其他合法继承人的继承权的侵害，因此上述情形导致的是继承权的绝对消灭。

丧失继承权的法定事由既可能发生在继承开始前，也可能在继承开始后。不过一旦认定，则继承权丧失的效力溯及继承开始之时。

思考题

1．我国的遗产的概念和范围是什么？

2．继承期待权和既得权的区别有哪些？

3．受遗赠人、被继承人是否都为继承权的主体？

4．简述法定的继承权丧失的事由。

学习资料指引

1．郭明瑞、房绍坤编著：《继承法》，法律出版社，1996年10月版，第2章。

2．巫昌祯：《婚姻与继承法学》（修订本），中国政法大学出版社，2001年1月版，第12章。

3．彭万林主编：《民法学》，2002年1月版，第16章、第17章。

4．王利明主编：《中国民法案例与学理研究侵权行为编、亲属继承编》，法律出版社，1998年6月版。

5．杨振山主编：《民商法实务研究：继承卷》，山西经济出版社，1993年9月版。

参考法规提示

1.《中华人民共和国继承法》第7条、第25条。

2. 最高人民法院《关于贯彻执行〈中华人民共和国继承法〉若干问题的意见》第8条、第10～14条、第46～48条、第50、51条。

第五十章 非遗嘱继承

【阅读提示】 非遗嘱继承又称为法定继承，是法律在尊重被继承人处分自己财产意思自治的前提下，所做的一种制度架构和必要的制度补充。构建非遗嘱继承制度所依据的是法律对被继承人真实意思的推定和社会公共利益的需求。本章学习中，需要掌握的内容为非遗嘱继承的特征和适用、法定继承人的范围和顺序、代位继承和转继承等。其中代位继承和转继承是本章学习的难点。

第一节 非遗嘱继承的界定

一、非遗嘱继承的概念

非遗嘱继承又称为法定继承，是由法律直接规定继承人的范围、继承人继承的先后顺序、继承人继承的遗产份额以及遗产分配原则的继承制度。由于与之相对的遗嘱继承的方式、法律效力也是通过法律的规定而予以确定的，所以从实质上讲，遗嘱继承也是法定继承。因此，为了概念的准确性，我们将通说的法定继承界定为非遗嘱继承。但是，由于我国现行法律采用的是“法定继承”的概念，一些具体的制度也直接地用到了法定继承，所以，要讲述我国《继承法》，不可避免地要在狭义上使用“法定继承”的概念。为了和现行的立法衔接，在下文中我们采用了法定继承的概念，指的都是狭义上的法定继承，即非遗嘱继承。

非遗嘱继承的概念虽然源于罗马法，但早在古巴比伦的《汉谟拉比法典》里就有法定继承的规定。我国古代的继承，是以身份继承（家长权继承）、祭祀祖先权继承和财产继承为一体的宗祧继承。其中，身份继承具有决定意义，财产继承是其附属，但因其内容由当时的法律规定，所以在本质上也应属于法定继承。可以说，在古代社会，法定继承是最主要的继承方式。

二、非遗嘱继承的特征

(1) 非遗嘱继承中的继承，是基于一定的身份关系确定的，而不是由被继承人指定的。法律直接规定继承人的依据一般是继承人与被继承人之间的亲属关系。只有少数国家的法律规定无亲属关系的人于一定的条件下，也可以为法定继承人。

(2) 非遗嘱继承是遗嘱继承的补充。非遗嘱继承虽然是最常见也是最主要的继承方式，但在效力上，遗嘱继承优先于法定继承执行，这是法律尊重当事人意思自治的体现。

(3) 非遗嘱继承是对遗嘱继承的限制。各国法律虽都承认遗嘱继承的优先效力，但也以公共利益为由对其加以了不同程度的限制。如许多国家都规定了法定继承人的特留份。如我国《继承法》第 19 条规定，遗嘱应当对缺乏劳动能力又没有生活来源的继承人保留必要的遗产份额。违反该规定，会导致遗嘱的无效。

（4）非遗嘱继承中有关继承人、继承的顺序以及遗产的分配原则的规定，具有强行性。

三、非遗嘱继承的适用范围

非遗嘱继承的适用范围，是指在何种情形下适用非遗嘱继承。在继承开始后，应当首先适用遗嘱继承。不能适用遗嘱继承方式时，才按非遗嘱继承方式继承。我国《继承法》第5条规定："继承开始后，按照法定继承办理；有遗嘱的，按照遗嘱继承或者遗赠办理；有遗赠扶养协议的，按照协议办理。"因此，一般情形下，被继承人生前未与他人订立遗赠扶养协议，又没有立遗嘱的，或者遗赠扶养协议无效或不能执行，被继承人的遗嘱又全部或部分无效时，就适用法定继承。

依据我国《继承法》第27条的规定，有下列情形之一的，遗产中的有关部分按照法定继承办理：

（1）遗嘱继承人放弃继承或者受遗赠人放弃受遗赠的，其放弃的那部分财产，适用法定继承。

（2）遗嘱继承人丧失继承权的。如继承人出现了《继承法》第7条所规定的情形之一的，即：故意杀害被继承人的；为争夺遗产而杀害其他继承人的；遗弃被继承人的，或者虐待被继承人情节严重的；伪造、篡改或者销毁遗嘱，情节严重的。在其丧失继承权后，遗嘱中指定由该继承人继承的遗产部分，适用法定继承。

（3）遗嘱继承人、受遗赠人先于遗嘱人死亡的，其接受继承和受赠与的财产适用法定继承。继承开始于被继承人死亡时，继承人只有于继承开始之时仍然生存，才有继承能力或是受遗赠权利能力。依据我国《继承法》的规定，在遗嘱继承中不适用代位继承。

（4）遗嘱无效部分所涉及的遗产。遗嘱因违反法律规定无效，可分为全部无效和部分无效。遗嘱无效部分所涉及的遗产，适用法定继承。

（5）遗嘱未处分的遗产。这部分财产适用法定继承，体现了法定继承是遗嘱继承的补充的特征。

第二节　非遗嘱继承人的范围和顺序

一、非遗嘱继承人的范围

非遗嘱继承人的范围，即法定继承人的范围，是指在法定继承中，由法律直接规定的可以作为死者遗产继承人的界限。

各国法律因自己的历史传统、社会制度和生活习惯的不同，在确定法定继承人的范围和顺序上也不尽相同。在这些立法中，有的国家出于对私有财产的保护，对继承人的范围规定得比较宽。如《德国民法典》所规定的法定继承人的范围是：配偶，被继承人的直系血亲卑亲属，父母及其直系血亲卑亲属，祖父母（包括父系母系，下同）及其直系血亲卑亲属，曾祖父母及其直系血亲卑亲属，高祖父母及其直系血亲尊、卑亲属。这一规定，几乎把与被继承人有血缘关系的一切亲属都列入了继承人的范围。而有的国家，对法定继承人的范围规定相对较窄。如1964年的《苏俄民法典》规定的法定继承人为：子女、配偶、父母、兄弟姐妹、祖父母、外祖父母等。除此之外，还规定了"在死亡人生前扶养不少于一年的无劳动能力的人也为法定继承人”。

依据我国《继承法》第 10 条、第 11 条、第 12 条的规定，我国的法定继承人为：配偶、子女（当子女先于被继承人死亡时为他们的晚辈直系血亲）、父母；兄弟姐妹、祖父母、外祖父母；对公、婆或者岳父、岳母尽了主要赡养义务的丧偶儿媳或丧偶女婿。

（一）配偶

配偶是处于合法的婚姻关系中的夫妻相互间的称谓，夫妻双方互为配偶。

配偶成为合法的继承人，必须具备两个条件：一是双方具有合法有效的夫妻关系；二是在被继承人死亡前这种关系依然存续。

对男女双方未经登记即以夫妻名义共同生活，一方死亡，他方有无继承权的问题，根据最高人民法院《关于适用〈中华人民共和国婚姻法〉若干问题的解释（一）》的规定，应分下列情况分别进行认定。

1. 1994 年 2 月 1 日民政部《婚姻登记管理条例》公布实施以前，男女双方已经符合结婚实质要件的，按事实婚姻处理。双方享有合法夫妻的一切权利，包括夫妻间相互的继承权。

2. 1994 年 2 月 1 日民政部《婚姻登记管理条例》公布实施以后，男女双方符合结婚实质要件的，人民法院应当告知其在案件受理前补办结婚登记。未补办结婚登记的，按解除同居关系处理。

在同居生活期间一方死亡，另一方要求继承死者遗产，如认定为事实婚姻关系的，可以配偶身份按继承法的有关规定处理；如认定为非法同居关系，而又符合我国《继承法》第 14 条规定的，即对继承人以外的依靠被继承人扶养的，缺乏劳动能力又没有生活来源的人，或者继承人以外的对被继承人扶养较多的人，可以分给他们适当的遗产。

由上所述可以看出，男女双方未经登记而同居生活，如符合事实婚姻的构成要件，则生存方可以以配偶的身份来继承死者的遗产；而如果为姘居或不构成事实婚姻的非婚同居，则生存方没有权利以配偶的身份来继承死者的遗产，不过可以依据生前双方扶养的具体情况来判定是否可以分得适当的财产。

对 1950 年我国《婚姻法》实施以前已经形成的一夫多妻现象，我国法律本着实事求是的态度来处理历史遗留问题，承认夫与妻、妾间相互的继承权。

对于夫妻分居期间一方死亡，另一方的继承权问题，由于双方依然存续着合法的婚姻关系，则另一方仍然享有继承权。对于夫妻双方已经订立了离婚协议，但未办理登记时一方死亡的；或是法院已经判决离婚，但判决书还未生效时一方死亡的，由于在死亡前合法的婚姻关系还未经法定程序解除，因此，另一方仍旧享有继承权。

（二）子女，包括婚生子女、非婚生子女、养子女和有扶养关系的继子女

1. 婚生子女，是指有合法的婚姻关系的男女双方生育的子女。在继承中，男女平等。在其父亲死前已受孕而死亡后出生的子女也有法定的继承权，并且在其为胎儿时，法律还采用特留份对其进行特殊保护。

2. 非婚生子女，是指没有合法的婚姻关系的男女双方生育的子女。在我国非婚生子女同婚生子女一样，平等地享有继承权，不论生父对其是否认领。因为这是由他们父母的过错而不是由于非婚生子女的过错而形成这种状况，故法律不应歧视他们，而应平

等地对待他们。不过非婚生子女在主张继承权时，应由他们自己来举证，证明其与被继承人之间有亲子关系。

3. 养子女，是指因收养关系的成立而与养父母形成父母子女关系的子女。而被收养人由于收养关系的成立，与其亲生父母间的父母子女关系终止。虽收养这一法律行为形成的是拟制的直系血亲，但是和自然直系血亲一样享有继承权。收养人与被收养人之间以祖孙关系相称，即收养他人为养孙子女的，视为养父母与养子女关系。

要形成养父母子女关系，首先必须要具备合法的收养关系。

4. 继子女，是指妻与前夫或夫与前妻所生子女。继子女要享有继承权，必须和继父母之间形成事实上的扶养关系，这包括继子女对继父母的赡养或是继父母对继子女的抚养。因为只有扶养关系的存在，才使得继父母子女间产生了拟制血亲的关系，否则双方只是因血缘和婚姻关系连接起来的姻亲，不属于近亲属的继承人的范围。

在继子女继承继父母的遗产的同时，他们还享有对生父母遗产的继承的权利。这和养子女的继承权不同，因为继子女并不因为父母的离婚和再婚而改变与他们之间的父母子女关系。而收养关系的成立却使得养子女与生父母之间的父母子女关系解除，因此，他们无权再以法定继承人的身份继承其生父母的遗产。当然，未成年的养子女在养父母死亡而被生父母领回时，他既可以继承养父母的遗产，还有权利继承生父母的遗产。因为养父母的死亡既使得继承开始，又使收养关系自然终止。而依据法律规定，养子女未成年的，应当自行恢复其与生父母之间的父母子女关系，以保障未成年人的利益。

（三）父母

父母包括生父母、养父母和有扶养关系的继父母。

1. 生父母。生父母对其亲生子女的遗产有继承权，不论该子女为婚生还是非婚生。但如亲生子女为他人收养，则父母子女关系解除，生父母不再对其遗产享有继承权。如该收养关系解除，则根据子女与生父母的关系是否恢复来确定生父母的继承权。如子女为未成年人，则收养关系解除后，生父母与其关系自然恢复；如为成年人且愿意恢复与生父母的关系，则生父母享有继承权；如该成年子女不愿恢复与生父母的关系的，则生父母无权继承其遗产。

2. 养父母。养父母作为养子女合法继承人的条件是：双方有着合法的收养关系的存在，并且在养子女死亡前，这种关系依然存在。

3. 继父母。与继子女间形成了扶养关系的继父母对其继子女的遗产享有继承权。在历史形成的一夫多妻的家庭中，母亲与其丈夫的其他配偶所生子女，也适用继父母子女的规定。如形成扶养关系，则相互间有继承权；如未形成扶养关系，则相互间没有继承权。

（四）兄弟姐妹

兄弟姐妹包括同父母的兄弟姐妹、同父异母或者同母异父的兄弟姐妹、养兄弟姐妹、有扶养关系的继兄弟姐妹。

养子女与生子女之间、养子女与养子女之间，系养兄弟姐妹，可互为第二顺序继承人。而继子女之间只有形成了扶养关系，才可以互为继承人。否则，双方只是没有法定的权利义务的姻亲。

（五）祖父母、外祖父母

祖父母、外祖父母对孙子女、外孙子女是除父母以外的最近的直系血亲尊亲属。作为法定继承人，他们有权继承孙子女、外孙子女的遗产。继承法上的祖父母、外祖父母，包括亲祖父母、亲外祖父母；养祖父母、养外祖父母；有扶养关系的继祖父母、继外祖父母。

我国《继承法》并没有将孙子女、外孙子女列为祖父母、外祖父母的法定继承人。这样的立法设计，初衷是因为孙子女、外孙子女可以通过代位继承来继承祖父母、外祖父母的遗产，因此没有必要再将他们规定为独立的第二顺序继承人。

（六）丧偶儿媳和丧偶女婿

丧偶儿媳和丧偶女婿与原公婆或原岳父母之间的姻亲关系随着配偶的死亡而消灭，但由于他们对其尽了主要的赡养义务，使得他们可以作为法定的继承人。我国《继承法》第 12 条明确规定，丧偶儿媳对公、婆，丧偶女婿对岳父、岳母，尽了主要赡养义务的，可作为第一顺序继承人。

二、非遗嘱继承人的顺序

（一）非遗嘱继承人顺序的概念和特征

非遗嘱继承人的顺序即法定继承人的顺序，是指在法定继承中法律规定的继承人继承遗产的先后次序。而遗嘱继承则不受该顺序的限制，继承人的选定以及继承的顺序由被继承人的意志决定。

继承开始后，当适用法定继承时，并不是所有的法定继承人都同时参与被继承人财产的继承，而是法律根据继承人与被继承人之间亲属关系的亲疏远近，以及他们之间在家庭经济、日常生活方面的互相依赖的程度，将继承人分成若干顺序，由顺序在先的法定继承人继承。只有当没有前一顺序的法定继承人，或者当顺序在前的继承人全部放弃继承，或者全部丧失继承权时，才由后一顺序的继承人继承被继承人的遗产。

因此，法定继承人的继承顺序有以下几点特征：法定性、强行性、排他性、限定性。

（1）法定性，表现为这种顺序是法律根据社会生活的普遍事实而做出的推定，不由当事人自行决定。

（2）强行性，意味着继承人只能放弃自己的继承权，却无法变更自己的继承顺序。

（3）排他性，只要有合法的在先顺序继承权存在，哪怕只有一个符合条件的继承人存在，顺序在后的继承人也不能参加继承。

（4）限定性，法定继承人的顺序只适用于法定继承，而不约束遗嘱继承。

（二）我国法律规定的法定继承人的顺序

根据我国《继承法》第 10 条和第 12 条的规定，我国的法定继承人的顺序为：

第一顺序：配偶、子女、父母。

第二顺序：兄弟姐妹、祖父母、外祖父母。

丧偶儿媳对公、婆，丧偶女婿对岳父、岳母，尽了主要赡养义务的，作为第一顺序继承人。

继承开始后，由第一顺序继承人继承，第二顺序继承人不继承。没有第一顺序继承人继承的，由第二顺序继承人继承。

同一顺序的法定继承人，地位平等，原则上应当按照继承人的人数来对遗产进行平均分配。例如，被继承人的法定继承人有配偶、父母和一子一女，则死者的遗产就应当分作五份，由这五位继承人来平均继承。当然，在实际操作中应具体地考虑各继承人的具体情形，如生活的困难程度，对被继承人所给予的扶养等，在遗产分割时予以适当照顾。

三、胎儿的继承地位

胎儿是指在母腹中已经受孕却尚未出生者。根据我国《民法通则》第 9 条对自然人民事权利能力的界定，民事权利能力始于出生，终于死亡。而民事权利能力又是成为民事主体享有权利、履行义务的一种资格和前提。由于胎儿尚未出生，不具有民事权利能力，因此，他不能享有继承权。

但是，胎儿一旦出生，他将更需要他人的照顾和财产的消耗。而且，对法定继承人范围和顺序的界定，都是法律在被继承人由于各种原因没有对财产做出处分的情形下，对被继承人意思进行的一种推定。如胎儿出生后是处于被继承人的子女或是代位继承情形下的孙子女、外孙子女的地位，那么从人之常情也可以推定，被继承人是愿意并且希望为他们留下保障生活的财产的。所以，胎儿的继承权在事实层面有着合理性。

但是，民事权利的确定除了合理外，还需要合法，要与已经形成的法律体系和谐。所以，我国《继承法》第 28 条没有直接将胎儿作为法定继承人，而是规定“遗产分割时，应当保留胎儿的继承份额”。这是以特留份的方式，来保障胎儿出生后的利益。当胎儿出生时是活体时，他便享有了对这特留份的继承权。如果在此后死亡的，他继承的财产作为他的遗产由他的法定继承人进行继承。当胎儿出生时是死体时，作为特留份的财产没有权利主体，因此应当归入到原被继承的财产中，由原被继承人的法定继承人依法继承。

四、非遗嘱继承的遗产分配原则

非遗嘱继承的遗产分配原则，是指在按照法定继承方式继承被继承人的遗产时，应当如何确定各参加继承的法定继承人应继承的遗产份额。

我国《继承法》第 13 条对法定继承人遗产分配的原则采纳的是折中说，既可以均分，也可以按照权利与义务相统一的原则不均等。

（一）同一顺序继承人继承遗产的份额，一般应当均等

在没有法律规定的特殊情形下，同一顺序的法定继承人应按照人数平均分配遗产。例如，被继承人死亡后，其继承人有配偶一人、子女二人、父母二人。那么，遗产的分配应先将被继承人财产中的配偶共有的份额和家庭成员共有的份额区分出来，然后就剩余的遗产平均分作五份，由五人来分别继承。

（二）特殊情形下可以不均等继承

1．对生活有特殊困难的缺乏劳动能力的继承人，分配遗产时，应当予以照顾。

属于应当予以照顾的继承人必须同时具备上述两个条件，即生活有特殊困难又缺乏劳动能力。这样规定的目的是为了其生活的基本需要。因此，如果被继承人的遗产较多，继承人平均分配遗产也足以保障生活有特殊困难并无劳动能力的继承人的生活需要，则没有必要再予以特殊照顾，各继承人的应继份额仍应均等。

2．对被继承人尽了主要扶养义务或者与被继承人共同生活的继承人，分配遗产时，

可以多分。

对被继承人尽了主要扶养义务的人可以多分，这是依据权利和义务相统一的原则所作出的规定，这样的制度安排有利于实现公平，有利于发扬社会公德。

与被继承人共同生活的继承人可以多分，是因为这部分继承人与被继承人生活在一起，相对其他继承人，其与被继承人感情更深厚，在经济上联系更紧密。如果与被继承人共同生活的继承人对被继承人有虐待、遗弃行为的，不仅不应多分，还应少分和不分。

因此，上述两种继承人在遗产分割上，只是可以多分，并不是一定要多分。这除了依据他们对被继承人的行为之外，还要考虑到他们自身的经济状况。

3．有扶养能力和有扶养条件的继承人，不尽扶养义务的，分配遗产时，应当不分或者少分。

在确定构成不分和少分的事由时，应注意以下两个问题：

第一，前提是被继承人有被扶养的需要。这里的扶养既包括经济上的扶助，又包括劳务上的帮助和精神上的支持。如果被继承人不需要扶养，因此继承人有扶养的能力和扶养条件而未尽扶养义务时，也不够成不分和少分的事由。最高人民法院在《关于贯彻执行〈中华人民共和国继承法〉若干问题的意见》（简称《继承法意见》）第33条规定，继承人有扶养能力和扶养条件，愿意尽扶养义务，但被继承人因有固定收入和劳动能力，明确表示不要求扶养的，分配遗产时，一般不应因此影响其继承份额。

第二，适用条件是继承人有扶养能力和扶养条件却不尽扶养义务。如果扶养人没有扶养能力，如自身都生活困难，或是由于客观原因，例如在押等，无法扶养的不在此列。

4．继承人协商同意的，也可以不均等。

继承是属于私法领域，也遵循着意思自治的原则。因此只要继承人的协商没有违法而应属无效的情形，例如没有剥夺胎儿的特留份，没有显失公平而可以被撤销的情形，那么法律就应当尊重当事人的选择。

第三节 代位继承

代位继承是法定继承中的一种特殊情况，是继承人的晚辈直系血亲代替继承人的继承。

一、代位继承的概念和性质

代位继承，又称为间接继承，是指被继承人的子女先于被继承人死亡时，由被继承人子女的晚辈直系血亲代替继承被继承人遗产的一种法定继承的方式。

代位继承制度起源于罗马，同其他的法定继承制度一样，是基于法律对被继承人意思的推定而成。“在罗马早期生产力还是很低的时候，家庭成员在一起劳动，共同生活，家长死后留下的一些微薄的财物，就由家庭成员继续享用或分配，因而不发生代位继承的问题。在生产力有所提高，大家庭的所有制被小家庭的所有制取代之后，血亲继承渐占主要地位，被继承人遗留的财产即按照感情疏密，亲等远近而定其继承的顺序先由第一亲等的亲属继承，如果第一亲等的继承人有先于被继承人死亡，或丧失继承权的，第二亲等的亲属代位他们继承，但以第一亲等的亲属生前没有放弃继承权为条件，因为，应推定被继承人对其晚辈直系血亲有同等的感情，特别在子女中有先死亡的，其所遗留的年幼尚不能自行谋生的儿童，更有予以照顾的必要。”① 对于代位继承的性质，理论上有“固有说”和“代表说”两种学说。

“固有说”认为，代位继承人参加继承是自己本身固有的权利，代位继承人是因为与被代位人和被继承人有着特殊的身份关系而享有继承权。他是基于自己的权利来继承被继承人的财产，并不以被代位人有继承权为前提。根据该说，即使是继承人放弃继承权或者丧失继承权，代位继承人也可以依自己的权利进行代位继承。目前，德国、意大利、瑞士、奥地利等国的民法典采“固有说”。

“代表说”认为，代位继承人继承被继承人的遗产不是基于自己固有的权利，而是代表被代位继承人参加继承。根据此说，被代位人放弃或者丧失继承权时，其晚辈直系血亲无代位继承权。《法国民法典》采用该学说。

我国最高人民法院《继承法意见》第28条规定：“继承人丧失继承权的，其晚辈直系血亲不得代位继承。如该代位继承人缺乏劳动能力又没有生活来源，或对被继承人尽赡养义务较多的，可适当分给遗产。”从该规定可以看出，在我国，代位继承权的存在是依赖于被代位人继承权的有效存在而存在的，因此我国采用的为“代表说”。

二、代位继承的条件

（一）被代位人于继承开始前死亡

《德国民法典》规定，代位继承发生的原因，不限于被代位人的死亡，继承的拒绝、继承权的丧失，均可为代位继承。而我国《继承法》规定，只有在被代位人先于被继承人死亡时，才能发生代位继承。被继承人的孙子女、外孙子女、曾孙子女、外曾孙子女都可以代位继承，代位继承人不受辈数的限制。

（二）被代位人必须是被继承人的子女，排除旁系血亲

被继承人的亲生子女、养子女、已形成扶养关系的继子女的生子女可代位继承；被继承人亲生子女的养子女可代位继承；被继承人养子女的养子女可代位继承；与被继承人已形成扶养关系的继子女的养子女也可以代位继承。

（三）被代位人没有丧失继承权

我国采取的是“代表说”，所以继承人丧失继承权的，其晚辈直系血亲不得代位继承。如该代位继承人缺乏劳动能力又没有生活来源，或对被继承人尽赡养义务较多的，可适当分给遗产。

（四）代位人为被代位人的晚辈直系血亲

最高人民法院《继承法意见》第26条规定：“被继承人的养子女、已形成扶养关系的继子女的生子女可代位继承；被继承人亲生子女的养子女可代位继承；被继承人养子女的养子女可代位继承；与被继承人已形成扶养关系的继子女的养子女也可以代位继承。”

代位继承有无代数限制？一种观点为“限制说”，认为应有代数限制，且应限于孙子女（或外孙子女），或应限于曾孙子女（外曾孙子女）。另一种观点是“无限制说”，

① 周枬：《罗马法原论》（下），商务印书馆1994年版，第439～440页。

我国《继承法》就采取了该说。《继承法意见》第25条规定，被继承人的孙子女、外孙子女、曾孙子女、外曾孙子女都可以代位继承，代位继承人不受辈数的限制。

丧偶儿媳对公婆，丧偶女婿对岳父、岳母尽了主要的赡养义务的，无论其是否再婚，依《继承法》作为第一顺序继承人时，不影响其子女的代位继承。

三、代位继承人应继承份额

被继承人的子女先于被继承人死亡的，由被继承人的子女的晚辈直系血亲代位继承。代位继承人一般只能继承他的父亲或者母亲有权继承的遗产份额。因此，在一般情形下，所有的代位继承人作为"一人"，即被代位人来继承遗产的份额。

例如，被继承人死亡后留下10万元遗产，他有四个子女，两个儿子两个女儿。其中两个儿子先于他死亡，大儿子有一个女儿，二儿子有两个儿子。此时遗产应当怎样分割?

在这个例子中，首先遗产应当均分为四份，由两个女儿各继承2.5万元；大儿子的一个女儿代替大儿子继承2.5万元；二儿子的两个儿子代位继承二儿子应继承的份额2.5万元，每个儿子各继承1.25万元。如果，继承人中有最高人民法院《继承法意见》第27条规定的情形的，可以适当多分。《继承法意见》第27条规定，在代位继承人缺乏劳动能力又没有生活来源，或者对被继承人尽过主要赡养义务的，分配遗产时，可以多分。

第四节　转继承

一、转继承的概念

转继承，又称为转归继承，连续继承，再继承，是指继承人在继承开始后实际接受遗产前死亡的，继承人有权实际接受的遗产归由其法定继承人继承的一项法律制度。继承人的法定继承人称为转继承人，于继承开始后遗产分割前死亡的继承人称为被转继承人。《继承法意见》第52条规定，继承开始后，继承人没有表示放弃继承，并于遗产分割前死亡的，其继承遗产的权利转移给他的合法继承人。

二、转继承的性质

对于转继承的性质，学者中有不同的观点。一种观点认为，转继承只是继承遗产权利的转移。因为继承权自遗产分割后才转化为所有权，所以转继承只能是继承权的转移，因此，不应将被转继承人应当继承的遗产份额视为被转继承人同配偶的共同财产。[①] 另一种观点认为，转继承是应继承的遗产份额的转移，是将被转继承人继承下来的遗产应继份额移转给转继承人。还有一种观点认为，转继承只是将被转继承人应继承的遗产份额转由其继承人承受，转继承所转移的不是继承权，而是遗产的所有权。因此，应将被转继承人应继承的遗产份额视为其同配偶的共同财产，转继承关系的客体，即转继承人承受的是被转继承人应取得的财产份额，但不是被转继承人应取得的全部遗产份额。[②]

---

① 韩家勇：《转继承分析》，《政治与法律》1992年第6期。

② 王作堂、魏盛礼：《试论转继承的性质》，《中外法学》1993年第5期。

我们认为转继承应当继承的是被转继承人继承的遗产份额，继承的是一种实体的财产权利。

三、代位继承与转继承的区别

我们先看一个例子：被继承人刘某老伴早年去世，他在2003年5月1日因车祸死亡，留下遗产50万。他仅有两个儿子，其中大儿子在1998年抗洪中牺牲，留下一个未成年的女儿。由于大儿子家生活本不富裕，因此在其死后，他的全部家产以及抚恤金8万元经大家商议全部留给其妻子和女儿。小儿子从小身体不好，在听到父亲的死讯后，心脏病发作，医治无效死亡，留下下岗的妻子和一对双胞胎儿子。那么我们来看看该如何确定继承人和继承份额。

首先，刘某的继承人是他的两个儿子，但大儿子在其死亡前先死亡，因此应当由他的晚辈直系血亲，即他的女儿来代位继承他应当继承的份额，即遗产的二分之一——25万。而在刘某死亡时，他的小儿子仍然活着，也没有任何放弃继承的表示或者丧失继承权的事由，因此应当由小儿子来继承另外的二分之一 ——25万。这笔遗产是在其夫妻关系存续期间继承的，应当属于小儿子和其妻的共同财产。但是在遗产分割实际交付之前，小儿子又去世，因此又发生了一次继承，由小儿子的双胞胎儿子和妻子共同继承属于小儿子的遗产部分12.5万，另外12.5万作为妻子在夫妻关系终止后分割的个人财产，平均每人应继承4.17万元。由于这笔钱足够保证其必要的生活，因此，他们不应当在总体遗产分割上多分。

在这个例子中，大儿子的女儿实施的是代位继承，而小儿子的双胞胎儿子和妻子实施的是转继承。下面我们分四点来讲述代位继承和转继承的区别。

（一）性质不同

转继承是一种连续发生的二次继承，是在继承人继承后又转由转继承人继承。转继承人享有的是分割遗产的权利，而不是对被继承人的遗产继承权。代位继承是直接参加被继承人遗产的继承，并且是基于其代位继承权而取得继承被继承人遗产的权利。转继承具有连续继承的性质，代位继承具有替补继承的性质。

（二）发生的时间和条件不同

1. 继承人死亡时间不同：在转继承中，继承人是在被继承人死亡后遗产分割前死亡的，此时由于被继承人的死亡使得继承人已经继承了遗产。在代位继承中，继承人是在被继承人死亡之前就已经死亡了，此时被继承人遗产的继承尚未发生。2. 代位继承和转继承发生的条件不同：在转继承中，继承人即被转继承人只要是被继承人的实际享有继承权的法定继承人即可；而在代位继承中，继承人即被代位继承人必须为被继承人的子女。

（三）主体不同

在转继承中，享有转继承权的人是被转继承人的仍生存的法定继承人，他们的转继承依据法定继承的规定进行。代位继承的主体只能是被代位继承人的晚辈直系血亲。

（四）适用的范围不同

转继承可以发生在法定继承中，也可以发生在遗嘱继承、遗赠中。因为转继承的实质是二次继承，只要在继承人已经继承遗产，但尚未实际分割、占有遗产前都可能发生。这是由在继承中财产权利的转移和占有转移的时间不一致所导致的。而代位继承只能发生在法定继承中，在遗嘱继承和遗赠中。如果指定的继承人或是受遗赠人先于被继承人死亡的，这部分的遗嘱就不能发生相应的法律效力，而这部分遗产就应当纳入到未处分的遗产中，作为法定继承处理。

思考题

1. 非遗嘱继承的概念和特征是什么？

2. 法定继承人的范围是什么？

3. 法定继承人的顺序是怎样排列的？

4. 简述代位继承的概念和适用情形。

5. 如何理解代位继承的“固有说”和“代表说”的学说，你认为我国适用何种学说来构建法律制度更为合理？为什么？

6. 简述转继承的性质和适用。

7. 代位继承与转继承的区别是什么？

8. 我国在非遗嘱继承中采用怎样的遗产分割原则？

学习资料指引

1. 郭明瑞、房绍坤：《继承法》，法律出版社，1996年10月版，第2章。

2. 巫昌祯：《婚姻与继承法学》（修订本），中国政法大学出版社，2001年1月版，第12章。

3. 彭万林：《民法学》2002年1月版，第16章、第17章。

4. 王利明：《中国民法案例与学理研究侵权行为编、亲属继承编》，法律出版社，1998年6月版。

5. 杨振山：《民商法实务研究：继承卷》，山西经济出版社，1993年9月版。

参考法规提示

1.《中华人民共和继承法》第9－14条、第27、28条。

2. 最高人民法院《关于适用〈中华人民共和国婚姻法〉若干问题的解释（一）》第5条。

3. 最高人民法院《关于贯彻执行〈中华人民共和国继承法〉若干问题的意见》第19条至30条。

4. 最高人民法院《关于继承开始时继承人未表示放弃继承遗产又未分割的可按析产案件处理的批复》。

第五十一章　遗嘱继承

【阅读提示】　民法倡导意思自治原则，因而法律的规定尊重当事人对自己事务(包括财产和人身权利的事务）的自由处分。只要这种处分不违反法律为保障公共秩序而设定的强行性规定和社会的公序良俗即可。意思自治原则在继承法上的体现，便是遗嘱继承，即被继承人可以通过设定遗嘱的法律行为，来对自己的财产权利进行死后处分。这种处分的效力，高于作为法律补充规定的非遗嘱继承。本章的中心内容，是对遗嘱继承的法律特征，遗嘱成立的实质要件、形式要件、成立和效力、适用范围以及遗嘱继承人的讲述。其中，遗嘱的成立要件和效力是本章的重点。

第一节　遗嘱能力与遗嘱

自中华人民共和国成立以来，我国在司法实践中一直承认和保护遗嘱继承权。1956年司法部在《关于遗嘱、继承问题的综合批复》中指出："遗嘱人在不违反国家政策、法令与公共利益的情况下，可以用遗嘱将他个人财产部分或全部指定法定继承人中之一或数人继承，也可以遗赠给国家、合作社、公共团体或其他人。"1979年最高人民法院《关于贯彻执行民事政策法律的意见》规定："遗嘱继承应当承认。"1984年8月最高人民法院在《关于贯彻执行民事政策法律若干问题的意见》中，对遗嘱继承再次认可和给予强调。我国《继承法》正是在总结我国长期的司法实践的基础上，明确规定了遗嘱继承制度；在承认遗嘱自由的同时，也对遗嘱的效力予以一定的限制。

一、遗嘱能力

遗嘱人的遗嘱能力，是指制订遗嘱处分个人合法财产即遗产，并使遗嘱合法有效的能力。这种能力，是订立遗嘱的前提条件。

遗嘱是民事法律行为，必须有相应的民事行为能力才能实施。我国《继承法》中虽未明确规定公民的遗嘱能力，但该法第22条第一款规定："无民事行为能力或限制民事行为能力人订立的遗嘱无效"。这就从反面规定了无完全民事行为能力人不具有遗嘱能力，只有完全民事行为能力人才有遗嘱能力。

依照我国《民法通则》第11条规定，年满18周岁的公民为成年人，精神正常的成年人是完全民事行为能力人；16周岁以上不满18周岁的未成年人，以自己的劳动收入为主要生活来源的，视为完全民事行为能力人。因此，在一般情况下，精神正常的成年人和16周岁以上的，以自己的劳动收入为主要生活来源的精神正常的未成年人为具有遗嘱能力的人，可以设立遗嘱处分自己的财产。

遗嘱人立遗嘱时必须有行为能力。无行为能力人所立的遗嘱，即使其本人后来有了行为能力，仍属无效遗嘱。遗嘱人立遗嘱时有行为能力，后来丧失了行为能力，不影响遗嘱的效力。

在世界的立法上，关于遗嘱人的遗嘱能力大致有两种立法例：

一种做法是规定遗嘱能力与民事行为能力不完全一致。限制民事行为能力人在一定条件下也可以有遗嘱能力。日本、瑞士、德国、法国等国均采此立法例。例如，依据《日本民法典》的规定，年满20岁为成年，具有完全民事行为能力；但已满15岁者，可以立遗嘱，具有遗嘱能力。法国、德国也作出了类似的规定，不过对限制民事行为能力人的遗嘱处分财产数额作出了限制，或是对遗嘱形式作出了限制。

另一种做法是规定遗嘱能力与民事行为能力相一致。有完全民事行为能力的人即有遗嘱能力，不具有完全民事行为能力的人也就不具有遗嘱能力。英国、美国等采此立法例，我国也采此例。

二、遗嘱

（一）遗嘱的概念

遗嘱是公民生前按照法律规定的方式对自己的财产或与财产有关的其他事务作出处分，并在其死亡时发生效力的一种法律行为。立遗嘱的公民是遗嘱人，接受遗嘱指定继承遗产的人为遗嘱继承人。

遗嘱有广义和狭义之分。广义的遗嘱包括死者对其死后一切事务作出处置和安排的行为。如周恩来总理的遗嘱，要求在其死后将其骨灰撒向大海就是。狭义的遗嘱，仅指遗嘱人对其财产和与财产相关的事务的处理。继承法上的遗嘱指的是狭义的遗嘱。

（二）遗嘱的特征

1. 遗嘱是一种单方的法律行为

民事法律行为根据其成立的意思表示要件，分为双方法律行为和单方法律行为。双方法律行为需要双方的意思表示达成一致，法律行为才成立；而单方法律行为，只需一方当事人的意思表示，法律行为便可成立。遗嘱作为法律行为，首先要具备法律行为的核心——意思表示；其次，法律行为的性质决定了其有效必须受行为人的行为能力、意思表示真实和合法的制约；再次，单方法律行为决定了遗嘱的成立不需受遗嘱安排接受遗产者的意思表示的制约，自遗嘱行为作出之时起成立。并且遗嘱的单方法律行为的性质决定了遗嘱人在遗嘱生效前有任意撤销权。

2. 遗嘱是从遗嘱人死亡时生效的法律行为

遗嘱一经作出便成立，但是并不立即发生法律效力。只有当遗嘱人死亡的事实发生时，遗嘱才会生效。而正因为遗嘱在遗嘱人死亡时才生效，所以遗嘱人可以随时变更或撤销遗嘱。在遗嘱人死亡前任何人都无权要求知道遗嘱的内容。遗嘱人一旦死亡，遗嘱即发生效力，任何人不得变更和撤销遗嘱。

3. 遗嘱是要式法律行为

要式法律行为，是指非依法律规定的形式便有效成立的法律行为。依照我国《继承法》第16条的规定，遗嘱必须按照法定的方式订立，这是为了保证遗嘱体现遗嘱人的真实意思表示。已订立的遗嘱，因意外原因或第三人的恶意而使之不合法律要求，也并非绝对无效。例如书面遗嘱被毁损，此时遗嘱并不当然失去法律效力，但是主张其合法存在者负有举证责任。在我国《继承法》实施前订立的，形式上稍有欠缺的遗嘱，如内容合法，又有充分证据证明确为遗嘱人真实意思表示的，可以认定遗嘱有效。

4. 遗嘱必须是当事人亲自为的，不能代理的法律行为

遗嘱是遗嘱人生前对自己的财产所做的处分行为，只能由遗嘱人独立自主地作出，而不能由他人的意思辅助或代理。因为遗嘱行为如同结婚行为，具有很强的人身依赖性，所以行为的完成应当由遗嘱人亲自而为，不适用代理制度。

（三）遗嘱继承的概念和特征

遗嘱继承是继承人按照被继承人的遗嘱，继承被继承人遗产的继承方式。遗嘱继承是和法定继承相对应的一种继承方式。在遗嘱继承中，立遗嘱的人为遗嘱人，依照遗嘱享有遗产继承权的人为遗嘱继承人。

遗嘱继承具有如下的法律特征：

1. 遗嘱继承的开始，必须有被继承人立有合法有效的遗嘱和被继承人死亡这两个法律事实的发生。

遗嘱继承的发生，以遗嘱的合法有效存在为前提。因为遗嘱体现了遗嘱人对自己事务处分的意思，并且这意思必须要合法有效，包括其形式和内容。否则，遗嘱便不能达到处分遗产的法律效力。但是遗嘱的合法有效的存在只是使遗嘱继承人取得了期待权，而只有当被继承人死亡这一法律事实发生后，遗嘱继承才能开始。

2. 遗嘱继承的效力优于法定继承。

在继承开始后，有遗嘱的，先要按照遗嘱进行继承。继承人的范围可以由遗嘱人在法定继承人中选定，其继承顺序、继承份额都不受法定继承的限定。对没有遗嘱或遗嘱没有处理到的遗产，才适用法定继承的规定。因此从这个角度说，法定继承是对遗嘱继承的一种补充。从法理上讲，遗嘱继承是法律对当事人意思自治的一种尊重；而法定继承，则是法律依据人之常情对被继承人意思的一种法律推定。因此，在有明确的意思表示时，应当依照当事人的意思表示；只有在没有明确的意思表示时，才适用法律的推定。

第二节　遗嘱的有效、无效与变更、撤销

一、遗嘱的有效要件

遗嘱的有效，是指遗嘱具备法定的条件，能够依遗嘱人的意思表示发生法律效力的状态。遗嘱是公民处分自己财产的意思表示，只有遗嘱有效，才可以按照遗嘱处置被继承人的财产，实现被继承人的意思表示。因此，只有有效的遗嘱才可以执行。下面我们将分别从主体的行为能力、意思表示真实、内容合法和形式合法等四个方面来讲述遗嘱的有效要件。

（一）遗嘱人立遗嘱时必须具有遗嘱能力

遗嘱是民事法律行为，必须是有相应的民事行为能力的人才能实施。我国《继承法》虽未明确规定公民的遗嘱能力，但该法第22条第一款规定：“无民事行为能力或限制民事行为能力人订立的遗嘱无效”。这就从反面规定了无完全民事行为能力人不具有遗嘱能力，只有完全民事行为能力人才有遗嘱能力。遗嘱人立遗嘱时必须具有遗嘱能力，订立后失去遗嘱能力的，不影响遗嘱的效力；而如果订立时不具备遗嘱能力，在后来才取得或恢复的，该遗嘱无效。

（二）遗嘱必须是遗嘱人的真实意思表示

遗嘱是公民生前的单方意思表示，不需他人的同意就可以成立。因此，遗嘱应当是遗嘱人自己的真实的意思表示。和其他民事行为一样，受胁迫、受欺诈的遗嘱应当无效；遗嘱被伪造的，伪造的遗嘱无效；遗嘱被篡改的，篡改的遗嘱无效。

并且，遗嘱人的意思表示必须亲自依法定形式作出，不得代理。原则上以遗嘱人最后于遗嘱中所作出的意思表示为准，但该遗嘱的执行效力不得优于成立在先经过公证的遗嘱。而且为了保障其意思表示的真实，在需要见证人的代书遗嘱和录音遗嘱、口述遗嘱中，还要求见证人不得为不完全民事行为能力人和利害关系人。

（三）遗嘱的内容必须合法

遗嘱的内容，是遗嘱人在遗嘱中表示出来的对自己财产处分的意思，以及对相关事宜的安排。遗嘱内容是否合法，应以被继承人死亡时的情形为依据。一般说来，遗嘱的内容应当包括以下几个方面：

1. 指定继承人、受遗赠人。

2. 指定遗产的分配办法或份额。遗产的分配不受法定继承的顺序和数额的限制。未指明的财产视为遗嘱未处分的财产。遗嘱中对财产的处置前后相互矛盾的，应推定为遗嘱对该财产未作处分。

3. 遗嘱中可以对遗嘱继承人或者受遗赠人附加义务。例如指明财产的用途，或者是扶养某人等。遗嘱继承人不履行所附加的义务会导致其向其他继承人返还继承的遗产的结果。

4. 指定遗嘱执行人。遗嘱执行人是于继承开始后执行遗嘱的人。在遗嘱中指定执行人便于继承的执行，减少纠纷的发生。但是如果遗嘱中未指定遗嘱执行人，不影响遗嘱的成立和执行。

设立遗嘱是公民的一项权利，但是权利的行使不得违背法律的强行性规定和公序良俗，否则遗嘱无效。

具体而言，遗嘱不得违反我国《宪法》、《民法通则》、《婚姻法》和《继承法》等法律的强行性的规定；并且遗嘱不得违背社会公共利益和社会公德；不得剥夺法定继承人中需要赡养的老人和无独立生活能力又无生活来源的未成年子女，亦即丧失劳动能力又无生活来源的病残者的必要的继承份额；遗嘱必须要为可能成为第一顺序法定继承人，或者代位继承人的胎儿保留继承份额。

遗嘱人只能通过遗嘱对属于自己所有的财产进行处分。对共有财产进行处分的，对属于他人部分的财产的处分应当为无效。这一点规定，实际上是在公民的个体权利和社会的公共利益之间作出的权衡。

（四）遗嘱的形式必须符合法律规定的形式要求

根据我国《继承法》第17条的规定，我国遗嘱的法定形式有以下五种：

1. 公证遗嘱

公证遗嘱是指经公证机关按照公证程序订立的遗嘱。公证是由公证机关对法律事实的真实性、合法性予以确认的行为，因此，经过公证的遗嘱具有最强的法律效力和证据效力。因此，在当事人发生继承纠纷时，公证遗嘱是证明遗嘱人处分财产的意思表示的最有力和最可靠的证据。

2. 自书遗嘱

自书遗嘱，是由立遗嘱人亲笔书写的遗嘱。自书遗嘱因是遗嘱人自己亲自将自己处分财产的意思用文字表示出来的，不仅简便易行，而且还可以保证内容真实，便于保密。因此，自书遗嘱在实践中适用广泛。我国《继承法》第 17 条第二款规定：“自书遗嘱由遗嘱人亲笔书写、签名，注明年、月、日。”由此规定可见，自书遗嘱应当符合以下要求：

(1) 须由遗嘱人亲笔书写遗嘱的全部内容。

(2) 自书遗嘱须是遗嘱人关于其死后财产处置的正式意思表示。如果遗嘱人不是正式制作自书遗嘱，只是在日记或有关的信件中提到准备在其死亡后对遗产作如何处理，则不应认为该内容为自书遗嘱。但是自书遗嘱也不要求须有遗嘱的字样，如果遗嘱人在有关的文书中对其死亡后的事务作出安排，也包括对其死亡后的财产处理作出安排，而又无相反证明时，应当认定该文书为遗嘱人的自书遗嘱。最高人民法院《继承法意见》第 40 条规定，公民在遗书中涉及死后个人财产处分的内容，确为死者真实意思的表示，有本人签名并注明了年、月、日，又无相反证据的，可按自书遗嘱对待。

(3) 须由遗嘱人亲笔签名。

(4) 须注明年、月、日。遗嘱人在自书中须注明立遗嘱的时间。遗嘱中的时间记载是确定遗嘱人的遗嘱能力和确定遗嘱效力的依据，因此，自书遗嘱中也应当注明设立遗嘱的时间。①

3. 代书遗嘱

代书遗嘱，又称代笔遗嘱，是由遗嘱人口述内容，他人代为书写的遗嘱。② 在遗嘱人没有文字能力或因其他原因不能亲笔书写遗嘱的情况下，请人代书是实现遗嘱人立遗嘱愿望的重要途径。但代书遗嘱并不等于代理遗嘱。因为代理遗嘱是代理人代理遗嘱人作出遗嘱的意思表示，我国《继承法》认定代理遗嘱无效。而代书遗嘱只是代为书写记录，意思表示仍由遗嘱人自行作出，我国认定其为一种法定的遗嘱形式。我国《继承法》第 17 条第三款规定：“代书遗嘱应当有两个以上见证人在场见证，由其中一人代书，注明年、月、日，并由代书人、其他见证人和遗嘱人签名。”因此，代书遗嘱须符合以下要求：

(1) 代书遗嘱须由遗嘱人口授遗嘱内容，而由代书人。代书代书人须忠实地记载遗嘱人的意思表示，而不得对遗嘱人的意思表示作篡改或修正。

(2) 代书遗嘱须有两人以上在场见证。见证人中的一人可为代书人。对见证人人数的要求，是为了保证代书的遗嘱确为遗嘱人的真实意思表示。遗嘱见证人必须具有完全的民事行为能力，并且与继承人、遗嘱人没有利害关系。下列人不得作为见证人：无行为能力人、限制行为能力人；继承人、受遗赠人；与继承人、受遗赠人有利害关系的人。

(3) 代书人、其他见证人和遗嘱人须在遗嘱上签名，并注明年、月、日。代书人在书写完遗嘱后，应向遗嘱人宣读遗嘱。在其他见证人和遗嘱人确认无误后，在场的见证

① 郭明瑞、房绍坤编著：《继承法》，法律出版社，1996 年 10 月版，第 149 页。
② 巫昌祯主编：《婚姻与继承法学》，中国政法大学出版社，2001 年 1 月版，第 325 页。

人和遗嘱人都必须在遗嘱上签名。代书遗嘱也须注明立遗嘱的具体日期，遗嘱的日期也为见证人见证的事项。

4. 录音遗嘱

录音遗嘱是遗嘱人口述遗嘱内容，以录制录音带来表达遗嘱人意愿的遗嘱形式。以录音带、录像带记录遗嘱的内容，是现代科技的产物。这种形式的遗嘱较之口头遗嘱更可靠，而且取证方便，不需有他人的复述。但是，录音带、录像带也容易被他人剪辑、伪造。所以，我国《继承法》在承认录音遗嘱效力的同时，又对录音遗嘱规定了严格的条件。

制作录音应由遗嘱人亲自叙述遗嘱的内容，要有两个以上见证人在场见证，并说明制作的地址、制作的时间。见证人在场的目的，是保证录制的遗嘱确为遗嘱人的真实意思。遗嘱人在录制完遗嘱后，应将记载遗嘱的磁带封存，并由见证人共同签名，注明年、月、日，然后交遗嘱人或者见证人保管。

5. 口头遗嘱

口头遗嘱是由遗嘱人口头表述的而不以任何方式记载的遗嘱。口头遗嘱简便易行，但是遗嘱的内容完全靠见证人表述证明，容易发生纠纷。所以，在各国立法上几乎无不承认口头遗嘱，同时又对口头遗嘱的适用予以严格的限制。依我国《继承法》的规定，口头遗嘱须具备以下两个条件：

(1) 遗嘱人在危急情况下，不能以其他方式订立遗嘱。

所谓的危急情况，一般是指遗嘱人生命垂危，在战争中或者发生意外灾害，随时都有生命危险，来不及或无条件设立其他形式遗嘱的状况。在危急情况解除后，遗嘱人能够用书面或者录音形式立遗嘱的，所立的口头遗嘱无效。如果当事人对口头遗嘱没有争议，不发生继承纠纷，法律没有必要追究口头遗嘱的效力。如果发生纠纷，应由主张遗嘱无效的人提出遗嘱人于危急情况解除后死亡的证据，而由主张遗嘱有效的人证明遗嘱人不能另立遗嘱。人民法院确认遗嘱人应当并能够以其他方式另立遗嘱，但未另立遗嘱而死亡的，应视为被继承人未立遗嘱，裁决口头遗嘱无效。

(2) 应当有两个以上的见证人在场见证。遗嘱人于危急情况下设立口头遗嘱的，应当有两个或两个以上的具有完全行为能力，且与继承无利害关系的见证人在场见证。见证人应将遗嘱人口授的遗嘱记录下来，并由记录人、其他见证人签名，注明年、月、日。见证人无法当场记录的，应当牢记口述遗嘱的具体时间和地点，并于事后及时补记遗嘱人口授的遗嘱内容，并于记录上共同签名，注明年、月、日，以保证见证内容的真实、可靠。①

二、遗嘱的无效

遗嘱的无效，是指遗嘱因不符合法律的规定，不能发生遗嘱人预期的法律效力。遗嘱无效，自始无效。遗嘱无效的情形是多样的，依照我国《继承法》第 17 条、第 19 条、第 22 条的规定，遗嘱的无效主要有以下几种情形：

(1) 无行为能力人或者限制民事行为能力人所立的遗嘱无效。无行为能力人、限制行为能力人属于无遗嘱能力的人，不具有通过遗嘱来处分其财产的资格，因此，他们设

---

① 郭明瑞、房绍坤编著：《继承法》，法律出版社，1996 年 10 月版，第 152－153 页。

立的遗嘱是无效的。

(2) 受胁迫、欺骗所立的遗嘱无效。因为被胁迫、受欺诈所立的遗嘱是当事人违背真实意思所作出的遗嘱。它违背了遗嘱是遗嘱人的真实意思表示这一规定，因此，是无效的民事行为。

(3) 伪造的遗嘱和被篡改的遗嘱无效。伪造的遗嘱，是指以被继承人的名义设立的，但根本不是被继承人意思表示的遗嘱。伪造的遗嘱，因为根本就不是被继承人的意思表示，所以不管遗嘱的内容如何，也不论遗嘱是否损害了继承人的利益，当然无效。被篡改的遗嘱，是指遗嘱的内容被遗嘱人以外的其他人作了更改的遗嘱，如对遗嘱进行修改、删节、补充等。篡改只能是对遗嘱的部分内容的更改，如对遗嘱的全部内容更改，则为伪造遗嘱。被篡改的遗嘱，篡改的部分无效；未篡改的部分，如仍能表达遗嘱人的真实意思表示则应继续有效。

(4) 遗嘱没有对缺乏劳动能力又没有生活来源的继承人保留必要份额的，对应当保留的必要份额的处分无效。

最高人民法院《继承法意见》第 37 条规定，遗嘱人未保留缺乏劳动能力又没有生活来源的继承人的遗产份额的，关于处理这部分遗产的遗嘱无效。在遗产处理时，应当为这些无劳动能力又无生活来源的继承人留下必要的遗产，所剩余的部分，才可参照遗嘱确定的分配原则处理。法定继承人是否为缺乏劳动能力又无生活来源的人，应以继承开始时为准，而不能以遗嘱人立遗嘱时继承人的状况为依据。如果其他法定继承人在设立遗嘱时无劳动能力，又无生活来源，但在被继承人死亡前这些情形消灭，那么就不能作为遗嘱无效的理由。如果法定继承人在设立遗嘱时有劳动能力或有生活来源，但在被继承人死亡前丧失，那么就要先分割出保障其生活的必要的财产，然后才能进行遗嘱继承。

(5) 遗嘱人的遗嘱处分不属于自己的财产的，遗嘱的这部分内容无效。最高人民法院《关于贯彻执行民事政策法律若干问题的意见》第 38 条规定："遗嘱人的遗嘱处分了属于国家、集体或他人所有的财产，遗嘱的这部分，应认定无效。"遗嘱是于遗嘱人死亡，继承开始之时才发生法律效力的法律行为，且又是遗嘱人单方的意思表示，因此，在遗嘱发生效力前，遗嘱人可以随时变更或撤销所立的遗嘱。

三、遗嘱的变更和撤销

遗嘱的变更，是遗嘱人在遗嘱设立后对遗嘱内容的部分修改。遗嘱的撤销，是遗嘱人在设立遗嘱后又取消原来所立的遗嘱。可见，遗嘱的变更与撤销的区别，在于遗嘱人对原立遗嘱的内容改变程度的不同。变更仅是遗嘱人部分地改变了原设立遗嘱时的意思，可以说是对遗嘱部分内容的撤销；而撤销是遗嘱人改变原设立遗嘱时的全部意思，是对遗嘱内容的全部变更。

(一) 遗嘱的撤销与可撤销民事行为的区别

遗嘱的撤销与一般的可撤销的民事行为不同。一般民事法律行为的撤销必须具有法定的撤销事由，如行为人因受欺诈、胁迫作出的非真实的意思表示，并且只能由受欺诈、胁迫方提出。而遗嘱的撤销无须有条件，可以由遗嘱人根据自己的意志自由地行使。一般民事法律行为的撤销权的行使有一年的除斥期间，过了这个期间，撤销权即消灭，当事人不得以单方的意思表示变更或撤销民事行为。而遗嘱的变更、撤销只要在遗嘱未生效即遗嘱人未死亡前作出即可。

（二）遗嘱变更和撤销的基本要件

遗嘱人虽然可以在遗嘱设立后、生效前的任何时间，任意变更或撤销遗嘱，但撤销或变更遗嘱也须具备一定的要件，才能发生遗嘱变更或撤销的效力。

(1) 遗嘱人于遗嘱变更、撤销时，须具备遗嘱能力。遗嘱人设立遗嘱后丧失遗嘱能力的，于丧失遗嘱能力后对遗嘱的变更、撤销不发生变更、撤销的效力，原来的遗嘱继续有效。

(2) 遗嘱的变更、撤销须为遗嘱人的真实意思表示。遗嘱人因受胁迫、欺诈而变更、撤销遗嘱的，不发生遗嘱变更、撤销的法律后果，原遗嘱仍有效。

(3) 遗嘱的变更、撤销须由遗嘱人亲自依法定的方式和程序为之。遗嘱的变更、撤销同样不适用代理，只能由遗嘱人亲自为之。

（三）遗嘱变更和撤销的方式

1. 声明原遗嘱无效或被撤销的方式

遗嘱人变更、撤销遗嘱的，须依照法律规定的设立遗嘱的方式作出。依据我国《继承法》第20条第三款的规定："自书、代书、录音、口头遗嘱，不得撤销、变更公证遗嘱"。因此，对公证遗嘱的变更、撤销都必须采用公证的方式。

2. 遗嘱变更、撤销的推定方式

遗嘱的变更、撤销的推定方式，是指遗嘱人虽然没有以明确的意思表示变更、撤销所设立的遗嘱，但法律根据遗嘱人的行为推定遗嘱人变更、撤销了遗嘱。法律的这种规定，是不需当事人以反证推翻的。推定遗嘱人变更、撤销遗嘱的情形主要有以下几种：

(1) 遗嘱人立有数份遗嘱，内容相抵触的，以最后的遗嘱为准。遗嘱人以不同形式立有数份内容相抵触的遗嘱，其中有公证遗嘱的，以最后所立公证遗嘱为准；没有公证遗嘱的，以最后所立的遗嘱为准。对公证遗嘱的变更和撤销必须通过另立公证遗嘱的方式完成。

(2) 遗嘱人生前的行为与遗嘱的内容相抵触的，推定遗嘱变更、撤销。遗嘱人生前的行为与遗嘱的意思表示相反，而使遗嘱处分的财产在继承开始前灭失、部分灭失或所有权转移、部分转移的，遗嘱视为被撤销或部分被撤销。例如遗嘱人生前将遗嘱指定继承的财产又赠与给他人，或者自己消费耗尽，那么此时视为遗嘱人对遗嘱的内容进行了变更或者撤销。

(3) 遗嘱人故意销毁遗嘱的，推定遗嘱人撤销原遗嘱。但是遗嘱不是由遗嘱人自己销毁的，而是由他人毁坏的，不能视为遗嘱人撤销遗嘱。遗嘱因意外的原因毁损、丢失而遗嘱人又不知道的，也不能推定遗嘱人撤销该遗嘱。

（四）遗嘱变更和撤销的效力

遗嘱的变更、撤销的效力在于使原遗嘱的内容不能生效。遗嘱变更的，应以变更后的遗嘱来确定遗嘱的有效、无效，依变更后的遗嘱执行财产的分配。遗嘱撤销的，被撤销的原遗嘱作废，以新设立的遗嘱为遗嘱人处分自己财产的真实意思表示，以新设立的遗嘱来确定遗嘱的效力和执行。遗嘱撤销后，又未设立新遗嘱的，视为被继承人未立遗嘱。

第三节　遗赠与遗赠扶养协议

一、遗赠的概念

遗赠，是公民以遗嘱的方式将其个人合法财产的一部分或全部赠送给国家、集体组织或者法定继承人以外的公民，并于遗赠人死亡后才发生法律效力的单方法律行为。立遗嘱的公民为遗赠人，被指定赠与财产的人为受遗赠人，遗嘱中指定赠与的财产为遗赠财产或遗赠物。

遗赠制度早在罗马法中就有规定。在中世纪的欧洲，遗赠曾为遗嘱继承的一种方式。在近代各国继承法中也都有遗赠制度，有的是将其作为一种继承方式，而有的不作为一种继承方式。我国也规定了遗赠制度，我国在《继承法》第16条第3款规定："公民可以立遗嘱将个人财产赠给国家、集体或者法定继承人以外的人。"

二、遗赠的法律特征及其与遗嘱继承的区别

（一）遗赠的法律特征

1．遗赠是一种单方法律行为。只要遗赠人在遗嘱中将赠与财产的意思表示清晰地表达出来，遗赠就成立。正因为它是单方法律行为，所以在遗嘱生效前遗赠人可以随时改变自己的赠与的意思，任何人不得干涉。

2．遗赠是给法定继承人以外的人以财产利益的无偿行为。这种财产利益可以是给以财产权利，也可以是免除他人的财产债务。遗赠人遗赠的标的只能是财产利益，而不能是人身利益。我国的法律上，遗赠只能是将财产利益赠与给法定继承人以外的人。虽然遗赠人可以对遗赠附加某种负担，但所附加的负担并不是遗赠的对价。①

3．遗赠是一种死因行为。遗赠在遗赠人死亡后才能发生法律效力，因此遗赠人可以随时变更、撤销遗嘱。

4．遗赠是只能由受遗赠人亲自接受的行为。受遗赠人应当是接受遗赠时存在的人，但是为了保护胎儿的利益，在遗赠人死亡时已经受孕的胎儿可以作为受遗赠人。受遗赠的公民先于遗赠人死亡，或者受遗赠的单位于遗赠人死亡前撤销的，遗赠即不能发生法律效力；受遗赠人在作出接受遗赠的意思表示前死亡的，也不能发生遗赠。

（二）遗赠与遗嘱继承的区别

遗赠与遗嘱继承，都是被继承人通过遗嘱处分个人财产的方式，在各国立法上一般都同时规定了这两种制度。也有的国家不承认遗嘱中指定的遗嘱继承人，认为凡在遗嘱中指定承受遗产的人均为受遗赠人，例如日本就是。但各国在如何区分遗嘱继承和遗赠上有不同的标准。例如，有的国家规定，遗赠不能是概括的遗赠即权利义务一并转移遗赠。如果遗嘱中指定某人承受全部权利义务，则改任为指定继承人，而不论其是否为法定继承人范围之内的人。也有的国家以遗嘱中的指定为准，遗嘱中指定为继承人的，其承受财产为遗嘱继承；遗嘱中仅指定将某项财产利益移交某人而未指定其为继承人的，为遗赠。也有的国家是从承受遗产的主体范围上区分：遗嘱人指定由法定继承人中的某人承受遗产的，则该人为遗嘱继承人；遗嘱人指定由法定继承人以外的人承受财产的，

① 郭明瑞、房绍坤编著：《继承法》，法律出版社，1996年10月版，第176页。

则该人为受遗赠人。根据我国立法的规定，遗赠与遗嘱继承的主要区别有以下几点：

1. 受遗赠人和遗嘱继承人的范围不同。受遗赠人可以是法定继承人以外的任何公民，也可以是国家和集体，但不能是法定继承人范围之内的人。遗嘱继承人则只能是法定继承人范围之内的人，而不能是法定继承人以外的公民或单位。

2. 受遗赠权与遗嘱继承权的行使方式不同。遗嘱继承人自继承开始到遗产分割前未明确表示放弃继承的，即视为接受继承。放弃遗嘱继承权必须于继承开始起到分割财产前作出明确的意思表示。受遗赠人接受遗赠的，必须在知道受遗赠后的两个月内作出接受遗赠的明确的意思表示。到期没有表示的，视为放弃受遗赠。这里的两个月的期限应当为受遗赠权的除斥期间。

三、遗赠扶养协议

（一）遗赠扶养协议的概念和特征

遗赠扶养协议是公民即遗赠人、受扶养人与扶养人或者集体所有制组织（统称为扶养人）签订的进行扶养和给予遗赠的协议。遗赠扶养协议具有以下的法律特征：

1. 遗赠扶养协议是一种双方的法律行为

遗赠扶养协议与遗赠不同，遗赠是单方的法律行为，只要有遗赠人一方的意思表示就可以成立；而遗赠扶养协议是双方法律行为，须有双方的意思表示一致才能成立。遗赠是单方法律行为，所以在没有生效前遗嘱人可以行使任意撤销权；而遗赠扶养协议是双方法律行为，并且属于我国《合同法》调整的范畴。由于它不是基于身份关系而产生的，因此其变更和解除都必须依照合同的规定，或者是双方当事人的协议，或者是出现法定的变更和解除事由，然后还应当按照法定的程序予以变更或者解除。

2. 遗赠扶养协议是诺成法律行为

遗赠扶养协议是诺成性的法律行为，因而自双方意思表示达成一致时起就可以发生效力。但双方义务发生效力的时间不同。扶养人的义务是自协议签订之日起即生效，受扶养人即可以要求扶养人履行义务。而受扶养人的义务是于其死亡后才发生效力，在受扶养人死亡前扶养人不得要求受扶养人将其财产归己所有。

3. 遗赠扶养协议是双务法律行为

遗赠扶养协议中双方当事人双方都负有一定的义务。扶养人负有负责受扶养人的生养死葬的义务，受扶养人也有在死亡后将自己的财产转移给扶养人的义务。这与遗赠不同，遗赠中的受遗赠人并不承担对遗赠人的生养死葬的义务。

4. 遗赠扶养协议是有偿的法律行为

遗赠是无偿的，受遗赠人享受受遗赠的权利并不以履行一定义务为对价。而遗赠扶养协议与此不同，它是一种有偿的法律行为，任何一方享受权利都是以履行一定的义务为对价的。扶养人不履行对受扶养人的生养死葬的义务，就不能享有受遗赠的权利；受扶养人不将自己的财产遗赠给扶养人，也不享有要求扶养人扶养的权利。

5. 遗赠扶养协议中的扶养人必须没有法定的扶养义务

遗赠扶养协议中遗赠人只能是公民；而扶养方，可以是公民，也可以为集体经济组织，但作为扶养人的公民不能是与被继承人间具有法定的扶养义务的人。因为具有法定扶养义务的人应无条件地履行义务，不应以得到类似报酬的赠与为对价而扶养。

6. 遗赠扶养协议不因受扶养人的死亡而终止

遗赠扶养协议是公民生前对自己死亡后遗留下的遗产所作出的一种处置方式。遗赠扶养协议并不因受扶养人死亡而终止，并且协议中有关遗赠的内容只能于受扶养人死亡后才生效。这也是遗赠扶养协议与一般合同的重要区别。

四、遗赠扶养协议的法律效力

遗赠扶养协议实际上是合同，其订立应当依照合同的订立程序，由要约和承诺两个步骤组成。要约的一方可以是需要扶养的公民，也可以是愿意扶养的公民或者集体组织。遗赠扶养协议的内容，应当包括扶养和遗赠两个方面。扶养的内容应当写明提供扶养的具体要求和办法等；遗赠的内容应当写明遗赠财产的种类、名称、数量和状况等。遗赠扶养协议采用书面形式为妥，双方应在协议上签名或者盖章，并注明协议签订的年、月、日。遗赠扶养协议一经签订便具有法律效力，当事人双方必须履行协议中约定的事项。

（一）遗赠扶养协议双方的权利义务

遗赠扶养协议是双务合同，扶养人应当履行自己的扶养义务，对受扶养人履行生养死葬的义务。扶养人不认真履行扶养义务的，受扶养的公民可以请求解除协议。

受扶养人应当履行将其财产遗赠给扶养人的义务。受扶养人有权继续使用遗赠的财产，但不得擅自处分，因为其处分行为会影响遗赠扶养协议的执行。对因受扶养人的擅自处分行为致使扶养人无法实现其受遗赠权利的，扶养人有权解除遗赠扶养协议，并可以要求受扶养人补偿其已经支付的扶养费用。

（二）遗赠扶养协议执行的优先效力

遗赠扶养协议是处理遗产的依据，其在处理遗产上有最优先的效力。根据我国《继承法》第5条规定："继承开始后，按照法定继承办理；有遗嘱的，按照遗嘱继承或者遗赠办理；有遗赠扶养协议的，按照协议办理。"由此可见，遗赠扶养协议的适用优先于遗赠、遗嘱继承和法定继承。

（三）违反遗赠扶养协议的应按照违约来处理

由于遗赠扶养协议的双务合同效力，所以，违反遗赠扶养协议的行为应当按照违约来处理。并且合同中的同时履行抗辩权、先履行抗辩权和不安抗辩权，也可以适用。

（四）遗赠扶养协议的执行，不影响扶养人对其近亲属的法定继承权

遗赠扶养协议与收养协议不同。遗赠扶养协议的签订对扶养人的身份没有改变，只是使其承担对受扶养人生养死葬的义务，他们之间不会因此而产生亲属关系。因此，扶养人取得受遗赠的财产不影响其继承父母及其他亲属的遗产；扶养人继承了其父母或其他亲属的遗产也不影响其依遗赠扶养协议取得受遗赠的财产。

五、遗赠与遗赠扶养协议的执行

遗赠与遗赠扶养协议的效力都是基于合法有效的遗嘱，因此，它们的执行，实际也是遗嘱的执行。遗嘱执行是遗嘱生效后为实现遗嘱的内容所必要的行为和程序。它包括对遗赠扶养协议的执行，遗赠的执行，以及对遗嘱继承的执行。

（一）遗嘱执行人的确定

有权执行遗嘱的人为遗嘱执行人。执行遗嘱行为也同样为法律行为，因此也需要符合法律行为的成立、有效和生效要件。例如遗嘱执行人需要具备相应的行为能力，一般

应为完全民事行为能力人。我国对遗嘱执行人的规定不具体，根据《继承法》第 16 条的规定和司法实践，遗嘱执行人可以通过下列三种途径确定：

1．遗嘱人在遗嘱中指定执行人的，被指定的人即为遗嘱执行人。我国《继承法》第 16 条第一款规定："公民可以依照本法规定立遗嘱处分个人财产，并可以指定遗嘱执行人。"

2．遗嘱人没有指定遗嘱执行人的，或者指定的遗嘱执行人不具有相应的行为能力，或者被指定的遗嘱执行人不愿意承担该义务的，遗嘱人的法定继承人为遗嘱执行人。

3．如上述两种情形都不能解决执行人的确定，那么则由被继承人生前所在单位或者是被继承人住所地的村民委员会或者居民委员会来承担执行的义务。①

在遗赠的执行中，受遗赠人在知道受遗赠后两个月内向遗嘱执行人作出接受遗赠的意思表示的，即享有请求遗嘱执行人依遗赠人的遗嘱将遗赠物交付其所有的请求权。遗嘱执行人应依受遗赠人的请求交付遗赠物。

（二）受赠人不履行遗嘱时的处理

受遗赠人不履行遗嘱，分为两种情形。一种是遗赠扶养协议的受遗赠人不履行扶养的义务或者是履行义务不符合协议的要求，不能对遗赠人的生活起到照顾作用。第二种是遗赠的受赠人不履行遗嘱所负担的义务。

1．遗赠扶养协议的受遗赠人不履行遗嘱的处理

根据最高人民法院《继承法意见》第 56 条的规定："扶养人或集体组织与公民订有遗赠扶养协议，扶养人或集体组织无正当理由不履行，致协议解除的，不能享有受遗赠的权利，其支付的供养费用一般不予补偿"。

但我们认为，这不符合公平的原则。尽管由于扶养人的原因导致遗赠扶养协议的解除，但对解除前已经履行的义务不予补偿是显失公平的。如果出于加强对受扶养人的保护的立法目的，也不能以牺牲一方平等民事主体的利益的极不公平的代价来换取，而应该另寻其他解决办法，此其一。其二，我国《合同法》第 97 条规定："合同解除后，尚未履行的，终止履行；已经履行的，根据履行情况和合同性质，当事人可以要求恢复原状、采取其他补救措施，并有权要求赔偿损失。"遗赠扶养协议不是带有身份关系的协议，应当属于合同法的调整范围。而这一规定并未以当事人的过错来区分对待，所以，扶养人应当有权要求受扶养人适当偿还已支付的供养费用等。②

2．受遗赠人不履行遗嘱所负担的义务的处理

遗嘱所负担的义务，是附加在遗嘱继承上的负担。遗嘱继承人履行义务是以接受遗嘱继承为要件的，是必须履行的，除非该义务违反法律或社会公共利益而无效。否则，他通过遗嘱继承的遗产可以被依法剥夺。

最高人民法院《继承法意见》第 43 条规定："附义务的遗嘱继承或遗赠，如义务能够履行，而继承人、受遗赠人无正当理由不履行，经受益人或其他继承人请求，人民法院可以取消他接受附义务那部分遗产的权利，由提出请示的继承人或受益人负责按遗嘱人的意愿履行义务，接受遗产。"

---

① 郭明瑞、房绍坤编著：《继承法》，法律出版社，1996 年 10 月版，第 167～168 页。

② 李瑞：《遗赠扶养协议再思考》，《贵州民族学院学报》2002 年第 4 期，第 23 页。

思考题

1. 遗嘱能力和民事行为能力的关系是什么?
2. 请从遗嘱的效力的角度分析遗嘱行为的特征。
3. 简述遗嘱有效的实质要件和形式要件。
4. 遗嘱的变更和合同行为的变更有何不同? 为什么?
5. 遗嘱的生效和附条件的民事法律行为的生效有何不同?
6. 遗赠的撤销和赠与的撤销有何区别? 为什么?
7. 遗赠扶养协议所引起的是合同关系还是继承关系，请作简要分析。

学习资料指引

1. 郭明瑞、房绍坤:《继承法》，法律出版社，1996 年 10 月版，第 2 章。
2. 巫昌祯:《婚姻与继承法学》(修订本)，中国政法大学出版社，2001 年 1 月版，第 12 章。
3. 王利明:《中国民法案例与学理研究侵权行为编、亲属继承编》，法律出版社，1998 年 6 月版。
4. 杨振山:《民商法实务研究：继承卷》，山西经济出版社，1993 年 9 月版。
5. 杨遂全等:《婚姻家庭法新论》，法律出版社，2003 年 8 月版。
6. 彭万林:《民法学》，2002 年 1 月版，第 16 章、第 17 章。
7. 魏振瀛:《民法》，北京大学出版社、高等教育出版社，2000 年 9 月版。
8. 王泽鉴:《民法概要》，中国政法大学出版社，2003 年 4 月版。

参考法规提示

1.《中华人民共和国继承法》第 16～22 条，第 31 条。
2. 最高人民法院《关于贯彻执行〈中华人民共和国继承法〉若干问题的意见》第 35～43 条，第 53～56 条。
3.《遗嘱公证细则》。

第五十二章　遗产处理

【阅读提示】　关于遗产的处理，关系到继承人、受遗赠人和酌情分得遗产人权利的实现，同时，又关系到与遗产有利害关系的第三人如债权人等的利益。因此，遗产的处理在整个继承的过程中具有重要的意义。本章的主要内容为继承开始与遗产管理，被继承人债务的清偿，遗产的接受、放弃与分割，以及无人继承遗产的处理等。其中，被继承人债务的清偿，遗产的分割是本章的重点。

第一节　继承开始与遗产管理

一、继承开始的时间

（一）确定继承开始时间的意义

1. 以继承开始的时间确定继承人的范围。在继承开始的时候与被继承人有近亲属关系的人享有继承权，即使在其死亡后这种亲属关系消灭的，仍享有该权利。

2. 以继承开始的时间确定遗产的构成和遗产的数额。

3. 以继承开始的时间确定遗产所有权的转移。

4. 以继承开始的时间确定保护继承权的最长时效期间。我国《继承法》第 8 条规定："继承权纠纷提起诉讼的期限为二年，自继承人知道或者应当知道其权利被侵犯之日起计算。但是，自继承开始之日起超过二十年的，不得再提起诉讼。"

5. 以继承开始的时间确定被继承人的遗嘱处分是否有效。遗嘱是死因行为，在立遗嘱人死亡的时候才发生效力。在此之前，立遗嘱人都可以对其依法进行更改和撤销。其次，我国《继承法》第 19 条规定："遗嘱应当对缺乏劳动能力又没有生活来源的继承人保留必要的遗产份额。"继承人是否缺乏劳动能力又没有生活来源，应当以继承开始时的具体情况确定，从而确定遗嘱对财产的处分是否有效。

（二）继承开始时间的确定

根据我国《继承法》第 2 条的规定，继承从被继承人死亡时开始。这里的死亡既可以是生理的死亡，也可以是被宣告死亡。失踪人被宣告死亡的，以法院判决中确定的失踪人的死亡日期，为继承开始的时间。

根据最高人民法院《继承法意见》第 2 条的规定，相互有继承关系的几个人在同一事件中死亡，如不能确定死亡先后时间的，推定没有继承人的人先死亡。这里的"继承人"指的是死亡人之外的继承人。死亡人各自都有继承人的，如几个死亡人辈分不同，推定长辈先死亡；几个死亡人辈分相同，推定同时死亡。彼此不发生继承，由他们各自的继承人分别继承。我们通过对下述案例的分析来掌握对继承开始时间的确定。

案例：A、B 系夫妇，两人在最初的炒股大潮中积累了第一桶金，而后开办公司，经营状况不错。A、B 有一独生儿子 C，1990 年 C 与 D 结婚，婚后生有一女 E。1995 年

C病故后，D再婚，而E一直与祖父母A、B共同生活。A有一兄弟F，而B早年丧母，由父亲G独自抚养成人。B为了更好地照顾G，因此一直共同生活。2003年夏，A、B夫妇带着孙女E开车外出购物，行车途中不幸遇车祸，A、E当场死亡，B送至医院后经抢救无效后也死亡。在事后清理遗产过程中，发现A、B的财产加上保险公司赔付的保险金共计100万元。对遗产的分割，D、F、G发生争议，请问：本案该如何处理？

本案中死亡时间和顺序的确定对D、F、G财产的分割有决定性的影响。

根据相互有继承关系的几个人在同一事件中死亡，如不能确定死亡先后时间的，推定没有继承人的人先死亡。死亡人各自都有继承人的，如几个死亡人辈分不同，根据推定长辈先死亡的规定，则推定A先死。因为A、E同时死亡，双方都有继承人，因此，只能推定长辈先死，即A先死。A的第一顺序继承人为配偶B和代位继承人E。因为A的儿子C，先于被继承人A死亡，则由其晚辈直系血亲E代C的位作为第一顺序继承人。在有第一顺序继承人时，第二顺序继承人不得继承，因此F不能继承A的财产。在遗产的范围的界定上，先分出A、B共同财产中属于B的部分，即50万元；作为A的遗产的50万元由B、E各自继承25万。

E先于B死亡，E的第一顺序法定继承人为其母D，因此E继承的财产25万元作为其遗产，由D继承。

在三者中，B最后死亡，其第一顺序继承人为其父G。B的遗产为：50万+25万=75万元，由G继承。

二、遗产的管理

遗产的管理，是指自继承开始至遗产分割以前，对遗产的保管、使用、收益和处分。

我国《继承法》第24条规定："存有遗产的人，应当妥善保管遗产，任何人不得侵吞或者争抢。"《继承法意见》第44条规定："人民法院在审理继承案件时，如果知道有继承人而无法通知的，分割遗产时，要保留其应继承的遗产，并确定该遗产的保管人或保管单位。"

据此，在继承开始后，对遗产进行管理的人有义务对遗产进行管理。遗产管理人可能是继承人中的一人或者数人。当多个继承人均存有被继承人的遗产时，则由这些继承人共同作为遗产保管人。遗产保管人也可以是继承人以外的合法占有人。如果没有继承人、受遗赠人和遗嘱执行人；或继承人、受遗赠人不知道被继承人死亡；或继承人、受遗赠人因无民事行为能力而无法保管遗产时，则由被继承人生前所在单位或其住所地、遗产所在地的居民委员会、村民委员会作为遗产保管人。没有合法依据而占有遗产的继承人以外的其他自然人，不能作为该项遗产的管理人，所占有的遗产应当交付继承人或者遗嘱执行人保管。

遗产管理人应及时对遗产进行清点并妥善保管，防止和排除对遗产的侵害。如果因管理不善或者非法处置而使遗产遭受重大损失的，应予以赔偿。同时，遗产保管人有义务通知各继承人，并及时将遗产予以移交。因保管遗产而支出的必要费用，应当在遗产中扣除或由继承人支付。继承人故意隐匿、侵吞或争夺遗产的，可以酌情减少其应继承的份额。继承人以外的人或组织非法侵占、损坏遗产的，也应追究其法律责任。

第二节　被继承人债务的清偿

一、被继承人债务的范围

遗产是被继承人财产权利和财产义务的统一体。根据我国《继承法》规定的概括继承或者叫做总体继承原则，继承人接受继承，应当同时继受被继承人的财产权利和财产义务。

遗产债务即被继承人所欠债务，是指被继承人生前个人依法应当缴纳的税款和完全用于个人生活所需欠下的债务。它主要包括：被继承人生前依法应缴纳而未缴纳的税款；被继承人因合同之债、侵权损害赔偿之债、不当得利之债、无因管理之债而应当承担的债务。

在确定被继承人债务的问题时，首先应区分遗产债务与家庭共同债务，遗产债务与以被继承人的名义所欠的债务，以及区分遗产债务与继承费用。

继承费用实际上属于遗产本身的变化，清偿遗产债务仅限于遗产的实际价值。而遗产的实际价值是扣除继承费用后所剩余的价值。所以继承费用应当从遗产中支付，而不能列入遗产债务范围。否则，就会损害被继承人的债权人的合法权利，也会妨碍受遗赠人受遗赠权的实现。

二、遗产债务的清偿原则

我国《继承法》第33条规定，继承遗产应当清偿被继承人依法应当缴纳的税款和债务，缴纳税款和清偿债务以他的遗产实际价值为限。超过遗产实际价值部分，继承人自愿偿还的不在此限。继承人放弃继承的，对被继承人依法应当缴纳的税款和债务可以不负偿还责任。我国《继承法》第34条规定，执行遗赠不得妨碍清偿遗赠人依法应当缴纳的税款和债务。

根据以上规定，我们可以总结出我国在清偿遗产债务上坚持的原则：

（一）限定继承原则

对超过遗产实际价值的部分，任何人都不能强迫继承人偿还。即使共同继承人中的某个继承人愿意承担无限责任，亦不对其他继承人发生效力。

（二）保留必留份原则

最高人民法院《继承法意见》第61条规定，继承人中有缺乏劳动能力又没有生活来源的人，即使遗产不足清偿债务，也应为其保留适当遗产，然后再按继承法的相关规定清偿债务。

（三）清偿债务优先于执行遗赠原则

为防止遗赠人通过遗赠逃避对其债权人的债务，也为保护债权人的合法权益，我国《继承法》对遗赠行为加以了必要的限制。只有在清偿债务之后，还有剩余遗产时，遗赠才能得到执行。如果遗产已不足清偿债务，则遗赠就不能执行。

三、遗产债务的清偿方法

我国《继承法》没有明文规定清偿遗产债务的方法，但在司法实践中，一般采取以下两种方法：先清偿债务后分割遗产；先分割遗产后清偿债务。前者更有利于保护债权人的利益；而后者使得继承人之间的清偿责任明确，但会给债权人实现债权增加求偿的成本。根据最高人民法院《继承法意见》第62条的规定，如果是先分割后清偿，则清偿的顺序应为：如有法定继承又有遗嘱继承和遗赠的，首先由法定继承人用其所得遗产清偿债务；不足清偿时，剩余的债务由遗嘱继承人和受遗赠人按比例用所得遗产偿还；如果只有遗嘱继承和遗赠的，由遗嘱继承人和受遗赠人按比例用所得遗产偿还。

第三节 遗产的接受、放弃与分割

一、遗产的接受和放弃

遗产的接受和放弃是指继承人在接受继承权后，于遗产处理时接受和放弃遗产的意思表示。

继承人接受和放弃遗产的方式和继承人接受和放弃继承权的方式基本相同。接受可以采取明示的方式，也可以采取默示的方式。

继承人表示接受和放弃遗产后，将产生一定的法律效力。继承人表示接受遗产，则取得其应继份的所有权。继承人表示放弃遗产的，依其放弃的方式不同，产生不同的法律效力：

其一，继承人表示接受遗产，但不参加遗产分配的，其法律效果是继承人将应继份赠与给其他有继承权的全体继承人。

其二，继承人表示接受遗产，并将其应继份额转移给指定的继承人或者继承人之外的人的，其法律后果是继承人将其应继份转移给指定的继承人或者继承人之外的人。

其三，继承人表示接受遗产，并在接受遗产后放弃遗产的，其法律后果是该遗产成为无主财产。按我国《民法通则》第79条有关的规定，无主财产收归国家所有。

二、遗产分割

（一）遗产分割的原则

遗产分割是指在共同继承人之间，按照各继承人的应继承份额分配遗产的行为。根据我国《继承法》规定的精神，遗产分割的原则可以概括为以下三项：

1. 互谅互让、协商分割原则

我国《继承法》第15条规定："继承人应当本着互谅互让、和睦团结的精神，协商处理继承问题。遗产分割的时间、办法和份额，由继承人协商确定。协商不成的，可以由人民调解委员会调解或者向人民法院提起诉讼。"这一规定是对遗产分割的互谅互让、协商分割原则的集中表述。

2. 保留胎儿继承份额原则

保留胎儿继承份额原则是指在分割遗产时，如果有胎儿，应当保留胎儿的继承份额。

我国法律规定，在进行遗产分割时保留胎儿继承份额应注意以下三点：（1）无论是适用法定继承，还是适用遗嘱继承，在分割遗产时，继承人都应当为胎儿保留其应继承的份额，该份额应按法定继承的遗产分配原则确定。如果胎儿是多胞胎的，则应按胎儿的数量保留继承份额。如果继承人在分割遗产时，没有保留胎儿的份额的，则应当从继承人所继承的份额中扣回。在多胞胎的情况下，如果只保留了一份的继承份额，则应从继承人继承的遗产中扣回其他胎儿的继承份额。（2）为胎儿保留应继承份额的，如果胎儿出生后为活体的，则该份额由其母亲（法定代理人）代为保管；胎儿出生后死亡的，则为胎儿保留的继承份额成为他的遗产，应当由其法定继承人依法定继承的方式继承。(3) 胎儿出生时是死体的，则为胎儿保留的继承份额仍属于被继承人的遗产，应当由被继承人的继承人再行分割。如果没有保留的，则原分割继续有效。

应当指出，我国《继承法》虽然并不限制存在胎儿的情况下继承人也可分割财产，但为防止继承人之间串通，损害母亲及婴儿的合法权益，特别是在多胞胎的情况下，采用在胎儿出生后分割遗产的方法较为合适。

3. 物尽其用原则

物尽其用原则是指在遗产分割时，应当从有利于生产和生活的需要出发，注意充分发挥遗产的实际效用。我国《继承法》第 29 条第一款规定："遗产分割应当有利于生产和生活需要，不损害遗产的效用。"最高人民法院《继承法意见》第 58 条指出："人民法院在分割遗产中的房屋、生产资料和特定职业所需要的财产时，应依据有利于发挥其使用效益和继承人的实际需要，兼顾各继承人的利益进行处理。"

（二）遗产分割的方式

遗产分割的方式是指继承人取得遗产应继份的具体方法。关于遗产分割的方式，应当首先由遗嘱人的遗嘱确定；无遗嘱或遗嘱未规定的，由继承人以及其他可分得遗产的人协商；协商不成，可以采取诉讼由法院确定。

我国现有的分割方式主要为以下四种：

1. 实物分割

对遗产作实物分割的前提是可以进行，并且不损害、不降低遗产的功用，否则是对社会整体财富的减少。

2. 变价分割

如果遗产不宜进行实物分割，或者继承人都不愿意取得该种遗产，则可以将遗产变卖换取价金，然后由继承人按照自己应继份的比例对价金进行分割。

3. 补偿分割

对于不宜实物分割的遗产，如果继承人中有人愿意取得该种遗产，则由该继承人取得遗产的所有权，并由其按照其他继承人应继份的比例，分别补偿其他继承人相应的价金。如有多人都愿取得财产，而财产又不宜作实物分割的，可根据目前司法实践中有效的经验，对实物的归属进行竞价。出价高者获得遗产的实物，而价金则按比例补偿其他的继承人。

4. 保留共有的分割

遗产不宜进行实物分割，继承人又都愿意取得遗产的，且继承人又无人能支付遗产价款的，可以采取保留共有的分割方式，由继承人对遗产享有共有权，其共有份额按照应继份的比例确定。但是，在共有分割之后，继承人之间就不再是原来的遗产共有关系，而变成了普通的财产按份共有关系。

（三）遗产分割的效力

我国《继承法》没有明文规定遗产分割的效力，学者中也有不同的看法。我国大多数学者认为，从继承开始到遗产分割以前，各共同继承人为暂时的共同共有关系。但遗产的分割和通常的共有物的分割不同，通常共有物的分割是从分割时开始发生效力的，而遗产分割的效力应当溯及既往。

第四节　无人继承的遗产

一、无人继承遗产的概念

无人继承的遗产是指没有继承人或受遗赠人承受的遗产。一般情形下，公民死亡后都会有继承人或受遗赠人。但是也可能出现下列情形：没有法定继承人、遗嘱继承人和受遗赠人的遗产；法定继承人、遗嘱继承人全都放弃继承，受遗赠人全都放弃受遗赠的遗产；法定继承人、遗嘱继承人完全丧失继承权，受遗赠人完全丧失受遗赠权的遗产。

二、无人继承遗产的处理

按照我国《继承法》第 32 条的规定："无人继承又无人受遗赠的遗产，归国家所有；死者生前是集体所有制组织成员的，归所在集体所有制组织所有。"由此可见，我国《继承法》是按死者的身份来确定无人继承遗产的归属的。死者生前是国家机关、全民所有制单位的职工，城镇个体劳动者及无业居民的，其无人继承又无人受遗赠的遗产归国家所有；死者生前是城镇集体所有制单位的职工、农村集体所有制单位的职工、村民的，其无人继承又无人受遗赠的遗产归死者生前所在的集体所有制组织所有。

在处理无人继承的遗产时，应当注意两个问题：

第一，死者债务清偿问题。按照我国《继承法》第 33 条规定："继承遗产应当清偿被继承人依法应当缴纳的税款和债务，缴纳税款和清偿债务以他的遗产实际价值为限。超过遗产实际价值部分，继承人自愿偿还的不在此限。"同理，取得无人继承遗产的国家或集体所有制组织，也应当在取得遗产的实际价值范围内负责清偿死者生前所欠债务。只有清偿债务后，国家或集体所有制组织才能取得剩余部分的遗产。

第二，非继承人取得遗产问题。最高人民法院《继承法意见》第 57 条指出："遗产因无人继承收归国家或集体组织所有时，按《继承法》第 14 条规定可以分给遗产的人提出取得遗产的要求，人民法院应视情况适当分给遗产。"根据这一规定，在处理无人继承遗产时，如果有继承人以外的依靠被继承人扶养的，缺乏劳动能力又没有生活来源的人，或者继承人以外的对被继承人扶养较多的人，则可以分给他们适当的遗产。

思考题

1. 继承开始的时间是怎么确定的？
2. 相互有继承关系的人同时死亡，如何确定其死亡时间？
3. 简述被继承人的债务的范围以及被继承人债务的清偿原则。
4. 遗产的接受和放弃与继承权的接受和放弃有何区别？
5. 遗产分割的方式有几种？
6. 简述无人继承的遗产产生的原因和处理的原则、方式。

学习资料指引

1. 郭明瑞、房绍坤：《继承法》，法律出版社，1996 年 10 月版，第二章。
2. 巫昌祯：《婚姻与继承法学》（修订本），中国政法大学出版社，2001 年 1 月版，

第12章。

3. 王利明：《中国民法案例与学理研究侵权行为编、亲属继承编》，法律出版社，1998年6月版。

4. 杨振山：《民商法实务研究：继承卷》，山西经济出版社，1993年9月版。

5. 杨遂全等：《婚姻家庭法新论》，法律出版社，2003年8月版。

6. 彭万林：《民法学》，中国政法大学出版社，2002年1月版，第16章、第17章。

7. 魏振瀛：《民法》，北京大学出版社、高等教育出版社，2000年9月版。

8. 王泽鉴：《民法概要》，中国政法大学出版社，2003年4月版。

参考法规提示

1. 《中华人民共和国继承法》第23～34条。

2. 最高人民法院《关于贯彻执行〈中华人民共和国继承法〉若干问题的意见》第44～62条。

后　　记

作为一项集体合作的成果，四川大学法学院民商法教研室全体同仁，对于本书的编写和出版，付出了辛勤的劳动。因此，本书的出版，是集体合作与各位作者共同劳动的结晶。

本书经过民商法教研室全体同仁数次讨论编、章、节的结构，并由主编、副主编协调，经全体同仁多次讨论修改，最后由主编统稿。现将各编具体的撰写分工人员录述如下：

（以编章排列和各人分工写作章节顺序为序）

第一编　民法总论

王建平：第 1 章、第 2 章、第 6 章、第 7 章、第 8 章、第 10 章。

吕　彦：第 3 章、第 5 章、第 9 章、第 11 章。

罗　蓉：第 4 章。

第二编　物权

王建平：第 12 章、第 13 章、第 16 章、第 17 章。

陈　实：第 14 章、第 18 章。

杨遂全：第 15 章。

罗　蓉：第 19 章、第 20 章。

第三编　债权

陈　实：第 21 章。

张晓远：第 22 章、第 23 章、第 24 章、第 25 章、第 26 章。

王建军：第 27 章。

王建平：第 28 章。

吕　彦：第 29 章。

罗　蓉：第 30 章。

第四编　知识产权

曾　彤：第 31 章、第 35 章、第 36 章、第 37 章。

韩运浦：第 32 章、第 33 章、第 34 章。

第五编　人身权

王建平：第 38 章。

杨遂全：第 39 章、第 40 章、第 41 章、第 42 章、第 43 章。

第六编　亲属与继承权

赵小平：第 44 章、第 45 章、第 46 章、第 47 章、第 48 章。

何　霞：第 49 章、第 50 章、第 51 章、第 52 章。